UNGARN
RUMÄNIEN
4b
3c
4a
3b
3a
BULGARIEN
6
5
7
ALBANIEN
GRIECHENLAND
APA-AUFTRAGSGRAFIK

böhlau

Holm Sundhaussen

Jugoslawien und seine Nachfolgestaaten 1943–2011

Eine ungewöhnliche Geschichte des Gewöhnlichen

Böhlau Verlag Wien · Köln · Weimar

Bibliografische Information der Deutschen Nationalbibliothek:
Die Deutsche Nationalbibliothek verzeichnet diese Publikation in der Deutschen Nationalbibliografie; detaillierte bibliografische Daten sind im Internet über http://dnb.d-nb.de abrufbar.

ISBN 978-3-205-78831-7

http://www.boehlau-verlag.com

Gedruckt auf umweltfreundlichem, chlor- und säurefrei gebleichtem Papier

Umschlaggestaltung: Michael Haderer

Umschlagabbildung: Sarajevo während der Belagerung 1992;
http://www.sa92.ba/v1/images/20110503172832_09269 jpg

Druck: Balto print, Vilnius

Inhaltsverzeichnis

Zweiter Teil: Ex-Jugoslawien 1991–2011

Anhang

Benutzerhinweise

Dieses Buch richtet sich sowohl an Leserinnen und Leser, sie sich einen Überblick über die komplizierte Geschichte (Ex-)Jugoslawiens verschaffen wollen, wie auch an Fachkolleginnen und -kollegen. Das bedeutet, dass auf der einen Seite Sachverhalte – wenn auch in gedrängter Form – dargestellt werden, die den Experten hinlänglich bekannt sind. Andererseits werden Forschungskontroversen und Probleme aufgegriffen, die den an einem Überblick interessierten Lesern als störend oder überflüssig erscheinen mögen. Diese Passagen sollen aber auch den Nicht-Experten ins Bewusstsein rufen, dass Wissensbestände keine geschlossenen Container sind, sondern sich in ständiger Veränderung befinden. Dies gilt insbesondere für Jugoslawien, dessen Geschichte seit seinem Untergang neu und höchst kontrovers erfunden wird. Die einen folgen dabei der Devise „De mortiis nihil nisi bene", andere streben eine Abrechnung mit dem Verstorbenen an. Und was die postjugoslawischen Staaten betrifft, so ist fast alles noch im Fluss, einschließlich der Frage, wie man die Geschichte dieser Staaten seit dem Untergang Jugoslawiens schreiben soll.

Angesichts einer rapid wachsenden Menge von Quellen, insbesondere zur Spätphase des zweiten Jugoslawiens und zu den postjugoslawischen Kriegen, und einer Fachliteratur, mit der man eine ansehnliche Bibliothek füllen könnte, stellt die Präsentation des Wissensbestands eine besondere Herausforderung dar. In das Quellen- und Literaturverzeichnis habe ich nur Monografien und Sammelbände (in Auswahl) aufgenommen, die sich explizit auf die Geschichte (Ex-)Jugoslawiens beziehen. Inhaltlich oder theoretisch weiterführende Arbeiten, die den jugoslawischen Raum nicht oder nur am Rande betreffen, finden in den Anmerkungen Erwähnung. Dasselbe gilt für die weit gestreute Aufsatzliteratur, die nicht ins Literaturverzeichnis aufgenommen wurde, sondern nur in den Anmerkungen angegeben wird (bei Wiederholung in Kurzform mit dem Zusatz „a. a. O."). Um den Überblick über die vorhandene Forschung zu erleichtern, habe ich das Quellen- und Literaturverzeichnis nach Sachgebieten gegliedert (wobei gelegentliche Überschneidungen unvermeidbar waren) und die Titel fortlaufend nummeriert. Dies erschien sinnvoll, weil ein Verzeichnis, das nur nach Autorennamen geordnet wird und Hunderte von Titeln enthält, für eine schnelle Orientierung völlig ungeeignet ist. Die Nummerierung war notwendig, damit die in den Anmerkungen nur mit Verfassernamen und Kurztiteln zitierten Werke schnell identifiziert werden können.

Im wissenschaftlichen Apparat ging es mir nicht primär darum, jede Aussage im Text mit allen einschlägigen Stellen aus der Forschung zu belegen. Dies hätte den Anmerkungsteil in einer Weise aufgebläht, die nicht vertretbar erschien. Der Schwerpunkt liegt auf kontroversen und weiterführenden Hinweisen oder soll der Auffindung von Textstellen in thematisch breiter angelegten Werken dienen.

Alle im Text zitierten Internetquellen wurden im Zeitraum von Mitte 2010 bis Mitte 2011 eingesehen.

Einleitung

Warum Jugoslawien? Oder warum schon wieder? Die Geschichte dieses Landes ist „eigentlich“ nicht interessanter als die Geschichte anderer (existierender oder untergegangener) Staaten. „Eigentlich“ soll heißen, dass sie es doch ist, was zu zeigen sein wird. Jugoslawien und die Sowjetunion waren die ersten Staaten in Europa, die seit dem Ende des Zweiten Weltkriegs von der politischen Landkarte verschwanden, gefolgt von der Tschechoslowakei. Aber im Unterschied zu den beiden anderen Vielvölkerstaaten war die Auflösung Jugoslawiens begleitet von Gewalt und Kriegen (ähnlich wie im postsowjetischen Kaukasus). Viele Politik- und Sozialwissenschaftler haben seither versucht, das Ende Jugoslawiens mit verschiedenen Theorien zu erklären. Gelungen ist ihnen das nicht. Keiner dieser Versuche war völlig überzeugend oder konsensfähig, denn nicht immer lässt sich Realität sinnvoll in vorhandene Theorien pressen. Aber der Nebel, der noch in den 1990er-Jahren über dem ehemaligen Jugoslawien lag, beginnt sich dank einer Fülle neuer Quellen allmählich zu lichten. Als der Staat noch bestand, waren Gesamtdarstellungen seiner Geschichte eine absolute Rarität. Zum Zeitpunkt von Titos Tod Anfang Mai 1980 gab es nicht eine einzige Gesamtdarstellung der Geschichte des jugoslawischen Staats seit seiner Gründung, die damals bereits mehr als sechzig Jahre zurücklag! Wo gibt es das sonst auf der Welt? Erst kurz nach Titos Tod erschien Branko Petranovićs Geschichte Jugoslawiens 1918–78 – die erste Synthese in serbokroatischer Sprache. Sie folgte in den Grundzügen dem sozialistischen Narrativ, war aber in Einzelaspekten „unkonventionell“. Sofort stellte sich die Frage, ob ein serbischer Historiker über Kroaten und andere im jugoslawischen Staat beheimatete Nationen „objektiv“ schreiben kann. Viele bezweifelten das. Zwei Jahre später erschien meine eigene Geschichte Jugoslawiens 1918–1980. Es war die erste ihrer Art in einer westlichen Sprache, begleitet von ähnlichen Fragen und Zweifeln. Doch Synthesen blieben auch weiterhin selten, während die Forschung zu Spezialthemen blühte. Erst seitdem Jugoslawien verschwunden ist, häufen sich die Gesamtdarstellungen. Der Untergang des Staates und seine dramatischen Begleitumstände verhalfen der historischen Jugoslawien-Forschung seit der zweiten Hälfte der 90er-Jahre zu neuer Konjunktur. Und ein Ende ist nicht abzusehen. Zu viele Fragen sind offen, zu viele Antworten umstritten.

Jugoslawien als Staat und Prozess

Im Folgenden geht es um Aufstieg und Fall des sozialistischen Jugoslawiens und um die ersten beiden Jahrzehnte seiner sieben Nachfolgestaaten. Was war Jugoslawien, warum gibt es das Land nicht mehr, was ist an seine Stelle getreten? Die Geschichte Jugoslawiens und seines Verschwindens weist sowohl Besonderheiten auf, die in ihrer Kombination einzigartig, unwiederholbar sind, wie auch Verhaltensweisen und Reaktionen von Menschen, die sich in ähnlicher Form unter vergleichbaren Bedingungen überall auf der Welt wiederholen. Nicht die Geschichte wiederholt sich, sondern die Menschen wiederholen sich. Die Geschichte Jugoslawiens ist ein Lehrstück des Alltäglichen, der Banalität. Nicht in dem Sinn, dass die Ereignisse banal gewesen wären, sondern die Verhaltensweisen, die zu ihnen führten, waren banal. Und so außergewöhnlich uns die Verbrechen während der postjugoslawischen Kriege der 90er-Jahre erscheinen mögen, so gewöhnlich waren die Verantwortlichen und Täter. Man findet sie überall und zu allen Zeiten. In diesem Sinne ist Jugoslawien überall. Die hier erzählte Geschichte zeigt, wie Menschen sich verhalten (können), sobald die Regelwerke versagen, die wir zum Schutz vor uns selbst errichtet haben. Für manche Leser mögen die anthropologischen und sozialpsychologischen Aspekte der Geschichte (Ex-)Jugoslawiens (die Inszenierung der Masse, das Gruppendenken, die selektive Wahrnehmung, die (Un-)Kultur der Verantwortungslosigkeit oder die Eskalation der Gewalt in den 1990er-Jahren) als Beispiele menschlicher Schwäche und Verführbarkeit bedeutsamer sein als jene historisch spezifischen Entwicklungen, die sich mit dem Namen eines untergegangenen Staates und seiner Nachfolger verbinden. Jugoslawien als eine von vielen Schaubühnen sozialpsychologischer Dynamiken und Dramatiken, als Teil von uns, ist das eine. Jugoslawien als Ergebnis historischer Prozesse das andere. Aber beides gehört zusammen.

Jugoslawien war ein Staat, ein soziales Gefüge und ein Mythos. Als Staat war es nach außen auf Statik angelegt: mit einem Territorium, klaren Grenzen und Hoheitsrechten, abgesichert durch internationale Verträge. Im Inneren, als soziales Gefüge, war es ein Prozess. Und am Ende dieses Prozesses gab es Jugoslawien nicht mehr. Auch der Mythos war verblasst, obwohl er nicht völlig verschwand. Der Vielvölkerstaat ist Vergangenheit – ein Intermezzo im „langen 20. Jahrhundert", das um die Mitte des 19. Jahrhunderts mit der ersten Welle von Nations- und Staatsbildungsprozessen in der Region begonnen hatte und Ende des 20. Jahrhunderts mit einer neuen Welle die (vorläufige?) Endphase erreichte. Wie die Habsburgermonarchie und das Osmanische Reich ist auch Jugoslawien verschwunden. Zur Bezeichnung solcher konfliktreichen staatlichen Fragmentierungsprozesse bürgerte sich nach dem Ersten Weltkrieg das politische Schlagwort „Balkanisierung" ein, das bald über den Balkanraum hinaus auch auf andere Teile Europas und der außereuropäischen Welt übertragen wurde.

Hinter dem Namen „Jugoslawien" verbergen sich drei Staaten. Das „Königreich Jugoslawien", d. h. der erste jugoslawische Staat, der bis Januar 1929 unter der Verlegenheitsbezeichnung „Königreich der Serben, Kroaten und Slowenen" firmierte. Er war am 1. Dezember 1918 aus der Taufe gehoben worden und setzte sich aus historisch unterschiedlichen Teilen mit unterschiedlich weit fortgeschrittenen Nationsbildungsprozessen zusammen. Im April 1941 – zweiundzwanzig Jahre nach seiner Gründung – wurde er von der Hitler-Mussolini-Allianz zerschlagen. Das zweite Jugoslawien, die „Föderative Volksrepublik Jugoslawien" bzw. ab 1963 die „Sozialistische Bundesrepublik Jugoslawien", hatte sich während des Zweiten Weltkriegs formiert und währte knapp ein halbes Jahrhundert: bis Anfang der 90er-Jahre, bis zum Beginn der postjugoslawischen Kriege. Wie der erste ist auch der zweite jugoslawische Staat im Krieg entstanden und im Krieg untergegangen. Doch während das erste Jugoslawien durch Aggression von außen zerstört wurde, wurde das zweite Jugoslawien von innen zerstört. Dem Namen nach folgte Ende April 1992 ein dritter jugoslawischer Staat, die (nicht mehr „Sozialistische") „Bundesrepublik Jugoslawien", die den Rest dessen umfasste, was vom zweiten geblieben war: Serbien und Montenegro. Dieser (rest)jugoslawische Bundesstaat wurde im Februar 2003 durch den lockeren Staatenbund „Serbien und Montenegro" abgelöst, der seinerseits im Juni 2006 – nach einem knappen Votum der Montenegriner zugunsten ihrer Unabhängigkeit – im „Mülleimer der Geschichte" verschwand. Seither gibt es nur noch das im September 1999 gegründete virtuelle Jugoslawien (Cyber Yugoslavia) mit null Quadrat-, aber umso mehr Kubikkilometern, das von ca. 17.000 heimatlos gewordenen Jugoslawen in den postjugoslawischen Staaten und der weltweiten Diaspora bevölkert wird, nach dem Motto „Hier bist du Jugoslawe, hier darfst du's sein".

Nach Auflösung von „Serbien und Montenegro" zählte man auf dem Territorium des vormaligen Jugoslawiens, das mit knapp 256.000 km² etwa so groß war wie die alte Bundesrepublik Deutschland, sechs unabhängige Staaten: Serbien, Kroatien, Bosnien-Herzegowina, Makedonien, Slowenien und Montenegro.[1] Kosovo – formal noch Teil Serbiens – stand seit 1999 unter UN-Verwaltung und erklärte am 17. Februar 2008 seine Unabhängigkeit, die von Serbien nicht anerkannt wird. Der Status von Bosnien-Herzegowina, einer Föderation mit zwei „Entitäten", von denen eine ihrerseits eine Föderation

1 Mit 77.474 km² ist Serbien (ohne Kosovo) mit Abstand der größte postjugoslawische Staat, gefolgt von Kroatien mit 56.524 km² und Bosnien-Herzegowina mit 51.129 km². Deutlich kleiner sind Makedonien (25.713 km²), Slowenien (20.273 km²) und Montenegro (13.812 km²). Der kleinste postjugoslawische Staat ist Kosovo mit 10.908 km².

darstellt, war und ist prekär. Faktisch stellt sich der bosnisch-herzegowinische Staat seit Ende 1995 als internationales Semi-Protektorat dar, als Staat am Rande des Scheiterns. Die außenpolitische Lage der Republik Makedonien blieb labil. Der Staatsname ist seit der Gründung im November 1991 infolge griechischer Proteste umstritten. 1993 wurde Makedonien unter der provisorischen Bezeichnung „Frühere Jugoslawische Republik Makedonien" in die UN aufgenommen. Doch das bizarre Namensprovisorium bestand 18 Jahre später immer noch und blockierte die weitere Integration Makedoniens in internationale Strukturen. Von den sieben Staaten, die aus dem ehemaligen Jugoslawien hervorgegangen sind, wurde einer – Slowenien – am 1. Mai 2004 in die Europäische Union aufgenommen. Die anderen Staaten befinden sich in unterschiedlichen Phasen einer verschlungenen Annäherung an die Union.

„Natürliche" und „künstliche" Staaten

Hauptmerkmal Jugoslawiens war seine große natürliche, kulturelle und ethnische Vielfalt auf kleinem Raum.[2] Kein anderer Staat Europas konnte es in dieser Hinsicht mit Jugoslawien aufnehmen. Die Natur zwischen Ohrid- und Scutari-See im Süden und den Höhlen von Škocjan im slowenischen Norden ist ebenso facettenreich wie das kulturelle (byzantinisch, venezianisch, osmanisch/islamisch, altbalkanisch und (ost-)mitteleuropäisch geprägte) Erbe. Im Jahr 2010 zählte man auf ehemals jugoslawischen Territorium 17 UNESCO-Welterbestätten, darunter die Bucht von Kotor, den Tara-Canyon, Dubrovnik, die Plitvicer Seen, die Altstadt von Mostar, die Brücke über die Drina in Višegrad, die serbischen Klöster Dečani und Gračanica usw. Zur natürlichen und kulturellen kam die ethnische Vielfalt. Sie ist es, die dem untergegangen Jugoslawien heute in den Augen vieler ehemaliger Bürgerinnen und Bürger sowie auswärtiger Beobachter das Etikett der „Künstlichkeit" anheftet. Diese Etikettierung impliziert, dass es außer „künstlichen" auch „natürliche" Staaten gibt. Aber was unterscheidet „natürliche" von „künstlichen" Staaten? Ist es die Art der Staatsgründung (als Ausdruck des „Volkswillens" bzw. des Selbstbestimmungsrechts auf der einen oder als Akt „von oben" auf der anderen Seite), das Alter des Staates (ehrwürdig oder rezent), die ethnische/nationale Zusammensetzung der Staatsbevölkerung (homogen oder heterogen) oder die Identifizierung bzw. Nichtidentifizierung der Staatsbürger mit ihrem Staat? Sind nur jene Staaten „natürlich", die dem Diktum des Schweizer Staatsrechtlers Johann Kaspar Bluntschli von 1850/51

2 Zur naturlandschaftlichen Gliederung Jugoslawiens (dinarischer Gebirgsraum, adriatischer Küstensaum, subalpiner/subpannonischer Nordwesten, pannonisches Tiefland im Norden und Morava-Vardar-Becken im Osten und Südosten) vgl. Büschenfeld, H.: Jugoslawien (93), S. 13–169.

genügen: „Jede Nation ein Staat; jeder Staat ein nationales Wesen"? Können aus „natürlichen" auch „künstliche" Staaten werden? Und sind Staaten, deren Bürgerinnen und Bürger sich aus unterschiedlichen ethnischen Gruppen zusammensetzen, automatisch „künstlich"? Sind die USA ein Kunstgebilde? Und können aus „künstlichen" Staaten auch „natürliche" Staaten werden? Wenn ja: unter welchen Voraussetzungen? Und wenn nicht: Sind „künstliche" Staaten – wie immer sie definiert sein mögen – auf längere Sicht zwangsläufig dem Zerfall preisgegeben?

Die „Natürlichkeit" eines Staates hat mit Natur (natürlich) nichts zu tun. Sie ist das Ergebnis eines Legitimierungsprozesses und stützt sich auf die Akzeptanz des Staates bei großen Teilen seiner Bevölkerung. Jugoslawien in den 1960er-Jahren war – wie wir noch sehen werden – ein „natürlicher" Staat, der sich zwei Jahrzehnte später in einen „künstlichen" Staat verwandelte, genauer gesagt: verwandelt wurde. Die postjugoslawischen Staaten, die aus einer Vielzahl hastig anberaumter Volksbefragungen hervorgegangen sind und deren Gründung zum Teil mit massiven ethnischen Säuberungen verbunden war, müssen ihre „Natürlichkeit" auf längere Sicht noch beweisen. Während der „goldenen" 1960er- und 70er-Jahre galt das damalige sozialistische Jugoslawien vielen Zeitgenossen im In- und Ausland als Hoffnungsträger für einen Sozialismus mit menschlichem Antlitz, als führende Kraft der blockfreien Bewegung und als Staat, der das Zusammenleben mehrerer Nationen und Nationalitäten in vorbildlicher Weise gelöst hatte. Zwanzig Jahre später gab es den Staat nicht mehr.

„Natürliche" und „künstliche" Nationen: Wer war wer in Jugoslawien?

Für Leute, die gewohnt sind, systematisch und logisch zu denken, stellte Jugoslawien mit seinen Verwandlungen und Uneindeutigkeiten eine Provokation dar. Nicht zuletzt darauf beruhte seine Faszination. Ebenso wie seine Verletzbarkeit. Die Probleme begannen bereits mit der Klassifizierung der Bevölkerung: Wer ist wer, oder – um Richard David Prechts Buchtitel modifizierend aufzugreifen – wer sind wir und, wenn ja, wie viele? Die Diskussion darüber ist ein Dauerbrenner (nicht nur im Balkanraum).[3] Vor dem Zweiten Weltkrieg gab es in Jugoslawien nach amtlicher Darstellung nur eine Nation: das zunächst „dreinamige" (troimeni), später „jugoslawische Volk" mit drei „Stämmen" (Serben, Kroaten, Slowenen), die 1931 mit knapp 84 % der Gesamtbevölkerung eine klare Mehrheit gestellt hatten, sowie eine Reihe anerkannter und nichtanerkannter

3 Vgl. die weiter unten erwähnten Arbeiten: Who are the Macedonians, Who are Montenegrins, Who were the Yugoslavs und viele andere. Vgl. auch Dimić, Milan V.: Who is a Serb? Internal Definitions and External Designations, in: http://www.kakanien.ac.at/beitr/fallstudie/MDimic1.pdf

Minderheiten. Im Verlauf des Zweiten Weltkriegs wurde das Konzept einer ethnisch-jugoslawischen Nation (bzw. einer gemeinsamen Abstammungsnation) von der KPJ zugunsten eines jugoslawischen Vielvölkerkonzepts aufgegeben. Und am Ende des zweiten Jugoslawiens gab es auf seinem Territorium nicht mehr eine, sondern fünf südslawische Nationen (Serben, Kroaten, Slowenen, Makedonier und Montenegriner). Eine sechste (die Muslime) kam im Verlauf der 60er-Jahre hinzu. Daneben gab es jene Bevölkerungsgruppen, die außerhalb Jugoslawiens einen eigenen Nationalstaat besaßen (Albaner, Ungarn, Türken etc.), sowie Sinti und Roma als Sonderfall. Für diese Minderheiten, die in Jugoslawien per definitionem nicht den Status einer Nation (narod) erlangen konnten, wurde seit den 60er-Jahren der Begriff „Nationalität/Völkerschaft" (narodnost) verwendet, da das Wort „Minderheit" (manjina) einen pejorativen Beigeschmack besaß.

De facto war das gesamte zweite Jugoslawien ein Staat der Minderheiten (nicht im rechtlichen, sondern im numerischen Sinn). 1981, anlässlich der letzten vollständig ausgewerteten jugoslawischen Volkszählung,[4] stellten die Serben mit 36 % der 22,4 Millionen zählenden Gesamtbevölkerung die stärkste Minderheit dar, gefolgt von den Kroaten mit knapp 20 % und den bosnischen Muslimen mit annähernd 9 % als zweit- und drittstärkster Minderheit. Die Anteile der Slowenen und Albaner beliefen sich auf unter 8 %, die der Makedonier auf 6 %, gefolgt von den (eigentlich nicht existenten) „Jugoslawen" mit 5,4 % und den Montenegrinern mit weniger als 3 %. Der verbleibende Rest von 11 % verteilte sich auf eine Vielzahl von nationalen oder ethnischen Gruppen (Ungarn, Roma, Türken und viele andere).[5] Ob jemand innerhalb Jugoslawiens zu einer (numerischen) Mehr- oder Minderheit gehörte, hing von der Wahl der territorialen Bezugsgröße ab. Bezogen auf die Republik Serbien (einschließlich der beiden Autonomen Provinzen Kosovo und Wojwodina) stellten die Albaner 1981 mit 14 % der Bevölkerung eine Minderheit dar (gegenüber 66,4 % Serben), in Kosovo waren sie mit 77,4 % in der Mehrheit (gegenüber 13,2 % Serben). In der Wojwodina erreichten die Serben mit 54,4 % die absolute Mehrheit, während sie in Bosnien und Kroatien mit 32,0 % resp. 11,6 % in der Minderheit waren. Die Montenegriner – bezogen auf ganz Jugoslawien eine verschwindend kleine Minderheit – repräsentierten in Montenegro mit 68,5 % der Bevölkerung eine gute Zweidrittelmehrheit, gefolgt von den Muslimen (mit großem „M", dazu gleich mehr) mit 13,4 % und den Albanern mit 6,5 %. Gemessen am „Ideal" des ethnisch homogenen Nationalstaats war Jugoslawien ein ziemlich kühnes, postnational anmutendes

4 Die Zählung von 1991 wurde nicht mehr in allen Teilen des Landes durchgeführt. Das letzte Statistische Jahrbuch des früheren Jugoslawiens: Statistički godišnjak Jugoslavije 1991. Beograd 1991 enthält keine Angaben über die Ergebnisse der Bevölkerungszählung. Diese wurden jedoch von den Statistischen Ämtern der postjugoslawischen Staaten für den jeweiligen Nachfolgestaat ausgewertet.

5 Vgl. Tabelle 1 im Anhang.

Gebilde, das man schwer einordnen konnte: eine Frühgeburt oder Missgeburt, eine utopische Vergangenheit oder ein postimperiales Relikt? Oder eher doch eine neoimperiale Schöpfung?

Wie gestaltete sich das Verhältnis der Nationen und Nationalitäten zur Staatsbürgergemeinschaft? Gab es außer einem slowenischen, kroatischen, serbischen etc. Selbstverständnis auch ein jugoslawisches Selbstverständnis, eine Identifikation mit der jugoslawischen Gemeinschaft? Und wer oder was waren die Jugoslawen? Bei den Letzteren handelte es sich einerseits um die Summe der Staatsbürger (mit doppelter Staatsbürgerschaft: der des Bundesstaats und der der jeweiligen Republik), um Leute mit einem jugoslawischen Pass. Das ist unstrittig. Im Ausland wurden alle Bürgerinnen und Bürger als „Jugoslawen" – im Sinne von Staatsbürgerschaft und/oder im Sinne von Nation – wahrgenommen. Wie sich die Wahrnehmung in Jugoslawien selbst veränderte, wird an anderer Stelle zu besprechen sein. Neben den Jugoslawen als Staatsbürger gab es aber auch Personen, die sich anlässlich einer Volkszählung bei der Frage nach ihrer *nationalen* Zuordnung als „Jugoslawen" deklarierten. Von den 22,4 Millionen jugoslawischer Staatsbürger bezeichneten sich 1981 1,2 Millionen als „Jugoslawen" (5,4 % der Gesamtbevölkerung).[6] Offiziell gab es sie nicht. Die jugoslawische Verfassung von 1974 kannte weder eine jugoslawische Nation (jugoslovenski narod) noch eine jugoslawische Minderheit/Nationalität (narodnost). Die Parteitheoretiker hatten 1966 entschieden, dass das „Jugoslawentum nicht als ethnische Kategorie" zu betrachten sei.[7] Waren also die „Jugoslawen" Leute, die sich national oder ethnisch nicht entscheiden konnten oder wollten? Nein, denn für diese gab es eine gesonderte Option (gemäß Paragraf 170 der Verfassung).[8] 1981 entschieden sich knapp 47.000 Befragte dafür, sich national nicht zu entscheiden.[9] Die „Jugoslawen" dagegen hatte eine Entscheidung getroffen, doch fiel

6 Jugoslavija 1918–1988 (40), S. 44. Am stärksten vertreten waren die „Jugoslawen" in der Wojwodina und Kroatien (jeweils 8,2 %) sowie in Bosnien (7,9 %), am schwächsten in Slowenien (1,4 %) sowie in Makedonien und Kosovo (jeweils unter 1 %). In Serbien (ohne die Autonomen Provinzen) erklärten sich 4,8 % der Bevölkerung als „Jugoslawen", in Montenegro 5,3 %. Unter dem Eindruck der national(istisch)en Mobilisierung seit Ende der 80er-Jahre ging der Anteil der „Jugoslawen" bei der Volkszählung von 1991 zurück. In Bosnien bekannten sich nur noch 5,5 % der Bevölkerung als „Jugoslawen", in (Rest-)Jugoslawien (Serbien und Montenegro) 3,4 %. Zur Soziologie der „Jugoslawen" und zu den Gründen, sich als „Jugoslawe" zu deklarieren, vgl. Sekulic, Dusan – Randy Hodson – Garth Massey: Who Were the Yugoslavs? Failed sources of a common identity in the former Yugoslavia, in: American Sociological Review 59 (1994), 1, S. 83–97.

7 Zit. nach Cvetković-Sander, K.: Sprachpolitik (95), S. 182.

8 In § 170 der Verfassung von 1974 hieß es u. a.: „Der Bürger ist weder verpflichtet, sich darüber zu äußern, welchem Volke oder welcher Völkerschaft er angehört, noch muß er sich für die Angehörigkeit eines der Völker oder Völkerschaften entscheiden." Verfassung (37), S. 201 f.

9 Weitere 25.730 Menschen gaben statt einer nationalen eine regionale Zugehörigkeit an (z. B. Dalmatiner;

diese aus dem Klassifikationsschema heraus. Hatten die Betroffenen also Staatsbürgerschaft und Nationalität miteinander verwechselt: unbewusst oder absichtlich, wollten sie das ethnische Klassifikationsschema durchbrechen? Mehrheitlich lebten die „Jugoslawen" in den Städten; viele stammten aus national-gemischten Ehen[10] oder votierten aus politischer Überzeugung für das „Jugoslawentum". Dass es sie nicht gab, war schmerzlich und verletzend. Man hätte die „Jugoslawen" verbieten bzw. diese Option, die seit dem Zensus von 1961 bestand, wieder aus den Erhebungsformularen streichen können. (Dass sie überhaupt eingeführt worden war, gehört zu jenen Merkwürdigkeiten, an denen Jugoslawien so reich war.) Oder man hätte die „Jugoslawen" als nationale Minderheit anerkennen können. Die erste Lösung, das Verbot, wirkte politisch unkorrekt. Wie konnte man in Jugoslawien die „Jugoslawen" verbieten? Die zweite Lösung widersprach der Definition, dass Nationalitäten einen eigenen Nationalstaat außerhalb Jugoslawiens besitzen. Das traf nicht zu und ging nicht. Die einzige Lösung wäre gewesen, das nationale Grundkonzept des zweiten Jugoslawiens zu ändern und die „Jugoslawen" neben Slowenen, Kroaten, Serben etc. in den Rang einer Nation zu erheben. Doch dazu konnten sich die Verantwortlichen nicht durchringen, da dies an das offizielle Nationskonzept des ersten Jugoslawiens erinnert hätte. So blieben die „Jugoslawen" im zweiten Jugoslawien eine Art „versteckter" Minderheit – ein Schmankerl für Identitätsforscher.[11]

Noch verwirrender war das Phänomen der bosnischen bzw. südslawischen Muslime, denen bei allen fünf Volkszählungen im sozialistischen Jugoslawien eine andere Option angeboten wurde: „unentschiedene Muslime" oder „Serben-Muslime" resp. „Kroaten-Muslime" (1948), „unentschiedene Jugoslawen" neben der Option „Serben" oder „Kroaten" (1953), „Muslime (ethnischer Zugehörigkeit)" (1961), „Muslime im Sinne

Bosnier; Herzegowiner, Istrianer usw.). Fast 154.000 Personen wurden unter der Rubrik „unbekannt" aufgeführt.

10 Anfang der 1980er-Jahre waren 12,7 % der Eheschließungen in Jugoslawien national-gemischt. In der Wojwodina waren es 28,0 %, in Kroatien 16,9 %, in Kosovo dagegen nur 5,0 %. Der jugoslawische Durchschnittswert hatte sich seit den 60er-Jahren kaum verändert. Die These, dass der Prozentsatz national heterogamer Eheschließungen ständig gestiegen sei, wird durch empirische Daten nicht gestützt. Einzelheiten bei Botev, Nikolai: Seeing Past the Barricades: Ethnic intermarriage in Yugoslavia during the last decades, in: Anthropology of East Europe Review 11 (1993), 1–2, Special Issue: War among Yugoslavs; online: http://condor.depaul.edu/rrotenbe/aeer/aeer11_1/botev.html; ders.: Where East Meets West. Ethnic intermarriage in the former Yugoslavia during the last three decades, – in: American Sociological Review 59 (1994), S. 461–480.

11 Die geringe Zahl der „Jugoslawen" wird auch als Beleg dafür herangezogen, dass die Formierung einer jugoslawischen Identität gescheitert ist. Bei dieser Interpretation ist allerdings zu berücksichtigen, dass die Kategorie „Jugoslawe" im Sinne einer nationalen Zuordnung politisch nicht gewollt war und dass in den Volkszählungsformularen ausdrücklich nach der nationalen Zugehörigkeit gefragt wurde und die Antwort „Jugoslawe" gemäß der offiziellen Logik „falsch" war.

der Volkszugehörigkeit" (Muslimani u smislu narodnosti, 1971) sowie schlicht und ergreifend „Muslime" (1981). Moša Pijade, der zum engsten kommunistischen Führungszirkel gehörte, hatte in Vorbereitung des Zensus von 1953 apodiktisch gefordert, dass die „unwissenschaftliche und rückständige Praxis", den Glauben mit der Volkszugehörigkeit zu verwechseln, beendet werden müsse.[12] So geschah es denn auch, jedenfalls offiziell, obwohl dies mit Wissenschaft nichts zu tun hatte. Für die große Mehrheit der bosnischen Muslime blieb das unakzeptabel, da sie sich weiter (wie 1948) als Kroaten oder Serben oder als national unentschieden deklarieren mussten. Mehrheitlich wollten sie aber weder Kroaten noch Serben sein, zumal beide Nationen religiös fixiert waren (katholisch bzw. orthodox).[13] Und national unentschieden wollten sie erst recht nicht sein, da dies von ihren nichtmuslimischen Zeitgenossen und auch von vielen säkularen Muslimen als Merkmal von Rückständigkeit verstanden wurde: National unentschieden waren nur Leute, die noch nicht in der Moderne angekommen waren. Ende der 1950er-Jahre begann daher ein Prozess, der zur Anerkennung der Muslime als ethnische Gruppe und dann als Nation führte. Ende Mai 1968, kurz nachdem die Muslime als Nation durch einen Beschluss der (ethnisch/national und konfessionell gemischten) bosnischen Parteiführung und der gesamtjugoslawischen Partei offiziell anerkannt worden waren, erregte sich der Belgrader Historiker Jovan Marjanović auf dem XIV. Plenum des Bundes der Kommunisten Serbiens über „die sinnlose Verkündung einer muslimischen Nation in Jugoslawien".[14] Aber das half nichts. 1948 wurde das Wort „Muslim" mit kleinem „m" geschrieben, ebenso wie „Katholik", „Pravoslawe" und die meisten Substantive kleingeschrieben werden. In den Formularen von 1961, 1971 und 1981 wurde es mit großem „M" geschrieben, gleich allen anderen Nations- und Nationalitätsbezeichnungen. Seither gab es Muslime mit kleinem „m" und mit großem „M" sowie deren Schnittmenge. Die „M/m"s waren (südslawische) Muslime im ethnischen oder nationalen Sinn, die ihren Glauben praktizierten. Aber nicht alle Muslime in Jugoslawien gehörten zu den „M"s (z. B. die muslimischen Albaner). Und nicht alle, die zu „den M"s gehörten, waren gläubige Muslime. Viele waren Atheisten, andere waren religiös indifferent, und

---

12 Zit. nach Cvetković-Sander, K.: Sprachpolitik (95), S. 250.

13 Einer der führenden bosnischen Politiker, Branko Mikulić, brachte die Problematik auf den Punkt: „Man sagt uns, dass die religiöse Zugehörigkeit nicht in eine nationale transformiert werden kann, und wir antworten, dass bei uns allen in Bosnien-Herzegowina die religiöse Zugehörigkeit auch die nationale bestimmt. Alle Römischkatholischen sind Kroaten, alle Prawoslawen Serben, und die Muslime sind islamischen Glaubens." Zit. nach Kamberović, Husnija: Stav političke elite o nacionalnom identitetu Muslimana u Bosni i Hercegovini sredinom 1960-ih godina, – in: Prilozi 38 (2009), S. 165–191; hier S. 176.

14 Zit. nach Höpken, Wolfgang: Die jugoslawischen Kommunisten und die bosnischen Muslime, in: Kappeler, A. – G. Simon – G. Brunner (Hg.): Muslime (128), S. 200.

einige wenige bekannten sich zu anderen Glaubensgemeinschaften (etwa zu den Zeugen Jehovas). In den Augen der Parteifunktionäre waren die „Muslime“ (mit großem „M“) eine säkulare Nation (wie Serben, Kroaten usw., die – allen Auguren zum Trotz – ein ähnlich ethnoreligiöses Gemeinschaftsverständnis[15] pflegen wie die bosnischen Muslime). Die Gleichsetzung der „Muslime“ mit Religion galt fortan als politisch unkorrekt, „laienhaft“. Doch für viele Kroaten und Serben blieben die Muslime in Bosnien-Herzegowina – unter Berufung auf eine (nebulöse) gemeinsame Abstammung[16] – Teil ihrer jeweiligen Nation (also Kroaten resp. Serben islamischen Glaubens) bzw. „nur“ eine Religionsgemeinschaft, der auch diejenigen zugerechnet wurden, die nicht religiös waren.[17] Der Name „Muslimani“ sorgte daher für anhaltende Konfusion, die erst durch eine Namensänderung aus dem Weg geräumt wurde, jedoch in Teilen der Gesellschaft nach wie vor umstritten ist. 1993, nach Beginn des Kriegs in Bosnien, benannten sich die „Muslime“ in „Bosniaken“ (Bošnjaci) um.[18] Unklar war zunächst, wer zu den Bosniaken gehörte: nur die gläubigen oder auch die nichtgläubigen bosnischen Muslime (einoder ausschließlich anderer südslawischer Muslime außerhalb Bosniens, z. B. in dem zwischen Serbien und Montenegro geteilten Sandžak) sowie (potenziell) auch bosnische Serben und Kroaten? Überwiegt im Begriff des „Bosniaken“ eher das Muslimanentum oder eher ein laizistisches, säkularisiertes bzw. religiös übergreifendes Bosniertum? Ein Teil der „m“s, nämlich die religiös (in diesem Fall: panislamisch) orientierten Gruppierungen um den damaligen Präsidenten Alija Izetbegović, haben den Namen „Bosniake“ (wegen des Verzichts auf die muslimische Komponente in der Selbstbezeichnung) nur

15 Unter „ethnoreligiös“ verstehe ich eine Gemeinschaft (Nation), bei der die Religionszugehörigkeit – unabhängig vom praktizierten Glauben – als konstitutives Merkmal der Gemeinschaft (als nationaler „Ausweis“) gilt. Der serbische Soziologe Pantić hat diese areligiöse „Religiosität“ einmal treffend als „weltliche Religiosität“ bezeichnet. Pantić, Dragomir: Svetovna religioznost. Pokušaj empirijskog istraživanja, in: Kultura 78/79 (1987), S. 99–121.

16 Nicht nur moderne Nationen sind imaginierte Gemeinschaften im Sinn Benedict Andersons, sondern auch die vermeintlichen (vor-nationalen) Abstammungsgemeinschaften. Denn die gemeinsame Abstammung einer Großgruppe ist über einen längeren Zeitraum weder verifizierbar noch falsifizierbar. Die Selbstverständlichkeit, mit der kroatische und serbische Nationalisten die Vorfahren der bosnischen Muslime für ihre Abstammungsgemeinschaft reklamieren, beruht auf einem anachronistischen und mystifizierten Verständnis von Abstammung.

17 Aus kroatischer und serbischer Sicht sind die südslawischen Muslime Nachfahren von Personen, die aufgrund widriger historischer Umstände ihren „wahren“ Glauben (Katholizismus bzw. Orthodoxie) verloren haben. Dasselbe galt zeitweilig für einen Teil der Kosovo-Albaner, die als islamisierte Serben, und für einen Teil der Serben in Kroatien, die während des Zweiten Weltkriegs als orthodoxe Kroaten ausgegeben wurden – alles Leute mit einem „falschen“ Glauben: im besten Fall Verführte, im schlimmsten Fall Renegaten.

18 Die Umbenennung ging zurück auf das Votum eines Kongresses „bosniakischer Intellektueller“ in Sarajevo Ende 1992.

widerstrebend akzeptiert.[19] Doch das Eponym setzt sich im Verlauf der 90er-Jahre für die südslawischen Muslime mehr und mehr durch, während die „Muslimani" allmählich verschwanden.[20]„[T]he Muslims seem finally to have become a neat-national category its neighbors and the international community can deal with and understand."[21] Unter der Bezeichnung „Bosniaken" hatte bereits die österreichisch-ungarische Verwaltung im 1878 okkupierten Bosnien alle Bewohner der Provinz zusammenfassen wollen, war jedoch am Widerstand der katholischen und orthodoxen Bosnier gescheitert. Seither war der Name „Bosniake" in der Öffentlichkeit tabu gewesen.[22] Auch die Bezeichnung „Bošnjanin", die zeitweise im Gespräch gewesen war und bereits in mittelalterlichen Quellen belegt ist, konnte sich nicht durchsetzen. Seit 1993 gibt es nun Bosniaken als Nation und Bosnier (Bosanci) im Sinne einer regionalen (auch staatsbürgerlichen) Zugehörigkeit (so wie es Makedonier im Sinne einer Nation und Staatsbürgerschaft in der Republik Makedonien und Makedonier im Sinne regionaler Zugehörigkeit im

19 Zu den Diskussionen vgl. Bougarel, Xavier: L'Islam bosniaque, entre identité culturelle et idéologie politique, in: Ders. – Nathalie Clayer (Hg.): Le Nouvel Islam balkanique. Les musulmans, acteurs de post-communisme 1990–2000. Paris 2001, S. 107 ff.

20 Ein 21-jähriger Student in Sarajevo erklärte 2004: „I am a Bosniac. That's what I call myself these days. My family is from a village outside Sarajevo, and my great-grandfather was a hodža [imam]. My mother is pretty conservative, but my brother and I don't observe [Islamic law] at all, like most Bosniacs. Look, until a few years ago I went around telling everyone I was a Bosanac [pan-ethnic Bosnian] until I realized that this category is illegal; it doesn't exist in our Constitution. So I thought about it and decided that I wanted to count as one of the constituent groups of my country. And now, I feel like, yeah, I'm a Bosniac." Zit. nach Markowitz, Fran: Census and Sensibilities in Sarajevo, – in: Comparative Studies in Society and History 49 (2007), 1, S. 40–73; hier S. 56. In dem von Markowitz untersuchten Heiratsregister in Sarajevo ging der Anteil derjenigen, die sich als „Muslimani" bezeichneten, von 43,6 % (1996) auf 12,4 % (2003) zurück, während der Anteil der „Bosniaken" von 24,7 % auf 52,8 % stieg.

21 Bringa, T.: Being Muslim (432), S. 36.

22 Der aus einer alten bosnischen Adelsfamilie stammende Gelehrte, Politiker und Mäzen Adil Zulfikarpašić (1921–2008), Partisan der ersten Stunde, der bereits 1946 Jugoslawien enttäuscht verlassen hatte und 1990 nach Bosnien zurückkehrte, erzählte anlässlich eines Interviews im März 1994: „Ich wurde als Bosniak erzogen. Ich erinnere mich, dass ich einmal das Wort Bosnier benutzte, und mein Vater sagte, ein Bosnier sei ein bosnisches Pony, ein Mensch hingegen könne nur als Bosniak bezeichnet werden. Als ich in der Emigration war und das Bosniakentum als nationale und politische Identifikation der Muslime erneut ins Leben rief [in den 1960er-Jahren], machte man mir diesen Begriff zum Vorwurf. Es sei ein archaischer Begriff und daher unpassend, der adäquate Begriff sollte ‚Bosnier' sein." Auf die Frage, ob der Name „Bosniak" für ihn nicht nur einen religiösen Inhalt habe, antwortete Zulfikarpašić: „Das religiöse Element spielte die geringste Rolle. Ich glaube, wir sind Bosniaken unserer Mentalität nach, unserer politischen Entscheidung nach und entsprechend unserer psychologischen Struktur. Das religiöse Moment ist hier weniger wichtig und nicht ausschlaggebend, obwohl es ein wichtiger Faktor war." Zit. nach Djilas, M. – N. Gaće: Zulfikarpašić (437), S. 201, 200. Vgl. auch Dick, Christiane: Aus Muslimen werden Bosniaken. Der Beitrag von Adil Zulfikarpašić zur Konstruktion und Anerkennung des „Bosniakentums", in: Jahrbücher für Geschichte und Kultur Südosteuropas 4 (2002), S. 109–129.

griechischen Teil Makedoniens gibt). Aber Bosnier im ethnischen/nationalen Sinn gibt es offiziell in Bosnien ebenso wenig, wie es ethnische Jugoslawen in Jugoslawien gab. Einige tun sich schwer damit. Eine Frau aus Sarajevo berichtet über die Volkszählung von 2002: „When the census-taker came to my house she talked to my Mom. Mom answered the question about national belonging by saying what she always says, Bosnian. ‚Yes', replied the census-taker, ‚we are all Bosnians in Bosnia. But what are you really?' My Mom insisted that she really *is* Bosnian. The cenus-taker then asked another question: ‚What is your family's religion?' My Mom said that she and my Dad are not observant, but that both her parents and his parents are Muslims. ‚Aha', said the interviewer, ‚then you are Bosniacs', and that is how she completed the form."[23] Wer in Bosnien-Herzegowina welche Sprache spricht und wie diese Sprache heißt, wird von Bevölkerungsgruppe zu Bevölkerungsgruppe unterschiedlich beantwortet (bosnisch, serbisch, kroatisch). Nur „Bosniakisch" gibt es offiziell nicht.

Hinsichtlich der Bosniaken gilt Ähnliches wie für die Qualifikation von Staaten. Die Muslime als Nation waren – und sind für ihre Kritiker mitunter noch immer – eine „künstliche" Nation, während die Kritiker selber zu „natürlichen" Nationen gehören, die sich – gleich den Muslimen – derselben Standardsprache (des inzwischen verblichenen Serbokroatisch oder Kroatoserbisch bzw. des Bosnischen, Serbischen oder Kroatischen) bedienen, sich aber religiös voneinander unterscheiden (katholische Kroaten versus orthodoxe Serben). Das heißt, auch hier gab und gibt es keine eindeutigen Kriterien für „Natürlichkeit" und „Künstlichkeit". Doch in der Wahrnehmung der Nationalisten existiert eine Rangfolge: von den (höherwertigen, altehrwürdigen) „natürlichen" zu den (minderwertigen, rezenten) „künstlichen" Nationen. So rechnen sich Kroaten und Serben zu den „natürlichen" Nationen (zu den ältesten in Europa, wenn nicht gar in der Welt), während die Makedonier, deren Nation erst gegen Ende des Zweiten Weltkriegs „erfunden" wurde, wenn überhaupt, dann eine „künstliche" Nation sind (ungeachtet ihrer auf die Antike rekurrierenden Selbstdarstellung).[24] Noch „künstlicher" sind die Bosniaken. Und was man von der montenegrinischen Nation halten soll, weiß niemand so genau (außer ihren Befürwortern).[25] Montenegro mit seinen 625.000 Einwohnern gleicht offiziell dem Turmbau zu Babel. Es gibt fünf Amtssprachen (Montenegrinisch, Serbisch, Bosnisch, Kroatisch und Albanisch). Die ersten vier sind schwer auseinanderzuhalten. Und was Montenegrinisch ist, bleibt unklar. Im Herbst 2010 wurde Monte-

23 Zit. nach Markowitz, F.: Census and Sensibilities in Sarajevo, a. a. O., S. 59.

24 Vgl. Poulton, Hugh: Who are the Macedonians? (538).

25 Vgl. Pavlović, Srdja: Who are Montenegrins? Statehood, identity and civic society, in: Bieber, F. (Hg.): Montenegro in Transition (545), S. 83–106; Grabić, D.: Montenegrizität (546).

negrinisch in den Schulen als Unterrichtsfach eingeführt, aber eine Grammatik gab es nicht. Weder Lehrer noch Schüler wussten und wissen, was richtig oder falsch ist.

Die Frage, „Wer ist eine Nation, und warum?", die einen Großteil der Bürger des jugoslawischen Staats (von vielen Intellektuellen, Politikern und Hooligans einmal abgesehen) im Alltag lange Zeit nur mäßig interessiert hat,[26] beschäftigte schließlich auch das Kriegsverbrechertribunal für das ehemalige Jugoslawien in Den Haag. Und da die Antwort alles andere als „natürlich" ist, bestand erheblicher Klärungsbedarf, zumal der Begriff „Nation" im angloamerikanischen Raum obendrein eine andere Bedeutung hat als in Jugoslawien oder Deutschland (Staatsbürgergemeinschaft vs. Abstammungsgemeinschaft). Das war für die Richter aus aller Herren Länder ziemlich verwirrend und gewöhnungsbedürftig.[27]

---

26 Bei der Jobsuche und vor allem bei der Besetzung von Führungspositionen, die nach einem nationalen Proporzsystem vergeben wurden, konnte die Nationalität dann allerdings doch eine wichtige Rolle spielen.

27 Hier ein (unkorrigierter) Ausschnitt aus der Befragung des amerikanischen Experten Robert Hayden durch das Gericht am 10. September 1996:

„THE PRESIDING JUDGE: You say Muslim is a narod, but then you describe ‚narod' as ‚given birth to'. Earlier you said that, for example, people who were given birth to in Serbia would consider themselves Serbian; is that not so?

THE WITNESS: It is not quite so, your Honour, because one may be an ethnic Serb, no matter where one is born. I mean, one may be an ethnic Serb and be born in Chicago or Botswana, if one is born to Serbian parents and, specifically, a Serbian father.

Q[uestion]: Meaning a father born in Serbia?

A[nswer]: No, meaning a father who is, in American terms, an ethnic Serb.

This is ascribed identity, just as one may be an ethnic German, of ethnic German parentage, in Romanija [sic!] for 500 years, a group in Romanija called Saxons, or Germans in Solezia(?) [sic!] in Poland. This European concept of nation is a bit different from the American concept and it makes it a bit hard to talk about. Just if I can try one more example: We now have in Germany the second, third, maybe even fourth, generation of Turks who are born – maybe born in Germany, may in fact be monolingual speakers of German, but are not considered by the German to be German. They are considered to be Turks. In Yugoslav terms, they would be members of the Turkish narod [korrekterweise hätte Hayden „narodnost" sagen müssen], as opposed to the German narod.

Q[uestion]: But ‚narod' means nation, occasionally a people, but most closely to the verb meaning ‚to give birth'. So that if Muslim is narod, you say that Muslim is a narod, how can you determine that then? Were not the Muslims given a state earlier and is that a possible way to consider Muslims as an ethnic group as opposed to a religion?

A[nswer]: The religion in this case identifies the ethnic group. This is not unusual in Yugoslavia. In fact, by now the definitive division between Serbs and Croats is that Serbs are orthodox Christians. One does not have to be a believer, of course. I mean, if your parents are Serbs, you are a Serb. If your parents are Muslim, you are a Muslim. Whether or not you go to church or go to the mosque is really irrelevant. This is an ascribed status. It is not unique in the former Yugoslavia. Muslim as an ethnic group in this sense could be found, for example, in Sri Lanka with a largest group are Sinhalise followed by Tamils, but there is a group of Muslims who are actually speakers of Tamil, but are not regarded by the Tamils as being Tamil. The population that speaks what I learned as Serbo-Croatian is divided among Serbs, Croats and Muslims primarily and these are, in American terms, ethnic groups. The Muslims as a narod did not have that constitutional status until 1971, as I recall.

Offene Fragen

Das Verschwinden Jugoslawiens und dessen begleitende Gewaltexzesse haben eine Fülle von Fragen aufgeworfen, die nicht nur (Ex-)Jugoslawien betreffen: Ist es die Ökono-

---

Q[uestion]: The constitutional status then came from what, the fact that they were recognised as a state in a constitution?
A[nswer]: No, they were recognised as a constituent nation, as one of the narodi of Yugoslavia. This is a Yugoslav constitutional distinction that I think Professor [James] Gow also talked about. It is the distinction between the narodi, narods, and narodnosti, nationalities. The narods are the groups, the Serbs, Croats, and after '71 Muslims, Slovenes, Montenegrins, Macedonians, who are the state-forming people. The narodnosti are minorities whose, if you will, mother state or the state of their narod group is another state. Hungary, for example; the Hungarian minority in Serbia or in Slovenia would be a narodnos[t] because there is a Hungarian state. Much of central Europe has to grapple with these questions of having what are, in Yugoslav terms, narod, denarods [sic!] and narodnosti, and some of the tensions in central Europe come from this. For example, several years ago the President of Hungary said that he was not only President of Hungary, he was President of all Hungarians. Well, there are a substantial number of Hungarians in Romanija and the Romanijan government was not overly pleased with this pronouncement by the President of Hungary.
Q[uestion]: I apologise for asking so many questions. I guess, Professor Hayden, you have come to testify after so many months and we have heard testimony about whether it is religion or ethnicity. There has been some literature to suggest that all are the same ethnicity, that is, Slavs. But I think that what you are saying is that it is a state-forming people, at least narod, and in that respect you can consider Muslims to be a separate ethnic group?
A[nswer]: Yes, very much so and, of course, they all consider themselves to be of these groups. As I say, one is born into this group, and whether or not one is a practising Muslim or believing Muslim is absolutely irrelevant to one's identity as a member of the Muslim narod. Obviously, questions arise when you have mixed marriages and those questions do arise. That is also in many ways a quite modern phenomenon.
(...)
Q[uestion]: Then following that up, if someone had no religious beliefs, as certainly was the case with a number of the population of Yugoslavia in 1990, was there any difficulty at all in transforming yourself from a Muslim to a Serb, assuming that you were moving to a different part of Bosnia-Herzegovina; the language would be identical, in every respect you would appear to be one of an undifferentiated mass, would you not?
A[nswer]: Well, not necessarily exactly. For one thing, personal names are often indicative. In terms of languages, dialects of any language are primarily regional, so that everyone from Sarajevo would speak a Sarajevo dialect, Serbs, Croats and Muslims, you would be identified as a Bosnian. But it would have been unlikely that one would take, if one were a Muslim, that one would then present oneself as a Serb. It would be much more likely that if one did not feel oneself to be a Muslim that you would take the – proclaim the identity of Yugoslav. In fact, this was one of the options on the census forms and the number of self-identified Yugoslavs rose through the census of 1981 and then dropped dramatically in the census taken at the beginning of April in 1991 when it suddenly did not seem very wise to declare oneself as a Yugoslav.
Q[uestion]: Then what of Bosniacs? If you were a Muslim, it was fashionable to call yourself Bosniac? [...]" Es folgen weitere Antworten und Fragen. Aber das soll reichen. http://www.icty.org/x/cases/tadic/trans/en/960910ed.htm, S. 5619–5624.

mie, die alles erklärt? Oder die Kultur? Waren es in erster Linie wirtschaftliche oder politische oder ethnische oder kulturelle oder andere Gründe, die das Scheitern des jugoslawischen Experiments hervorriefen? Wurden ökonomische Unterschiede nationalisiert oder nationale Unterschiede ökonomisiert? Oder war es ein Wechselspiel, bei dem sich nicht entscheiden lässt, was zuerst da war, die Henne oder das Ei? Lässt sich die tiefe Wirtschafts- und Schuldenkrise der 80er-Jahre, die dem Staatszerfall vorausging, mit der Krise in der Euro-Zone und EU von 2011 vergleichen?[28] Waren sich die Nationen und Nationalitäten im realexistierenden Jugoslawien zu fremd (wofür einiges spricht) oder zu ähnlich (wofür ebenfalls einiges spricht) oder teils, teils? Muss man das sozialistische Selbstverwaltungsmodell und die „sozialistische Marktwirtschaft" als bloße Missgeburten verstehen? Steht das Scheitern Jugoslawiens exemplarisch für das Scheitern multiethnischer und multikultureller Gesellschaften: ein Menetekel für alle „Multikultis"? Und war somit vorhersehbar, dass der Vielvölkerstaat (früher oder später) zum Untergang verurteilt war?[29] Warum haben sich die Vielvölkerstaaten Sowjetunion und Tschechoslowakei gewaltfrei aufgelöst, während die Auflösung Jugoslawiens von extremer Gewalt begleitet war? Hat sich der jugoslawische Staat überhaupt aufgelöst oder ist er durch die Sezession seiner vormaligen Teilrepubliken zerstört worden? Waren die Kriege der 1990er-Jahre „neue" oder „alte" Kriege, waren es Aggressions-, Verteidigungs- oder Bürgerkriege, ethnische Kriege, Religionskriege oder Kriege der Dörfer gegen die Städte? Oder waren sie eine Episode in Samuel Huntingtons globalem „clash of civilizations"? Was waren die Ursachen der ethnischen Säuberungen in den 1990er-Jahren? Wie konnte es kommen, dass aus „normalen" Bürgern und friedfertigen Nachbarn mitunter über Nacht Mörder wurden? Besteht ein atavistischer Hass zwischen den Völkern Jugoslawiens, der nur dank kommunistischer Repression gut vier Jahrzehnte lang in Schach gehalten wurde? Oder ist der Zerfall Jugoslawiens das Ergebnis eines gescheiterten kommunistischen Experiments? Wie konnte, sollte oder musste die internationale Gemeinschaft auf Krise und Zerfall Jugoslawiens sowie auf massive Menschenrechtsverletzungen reagieren? Welche Rolle hat Deutschland gespielt? War der externe Faktor für den Staatskollaps und die Gewalteskalation wichtiger als die internen Faktoren? Ließ sich eine militärische Intervention des Auslands humanitär begründen? Welche Bedeutung haben die postjugoslawischen Kriege und das von den Vereinten Nationen geschaf-

28 Der renommierte slowenische Ökonom Jože Mencinger hat in einem Interview mit Norbert Mappes-Niediek im Mai 2011 Parallelen zwischen der Krise in der EU und der Situation in Jugoslawien in den 80er-Jahren gezogen. „Wie 1983 in Jugoslawien", in: Berliner Zeitung vom 20. 5. 2011.

29 Vgl. Wiberg, Håkan: Former Yugoslavia in 1990: Why it had a bad prognosis, in: Hadžić, M. (Hg.): Violent Dissolution (285), S. 31–49. „It is fair to say that F(ormer) Y(ugoslavia) had a far worse prognosis than any European country at that time." (S. 46)

fene Kriegsverbrechertribunal in Den Haag für die Weiterentwicklung des Völkerrechts? Und schließlich: Wie gehen die postjugoslawischen Nachkriegsgesellschaften mit ihrer jüngsten Vergangenheit und den Massenverbrechen um? Fragen über Fragen, auf die es zwar bereits sehr viele, zumeist aber sehr unterschiedliche Antworten gibt.

Sofern das alte Jugoslawien als ein von seiner Bevölkerung nicht akzeptiertes Konglomerat von nationalen und kulturellen Gegensätzen, als Kampffeld der Kulturen dargestellt wird, beantwortet sich die Frage nach den Gründen seines Untergangs fast von selbst. Der Kollaps war in diesem Fall nur eine Frage von Zeit und Gelegenheit. Ohne Alternativen. Und sofern man die Geschichte dieses Staates von seinem Ende her schreibt, liegt es nahe, diejenigen Faktoren ins Rampenlicht zu rücken, die sein Scheitern „vorherbestimmten". Die Geschichte Jugoslawiens stellt sich aus dieser Perspektive als Vorgeschichte seines Untergangs dar. Nach demselben Muster lässt sich das Leben eines Menschen als Vorgeschichte seines Todes beschreiben, denn die Vorgeschichte des Todes beginnt unweigerlich mit der Geburt. Im Unterschied zu Menschen sind Staaten aber keine biologischen Organismen, die nach Ablauf einer statistisch ermittelbaren Lebenserwartung sterben müssen. Dazu bedarf es anderer Gründe. Wenn sich also ein Staat – zumindest zeitweilig – gegenüber seiner Bevölkerung legitimieren konnte und von dieser angenommen wurde, dann fällt die Antwort auf die Frage nach den Gründen seines Untergangs ziemlich schwer. Sein Verschwinden stellt sich nicht mehr als Endpunkt einer vorhersehbaren – mehr oder minder geradlinigen und zwangsläufigen – Entwicklung, sondern als Ergebnis eines verschlungenen Prozesses dar. In diesem Fall kommt es darauf an, die Wendepunkte und deren Hintergründe zu beleuchten, das Auf und Ab seiner Geschichte. Je nachdem, welche Bedeutung man dem Zufall in der Geschichte einräumt, wie man das Wechselspiel von Kontinuität und Diskontinuität, von Akteuren und Strukturen einschätzt, fällt die Erklärung des Staatsuntergangs eher deterministisch oder eher voluntaristisch aus.

Ähnliches gilt auch für die Erklärung der Gewalt in den 1990er-Jahren. Kurz nach Beginn des Krieges in Bosnien im Frühjahr 1992 tauchte der Begriff „ethnische Säuberung" in den internationalen Medien auf. Seit dieser Zeit ist eine Vielzahl von Arbeiten zu ethnischen Säuberungen und zum Genozid (beide sind nicht miteinander identisch) erschienen, in denen die postjugoslawischen Kriege entweder im Mittelpunkt stehen oder als Fallbeispiele in vergleichenden Studien herangezogen werden. Handelte es sich bei der Gewalteskalation der 1990er-Jahre um eine Wiederholung, Fortführung früherer Gewalt, um eine Rückkehr der „Balkan ghosts" – wie einige Analysten und Politiker diagnostizierten – oder um eine gesteuerte Aktion, die mit einer „balkanischen Gewalttradition" nichts, wenig oder allenfalls indirekt etwas zu tun hat? Wer waren die Täter, wer die Opfer?

Und – last, but not least: Die Geschichte Jugoslawiens war geprägt von „Revolutionen". Am Anfang stand die sozialistische Revolution. Dann war es einige Jahrzehnte relativ ruhig (wenn man von der „industriellen Revolution", der „Bildungsrevolution", von Protesten und Streiks absieht), bevor in den letzten zwei Jahrzehnten des 20. Jahrhunderts eine wahre Flut von „Revolutionen" über das Land hereinbrach. Der „Konterrevolution" in Kosovo folgten die „antibürokratische Revolution", die „Joghurt-Revolution", die „Baumstamm-Revolution" und die „Bagger-Revolution" bzw. die „Revolution vom 5. Oktober": ziemlich viel für einen kurzen Zeitraum. Oder handelte es sich – wie Ivo Banac meint – um „Yugoslav Non-Revolutions"?[30]

Bei seinen Bürgerinnen und Bürgern war der zweite jugoslawische Staat sowohl auf Zustimmung wie auf Ablehnung gestoßen, wobei sich die Stärke beider Lager im Laufe der Zeit veränderte. Je nach Betrachtungsperspektive wird in der Literatur aber oft nur der eine oder andere Aspekt berücksichtigt, während die Veränderung selbst aus dem Blickfeld gerät. Seit Ende der 1980er-Jahre wird die Geschichte Jugoslawiens (wie die seiner Teile) neu geschrieben, wobei die Auseinandersetzung mit sozialistischen Tabus im Vordergrund steht. Weit verbreitet ist der Glaube, dass postsozialistische Darstellungen automatisch glaubwürdiger sind als frühere, weil sie kommunistische Verbrechen aufdecken. Dass sie häufig nur alte Tabus durch neue ersetzen, steht auf einem anderen Blatt Papier. Mittlerweile gibt es nicht mehr viele Dinge, die sicher sind. Sicher aber ist, dass die Zeit der „Eindeutigkeiten" vorbei ist und wohl nie zurückkehren wird.

Jugoslawien als Prozess durchlebte mindestens drei Phasen. Dem Terror bei Kriegsende und den stalinistischen Exzessen folgte eine Phase der Konsolidierung, partieller Liberalisierung und zunehmenden Wohlstands, die schließlich von einer Phase der Stagnation, der Regression und Agonie abgelöst wurde. Die zeitliche Abgrenzung dieser drei Phasen ist schon deshalb schwierig, weil sie nie in „Reinkultur" auftraten, sondern stets durchmischt waren mit Elementen aus dem Vorher und/oder Nachher. Die mittlere Phase umfasste etwa einen Zeitraum von eineinhalb bis zwei Jahrzehnten, von der zweiten Hälfte der 50er- bis in die 70er-Jahre hinein. Diese Phase, die ebenso von Paternalismus wie von tiefgreifenden Veränderungen geprägt war, gilt den einen als „goldenes Zeitalter" Jugoslawiens, den anderen als Anfang vom Ende. Theoretisch hätte sie auch der Anfang vom Anfang sein können, d. h. der Beginn eines Transformationsprozesses, an dessen Ende nicht der Zusammenbruch des gemeinsamen Staates, sondern eine pluralistische Gemeinschaft gestanden hätte. Nicht die vorhandenen Probleme waren das Problem, sondern die Nichtakzeptanz jeder Form von politischem Pluralismus.

30 Banac, Ivo: Postcommunism as Post-Yugoslavism: The Yugoslav Non-Revolutions of 1989–1990, in: Ders. (Hg.): Eastern Europe in Revolution. London 1992, S. 168–187.

Während die erste Phase – über die Vergeltungsmaßnahmen bei Kriegsende hinaus – von massiver Repression gegen Regimegegner charakterisiert war, trat die Verfolgung von „Abweichlern“ in den beiden nachfolgenden Phasen deutlich zurück. Sie verschwand nicht, aber sie nahm nicht mehr entfernt jenes Ausmaß an wie in der ersten Phase (oder wie in manchen anderen sozialistischen Ländern). Die amtliche Kriminalstatistik für die Jahre 1947 bis 1987 spiegelt diese Entwicklung wider. 1947 wurden von den ordentlichen Gerichten 10.211 Personen wegen „Verbrechen gegen das Gesellschaftssystem und die Staatssicherheit“ verurteilt. Im Jahr darauf erreichte die Zahl der Verurteilten mit 11.246 ihren absoluten Höchststand, um anschließend deutlich und kontinuierlich zurückzugehen. Das Jahr 1967 markiert mit 92 Verurteilungen den Tiefststand. In den Jahren nach dem „kroatischen Frühling“ von 1971 stieg die Zahl wieder an (mit mehr als 690 Verurteilungen 1972 und 1973), um anschließend erneut zu fallen. Die Prozesse vor den ordentlichen Gerichten sind freilich nur ein Teil des Geschehens. Die Überwachungs- und Verfolgungsmaßnahmen des Amtes für Staatssicherheit gingen weit darüber hinaus, vor allem in den Jahren bis 1966, bis zum Sturz des Geheimdienstchefs Aleksandar Ranković. Die vom Geheimdienst angelegten Dossiers wurden jedoch zum Teil vernichtet, zum Teil sie sind noch immer unzugänglich.[31] Aber im Vergleich zum rumänischen Überwachungsstaat in der Spätphase des Ceauşescu-Regimes ging der jugoslawische Staat vor und erst recht nach 1966 mit seinen inneren Gegnern relativ „glimpflich“ um (von der Bekämpfung „terroristischer“ Aktivitäten abgesehen). „Dissidenten“ wurden auch in Jugoslawien verfolgt, doch die große Mehrheit der Bevölkerung blieb davon unberührt. Der weitgehende Verzicht auf massive Repression seit der ersten Hälfte der 50er-Jahre gehört ebenso zu den Merkmalen des sozialistischen Jugoslawiens wie seine Vielfalt und Widersprüchlichkeit.

Im Labyrinth der Erinnerungen

Die heutigen Erinnerungen an das sozialistische Jugoslawien sagen wenig über die seinerzeitigen Einstellungen der Bevölkerung aus, selbst wenn die Personen dieselben geblieben sind. Zum einen haben viele Menschen, darunter namhafte Akteure aus Politik, Kultur und Wissenschaft, ihre Positionen im Laufe der Jahre mitunter radikal verän-

31 Eine systematische Darstellung der verschiedenen Gruppen von Regimegegnern in Jugoslawien steht bislang noch aus. Spehnjak, Katarina und Cipek, Tihomir haben mit dem Blick auf Kroatien eine erste Sytematisierung vorgelegt. Vgl. ihren Aufsatz: Disidenti, opozicija i otpor – Hrvatska i Jugoslavija 1945. – 1990., in: Časopis za suvremenu povijest 39 (2007), 2, S. 255–297. Vgl. auch dies.: Croatia, in: Pollack, Detlef – Jan Wielgohs (Hg.): Dissent and Opposition in Communist Eastern Europe. Origins of Civil Society and Democratic Transition. Aldershot 2004, S. 185–206.

dert: Leute, die links unten gestartet waren, kamen rechts oben an, aus international orientierten Kommunisten wurden antikommunistische Nationalisten, aus Dogmatikern Liberale, aus „Dissidenten“ und Querdenkern Konformisten und Kriegstreiber, aus bekennenden Atheisten inbrünstige Gläubige usw. Immer wieder konnte man alte Bekannte an neuen Orten treffen, an geistigen Orten, an denen man sie nicht vermutet hätte. Zum anderen überschatten die Ereignisse der 1990er-Jahre die Erinnerungen an die Zeit davor – entweder in positiver Art („Das alte Jugoslawien war besser als die Gegenwart“) oder in negativer Weise („Das kommunistische Jugoslawien hat uns in die Katastrophe geführt“). Die Kriege im letzten Jahrzehnt des 20. Jahrhunderts haben nicht nur Menschen, Karrieren, Gebäude usw. zerstört, sie haben auch Erinnerungen und „Lebenswelten“ zerstört.

Persönliche Erinnerungen hängen bekanntlich von vielen Faktoren ab: vom sozialen Umfeld, in dem sie kommuniziert werden, von öffentlichen Erinnerungen, vom Alter und Geschlecht der betreffenden Person, von der familiären Sozialisation bzw. von den im Familien- oder Bekanntenkreis tradierten intergenerationellen Erinnerungen sowie – im Falle des ehemaligen Jugoslawiens – von den Folgen des Staatszerfalls und der Systemtransformation für das erinnernde Individuum. Erinnerungen – ebenso wie „Identitäten“ – sind in hohem Maße situativ, fluid, fragmentiert, hybrid. Diejenigen, die den Zweiten Weltkrieg bewusst miterlebt hatten, haben eine andere Erinnerung (positiv oder negativ, affirmativ oder ablehnend) an den zweiten jugoslawischen Staat als diejenigen, die nach Kriegsende geboren wurden und als Erwachsene (in ihren besten Jahren) Jugoslawien in seinen besten Zeiten erlebt haben, oder diejenigen, die den Staat nur in der Phase seiner Agonie und seines Zerfalls kannten, ganz zu schweigen von denjenigen, deren „Wissen“ über Jugoslawien sich allein aus den Erzählungen ihrer Opas und Omas speist. Politische Exilanten haben eine andere Erinnerung an das sozialistische Jugoslawien, das sie kaum oder gar nicht kannten, als diejenigen, die im Lande lebten. Aus makedonischer Perspektive stellt sich die Erinnerung an Jugoslawien anders dar als aus kroatischer Perspektive, aus slowenischer anders als aus bosnischer, aus albanischer anders als aus serbischer. Frauen, deren rechtlicher Status sich im sozialistischen Jugoslawien enorm verbesserte, erinnern Jugoslawien anders als Männer, die vom Angriff auf das männliche Imperium schockiert waren. Für viele ist die Erinnerung an Jugoslawien unlösbar mit ihrer persönlichen Biografie verbunden, während andere ihren individuellen Lebensweg von der Existenz Jugoslawiens abgekoppelt haben. Für die einen ist das zweite Jugoslawien identisch mit kommunistischer Diktatur (und sofern diese schlecht war, war auch Jugoslawien schlecht), für andere besitzt das Land – unabhängig von den wandelbaren politischen Systemen – einen Eigenwert. Wer von der Massengewalt bei der kommunistischen Machtübernahme nach dem Zweiten Weltkrieg wusste oder von den

Behörden im sozialistischen Jugoslawien schikaniert wurde, hat eine andere Erinnerung an den früheren Staat als derjenige, der diese Zeit konfliktfrei erlebt hat. Schließlich hat der Zerfall des gemeinsamen Staates sowohl Gewinner wie Verlierer hervorgebracht (wie auch die Gründung des zweiten Jugoslawiens die seinerzeitige Bevölkerung in Gewinner und Verlierer geteilt hatte). Entsprechend gespalten waren und sind die Erinnerungen. Die aktuellen Gewinner im materiellen oder ideellen Sinn blicken auf das vormalige Jugoslawien als Völkerkerker mit einer kommunistischen Diktatur und Misswirtschaft zurück. Für andere ist die heutige Situation bedrückender als in den 1960er- und 70er-Jahren: weil sie Angehörige oder Freunde in den postjugoslawischen Kriegen verloren haben, weil sich ihre soziale Situation verschlechtert hat, weil sie ihre Heimat und/oder ihre frühere Identifikation aufgeben mussten oder weil sie den exklusiven Nationalismus in den Nachfolgestaaten verabscheuen und den Verlust der jugoslawischen Vielfalt sowie der einstmaligen Reputation des gemeinsamen Staates als Verarmung empfinden. Sie leiden unter Trennungsschmerz.

Für die einen war Jugoslawien „indeed a foolish idea from the start. History has shown", so ein Schriftsteller in Skopje, „that such artificially made-up countries ... Yugoslavia, Czechoslovakia, the USSR ... only survived as long as their people were kept under iron-hand dictatorships." Andere erinnern Jugoslawien als Land der Multiplizität, Pluralität und Offenheit. „Yugoslavia was a wonderful creation of people who spoke similar languages and had some basic similarities ...", so ein makedonischer Politiker; „they lived together in peace and with rights not afforded them while living under some world power's domination ... Yugoslavia was prosperous and unique. It could have served as an example for Europe." – „I clearly have an idealized version of the 1980s and the Yugoslav era", ergänzt ein Journalist aus dem slowenischen Maribor. „In my memory, this period is like a paradise ... I don't know how to describe it clearly ... it is like, everything was perfect, I mean, I know it wasn't ... but for me, emotionally, it was beautiful, nice, spiritually und culturally rich, cosmopolitan ... We travelled all around the country ... visiting friends and relatives." „I am happy that my environment was becoming more Slovenian", hält ein Schriftsteller aus Ljubljana dagegen. „No more other South Slavic languages ... only Slovenian." Und ein Anwalt aus Ljubljana bekennt: „I am a Yugonostalgic ... but there is one and only one reason why I miss Yugoslavia, and why I am happy to have grown up in Yugoslavia ... Yugoslavia really moved beyond simply mixing people and became a place, at least in the 1980s, where the fact of difference was accepted, and celebrated. There was openness to otherness, and I loved the fact that I travelled to Serbia on school trips and had my first kiss with a Serbian girl ..."[32]

---

32 Alle zitierten Aussagen stammen von Vertretern der letzten jugoslawischen Generation, die 2004/2005

Was denn nun? Die Frage, welche Erinnerung „richtig" oder „falsch" ist, lässt sich – einmal abgesehen von überprüfbaren Fakten – nicht beantworten, da es sich um unterschiedliche Erinnerungen auf der Grundlage unterschiedlicher Erfahrungen und unterschiedlicher Perspektiven oder um Erinnerungen unterschiedlicher Alterskohorten handelt. Und es wird noch einige Zeit dauern, bis aus den widerstreitenden Erinnerungen der Erlebnisgenerationen ein „kulturelles Gedächtnis" bzw. mehrere, national separierte „kulturelle Gedächtnisse" herausgefiltert werden, die dann Antwort auf alle Fragen geben. Oder dies zumindest beanspruchen. Aber im Augenblick befinden wir uns noch in der chaotischen oder schöpferischen Phase der Fragestellungen und des Aushandelns.

Die positiven Erinnerungen an Jugoslawien werden zumeist unter dem Begriff „Jugonostalgie" zusammengefasst.[33] Einige verwenden ihn zustimmend, andere ironisch, wieder andere abschätzig im Sinne von irrational, unrealistisch, verklärend, sentimental. Wie sonstige Erinnerungen, so haben auch nostalgische Erinnerungen nicht nur mit der Vergangenheit, sondern auch mit Gegenwart und Zukunft zu tun.[34] Die „Jugonostalgie" oder das, was dafür gehalten wird – die nüchterne, nicht nostalgische Bestandsaufnahme auf der einen oder die Verklärung auf der anderen Seite –, weist vielfältige Facetten auf. In einem Interview erklärte ein 1961 geborener Teilnehmer der postjugoslawischen Kriege: „Wir hatten etwas, woran wir glauben konnten. Wir glaubten an etwas; alles war fein. Der Lebensstandard war fein. Und dann kommt dieser Kretin [Milošević] und macht alles kaputt in nur drei oder vier Jahren …"[35] Viele Umfragen in den postjugoslawischen Staaten – von Slowenien bis Kosovo – belegen die Jugo- und Titonostalgie. Titos Geburtshaus in Kumrovec (Kroatien), das Tito-Museum auf der Adria-Insel Brioni/Brijuni oder das Tito-Mausoleum im Belgrader Vorort Dedinje ziehen Jahr für Jahr Scharen von Besuchern an.[36] Dass wir nach wie vor über viele Details aus dem Leben

in Slowenien und Makedonien von einer Ethnologin der University of Queensland interviewt wurden. Volcic, Zala: Scenes From the Last Yugoslav Generation: The Long March from Yugo-Utopia to Nationalisms, in: Cultural Dynamics 19 (2007), 1, S. 67–89.

33 Vgl. u. a. Lindstrom, Nicole: Yugonostalgia: Restaurative and Reflexive Nostalgia in former Yugoslavia, in: East Central Europe 32 (2006), 1–2, S. 231–242; Volcic, Zala: Yugo-nostalgia: Cultural Memory and Media in the former Yugoslavia, in: Critical Studies of Media Communication 24 (2007), 1, S. 21–38; Bajer, Josefina: YU-Nostalgie in Slowenien. Das Phänomen der Nostalgie als Produkt der Transformation. Hamburg 2009.

34 „Nostalgia is not always about the past; it can be retrospective but also prospective. Fantasies of the past determined by needs of the present have a direct impact on realities of the future." Boym, Svetlana: The Future of Nostalgia. New York 2001, S. XVI.

35 Zit. nach Bašić, N.: Krieg als Abenteuer (251), S. 260.

36 Vgl. Škrbić-Alempijević, Nevena – Petra Kelemen: Travelling to the birthplace of the „Greatest Son of Yugoslav Nations": the construction of Kumrovec as a political tourism destination, in: Grandits, H. –

Titos (mit bürgerlichem Namen: Josip Broz) wenig wissen (allein zu seinem Geburtsdatum existieren 15 Varianten), verstärkt den Reiz des „Mysteriums Tito“. 1993 – während des Kriegs in Bosnien – strahlte das oppositionelle Belgrader Fernsehstudio B92 Želimir Žilniks Streifen „Tito ein zweites Mal unter den Serben“ (Tito po drugi put medju Srbima) aus, der auf ebenso nachdenkliche wie amüsante Weise die Reaktion Belgrader Passanten auf die Begegnung mit dem wiederauferstandenen Tito einfing. Ein großartiger Film! Im folgenden Jahr – 14 Jahre nach seinem Tod – kam Tito im digitalen Zeitalter an und richtete sich seine eigene Homepage („Titoville“) ein.[37] 1999 erschien die Politsatire des kroatischen Regisseurs Vinko Brešan *Marschall Titos Geist,* die ein Jahr später auf der Berlinale mit einem Preis ausgezeichnet wurde. 2003 – zehn Jahre nach Žilniks Film *Tito ein zweites Mal unter den Serben* – tauchte ein neuer Josip Broz auf der politischen Bühne Serbiens auf, ein Enkel des Verstorbenen, der auf der Welle der Titonostalgie eine neue Arbeiterpartei zu etablieren suchte.[38] Ebenfalls 2003 eröffnete ein (cleverer?) Geschäftsmann, der lange in Kanada gelebt hatte, am Rande der Stadt Subotica in Nordserbien, in der Wojwodina, das kleine „Jugoland“. Für drei Dollar pro Person konnte man Bürger von „Jugoland“ werden. Und die staatliche serbische Eisenbahn holte im Frühjahr 2007 Titos legendären „Blauen Zug“, der sechzig Jahre zuvor gebaut worden war und als eine Art rollendes Präsidentenpalais fungiert hatte, aus der Versenkung hervor: dunkle Holztäfelung, dicke luxuriöse Teppichböden und elegante Möbel im Stil der 50er-Jahre. Eine Touristenattraktion. Im Jahr 2009 ersteigerte die Hafenstadt Rijeka Titos Luxusjacht, die 117 Meter lange „Galeb“ (Taube), auf der die britische Königin ebenso wie Filmstar Elizabeth Taylor, der ägyptische Staatschef Gamal Abdel Nasser, der Schauspieler Richard Burton und viele, viele andere zu Gast waren. Auch im Internet, in Musik und Theater hat die Jugonostalgie längst Einzug gehalten. Erstaunlicherweise ist es gerade die Jugend in den postjugoslawischen Staaten, die heute – zwanzig Jahre nach dem Untergang Jugoslawiens – eine überwiegend positive Meinung vom einst gemeinsamen Staat hat.[39] Wie die Habsburg-Nostalgie, so ist auch die

---

K. Taylor (Hg.): Sunny Side (114), S. 141–170 und Škrbić-Alempijević, N. [u. a.] (Hg.): O Titu kao mitu (170).

37 http://www.titoville.com/.

38 Vgl. das Interview mit Josip Joška Broz: Nostalgičari za mojim djedom Titom dovest će me u parlament, in: Nacional vom 9. 12. 2003: http://www.nacional.hr/clanak/10802/nostalgicari-za-mojim-djedom-titom-dovest-ce-me-u-parlament. Broz kandidierte zunächst für eine Koalition aus vier kleinen Parteien. Ende 2010 gründete er eine Kommunistische Partei (gegen den Protest der Anhänger der 1990 – zunächst unter anderem Namen gegründeten – „Neuen Kommunistischen Partei Jugoslawiens“). Vgl. Politika vom 6. 12. 2010.

39 Flere, Sergej – Andrej Kirbiš: Attitudes Toward Former Yugoslavia Among Post-Yugoslav Youth: A Cross-National Comparison (2011): http://projects.ff.uni-mb.si/cepyus/upload/files/Flere_and_Kir-

Jugonostalgie schillernd, vieldeutig und widersprüchlich. Wie sie sich zur Geschichte verhält, wird in den folgenden Kapiteln zu beleuchten sein.

Die Geschichte Jugoslawiens und der postjugoslawischen Kriege ist durch Quellen außerordentlich reich dokumentiert. Ein großer Teil des Quellenmaterials ist im Internet abrufbar oder liegt in gedruckter Form vor. Das betrifft sowohl Quellen jugoslawischer Provenienz (z. B. Verfassungen, Gesetze, Statistiken oder Dokumentensammlungen zur Geschichte des sozialistischen Jugoslawiens insgesamt sowie zu einzelnen Bereichen der Innen- und Außenpolitik) als auch Quellen ausländischer Provenienz (einzelner Staaten, der Vereinten Nationen und anderer Organisationen) sowie des Internationalen Kriegsverbrechertribunals für das ehemalige Jugoslawien in Den Haag. Dessen Datenbank ist mittlerweile so umfangreich, dass sie von Forschern im Alleingang nicht mehr umfassend ausgewertet werden kann. Und fast täglich kommen neue Dokumente hinzu. Nach dem Zusammenbruch des sozialistischen Jugoslawiens wurden viele vormals geheime Dokumente der Forschung zugänglich gemacht. Zwar befinden sich einige Bestände nach wie vor unter Verschluss (sofern sie nicht tatsächlich vernichtet wurden) oder sind (angeblich) so ungeordnet, dass sie nicht zur Benutzung freigegeben werden. Doch nie zuvor hatte die Jugoslawien-Forschung einen so umfangreichen Zugriff auf einschlägige Dokumente wie heute. Die Erschließung dieses Materials bleibt eine Jahrhundertaufgabe.

---

bis_2011_Attitudes_toward_Yugoslavia.pdf. Die Autoren führten eine Umfrage unter Studenten in allen postjugoslawischen Staaten durch. Sie schreiben „former Yugoslavia was evaluated mostly in terms of a sense of economic justice, combined with a lack of inter-ethnic conflict. It seems that economic and political change in the early 1990s, especially capitalism, has brought about uncertainty resulting in idealizations of the past, not only among the older population, which experienced both systems, but also of the younger generations (probably mostly through experience and memories of older generations)." Deutlich weniger positiv als in allen anderen postjugoslawischen Staaten (einschließlich des Vorzeigelands Slowenien) fiel die Einschätzung der kroatischen und kosovo-albanischen Studenten aus. Dies könnte darauf hinweisen, dass der Nationalismus bei Kroaten und Kosovo-Albanern vergleichweise tief verwurzelt ist, während er bei den anderen ehemals jugoslawischen Nationen deutliche Schwankungen aufweist: Phasen der Gelassenheit wechseln sich ab mit Phasen der Erregung.

Erster Teil : Jugoslawien 1943–1991

1. Vom Stalinismus zur Selbstverwaltung

1.1 Die Geburt des zweiten Jugoslawiens

Thema des vorliegenden Buches ist nicht die Geschichte des Zweiten Weltkriegs. Auf einen kurzen Rückblick kann aber aus drei Gründen nicht verzichtet werden: 1. Als der Zweite Weltkrieg im April 1941 Jugoslawien mit dem Überfall der „Achsenmächte" erreichte, konnte niemand ahnen, dass das Land am Ende des Krieges kommunistisch sein würde. Jugoslawien war der einzige sozialistische Staat Europas, der den Systemwechsel im Verlauf und Gefolge des Zweiten Weltkriegs – von einer kurzen Zusammenarbeit mit der Roten Armee im Herbst 1944 bei der Befreiung Belgrads und der Wojwodina abgesehen – aus eigener Kraft vollzog. Der jugoslawische „Sonderweg" begann also nicht erst mit dem Ausbau eines überaus eigensinnigen Sozialismusmodells zwischen 1950 und 1976, sondern bereits während des Krieges. 2. Der Weltkrieg auf dem Boden Jugoslawiens war ein vielschichtiger Krieg: ein Krieg zwischen den Besatzungsmächten und Widerstandsbewegungen, ein ideologischer Krieg zwischen Kommunisten und Antikommunisten, zwischen „Faschisten" und „Antifaschisten" und – last, but not least – ein ethnischer Krieg. Als solcher ähnelte er den Kriegen der 1990er-Jahre, deren Akteure auf die offen gebliebenen Rechnungen aus dem Weltkrieg rekurrierten und die jüngsten Kriege als Fortsetzung oder Vollendung des unvollendeten Weltkriegs (oder auch weiter zurückliegender Kriege, z. B. gegen die „Türken") interpretierten. 3. Die Kriegsgeschichte der Jahre 1941 bis 1945 war ein zentraler Teil der Nachkriegsgeschichte und wird erst seit einigen Jahren durch die Kriegsgeschichte der 1990er-Jahre in den Hintergrund gedrängt.

Der Zweite Weltkrieg war im zweiten Jugoslawien als Gründungsmythos allgegenwärtig (vgl. Abbildungen 6–8): in Politik, Denkmälern, Feiern/Festen, in Filmen, Kinder-Comics, wissenschaftlichen und populärwissenschaftlichen Publikationen usw.[40] Nicht zu vergessen die Partisanenlieder, die im Ohr haften blieben und bei keinem Besäufnis fehlen durften.[41] Zwischen 1945 und 1965 erschienen mehr als 30.000 Monografien,

---

40 Zum Folgenden vgl. u. a. Sundhaussen, Holm: Konstruktion, Dekonstruktion und Neukonstruktion von „Erinnerungen" und Mythen: Jugoslawien und seine Nachfolgestaaten, in: Flacke, Monika (Hg.): Mythen der Nationen. 1945 – Arena der Erinnerungen. Bd. 1. Berlin 2005, S. 373–425. Neuerdings (mit dem Schwerpunkt auf Denkmälern) Karge, H.: Steinerne Erinnerung – versteinerte Erinnerung? (130).

41 Beispiele findet man im Videoportal Youtube: „Po šumama i gorama", „Ide Tito preko Romanije" u. a.: http://www.youtube.com/watch?v=nJpd9lX5Bac&feature=related.

Sammelbände und Aufsätze über den „Volksbefreiungskampf und die sozialistische Revolution". Und das war erst der bescheidene Anfang. Vermutlich gibt es nur wenige Länder auf der Welt, in denen – pro Kopf der Bevölkerung gerechnet – so viel über den Zweiten Weltkrieg geschrieben wurde wie in Jugoslawien. Die Kriegserfahrung war Ausgangs- und Angelpunkt der jugoslawischen Selbstwahrnehmung. Zwar gab es über den tiefen Bruch des Zweiten Weltkriegs hinaus Elemente von Kontinuität zwischen dem ersten und zweiten jugoslawischen Staat, vor allem was die völkerrechtliche Absicherung des Staates betraf, gleichwohl wurde das sozialistische Jugoslawien in fast jeder Hinsicht als Neuanfang, als Phönix aus der Asche des Zweiten Weltkriegs verstanden. Die stetige und intensive Beschäftigung mit dem Krieg diente jedoch nicht der „Aufarbeitung" des Geschehens (im Sinne von „Vergangenheitsbewältigung"), sondern der Fundierung von Staat, Gesellschaftssystem und Herrschaft. Im Unterschied zu anderen sozialistischen Staaten, in denen „nur" das Gesellschaftssystem und die kommunistische Herrschaft begründet werden mussten, standen die Führer des zweiten Jugoslawiens vor der Aufgabe, auch den Staat selbst, sein Fortbestehen oder seine „Wiedergeburt" im neuen Gewand zu rechtfertigen. Dazu brauchten sie die „Erinnerung" an den Krieg. Mit der Erosion des Systems und des Staats im Verlauf der 1980er-Jahre musste dann auch der Zweite Weltkrieg neu „erfunden" werden.

Der 29. November 1943 und die Alliierten

Geburtsort des zweiten Jugoslawiens war das von Bergen umrahmte zentralbosnische Städtchen Jajce, im Mittelalter Sitz der bosnischen Könige, wo am 29. November 1943 der „Antifaschistische Rat der Volksbefreiung Jugoslawiens" (AVNOJ) zu seiner zweiten Sitzung zusammentrat (Abbildungen 1 und 2). Das aus der KPJ-geführten Widerstandsbewegung im besetzten und zerstückelten Jugoslawien hervorgegangene „Kriegsparlament", dem außer Kommunisten auch „progressive" Politiker aus den bürgerlichen Vorkriegsparteien angehörten, erklärte sich mitten im Krieg und unter Missachtung der jugoslawischen Exilregierung in London zum obersten gesetzgebenden und ausführenden Organ im Lande und stellte die Weichen für ein neues Jugoslawien. „Auf der Grundlage des Selbstbestimmungsrechts jeden Volkes, einschließlich des Rechts auf Sezession oder auf Vereinigung mit anderen Völkern, und in Übereinstimmung mit dem wahrhaften Willen aller Völker Jugoslawiens, bezeugt durch den Verlauf des dreijährigen gemeinsamen Volksbefreiungskampfes, der die unverbrüchliche Brüderlichkeit der Völker Jugoslawiens geschmiedet hat", beschloss der AVNOJ den Umbau des Landes in eine Föderation, die „die volle Gleichberechtigung der Serben, Kroaten, Slowenen, Makedonier und Montenegriner bzw. der Völker Serbiens, Kroatiens, Sloweniens, Makedoniens, Montenegros

Abb. 1 und 2: Gebäude und Sitzungssaal (heute Museum) der 2. AVNOJ-Konferenz in Jajce, wo am 29. 11. 1943 die Gründung des zweiten Jugoslawiens beschlossen wurde.

sowie Bosniens und der Herzegowina sicherstellen wird".[42] (An dieser Stelle kann man bereits erahnen, warum jugoslawische Verfassungstexte immer so unendlich lang ausfielen.) „Den nationalen Minderheiten in Jugoslawien werden alle nationalen Rechte garantiert. Dieser Beschluss tritt sofort in Kraft." An die Stelle des zentralistischen Systems im ersten Jugoslawien, das am 26. August 1939 – unmittelbar vor Beginn des Zweiten Weltkriegs – durch ein Abkommen (sporazum) mit den Kroaten durchlöchert worden war,[43] trat nun der „zentralistische Föderalismus" nach sowjetischem Muster. Und der in der Zwischenkriegszeit offiziell propagierte völkische Jugoslawismus wurde durch einen politischen Jugoslawismus ersetzt, der seinerseits mit der Anerkennung und Gleichberechtigung aller jugoslawischen Völker und Völkerschaften kombiniert wurde. Den Platz des einen Volkes nahmen nun mehrere Völker ein. Mit der Ernennung eines „Nationalkomitees" unter Vorsitz des (in Anlehnung an Stalin) zum Marschall ernannten Partisanenführers Josip Broz-Tito wurde zugleich eine provisorische Regierung gebildet, die der – zumeist heillos zerstrittenen – königlich-jugoslawischen Exilregierung in London den politischen Alleinvertretungsanspruch streitig machte und dem formalen Staatsoberhaupt, dem noch jungen König Petar II. Karadjordjević, die Rückkehr nach Jugoslawien bis zur Entscheidung über die künftige Staatsform untersagte.

Das war eine ebenso provokative wie kühne Weichenstellung. Denn noch war keineswegs entschieden, wer aus dem Krieg „aller gegen alle" als Sieger hervorgehen und wie die Reaktion der Alliierten auf die Beschlüsse von Jajce ausfallen würde. Edvard Kardelj, seit 1940 Mitglied des Politbüros der KPJ, berichtete aus der Rückschau, dass alle, die an den Beschlüssen von Jajce beteiligt waren, gewusst hätten, dass ihr Vorhaben „Unzufriedenheit und negative Reaktionen bei den Regierungen der Großmächte und vor allem politische Komplikationen zwischen der Sowjetunion und den westlichen Mächten hervorrufen könnten. Deshalb ordnete Tito an, dass auch die Sowjetunion über unseren Beschluss nicht eher informiert werden sollte, als bis er in Wirklichkeit umgesetzt war … Dies war der Augenblick, da die Interessen des Volksbefreiungsaufstands … unvermeidlich mit den Interessen der Zusammenarbeit zwischen den Groß-

42 Odluka o izgradnji Jugoslavije na federativnom principu, 29–30. Novembra 1943., in: Petranović, B. – M. Zečević (Hg.): Jugoslavija 1918–1984 (26), S. 546.

43 Der „sporazum" sah die Einrichtung einer autonomen kroatischen Banschaft (Banovina Hrvatske) vor. Dem Autonomiegebiet wurden aus Bosnien die Kreise Gradačac, Brčko, Derventa, Travnik und Fojnica sofort zugeschlagen, über den endgültigen territorialen Umfang der Banschaft sollte noch weiter verhandelt werden. Weder kroatische noch serbische Nationalisten waren mit der Vereinbarung zufrieden. Was den einen zu wenig war, war den anderen zuviel. In den Diskussionen über eine Aufteilung Bosnien-Herzegowinas in der ersten Hälfte der 90er-Jahre wurde wiederholt auf den „sporazum" als mögliches „Modell" Bezug genommen. Zur Vereinbarung von 1939 vgl. Boban, Ljubo: Sporazum Cvetković-Maček. Beograd 1965.

Abb. 3: Wappen des sozialistischen Jugoslawien (in der Version ab 1963) mit Gründungsdatum. Die zu einer gemeinsamen Flamme gebündelten, von einem Ährenkranz umrahmten Fackeln stehen für die sechs Republiken Jugoslawiens. Bis 1963 waren es nur fünf Fackeln, welche die bis dahin anerkannten Staatsvölker (ohne bosnische Muslime) repräsentierten.

mächten kollidierten."[44] Am 30. November 1943, gerade als die „Großen Drei" in Teheran zu ihrer Konferenz zusammentraten, habe Tito die getroffenen Beschlüsse an die sowjetische Führung übermittelt. Stalin sei wütend gewesen und habe die Bildung der provisorischen Regierung als „Dolchstoß in den Rücken der Sowjetunion" bezeichnet. Er befürchtete scharfe Reaktionen seiner westlichen Verbündeten, die – ebenso wie die sowjetische Führung – die jugoslawische Exilregierung in London und deren Widerstandsorganisation im Lande als einzig legitime Vertretung Jugoslawiens anerkannt hatten. Was an dieser Geschichte wahr ist, ob Stalin tatsächlich überrascht wurde und wütend war, bleibt unklar. Zwischen dem 1. Oktober und 26. November schickte Tito mindestens vier Telegramme nach Moskau, in denen er den Kreml-Chef über die geplante Regierungsbildung informierte (was nicht heißt, dass er ihn auch konsultierte).[45] Doch kann nicht ausgeschlossen werden, dass Stalin seine Wut nur „spielte", um die westlichen Verbündeten zu beruhigen.

Überraschenderweise reagierten die Briten gelassen. Bereits seit Mitte Mai 1943 befand sich eine britische Militärmission in Titos Hauptquartier, wo sie Zeuge heftiger Kämpfe zwischen der Volksbefreiungsbewegung und den Besatzungsmächten geworden war. Ihre (von Kritikern als einseitig eingestuften) Berichte an Winston Churchill veranlassten die Londoner Regierung, ihr unscharfes Bild von der Lage in Jugoslawien zu revidieren. In Teheran wurde deutlich, dass die Briten zur militärischen Anerkennung Titos und damit zu einem Kurswechsel bereit waren, der von serbisch-antikommunistischen

44 Zit. nach Sundhaussen, H.: Geschichte Jugoslawiens (74), S. 135.
45 Popović, N.: Jugoslavensko-sovjetski odnosi (204), S. 312.

Autoren als britischer „Verrat" gegeißelt wird. Die Amerikaner, die ohnehin nicht in interne Balkanaffären verwickelt werden wollten, schlossen sich den Briten an. Churchill hoffte, mit diesem Schritt Tito zur Zusammenarbeit mit der Exilregierung bewegen zu können. Von Stalins angeblichem Ärger ahnte er anscheinend nichts, sondern nahm an, dass Titos Vorgehen von der sowjetischen Führung angeregt worden war.

Der Bürgerkrieg: Widerstand, Kollaboration und Völkermord

Für die jugoslawische Volksbefreiungsbewegung bedeutete Teheran den diplomatischen Durchbruch. Dieser betraf zwar zunächst nur die militärische Anerkennung, implizierte aber die Abkehr von Titos Hauptrivalen, vom vollbärtigen Draža-Dragoljub Mihailović, seit Januar 1942 Kriegsminister im jugoslawischen Exilkabinett und Kommandant der „Jugoslawischen Armee in der Heimat" bzw. Führer der serbischen Tschetnik-Bewegung. Mihailović, der im Juli 1946 von einem jugoslawischen Militärgericht als „Kollaborateur und Kriegsverbrecher" hingerichtet wurde und Ende der 1980er-Jahre zum serbischen Nationalhelden mutierte, war ein serbischer Offizier, der die bedingungslose Kapitulation der jugoslawischen Armee vom 17. April 1941 nicht anerkannt und sich an die Spitze der traditionellen paramilitärischen Verbände, der Tschetniks, gestellt hatte, die sich in den Wäldern und Bergen neu formierten. Mihailovićs Strategie beruhte auf dem Konzept einer kombinierten Operation von nationaler Widerstandsbewegung und alliiertem Großangriff auf dem Balkan und setzte – in Auswertung der Erfahrungen des Ersten Weltkriegs – die Neubildung einer Art Salonikifront voraus. Bis zur Eröffnung dieser zweiten alliierten Front sollte eine schlagkräftige Organisation aufgebaut und die Position der Besatzungsmächte durch Sabotageakte geschwächt werden. Offenen, bewaffneten Widerstand lehnte Mihailović wegen der zu erwartenden Repressalien der Okkupationsmächte ab und geriet nicht zuletzt dadurch in Konflikt zu der von der KPJ geführten zweiten Widerstandsbewegung im Lande. Als Monarchisten und serbische Nationalisten strebten die Tschetniks die politische Restauration eines vergrößerten Jugoslawiens mit einem vergrößerten Serbien als Mittelpunkt an. Durch die geplante ethnische Säuberung Großserbiens von nationalen Minderheiten (Kroaten, bosnischen Muslimen, Ungarn, Deutschen und Albanern) gaben sie ihrer Bewegung außer einer ethnisch einseitigen Zusammensetzung einen ausgeprägt nationalistischen Charakter.[46] Die von Mihailovićs

---

46 Vgl. das Memorandum von Ivan Moljević vom 30. 6. 1941 über ein „homogenes Serbien" (mit einer Kartenskizze), in: Zbornik dokumenata i podataka o Narodnom oslobodilačkom ratu naroda Jugoslavije. Bd. XIV/1. Beograd 1981; S. 1–10; Instruktion von Draža Mihailović vom 20. 12. 1941, in: ebda., S. 93 ff.; Dokumenti o izdajstvu Draže Mihailovića. Beograd 1945, S. 12 f.

Apologeten vorgebrachten Argumente, dass er persönlich keine ethnischen Säuberungen geplant habe, sind wenig überzeugend. Tatsache ist, dass mehrere Tschetnikführer derartige Pläne hegten – und während des Krieges bereits praktizierten, ohne von Mihailović gerügt oder gar gestoppt zu werden. Es mag sein, dass Mihailović – im Gegensatz zu manchen seiner Unterführer – kein „schlechter Kerl" war. Aber dass er sich als „unpolitisch" verstand, war unter den Bedingungen der Jahre 1941–1945 extrem wirklichkeitsfremd.

Die kurzlebigen Bemühungen um eine Zusammenarbeit zwischen Tito und Mihailović im Herbst 1941 waren schnell erbitterter Feindschaft gewichen. Zwischen der defensiven Strategie Mihailovićs und der Offensivstrategie der Kommunisten (Widerstand um jeden Preis und ohne Rücksicht auf zivile Opfer) gab es ebenso wenig einen Kompromiss wie zwischen Restauration und Revolution, Monarchie und Republik oder zwischen serbischem Nationalismus und kommunistischem Jugoslawismus. Die abgrundtiefen Gegensätze zwischen Tschetniks und Tito-Partisanen rückten die Gegnerschaft gegen die gemeinsamen Feinde (die deutsche, italienische, bulgarische und ungarische Besatzungsmacht sowie die kroatischen Ustasche und die kosovo-albanischen Kollaborateure) zeitweilig in den Hintergrund. Da es keinen Konsens über die Nachkriegsordnung gab, spielte der Kampf um die künftige Macht von Anfang an für beide Seiten eine entscheidende Rolle. Die Frontbildung innerhalb des Widerstands blieb deshalb unüberbrückbar. Beide Widerstandsbewegungen waren ab Ende 1941 zu einer Doppelstrategie gegen die äußeren wie inneren Feinde (mit unterschiedlichen Gewichtungen) übergegangen. Und je mehr die Tito-Bewegung durch ihre pausenlosen Aktionen die Besatzungsmächte reizte und die Bevölkerung zu mobilisieren suchte, desto bedrohlicher erschien Mihailović die Gefahr für die serbische Nation (die brutalen „Vergeltungsmaßnahmen" der deutschen Besatzungsmacht im Herbst 1941 in Serbien hatten eine deutliche Sprache gesprochen) und desto vordringlicher wurde der Kampf gegen den inneren Feind. Mit anderen Worten: Je offensiver Tito gegen die Okkupationsmächte vorging, desto defensiver wurde Mihailović. Sobald die militärische Überlegenheit der Volksbefreiungsbewegung offenkundig war (und die Alliierten obendrein ihre Unterstützung für Mihailović wegen dessen Passivität zurückgezogen hatten), erhielt die Erledigung des inneren Gegners für den Tschetnikführer unbedingten Vorrang vor dem Kampf mit dem äußeren Feind. Das Ergebnis waren vielfältige, mehr oder minder weitreichende Aktionsbündnisse der Tschetniks mit den Besatzungsmächten und deren Kollaborateuren – den kroatischen Ustascha-Erzfeind nicht ausgenommen. Auf der fließenden Skala zwischen bedingungslosem Widerstand auf der einen und bedingungsloser Kollaboration auf der anderen Seite (mit vielen Zwischenstufen) standen die Kommunisten an dem einen, die kroatischen Ustasche am anderen Ende der Skala; die Tschetniks bewegten sich irgendwo in der Mitte, mal stärker dem einen, mal dem anderen Pol zuneigend. Ihre partielle Zusammenarbeit mit den äußeren Gegnern hob die grundsätzliche Gegnerschaft zu diesen nicht auf, sondern war taktischer Natur. Insofern können serbische Tschetniks und kroatische Ustasche (ungeachtet mancher anderer Ähnlichkeiten) nicht gleichgesetzt werden.[47]

Die „Ustascha-kroatische Freiheitsbewegung" unter Führung von Ante Pavelić war eine 1929 gegründete terroristische Untergrundorganisation, deren Mitglieder vor allem in Italien Unterschlupf gefunden hatten, von wo sie für einen unabhängigen großkroatischen Staat kämpften.[48] „Messer, Revolver, Bombe und Höllenmaschine", so Pavelić im Jahr 1932, „sind die Idole, die dem Bauern die Früchte seines Bodens, dem Arbeiter das Brot und Kroatien die Freiheit zurückbringen werden." Die Idee des Jugoslawismus wurde nach Pavelićs Überzeugung nur „von einem kleinen, zumeist blutsfremden Teil der Intelligenz" vertreten (was nicht ganz unrichtig war), während ihn das kroatische Bauernvolk „instinkthaft" als fremd und gefährlich ablehne. Dies sei ein weiterer Beweis für die „schon ernstlich dokumentierte These, dass die Kroaten überhaupt nicht slawischer, sondern gotischer Abstammung" seien. Während des Balkanfeldzugs der Achsenmächte wurden die Ustasche – mangels einer politischen Alternative – von Mussolini und Hitler an die Macht gehievt. Unmittelbar vor dem Osterfest 1941, am Nachmittag des 10. Aprils, verbreitete der Zagreber Rundfunk die Meldung: „Gottes Vorsehung und der Wille unseres Verbündeten sowie der mühevolle jahrhundertelange Kampf des kroatischen Volkes und die große Opferbereitschaft unseres Führers Ante Pavelić und der Ustascha-Bewegung in der Heimat und im Ausland haben es gefügt, dass heute, vor der Auferstehung des Gottessohnes, auch unser unabhängiger Staat Kroatien aufersteht ..."[49] Die Ustasche begannen unverzüglich, ihr kroatisch-chauvinistisches Programm in die Tat umzusetzen. Am politischen Leben dürfe nur mitwirken, wer „nach Herkunft und Blut" Mitglied des kroatischen Volkes sei. So wie Hitler ein „judenfreies" Europa anstrebte, so strebte Pavelić ein „serbenfreies" Großkroatien an, das außer Kroatien (mit Ausnahme der Gebiete, die Pavelić seinem langjährigen Patron Mussolini abtreten musste) auch ganz Bosnien-Herzegowina umfasste.

---

47 Eine gestraffte Gegenüberstellung von Tito- und Mihailović-Bewegung bei SUNDHAUSSEN, HOLM: Besetzte jugoslawische Gebiete: Kroatien, Serbien, Montenegro und Bosnien-Herzegowina, in: Ueberschär, Gerd R. (Hg.): Handbuch zum Widerstand gegen Nationalsozialismus und Faschismus in Europa 1933/39 bis 1945. Berlin, New York 2011, S. 255–267; ders.: Okkupation, Kollaboration und Widerstand in den Ländern Jugoslawiens 1941–1945, in: Röhr, Werner (Hg.): Okkupation und Kollaboration (1938–1945). Berlin, Heidelberg 1994, S. 349–365.

48 Zur Ustascha-Bewegung und zur Geschichte des „Unabhängigen Staates Kroatien" vgl. die nach wie vor lesenswerte Arbeit von HORY, LADISLAUS – MARTIN BROSZAT: Der kroatische Ustascha-Staat 1941–1945. Stuttgart 1964.

49 Narodne novine (Zagreb), 11. 4. 1941; zit. nach SUNDHAUSSEN, H.: Ustascha-Staat: Anatomie eines Herrschaftssystems, in: Österreichische Osthefte 37 (1995), S. 497.

Der „Unabhängige Staat Kroatien" war weder unabhängig noch ein Nationalstaat. Von den schätzungsweise 6,5 Millionen Einwohnern dieses Satellitenstaates der „Achse" waren etwa 3,6 Millionen katholische Kroaten; rund zwei Millionen bekannten sich zur Orthodoxie und weitere 800.000 Personen zum Islam. Der Rest verteilte sich auf nationale Minderheiten (z. B. Deutsche) und kleinere Religionsgemeinschaften, darunter etwa 38.000 Juden. Um wenigstens den Anschein eines „Nationalstaates" zu wahren, erklärte Pavelić die bosnischen Muslime zum „reinsten Teil" der kroatischen Nation, wodurch sich der Anteil der „Kroaten" von 55 % auf 68 % der Gesamtbevölkerung erhöhte. Für die Muslime war die Vereinnahmung durch das Ustascha-Regime ein Danaergeschenk, das sie zwangsläufig in Gegnerschaft zu den Gegnern des Ustascha-Staats, zur serbischen Bevölkerung, brachte. Da die Mehrheit der Muslime keine Kroaten, geschweige denn Ustasche sein wollten, dessen ungeachtet aber von serbischen Nationalisten als Kollaborateure des neuen Regimes und „Verräter" wahrgenommen wurden, gerieten sie in kürzester Zeit zwischen die nationalen Fronten und mussten dafür einen hohen Blutzoll entrichten.

Auch nach Vereinnahmung der Muslime war der Ustascha-Staat aber noch immer kein Nationalstaat. Daher wurde auch ein Teil der orthodoxen Bevölkerung kurzerhand der kroatischen Nation zugeschlagen. Anlässlich seines ersten Besuchs bei Hitler versuchte Pavelić, diesen zu belehren, dass die Mitglieder der Ostkirche nicht einfach und in ihrer Gesamtheit Serben seien, da es sich in der Mehrheit um Kroaten handle, die in der Vergangenheit (unfreiwillig) zum orthodoxen Glauben konvertiert seien. Es wurde also (nach altbekanntem Muster) unterschieden zwischen „echten" Serben, die sich illegal auf dem „historisch-völkischen" Territorium der Kroaten aufhielten und von dort wieder verschwinden mussten, und denjenigen Orthodoxen, die vom Blut her „eigentlich" Kroaten waren. Auf diese Weise wurde die bereits umfangreiche „Bevölkerung der Eigentlichkeit" im Balkanraum um eine weitere Variante bereichert. Was dies in der Praxis bedeuten sollte, wusste allerdings niemand; und es spielte auch keine Rolle. Die neue Regierung in Zagreb und ihre paramilitärischen Banden[50] begannen unmittelbar nach der Machtergreifung mit ethnischen Säuberungen großen Stils. Hunderttausende Serben (darunter auch „eigentliche Kroaten") wurden vertrieben (zumeist in das von Deutschland besetzte Serbien) oder in kroatischen Konzentrationslagern – allen voran im berüchtigten Konzentrationslager Jasenovac – ermordet. Andere wurden zwangska-

50 In Quellen und Literatur werden diese als „divlje ustaše" (wilde Ustasche) bezeichnet. Sie entwickelten sich auch für das neue Regime zu einer Belastung, sodass die Regierung sich gezwungen sah, gegen sie vorzugehen. Ähnlich wie die paramilitärischen Banden in den postjugoslawischen Kriegen der 90er-Jahre operierten auch die „wilden Ustasche" teilweise autonom, aber in grundsätzlicher Übereinstimmung mit den Zielen der Staatsführung.

tholisiert oder von den „wilden", auf eigene Faust operierenden Ustascha-Banden an Ort und Stelle massakriert. Die Zahl der serbischen Opfer im „Unabhängigen Staat Kroatien" ist bis heute leidenschaftlich umstritten. Die Angaben schwanken zwischen unter 100.000 und weit über einer Million. Vereinzelt war von serbischer Seite sogar von über 1,1 Millionen serbischer Opfer allein in Jasenovac die Rede! Jasenovac sei die „größte serbische Stadt unter der Erde", das „drittgrößte Konzentrationslager Europas" bzw. die „größte Folterkammer in der Geschichte der Menschheit".[51] „[I]n Jasenovac, our ‚Wailing Wall', the most abominable crimes in the history of human civilization were committed", erklärte Ostoja Djukić, Professor für Ethik an der Universität Banja Luka im Mai 2007, „[t]here were some other crimes committed by Mongols, those committed in India, in the Middle East, some other civilizations, but those crimes [in Jasenovac] surpassed all other crimes in the history of human civilization, [they surpassed] what Turks did, and also Albanians."[52] Dagegen stufte der erste Präsident des souveränen Kroatiens, Franjo Tudjman, Jasenovac zum bloßen „Arbeitslager" herunter, und seine Gesinnungsgenossen sprachen von der „Jasenovac-Lüge" bzw. vom „Jasenovac-Märchen" (jasenovačka bajka).[53] In einem 1992 eingeführten kroatischen Schulbuch für die achte Klasse wurden den vier Jahren des „Unabhängigen Staates Kroatien" immerhin sieben Seiten gewidmet. Davon entfällt eine halbe Seite auf die Darstellung des Ustascha-Regimes. Die Massenverfolgung von Nichtkroaten wurde mit einem einzigen (!) in jeder Hinsicht skandalösen Satz abgehandelt. Er lautet: „Die Ustasche haben gemäß Hitlers Beispiel Terror gegenüber Juden und Zigeunern ausgeübt und auch gegenüber Serben, vor allem wegen deren früherer hegemonistischer Politik sowie des Auftretens der Tschetniks und ihrer Verbrechen in Kroatien."[54] Tatsache freilich ist, dass ein namhafter Teil der Serben im kroatisch-faschistischen Staat Opfer eines Völkermords wurde, der radikalsten Form ethnischer Säuberungen.

Das militärische Ringen zwischen den Besatzungsmächten, der Volksbefreiungsbewegung, den Tschetniks, den Ustasche, der („regulären") kroatischen Armee (Domobranen) sowie anderer antikommunistischer Gruppierungen zog sich im Nordwesten

---

51 Zu den Jasenovac-Diskursen vgl. Sundhaussen, Holm: Das Konzentrationslager Jasenovac (1941–1945): Konstruktion und Dekonstruktion eines Kriegsverbrechens und Weltkriegsmythos, in: Wette, Wolfram – Gerd R. Ueberschär (Hg.): Kriegsverbrechen im 20. Jahrhundert. Darmstadt 2001, S. 370–381.

52 Jasenovac. Proceedings of Speeches of 4th International Conference on Jasenovac. Banja Luka – Donja Gradina. 30–31 May 2007. Banja Luka 2008, S. 68 (auch im Internet unter: http://www.tenc.net/4th.pdf).

53 Überschrift eines Abschnitts aus Knežević, Anto: Mitovi i zbilja: medjunarodno značenje Tudjmanovih „Bespuća" u razotkrivanju uzroka srpsko-hrvatskih rata i razlaza. Zagreb 1992, S. 15 ff.

54 Perić, I.: Povijest za VIII. razred osnovne škole. Zagreb 1992, S. 89.

Jugoslawiens noch bis Mai 1945 hin. Am Sieg der Tito-Bewegung konnte aber seit Ende 1943 (seit der Schlacht an der Sutjeska und der AVNOJ-Konferenz in Jajce) kein Zweifel mehr bestehen. Nur eine zweite Front der Alliierten auf dem Balkan hätte das Blatt (vielleicht) noch wenden können. Bekanntlich wurde die zweite Front aber nicht auf dem Balkan, sondern in der Normandie eröffnet. Was geschehen wäre, wenn die Alliierten im Balkanraum gelandet wären, gehört in den Bereich der virtuellen Geschichte. In diesem Fall hätten auch Tito und seine Bewegung vor der Alternative gestanden: Fortsetzung des bedingungslosen Widerstands gegen die Deutschen oder taktische Kooperation mit der Besatzungsmacht gegen die Alliierten und Tschetniks. Noch im Herbst 1944, Wochen nach der angloamerikanischen Invasion in Nordfrankreich, kam es zu einem heftigen Briefwechsel zwischen Churchill und Tito. Der britische Premier bat Tito um Erlaubnis, einige anglo-amerikanische Divisionen an der dalmatinischen Küste landen zu lassen, was Tito kategorisch ablehnte. Churchill erwiderte erbost, dass alliierte Truppen landen könnten, wo immer sie wollten und die militärische Situation dies erfordere. Nach vertraulichen Informationen, die ein Mitarbeiter des amerikanischen „Office of Strategic Services" (OSS) während eines Gesprächs mit dem Ministerpräsidenten der jugoslawischen Exilregierung, Ivan Šubašić, am 15. Dezember 1944 erhielt, war Tito zum Widerstand gegen die westlichen Alliierten entschlossen, falls diese jugoslawischen Boden betreten sollten. Šubašić warnte die Westmächte, Churchill solle nicht den Fehler wiederholen, den er in Griechenland begangen habe.[55] Letztlich blieb der KPJ aber das Dilemma einer Konfrontation mit den Alliierten (und einer Kooperation mit den Deutschen) erspart. Doch das Szenario macht deutlich, wie verdammt schmal der Grat zwischen Widerstand und Kollaboration bzw. taktischer Kooperation werden konnte.

Die Kommunisten ergreifen die Macht

Das Ringen um die politische Zukunft Jugoslawiens vollzog sich in mehreren Etappen. Zunächst verständigte sich die in Jajce gebildete provisorische Regierung mit dem königlichen jugoslawischen Exilkabinett in London. Treibende Kraft des Ausgleichs waren die Briten, die aus militärischen Gründen für eine nachhaltige Unterstützung der Tito-Bewegung eingetreten waren, zugleich aber – aus politischen Überlegungen – die königliche Regierung in London nicht fallenlassen wollten. Seit Frühsommer 1944 hatte sich Churchill verstärkt um eine Übereinkunft zwischen der in sich zerstrittenen Exil-

55 Bernard Yarrow's Report of Discussion With Prime Minister Ivan Subasic, in: Documents: Ivan Šubašić on his negotiations with Tito and Stalin during October and November 1944. Hg. Ivo Omrčanin: http://www.studiacroatica.org/jcs/24/2415.htm.

regierung und der provisorischen Regierung in der Heimat bemüht, um auf diese Weise die „Bolschewisierung des Balkans“ zu verhindern. Am 16. Juni 1944 unterzeichneten Tito und Ivan Šubašić, Letzterer als Vertreter der Exilregierung, auf der Adria-Insel Vis ein Abkommen, das sämtliche Forderungen Titos erfüllte. Man einigte sich darauf, dass eine neue königliche Regierung aus „progressiven demokratischen Elementen“ unter Führung Šubašićs gebildet werden sollte, die sich in erster Linie um Hilfeleistungen für die Volksbefreiungsarmee zu sorgen habe. Über die endgültige Staatsform (Monarchie oder Republik) sollte das Volk nach Kriegsende entscheiden. Die neue Exilregierung wurde verpflichtet, alle „Volksverräter und Kollaborateure“ – darunter Mihailović und seine Tschetniks – in Acht und Bann zu stellen.[56] Für Tito bedeutete das einen weiteren wichtigen Erfolg. Sein innerer Gegner Mihailović war nun politisch erledigt und das „Nationalkomitee“ von Jajce als eine Art Parallelregierung legalisiert.

Aber noch bestand Ungewissheit über die Pläne der Großmächte. In dem berühmt-berüchtigten Gespräch, das Churchill am Abend des 9. Oktobers 1944 mit Stalin im Kreml über die Aufteilung der Interessensphären in Südosteuropa führte, schlug der britische Premier vor: „Lassen Sie uns unsere Angelegenheiten im Balkan regeln. ... Um nur von Großbritannien und Russland zu sprechen, was würden Sie dazu sagen, wenn Sie in Rumänien zu neunzig Prozent das Übergewicht hätten und wir zu neunzig Prozent in Griechenland, während wir uns in Jugoslawien auf halb und halb einigen?“[57] Stalin akzeptierte. Tito wurde von der sowjetischen Führung über die Aufteilung der Interessensphären nicht unterrichtet. Die jugoslawischen Kommunisten erfuhren von der Vereinbarung erst von anderer Seite und viel später.

Nach längeren Verhandlungen schlossen Tito und Šubašić am 1. November 1944 im mittlerweile befreiten Belgrad ein weiteres Abkommen, durch das die königlichen Befugnisse bis zur Verabschiedung einer neuen Verfassung „suspendiert“ wurden und das bisherige Nebeneinander von Exil- und provisorischer Regierung durch Bildung einer gemeinsamen Regierung aufgehoben werden sollte.[58] Šubašić berichtet, dass Tito sich bei dieser Gelegenheit darüber beklagt habe, er sei von einem Haufen inkompetenter Leute umgeben, die zwar gute Kommunisten seien, aber nichts von Staatsgeschäften verstünden. Ihre Ignoranz und Inkompetenz sorge immer wieder für Ärger. Er brauche Šubašić, um die Beziehungen zu den Westmächten taktvoll gestalten zu können.[59] Nachdem die drei Großmächte auf ihrer Konferenz in Jalta im Februar 1945 dem Tito-Šubašić-Abkommen

56 Auszug bei Petranović, B. – M. Zečević (Hg.): Jugoslavija 1918–1984 (26), S. 566 f.

57 Churchill, Winston S.: Der Zweite Weltkrieg. Berlin, Darmstadt, Wien 1963, S. 989.

58 Text bei Petranović, B. – M. Zečević (Hg.): Jugoslavija 1918–1984 (26), S. 575 f.

59 Bernard Yarrow's Report, a. a. O.

Abb. 4: Vladimir Bakarić, Edvard Kardelj und Tito 1944 auf der Insel Vis.

ihr Plazet erteilt, zugleich aber die Erweiterung des AVNOJ durch unbelastete Abgeordnete aus dem letzten Vorkriegsparlament gefordert hatten, wurde am 7. März 1945 die Provisorische Regierung des „Demokratischen Föderativen Jugoslawiens" (DFJ) gebildet. Der zweite jugoslawische Staat nahm damit konkrete Gestalt an. Dem aus 28 Mitgliedern bestehenden Kabinett gehörten 20 Vertreter des AVNOJ, drei Mitglieder der Londoner Exilregierung und fünf Politiker der Vorkriegsparteien an. Tito wurde Ministerpräsident, Šubašić Außenminister. Bereits im April 1945 und damit noch vor Kriegsende schloss das neue Jugoslawien mit der Sowjetunion einen Freundschafts- und Beistandspakt ab und positionierte sich für die Nachkriegsordnung in Europa.

1.2 KRIEGSOPFER UND NACHKRIEGSOPFER

Der Mythos der Großen Zahl

Einen zentralen Bestandteil des jugoslawischen Gründungsmythos bildeten die Kriegsopfer. Deren Erfassung war Aufgabe der am 30. November 1944 vom AVNOJ gegründeten „Staatskommission zur Feststellung der Verbrechen der Besatzungsmächte und ihrer

Helfershelfer".[60] Die Kommission, die 1948 aufgelöst wurde, sammelte umfangreiches Material über Kriegsverbrechen, ihre Täter und Opfer. Im Zentrum des öffentlichen Kriegsgedenkens standen aber nicht die Opfer, deren Schicksale in einem sakralisierten „Gedenken" eingefroren wurden. Was zählte, war allein die Zahl. Sie diente dazu, Regime und Staat nach innen und außen zu „legitimieren": Je größer die Zahl der Opfer, desto notwendiger und gerechter der Neuanfang. Aus Sicht der kommunistischen Machthaber zerfielen die Kriegsopfer in zwei Gruppen. Während die aktiven Mitglieder der Volksbefreiungsbewegung oder deren Hinterbliebene mit Ehrungen und materiellen Privilegien bedacht wurden, gerieten diejenigen, die Verfolgung und Terror überlebt hatten, zunächst an den Rand der Nachkriegsgesellschaft. Sie schwiegen, schämten sich ihres Überlebens, galten als Simulanten oder standen im Verdacht, nur überlebt zu haben, weil sie andere „verraten" hatten. Auch nachdem die überlebenden Opfer im Verlauf der folgenden Jahrzehnte in die Sozialsysteme integriert worden waren, lebte die unterschwellige Hierarchie zwischen aktiven Partisanen und „passiven" Opfern fort. Im Vordergrund des Kriegsgedenkens stand das „Erhabene", das „Große", der „heroische Kampf" (die verlustreichen Schlachten an der Neretva, an der Sutjeska oder an der Syrmischen Front), nicht das Sterben im Lager, das erst seit den 60er-Jahren in ein „patriotisches Sterben" umgedeutet wurde.[61] Ein ausgesprochenes Schurkenstück waren die neun „Dachauer Prozesse", die im April 1948 in Ljubljana begannen. Angeklagt waren ehemalige KZ-Insassen, die die Partei angeblich verraten hatten. Zehn Angeklagte wurden hingerichtet. Erst knapp dreißig Jahre später wurden sie vom Obersten Gerichtshof Sloweniens rehabilitiert.[62]

Zahlen, insbesondere Todeszahlen, nehmen in öffentlichen „Erinnerungen" eine Schlüsselrolle ein, sie dienen der Inszenierung von Opfer- und Tätermythen, der Quantifizierung des Leidens, das einem bestimmten Land, einer Nation oder einer Gesellschaftsgruppe tatsächlich oder angeblich zugefügt wurde. Zahlen wecken Emotionen, sind Fixpunkte für Solidargemeinschaften und „Meistererzählungen". Das gilt für das sozialistische Jugoslawien ebenso wie für die postjugoslawischen (und alle andere) Staaten. Der Etablierung des sozialistischen Opfermythos im Jahr 1945 folgte seine Demontage bzw. Neukodierung im Verlauf der 1980er-Jahre. An die Stelle des jugoslawischen Opfermythos trat nunmehr eine Vielzahl nationaler Opfermythen. Und der damit verbundene Zahlenstreit nahm überaus bizarre Formen an und dauert bis zur Gegenwart fort.

60 Državna komisija zu utvrdjivanje zločina okupatora i njihovih pomagača. Das Gründungsdokument der Kommission findet sich bei Zečević, M. – J. Popović: Dokumenti (30), Bd.1, S. 9–14.

61 Zu den Aushandlungspraktiken vgl. Karge, H.: Steinerne Erinnerung (130), S. 46 ff.

62 Vgl. Nečak, Dušan – Ljubo Bavcon (Hg.): Dahauski procesi. Raziskovalno poročilo z dokumenti. Ljubljana 1990.

Den Mythos der Großen Zahl eröffnete Tito im Mai 1945, als er erstmals von insgesamt 1,7 Millionen Kriegstoten sprach (darunter angeblich 305.000 Gefallene der Volksbefreiungsbewegung). Das waren fast 11 % der Gesamtbevölkerung. Damit gehörte Jugoslawien nach der Sowjetunion und Polen zu den Ländern, die gemessen an der jeweiligen Bevölkerung die größten Menschenverluste zu verzeichnen hatten.[63] Wie Tito auf die Zahl gekommen war, die in den nachfolgenden Jahrzehnten durch alle einschlägigen jugoslawischen und fast alle ausländischen Publikationen geisterte, blieb sein Geheimnis. Und erst recht blieb unklar, wer wann wen getötet hatte. Was sich näherungsweise bestimmen lässt, ist der demografische Gesamtverlust, den Jugoslawien infolge des Krieges und kurz nach Kriegsende erlitten hat. Bevor darauf eingegangen wird, muss ein Blick auf die unmittelbaren Nachkriegsopfer, d. h. auf die jahrzehntelang tabuisierten Opfer der kommunistischen Machtübernahme, geworfen werden, da Kriegs- und Nachkriegsopfer in den demografischen Berechnungen nicht sauber zu trennen sind.

Der kommunistische Vergeltungsterror

Die letzten Wochen des Zweiten Weltkriegs in Jugoslawien waren von finaler Gewalt begleitet. Am 6. Mai 1945 wurde die kroatische Hauptstadt Zagreb von den deutschen Truppen aufgegeben. Der Rückzugsbewegung/Flucht der Deutschen Wehrmacht und ihrer bunten Hilfstruppen (Serbisches Freiwilligenkorps, Slowenische Heimwehr, Russisches Freiwilligen-Korps und Kosaken) schlossen sich Verbände der kroatischen Armee (Hrvatsko domobranstvo), Ustascha-Einheiten, Tschetniks und Zivilisten unterschiedlicher nationaler Zugehörigkeit an (vgl. Abbildung 5). Wie viele Menschen sich in den kilometerlangen Trecks in Richtung Österreich bewegten, ist bis heute unklar. Zwischen den abrückenden kroatischen Kampfverbänden und den nachrückenden „Partisanen“-Einheiten kam es zu heftigen Gefechten mit vielen Toten auf beiden Seiten. Ein Teil der kroatischen Militärverbände erreichte am 15. Mai Bleiburg, etwa 50 km diesseits der slowenischen Grenze, wo sie sich dem britischen Brigadekommandeur, General Patrick Scott, ergeben wollten. Die Kapitulation war verbunden mit der Bitte um Übernahme in britische

63 Vgl. Živković, Nikola: Ratna šteta koju je Nemačka učinila Jugoslaviji u Drugom svetskom ratu. Beograd 1975, S. 268 f. Der Autor hat die offiziellen Angaben unbesehen übernommen und durch eine Fülle von Details erweitert. Wie die Summe zustande gekommen ist, lässt sich jedoch nicht rekonstruieren. Vgl. auch Jugoslavija 1918–1988 (40), S. 191. Zu den 1.706.000 Kriegstoten kamen den dortigen Angaben zufolge 425.000 Kriegsinvaliden, 170.000 Kriegsgefangene, 320.000 Internierte, 530.000 Deportierte, 270.000 Zwangsarbeiter und 320.000 zwangsmobilisierte Personen. Das ergibt in der Summe mehr als 3,7 Millionen Menschen bzw. 23,5 % der Gesamtbevölkerung. Wie die verschiedenen Kriegsopfergruppen definiert und voneinander abgegrenzt wurden, ist nicht ersichtlich.

Abb. 5: Soldaten und Zivilisten fliehen vor der der kommunistischen „Volksbefreiungsarmee" in Richtung Bleiburg (Mai 1945).

Kriegsgefangenschaft und um Asyl für die Zivilisten, was Scott auf Weisung des zuständigen Oberbefehlshabers Harold Macmillan und in Befolgung der alliierten Vereinbarungen ablehnte. Stattdessen übergaben die britischen Kommandeure vor Ort, namentlich Brigadier Toby Low (später geadelt zu Lord Aldington), die aus Jugoslawien stammenden Soldaten und Zivilisten an die Einheiten der Volksbefreiungsarmee unter General Milan Basta, die die Betroffenen aus Österreich nach Jugoslawien zurückführen sollten. Bereits an Ort und Stelle sei es zu Massenliquidationen gekommen („Tragödie von Bleiburg").[64] Die anschließenden „Todesmärsche" von der österreichischen Grenze durch Slowenien und Kroatien in die Wojwodina waren begleitet von weiteren Morden, Misshandlungen und Todesfällen infolge Erschöpfung oder Krankheit. Traurige Berühmtheit erlangte der Hornwald (Kočevski Rog) in der ehemaligen deutschen Sprachinsel Gottschee in Slowenien, wo die Tito-Partisanen Ende Mai 1945 Massenhinrichtungen durchführten.[65] Seit

64 Einzelheiten bei Goldstein, I.: Hrvatska 1918–2008 (514), S. 352 ff.

65 Vgl. u. a. Corsellis, John – Marcus Ferrar: Slovenia 1945: Memories of Death and Survival After World War II. London 2005 (slowenische Ausgabe: Ljubljana 2006), ferner Karapandžić, Bor[ivoje]

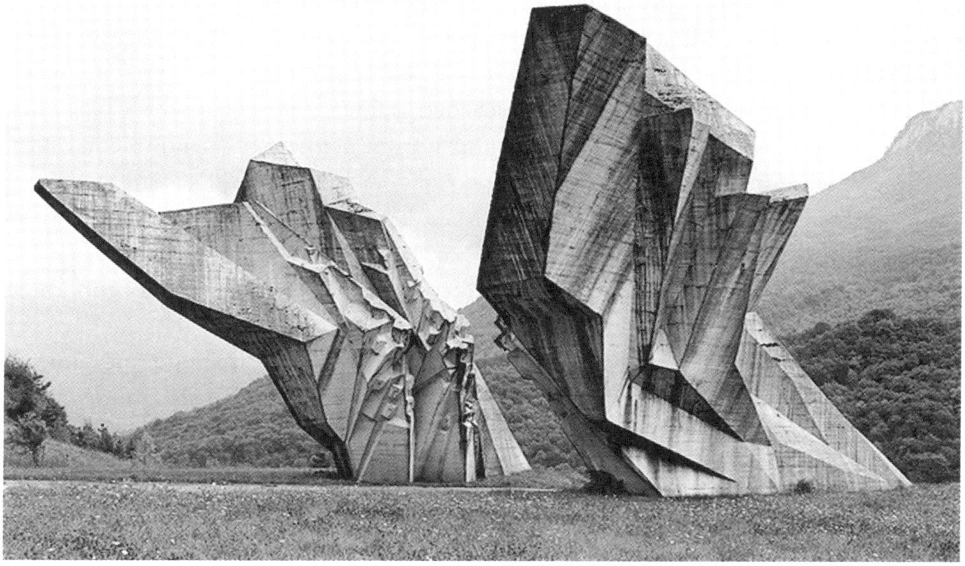

Abb. 6: Eines der zahlreichen Partisanendenkmäler: Das 1963 errichtete Monument in Tjentište im Sutjeska Nationalpark (heute: Republika Srpska, Bosnien-Herzegowina) zur Erinnerung an die Schlacht an der Sutjeska (Mai/Juni 1943).

Ende der 1990er-Jahre wurden weitere Hinrichtungsstätten entdeckt und untersucht, darunter das Massengrab im Wald von Tezno (Thesen) nahe Maribor, die Massengräber im Barbara-Stollen von Huda Jama (Gemeinde Laško in der slowenischen Untersteiermark) und im Dorf Mostec (Raum Brežice) in Südostslowenien.[66] Historiker und Mitglieder der von der slowenischen Regierung eingesetzten Kommission zur Exhumierung von Massengräbern vermuten weitere bis zu 500 Hinrichtungsstätten in Slowenien.

Diejenigen, die die Bestimmungsorte der 500 km langen Märsche in der Wojwodina erreichten, wurden in einer Vielzahl von Lagern untergebracht und zu Zwangsarbeiten herangezogen. Verlässliche Angaben über die Opfer der „Tragödie von Bleiburg" und der

M.: Kočevje: Titov najkrvaviji zločin. Cleveland/Ohio 1959; Zupan, Dave: The Exposed Secret: The story of forced repatriation of Slovenes after World War II, in: http://www.ithaca.edu/hs/depts/history/docs/histjourndocs/spring04/slovene.pdf.

66 Vgl. u. a. World War II mass grave uncovered, World News Australia vom 5. 3. 2009; Mass WWII grave unearthed in Slovenia, Associated Press vom 8. 9. 2010; World War II mass grave found in Slovenia, BBC News Euope vom 7. 9. 2010; Roser, Thomas: Slowenien: Größtes Massengrab aus dem Zweiten Weltkrieg, in: Die Presse v. 9. 11. 2010.

„Todesmärsche" – beide werden kroatischerseits unter dem Begriff „Kreuzweg" (križni put) zusammengefasst – gibt es bis heute nicht. In exilkroatischen Darstellungen war von bis zu 600.000 Opfern die Rede. Das waren Fantasien. Aus den völlig konträren Aussagen exilkroatischer und kommunistischer Zeitzeugen sowie aus den verfügbaren militärischen Berichten lässt sich das Geschehen während der chaotischen Tage nach Kriegsende (wer wurde wann, von wem und warum getötet) bis heute nicht widerspruchsfrei rekonstruieren.

In Großbritannien lösten die „Bleiburg-Massaker" in der zweiten Hälfte der 80er-Jahre leidenschaftliche Debatten aus. Anlass war das 1986 veröffentlichte Buch *The Minister and the Massacres* des britischen Historikers Graf Nikolai Tolstoy, eines entfernten Verwandten des Schriftstellers Leo Tolstoi. Darin behauptet der Autor, dass das Gros der 200.000 Kroaten, die von den Briten im Mai 1945 an die Volksbefreiungsarmee übergeben wurden, unmittelbar darauf von Titos Leuten ermordet worden sei. Tolstoy erhob deswegen schwere Anschuldigungen gegen britische Politiker und Militärs.[67] Wegen Verleumdung wurde er in einem ziemlich undurchsichtigen Verfahren zu einer Entschädigungssumme von 1,5 Millionen Pfund (!) zugunsten von Lord Aldington verurteilt.[68] Dies hat Rudolph Joseph Rummel von der University of Hawaii in seinen Veröffentlichungen (darunter *Death by Government* von 1997) nicht davon abhalten können, gestützt auf Tolstoys Arbeit und in Anwendung einer skurrilen Berechnungsmethode, Tito als „megamurderer" zu klassifizieren. Tomislav Dulić, Mitarbeiter am „Uppsala Programme for Holocaust and Genocide Studies", wies in einem Aufsatz detailliert und überzeugend nach, dass Tolstoys Behauptungen unhaltbar sind.[69] Nicht nur, dass sich seine Aussagen auf einseitige und gänzlich unüberprüfbare Zeugenaussagen stützen (u. a. aus dem 1970 von John Prcela und Stanko Guldescu herausgegebenen Sammelband *Operation Slaughterhouse*), sie stehen auch in einem unauflösbaren Widerspruch zu den demografischen Daten, von denen noch die Rede sein wird. Heute ist Bleiburg bzw. das in der Nähe gelegene Loibacher Feld ein wichtiger kroatischer Erinnerungsort.[70]

In allen Teilen Jugoslawiens setzte nach der Befreiung eine Flut von Vergeltungsmaßnahmen, Verhaftungen und Exekutionen ein. Der kriegerischen folgte die „revolutionäre" Gewalt. Das wichtigste Verfolgungsorgan war die auf Anordnung Titos am

---

67 Tolstoy, Nikolai: The Minister and the Massacres. London 1986, S. 178 ff. Tolstoys Anklage betraf nicht nur die Ereignisse von Bleiburg, sondern auch die Übergabe von Kosaken und Weißrussen an die Rote Armee.

68 1995 hob der Europäische Gerichtshof für Menschenrechte das Urteil auf.

69 Dulić, Tomislav: Tito's Slaughterhouse, in: Journal of Peace Research 41 (2004).1, S. 85–102.

70 Zu Einzelheiten und Etappen der Erinnerungen an Bleiburg seit Anfang der 90er-Jahre vgl. Radonić, L.: Krieg um die Erinnerung (520a), S. 229 ff., S. 289 ff. und S. 364 ff

Abb. 7: Gedenkstätte auf dem Gelände des ehemaligen kroatischen Konzentrationslagers Jasenovac, nach den Plänen von Bogdan Bogdanović erbaut 1966.

13. Mai 1944 gegründete „Abteilung zum Schutz des Volkes" (OZNA), die 1946 in die „Verwaltung für Staatssicherheit" (UDBa) umgestaltet wurde und die ohne Gerichtsverhandlung Tausende von Zivilisten, darunter auch Frauen, Kinder und Priester, oft nach vorangegangener Folterung an geheim gehaltenen Orten liquidierte.[71] *Späte Beichte* lautet der Titel eines 2010 veröffentlichten Buches, das Tagesbuchauszüge eines slowenischen OZNA-Agenten über die Verbrechen bei Kriegsende enthält.[72] Über die Ge-

71 Vgl. PETRANOVIĆ, BRANKO: Srbija u Drugom svetskom ratu. Beograd 1991, S. 657; DIMITRIJEVIĆ, B.: Gradjanski rat u miru (98), S. 9 ff.

72 ZAVADLAV, ZDENKO: Späte Beichte. Aus dem Tagebuch eines slowenischen OZNA-Mannes. Klagenfurt 2010. Der Autor spricht in großer Offenheit und oft mit Empörung über das brutale und willkürliche Vorgehen der OZNA. Ende 1946 schied er aus dem Geheimdienst aus. Wegen „Kollaboration mit der Gestapo" wurde er zuerst zum Tode, dann zu 20 Jahren Haft verurteilt und schließlich 1953 aus dem Gefängnis entlassen. Dass er während seiner Dienstzeit ein Tagebuch geführt hatte, konnte er geheim halten.

samtzahl der Vergeltungsopfer gibt es bislang keine seriösen Schätzungen. Eine im Juni 1991 erschienene Spezialausgabe der serbischen (rechtsgerichteten) Zeitschrift *Pogledi* (Ansichten), in der Zeitzeugen über die Einnahme der größten serbischen Städte durch Partisanen berichteten, sprach auf ihrer Titelseite von „150.000 unbekannten Gräbern" in Serbien, in denen die Kommunisten 1944/45 ihre Opfer verscharrt hätten.[73] Diese Zahl ist völlig spekulativ und steht ebenfalls im Widerspruch zu den verfügbaren demografischen Daten.[74] Dasselbe gilt für die Behauptung des bereits erwähnten Rudolph J. Rummel, dass allein in Belgrad, das bei Kriegsbeginn etwa 400.000 Einwohner gezählt hatte, nach Befreiung der Stadt im Oktober 1944 70.000 Menschen von den Kommunisten ermordet worden seien.[75] Eine vom Parlament der Wojwodina 2001 eingesetzte Wahrheitskommission zur Aufklärung der Ereignisse im Zweiten Weltkrieg und der unmittelbaren Nachkriegszeit geht von knapp 55.000 Personen (v. a. Deutsche, Ungarn, Kroaten sowie politische Gegner aller Art) aus, die nach dem Einmarsch der Volksbefreiungseinheiten in die Wojwodina ihr Leben lassen mussten.[76]

Die Jugoslawiendeutschen („Schwaben"), vor dem Krieg rund eine halbe Million, die von ihren „Volksgruppenführern" nationalsozialistisch indoktriniert worden waren und sich teils aus Überzeugung, teils aus Opportunismus, teils unter Druck auf die Seite der Besatzungsmacht und/oder des Ustascha-Regimes gestellt hatten, sahen sich nach der deutschen Kapitulation mit dem Vorwurf der Kollektivschuld konfrontiert, obwohl die KPJ in der Regel eine ethnische oder nationale Schuldzuweisung vermied. Aber es gab Ausnahmen. Zu ihnen zählten die „Schwaben", die nicht nur ihres Eigentums beraubt (dazu später), sondern auch zur Zielscheibe ethnischer Säuberungen wurden. Die Maßnahmen zu ihrer Entrechtung, die im November 1944 eingeleitet worden waren, ähnelten in vieler Hinsicht den „Beneš-Dekreten" in der Tschechoslowakei. Am 11. Juni 1945 erklärte die Regierung des „Demokratischen Föderativen Jugoslawiens": „Die Regierung Jugoslawiens steht auf dem Standpunkt, dass alle Deutschen innerhalb der Grenzen Jugoslawiens ausgesiedelt und nach Deutschland geschickt werden sollen, sobald die technischen Möglichkeiten dafür geschaffen sind."[77] Da auf der Potsdamer Konferenz der drei Siegermächte im Juli/August 1945 Jugoslawien aber nicht zu den Ländern ge-

73 Pogledi, Nr. 2, Juni 1991: Specialno izdanje: Partizanski zločini u Srbiji 1944–45: 150.000 neznanih grobova.

74 Die Untersuchungen von Dimitrijević, B.: Gradjanski rat (98), S. 220 ff., deuten auf sehr viel niedrigere Zahlen hin.

75 Nach Dulić, T.: Tito's Slaughterhouse, a. a. O., S. 94.

76 Portmann, M.: Kommunistische Revolution (156), S. 101.

77 Nach Geiger, Vladimir: J. B. Tito i sudbina jugoslavenskih Nijemaca, in: Časopis za suvremenu povijest (2008), 3, S. 803.

Abb. 8: Das futuristisch anmutende Denkmal („Makedonium") in Kruševo. Es wurde am 2. August 1974 anlässlich des 30. Jahrestags der ersten Sitzung des „Antifaschistischen Rats der Volksbefreiung Makedoniens" und des 71. Jahrestags des Ilinden-Aufstands gegen die osmanische Herrschaft bzw. der kurzlebigen „Republik Kruševo" von 1903 eingeweiht.

zählt wurde, aus denen die deutsche Bevölkerung ausgesiedelt werden sollte, gingen die neuen Machthaber in Jugoslawien dazu über, das Problem selbst zu lösen. Führende Kollaborateure wurden verhaftet und zumeist erschossen. Die übrige Bevölkerung, soweit sie nicht vor Kriegsende evakuiert worden oder geflohen war, wurde in Lagern zusammengetrieben (etwa 170.000 Personen), wo es in der Atmosphäre aufgestauter Leidenschaften zu zahlreichen Racheakten und Misshandlungen kam, denen etwa 40.000 bis 50.000 Menschen zum Opfer fielen. Ein Teil der Internierten wurde zur Zwangsarbeit in die Sowjetunion verschleppt, der Rest konnte schließlich ab Frühjahr 1949 das Land allmählich verlassen.[78] Auch die Konnationalen anderer vormaliger Besatzungsmächte (Italiener und Ungarn) gerieten ins Fadenkreuz der Vergeltungswut. Mehrere Tausend Italiener in Istrien und der Umgebung von Triest wurden von den Partisanen ermordet,

78 Nach wie vor grundlegend ist die Dokumentation der Vertreibung der Deutschen aus Ost-Mitteleuropa. Bd. V: Das Schicksal der Deutschen in Jugoslawien. Düsseldorf 1961; vgl. auch Janjetović, Zoran: Between Hitler and Tito. The disappearance of the Vojvodina Germans. Beograd 2000.

ihre Leichen in Karsthöhlen (foibe) geworfen. Fast die gesamte italienischsprachige Bevölkerung aus Istrien, der ehemals italienischen, nunmehr kroatischen Hafenstadt Rijeka/Fiume und Dalmatien (insgesamt mehr als eine Viertelmillion Menschen) machte nach dem Friedensvertrag zwischen Italien und den Alliierten im Februar 1947 von ihrem Optionsrecht Gebrauch und verließ Jugoslawien.[79] Allein in der südistrischen Stadt Pula wählten mehr als 30.000 der 34.000 Einwohner das Exil und wurden gezwungen, den Großteil ihres Eigentums zurückzulassen. Auch mehrere Tausend Ungarn wurden Opfer der Vergeltungsmaßnahmen oder flohen aus der Wojwodina. Der ursprüngliche Plan, die Ungarn komplett „umzusiedeln", wurde allerdings mit Rücksicht auf die einsetzende „Sowjetisierung" im nunmehrigen „Bruderland" aufgegeben.

Parallel zu den Massenverfolgungen setzte eine Flut von Schnellverfahren gegen tatsächliche oder vermeintliche Kollaborateure und Verräter vor den Militärgerichten und später vor den ordentlichen Gerichten ein. Das vage formulierte Gesetz „Über Straftaten gegen Volk und Staat" vom 25. August 1945 lieferte die notwendige juristische Handhabe.[80] Doch mit rechtsstaatlichen Verfahren hatten diese Prozesse wenig gemein. Sie dienten nicht unbedingt der Wahrheitsfindung, sondern vor allem der Ausgestaltung des neuen jugoslawischen Narrativs, für das „Verbrecher" ebenso notwendig waren wie „Helden". Das heißt nicht, dass alle Anklagepunkte unzutreffend oder gar erfunden waren (viele Verurteilungen hätten wohl auch vor rechtsstaatlichen Gerichten Bestand gehabt), aber die Auswahl der Beschuldigten und die Kontextualisierung ihrer Taten waren politisch und ideologisch vorgegeben. Mehrere Politiker des „Unabhängigen Staates Kroatien" (Pavelić und andere hatten sich rechtzeitig durch Flucht entziehen können) sowie ehemalige KZ-Kommandanten, Offiziere der kroatischen und slowenischen Heimwehr, Tschetnikführer, Repräsentanten der Kollaborationsregierung von General Milan Nedić in Serbien, der vormalige Gesandte des Deutschen Reiches in Kroatien sowie Spitzenvertreter der Glaubensgemeinschaften wurden unter Anklage gestellt. Die meisten von ihnen wurden zum Tod (durch Erschießen oder durch den Strang) verurteilt. Zu den prominenten Angeklagten gehörten Draža Mihailović, der am 17. Juli 1946 hingerichtet wurde,[81] und General Milan Nedić, der unter ungeklärten Umständen am 4. Februar 1946 in der Untersuchungshaft starb. Besonderes Aufsehen erregte

---

79 Vgl. Wörsdörfer, R.: Krisenherd (210), S. 522 ff.; Cattaruzza, Marina: Der „istrische Exodus": Fragen der Interpretation, in: Brandes, Detlef [u. a.] (Hg.): Erzwungene Trennung. Vertreibungen und Aussiedlungen in und aus der Tschechoslowakei 1938–1947 im Vergleich mit Polen, Ungarn und Jugoslawien. Essen 1999, S. 295–322.

80 Text in Dokumentation der Vertreibung der Deutschen aus Ost-Mitteleuropa. Bd. V: Das Schicksal der Deutschen in Jugoslawien. Düsseldorf 1961, S. 234 E ff.

81 Eine im Frühjahr 2009 eingesetzte Staatskommission bemüht sich um die Auffindung seiner Grabstätte.

der Prozess gegen den kroatischen Erzbischof Alojzije Stepinac, der als „Kollaborateur des Ustascha-Regimes" im Oktober 1946 zu 16 Jahren Haft und Zwangsarbeit (später umgewandelt in Hausarrest) verurteilt wurde. Der Prozess war eine Farce, bei dem es nur vordergründig um die „Kollaboration" während des Krieges, tatsächlich aber um die Zurückdrängung des katholischen Einflusses im Nachkriegsjugoslawien ging. Im Gegenzug erhob der Vatikan 1953 den Erzbischof in den Kardinalsrang. Stepinac (ebenso wie der Erzbischof von Sarajevo, Ivan Šarić, und viele andere) war ein überzeugter Nationalist (und fanatischer Antikommunist), der die Unabhängigkeit Kroatiens um jeden Preis wollte und sich bei Papst Pius XII. – vergeblich – für die diplomatische Anerkennung des Ustascha-Staates eingesetzt hatte. Andererseits hatte er bereits im Verlauf des Jahres 1941 mehrfach bei Pavelić und dessen Ministern gegen die Massenverfolgung von Serben und Juden protestiert, obwohl er deren „Bestrafung" grundsätzlich für rechtens erachtete.[82] Ob er mehr hätte tun können und müssen, bleibt umstritten. Eine selbstkritische Auseinandersetzung der katholischen Kirche mit ihrer Rolle vor und während des Zweiten Weltkriegs, die sich nicht auf die Person von Stepinac beschränken kann, sondern auch die unterschiedlichen Strömungen im Episkopat, im Klerus und in den Laienvereinigungen einbeziehen muss, hat bis heute nicht stattgefunden. Nach wie vor weigert sich die katholische Kirche, sich ihrer historischen Verantwortung zu stellen. Gleichwohl sprach Papst Johannes Paul II. 1998 den 38 Jahre zuvor im Hausarrest verstorbenen Stepinac selig. (Das Verfahren zu seiner Heiligsprechung läuft.)

Obwohl es eine Fülle von Zeugenaussagen über den kommunistischen Terror bei Kriegsende und detaillierte Untersuchungen zu einzelnen Verbrechen gibt, ist die Gesamtzahl der Nachkriegsopfer bis heute ungeklärt. Der sowjetische Botschafter in Belgrad, Ivan Sadčikov, berichtete im Februar 1946 nach Moskau, dass nach Aussagen von Milovan Djilas, der zu diesem Zeitpunkt zu den engsten Vertrauten Titos gehörte, 200.000 Kollaborateure nach der Befreiung Jugoslawiens liquidiert worden seien. Und Innenminister Aleksandar Ranković habe dem sowjetischen Diplomaten erklärt, dass 11.000 Mann unter Waffen vernichtet und alle wichtigen Kommandeure der Mihailović-Bewegung entweder verhaftet oder erschossen worden seien. Von den Zivilopfern war bei dieser Gelegenheit keine Rede.[83]

Dass die KPJ ihren Machtanspruch mit aller Gewalt durchsetzte, steht außer Zweifel, zumal die Unsicherheit über einen eventuellen Krieg zwischen den Westmächten und

82 Zu Stepinacs umstrittener Rolle vgl. Buchenau, K.: Orthodoxie und Katholizismus (91), S. 65 ff.; zum Stepinac-Kult seit den 70er-Jahren ebda., S. 360 ff.

83 Nach Perović, Jeronim: The Tito-Stalin Split. A reassessment in light of new evidence, in: Journal of Cold War Studies 9 (2007), 2, S. 32–63; hier S. 38.

der Sowjetunion andauerte. Wer was wann beschlossen hat, wissen wir nur in Ausnahmefällen. Von den Sitzungen des Politbüros der KPJ, dem engsten politischen Führungszirkel um Tito, sind aus den Jahren 1945–48 bislang nur wenige Protokolle bekannt geworden, die meisten davon kurz, unvollständig oder inhaltlich belanglos. Das kann bedeuten, dass nicht von allen Sitzungen und den dort gefassten Beschlüssen Protokolle angefertigt wurden oder dass wichtige Protokolle „verschwunden" sind oder dass sie noch in einem Archiv auf ihre Entdeckung und Freigabe warten.[84] Die grundsätzliche Marschrichtung wurde zweifellos von oben vorgegeben (z. B. in der „Direktive zur Liquidierung des Feindes" vom 9. April 1945). Die Praxis konnte aber mehr oder minder weit von den Vorgaben abweichen und war nur schwer kontrollierbar. Am 14. Mai 1945 – unmittelbar vor der „Tragödie von Bleiburg" – sah sich Tito als Oberkommandierender der Armee veranlasst, die Ermordung von Gefangenen ausdrücklich zu verbieten.[85] Zehn Tage später verlangte er in einer Rundfunkansprache, die ‚unverantwortlichen Tötungen" einzustellen. Das heißt, dass es „unverantwortliche Tötungen" gegeben hatte. Und am 3. August 1945 wurde eine Verordnung „Über allgemeine Amnestie und Begnadigung" erlassen (allerdings mit einer Reihe von Ausnahmen).[86] Hätte es damals ein internationales Kriegsverbrechertribunal für Jugoslawien gegeben, wäre mit ziemlicher Sicherheit gegen Tito und seine engsten Mitarbeiter Anklage erhoben worden. Aber das ist virtuelle Geschichte. Angesprochen auf die „Tragödie von Bleiburg" erklärte Djilas rückblickend in einem Interview: „Niemand weiß, ob Tito direkte Befehle gegeben hat oder nicht. Doch er war sicher für eine radikale Lösung – aus pragmatischen Gründen, genau wie die Briten pragmatische Gründe hatten, diese Flüchtlinge zurückzuschicken. Jugoslawien befand sich im Zustand des Chaos und der Zerstörung. […] Es gab keine Möglichkeit, die 20.000 bis 30.000 Fälle zuverlässig zu untersuchen. So war der einfachste Ausweg, sie alle zu erschießen und damit das Problem los zu sein."[87]

Derzeit lässt sich nicht entscheiden, ob die Brutalität bei der Abrechnung mit den Feinden von höchster Stelle befohlen oder (teilweise) geduldet, ob sie von den Kommandeuren vor Ort angeordnet wurde oder dem Bedürfnis der Partisaninnen und Partisanen nach Rache entsprang. Die allermeisten Kämpferinnen und Kämpfer in der

84 Portmann, M.: Kommunistische Revolution (156), S. 126.

85 Dietrich, Stefan: Der Bleiburger Opfermythos, in: Zeitgeschichte 5 (2008), 8, S. 298–317; hier S. 302; Goldstein, I.: Hrvatska 1918–2008 (514), S. 359.

86 Völkl, Ekkehard: Abrechnungsfuror in Kroatien, in: Henke, Klaus-Dietmar – Hans Woller (Hg.): Politische Säuberung in Europa. Die Abrechnung mit Faschismus und Kollaboration nach dem Zweiten Weltkrieg. München 1991, S. 391.

87 Djilas, Milovan: Der Krieg der Partisanen. Memoiren 1941–1945. Wien [u. a.] 1977 , S. 570; vgl. auch Völkl, E.: Abrechnungsfuror, a. a. O., S. 374.

Volksbefreiungsbewegung besaßen keinerlei oder allenfalls eine rudimentäre militärische oder politische Ausbildung. Von Ideologie verstanden sie nichts. Sie agierten nicht als Kommunisten, sondern als Ad-hoc-Krieger. Und manche waren – ungeachtet ihrer Zugehörigkeit zur Volksbefreiungsbewegung – nationalistisch infiziert. Die Brutalität des Krieges hatte sie „geschult", und sie praktizierten, was sie „gelernt" hatten: Der Feind kann überall sein. Mache keine Gefangenen. Töte den Feind, bevor er dich töten kann. Die Logik der Kommunisten von damals war die gleiche wie die Logik der Antikommunisten von heute: Wir haben einen gerechten Krieg, einen Befreiungs- und Verteidigungskrieg geführt. Diejenigen, die einen gerechten Krieg führen, können – gleichsam per definitionem – keine Verbrechen begehen. Alle, die an einem gerechten Krieg – in welcher Form immer – beteiligt waren, sind damit automatisch exkulpiert. So argumentierten nicht nur Partisanen, sondern auch ihre Gegner. Hätten sich die Ustasche an der Macht halten können oder hätten sich die Tschetniks im Bürgerkrieg durchgesetzt, wäre es nach Kriegsende zu ähnlichen Massakern mit ähnlicher Begründung gekommen wie bei den Kommunisten (nur mit anderen Vorzeichen).

Demografische Bilanz des Krieges

Kehren wir zurück zur demografischen Ermittlung der Kriegsverluste. Rechnet man die Ergebnisse der letzten Vorkriegszählung von 1931 hoch und vergleicht sie mit den Ergebnissen der ersten Nachkriegszählung von 1948, so ergibt sich eine Differenz, die den kriegsbedingten demografischen Totalausfall beziffert. Das Resultat hängt davon ab, mit welcher natürlichen Zuwachsrate die Bevölkerungszahl von 1931 hochgerechnet wird. Die verfügbaren Daten über Geburten- und Sterberaten aus den 30er-Jahren lassen eine allmähliche Abnahme der Zuwachsrate erkennen (allerdings mit deutlichen Unterschieden zwischen den verschiedenen Regionen), und es gibt keine plausiblen Hinweise darauf, dass sich dieser Trend ohne Kriegseinwirkung umgedreht hätte. Unter diesen Voraussetzungen errechnet sich ein kriegsbedingter Gesamtausfall von etwa 1,7 Millionen Menschen.[88] Das ist die Zahl, die Tito 1945 genannt hatte. Aber sie bezeichnet nicht die Kriegstoten, sondern den Totalausfall, von denen Ungeborene, Emigranten, Vertriebene und diejenigen Bevölkerungsgruppen abgezogen werden müssen, die infolge veränderter Grenzen erst nach 1945 an Jugoslawien gefallen waren. Was bleibt, sind die Kriegstoten. Westliche Demografen vertraten bereits in den 1950er-Jahren die Auffassung, dass deren Zahl auf etwa eine Million zu beziffern sei.

---

88 Einzelheiten bei Sundhaussen, Holm: Wirtschaftsgeschichte Kroatiens im nationalsozialistischen Großraum 1941–1945. Das Scheitern einer Ausbeutungsstrategie. Stuttgart 1983, S. 255 ff.

Im Zuge der Verhandlungen zwischen der Bundesrepublik Deutschland und Jugoslawien über eine „Wiedergutmachung" für die Opfer des Zweiten Weltkriegs reduzierte die Belgrader Regierung im Jahr 1963 ihre bisherigen Angaben über die Kriegstoten von 1,7 Millionen auf 950.000. Eine dreiviertel Million „Tote" lösten sich in Wohlgefallen auf. Da die Bonner Regierung auf genaueren Angaben insistierte, wurde 1964 – fast zwanzig Jahre nach Kriegsende – eine erste Erhebung der Kriegstoten durchgeführt, bei der insgesamt 597.323 Personen namentlich erfasst werden konnten. Vor der jugoslawischen Öffentlichkeit wurde das Ergebnis streng geheim gehalten. Und weiterhin war von (mindestens) 1,7 Millionen Toten die Rede. Erst ein Vierteljahrhundert später, im November 1989, publizierten zwei Journalisten die Resultate der Enquete von 1964 in der Zeitung *Danas*.[89] Schon einige Jahre zuvor war ein anderes, wohlgehütetes Geheimnis aufgebrochen. In der serbischen Emigrantenzeitung *Naša reč* (Unser Wort) in London erschien 1985 ein Artikel des Mannes, der die erste statistische Berechnung der Kriegsopfer nach 1945 durchgeführt hatte. Der Autor, Vladeta Vučković, Mathematik-Professor in den Vereinigten Staaten, war bei Kriegsende als Student im Statistischen Bundesamt in Belgrad beschäftigt gewesen. In seinem Artikel unter der Überschrift „Begräbnis eines Mythos" erzählt er die abenteuerliche Geschichte, wie er 1947 im Vorfeld der Pariser Reparationsverhandlungen den Auftrag erhalten habe, innerhalb von zwei Wochen (!) die Bevölkerungsverluste Jugoslawiens zu errechnen – mit der Auflage, dass diese Zahl den bereits umlaufenden Angaben möglichst nahekommen und wissenschaftlich fundiert sein solle.[90] Dass dieser höchst brisante Auftrag nicht von qualifizierten Statistikern und Demografen, sondern von einem Studenten erledigt werden sollte, lässt breiten Raum für Spekulationen. Vučković errechnete mit bemerkenswerter Sachkenntnis eine Zahl von 1,7 Millionen. Diese Angabe bezog sich auf den demografischen Totalausfall. Erst aus der Presse habe er erfahren, dass die jugoslawische Regierung die demografischen Verluste in Paris als Kriegstote „verkaufte".

Im selben Jahr, als Vučković sein lange gehütetes Geheimnis lüftete, erschien – ebenfalls in London – eine Untersuchung des serbischen Ingenieurs Bogoljub Kočović über die Opfer des Zweiten Weltkriegs in Jugoslawien. Dieser Publikation folgte vier Jahre später (1989) eine ähnliche Studie des kroatischen Demografen Vladimir Žerjavić.[91]

89 Krušelj, Želko – Djuro Zagorac: Sporna knjiga mrtvih, in: Danas vom 21. 11. 1989, S. 24 f.

90 Vučković, Vladeta: Žrtve rata. Sahrana jednog mita, in: Naša reč 38 (Oktober 1985).

91 Kočović, Bogoljub: Žrtve Drugog svjetskog rata u Jugoslaviji. London 1985 (Neuaufl. Sarajevo 1990); Žerjavić, Vladimir: Gubici stanovništva Jugoslavije u II svjetskom ratu. Zagreb 1989. Eine Zusammenfassung von Žerjavićs Ergebnissen in vier Sprachen (englisch, französisch, deutsch und serbokroatisch) ist 1993 in Zagreb veröffentlicht worden: Yugoslavia – Manipulations with the Number of Second World War Victims.

Beide Autoren kamen auf unterschiedlichen Wegen zu dem Ergebnis, dass die Zahl der Kriegstoten auf circa eine Million Menschen zu veranschlagen sei. Damit brachen vier Megalomanien und Mythen in sich zusammen: die Megalomanie des Tito-Regimes über die jugoslawischen Opfer während des Krieges, die Megalomanie über die serbischen Opfer von Jasenovac, die Megalomanie über die kroatischen Opfer von Bleiburg und die Megalomanie über die Verluste der jugoslawischen Volksbefreiungsbewegung. Ohne hier auf Einzelheiten eingehen zu können, mit denen man ein atemberaubendes Buch füllen könnte, bleiben zwei Resultate im Labyrinth der Wahrheitsfindung festzuhalten: 1. Alle seriösen Berechnungen deuten darauf hin, dass die Gesamtzahl der jugoslawischen Kriegstoten auf maximal eine Million und der demografische Totalausfall auf 1,7 bis maximal 2,2 Millionen zu beziffern ist. 2. Die Zahl von einer Million Kriegstoten ist um 40 % höher als die Ergebnisse des erwähnten Opferzensus von 1964. Diese Differenz lässt sich einerseits damit erklären, dass der Zensus viel zu spät stattgefunden hatte und mit Sicherheit große Lücken aufwies, zum anderen damit, dass die Opfer aus den Reihen der Kollaborateure bzw. diejenigen, die den Vergeltungsmaßnahmen der Tito-Einheiten anheimgefallen waren, bewusst nicht gezählt wurden. Erst 1995 begannen Mitarbeiter des Belgrader Museums für die Opfer des Genozids mit einer umfassenden Revision der Zählungsergebnisse von 1964, die noch nicht abgeschlossen ist.[92] Dank dieser Revision erhöhte sich die Zahl der Kriegstoten bis 2010 von 597.323 auf knapp 640.000 (in den Grenzen Jugoslawiens bei Kriegsende), darunter 173.600 Angehörige der Partisanenbewegung. Mehr als die Hälfte der gefallenen Partisanen stammte aus dem „Unabhängigen Staat Kroatien".

Nach den Berechnungen von Kočović und Žerjavić befanden sich unter den jugoslawischen Kriegsopfern mehr als 530.000 Serben (serbische Partisanen, Zivilisten und Tschetniks), von denen 114.000 resp. 142.000 im deutsch besetzten Serbien (ohne Wojwodina und Kosovo) ums Leben gekommen seien. Die Menschenverluste auf dem Territorium des USK (Kroatien und Bosnien-Herzegowina) beziffert Žerjavić auf knapp 600.000 (das entspricht der Zahl, die auch von mir Anfang der 1980er-Jahre errechnet

92 Vgl. die Aufsätze von Cvetković, Dragan: Stvarni gubici Hrvatske prema popisu Žrtve rata 1941–1945. iz 1964. godine. Analiza trenutnog stanja prema do sada izvršenoj reviziji, in: http://www.cpi.hr/download/links/hr/7091.pdf; Stradanje civila Nezavisne države Hrvatske u logoru Jasenovac, in: Tokovi istorije 4/2007, S. 153–169; Stvarni gubici civilnog stanovništva u Bosni i Hercegovini prema popisu „Žrtve rata 1941–1945": analiza stanja delimično izvršene revizije, in: Istorija 20 veka 20 (2002), 1, S. 81–96; Stradali pripadnici vojske Kraljevine Jugoslavije sa teritorije uže Srbije u zarobljeničkim logorima, in: Istorija 20 veka 22 (2004), 1, S. 37–48; Pregled stradanja stanovništva Vojvodine u Drugom svetskom ratu, in ebda. 23 (2005), 1, S. 91–110; Stradali pripadnici NOVJ iz uže Srbije prema popisu „Žrtve rata 1941–1945", in: ebda. 21 (2003),1, S. 199–132; ferner Graovac, Igor – Cvetković, Dragan: Ljudski gubici Hrvatske 1941–1945. godine: pitanja, primeri, rezultati. Zagreb 2005.

worden war)[93]. Darunter befanden sich 295.000 Serben, 170.000 Kroaten, 77.000 Muslime sowie 20.000 Juden und 16.000 Roma. Für den Lagerkomplex Jasenovac/Stara Gradiška, der im April 1945 von den Ustasche völlig zerstört worden war (einschließlich aller Dokumente), hatte der Zensus von 1964 allerdings „nur" 59.188 Opfer erbracht. Die Namen der ermordeten Personen wurden 1992 vom Statistischen Amt in Belgrad aus den seinerzeitigen Erhebungslisten herausgefiltert. Ein Exemplar dieser ebenfalls geheim gehaltenen Aufstellung, die im krassen Widerspruch zu den kursierenden Zahlenfantasien einiger serbischer Autoren stand, gelangte in die Hände des „Bosniakischen Instituts" in Zürich und wurde von diesem 1998 publiziert.[94] Unter den Opfern befanden sich 33.944 Serben, 9.044 Juden, 6.546 Kroaten und andere. Auch in diesem Fall ist davon auszugehen, dass die Zahlen unvollständig sind. Nach Auswertung von 140 Monografien und anderer Materialien geht Žerjavić davon aus, dass die Ergebnisse von 1964 im Falle von Jasenovac/Stara Gradiška um 25 bis 30 % zu erhöhen sind. Demnach wären im Lagerkomplex etwa 85.000 Menschen ermordet worden (48.000 bis 52.000 Serben, 13.000 Juden, 12.000 Kroaten und 10.000 Roma). Ein im Jahr 2007 von der Gedenkstätte Jasenovac veröffentlichtes Verzeichnis enthält mehr als 72.000 namentlich erfasste Opfer, darunter über 40.000 Serben, fast 15.000 Roma und annähernd 12.000 Juden, die in Jasenovac und Stara Gradiška, mehrheitlich im Jahr 1942, ums Leben kamen. Zu Recht weisen die Verfasser darauf hin, dass diese namentliche Erfassung – ein halbes Jahrhundert nach Kriegsende – lückenhaft ist.[95] Doch die vom ehemaligen kroatischen Staatspräsidenten Franjo Tudjman und kroatischen Nationalisten in Umlauf gesetzte These, dass Jasenovac ein bloßes Arbeitslager gewesen sei, in dem vor allem Kroaten inhaftiert waren, wurde mit diesem Namensverzeichnis endgültig widerlegt. Nur knapp 5 % der Opfer waren Kroaten.

Bezogen auf die jeweilige Gesamtbevölkerung betrugen die Verluste in Bosnien-Herzegowina mehr als 10 %, in Montenegro und Kroatien mehr als 7 % und im engeren Serbien weniger als 5 %. Mit mehr als einer halben Million Menschen hatten die Serben (vor allem in Bosnien und Kroatien) den größten Anteil unter den Kriegsopfern gestellt, gefolgt von den Kroaten mit annähernd 200.000 und den bosnischen Muslimen mit 100.000 Opfern. Setzt man diese Angaben in Beziehung zur jeweiligen Bevölkerungszahl, so hatten die bosnischen Muslime mit 8 % den höchsten Blutzoll entrichtet, vor

---

93 Sundhaussen, H.: Wirtschaftsgeschichte Kroatiens, a. a. O., S. 255 ff.

94 Jasenovac: žrtve rata prema podacima Statističkog zavoda Jugoslavije/reprint pripremili Meho Visočak i Bejdo Sobica. Zürich, Sarajevo 1998.

95 Smreka, Jelka [u. a.]: Poimenični popis žrtava koncentracijskog logora Jasenovac 1941–1945. (List of names of the victims of Jasenovac Concentration Camp 1941–1945): istraživanja Spomen-područja Jasenovac do 31. kolovoza 2007. Jasenovac 2007.

den Serben mit über 7 % sowie Kroaten und Montenegrinern mit jeweils 5 %. Wer die Täter waren, lässt sich in vielen Fällen nicht rekonstruieren. Und auch der Zeitpunkt des Todes (während des Krieges oder unmittelbar danach) verliert sich oft im Ungewissen. Schließlich bleibt festzuhalten, dass alle hier genannten Zahlen nur Annäherungswerte sind, auch wenn sie mit dem Anschein der Genauigkeit daherkommen.

Wie seinerzeit die Kommunisten eine „Staatskommission zur Feststellung der Verbrechen der Besatzungsmächte und ihrer Helfer" eingerichtet hatten, so setzte das kroatische Parlament im Oktober 1991, einige Monate nach der Unabhängigkeitserklärung Kroatiens, eine 40-köpfige „Kommission zur Feststellung der Kriegs- und Nachkriegsopfer" ein, an der 25 Parlamentarier (!) beteiligt waren. Aus dem Bericht dieser Kommission vom September 1999 geht hervor, dass auf dem Gebiet der Republik Kroatien für den Zeitraum vom 6. April 1941 bis in das Jahr 1953 hinein insgesamt 153.700 Opfer „evidentiert" werden konnten. Darüber hinaus wurden auch die Opfer in jenen angrenzenden Gebieten (z. B. in Bosnien-Herzegowina und Bleiburg) erfasst, wo sich militärische oder bewaffnete Einheiten der Kroaten befunden hatten. Für Bosnien-Herzegowina ermittelte die Kommission 99.228 Opfer, für andere Staaten 8.487. Das seien die jeweiligen Minimalzahlen. Unter den Opfern für Kroatien befanden sich über 79.000 Kroaten, fast 54.000 Personen, die national nicht zugeordnet werden konnten, 18.410 (!) Serben (aber nur 726 Orthodoxe!) und 293 bzw. 331 Juden im nationalen resp. religiösen Sinn. Für Jasenovac führt der Bericht 2.238 (!) Opfer an, während auf dem „Kreuzweg" 13.300 Menschen ihr Leben gelassen hätten.[96] Diese absurden Zahlen, die teilweise auf anonymen (!) Meldungen aus der Bevölkerung basierten, machen deutlich, dass die Kommission entweder nicht gewillt war, Licht ins Dunkel der Opferdiskurse zu bringen, oder dass sie methodisch gänzlich überfordert war und ihre Mitglieder sich nicht schämten, die nichtkroatischen Opfer zu verhöhnen.

1.3 Phönix aus der Asche

Trotz des Terrors während des Krieges und unmittelbar danach ist es abwegig anzunehmen, dass der kometenhafte Aufstieg der Kommunisten allein oder in erster Linie ihrer Gewaltanwendung zu verdanken war. Die Befreiung des Landes unter Führung der KPJ war schon deshalb verblüffend, weil die durch langjährige Illegalität, innerparteiliche Fraktionskämpfe und stalinistische Säuberungen gebeutelte Partei bei Kriegs-

96 Izvješće o radu Komisije za utvrdjivanje ratnih i poratnih žrtava od osnutka (11. veljače 1992.) do rujna 1999. godine (Prijedlog). Zagreb 1999. Kopie im Besitz des Verf.

beginn alles andere als eine Massenbewegung gewesen war; noch dazu in einem Land ohne eine nennenswerte industrielle Arbeiterschaft. Die Gründe für den Erfolg der KPJ waren vielfältig: Der kompromisslose, ohne Rücksicht auf eigene und zivile Verluste geführte Kampf gegen die Besatzungsmächte und ihre Kollaborateure sowie die davon ausgehende Signalwirkung gehörten ebenso dazu wie das Zusammenwirken von Guerillaeinheiten und Armee bzw. die Kombination von Partisanenkriegführung und Großoffensiven sowie die zivile Aufbauarbeit während des Krieges. Die Einrichtung einer Zivilverwaltung war fast ebenso wichtig wie die Kriegführung selbst. Überall in den befreiten Gebieten wurden daher Volksbefreiungskomitees gebildet, die sich um die Versorgung der Bevölkerung mit Lebensmitteln, die Festsetzung von Preisen, die Erhebung von Steuern, den Betrieb von Schulen, die Einrichtung von Alphabetisierungskursen für Erwachsene, die Bekämpfung von Seuchen usw. kümmerten. Sie eröffneten auch der bisher im öffentlichen Leben marginalisierten Hälfte der Gesellschaft – den Frauen – eine Mitwirkungsperspektive. Allein das war schon „revolutionär" in einer Gesellschaft, die zu großen Teilen einem tief sitzenden Patriarchalismus huldigte (der prompt nach dem Kollaps des Sozialismus eine partielle Wiederkehr feierte). Aber auch bei den Partisanen war die „Gleichberechtigung der Geschlechter" (verstanden als Angleichung der Frauen an die Männer, nicht umgekehrt, und schon gar nicht verstanden im Sinne einer Gleichwertigkeit beider Geschlechter) nie vollkommen gewesen. Noch ein halbes Jahrhundert nach Kriegsende grämte sich eine ehemalige Partisanin, die „nur" im zivilen Widerstand aktiv gewesen war, darüber, dass sie nicht mit der Waffe in der Hand gekämpft (und getötet) hatte. „Ich bin heute noch traurig, dass ich niemals ein Gefecht – den ‚Geschmack des Kampfes', wie man sagt – erlebt habe. Aber wir verstanden auch, dass man Kleidung nähen und Heime und Schulen für die Kinder der aktiven Kämpfer und für die Waisenkinder der Gefallenen organisieren muss. [...] Dann gab es die ‚Rote Hilfe' [...] Das alles wurde von Frauen gemacht [...] wichtige Dinge! Unser Kopf hat das ja eingesehen – aber im Kampf zu stehen, zu schießen, das war irgendwie [...] mehr wert [...]."[97]

Die überwältigende Mehrheit derjenigen, die in den Reihen der Volksbefreiungsbewegung gekämpft hatten, waren Bauern, die häufig weder lesen noch schreiben konnten. Die kommunistische Ideologie war ihnen fremd, ein Buch mit sieben Siegeln, und die KPJ-Führung tat alles, um die Bauern über ihre revolutionären Ziele im Unklaren zu lassen. Das von Anfang an mit dem Volksbefreiungskrieg eng verknüpfte Ziel der „sozialistischen Revolution" wurde tunlichst verschwiegen. Die Kommunisten versprachen

97 Nach Wiesinger, Barbara N.: Partisaninnen. Widerstand in Jugoslawien (1941–1945). Wien, Köln, Weimar 2008, S. 38.

ausdrücklich die „Unantastbarkeit des Privateigentums" (vom Eigentum der „Verräter und Kollaborateure" abgesehen) und versicherten, dass alle bedeutenden gesellschaftspolitischen Entscheidungen erst nach Kriegsende auf demokratische Weise getroffen würden. „Vielleicht ist die jugoslawische Revolution", so ein kommunistischer Historiker nach dem Krieg, „das einzige Beispiel, wo das Wort ‚Revolution' selbst nicht verwendet und noch weniger als Banner öffentlich herausgestellt wurde."[98] Die Entscheidung, sich einer kommunistischen Widerstandsgruppe anzuschließen, war häufig nicht politischer Überzeugung geschuldet, sondern stellte eine Überlebensstrategie dar, und auch der Zufall spielte eine Rolle. Wer sich vor den oft willkürlichen Repressalien und Verfolgungsmaßnahmen der Okkupationsmächte und ihrer Helfershelfer retten wollte, suchte Anschluss an den Widerstand. Später kamen die Opportunisten hinzu, die sich auf die Seite des Gewinners schlugen. Der enorme Vorteil der Volksbefreiungsbewegung gegenüber der Tschetnikbewegung bestand darin, dass erstere den Angehörigen aller jugoslawischen Völker und Minderheiten – sowohl Männern wie Frauen – ein Angebot machte, während die Tschetniks ausschließlich den Serben und nur den Männern eine Zukunftsperspektive boten.

Die Gewalt bei Kriegsende und in der ersten Nachkriegszeit wurde flankiert von dem Bestreben, die tiefe politische Spaltung der Gesellschaft zu überwinden und die Mitläufer bzw. „Verführten", die auf der „falschen" Seite gekämpft hatten, zu integrieren. Über ihre „Verirrung" sollte der Mantel des Vergessens gebreitet werden. Schon am 21. November 1944 hatte das Präsidium des AVNOJ eine „allgemeine Amnestie" für Tschetniks und Soldaten der kroatischen und slowenischen Heimwehr verkündet, sofern sich diese keines Verbrechens schuldig gemacht hatten und bis zum 15. Januar 1945 zur Volksbefreiungsarmee überliefen.[99] Die Zahl der Soldaten und Offiziere in Titos Armee nahm damit sprunghaft zu und belief sich Ende 1944 auf rund 600.000 Männer und Frauen in 57 Divisionen. Das Rekrutierungspotenzial Titos war somit unvergleichlich größer als das Mihailovićs. Nach Angaben der KPJ-Führung setzte sich die Volksbefreiungsarmee aus Angehörigen aller jugoslawischen Nationen zusammen. Sie war eine jugoslawische Bewegung. Und nicht zuletzt diesem Umstand sowie der politischen Camouflage verdankte sie ihren Erfolg.

---

98 Kljaković, Vojmir: O elementima sojicalističke revolucije u oslobodilačkom ratu naroda Jugoslavije, in: Naučni skup „Oslobodilačka borba naroda Jugoslavije kao opštenarodni rat i socijalistička revolucija", Ljubljana Januar 1972. Sammlung der Referate in sechs hektografierten Bänden; hier Bd. 6, S. 11.

99 Politika vom 22. 11. 1944.

Die „Legitimierung" eines zweiten Jugoslawiens

Besatzung, Kollaboration, Widerstand und Bürgerkrieg hatten tiefe Wunden in die Bevölkerung gerissen. Zu den Kriegstoten kamen die Invaliden, die Halb- und Vollwaisen, die Witwen, Hunderttausende von Vertriebenen und Flüchtlingen (innerhalb Jugoslawiens) und eine Unzahl erschöpfter und traumatisierter Menschen. Es gab kaum eine Familie, die nicht in irgendeiner Form vom Krieg und Nachkrieg betroffen war. Der Bürgerkrieg hatte die Bevölkerung nicht nur entlang ideologischer, sondern auch entlang ethnonationaler Konfliktlinien gespalten. Es hätte somit triftige Gründe gegeben, das Konzept Jugoslawien ein für allemal zu begraben. Doch das war leichter gesagt als getan. Über eine Aufteilung Jugoslawiens war seit seiner Gründung 1918 gestritten worden. Angesichts der komplizierten ethnischen Verschachtelungen war klar, dass es keine Lösung gab und gibt, die von allen beteiligten Nationen (mit Ausnahme der kompakt siedelnden Slowenen) als „gerecht" oder auch nur als akzeptabel empfunden worden wäre. Wie auch immer eine Grenzziehung auf jugoslawischem Boden ausfallen mochte, sie war stets mit „Ungerechtigkeiten" – oft schmerzhaftester Art – verbunden. Egal ob man sich an den Grenzen vor 1918 oder vor den Balkankriegen von 1912/13 oder an der aktuellen nationalen Zusammensetzung der Bevölkerung orientierte oder gänzlich neue Grenzen zog (indem man z. B. historische und demografische Kriterien miteinander kombinierte), ob man sich auf das Selbstbestimmungsrecht oder auf „historische Rechte" berief – eine konsensfähige Lösung war nicht einmal annäherungsweise in Sicht. Der 1928 einem Attentat erlegene Führer der Kroatischen Bauernpartei, Stjepan Radić, hatte es auf den Punkt gebracht: „[…] wir haben uns so durchmischt, dass wir uns einigen müssen, selbst wenn wir einander auch vollkommen fremd wären. Zwischen uns lässt sich nirgendwo eine Grenze ziehen, nicht einmal durch einen Bürgerkrieg können wir einzelne Gebiete ‚säubern', wenn wir uns nicht gegenseitig ausrotten und völlig vernichten wollen. Die Versöhnung von Kroaten und Serben ist unumgänglich […]"[100] Eine (mit kleineren Unsicherheiten befrachtete) Umrechnung der Volkszählungsergebnisse von 1931 auf Nationen und die jugoslawischen Teilgebiete verdeutlicht die Schwierigkeiten. Nur Slowenien und Serbien (ohne Wojwodina und Kosovo) waren national homogen oder nahezu homogen. Aber während lediglich 4,9 % der in Jugoslawien beheimateten Slowenen außerhalb Sloweniens lebten, lag die Heimat für 45 % der Serben (einschließlich der Montenegriner) außerhalb Serbiens und Montenegros. Knapp 38 % der Kroaten waren außerhalb der historischen Königreiche Kroatien und Slawonien beheimatet (davon 17 %

100 Zitiert nach Jakir, Aleksandar: Dalmatien zwischen den Weltkriegen. Agrarische und urbane Lebenswelt und das Scheitern der jugoslawischen Integration. München 1999, S. 110.

im ehemaligen österreichischen Kronland Dalmatien, wo sie mit 81 % der dortigen Bevölkerung die Mehrheit stellten). An der Bevölkerung Bosniens und der Herzegowina waren die Serben mit 43,9 %, die Muslime mit 31,1 % und die Kroaten mit 22,2 % beteiligt. Die stärksten Bevölkerungsgruppen in der Wojwodina (ohne Syrmien) stellten 1931 die Serben mit 33,6 % aller Einwohner, gefolgt von den Ungarn mit 26,4 % und den Deutschen mit 21,6 %. In Makedonien, im Sandžak und in Kosovo, die bis 1912/13 zum Osmanischen Reich gehört hatten, standen den 35,5 % Makedoniern 25,2 % Albaner und 17,7 % Serben gegenüber usw.[101] Nur mittels massiver ethnischer Säuberungen – weit über die seit 1913 bereits vollzogenen und im Zweiten Weltkrieg vorangetriebenen Homogenisierungsexzesse hinaus – hätten Nationen und Territorien in Übereinstimmung gebracht werden können. Wie immer man sich drehen und wenden mochte – und an Pirouetten hat es wahrlich nicht gefehlt: Wer ethnische Säuberungen ablehnte, kam um die Akzeptanz eines multiethnischen Staates nicht herum. Und umgekehrt: Wer ethnische Homogenität auf einem ethnisch zersplitterten Territorium anstrebte, nahm – bewusst oder unbewusst – ethnische Säuberungen in Kauf.

Aus der Rückschau – und nach den Erfahrungen in den 1990er-Jahren – stellt sich die Frage, ob es nicht „besser“ gewesen wäre, die späteren postjugoslawischen Kriege unmittelbar im Anschluss an den Zweiten Weltkrieg auszutragen und damit alle Probleme „in einem Aufwasch“ zu lösen. Diese Frage zu bejahen bedeutet, die Chancenlosigkeit des Experiments Jugoslawien ohne Wenn und Aber vorwegzunehmen und die Kriegsmüdigkeit der Bevölkerung im Jahre 1945 zu ignorieren. „Lieber Krieg als ein gemeinsamer Staat“ war für die meisten Menschen am Ende des Zweiten Weltkriegs keine wirkliche Alternative.

Wie nach 1918, so wurde auch nach 1945 das nationale Selbstbestimmungsrecht bzw. die Befürwortung oder Ablehnung eines jugoslawischen Staats nicht zur Abstimmung gestellt. Das Ja der Bevölkerung zum Fortbestand Jugoslawiens wurde vielmehr aus dem Volksbefreiungskrieg und aus dem „Sieg über den Faschismus“ abgeleitet. Und obwohl es keine repräsentativen Umfragen aus dieser Zeit gibt, darf angenommen werden, dass ein nicht bezifferbarer, aber großer Teil der Bevölkerung Jugoslawiens einen Neuanfang wollte. Die enttäuschenden Erfahrungen aus der Zwischenkriegszeit und die Exzesse im Bürgerkrieg auf der einen sowie das Bewusstsein, dass eine Aufteilung Jugoslawiens nur mit fortgesetzter extremer Gewalt zu realisieren war, während ein geeintes Jugoslawien größeren Schutz vor äußerer Bedrohung bieten konnte, auf der anderen Seite sprachen zugunsten eines politischen Neuanfangs. Auch die Tatsache, dass ein großer Teil der

101 Berechnet nach den Angaben bei Petričević, Jure: Nacionalnost stanovništva Jugoslavije. Nazadovanje Hrvata i manjina, napredovanje Muslimana i Albanaca. Brugg 1963, S. 30. Vgl. Tabelle 1 im Anhang.

Bevölkerung vor dem Krieg in ärmlichen Verhältnissen gelebt hatte, legte einen sozialen Neuanfang nahe. Kurzum: Die Menschen wollten keine Rückkehr zu den Vorkriegsverhältnissen, auch keine kriegerische Aufteilung Jugoslawiens und keine kritische Auseinandersetzung mit dem, was gerade hinter ihnen lag. Sie wollten Frieden, einen Schlussstrich unter die Vergangenheit und eine Zukunftsperspektive Und es war die KPJ, die den Neuanfang auf ihre Fahnen schrieb, die eine entsprechende Aufbruchsstimmung generierte und sich als „Geburtshelferin“ einer neuen, gerechten Gesellschaft verstand. Der fünfzackige Rote Stern in Flagge und Wappen des neuen Jugoslawiens sollte den Weg in eine bessere Zukunft leuchten (Abbildung 3).

Die bereits zwischen Mai und November 1944 in allen befreiten Teilen des Landes aufgebaute „Volksfront“, die sich im August 1945 formal konstituierte, stand unter Führung der Kommunisten und diente der Erweiterung ihrer politischen Plattform bzw. der Neutralisierung politischer Parteien und Gruppierungen aus dem „bürgerlichen“ Lager. Letztere gingen entweder vollständig in der Volksfront auf oder wurden in der Folgezeit aus dem politischen Leben ausgeschaltet. Am 7. August 1945 versammelte sich der AVNOJ zu seiner dritten Sitzung. Obwohl die Zusammensetzung des Gremiums entsprechend den Empfehlungen der Jalta-Konferenz durch Abgeordnete des Vorkriegsparlaments erweitert worden war, besaß die KPJ ein erdrückendes Übergewicht. Der AVNOJ erklärte sich zum Provisorischen Parlament Jugoslawiens und erließ eine Reihe grundlegender Gesetze zur Agrarreform, zum Gerichtswesen und zur Verfolgung von „Verbrechen gegen Volk und Staat“ sowie ein Wahlgesetz für die Verfassungsgebende Versammlung (durch das erstmals auch Frauen das Stimmrecht erhielten, während „Verräter und Kollaborateure“ sowie alle Jugoslawiendeutschen ausgeschlossen wurden). Obwohl die KPJ mit verdeckten Karten spielte und ihre revolutionären Zielsetzungen verschleierte, sicherte sie sich für alle Fälle die Kontrolle über die Schaltstellen politischer und wirtschaftlicher Macht. Vergeblich protestierten „bürgerliche“ Politiker bei den Siegermächten gegen die schleichende Übernahme des Staates durch die KPJ. Außenminister Šubašić trat am 6. Oktober von seinem Amt zurück. Bei den anschließenden Wahlen zur Verfassungsgebenden Versammlung am 11. November erzielte die Volksfront mit fast 90 % der Stimmen einen überwältigenden Sieg. Vier in Opposition zu den Kommunisten und außerhalb der Volksfront stehende Parteien (die Demokratische Partei, die Radikale Volkspartei, die Sozialistische Partei und ein Teil des Bauernbunds) versuchten zwar, eigene Wahllisten aufzulegen, wurden jedoch derart behindert, dass sie zum Wahlboykott aufriefen. Das war ihr Ende. Eine Wiederbelebung dieser Parteien war nicht möglich, da aufgrund neuer Gesetze eine organisierte politische Tätigkeit außerhalb der „Front“ ohne Genehmigung des Innenministers nicht mehr ausgeübt werden durfte. Faktisch bedeutete dies den Beginn der kommunistischen Alleinherrschaft.

Das neue Staats- und Nationskonzept

Die Liquidierung der nichtkommunistischen Parteien hatte damit in Jugoslawien dank der führenden Position, die sich die Kommunisten während des Krieges erkämpft hatten, weitaus raschere Fortschritte gemacht als in den benachbarten „Volksdemokratien". Am 29. November 1945, dem zweiten Jahrestag der AVNOJ-Konferenz von Jajce, wurde die Monarchie durch die Verfassungsgebende Versammlung abgeschafft und die „Föderative Volksrepublik Jugoslawien" (FNRJ) ausgerufen. Zwei Monate später (am 31. Januar 1946) nahmen die Abgeordneten ohne Gegenstimme eine neue Verfassung an, die in ihren Grundzügen der sowjetischen Verfassung von 1936 nachgebildet war.[102] Fortan gliederte sich der neue jugoslawische Bundesstaat in sechs Republiken: Slowenien, Kroatien, Bosnien-Herzegowina, Serbien, Montenegro und Makedonien sowie die zwei Autonomen Gebiete Kosovo und Wojwodina im Verbund der Republik Serbien. Der Zuschnitt der territorialen Einheiten orientierte sich in erster Linie an den Grenzziehungen vor den Balkankriegen von 1912/13 und an ethnografischen Kriterien. Gänzlich neu waren Makedonien sowie die beiden Autonomen Gebiete Kosovo und Wojwodina, die es vor 1945 oder früher nicht oder in deutlich anderer Form gegeben hatte.[103] Auch einige andere innerjugoslawische Grenzen waren verhältnismäßig jung (und entsprechend gewöhnungsbedürftig) oder folgten nur partiell der Grenzziehung in früheren Jahrhunderten. Nach dem Muster der sowjetischen Verfassung erhielten die jugoslawischen Gliedstaaten das Recht, aus dem bundesstaatlichen Verband auszutreten. Ihre Souveränität wurde nur begrenzt durch die Rechte, welche die Verfassung dem Bundesstaat einräumte. De facto blieb Jugoslawien jedoch ein Einheitsstaat – ein Einheitsstaat mit einem föderativen Design.

---

102 Text der Verfassung abrufbar unter: http://sr.wikisource.org/wiki/Ustav_Federativne_Narodne_Republike_Jugoslavije_(1946).

103 Makedonien war bis ins 20. Jahrhundert hinein nur ein geografischer Begriff (in Erinnerung an die Antike) mit variierenden Raumvorstellungen. Das 1877 eingerichtete osmanische Vilayet Kosovo (mit der Hauptstadt Prishtina, ab 1888 Skopje) war nicht mit dem heutigen Kosovo identisch, sondern umfasste auch Teile des heutigen Makedonien, Montenegros, Serbiens und Albaniens. Im ersten jugoslawischen Staat wurden Makedonien und Kosovo unter der Bezeichnung „Südserbien" (Južna Srbija) zusammengefasst. Kosovo firmierte in dieser Zeit auch unter dem inoffiziellen Namen „Altserbien" (Stara Srbija). Eine administrative Einheit „Kosovo" (etwa in den heutigen Grenzen) entstand erst am Ende des Zweiten Weltkriegs. 1959 kam es noch zu einer Grenzveränderung, als die Gemeinde Leposavić, die bis dahin zu Serbien gehört hatte, an Kosovo angeschlossen wurde. Die Bezeichnung „Wojwodina" geht in die Mitte des 19. Jahrhunderts zurück. Doch die Ende 1849 durch kaiserliches Patent als „vorläufiges Verwaltungsgebiet" ins Leben gerufene „Woiwodschaft Serbien und Temescher Banat" deckte sich ebenfalls nicht mit dem Territorium der heutigen Wojwodina. Mit der Geschichte der jugoslawischen Außen- und Binnengrenzen sowie den damit verbundenen Raumvorstellungen könnte man leicht ein eigenes Buch füllen. Zu den umstrittenen Grenzen von Kosovo vgl. ROUX, MICHEL: Controverses sur les frontières du Kosovo, in: Balkanologie 7 (2003), 2, S. 183–197.

Die fünf als gleichberechtigt anerkannten jugoslawischen Nationen: Serben, Kroaten, Slowenen, Montenegriner und Makedonier erhielten jeweils eine eigene „Mutterrepublik" innerhalb Jugoslawiens. Oder anders formuliert: Jedes der fünf Völker bzw. Nationen (narodi) besaß eine (Kern-)Republik, in der sie die Mehrheit stellte. Die rund 400.000 Montenegriner, die vor der Gründung des ersten Jugoslawiens ihr eigenes Königreich besessen hatten und seit jeher zwischen dem Bekenntnis zum Serbentum und einer eigenen Nation hin und her schwankten, erhielten den Status einer Nation mit einer eigenen Republik. Erstmals wurden auch die slawischen Makedonier, die nach 1913 der Serbisierung, während des Ersten Weltkriegs der Bulgarisierung, danach abermals der Serbisierung und im Zweiten Weltkrieg erneut der Bulgarisierung ausgesetzt waren, als eigene Nation anerkannt. Da die Makedonier sprachlich den Bulgaren sehr viel näher standen als den Serben, konnte man bulgarische Ansprüche auf Dauer ideologisch nur dadurch abwehren, dass man die Makedonier, die weder Bulgaren noch Serben sein wollten, in den Rang einer Nation mit einer eigenen Normsprache erhob. Wenn von (vornehmlich serbischen) Kritikern immer wieder eingewandt wird, dass es sich hier um eine Nationsbildung von oben, um eine Art Verwaltungsakt, gehandelt habe, so muss man hinzufügen, dass dies kein Spezifikum der makedonischen Nation ist, dass auch die übrigen Nationsbildungen in Südosteuropa und anderswo „von oben" durchgeführt wurden und dass es erheblicher Anstrengungen bedurfte, das Konstrukt Nation in den Köpfen der Bevölkerung zu verankern. Eugen Weber hat dies am Beispiel Frankreichs mit seiner Arbeit *Peasants Into Frenchmen* exemplarisch vorgeführt.

Die in drei Konfessionen gespaltene Bevölkerung Bosnien-Herzegowinas, die jahrzehntelang im Spannungsfeld von Serben und Kroaten gestanden hatte, erhielt gleichfalls eine eigene Republik. Es war die einzige Republik, die aus dem oben erwähnten Schema (jeder jugoslawischen Nation eine eigene Republik) herausfiel, denn eine bosnische Nation gab es nicht. Mit dieser Entscheidung wurde nicht nur der historischen Sonderentwicklung der Provinz, sondern auch ihrer komplizierten national-konfessionellen Siedlungsstruktur Rechnung getragen. Da eine Aufteilung der Region zwischen Serbien und Kroatien ohne Inkaufnahme neuer Minderheitenprobleme bzw. ohne Gewaltanwendung gegenüber der Bevölkerung unmöglich war, konzipierte die KPJ Bosnien-Herzegowina als serbisch-kroatische Republik, als Republik zweier Staatsvölker mit drei Glaubensbekenntnissen.[104] Im Übrigen vertraute sie auf einen bosnischen Landespatriotismus. Das 1913 an Serbien gefallene Kosovo-Gebiet war bereits damals

104 In der Verfassungsgebenden Versammlung wurde Bosnien-Herzegowina Anfang 1946 als Bindeglied zwischen Serben und Kroaten definiert und darauf verwiesen, dass große Teile der muslimischen Bevölkerung national noch unentschieden seien. Filandra, Š.: Bošnjačka politika (441), S. 207.

von einer albanischen Bevölkerungsmehrheit besiedelt, deren Selbstbestimmungsrecht auf Dauer schwerlich der Tatsache geopfert werden konnte, dass Kosovo ein „sakraler", mit vielen historischen „Erinnerungen" befrachteter Teil des mittelalterlichen Serbiens war. Die Einrichtung eines autonomen Territoriums innerhalb Serbiens stellte einen problematischen Kompromiss dar, der beiden Seiten gerecht werden sollte, wenngleich er eher zulasten der Albaner als zulasten der Serben ging. Von Einzelheiten wird an späterer Stelle noch zu sprechen sein. Da die Albaner einen eigenen Nationalstaat außerhalb Jugoslawiens besaßen, wurden sie (gleich den Ungarn) nicht als Nation mit dem Recht auf eine eigene Republik, sondern nur als Nationalität anerkannt. Und was die 1918 an Jugoslawien gefallene Wojwodina betrifft, so war sie ein von Serben, Ungarn, Kroaten u. a. gemischt besiedeltes Gebiet, in dem die Serben – nach Flucht und Vertreibung der Deutschen – nur eine knappe absolute Mehrheit (50,6 %) besaßen.

Durch die neue föderalistische Struktur Jugoslawiens hatten die Serben im Vergleich zur Situation nach den Balkankriegen und dem Ersten Weltkrieg am meisten verloren. Sie hatten alles verloren, wofür sie in vier Kriegen (den beiden Balkan- und den beiden Weltkriegen) immense Opfer – zum Teil an gegnerischen Fronten – erbracht hatten. Fortan verteilte sich die serbische Bevölkerung auf Serbien, Kroatien, Bosnien-Herzegowina und die zwei Autonomen Gebiete Kosovo und Wojwodina, sofern man Montenegro außer Betracht lässt. (Ähnlich zersplittert wie die serbische war auch die albanische Bevölkerung, die sich auf Albanien, Kosovo, Montenegro, Makedonien und Griechenland verteilte.) Andererseits hatten die Serben aber nur verloren, was ihnen – gemessen am Grundsatz nationaler Selbstbestimmung – rechtens nicht gehören konnte. Die Makedonier wollten keine Serben sein, und die Konstituierung einer makedonischen Nation war die Konsequenz aus dieser Nicht-Akzeptanz. In Bosnien-Herzegowina stellten die Serben weniger als die Hälfte der Bevölkerung (44,3 %), da die Muslime mehrheitlich keine Serben (wie auch keine Kroaten) sein wollten. Hinzu kam, dass sich die serbischen Wohngebiete über ganz Bosnien-Herzegowina verteilten. Die Siedlungsverhältnisse in Kosovo (mit 68,5 % Albanern) ließen sich ohne Gewaltanwendung ebenfalls nicht rückgängig machen. Dass andererseits den in Kroatien lebenden Serben (rund 540.000 Personen bzw. über 14 % der Republiksbevölkerung) kein autonomes Gebiet zugesprochen wurde (vergleichbar den Albanern in Kosovo), konnte als Inkonsequenz kritisiert werden. Aber diese Entscheidung war weniger inkonsequent als die Vereinnahmung des Kosovo für Serbien bzw. Jugoslawien. Untersucht man die regionale Verteilung des serbischen Bevölkerungsteils in Kroatien gemäß den Ergebnissen der Volkszählungen nach 1945, so lassen sich drei Schwerpunkte serbischer Siedlungen in Kroatien ausmachen: Lika, Banija und Kordun sowie Teile Slawoniens. Doch die Gebiete mit serbischer Mehrheit bildeten keinen geschlossenen Raum. So gab es beispielsweise in ganz Slawonien – abgesehen von den Gemeinden Daruvar und Pakrac – keine einzige Gemeinde mit einer serbischen Bevölkerungsmehrheit. Obwohl also die Siedlungsverhältnisse der Serben in Kroatien nur bedingt vergleichbar waren mit den Siedlungsverhältnissen der Albaner in Kosovo, wäre es politisch klug gewesen, über eine Autonomie für jene Gebiete nachzudenken, in denen die Serben tatsächlich eine deutliche Mehrheit stellten. Andererseits ist zu berücksichtigen, dass sowohl die Kroaten als auch die in Kroatien beheimateten Serben zu den staatstragenden Völkern Jugoslawiens gehörten und dieselbe Sprache benutzten. Dies unterschied die Situation der Serben in Kroatien grundlegend von der Situation der Albaner in Kosovo oder derjenigen der Ungarn in der Wojwodina.

Das von der KPJ offerierte Konzept zur Gestaltung Jugoslawiens konnte gewiss nicht alle Wünsche der jugoslawischen Völker und Nationalitäten erfüllen, da es ein solches Konzept nicht gibt. Aber verglichen mit den meisten anderen Projekten zur inneren Gestaltung Jugoslawiens – wie sie von Politikern aller Schattierungen in der Zwischenkriegszeit, von der zerstrittenen Exilregierung während des Zweiten Weltkriegs, von den Tschetniks oder von politischen Emigranten nach 1945 vorgeschlagen worden waren – stellte die von der KPJ durchgesetzte Lösung einen bemerkenswerten, ja einen genialen – oder sagen wir: fast genialen – Neuanfang dar (sofern man von der Angliederung Kosovos an Serbien absieht).

Realistisch war auch, dass die KPJ das Konstrukt eines jugoslawischen Volkes aus dem ersten jugoslawischen Staat, an dessen Existenz ohnehin niemand geglaubt hatte (von der anfänglichen Begeisterung einiger Intellektueller abgesehen), aufgab. 1918 hätte dieses Konzept vielleicht eine Chance gehabt, doch wurde es von den politischen und kulturellen Eliten in der Zwischenkriegszeit systematisch desavouiert, und der Zweite Weltkrieg hatte ihm den Rest gegeben. Die Zeit konnte man nicht zurückdrehen, ebenso wenig wie die mittlerweile vorangeschrittenen Nationsbildungsprozesse. Die Anerkennung von fünf gleichberechtigten, staatstragenden Nationen, überwölbt durch die jugoslawische Staatsbürgergemeinschaft, trug dieser Tatsache Rechnung. Die drei Schriftsprachen der südslawischen Nationen – Slowenisch, Serbokroatisch (oder Kroatoserbisch) und das gerade erst kodifizierte Makedonisch – wurden als Amtssprachen zugelassen. Der Gebrauch des lateinischen Alphabets durch die Katholiken stand gleichberechtigt neben dem Gebrauch des kyrillischen Alphabets durch die Orthodoxen. Den nationalen Minderheiten wurden weitgehende kulturelle Zugeständnisse gemacht. Albaner, Ungarn, Türken u. a. erhielten eigene Schulen, Zeitungen und kulturelle Ausdrucksmöglichkeiten, sodass sich auch in dieser Hinsicht ein gewaltiger Fortschritt gegenüber der Zwischenkriegszeit abzeichnete. Wie bereits erwähnt, konnten den Status einer „Nation" nur diejenigen Gruppen – unabhängig von ihrer zahlenmäßigen Stärke – erlangen, die außerhalb Jugoslawiens keinen eigenen Nationalstaat besaßen. Damit wurde insbesondere den Albanern und Ungarn der „Aufstieg" zur Nation innerhalb Jugoslawiens verwehrt. Das neue Nations- und Nationalitätenkonzept war freilich ohnehin nur als Übergangslösung gedacht. Die KPJ setzte darauf, dass die Volksnation als Relikt der bürgerlich-kapitalistischen Klassengesellschaft über kurz oder lang „absterben" bzw. dass die Zugehörigkeit zu der im Krieg begründeten jugoslawischen Solidargemeinschaft im Geflecht multipler Identitäten an die vorderste Stelle rücken würde.

Gleich der Nation sollte auch die Religion als „Opium des Volkes" im neuen Jugoslawien absterben. Die Kommunisten wollten diesen Prozess durch aktive Sterbehilfe beschleunigen. Maßgebend für die erste Phase ihrer Religionspolitik war nicht allein der grundsätzliche Atheismus, sondern auch die Bekämpfung der katholischen und orthodoxen Kirche als Förderer und Träger des Nationalismus sowie des (national indifferenten) Islam als besonders „rückständiger und modernisierungsfeindlicher" Religion. Der politische Katholizismus bei den Kroaten sowie die politische Orthodoxie bei den Serben, die sich im ersten Jugoslawien gegeneinander in Stellung gebracht hatten,[105] galten (durchaus zu Recht) als Bedrohung für den angestrebten innergesellschaftlichen Frieden. Vor dem Zweiten Weltkrieg hatten sich weniger als 0,1 % der Bevölkerung Jugoslawiens als nichtreligiös deklariert.[106] Das Bekenntnis zu einer Glaubensgemeinschaft, das bereits für die Zwischenkriegszeit nicht mit Frömmigkeit gleichgesetzt werden darf, galt nicht zuletzt als nationales Bekenntnis und wurde von beiden christlichen Kirchen auch in diesem Sinn gedeutet. Im Fall des Katholizismus, der sich als Universalreligion versteht, war die nationalistische Verengung vor allem eine Folge der Auseinandersetzungen in der Zwischenkriegszeit und der Konfrontation während des Zweiten Weltkriegs. Der katholischen Kirchenlehre entsprach sie nicht.[107] Im Fall der Orthodoxie wurde die Nähe von Nation und Religion durch die historische Rolle der Kirche unter osmanischer Herrschaft und das Autokephalie-Prinzip gefördert. Während die vormoderne orthodoxe Kirche eine autokephale Territorialkirche gewesen war, verstand sie sich seit der Nations- und Nationalstaatsbildung im 19. Jahrhundert zunehmend als Nationalkirche,

105 Vgl. Buchenau, K.: Orthodoxie und Katholizismus (91), S. 54 ff.

106 Vgl. Henkel, Reinhard: Religions and religious institutions in the post-Yugoslav states between secularization and resurgence, in: Acta Universitatis Carolinae 2009, Geographica, Nr. 1–2, S. 49–61; hier S. 49.

107 Unter allen katholischen Kirchen in den ehemals sozialistischen Ländern war die Verbindung von Kirche und Nation in Polen und Kroatien am engsten, gefolgt von Slowenien, der Slowakei und Litauen. In Ungarn und Tschechien stellten die Katholiken zwar ebenfalls die Bevölkerungsmehrheit, mussten sich aber die nationale Bindung mit den Angehörigen protestantischer Kirchen teilen. Die Anfänge des politischen Katholizismus in Kroatien reichen in das Ende des 19. Jahrhunderts zurück.

obwohl diese Transformation den heiligen Kanones widersprach.[108] Spätestens seit der Zwischenkriegszeit standen sich somit die katholische Kirche der Kroaten und die orthodoxe Kirche der Serben als agonale Nationalkirchen gegenüber.

Der Atheismus der Kommunisten und der Antikommunismus der Glaubensgemeinschaften bedingten sich wechselseitig. Zwar garantierte die Verfassung von 1946 (Art. 25) die Religionsfreiheit, doch der Aktionsradius der Glaubensgemeinschaften wurde an allen Ecken und Enden beschnitten. Die Trennung von Kirche und Staat leitete die Verbannung des Religionsunterrichts aus den Schulen, die Ausgliederung der theologischen Fakultäten von Zagreb, Ljubljana und Belgrad aus den Universitäten, die Schließung vieler religiöser Bildungseinrichtungen, Vereine und Verlage ein. Die standesamtliche Ehe wurde obligatorísch. Die Scheriatsgerichte mussten ihre Tätigkeit 1946 einstellen. Ab 1950 durften muslimische Frauen keinen Schleier mehr tragen. Die Mektebs, die einführenden Koran-Schulen, und die Derwisch-Orden wurden verboten. Im Zuge der Agrarreform verloren die Glaubensgemeinschaften obendrein fast ihren gesamten Grundbesitz. Ihre Tätigkeit wurde staatlich streng überwacht; tatsächliche oder vermeintliche Verstöße gegen den Religionsfrieden unterlagen harten Strafen etc.[109] Diese Politik zeitigte Erfolge. Anlässlich der Volkszählung von 1953 bezeichneten sich bereits knapp 13 % der Bevölkerung Jugoslawiens als Atheisten oder nichtreligiös. In Montenegro waren es 31,5 %, in Kosovo nur 7,8 % (in allen anderen Landesteilen schwankte der Anteil der Atheisten zwischen 10 % und 13,5 %).[110]

Der kommunistische Grundsatz „Gleichheit für alle" schien auf faszinierend einfache Weise die nationale, religiöse und soziale Bürde aus der Welt zu schaffen und den Weg zu einer sozialistischen Gemeinschaft frei zu machen. „Brüderlichkeit und Einheit" (bratstvo i jedinstvo) lautete das Motto einer neuen Integrationsstrategie, durch die die nationalen und religiösen Besonderheiten allmählich zugunsten einer sozialistischen Gesellschaft zurückgedrängt werden sollten (obwohl es darüber von Anfang an Meinungsverschiedenheiten gab). Heute wird die Formel „Brüderlichkeit und Einheit" fast nur noch ironisch zitiert, insbesondere von jenen, die beides zerstört haben (wobei stets unterstellt wird, dass nicht sie, sondern die anderen an der Zerstörung schuld sind). Das neue Integrationskonzept der Kommunisten kam dem Diktum Ernest Renans von 1882 nahe: „Eine Nation ist also eine große Solidargemeinschaft, getragen von dem Gefühl

108 Zu Einzelheiten vgl. Sundhaussen, Holm: Dorf, Religion und Nation. Über den Wandel vorgestellter Gemeinschaften im Balkanraum, in: Journal of Modern European History 9 (2011), 1, S. 87–116.

109 Zur Religionspolitik vgl. u. a. Buchenau, K.: Orthodoxie und Katholizismus (91), S. 103 ff.; Radić, R.: Država i verske zajednice, Bd. 1 (159); Popovic, Alexandre: L'Islam balkanique. Les musulmans du sud-est européen dans la période post-ottomane. Berlin 1986, S. 348 ff.; Malcolm, N.: Bosnia (459), S. 195 f.

110 Henkel, Reinhard: Religions and religious institutions, a. a. O., S. 51.

der Opfer, die man gebracht hat, und der Opfer, die man noch zu bringen gewillt ist. Sie setzt eine Vergangenheit voraus, aber trotzdem fasst sie sich in der Gegenwart in einem greifbaren Faktum zusammen: der Übereinkunft, dem deutlich ausgesprochenen Wunsch, das gemeinsame Leben fortzusetzen."[111] Wie groß der Anteil der Bevölkerung war, die den Wunsch nach einem gemeinsamen Leben artikuliert hätte, falls sie gefragt worden wäre, wissen wir nicht. Wir wissen nur, dass die mit dem Zweiten Weltkrieg verbundenen Helden- und Opfermythen den Ausgangs- und Angelpunkt einer neuen Solidargemeinschaft bilden sollten. Die Lehren, die die Kommunisten aus dem Zweiten Weltkrieg zogen, lauteten: Nur gemeinsam können die jugoslawischen Völker der Bedrohung von außen – dem deutschen Drang nach Osten, dem italienischen Vormachtstreben im Adria-Raum, dem bulgarischen und ungarischen Revisionismus – oder sonstigen Gefahren, von denen noch zu sprechen sein wird, begegnen. Nur gemeinsam können sie sich behaupten in einer Welt, die von Großmachtinteressen bestimmt wird. Und nur in „Brüderlichkeit und Einheit" sind sie in der Lage, ihr Selbstbestimmungsrecht zu realisieren. Der Zweite Weltkrieg und das zweite Jugoslawien – dessen Schöpfer und Gründungsmythen – waren untrennbar aufeinander bezogen. Der Krieg als zentrale soziale Erfahrung und die mit ihm verbundenen Feindbilder waren sinn- und legitimitätsstiftend. Die KPJ stand und fiel mit der neuen Staatskonzeption, und – wie sich später zeigen sollte – stand und fiel auch der neue Staat mit der KPJ.

Die Arbeit am Gründungsmythos

Die Ausstaffierung des Kriegsmythos hatte bereits während des Krieges eingesetzt. Die Partei bestimmte, was erinnert und was vergessen werden sollte. Sie sorgte dafür, dass ihre Deutung in allen Bereichen des öffentlichen Lebens durchgesetzt und abweichende Erfahrungen oder Erinnerungen totgeschwiegen, verdrängt oder kriminalisiert wurden. Der Inszenierung des Kriegsmythos diente die klare und einfache Dichotomie von Gut und Böse, Freund und Feind, Widerstandskämpfern und Kollaborateuren. Die Ereignisse von 1941 bis 1945 wurden diesem extrem polarisierten Deutungsmuster entsprechend kodiert.[112] Auf der einen Seite standen die Aggressoren, die Besatzungsmächte und ihre einheimischen Helfer, auf der anderen Seite stand das Volk, die Arbeiter und Bauern, die sich unter Führung Titos und der KPJ zum bewaffneten antifaschistischen

111 Renan, Ernest: Was ist eine Nation?, in: Jeismann, Michael – Henning Ritter (Hg.): Grenzfälle. Über alten und neuen Nationalismus. Leipzig 1993, S. 308 f.

112 Vgl. u. a. Höpken, Wolfgang: Der Zweite Weltkrieg in den jugoslawischen und postjugoslawischen Schulbüchern, in: Ders. (Hg.): Öl ins Feuer? Schulbücher, ethnische Stereotypen und Gewalt in Südosteuropa. Hannover 1996, S. 159 ff.

Widerstand formiert hatten. Auf beiden Seiten der Front herrschte annähernder nationaler Proporz. Sowohl im Lager der Kollaboration wie im Lager des Widerstands waren angeblich – von einigen Modifizierungen abgesehen – Angehörige aller jugoslawischen Nationen und Nationalitäten entsprechend ihrem Anteil an der Gesamtbevölkerung vertreten. Damit distanzierte sich die KP-Führung von jenen nationalen Stereotypen, die in der Zwischenkriegszeit und während des Krieges gepflegt worden waren. Dass der Zweite Weltkrieg in Jugoslawien auch ein nationaler (Bürger-)Krieg gewesen war, wurde aus der öffentlichen Erinnerung verdrängt. Dementsprechend hatte es auch keine Verhaltensweisen gegeben, die außerhalb der starren Polarität von Kollaboration und Widerstand lagen. Die Aufschlüsselung der offiziellen Opferzahlen nach nationalen Gruppen blieb daher auffallend vage und widersprüchlich. Der Holocaust spielte keine Rolle. Wichtig war der Gesamteindruck: Die Bevölkerung Jugoslawiens hatte die Aggression Hitlers und seiner in- wie ausländischen Verbündeten mit einem extrem hohen Blutzoll bezahlt.

Dieses Schwarz-Weiß-Schema der Kommunisten wurde im Verlauf der 80er- und 90er-Jahre von den Antikommunisten übernommen, aber mit neuem/altem Inhalt gefüllt. An die Stelle der „guten" Partisanen" und „bösen" Kollaborateure traten die „guten" Kroaten und die „bösen" Serben etc. oder umgekehrt. So weit, so schlecht. Aber es gab doch einen kleinen Unterschied. Die Kommunisten hatten sich bei ihrer Bewertung auf die politische *Entscheidung* gestützt, die Bürgerinnen und Bürger während des Krieges (angeblich) getroffen hatten. Die Antikommunisten beriefen sich allein auf ihre Nation. Ob jemand Partisan oder Ustascha, Partisan oder Tschetnik gewesen war, spielte jetzt nur noch eine untergeordnete oder gar keine Rolle mehr. Maßgeblich war, ob jemand zur kroatischen oder serbischen Nation usw. gehörte, unabhängig davon, ob sie/er während des Krieges eine „richtige" oder „falsche" Entscheidung getroffen hatte. Schließlich kann man sich irren. Was fortan zählte, waren die nationale Zugehörigkeit und die Geschlossenheit der Nation bzw. die Überwindung ihrer „tragischen" Spaltung, ihr innerer Frieden.

Der Weltkriegsmythos der Kommunisten wurde flankiert von der südslawischen Idee bzw. vom Jugoslawismus, der auf die enge ethnische, sprachliche und kulturelle Verwandtschaft der jugoslawischen Völker zielte und die „objektive" Grundlage ihres (tatsächlichen oder postulierten) Strebens nach wechselseitiger Integration und staatlicher Einheit abgab. Sieht man jedoch von der engen sprachlichen Verwandtschaft von Serben, Montenegrinern, Kroaten und bosnischen Muslimen (sowie von der etwas ferneren Verwandtschaft mit Slowenen und Makedoniern) ab, so erwiesen sich die übrigen Elemente des Jugoslawismus als Wunschdenken. Gemeinsame Ursprungs- und Identitätsmythen „langer Dauer" ließen sich angesichts der historisch sehr unterschiedlichen

Entwicklungen der jugoslawischen Völker nicht überzeugend begründen. Im Gegenteil: Die bereits existierenden nationalen Mythen, insbesondere von Serben und Kroaten, standen der jugoslawischen Idee eher im Wege, als dass sie diese beförderten. Folglich wurden sie in der öffentlichen Erinnerungskultur nach 1945 weitgehend an den Rand gedrückt. Das Erinnern an den mittelalterlichen serbischen Staat, an die Amselfeld-Schlacht von 1389 oder an die serbischen Siege in den Balkan-Kriegen von 1912/13 und im Ersten Weltkrieg wurde ebenso aus dem vergangenheitspolitischen Szenarium entfernt wie das Erinnern an den mittelalterlichen kroatischen Staat oder an die verschiedenen Bewegungen zur Wiederherstellung eines kroatischen Staates im 19. und der ersten Hälfte des 20. Jahrhunderts. Das sozialistische Jugoslawien musste somit auf einen weit in die Vergangenheit zurückprojizierten Ursprungs- und Kontinuitätsmythos, wie ihn fast alle Nationen lieben und pflegen, verzichten.[113] Eine gemeinsame (jugoslawische) Geschichte gab es nicht oder sie war – was den ersten jugoslawischen Staat betraf – so kontrovers, dass sich Historikerinnen und Historiker nicht auf eine gemeinsame Lesart verständigen konnten. Zum Glück gab es den „Klassenfeind" und die „bürgerlich-kapitalistische Ordnung", die man für das Scheitern des ersten Jugoslawiens (vor dessen Zerschlagung durch die „Achsenmächte") verantwortlich machen konnte. Aber nun, da beide verschwunden oder im Verschwinden begriffen waren, ließ sich aus dem früheren (vermeintlich gemeinsamen) Gegner keine nachhaltige Sinnstiftung mehr schöpfen. Blieb somit nur der Zweite Weltkrieg, dessen narrativer Kern nicht der „Vergangenheitsbewältigung", sondern der Gestaltung der Zukunft, einer neuen Welt, des noch nie Dagewesenen dienen sollte.

Die sozialistische Revolution

Parallel zur Umgestaltung der politischen Machtverhältnisse und des Staates sowie zur Ausgestaltung des Weltkriegs- bzw. Gründungsmythos erfolgte der Umbau von Wirtschaft und Gesellschaft. Die materiellen Schäden des Zweiten Weltkriegs waren gewaltig. Nach offiziellen, kaum überprüfbaren Angaben belief sich der unmittelbare Kriegsschaden auf über neun Milliarden Dollar (zur Parität von 1938), d. h. fast auf das Vierfache des durchschnittlichen Volkseinkommens der Jahre 1925–34, und war damit 1,4-mal höher als in Großbritannien. Jugoslawien war vor dem Krieg bereits ein armes Land gewesen, mit einem ausgeprägten Wohlstandsgefälle von Westen und Norden nach

113 Vgl. Höpken, Wolfgang: Vergangenheitspolitik im sozialistischen Vielvölkerstaat: Jugoslawien 1944–1991, in: Bock, Petra – Edgar Wolfrum (Hg.): Umkämpfte Vergangenheit. Geschichtsbilder, Erinnerungen und Vergangenheitspolitik im internationalen Vergleich. Göttingen 1999, S. 210–246.

Osten und Süden, von den vormals habsburgischen zu den vormals osmanischen Provinzen. Das neue Jugoslawien nach dem Krieg glich erst recht einem Armenhaus. Die wichtigsten Industrie- und Verkehrseinrichtungen waren zerstört, zahlreiche Dörfer und Städte lagen in Schutt und Asche, die Währungs- und Finanzsysteme waren vollkommen zerrüttet. Die Beseitigung der Kriegsschäden sowie die weitere Entwicklung des Landes glichen einer Herkules-Aufgabe, die eine Steuerung durch den Staat unumgänglich machte. Bereits vor Kriegsende waren die ersten Enteignungsmaßnahmen beschlossen worden, die vor allem das Vermögen der „Kollaborateure" und Jugoslawiendeutschen betrafen. Nach dieser ersten Konfiszierungswelle befanden sich Ende 1945 bereits rund 80 % der wichtigeren Wirtschaftsunternehmen in Staatseigentum. Ein Jahr später, am 5. Dezember 1946, folgte ein Gesetz über die „Nationalisierung" privater Wirtschaftsbetriebe: Alle Unternehmen, die von bundes- oder gliedstaatlicher Bedeutung waren, wurden in Staatseigentum überführt. Mit der Ausweitung dieser Maßnahme auf die noch in Individualbesitz befindlichen kleinen Industrie-, Handels- und Versorgungsbetriebe im Frühjahr 1948 war der Verstaatlichungsprozess in Industrie, Handel und Finanzsystem im Wesentlichen abgeschlossen.[114]

Das Wirtschaftssystem des Staatssektors lehnte sich eng an das Vorbild der sowjetischen Zentralverwaltungswirtschaft an. Jugoslawische Historiker bezeichneten diese Phase als „administrativen Sozialismus". Ausgangspunkt bildete das „Grundgesetz über staatliche Wirtschaftsunternehmen" vom 24. Juli 1946. Zwischen die Wirtschaftsministerien auf Bundes- und Republiksebene und die Geschäftsleitungen der Unternehmen wurde ein „administrativ-operatives Organ" eingeschoben, eine General- oder Hauptdirektion, die eine größere Zahl gleichgearteter Betriebe lenkte. Und mit dem „Gesetz über den Fünfjahresplan für die Entwicklung der Volkswirtschaft in den Jahren 1947–51" wurde auch ein erster umfassender Plan verabschiedet, bei dessen Ausarbeitung die sowjetischen Erfahrungen Pate gestanden hatten. Das Gesetz enthielt ein ehrgeiziges Entwicklungsprogramm mit dem unbedingten Vorrang für den Ausbau der Grundstoff- und Schwerindustrie. Um die Realisierung des Plans zu gewährleisten, beaufsichtigte der Staat den noch verbliebenen privatwirtschaftlichen Sektor in der Landwirtschaft, im Handwerk und im Baugewerbe. Durch allgemeine Vorschriften, behördlich festgesetzte Preise und die Zuteilung von Rohstoffen wurden der staatliche und private Wirtschaftssektor eng miteinander verflochten. Mittels zentraler Steuerung der knappen Ressourcen sollte die industrielle Produktion im Vergleich zu 1939 während der Laufzeit des Plans um das Fünffache gesteigert werden. Es war der Aufbruch eines unentwickelten Agrarlandes in die „industrielle Revolution": ein gigantisches Programm, das große Fas-

114 Hierzu und zum Folgenden knapp und präzis Calic, M.-J.: Geschichte Jugoslawiens (60), S. 183 ff.

zination ausstrahlte und das mit viel Ehrgeiz, vielen Hoffnungen, aber auch mit vielen Opfern und Enttäuschungen verbunden war. Die Industrialisierung als Kernelement der „Modernisierung“ wurde zum Mega-Thema und sollte zugleich als Plattform für den „Neuen Menschen“ und die neue „sozialistische Lebensweise“ fungieren.

Im Unterschied zu Stalin während der 30er-Jahre ging die KPJ zumindest in einem Bereich erheblich behutsamer vor. Gemeint ist die Agrarpolitik. Die Masse der Widerstandskämpfer waren Bauern gewesen, und die Partei hatte ihnen den Schutz des Eigentums versprochen. Daran hielt sie zunächst fest. Dennoch kam es auch im agrarischen Sektor nach Kriegsende zu einschneidenden Veränderungen bei den Eigentumsverhältnissen. Der Boden von „Kriegsverbrechern“ und Angehörigen der deutschen „Volksgruppe“ war bereits durch einen Beschluss des AVNOJ vom 21. November 1944 konfisziert worden. In einer Ausführungsverordnung vom 8. Juni 1945 hieß es dazu: „Vom Beschluss des AVNOJ [...] (Art.1, Pkt. 2) sind jene jugoslawischen Staatsbürger deutscher Volkszugehörigkeit betroffen, die sich während der Okkupation als Deutsche erklärt oder als solche gegolten haben, ohne Rücksicht darauf, ob sie vor dem Krieg als solche aufgetreten sind oder als assimilierte Kroaten, Slowenen oder Serben gegolten haben.“[115] Am 23. August 1945 wurde ein Gesetz „Über die Agrarreform und Kolonisation“ verabschiedet, das die Höchstgrenze des privaten Landbesitzes auf 25–35 ha Nutzland festlegte. Von den Maßnahmen wurden insgesamt 160.000 Eigentümer (politische Gegner, Großgrundbesitzer, Industrieunternehmen, Banken, Kirchen, Klöster und Glaubensgemeinschaften) betroffen und ein Bodenfonds von knapp 1,6 Millionen ha geschaffen, in den auch die bereits konfiszierten Ländereien einflossen. Die evakuierten, geflohenen oder vertriebenen „Schwaben“ stellten mit 638.000 ha enteigneter Fläche etwa 40 % des gesamten Agrarfonds. 316.000 Familien erhielten Land, darunter eine große Anzahl von ehemaligen Partisanen und Soldaten der Volksbefreiungsverbände aus den unterentwickelten Regionen Jugoslawiens (aus Bosnien, aus der Krajina in Kroatien und aus Montenegro), die als „Kolonisten“ in der Wojwodina eine neue Heimat fanden und sowohl die nationale Zusammensetzung der dortigen Bevölkerung wie auch die Besitzverhältnisse zugunsten des serbischen Bevölkerungsanteils verschoben. Die Zahl der „Kolonisten“ mit ihren Familienangehörigen belief sich in der Wojwodina auf rund eine Viertelmillion. Etwa die Hälfte des im Bodenfonds erfassten Landes ging an neu gegründete Staatsgüter, wissenschaftliche Einrichtungen oder Forstbetriebe. Die aus der Zwischenkriegszeit ererbten Probleme in der Landwirtschaft (Klein- und Zwergbesitz, Zersplitterung der Höfe und ländliche „Übervölkerung“) konnten aber auch durch

115 Dokumentation der Vertreibung der Deutschen aus Ost-Mitteleuropa. Bd. V: Das Schicksal der Deutschen in Jugoslawien. Düsseldorf 1961, S. 183 E.

diese zweite Agrarreform im 20. Jahrhundert (die erste hatte in den 20er-Jahren stattgefunden) und die damit verbundene Entschuldung der Bauern nicht gelöst werden. Sie diente auch weniger wirtschaftlichen als politischen und sozialen Zwecken, und ihre Ergebnisse wurden von der KPJ lediglich als Übergangslösung verstanden.

Alles in allem eilte Jugoslawien nicht nur bei der Errichtung des politischen Machtmonopols und der sozialistischen Umgestaltung der Wirtschaft den übrigen „Volksdemokratien" voraus, sondern stand auch im aufbrechenden Ost-West-Konflikt an vorderster Front. Davon wird noch zu sprechen sein. Die KPJ gerierte sich als „Musterknabe" der sozialistischen Umgestaltung in Ostmittel- und Südosteuropa und stand bei den „Bruderparteien" in höchstem Ansehen. Doch dann geschah, womit niemand gerechnet hatte.

1.4 Der Eklat von 1948

Der Ausschluss Jugoslawiens aus dem Kominform

Am 28. Juni 1948 (am serbischen Vidovdan, dem Tag der Amselfeldschlacht von 1389) beschloss das Kommunistische Informationsbüro (Kominform) auf seiner Sitzung in Bukarest den Ausschluss der KPJ aus der kommunistischen „Weltgemeinschaft". Das Kominform war im September des Vorjahres – wenige Monate nach Verkündung der Truman-Doktrin und Beginn des Marshallplans – von Stalin als Dachorganisation der Kommunistischen Parteien Europas gegründet worden. Nun zeigte es den ersten Riss. Am Ende der spektakulären Resolution wurden die „gesunden Kräfte in der KPJ" aufgefordert, ihre „Führer dazu zu zwingen, dass sie offen und ehrlich ihre Fehler einsehen und verbessern [...] oder, falls die gegenwärtigen Führer der KPJ hierzu unfähig sind, sie abzusetzen".[116] Das „Sündenregister" der jugoslawischen Führer reichte von Unehrlichkeit, Opportunismus und Revisionismus bis zu Überheblichkeit und Nationalismus. Die KPJ lasse sich von der „opportunistischen, faulen Theorie der friedlichen Assimilierung der kapitalistischen Elemente durch den Sozialismus einschläfern, eine Theorie, die von Bernstein, Vollmar und Bucharin entlehnt ist". Sie gehe in der Volksfront auf und vernachlässige die führende Rolle der Arbeiterklasse. „Diese Haltung steht im totalen Widerspruch zum Marxismus-Leninismus" und stelle einen „menschewistischen Irrtum" dar. Bereits in einem Schreiben des Zentralkomitees (ZK) der KPdSU an das

116 Zum Folgenden vgl. die Dokumente bei Bass, R. H. – E. Marbury (Hg.): Soviet-Yugoslav Controversy (17), Clissold, S. (Hg.): Yugoslavia and the Soviet Union (18) sowie die dreibändige Dokumentation von Dedijer, V.: Dokumenti 1948 (19).

ZK der KPJ vom 27. März 1948 war Tito gewarnt worden: „Man wird gut daran tun, sich zu erinnern, dass Trotzki den Plan fasste, der KPdSU den Krieg zu erklären, als er damit begann, sie der Entartung und des Chauvinismus zu beschuldigen. [...] Aber wer entartete, das war Trotzki selber, und bekanntlich ging er nach seiner Entlarvung sogleich in das Lager der erklärten Feinde der KPdSU und der Sowjetunion über. Seine politische Laufbahn kann, so glauben wir, als Lehre dienen."[117] Das war mehr als ein bloßer „Wink mit dem Zaunpfahl".

Der Bannstrahl gegen Tito und seine engsten Genossen sowie der Rekurs auf Trotzki und seine Ermordung kam zwar nicht völlig aus heiterem Himmel, stieß aber allenthalben auf Überraschung und Ungläubigkeit. In den westlichen Hauptstädten glaubte man, dass es sich um ein Ablenkungsmanöver, einen kommunistischen „Bluff" handle. Auch Tito und seine Umgebung hatten offenbar mit dem Rauswurf nicht gerechnet, da sie davon ausgingen, dass Stalin lediglich falsch informiert worden war und dass es sich um Missverständnisse handle. In der Forschung besteht seit Langem Einigkeit darüber, dass ideologische Differenzen beim Bruch zwischen Stalin und Tito keine Rolle spielten, sondern lediglich der Inszenierung einer theatralischen Kulisse dienten. Erst nachträglich entdeckten jugoslawische Kommunisten tatsächliche ideologische Abweichungen, die sie am Stalinismus festmachten. Doch die Behauptung, die KPJ sei bereits vor Beginn des Weltkrieges von Stalins Abweichungen abgewichen, gehört ins Reich der Legenden und bildete den Stoff für einen weiteren Mythos. In der Innenpolitik war die Führung des neuen Jugoslawiens in fast allen Punkten dem sowjetischen Vorbild gefolgt: bei der Ausarbeitung einer neuen Verfassung, beim Aufbau der Rechts- und Bildungssysteme, in der Kulturpolitik, bei der Verstaatlichung der Wirtschaftsunternehmen, bei der Einrichtung der Planwirtschaft usw. Lediglich bei der Kollektivierung der Landwirtschaft war die KPJ behutsamer vorgegangen, weniger behutsam als andere kommunistische Parteien, aber eben doch behutsam. Ende 1947 hatte sie beschlossen, die Bauern nicht in Kollektivwirtschaften sowjetischen Typs zu zwingen, sondern stattdessen landwirtschaftliche Kooperativen zu bilden und die Bauern erst zu einem späteren Zeitpunkt zur Übergabe ihres Landes zu zwingen. Gleichwohl war Jugoslawien auf dem Weg zu einer „sozialistischen Landwirtschaft" den anderen „Volksdemokratien" noch immer ein Stück voraus. Das Problem mit den jugoslawischen Kommunisten bestand also nicht darin, dass sie zu zögerlich, sondern eher dass sie zu eifrig und zu selbstbewusst waren.

Aber wenn es im Stalin-Tito-Konflikt nicht um ideologische Differenzen und auch nicht um jugoslawische Abweichungen beim Aufbau des Sozialismus ging, worum ging es dann? Schon früh wurde von auswärtigen Beobachtern die mittlerweile durch sow-

117 Stalin, Josef W.: Werke. Bd. 15. Dortmund 1979, S. 401.

jetische Akten gestützte Vermutung geäußert, dass das Zerwürfnis im Wesentlichen auf zwei Ursachen zurückzuführen ist: Stalin wollte zum einen seine Kontrolle über die KPJ sichern bzw. überhaupt erst erlangen. Zum anderen wollte er nicht über Balkanquerelen in eine militärische Auseinandersetzung mit dem Westen getrieben werden. Sein vorrangiges Ziel war die Sicherung der Beute, die ihm durch den Zweiten Weltkrieg zugefallen war.[118]

Anlässe für Irritationen in den Beziehungen zwischen KPJ und KPdSU gab es seit längerer Zeit und immer wieder. Auf jugoslawischer Seite hatte man sich mit dem von Moskau nach Abschluss des Ribbentrop-Molotow-Pakts verordneten Kurswechsel von einer antifaschistischen zu einer antiimperialistischen Politik schwergetan. Und die jugoslawischen Kommunisten waren enttäuscht gewesen über die mangelnde Unterstützung der Sowjetunion im Volksbefreiungskrieg und das lange Festhalten Stalins an der jugoslawischen Exilregierung und Mihailović. Ob Stalin die Beschlüsse der AVNOJ-Konferenz von 1943 vorher gebilligt hatte oder nicht, wissen wir nicht. Aber wir können annehmen, dass die Initiative zur Bildung einer provisorischen Regierung von Tito ausgegangen ist und nicht von Stalin. Trotz dieser eventuellen Eigenmächtigkeit und trotz der jugoslawischen Proteste wegen der Disziplinlosigkeit der Roten Armee im Herbst 1944 war das jugoslawisch-sowjetische Verhältnis bei Kriegsende sehr eng. Die ersten zweiseitigen Verträge innerhalb des entstehenden Ostblocks wurden zwischen der Sowjetunion und Jugoslawien in den Jahren 1945–47 geschlossen.

Die neue internationale Lage, in der es nicht mehr nur *ein* sozialistisches Land gab, warf jedoch die heikle Frage nach den Beziehungen zwischen „Bruderländern" auf. Als Tito kurz nach Beendigung des Krieges, am 25. Mai 1945, in einer Rede in Ljubljana sich zu der Formulierung verstieg, „Wir wollen nicht, dass man uns in eine Politik der Einflusssphären hineinzieht", fühlte sich Stalin provoziert. Obwohl Tito wiederholt versicherte, dass sich seine Äußerung lediglich auf die Politik der Westmächte (und nicht auf das Stalin-Churchill-Abkommen vom Oktober 1944) bezogen habe, blieb Stalin misstrauisch. Auch bei den jugoslawischen Kommunisten wuchs das Misstrauen, das durch geheimdienstliche Aktivitäten sowjetischer Berater in ihrer Parteiorganisation, in der Armee, im Wirtschaftsapparat oder im Transportwesen genährt wurde. Die von Moskau favorisierte Gründung gemischter Aktiengesellschaften weckte obendrein den Verdacht, dass Stalin Jugoslawien ökonomisch kontrollieren und seine Industrialisierung verhindern wolle.

118 Zu den neuen Forschungen auf der Grundlage sowjetischer Dokumente siehe PEROVIĆ, JERONIM: The Tito-Stalin Split. A reassessment in light of new evidence, in: Journal of Cold War Studies 9 (2007), 2, S. 32–63.

Aber alle diese und andere Irritationen sollten nicht überbewertet werden. Zahlreiche sowjetische Aufzeichnungen aus dem Jahr 1947 belegen, dass die Rolle der KPJ im Partisanenkampf, bei der Errichtung der „Volksdemokratie" und der sozialökonomischen Umgestaltung Jugoslawiens von Stalin sehr hoch eingeschätzt wurde.[119] Und auch Tito war – sogar noch über den Beschluss des Kominform-Büros hinaus – davon überzeugt, dass sich alle Querelen lösen ließen. Zwar hat er Anfang der 50er-Jahre über die Anfänge der Meinungsverschiedenheiten mit Stalin einmal geäußert, dass sie „in ihren Grundzügen bereits 1941 bestanden, seit dem ersten Tag unserer Revolution. Schon in diesen frühen Zeiten ließen die Sowjetführer eine Neigung dazu erkennen, unsere gesamte Erhebung nicht im Interesse der jugoslawischen Völker oder des Kampfes gegen das Hitlertum im Allgemeinen zu steuern, sondern vor allem nach den Prinzipien, die den Interessen der Sowjetunion als Staat und ihrer großrussischen Politik am besten dienten."[120] Aber das war aus der Rückschau gesprochen und änderte nichts daran, dass die KPJ eine durch und durch stalinistische Partei war, dass Stalin über Jahre hinweg als Idol der jugoslawischen Kommunisten verherrlicht worden war und im Zentrum einer grenzenlosen und aufrichtigen Verehrung gestanden hatte. Andererseits: Je mehr Erfolge die jugoslawischen Kommunisten im Widerstandskampf errungen hatten, desto stärker war auch ihr Selbstbewusstsein geworden, für das es in Stalins Denken keinen Platz gab. „Ideologie, Methodik, persönliche Erfahrung und historischer Instinkt", so schreibt der ehemalige Weggefährte Titos, Milovan Djilas, der im Auftrag der KPJ-Führung wiederholt mit Stalin verhandelt hatte, „ließen ihn nur das als gesichert ansehen, was er in der Faust hielt, und jeder, der außerhalb der Kontrolle seiner Polizei stand, war ein potenzieller Feind. Wegen der besonderen Kriegsumstände war die jugoslawische Revolution seiner Kontrolle entglitten, und die Macht, die hinter ihr anwuchs, wurde sich allmählich zu sehr ihres Potenzials bewusst, als dass er ihr einfach hätte Befehle geben können."[121]

Schließlich war es die „revolutionäre" (sprich: aggressive) Außenpolitik der KPJ-Führung, die das Fass zum Überlaufen brachte. Schon während des Weltkriegs hatte Partisanenführer Tito versucht, seinen Einfluss auf die kommunistischen Parteien der Nachbarländer auszudehnen: auf die kommunistische Partei Albaniens, die nur dank jugoslawischer Unterstützung an die Macht gelangte, auf die bulgarischen Kommunisten und auf die KP Griechenlands. Als dann im Herbst 1946 in Nordgriechenland der Bür-

119 Vgl. die Belege bei Gräfe, Karl-Heinz: Kominform – die Konferenzen von 1947 und 1948, in: Utopie kreativ, H. 84 (Oktober 1997), S. 58.
120 Nach Sundhaussen, H.: Geschichte Jugoslawiens (74), S. 146.
121 Djilas, M.: Gespräche mit Stalin (46), S. 89.

gerkrieg neu entflammte, unterstützte Tito nachhaltig die Operationen der Kommunisten, unter denen Angehörige der von Griechenland nie anerkannten slawischsprachigen Bevölkerung im griechischen Teil Makedoniens eine wichtige Rolle spielten. Ein Sonderausschuss der Vereinten Nationen stellte in einem Kommissionsbericht vom 23. Mai 1947 fest, dass Jugoslawien, Bulgarien und Albanien den griechischen Guerillakämpfern Zuflucht gewährt, sie für militärische Unternehmen ausgebildet, mit Waffen und Munition versorgt und ihnen den Wiedereintritt nach Griechenland ermöglicht hätten. Es ist in diesem Zusammenhang zu Recht vermutet worden, dass Tito seine Hilfsaktionen nicht nur mit der Vereinigung des 1913 zwischen Griechenland, Serbien und Bulgarien dreigeteilten Makedonien im Rahmen Jugoslawiens, sondern auch mit dem Gedanken an den Beitritt des künftigen sozialistischen Griechenland zu einem südosteuropäischen Staatenbund oder Bundesstaat verknüpft habe. Titos Günstling, General Markos Vafiadis, wurde bald zur beherrschenden Figur in der KP Griechenlands. Ende 1947, als sich die Amerikaner bereits auf eine militärische Intervention vorbereiteten, gab er die Bildung einer kommunistischen Gegenregierung bekannt und proklamierte eine „neue Volksdemokratie" mit dem Zentrum im makedonischen Saloniki. Die Ereignisse drohten nun der Kontrolle Stalins immer mehr zu entgleiten. In einer Aussprache mit Titos Vertrauten, Edvard Kardelj und Milovan Djilas, am 10. Februar 1948 kam Stalin auf die Lage in Griechenland zu sprechen. Nach den Aufzeichnungen von Djilas verlangte er:

„‚Der Aufstand in Griechenland muss zusammenklappen.' (Er gebrauchte das Wort ‚svernut', das wörtlich ‚sich zusammenrollen' heißt.) ‚Glauben Sie denn, dass Großbritannien und die Vereinigten Staaten – die Vereinigten Staaten, der mächtigste Staat der Welt – zulassen werden, dass Sie ihre Verbindungslinien im Mittelmeer durchbrechen! Unsinn! Und wir haben keine Kriegsflotte. Der Aufstand in Griechenland muss aufhören, und zwar so schnell wie möglich.'"[122] Dass Tito den Weisungen Stalins nicht folgte und die Unterstützung der griechischen Kommunisten noch ein Jahr lang fortsetzte, mag Moskaus Unwillen weiter gesteigert haben. Als er schließlich am 10. Juli 1949 – in wirtschaftlicher Notlage und völliger politischer Isolierung – die Schließung der jugoslawisch-griechischen Grenze als wohlwollende Geste gegenüber dem Westen bekannt gab, griff ihn Stalin vehement an und versuchte, ihn bei den kommunistischen Parteien (einschließlich der KP Griechenlands) weiter zu isolieren und zu diskriminieren.

Auch zu Albanien hatte Tito während des Krieges enge Kontakte knüpfen lassen. Schon damals scheint er den Gedanken erwogen zu haben, Albanien nach dem Krieg dem jugoslawischen Staatsverband anzugliedern und damit auch das Problem der albanischen Bevölkerung in Kosovo und Makedonien aus der Welt zu schaffen. Einen

122 Djilas, M.: Gespräche mit Stalin (46), S. 87.

Anschluss Kosovos an Albanien lehnte er dagegen ab. Am 28. April 1945 erkannte Tito die albanisch-kommunistische Regierung und damit die „kleinalbanische Lösung" offiziell an. Am 9. Juli 1946 folgte ein Freundschafts- und Zusammenarbeitsvertrag, der die Koordination der Wirtschaftspläne beider Länder, die Angleichung des Währungssystems, eine Zollunion und ein gemeinsames Preissystem vorsah. Albanien entwickelte sich damit zu einem jugoslawischen Satellitenstaat und wurde von jugoslawischen Militärberatern und zivilen Fachleuten überschwemmt. Anfang Januar 1948 wurde Djilas von Stalin nach Moskau beordert, um mit ihm die Albanienfrage zu besprechen. Unerwartet erklärte Stalin: „Wir haben kein besonderes Interesse an Albanien. Wir sind einverstanden, dass Jugoslawien Albanien schluckt!" Darauf Djilas: „Es handelt sich nicht um Schlucken, sondern um Vereinigung!" Außenminister Molotow: „Aber das ist doch Schlucken!" Und Stalin: „Ja, ja. Schlucken! Aber wir gehen ja da mit euch einig: Ihr sollt Albanien schlucken – je früher, desto besser." Djilas machte Stalins „Entgegenkommen" misstrauisch, und als der Kremlchef die Zurückhaltung seines Gesprächspartners spürte, sei die Atmosphäre kühl geworden. Alle Verhandlungen gerieten ins Stocken. Noch während sich Djilas in Moskau aufhielt, wurde zwischen Tito und dem albanischen KP-Chef Enver Hoxha ein Abkommen geschlossen, demzufolge zwei jugoslawische Divisionen zur Verteidigung Südalbaniens gegen einen möglichen Angriff der griechischen „Monarcho-Faschisten" entsandt werden sollten. Moskau protestierte umgehend. In einer Depesche an die Belgrader Führung drohte Molotow mit dem offenen Bruch. Edvard Kardelj und sein kroatischer Genosse Vladimir Bakarić fuhren daraufhin nach Moskau. Zusammen mit Djilas begaben sie sich am Abend des 10. Februars 1948 zum Gespräch mit Stalin. Der sowjetische Diktator fragte: „‚Was sagen Sie zu Albanien? Sie haben uns nicht konsultiert in der Frage des Einmarsches Ihrer Armee in Albanien.' [...] Kardelj erklärte [...], er könne sich keines einzigen außenpolitischen Problems erinnern, das die jugoslawische Führung nicht mit der Sowjetregierung besprochen habe. ‚Das stimmt nicht!', schrie Stalin. ‚Sie konsultieren uns überhaupt nicht. Das ist nicht ein Fehler, der Ihnen passiert ist, sondern Ihre Politik – jawohl, Ihre Politik!'" Aus Stalins Gesprächsführung (nach der Wiedergabe von Djilas) lässt sich die Vermutung ableiten, dass es dem Kremlherrn weniger um die Sache selbst als um die politische „Hackordnung" ging. Wahrscheinlich legte er keinen besonderen Wert auf die Souveränität Albaniens, solange die Westmächte stillhielten. Eine jugoslawisch-albanische Föderation unter sowjetischer Kontrolle wäre wohl durchaus in seinem Sinn gewesen, aber die Widerspenstigkeit der Jugoslawen gegenüber den sowjetischen Penetrationsversuchen und Titos Eigenmächtigkeiten belehrten ihn eines Besseren. Obwohl Tito die Entsendung jugoslawischer Truppen nach Albanien stoppte, vollzog Moskau nun eine Kehrtwende in seiner Albanienpolitik und schickte im März 1948 so viele Vertrauensleute in das

Land, dass Albanien, dessen Führung seit Längerem in einen pro-jugoslawischen und prosowjetischen Flügel gespalten war, binnen Kurzem vom jugoslawischen Einfluss „gesäubert“ wurde. Doch die „Albanien-Frage“ war nur einer der Stolpersteine in der jugoslawisch-sowjetischen „Freundschaft“.

Noch verwirrender gestalteten sich die Beziehungen im Dreieck Belgrad–Sofia–Moskau. Schon während des Krieges war es zwischen den kommunistischen Parteien der beiden Balkanländer zu Gesprächen über die Bildung einer jugoslawisch-bulgarischen Föderation gekommen. Ende 1944 war Kardelj nach Sofia gereist und hatte die Bildung eines gemeinsamen südslawischen Staates vorgeschlagen. Bulgarien sollte als siebentes Bundesland neben den sechs Republiken des künftigen Jugoslawiens dem neuen Staatsgebilde beitreten. Für den bulgarischen Teil Makedoniens, das Pirin-Gebiet, war eine Vereinigung mit dem jugoslawischen Vardar-Makedonien vorgesehen. Die bulgarischen Kommunisten lehnten diese Form des Zusammenschlusses ab; sie betrachteten Jugoslawien als Ganzes und wollten als zweiter gleichberechtigter Partner in die Föderation aufgenommen werden. Auch der Abtretung des Pirin-Gebiets an Jugoslawisch-Makedonien versagten sie ihre Zustimmung. Im Januar 1945 wurden die Verhandlungen in Moskau fortgeführt. Nach Angaben jugoslawischer Politiker habe Stalin zuerst dem bulgarischen, dann dem jugoslawischen Vorschlag zugestimmt. Der für Februar 1945 vorgesehene Vertragsabschluss kam jedoch nicht zustande. Entweder hatte sich Stalin aufgrund eines britischen Protests gegen das Föderationsprojekt anders entschieden, oder die Rücksicht auf britische Interessen diente ihm lediglich als Vorwand, seine eigene Abneigung gegen jede Art von staatlichen Zusammenschlüssen ohne führende Beteiligung der UdSSR zu kaschieren. Schließlich können auch die bulgarischen Kommunisten selbst versucht haben, den für sie ungünstigen Vertragsabschluss zu hintertreiben.

Nach der Rückkehr des legendären Georgi Dimitrov aus dem sowjetischen Exil Ende 1945 erhielten die Föderalismuspläne neuen Auftrieb. Dimitrov erkannte die Existenz einer makedonischen Nationalität im Pirin-Gebiet an und setzte im August 1946 auf einer Plenarsitzung des Zentralkomitees in Sofia den künftigen Anschluss des Gebiets an Jugoslawisch-Makedonien durch. Die vereinigte makedonische Republik sollte von einem jahrzehntelangen Streitobjekt zum „Bindeglied“ zwischen den beiden Nachbarländern werden. Am 1. August 1947 einigten sich Tito und Dimitrov im slowenischen Bled über die Ausarbeitung eines Beistandspakts und einer Zollunion. Bei einem Besuch in Sofia am 27. November 1947 erklärte Tito: „Wir werden eine so allgemeine und enge Zusammenarbeit herbeiführen, dass die Frage einer Föderation nur noch eine Formalität sein wird.“ Dimitrov ging noch einen Schritt weiter. Am 17. Januar 1948 – anlässlich der Unterzeichnung eines bulgarisch-rumänischen Beistandspakts – teilte er in Bukarest mit, dass sich Bulgarien, Jugoslawien, Albanien, Rumänien, Ungarn, Polen, die Tschechoslowakei und eventuell Griechenland auf die Bildung einer osteuropäischen Föderation vorbereiteten. Am 22. Januar wiederholte er seine Ankündigung in einem Presseinterview in Sofia. Jetzt reichte es Stalin. Am 29. Januar druckte die Moskauer *Prawda* eine scharfe Kritik an Dimitrovs Erklärung ab. Am Abend des 10. Februar rügte Molotow auf einer Sitzung mit jugoslawischen und bulgarischen Politikern im Kreml, dass die beiden Balkanländer einen Bündnisvertrag ohne Wissen der Sowjetregierung und im Gegensatz zu deren Absichten unterzeichnet hätten. Stalin überhäufte den kränkelnden und gealterten Dimitrov mit beleidigenden Vorwürfen. „Es geht bei Ihnen nicht um Fehler, sondern um eine Haltung, die anders ist als die unsere. [...] Sie haben sich vergaloppiert wie ein Komsomolze. Sie wollten die Welt in Staunen versetzen, als wären Sie noch immer Sekretär der Komintern. Ihr meldet uns, ebenso wie die Jugoslawen, nichts von dem, was ihr tut. Wir erfahren alles auf der Straße. Ihr stellt uns vor vollendete Tatsachen."[123] Im weiteren Verlauf des Gesprächs erklärte Stalin (laut Djilas): „,Eine Zollunion, eine Föderation zwischen Rumänien und Bulgarien, das ist Unsinn! Eine Föderation zwischen Jugoslawien, Bulgarien und Albanien, das ist etwas anderes. Da sind historische und andere Bindungen vorhanden. Das ist die Föderation, die geschaffen werden sollte und je früher, desto besser. Ja, je früher, desto besser – sofort, wenn möglich morgen! Ja, morgen, wenn möglich! Werden Sie sich sofort darüber einig.' Kardelj wies darauf hin, dass eine jugoslawisch-albanische Föderation bereits im Entstehen begriffen sei. Stalin: ,Nein, zuerst eine Föderation zwischen Bulgarien und Jugoslawien und dann diese beiden mit Albanien.' Und dann setzte er hinzu: ,Wir glauben, dass eine Föderation zwischen Rumänien und Ungarn gebildet werden sollte, und auch eine zwischen Polen und der Tschechoslowakei.'"

Die Hektik und die apodiktischen Forderungen der Kremlführung verschreckten die jugoslawischen Kommunisten; sie witterten darin einen Versuch Stalins zur Unterwerfung Jugoslawiens. Und lehnten folglich ab. Im April 1948 lief das sowjetisch-jugoslawische Handelsabkommen aus. Der stellvertretende sowjetische Minister für Außenhandel teilte seinem jugoslawischen Kollegen Ende Februar mit, dass Belgrad keine Handelsdelegation nach Moskau zu schicken brauche. Das war im Grunde genommen der Abbruch der Handelsbeziehungen zwischen beiden Ländern. Die jugoslawische Führung verstand die Warnung, war jedoch nicht bereit, dem Druck Stalins nachzugeben. „Wir sind nicht einfach Bauern auf einem Schachbrett", verkündete Tito auf der ZK-Sitzung am 1. März. Achtzehn Tage später teilte der Chef der sowjetischen Militärmission in Jugoslawien mit, dass laut Beschluss der Moskauer Regierung sämtliche militärischen Berater aus Jugoslawien abgezogen würden, da sie von Unfreundlichkeit umgeben und

123 Djilas, M.: Jahre der Macht (46a), S. 187.

feindselig behandelt worden seien. Am folgenden Tag wurde Tito unterrichtet, dass auch die zivilen Sachverständigen das Land verlassen sollten. Darüber kam es zwischen Tito und Stalin zu einem längeren Briefwechsel, der die engere Vorgeschichte zum Ausschluss Jugoslawiens aus dem Kommunistischen Informationsbüro darstellte und in dem Stalin die bereits erwähnten ideologischen Vorwürfe gegen die KPJ-Führung erhob. Die Antwortschreiben aus Belgrad trugen zwar defensiven Charakter, stellten aber zugleich eine selbstbewusste Rechtfertigung der jugoslawischen Politik dar. Die UdSSR habe nun einmal nicht das Recht, sich in die inneren Angelegenheiten Jugoslawiens einzumischen. Ketzerisch fügte Tito hinzu: „Gleichzeitig sind wir der Ansicht, dass die soziale Neugestaltung Jugoslawiens eine Reihe besonderer Züge aufweist, die in der revolutionären Entwicklung anderer Länder verwertet werden können, was bei einer Anzahl von Ländern auch bereits geschieht. Das will nicht heißen, dass wir die Rolle der KPdSU und des sozialen Systems der UdSSR in den Schatten stellen wollen. Im Gegenteil, wir lernen viel aus dem Beispiel des Sowjetsystems, aber bis zu einem gewissen Grade errichten wir den Sozialismus in unserem Landes in anderen Formen." Das heißt: In der kommunistischen Hierarchie beanspruchte Tito für Jugoslawien und sich den zweiten Platz hinter der Sowjetunion und Stalin und vor den übrigen „Volksdemokratien". Diese Hybris stand im Gegensatz zu der von Stalin festgelegten Rangordnung: Zuerst die UdSSR und dann alle „Volksdemokratien" auf derselben oder nahezu derselben Stufe der Unterordnung.

Dem Rauswurf der KPJ aus dem Kommunistischen Informationsbüro folgte eine groß angelegte Pressekampagne in der UdSSR und den sowjetischen Satellitenländern. Die „Bruderparteien" – darunter auch die griechischen, albanischen, bulgarischen und Triester Organisationen – distanzierten sich von Tito. In Rundfunksendungen, Presseartikeln und Flugschriften wurde zum Sturz des jugoslawischen Parteichefs aufgerufen Die rumänische Presse druckte allein in einem Zeitraum von zwanzig Tagen 133 jugoslawienfeindliche Kommentare, und in Prag erlaubte man jugoslawischen Emigranten, ein „konterrevolutionäres Blättchen" herauszugeben. Ob es 1948 oder danach Pläne zur Ermordung Titos gegeben hat, ist nicht ganz klar. Stalins Nachfolger, Nikita Chruschtschow, enthüllte in seiner Geheimrede auf dem XX. Parteitag der KPdSU im Februar 1956, dass Stalin seinerzeit zu ihm gesagt habe: „Ich schnippe mit dem kleinen Finger – und Tito wird es nicht mehr geben. Er verschwindet [...]." Chruschtschow fügte hinzu: „Wie oft Stalin auch mit dem kleinen Finger schnippte und noch dazu alles ihm Mögliche in Bewegung setzte, Tito wich nicht."[124] Der kroatische Publizist Vjenceslav

124 Chruschtschows Geheimrede vom 25. 2. 1956, in: http://www.zeitgeschichte-online.de/portals/_ungarn 1956/documents/chrustschow_geheimrede.pdf. (S. 28)

Cenčić behauptet in seinem Buch *Attentate auf Tito* von 2006, Tito sei bereits im April 1948 über sowjetische Pläne zu seiner Liquidierung informiert worden, woraufhin Tito seinerseits Stalin mit Ermordung gedroht habe. Cenčić beruft sich auf den russischen Historiker Roj A. Medvedev, der eine Nachricht Titos an Stalin nach dessen Tod gefunden habe. Darin heißt es: „Kamerad Stalin, hör auf, deine Agenten nach Jugoslawien zu schicken mit dem Auftrag, mich zu töten. Wir haben bereits sieben deiner Leute verhaftet, die die Absicht hatten, mich zu töten. Wenn das nicht aufhört, werde ich gezwungen sein, einen Mann nach Moskau zu schicken und wenn ich das tue, wird es nicht notwendig sein, einen weiteren Mann zu schicken."[125] Und in der russischen Tageszeitung *Iswestija* veröffentlichte Dmitrii Volkogonov am 11. Juni 1993 ein Dokument des sowjetischen Geheimdienstes NKVD vom 1. Januar 1953, in dem Stalin, der wenige Wochen später – am 5. März – verstarb, um Genehmigung für ein Attentat auf Tito gebeten wurde.[126]

Reaktionen in Jugoslawien und im Ausland

In Jugoslawien selbst herrschte nach der Kominform-Resolution gespannte Nervosität. Für viele Parteimitglieder war Stalin ein Idol, der „einzige Staatsmann mit ruhigem Gewissen und altruistischem Herzen", der „vollkommenste Mensch", wie Djilas während des Krieges geschrieben hatte. Für sie war unvorstellbar, dass der große Führer sich geirrt haben könnte. Das Unmögliche durfte man nicht einmal denken, geschweige denn sagen. Viele jugoslawische Kommunisten neigten dazu, die Autorität Stalins auch weiterhin zu akzeptieren, sie jedoch bei der Beurteilung jugoslawischer Angelegenheiten einzuschränken, also nicht den Stalinismus, sondern die Form der außenpolitischen Beziehungen zwischen sozialistischen Ländern zu hinterfragen. Auf dem V. Kongress der KPJ, dem ersten Kongress seit zwanzig Jahren, der zwischen dem 21. und 28. Juli 1948 in Belgrad stattfand, wurde daher sowohl Tito wie Stalin gehuldigt. Die 2.344 Delegierten, welche mehr als 468.000 Parteimitglieder vertraten, bestätigten Tito mit überwältigender Mehrheit als Parteichef. Und Tito versicherte den Delegierten, dass die

---

125 Cenčić, Vjenceslav: Atentati na Tita. Zagreb 2006. Das Buch war mir nicht zugänglich. Hier zit. nach Otkriće Vjenceslava Cenčića: Tito zaprijetio Staljinu atentatom, in: dalje.com vom 24. 5. 2008: http://dalje.com/hr-hrvatska/tito-zaprijetio-staljinu-atentatom/150822.

126 Vgl. Volkogonov, Dmitrii: Stalin's Plan to Assassinate Tito, in: Cold War International History Project, Bulletin 10: Yugoslavia and the Cold War (Juli 2011), S. 137, abrufbar unter: http://www.wilsoncenter.org/sites/default/files/ACF183.pdf. Vgl. Hanhimäki, Jussi M. – Odd Arne Westad (Hg.): The Cold War. A History in Documents and Eyewitness Accounts. Oxford, New York 2003, S. 451 f.; Ramet, S.: Three Yugoslavias (72), S. 199 f.

KPJ in der Praxis beweisen werde, dass sie nicht von dem durch Marx, Engels, Lenin und Stalin vorgegebenen Pfad abweichen werde. Die Belgrader Kritik in den ersten Monaten nach Erscheinen der Kominform-Resolution vermied sorgfältig jeden direkten Angriff auf Stalin oder die UdSSR. Man begnügte sich mit Beschuldigungen an die Adresse der Kominform-Staaten, will heißen: der übrigen „Volksdemokratien“. Doch mit diesem Kunstgriff ließ sich auf Dauer nicht vertuschen oder verheimlichen, dass es in der Auseinandersetzung mit dem Kominform nicht um Missverständnisse oder zweitrangige Fragen, sondern um Machtpolitik ging.

Die Annahme, die „Missverständnisse“ mit Stalin ließen sich „klären“, erwies sich schnell als Wunschdenken. Durch die Veröffentlichung des Briefwechsels mit Stalin trat die KPJ nun die Flucht nach vorne an, und der Ton verschärfte sich. Seit Ende 1948 wurden auch die Sowjetunion und Stalin direkt angegriffen.[127] Auf dem II. Kongress der KP Serbiens Anfang 1949 erklärte Tito zur „prinzipienlosen Kampagne“ der Sowjetunion und ihrer Satelliten: „Wir wussten, dass es schwer für uns würde, wenn man diesen großen Propagandaapparat gegen uns anwendete, aber wir haben nie glauben können, dass sich dieser Apparat so weit erniedrigen würde, sich der bekannten Goebbel'schen Methoden einer reaktionären, westlichen, kapitalistischen Propaganda zu bedienen.“ Er appellierte an den Nationalstolz der jugoslawischen Völker und hob hervor, wie wichtig es sei, dass in sozialistischen Ländern das Prinzip der Gleichberechtigung zwischen großen und kleinen Staaten, zwischen großen und kleinen Völkern respektiert werde. Stalins Haltung zu Jugoslawien aber – so bemerkte Politbüro-Mitglied Moša Pijade Anfang September 1949 – ließe sich nur mit Hitlers „Rassen“-Standpunkt kleineren Ländern gegenüber vergleichen. Ähnlich äußerte er sich in einer Artikelfolge für das Parteiorgan *Borba*: Es sei ein „menschewistischer und trotzkistischer Irrtum“, wenn man von der Unmöglichkeit spreche, den Sozialismus ohne Hilfe der Sowjetunion in einem anderen Land aufzubauen. Die KPdSU versuche mit ideologischen Spiegelfechtereien, die Wandlung vom proletarischen Internationalismus zum großrussischen Imperialismus zu kaschieren. Die Minister des Zaren pflegten zu prahlen, dass Russland durch Gottes Willen die führende Kulturnation der Welt sei. Dieselbe lächerliche Überheblichkeit ließen jetzt ihre Nachfolger erkennen.

Nachdem der Bruch mit Moskau offenkundig geworden war, leiteten die „Großen Vier“ der KPJ (Tito, Milovan Djilas, Edvard Kardelj und Aleksandar Ranković) eine regelrechte Hetzjagd gegen tatsächliche oder vermeintliche Anhänger Stalins bzw. der Kominform-Resolution ein. „Das Schlimmste ist“, schreibt Djilas, „dass man nicht wissen kann, wer der Feind ist. Bis jetzt war der Feind außerhalb der Partei, auf der

127 Zum Folgenden u. a. Dedijer, V.: Stalins verlorene Schlacht (45).

anderen Seite, doch jetzt kann er jener Kamerad sein, der einem gestern noch am nächsten stand."[128] Der kroatische Spitzenfunktionär Andrija Hebrang war bereits im Mai 1948 verhaftet worden und beging später im Gefängnis angeblich Selbstmord.[129] Mehr als 55.000 Mitglieder wurden aus der Partei ausgeschlossen.[130] Viele wurden vom Geheimdienst UDBa oder von der Spionageabwehr der Armee (KOS) verhaftet. Zwischen 11.000 und 18.000 Genossinnen und Genossen – die Zahl ist bis heute unklar[131] – landeten in einem Internierungslager auf der „Kahlen Insel" (Goli otok) und der Nebeninsel Sveti Grgur in der nördlichen Adria, unweit der Insel Rab, wo es außer Steinen nichts als Steine gibt. Um kein Missverständnis aufkommen zu lassen: Die Verfolgten waren keine Antikommunisten, keine Dissidenten, die sich vom stalinistischen Kurs abgewandt hatten; sie waren keine Gegner, sondern Verehrer Stalins und der Sowjetunion (oder galten als solche). Die Insassen beider Lager – Goli otok für Männer, Sveti Grgur für Frauen – wurden Opfer der allgemeinen Hysterie, der Denunziationen und der Überzeugung, dass alles machbar und dazu jedes Mittel erlaubt ist. Auch der „Neue Mensch" erschien machbar, indem man den „alten" mittels psychischer Demütigung, Folter, harter, oft sinnloser Arbeit und geistiger Indoktrination „umerzieht", „bessert". Nicht jeder überlebte die Prozedur.[132] Dennoch waren die beiden Karstinseln in der Nordadria keine Vernichtungs-, sondern „Erziehungslager", in denen die „Verirrten" auf den richtigen ideologischen Pfad zurückgeführt werden sollten, obwohl zunächst niemand genau wusste, wo der richtige Pfad war. Wie andere Tabus der sozialistischen Ära trat auch Goli otok im Verlauf der 1980er- und 90er-Jahre aus dem Dunkel des Schweigens heraus und weckte die Aufmerksamkeit der Öffentlichkeit.[133]

---

128 Djilas, M.: Jahre der Macht (46a), S. 158.

129 Hebrang wurde in der Tudjman-Ära „rehabilitiert". Vgl. Kisić Kolanović, Nada: Andrija Hebrang. Iluzije i otrežnjenja. Zagreb 1996. In neueren Forschungen wird die These vertreten, dass die Kominform-Resolution nur als Vorwand für eine Abrechnung mit Hebrang diente, die aus grundsätzlichen Divergenzen über die Ausgestaltung der jugoslawischen Föderation und die Wirtschaftspolitik resultierte. Zu seiner Rolle vgl. Irvine, J. A.: Croat Question (517).

130 Kovačević, Branislav: Komunistička partija Crne Gore 1945–1952. godine. Titograd 1986, S. 434. Vgl. auch Josip Tito–Josif Staljin. Hg. Archiv Serbiens und Montenegros, Ministerium für Kultur der Russischen Föderation [u. a.]. Beograd 2006 (Begleitheft zur gleichnamigen Ausstellung), S. 16.

131 Banac, I.: With Stalin Against Tito (81), S. 245, Anm. 11, spricht von mehr als 11.000 Personen.

132 Bis Mitte 1952 sollen auf Goli otok und Sv. Grgur 242 Inhaftierte, darunter drei Frauen, verstorben sein. Jandrić, B.: Hrvatska (516a), S. 301.

133 Vgl. Marković, Dragan: Istina o Golom otoku. Beograd 1987; ders.: Josip Broz i Goli otok. Beograd 1990; Mihailović, Dragoslav: Goli otok. Beograd 1990; Stojadinović, Milinko B.: Goli otok – anatomija zločina. 2 Bde. Beograd 1991,1993; Lakić, Zoran (Hg.): Goli otok (1949–1956): Radovi sa okruglog stola, Podgorica, 27. Juna 1995. Podgorica 1998; Markovski, Veno: Goli otok – ostrov na smrtta. Skopje 2009 und andere.

Die Verfolgung der „Kominformisten" in Jugoslawien fand ihr Gegenstück in der Verfolgung von „Titoisten" in den „Volksdemokratien". Von Albanien bis zur DDR kam es zu aufsehenerregenden Schauprozessen gegen führende Kommunisten in höchsten Partei- und Regierungsämtern. In Budapest wurde im September 1949 das ehemalige Mitglied des Politbüros, der vormalige ungarische Innen- und Außenminister László Rajk, als „Titoist" hingerichtet, und drei Monate später wurde in Sofia der Hochverratsprozess gegen den ehemaligen Ministerpräsidenten Trajče Kostov eröffnet. Der Tenor dieser und vieler nachfolgender Prozesse war immer gleich: „Die Prozesse gegen Rajk in Ungarn und Kostov in Bulgarien haben den einwandfreien Beweis erbracht", schrieb das SED-Zentralorgan *Neues Deutschland* am 21. Juli 1950, „dass die Tito-Clique im Auftrag und im Solde des angloamerikanischen Imperialismus in allen demokratischen und friedliebenden Ländern ein verzweigtes Netz von Agenten unterhält, die das schmutzige Handwerk der Kriegstreiber besorgen sollen."[134]

Doch es blieb nicht bei der Liquidierung von „Titoisten" und politischen „Säuberungen". Schon im Verlauf des Jahres 1948 kamen indirekte Methoden des Wirtschaftskrieges gegen Jugoslawien zur Anwendung. Die Ostblockstaaten setzten die Preise für Ausfuhrgüter nach Jugoslawien drastisch herauf; Liefer- und Investitionsabkommen wurden gekündigt oder einfach gebrochen. Das für Jugoslawien wichtige Erdöl aus Rumänien und der UdSSR oder die bestellten Maschinen aus der Tschechoslowakei blieben aus. Die Erfüllung des jugoslawischen Fünfjahresplans rückte in immer weitere Ferne. Im selben Maße, wie der Widerstand in Jugoslawien gegen die „Bruderländer" wuchs, wurde der ökonomische Druck verstärkt. Anfang 1949 kam es auf Befehl Stalins zum Ausschluss Jugoslawiens aus dem neu gegründeten „Rat für gegenseitige Wirtschaftshilfe" (RGW) und in der Folgezeit zur totalen Wirtschaftsblockade des Landes durch den Ostblock. Tito tat in dieser Situation das, was vor ihm bereits die Westberliner Behörden angesichts der sowjetischen Blockade der Stadt getan hatten: Er wandte sich um Hilfe an die Westmächte. Im Verlauf des Jahres 1949 stellte er die propagandistischen Angriffe auf die „imperialistischen" Staaten ein. Bei einer Rede in Pula gab er die Einstellung der Unterstützung für die griechischen Kommunisten bekannt und richtete ein Anleihegesuch an die Weltbank in den Vereinigten Staaten.

Stalin triumphierte. Damit schien der Beweis für Titos Übertritt ins imperialistische Lager erbracht. Die Sowjetregierung gab die Unterstützung der jugoslawischen Forderungen gegenüber Italien und Österreich (Triest- und Kärntenfrage) auf. In Makedonien wurde für Unruhen gesorgt. Die bulgarischen und griechischen Kommunisten setzten

134 Zit. nach Hodos, Georg H.: Schauprozesse. Stalinistische Säuberungen in Osteuropa 1948–1954. Frankfurt/M. 1988, S. 183.

sich für die Abtrennung Makedoniens vom jugoslawischen Staatsverband ein. Enver Hoxha schickte von Albanien Störtrupps nach Jugoslawien, um die albanische Bevölkerung in Kosovo gegen Tito aufzustacheln. Im Herbst 1949 kündigte die Sowjetunion den Freundschaftspakt mit Jugoslawien und forderte den jugoslawischen Botschafter zum Verlassen des Landes auf. Im November erschien eine verschärfte Neufassung der Kominform-Resolution des Vorjahres, begleitet vom Manöverlärm sowjetischer Panzerdivisionen im ungarischen und rumänischen Grenzgebiet zu Jugoslawien. Während sich die Belgrader Führung auf einen neuen Partisanenkrieg vorbereitete (und u. a. – zum Leidwesen der Historiker – auch viele wichtige Dokumente vernichten ließ), häuften sich die Grenzzwischenfälle und Provokationen. Ein militärischer Konflikt schien unmittelbar bevorzustehen. Wie sich die Lage aus Sicht der „Bruderstaaten" darstellte, verdeutlicht ein Bericht der Diplomatischen Mission der DDR in Budapest vom 16. August 1952 („Panzerschranksache!"): „Aus den Berichten, die in der letzten Zeit über die Lage in Jugoslawien veröffentlicht wurden, ergibt sich, dass die innere Krise dieses Landes immer mehr zunimmt. Das zeigt sich besonders in dem wachsenden Widerstand der Bevölkerung gegen die Kriegspolitik der Titoregierung, wobei dieser Widerstand immer stärker in Aktionen zum Ausdruck kommt. Andererseits verschärft sich die Wirtschaftskrise, weil durch die Beseitigung der letzten Reste der früheren Planwirtschaft die Methoden der kapitalistischen Anarchie zur Auswirkung kommen. Absatzstockung, Arbeitslosigkeit usw. sind die Folgen dieser schweren wirtschaftlichen Lage. Diese beiden Tatsachen verstärken den Willen der Tito-Clique in möglichst kurzer Zeit einen Krieg vom Zaune zu brechen, weil die Belgrader Verbrecher glauben, dass sie damit die vorhandenen Schwierigkeiten beseitigen können. Man kann also angesichts der starken inneren Schwächung Jugoslawiens von einer Verstärkung der Kriegsgefahr sprechen."[135]

Auch in den westlichen Hauptstädten wurde der Ernst der Auseinandersetzung zwischen Moskau und Belgrad seit Herbst 1949 nicht länger infrage gestellt. Der neue amerikanische Botschafter für Jugoslawien, George W. Allen, erklärte am 29. Dezember 1949, dass die Vereinigten Staaten im Falle eines Angriffs auf Jugoslawien nicht neutral bleiben würden. Zum drittenmal sah sich Stalin damit der westlichen „Eindämmungs"-Politik gegenüber: nach Griechenland und Berlin nun auch in Jugoslawien. Und er war angesichts westlicher Warnungen nicht gewillt, die Kriegsschwelle zu überschreiten. In den Jahren bis zu seinem Tod 1953 verharrte daher die Auseinandersetzung mit der KPJ auf dem Niveau eines politischen Stellungskrieges, in dem die Jugoslawen allmählich aus der Defensive in die Offensive wechselten. Damit begann die von Stalin ungewollt heraufbeschworene Entwicklung des „Weltkommunismus" von einem monolithischen

---

135 Zit. nach dem Faksimile in Nečak, D.: Hallsteinova doktrina (200), S. 191.

zu einem polyzentrischen System. Kurzum: Stalin hatte sich nicht nur verkalkuliert, er hatte eine Schlacht verloren. Und Jugoslawien war um einen Mythos reicher.

1.5 DER EIGENE WEG

Ideologische Verwirrung und Neupositionierung der KPJ

Aber was war mit der Ideologie? War alles falsch, was bisher verkündet worden war? Hatte sich die KPJ-Führung jahrelang geirrt? Können sich Kommunisten überhaupt irren? War vielleicht der Kommunismus selbst falsch? Oder befand sich Stalin im Irrtum und war vom richtigen Weg abgekommen? Nicht nur die Männer und Frauen, die auf Goli otok und Sveti Grgur „umerzogen" werden sollten, sondern auch die Parteiführer waren verwirrt und ratlos. „Heftigkeit und Rücksichtslosigkeit des sowjetischen Druckes waren dergestalt, dass sie unter den jugoslawischen Kommunisten wahre dogmatische Ekstasen hervorriefen, aus denen in der Rückwirkung höchst ketzerische Zweifel entsprossen", erinnert sich Djilas. „Die ideale Welt, an die die jugoslawischen Kommunisten geglaubt und für die sie ihr Leben geopfert hatten, war gleichsam über Nacht in Trümmer gefallen."[136] Stalins Attacke stellte die KPJ vor die Wahl zwischen drei Möglichkeiten: Unterwerfung, Abkehr vom Sozialismus oder Wiederentdeckung des Marxismus. Die erste Möglichkeit schied entsprechend dem Selbstverständnis der KPJ aus, die zweite wäre einer Selbstaufgabe gleichgekommen. Blieb somit nur die dritte Option. Immer häufiger wurde nun die Frage nach den gesellschaftlichen Wurzeln des Stalinismus gestellt. Die jugoslawischen Kommunisten (genauer gesagt: einige ihrer führenden Theoretiker) gelangten zu dem Schluss, dass Stalins Politik nur die neu entstandenen Herrschaftsverhältnisse im sowjetischen Klassenstaat widerspiegele. Eine kleine Bürokratenschicht – so der jugoslawische Cheftheoretiker Edvard Kardelj – habe nicht nur alle politische, sondern auch alle ökonomische Macht im Staat an sich gerissen. Das verbale Festhalten an der marxistisch-leninistischen Ideologie diene nur dem Zweck, die Bevölkerung über die wahre Situation zu täuschen. In Wirklichkeit sei die Lehre im Zustand der Stagnation, der Schablonenhaftigkeit und des Dogmatismus erstarrt. Die schwerste „Sünde" Stalins erblickten seine jugoslawischen Kritiker darin, dass dieser das staatliche über das gesellschaftliche Eigentum gestellt und damit das unaufhaltsame Anwachsen der sowjetischen Staatsmaschinerie ausgelöst habe. Das von den marxistischen „Klassikern" geforderte „Absterben des Staates" sei unter diesen Umständen undenkbar. Auch die

---

136 Djilas, M.: Über die Selbstverwaltung, in: Ders.: Idee und System. Politische Essays. Wien [u. a.] 1982, S. 195.

sowjetische Partei habe sich in der Stalin-Ära ihrer Aufgabe entfremdet. Sie habe „nur" den Staatsapparat zu leiten, der noch immer die Kennzeichen der Klassengesellschaft trage. Tatsächlich habe sich die KPdSU aber allmählich mit dem bürokratischen Staatsapparat identifiziert und die Verbindung mit dem Volk verloren. Daraus folge, so Milovan Djilas im Jahr 1950, dass die Sowjetunion „kein sozialistisches Land ist".

Dies war nun in der Tat der Beginn grundlegender ideologischer Differenzen zwischen Belgrad und Moskau und innerhalb der KPJ: Wenn Djilas' Schlussfolgerung ernstgenommen wurde, waren Konsequenzen für Jugoslawien unvermeidbar, sofern Jugoslawien ein sozialistisches Land sein oder werden wollte. Der Theoretiker-Gruppe in der Parteiführung (unter ihnen Kardelj, Boris Kidrič und Vladimir Bakarić – interessanterweise stammten fast alle aus Slowenien oder Kroatien – gelang es allmählich, den widerstrebenden Tito davon zu überzeugen, dass die Kritik am Stalinismus und der Sowjetunion unglaubwürdig bleibe, wenn daraus keine Folgerungen für das eigene System gezogen würden. Aus den Schriften von Marx und Engels leiteten sie den Schluss ab, dass es zwar ohne Beseitigung des Privateigentums an den Produktionsmitteln keine Beseitigung der Ausbeutung gebe, dass aber die Abschaffung des Privateigentums nicht automatisch das Ende der Ausbeutung bedeute. Enteignung sei eine notwendige, keine hinreichende Voraussetzung für den Aufbau des Sozialismus. Mit der Verstaatlichung der Produktionsmittel verschwinde nicht die Ausbeutung der Produzenten, „ja sie kann sich sogar potenzieren und zur totalen Herrschaft des Staates über die Arbeit und ihre Produkte werden". Die Allmacht des Staates und der Zentralismus führten „unweigerlich" zur Bürokratisierung der gesamten gesellschaftlichen Struktur und „zu den bekannten stalinistischen Exzessen". Unter derartigen Bedingungen werde das fundamentale Marx'sche Postulat der freien Entfaltung jedes Einzelnen als Bedingung für die freie Entfaltung aller unerfüllbar.

Die Zeit vom offenen Angriff auf Stalin bis zu dessen Tod im Frühjahr 1953 gestaltete sich – wie Djilas rückblickend schrieb – als „Periode des intellektuellen Wagemuts und der geistigen Freiheit der Jugoslawen, genauer: der jugoslawischen kommunistischen Bewegung. Man sollte sie später nie wieder erreichen." In diese Zeit fallen die Anfänge einer marxistischen Philosophie in Jugoslawien, von der man vorher beim besten Willen nicht hatte sprechen können. Auf Dutzenden von philosophischen Konferenzen wurde über die Natur der Philosophie, das Verhältnis von Philosophie und Wissenschaft, über Ideologie, Wahrheit und Entfremdung, über den jungen und alten Marx oder über den marxistischen Humanismus debattiert.[137] Aus dem erstmals ernsthaft betriebenen Studium der marxistischen Klassiker sowie aus der Analyse des Stalinismus ergab sich die

137 Vgl. u. a. Marković, Mihailo – Robert S. Cohen: Yugoslavia: The Rise and Fall of Socialism. A history of the Praxis-Group. Nottingham 1975.

Forderung nach einem allmählichen Abbau des staatlichen Dirigismus zugunsten einer stärkeren Beteiligung der unmittelbaren Produzenten am wirtschaftlichen und gesellschaftlichen Entscheidungsprozess.

Neue Gesellschaft und „absterbender" Staat

Es war eine historische Weichenstellung: Was nun begann, war ein einmaliges wirtschaftliches und gesellschaftliches Experiment, das sich als ebenso kühn wie konflikthaft erwies, von großen Visionen und Hoffnungen begleitet wurde und letztlich an seinen Prämissen, seinen inneren Mängeln und an der Inkonsequenz seiner Gründungsväter nach langem Siechtum verschied. Es war der Versuch einer radikalen Demokratisierung von Gesellschaft und Wirtschaft, der Abschaffung der Herrschaft des Menschen über den Menschen, ein Kampf gegen „Entfremdung" und der Versuch, eine Antwort auf die Vereinsamung des Individuums in einer komplexen, sich rapide modernisierenden Gesellschaft zu finden.

Gemeint ist das jugoslawische Selbstverwaltungsmodell, das mit dem ersten „Grundgesetz über die Verwaltung der Staatsbetriebe" am 27. Juni 1950 eingeleitet[138] und mehr als ein Vierteljahrhundert später mit dem „Grundgesetz über die vereinte Arbeit" von 1976 abschließend kodifiziert wurde. „Die Fabriken wurden den Arbeitern übergeben", wie es im Politjargon des Regimes hieß. Genauer gesagt: Die Verwaltung und Leitung der Fabriken wurde den Arbeitern übergeben. Theoretisch jedenfalls. „Vielleicht wird der eine oder andere glauben", so Tito im Juni 1950, „dass dieses Gesetz verfrüht ist, dass die Arbeiter nicht in der Lage sein werden, die komplizierte Technik der Leitung von Fabriken und anderen Betrieben zu beherrschen. Wer so denkt, täuscht sich, und eine solche Betrachtung der Frage würde bedeuten, dass man kein Vertrauen in unsere Werktätigen setzt, sie würde bedeuten, dass man nicht sieht, welche gewaltigen schöpferischen Kräfte gerade diese Leitung bei unseren Werktätigen entwickeln wird. [...] Daher ist [das Gesetz] nicht nur nicht verfrüht, sondern sogar mit einer gewissen Verspätung gekommen [...]."[139] Im ersten Jahr „übergab" die Regierung 200 Fabriken an die Arbeitskollektive. Das sollte ein erster Schritt auf dem Weg vom „administrativen Sozialismus" zur Arbeiterselbstverwaltung sein.[140] Die von den Belegschaften gewählten Arbeiterräte besaßen gemäß Gesetzestext zwar weitreichende Rechte, wurden de facto jedoch vom staatlich

138 Osnovni zakon o upravljanju državnim privrednim preduzećima i višim udruženjama od strane radnih kolektiva, in: Službeni list 43/1950.

139 Zit. nach Soergel, W.: Arbeiterselbstverwaltung (169), S. 20 f.

140 Vgl. u. a. Bilandžić, D.: Historija SFRJ (59), S. 173 ff.

eingesetzten Direktor (mit Veto-Recht) gegängelt, zumal die Betriebe weiter Staatseigentum blieben. Von der Entscheidung über die Verwendung des „Mehrwerts" (des Betriebsgewinns) blieben die Räte ausgeschlossen. Die „von oben" und in Abgrenzung zum „politischen und ökonomischen Bürokratismus und Etatismus" in der Sowjetunion eingeführte Arbeiterselbstverwaltung von 1950 war somit bestenfalls symbolischer Art, doch die Weichen in Richtung eines gigantischen Projekts waren gestellt.

Mit Einführung eines „neuen Wirtschaftssystems" im Jahre 1952 erhielten die Betriebe das Recht, über 3–17 % ihrer Akkumulationsmittel (je nach Wirtschaftszweig) frei verfügen zu können. Gleichzeitig wurden sie gezwungen, einen Teil des Marktrisikos zu tragen. Die starre administrative Steuerung von Angebot und Nachfrage wich nun einer (noch sehr begrenzten) Zulassung der „Gesetze des Marktes". Die bisherigen detaillierten Wirtschaftspläne wurden durch die Rahmenrichtlinien eines neuen „Gesellschaftsplans" ersetzt, die den einzelnen Betrieben bzw. ihren Arbeiterräten einen vergrößerten Spielraum gewährten.

In der Partei regte sich von Anfang an heftiger Widerstand gegen den (zunächst durchaus bescheidenen) Abbau der staatlichen Lenkungsfunktionen, da damit die Machtbasis der Nomenklatura angekratzt und eine Rückkehr zur „kapitalistischen Anarchie" befürchtet wurde. Der VI. Kongress der KPJ vom 2. bis 7. November 1952 in Zagreb setzte sich über diese Befürchtungen hinweg und bestätigte die Grundsätze der Arbeiterselbstverwaltung. Er wies darüber hinaus der Partei, die mittlerweile 780.000 Mitglieder zählte, eine neue gesellschaftliche Rolle zu: Sie sollte nicht mehr das unmittelbare Kommandozentrum in Staat und Gesellschaft sein, sondern sich auf die Rolle einer richtungweisenden Avantgarde beschränken. Zur äußeren Bekundung des neuen Selbstverständnisses wurde die KPJ in „Bund der Kommunisten Jugoslawiens" (BdKJ) umbenannt, was eine Abkehr vom Prinzip der „Kaderpartei" signalisieren sollte. Bei der Umsetzung der ideologischen Leitsätze des BdK sollte die Volksfront, die kurz darauf in „Sozialistische Allianz des werktätigen Volkes Jugoslawiens" umgetauft wurde, eine Schlüsselrolle spielen.

Parallel zur Einrichtung der Arbeiterräte erfolgte auch ein Abbau des aufgeblähten Staatsapparats. Und im Zuge der angestrebten Dezentralisierung wurde eine Reihe von Zuständigkeiten vom Bund auf die Republiken und Kommunen übertragen. Das Verfassungsgesetz vom 13. Januar 1953 – im Wesentlichen eine Schöpfung von Edvard Kardelj – hob große Teile der Verfassung von 1946 auf (ohne dass eine neue vollständige Verfassung an deren Stelle getreten wäre) und sicherte die bisherige Reformpolitik konstitutionell ab.[141] Neu eingeführt wurde das *Gesellschafts*eigentum, das an die Stelle des

141 Ustavni zakon o osnovama društvenog i političkog uredjenja FNRJ i saveznim organima vlasti, in: Službeni list 3/1953; ergänzt und geändert am 8. 9. 1953 und 11. 2. 1954 (Službeni list 35/1953 und 13/1954).

*Staats*eigentums treten sollte. (Darüber, wer eigentlich die Eigentümer des Gesellschaftseigentums sind, haben sich Juristen dann jahrzehntelang mehr oder minder erfolglos den Kopf zerbrochen.) Zudem enthielt die Quasi-Verfassung von 1953 weitere Neuerungen. Gemäß der Vorstellung, dass die nationale Frage durch die sozialistische Umgestaltung der Gesellschaft gelöst sei (oder die Lösung bevorstehe), wurde der Nationalitätenrat als selbstständige Kammer des Bundesparlaments aufgehoben und der ersten Kammer, dem Bundes*rat* (vergleichbar dem deutschen Bundes*tag*), eingegliedert. Als neue zweite Kammer entstand ein Produzentenrat, durch den die Selbstverwaltungskomponente zulasten der föderativen Komponente in der Verfassung stärker unterstrichen wurde. Die Vertreter der Werktätigen waren bei der Behandlung aller Wirtschafts- und Sozialfragen den Abgeordneten der politischen Kammer gleichgestellt. Der Nationalitätenrat als Untergliederung des Bundesrats hatte dagegen vor allem gutachterliche Aufgaben und ein aufschiebendes Vetorecht bei Verfassungsänderungen, welche die Gleichberechtigung der Republiken und deren Verhältnis zum Bund berührten. An die Stelle der bisherigen Regierung trat ein Bundesexekutivrat (SIV), während die Ministerien durch „Staatssekretariate" ersetzt wurden. An der Spitze des SIV stand der vom Bundesparlament gewählte Präsident der Republik, Tito, der als Regierungschef zugleich auch Oberbefehlshaber der Streitkräfte, Vorsitzender des Nationalen Verteidigungsrats und Staatsoberhaupt in einer Person war. Die weitere personelle Zusammensetzung der Regierung (mit Kardelj, Ranković, Djilas, Moša Pijade, Svetozar Vukmanović-Tempo usw.) machte die angekündigte Demokratisierung der Machtspitze wieder weitgehend illusorisch und festigte das Herrschaftsmonopol der Partei-Oligarchen.

Die Widersprüche zwischen Programm und Praxis waren unübersehbar, obwohl sie erst im Kontext der 68er-Bewegung öffentlich thematisiert und skandalisiert wurden. Seit Einführung der Selbstverwaltung sah sich die KPJ der Herausforderung gegenüber, die eigene Rolle als Monopolist der Macht mit dem Ideal einer sich selbst bestimmenden, herrschaftsfreien Gesellschaft in Übereinstimmung zu bringen bzw. einen Mittelweg zwischen Skylla und Charybdis, zwischen Führungsmonopol und Selbstaufgabe zu finden. Der durch die Auseinandersetzung mit „Etatismus und Bürokratismus" in der Sowjetunion und durch die Rückbesinnung auf die Schriften der marxistischen Klassiker eingeleitete Umdenkprozess – von den Dogmatikern in der Partei nie wirklich akzeptiert – drohte in letzter Konsequenz nicht nur den Staat, sondern auch die ihn tragende Partei überflüssig zu machen. Der „Fall Djilas" machte das Problem zum ersten Mal in aller Schärfe deutlich.

Milovan Djilas: Der erste Dissident[142]

An der Jahreswende 1953/54 – ein Dreivierteljahr nach Stalins Tod – erschien im jugoslawischen Parteiorgan *Borba* (Kampf) eine Artikelserie des damals 43-jährigen Montenegriners Milovan Djilas, der als „Liebling der Partei" galt. Unter der Überschrift „Subjektive Kräfte" kritisierte der Verfasser, dass „in unserem Lande alles viel zu sehr von Vorschriften umstellt (ist). Wir haben zu viele vorgeschriebene, von oben vorgeschriebene Wahrheiten. [...] Die dogmatische, bürokratische Theorie, derzufolge nur die Kommunisten die bewussten Kräfte des Sozialismus sind (nach Stalin ein ‚besonderer Menschentyp') dient nur dazu, sie von der Gesellschaft zu trennen und über die Gesellschaft zu stellen als diejenigen, die dazu prädestiniert sind, die anderen zu dirigieren, weil sie die einzige Gruppe sind, die sich der ‚Endziele bewusst' und vollkommen vertrauenswürdig sind. Diese Theorie und diese Praxis müssen die Kommunisten von den Massen trennen und sie in Priester und Polizisten des Sozialismus verwandeln (wie es in der Sowjetunion der Fall ist). Solche Tendenzen gab und gibt es auch in unserem Land. Da sie nun einmal eine Position errungen haben, von der aus sie alles – von der Ethik bis zum (Brief-)Markensammeln – zentralisiert und reguliert haben, haben es viele Kommunisten jetzt, da plötzlich ein demokratischer Wind zu wehen angefangen hat, noch nicht fertiggebracht, ihre Ansichten zu ändern [...]." Bürokraten könnten nun einmal nicht den Bürokratismus bekämpfen. „Ihnen ist beigebracht worden, den alten kapitalistischen Klassenfeind zu bekämpfen, und dazu waren sie imstande, obwohl sie dabei Bürokraten blieben. Nun aber, da die Rolle, die Macht und die Bedeutung des Klassenfeinds großenteils geschwunden sind, setzen die Bürokraten ihre sterile Jagd danach noch immer fort."[143]

In einem weiteren Artikel *Bund oder Partei?* verlangte Djilas nicht mehr und nicht weniger als die Abdankung des BdKJ als Träger der monopolisierten Macht.[144] Seine Forderung nach „mehr Demokratie" und nach „Reduzierung der praktisch-politischen Bedeutung" der Partei war eigentlich nichts anderes als das, was auf dem VI. Parteikongress von 1952 beschlossen worden war. Aber diese Beschlüsse waren *vor* Stalins Tod gefasst worden; jetzt erschienen sie vielen Genossen als „unzeitgemäß". Stalins Tod eröffnete die Möglichkeit einer Wiederannäherung an die Sowjetunion und ließ eine

142 Ausführlich zum Folgenden Clissold, Stephen: Djilas: The Progress of a Revolutionary. New York 1983; ferner Stankovic, S.: Titos Erbe (170a), S. 89 ff.; (aus Sicht des BdKJ) Bilandžić, D.: Historija SFRJ (59), S. 195 ff. und (mit bes. Berücksichtigung der außenpolitischen Aspekte des Falles) Bekic, D.: Jugoslavija u Hladnom ratu (185), S. 565 ff.

143 Djilas, Milovan: Subjektive Kräfte, in: Ders.: Anatomie einer Moral (99a), S. 86–90.

144 Ebda, S.101–119.

Verlangsamung des innerjugoslawischen Entwicklungstempos zu mehr Demokratie als „Gebot der Stunde" erscheinen.[145] Spätestens jetzt wurde deutlich, dass die Kritik am Stalinismus bzw. die Entstalinisierung für viele jugoslawische Kommunisten nur ein Mittel der Herrschaftslegitimierung und der Selbstbehauptung gewesen war. Stalin hatte sie – wider seinen und wider ihren Willen – zum Umdenken gezwungen. Nun war er tot, und sie konnten zu dem zurückkehren, was sie als „normal" empfanden: zu einem Stalinismus ohne Stalin. Diesem Teil der jugoslawischen Kommunisten war es nie um eine Analyse des stalinistischen Systems und noch weniger um dessen Überwindung gegangen, sondern um die Rechtfertigung des eigenen Herrschaftsanspruchs.

Auf einem außerordentlichen Plenum des Zentralkomitees Mitte Januar 1954 wurde Djilas des „Revisionismus" bezichtigt. Tito selbst führte aus, dass die Thesen seines langjährigen Kampfgefährten zur „Anarchie" – ein weiteres sehr beliebtes Schimpfwort – führen müssten. Und Edvard Kardelj sah in ihnen ein Plädoyer für die Restaurierung der „bürgerlichen" Gesellschaft, die man doch gerade überwunden hatte. Der Beschuldigte wurde aus dem ZK ausgeschlossen und seiner Partei- sowie Regierungsämter enthoben. Damit endete die erste Phase des „Falls Djilas". Doch der Montenegriner gab keine Ruhe. Er wollte den Konflikt mit der Partei, nicht nur aus grundsätzlichen Überlegungen heraus, sondern auch auf der Suche nach seinem eigenen Weg. Die ersten Nachkriegsjahre hatte er als „unschöpferisch und entwürdigend" erlebt; „aus einem Schriftsteller und Revolutionär verwandelte ich mich in den propagandistischen Helfer eines Monarchen, der noch absolutistischer regierte als König Alexander [der 1934 in Marseille ermordete jugoslawische König], in den Verfechter einer verfehlten offenkundig ungerechten Ordnung". Was Djilas irritierte, war die Veralltäglichung des revolutionären Charismas, das sich Tito während des Krieges erworben hatte. Was ihn quälte, waren der postrevolutionäre Normalisierungs- und Bürokratisierungsprozess, das Ende der Spontaneität und die Halbherzigkeit und Inkonsequenz im Prozess der „Entstalinisierung". „Wenn Tito bzw. der ‚Titoismus' die Folge jener Stalinschen Unberechenbarkeit gewesen ist, die heute ‚Stalinismus' genannt wird, dann ist Djilas die logische Fortsetzung der titoistischen Unausgeglichenheit", schrieb Slobodan Stanković 1981. „Wo Stalin einen Punkt setzen wollte, machte Tito ein Komma, dort aber, wo Tito einen Punkt setzen wollte, setzte Djilas ein Komma – und so hatte der Kampf unabsehbare Weiterungen zur Folge."[146] Nach abermaliger Kritik an der Partei wurde Djilas im Januar 1955 zu eineinhalb Jahren Haft auf Bewährung verurteilt. Als er im Zusammenhang mit dem Aufstand in Ungarn 1956 wiederum die jugoslawische Politik scharf attackierte und die Freiheitsliebe der

145 Zu diesem Aspekt vgl. auch Bekic, D.: Jugoslavija u Hladnom ratu (185), S. 577.
146 Stankovic, S.: Titos Erbe (170a), 89 f.

Ungarn über die Staatsräson des sozialistischen Lagers stellte, musste er eine dreijährige Gefängnisstrafe antreten. In der Zelle schrieb er dann jenes Buch, das ihn im Westen schlagartig berühmt machte: *Die Neue Klasse*. Was als einfacher Protest, als Auflehnung gegen die bürokratischen Schranken der Partei begonnen hatte, steigerte sich hier zu einer leidenschaftlichen Abrechnung mit den bestehenden kommunistischen Systemen.

„Die Theorie, nach der der Kommunismus von heute eine Form des modernen Totalitarismus ist, ist nicht nur die verbreitetste, sondern auch die zutreffendste. [...] Der moderne Kommunismus ist diejenige Form des Totalitarismus, die aus drei Hauptfaktoren zur Kontrolle über das Volk besteht: der erste ist die Macht; der zweite der Besitz; der dritte die Ideologie. Sie sind das Monopol der einen und einzigen politischen Partei oder [...] einer neuen Klasse [...]. Keinem totalitären System der Geschichte, nicht einmal einem totalitären System der Gegenwart außer dem Kommunismus ist es gelungen, gleichzeitig alle diese Faktoren zur Herrschaft über das Volk bis zu diesem Grad in sich zu vereinigen."[147] Kaum war das Manuskript 1957 in den USA erschienen, wurde Djilas' Haftzeit um weitere sieben Jahre verlängert. Anfang 1961 wurde er jedoch vorzeitig aus der Haft entlassen und begann mit der Niederschrift seiner spektakulären *Gespräche mit Stalin*, die ihm Mitte des folgenden Jahres (1962) wegen Preisgabe von Staatsgeheimnissen erneut fünf Jahre Gefängnis einbrockten.

Kontroversen über den „richtigen" Weg

Etwa zur gleichen Zeit, als Djilas an der *Neuen Klasse* schrieb, kam in der jugoslawischen Öffentlichkeit die Diskussion über die weitere Ausgestaltung der Arbeiterselbstverwaltung bzw. des jugoslawischen Sozialismusmodells wieder in Schwung. Im Kern ging es um die Frage: Wie viel wirtschaftliche Macht kann, soll oder muss die Partei- und Staatsführung abgeben? Wie an anderer Stelle noch zu zeigen sein wird, hatte Jugoslawien dank der gelenkten Wirtschaft bis Ende der 50er-Jahre einen großen Sprung nach vorn gemacht. Sollte dieser Pfad nun verlassen werden? Über das Für und Wider einer zentralen Planwirtschaft ist allenthalben viel gestritten worden. Für relativ hoch entwickelte Länder (wie die DDR oder die Tschechoslowakei) ist ihr Nutzen in Zweifel gezogen worden. Ländern wie Jugoslawien (oder Bulgarien) bot der zentral gesteuerte Einsatz von knappen Ressourcen jedoch die Möglichkeit, die in der Vergangenheit schleppend verlaufene Industrialisierung gezielt voranzutreiben. Und darin waren sie ziemlich erfolgreich, erfolgreicher als z. B. das nichtsozialistische Griechenland, das mit einer ähnlichen Ausgangsposition wie Jugoslawien und Bulgarien nach dem Krieg ge-

147 Djilas, M.: Die Neue Klasse (99), S. 226.

startet war. Doch die Frage, wann ein anfangs erfolgreiches System aufgegeben und von einer extensiven, Ressourcen verschlingende in eine intensive, Ressourcen schonende Wirtschaftsform übergegangen werden muss, hat alle sozialistischen Länder geplagt. Und kein Land hat sie befriedigend beantwortet.

Dem Reformflügel im Bund der Kommunisten gelang es auf dem VII. Parteikongress 1958 in Ljubljana gegen massive innerparteiliche Widerstände und nicht zuletzt unter dem Eindruck des XX. Parteitages der KPdSU und Chruschtschows „Enthüllungen" über Stalin, die Fortsetzung des 1950 eingeschlagenen Kurses zu sichern: Die wichtigsten Thesen von Djilas wurden jetzt Parteiprogramm, obwohl sein Urheber im Gefängnis saß! Der Kongress beschloss, dass das „Absterben des Staates" nicht in die Zukunft verschoben werden dürfe.[148] Der „Kampf" gegen Etatismus, Bürokratismus und Dogmatismus wurde lautstark fortgeführt, und die Arbeiterräte erhielten zusätzliche Rechte. Nicht nur auf dem Papier, sondern auch formal und institutionell schritt der Ausbau des Selbstverwaltungssystems voran, was einen erneuten Bruch mit der Sowjetunion Ende der 1950er-Jahre zur Folge hatte.[149] Auch dieser zweite Konflikt mit Moskau beförderte die Festigung und den Ausbau des jugoslawischen Modells. Seit der Wirtschaftsreform von 1961 konnten die Arbeiterräte über die Verwendung des gesamten „Netto-Einkommens" ihres Betriebs entscheiden. Das Netto-Einkommen war das, was nach den Abgaben an die Bundes-, Republiks- und kommunalen Regierungen übrig blieb. Und das war zunächst nicht allzu viel. Der Staat bewahrte sich außerdem das Recht, die Preise für eine Reihe von Produkten zu bestimmen, sodass ein freier Markt nicht entstehen konnte. Dennoch hatten die Arbeiterräte einen weiteren Etappensieg errungen, vor allem das Recht, die Höhe der persönlichen Einkommen selber festzulegen, wovon Arbeiter in der kapitalistischen „Anarchie" nur träumen können. Das alles war gut gemeint, aber dilettantisch vorbereitet.[150]

Trotz oder infolge jahrelanger staatlicher Eingriffe bestanden starke Ungleichheiten in den Arbeitsbedingungen der einzelnen Betriebe, sodass Belegschaften in begünstigten Industriezweigen ein Mehrfaches von dem verdienen konnten, was ihre Kollegen in anderen Sektoren erhielten. Die überdurchschnittlich produktiven Betriebe gingen sehr rasch dazu über, die persönlichen Einkommen ihrer Belegschaften zu erhöhen. Die anderen Unternehmen zogen nach und begannen unter Hinweis auf den Grundsatz der gesellschaftlichen Gleichheit im Sozialismus, ihren Akkumulationsfonds zu „verzehren". Die Folge war, dass die Privateinkommen mit 23 % wesentlich rascher stiegen als die Ar-

148 Beschlüsse des VII. Kongresses in: The Programme of the League of Yugoslav Communists. Beograd 1958.
149 Näheres im Kapitel 2.
150 Zur Entwicklung vgl. u. a. Lemân, G.: Das jugoslawische Modell (133), S. 23 ff.

beitsproduktivität mit 3,4 %, was zu immer größeren Disproportionen in der Entwicklung verschiedener Wirtschaftszweige, zu „illoyaler Konkurrenz", steigender Spekulation und Inflation führte. Hinzu kam, dass die Reform mit einer wirtschaftlichen Rezession in Jugoslawien zusammenfiel. Die jährliche Zuwachsrate der industriellen Produktion sank von 15,6 % (1960) auf 4,1 % (1961) drastisch ab.

Die Gegner der Selbstverwaltung sahen sich durch die Krise und die gesellschaftlichen „Deformationen" in ihrer Kritik bestätigt. Sie machten das System der Einkommensverteilung für alle wirtschaftlichen Schwierigkeiten verantwortlich, was insofern nicht zutreffend war, als die Rezession bereits vor der Reform eingesetzt hatte. Im ZK des BdKJ, im Bundesexekutivrat (SIV) und anderen Machtzentren der Föderation kam es darüber zu schweren Zerwürfnissen, die zwar nicht so aufsehenerregende Formen annahmen wie im „Fall Djilas", dafür aber einen weit größeren Personenkreis erfassten.[151] Die „monolithische" Einheit der kommunistischen Führung war schon seit Jahren eine Chimäre. Auf der einen Seite standen die „Dogmatiker" unter Führung von Aleksandar Ranković, auf der anderen Seite die „Reformer" um Edvard Kardelj. Ranković und Kardelj vermieden jeden persönlichen Kontakt und versuchten sich als Nachfolger Titos zu positionieren.[152] Der Umstand, dass Ranković Serbe und Kardelj Slowene war und dass die Mehrheit der „Dogmatiker" aus Serbien, die Mehrheit der „Reformer" aus Slowenien und Kroatien stammten, ist schon von einigen Zeitgenossen, vor allem aber aus der Rückschau, als Beginn der nationalen Konflikte in der kommunistischen Führung gedeutet worden. Ganz so eindeutig ist die Sache dennoch nicht. Ob es nationale, ideologische oder regionale Interessenkonflikte oder eine Mischung aus allen drei waren, lässt sich nicht immer sauber rekonstruieren und schon gar nicht verallgemeinern. Dass es spätestens seit Ende der 50er-Jahre Konflikte gab, ist mittlerweile unstrittig. Die 1998 von Miodrag Zečević veröffentlichten Protokolle der geheimen Sitzung des Exekutivkomitees des Zentralkomitees des BdKJ vom März 1962 („Brionski plenum") offenbaren tiefe Meinungsunterschiede innerhalb der Führung.[153] Wie weit sollte oder durfte eine Dezentralisierung gehen? Es hagelte nur so an Klagen über „kleinbürgerliche Elemente", die das Eigeninteresse ihrer Republik über das Interesse der Gesamtheit stellten, und darüber, dass die Beschlüsse der obersten Parteiführung in den Republiken nicht umgesetzt würden. Der jugoslawische Innenminister Svetislav Stefanović kritisierte: „Es gibt kein Empfinden kollektiver Verantwortung für die grundlegende Entwicklung unseres Lan-

151 Vgl. u. a. Bilandžić, D.: Hrvatska moderna povijest (509), S. 416 ff.; Haberl, O. N.: Parteiorganisation (116).

152 Vgl. Matković, H.: Povijest Jugoslavije (66), S. 336; Shoup, P.: Communism (168), S. 222.

153 Zečević, M. (Hg.): Početak kraja SFRJ (31).

des, sondern jeder tritt aus seiner Ladentür und schaut, wie er möglichst viel zu Lasten dieses oder jenes ergattern kann."[154] Tito beschwor erstmals die Gefahr eines Staatszerfalls herauf: „Die Dezentralisierung nimmt bei einigen unserer Leute immer mehr den Charakter und die Bedeutung der Desintegration an."[155] Tatsache ist, dass die Vertreter der wohlhabenderen Republiken an der Liberalisierung der Wirtschaft, die ihnen deutliche Vorteile bringen würde, ein ebenso vitales Interesse hatten wie die Repräsentanten der weniger entwickelten und armen Regionen ein vitales Interesse an einer zentralen Ressourcensteuerung und am Prinzip sozialer Gleichheit hatten. Hinzu kam der alltägliche regionale Lobbyismus, der alles andere als eine jugoslawische Besonderheit war. Die vorhandenen Missstände (ökonomisch ungerechtfertigte Einkommenssteigerungen, zunehmende soziale Ungleichheit, lokaler „Egoismus", Aufbau „politischer Fabriken" u. Ä.) veranlassten die politische Führung zunächst, auf die alte Methode staatlicher Intervention zurückzugreifen und das „Absterben des Staates" zu verschieben. Eine Zeit lang sah es so aus, als ob die Gegner der Selbstverwaltung damit die Oberhand gewonnen hätten. Auch Kardeljs Stellung war vorübergehend bedroht. Tatsächlich aber war die kommunistische Führung zeitweilig einfach handlungsunfähig, zumal der „deus ex machina", Tito, offenbar selber nicht wusste, wie es weitergehen sollte. Auf dem VI. Plenum des ZK im September 1962 sprach er sich dann aber überraschend – und in Abgrenzung zu ZK-Sekretär Aleksandar Ranković und Innenminister Svetislav Stefanović – für den weiteren Ausbau der Selbstverwaltung aus, verzichtete allerdings darauf, seine Empfehlung zur Abstimmung zu stellen.

Die Uneinigkeit in der BdKJ-Führung verlieh den Maßnahmen der Jahre 1962/63 ein hohes Maß an Widersprüchlichkeit. Dies gilt auch für die am 7. April 1963 vom Parlament verabschiedete neue Verfassung, die die Verfassung von 1946 und das Provisorium von 1953 ersetzte, das Bekenntnis zur Selbstverwaltung erneut bekräftigte, aber dem Staat eine dominante Rolle sicherte.[156] Noch immer wurden 70 % der industriellen Preise staatlich festgelegt. Fast zwei Drittel der Akkumulationsmittel in den Betrieben verwalteten die Gebietskörperschaften. Das Devisen-, Banken-, Kredit- und Planungssystem trugen ausgeprägt etatistische Züge. Die neue Verfassung sanktionierte im Wesentlichen nur die bestehende unklare Situation. Zwar stärkte sie die Position der Republiken, ließ jedoch die Beziehungen zwischen Bund und Ländern im wirtschaftli-

154 Ebda., S. 182.

155 Ebda., S. 32. Vgl. Auch Bjelajac, Mile: Karakter jugoslovenskog centralizma u svetlu analize tajne sednice Izvršnog komiteta Centralnog komiteta Saveza komunista Jugoslavije marta 1962.g., in: Dijalog povjesničara-istoričara. Bd. 7, Zagreb 2002, S. 373–390.

156 Text abrufbar unter: http://sr.wikisource.org/wiki/Ustav_Socijalisticke_Federativne_Republike-Jugoslavije_(1963).

chen Bereich (Dezentralisierung der Bundesfonds) offen. Da die Selbstverwaltung über die Fabriken hinaus auf andere Bereiche der Gesellschaft ausgeweitet wurde, musste auch die Zusammensetzung des Bundesparlaments abermals geändert werden. Es bestand nun aus fünf Kammern: dem Bundesrat und vier Vertretungen der Werktätigen aus den verschiedenen Sektoren des gesellschaftlichen Lebens (produzierendes Gewerbe, Bildungswesen, öffentlicher Dienst sowie Gesundheits- und Sozialwesen). Dem Bundesrat war (ähnlich wie 1953) ein Nationalitätenrat mit 70 Delegierten aus den Regionalparlamenten eingegliedert. Die Ämter des Präsidenten der Bundesrepublik (also des Staatspräsidenten) und des Präsidenten des Bundesexekutivrats (SIV) (also des Ministerpräsidenten) wurden getrennt. Tito behielt nur das Amt des Staatsoberhaupts. Der Staat selbst hieß von nun an „Sozialistische Föderative Republik Jugoslawien" (SFRJ). Der neue Verfassungsgrundsatz, nach dem der Präsident alle vier Jahre und maximal zweimal hintereinander gewählt werden sollte, galt für Tito nicht.[157] Dieses institutionelle Arrangement war bereits ziemlich kompliziert, aber immer noch „kinderleicht" im Vergleich zur Verfassung von 1974.

Nach Verabschiedung der neuen Verfassung gingen die alten Kämpfe um das Selbstverwaltungssystem weiter. Zwischen den Gewerkschaften unter Führung des temperamentvollen Svetozar Vukmanović-Tempo und einem einflussreichen Teil der Partei um Aleksandar Ranković nahmen die Kontroversen zu. Auf ihrem V. Kongress im April 1964 forderten die Gewerkschaften (mit Rückendeckung der kommunistischen Reformer) die Beseitigung der etatistisch-bürokratischen Barrieren in der Wirtschaft. Die Verfügungsgewalt über die Investitionsmittel müsse in die Hände der unmittelbaren Produzenten übergehen. Das Planungssystem solle zugunsten freier Marktbeziehungen und größerer Selbstständigkeit der Arbeitsorganisationen verändert werden, kurz: der „Entstaatlichungsprozess" müsse auf allen Ebenen des öffentlichen Lebens entschlossen und furchtlos fortgesetzt werden.

Der VIII. Kongress des BdKJ vom 7. bis 13. Dezember 1964 bereitete der Ranković-Gruppe eine entscheidende Niederlage.[158] Die Gründe dafür sind bis heute nicht klar. Die unter Führung von Edvard Kardelj vorbereiteten Kongressunterlagen zielten in die gleiche Richtung wie die Gewerkschaftsforderungen und setzten sich im Plenum durch. Wenn es in der Auseinandersetzung vordergründig auch „nur" um wirtschaftliche Fragen ging, so verbarg sich dahinter doch ein grundsätzlicher politischer Machtkampf. Die Verdrängung des Staatsapparats aus den Führungspositionen der Wirtschaft war nicht allein von „revolutionärer" Bedeutung für das gesamte Gesellschaftssystem, sondern –

157 Vgl. Beckmann-Petey, M.: Jugoslawischer Föderalismus (83), S. 60 ff.

158 Zu den Beschlüssen vgl. Osmi kongres Saveza Komunista Jugoslavije. Beograd 1964.

angesichts der engen personellen Verflechtung von Partei und Staat – auch für den BdKJ selbst. Das Nebeneinander von Selbstverwaltungssystem und staatlicher Gängelung, von Markt und zentraler Planung, von freien und administrativen Preisen war auf Dauer unhaltbar geworden. Das gemischte Preissystem machte eine marktgerechte Kalkulation unmöglich. Die vom Staat niedrig gehaltenen Rohstoffpreise senkten zwar die Kosten im produzierenden Gewerbe und sorgten für hohe Gewinne in diesem Sektor, beeinträchtigten aber auch dessen internationale Wettbewerbsfähigkeit, da der Zwang zur Rationalisierung entfiel, und benachteiligten die Grundstoffindustrien. Republiken und Kommunen neigten folglich in immer stärkerem Maße dazu, die Investitionen in Branchen zu leiten, die hohe, „künstliche" Gewinne versprachen. Das führte zur Errichtung „politischer Fabriken" und zur Vernachlässigung der Grundstoffindustrien. Um Letztere über Wasser zu halten, musste der Staat mit Finanzhilfen einspringen, wodurch das Übel weiter verschärft wurde. Im Außenhandel zeigten sich ähnliche Tendenzen. 1964 übertraf der Umfang der Subventionen für Im- und Exporte die Summe der Zolleinkünfte. Die Handels- und Zahlungsbilanz verschlechterte sich laufend, während die staatlichen Aufwendungen für Zuschüsse von Jahr zu Jahr stiegen. Das wiederum beschleunigte die öffentliche Geldschöpfung und heizte die Inflation an.

Die Weichenstellungen Mitte der 60er-Jahre: Jugoslawien erfindet sich neu

Mit den Wirtschaftsreformen von 1965 versuchten die Protagonisten des jugoslawischen „Sonderwegs" (Kardelj, Bakarić, Vukmanović u. a.), den „gordischen Knoten" zu durchschlagen.[159] Zunächst wurde der „Allgemeine Investitionsfonds" des Bundes aufgelöst und die Mittel den drei großen Banken in Belgrad – der Investmentbank, der Außenhandelsbank und der Agrarbank – übertragen. Die steuerliche Belastung der Unternehmen wurde deutlich zurückgefahren, sodass sich ihr finanzieller Spielraum erhöhte. Auch das Preissystem erfuhr eine wesentliche Veränderung. Die künstlich niedrig gehaltenen Preise für Rohstoffe, Energie und industrielle Halbfabrikate blieben zwar weiter unter staatlicher Kontrolle, wurden jedoch den Weltmarktpreisen angeglichen, wodurch die Rohstoffwirtschaft in die Gewinnzone geführt und das verarbeitende Gewerbe zu mehr Effizienz gezwungen werden sollte. Mit der Abwertung des Dinar wurden zugleich die Schutzzölle und ein Teil der Subventionen abgebaut. Dies sowie eine Reihe anderer Maßnahmen sollten die Konkurrenzfähigkeit der jugoslawischen Unternehmen steigern und die Position des Landes in der internationalen Arbeitsteilung verbessern. Die Bauern erhielten Zugang zu günstigen Krediten, wodurch sich die Produktivität

159 Zum Folgenden vgl. u. a. LAMPE, J. R.: Yugoslavia as History (64), S. 281 ff.

des privaten Landwirtschaftssektors in den Folgejahren etwas – wenn auch viel zu wenig – verbesserte. Die Wirtschaftsreformen von 1965 bedeuteten den eigentlichen Beginn der „sozialistischen Marktwirtschaft", aber auch den Beginn neuer Konflikte aus den „Widersprüchen zwischen Marx und Markt".[160]

Die Betriebsdirektoren, die anfangs von den Kommunen oder Republiken ernannt worden waren, wurden ab Mitte der 60er-Jahre alle vier Jahre von den Belegschaften gewählt. Parallel dazu erfolgte eine Dezentralisierung der Arbeiterräte, die in großen Unternehmen unhandlich geworden waren. Zu diesem Zweck wurden unabhängige, autonome Untereinheiten („Grundorganisationen der vereinten Arbeit", GOVA) innerhalb größerer Betriebe geschaffen, die über ihre eigenen Angelegenheiten entschieden und Verträge mit anderen „Grundorganisationen" desselben Betriebes aushandelten oder sich zu größeren „Arbeitsorganisationen" zusammenschlossen. Dasselbe geschah in anderen Bereichen des gesellschaftlichen Lebens. 1980 gab es im ganzen Land mehr als 94.000 GOVAS.[161] Mit der Verfassung von 1974 und dem „Grundgesetz über die vereinte Arbeit" von 1976 – mehr als ein Vierteljahrhundert nach Einführung der ersten Arbeiterräte in den Betrieben – entwickelte sich Jugoslawien zu einem umfassenden Räte- und Delegiertensystem, das immer komplizierter, immer unbeweglicher und immer widersprüchlicher wurde. „Die Werktätigen", so hieß es in der Verfassung von 1974, „verwirklichen die Macht und verwalten andere gesellschaftliche Angelegenheiten durch Beschlussfassung in Versammlungen, Referenden und sonstigen Formen der persönlichen Äußerung in Grundorganisationen assoziierter Arbeit, in Ortsgemeinschaften, selbstverwalteten Interessengemeinschaften und sonstigen selbstverwalteten Organisationen und Gemeinschaften durch Selbstverwaltungsabkommen und Gesellschaftsabsprachen und über Delegationen und Delegierte in Versammlungen der gesellschaftspolitischen Gemeinschaften sowie durch Ausrichtung und Überwachung der Tätigkeit der den Versammlungen verantwortlichen Organe."[162] Diesem Satz-Ungetüm folgten weitere für Laien schwer verständliche Regelungen sowie eine Flut von mehr als einer Million Anordnungen, Direktiven und Einzelgesetzen,[163] die Jugoslawien – zumindest auf dem Papier – in eine überdimensionierte, basisdemokratische Kommune verwandelten, in der mittels des Rotationsprinzips die Verstetigung personeller Macht ausgeschlossen werden sollte (von Spitzenkadern selbstverständlich abgesehen). Ein Heer von Menschen war damit be-

---

160 Zu den Reformzielen vgl. KARDELJ, EDVARD: Društveno-ekonomski ciljeve reforme. Beograd 1966. Ferner SIROTKOVIĆ, JAKOV: Uzroci, rezultati i perspektive privredne i društvene reforme. Šibenik 1970.

161 Statistički godišnjak 1982 (43), S. 102.

162 Verfassung (38), Artikel 89.

163 BILANDŽIĆ, D.: Jugoslavija poslije Tita (255), S. 39.

schäftigt, die Selbstverwaltung zu verwalten.[164] Gesellschaftliches Eigentum, das unter dem besonderen Schutz des Staates stand (im Unterschied zum Privateigentum, das es auch gab, das aber weniger schützenswert war), und Selbstverwaltung – zwei grandiose Ideen – zählten zu den höchsten Verfassungsgütern des sozialistischen Jugoslawiens.

Die „Atomisierung“ der Wirtschaft in „Grundorganisationen vereinter Arbeit“ sowie die Praxis der „Vereinbarungswirtschaft“ (dogovorna ekonomija) erforderten einen ungeheuren Zeitaufwand. Für ein Unternehmen mit 5.000 Beschäftigten, das sich aus mehreren GOVA zusammensetzte, wurde für die Beratungen der Selbstverwaltungsorgane ein Verbrauch von über einer Million Arbeitsstunden pro Jahr errechnet. Selbst eine reiche Gesellschaft kann sich einen solchen Zeitaufwand auf Dauer nicht leisten, anderenfalls ist sie nicht länger reich. Und Jugoslawien war alles andere als reich. Aber damit nicht genug. Das System stellte auch unrealistische Anforderungen an die Gesellschaft. Die Selbstverwalter mussten über eine hohe Qualifikation und ein beträchtliches Maß an Selbstdisziplin verfügen. Vereinfacht gesprochen hätte jeder Arbeiter ein Minimum an betriebs- und volkswirtschaftlichen Kenntnissen besitzen müssen, um die Tragweite seines Votums annähernd überblicken zu können: Sollte man z. B. einen Betriebsgewinn zur Finanzierung von Investitionen und zur Schaffung neuer Arbeitsplätze oder zur Erhöhung der Löhne benutzen? Überwog ein langfristiger Nutzen den kurzfristigen Nutzen oder umgekehrt? Sollte man sich selber kündigen bzw. entlassen, um Kosten zu sparen? War Solidarität wichtiger als Effizienz? Solange es allen (oder fast allen) relativ gut ging, konnte das System leidlich funktionieren. Aber was würde passieren, wenn die Wirtschaft in eine tiefe Krise geriet, der Lebensstandard sank und selbst denjenigen, die noch Arbeit hatten, das Wasser bis zum Hals stand? „Wahre Selbstverwaltung“, schrieb 1968 der marxistische Philosoph Mihailo Marković, der später zum serbischen Nationalisten mutierte, „setzt das Vorhandensein einer genügenden Zahl rationaler, sozialisierter und humaner Persönlichkeiten voraus, die die Gesamtheit des gesellschaftlichen Prozesses begreifen, die sich der relativen Gebundenheit persönlicher und allgemeiner Interessen bewusst sind und die sich von gewissen Idealen allgemein menschlicher Bedeutung leiten lassen.“[165] Eine solche Gesellschaft gab und gibt es nicht, schon gar nicht in Jugoslawien, dessen Bevölkerung in den ersten Nachkriegsjahrzehnten noch von einem weit verbreiteten Analphabetismus, unzureichender Berufsqualifikation und vorindustriellen Verhaltensweisen und Einstellungen geprägt war. So fiel es den Managern und Technokraten mit ihrem „Herrschaftswissen“ leicht, die Basiskollektive an die Wand zu spie-

164 Vgl. Goati, Vladimir: Politička anatomija (113), S. 43.

165 Markovic, Mihailo: Der Sinn der Selbstverwaltung, in: Ders.: Dialektik der Praxis. Frankfurt/M. 1968, S. 94.

len. Schon seit Ende der 50er-Jahre ließen Arbeiter in lokalen Streiks ihrer Frustration freien Lauf. 1969 „bewaffneten sich die Hafenarbeiter von Rijeka mit eineinhalb Meter langen und vier Zentimeter dicken Seilen: Sie wollten ihre bankrotte Geschäftsführung lynchen. Etagenweise säuberten sie das Verwaltungsgebäude ihrer Firma von allen Angestellten, Generaldirektor K. J. flüchtete unter Prügeln [...], sein Kollege Dr. J. K. wurde noch im Hotel-Foyer zusammengeschlagen. Wie gehetzte Hasen spurteten die Partei- und Gewerkschaftsfunktionäre durch das Zentrum der größten jugoslawischen Hafenstadt [...].“[166] Trotz derartiger Auswüchse gingen viele Betriebssoziologen davon aus, dass die Belegschaften Lernprozesse durchliefen, aber diese Prozesse erforderten offenbar viel Zeit, sehr viel Zeit. Zum Tragen kamen sie nicht mehr. Und ob sie in einer Krise den Härtetest bestanden hätten, muss offen bleiben.

Das Ergebnis der halbherzigen Reformen Mitte der 60er-Jahre, die nach einer kurzen „Laissez-faire-Periode“ seit Anfang der 70er-Jahre partiell wieder eingeschränkt wurden, war eine wechselseitige Blockade: die „Neue Klasse“ – jene aus der Partei hervorgegangene (nicht unbedingt mit ihr identische), privilegierte Bürokratie, die sich aus Funktionären und Technokraten zusammensetzte – ließ die Basisdemokratie zur Farce geraten, ohne sie völlig abschaffen zu können. Und die Basisdemokratie ließ das gesamte System immer schwerfälliger werden und verurteilte alle Ansätze zur Steigerung der Effizienz zum Scheitern, ohne das faktische Entscheidungsmonopol der Manager und der politischen Bürokratie aus den Angeln heben zu können. Dieses Wechselspiel von Herrschaft und Ineffizienz musste früher oder später in eine Sackgasse führen. Die mit der Implementierung der „sozialistischen Marktwirtschaft“ angestrebte Synthese von Marx und Markt erwies sich bald als „Murks“. Unter Anspielung auf den bekannten amerikanischen Kabarettisten und Filmstar Julius Henry („Groucho“) Marx schrieb das Magazin *Time* im Mai 1972 unter der Überschrift „A Red Wall Street?“: „Yugoslavia is sometimes described as 100 % Marxist – 50 % Karl and 50 % Groucho.“[167]

So grandios und faszinierend das jugoslawische Selbstverwaltungsmodell in der Theorie und auf dem geduldigen Papier war – in der Praxis funktionierte es nicht. Denn es setzte nicht nur die Aufgabe des politischen Machtmonopols der Partei voraus (und daran war nicht zu denken), sondern erforderte auch einen „Neuen Menschen“. Und auf den warten die großen Sozialutopisten schon seit Jahrhunderten.

Versucht man abschließend, die Geschichte der von Stalin oktroyierten Entstalinisierung in Jugoslawien zu bilanzieren, so muss man zwischen Theorie und Praxis unterscheiden. In der Theorie wurde der Stalinismus – z. B. durch „Rehabilitierung“ des

166 Zit. nach Soergel, W.: Arbeiterselbstverwaltung (169), S. 66 f.
167 Time vom 8. 5. 1972.

jungen Marx, das Wiederanknüpfen an den Traditionen der Pariser Kommune oder die These vom „Absterben des Staates" – überwunden. In der Praxis blieb die Entstalinisierung dagegen auf halbem Weg stecken. Trotz der Kritik am Stalinismus festigten sich die informellen Bürokraten-Cliquen, die sich aus Funktionären in den politischen Organisationen (BdKJ, Sozialistische Allianz, Gewerkschaft etc.), aus Technokraten und Aktivisten der Arbeiterräte zusammensetzten und sich alle Macht im Betrieb, in der Gemeinde, in der Republik und in der Föderation aneigneten. Weder der „Fall Djilas" noch die Studentendemonstrationen von 1968 oder die Kritik der „Praxis"-Philosophen Ende der 60er-/Anfang der 70er-Jahre, von denen noch die Rede sein wird, vermochten etwas dagegen auszurichten. Nachdem sich die KPJ während des Krieges die Macht erkämpft hatte, tat sie das, was alle Institutionen an erster Stelle tun: Sie kämpfte für ihre Selbsterhaltung, produzierte neue Entscheidungsbedürfnisse, die sie mithilfe neuer Institutionen befriedigte, bis schließlich der institutionelle Moloch die Gesellschaft erstickte.

2. Außenpolitik im Kalten Krieg: Von der Isolation zur Blockfreiheit

Annäherung an den Westen und das Scheitern der „Wedge Strategy“

Nach dem Bruch mit der Sowjetunion und den übrigen Volksdemokratien war Jugoslawien außenpolitisch gänzlich isoliert. Jahrelang hatte man die USA und den Westen propagandistisch attackiert und sich vorbehaltlos auf die Seite der Sowjetunion gestellt. Nun hatte sich Moskau nicht nur abgewandt, sondern steuerte einen offen feindseligen Kurs gegenüber der jugoslawischen Führung. Ausgegrenzt vom Osten und in Gegnerschaft zum Westen, belastet mit Konflikten gegenüber Italien und Österreich, wirtschaftlich von allen Seiten boykottiert, angefeindet von exil-jugoslawischen Gruppierungen und verunsichert durch die Anhänger der Kominform-Resolution im eigenen Land, blieb der Parteiführung in Belgrad nichts anderes übrig, als einen außenpolitischen Kurswechsel zu vollziehen. Im Verlauf des Jahres 1949 wurde die feindselige Propaganda gegen die USA ebenso eingestellt wie die weitere Unterstützung für die griechischen Kommunisten. In einer UN-Deklaration brachte die jugoslawische Führung im Oktober 1949 erstmals ihre Ablehnung der Blockbildung deutlich zum Ausdruck, stand damit aber weitgehend allein. Einen ersten Erfolg erzielte die Belgrader Außenpolitik im Herbst 1949, als Jugoslawien gegen den Widerstand der UdSSR und ihrer Verbündeten in den Sicherheitsrat der Vereinten Nationen gewählt wurde. Und nachdem sich in Washington die Überzeugung durchgesetzt hatte, dass der Konflikt zwischen Belgrad und Moskau kein Täuschungsmanöver darstellte, bahnte sich eine Annäherung zwischen dem Westen und Jugoslawien an.[168] Ende Dezember 1949 erklärten die USA, dass sie im Falle eines Angriffs auf Jugoslawien nicht neutral bleiben würden. Das kam insofern überraschend, als Washington dafür keinerlei politische Zugeständnisse von Jugoslawien forderte. Die US-Administration hatte triftige Gründe, Jugoslawien politisch so zu belassen, wie es war. Ihr Ziel war es, einen Keil in das sozialistische Lager zu treiben („Wedge Strategy“), in der Hoffnung, dass andere Volksdemokratien in Europa und insbesondere China dem jugoslawischen Beispiel folgen würden. Ein Schwenk Jugoslawiens in das westliche Lager war daher zu diesem Zeitpunkt unerwünscht. Der Beginn des Koreakrieges am 25. Juni 1950 wurde von einem einflussreichen Teil amerikanischer Politiker als Auftakt

168 Zum Folgenden vgl. u. a. Lees, L. M.: Keeping Tito Afloat (198), S. 53 ff.

einer militärischen Auseinandersetzung zwischen den beiden Supermächten gedeutet. Westdeutschland und Jugoslawien galten als besonders gefährdet. Vor diesem Hintergrund erhielt die Erweiterung der NATO höchste Priorität. Ihr Oberbefehlshaber, General Eisenhower, betrieb den NATO-Beitritt Westdeutschlands, Griechenlands und der Türkei, während Jugoslawien aufgrund seiner geostrategischen Bedeutung militärisch massiv unterstützt wurde. Am 10. Juni 1951 traf der jugoslawische Generalstabschef Koča Popović den NATO-Oberbefehlshaber in Paris. Eisenhower fragte Popović: „Würde die Jugoslawische Armee auf der Grundlage eines kommunistischen Befehls an der Seite des westlichen Kapitalismus gegen das Sowjetsystem kämpfen?" Popović bejahte.[169] Allerdings lehnte Jugoslawien eine gemeinsame militärische Planung ab, und Tito betonte im Verlauf des Jahres 1951 bei verschiedenen Gelegenheiten: ‚Wir wollten niemals ein Satellit Russlands sein, noch wollen wir ein Satellit des Westens sein. Wir wollen als gleichberechtigter Partner in der internationalen Gemeinschaft agieren."[170] An dieser Linie hielt Tito auch dann fest, als die USA 1952 die „Wedge Strategy" aufgaben (da kein anderes sozialistisches Land dem Weg Jugoslawiens gefolgt war) und damit begannen, Jugoslawien zum Beitritt in die NATO zu drängen.[171]

Dessen ungeachtet nahm die Belgrader Regierung in wachsendem Umfang die wirtschaftliche und militärische Hilfe des Westens in Anspruch. Ein Kredit der amerikanischen Export-Import-Bank über 20 Millionen Dollar vom September 1949 hatte die laufende Kapitalhilfe der Vereinigten Staaten trotz des Widerstands eines Teils der amerikanischen Abgeordneten eingeleitet. Hinzu kamen die Lieferungen von Nahrungsmitteln und Militärgütern. Am 14. November 1951 unterzeichneten Tito und der amerikanische Botschafter in Belgrad eine Vereinbarung über militärischen Beistand zwischen der FNRJ und den USA. Allein in den Jahren 1951–54 stellten die USA 452 Millionen Dollar an militärischer Hilfe bereit. Über die Gesamthöhe der Leistungen liegen zwar keine amtlichen Angaben vor, doch wurde der Wert der amerikanischen Unterstützung in Form von Krediten, Militärgütern, Lebensmitteln und technischer Hilfe im Jahrzehnt von 1950 bis 1960 auf über zwei Milliarden Dollar geschätzt. „Tito über Wasser halten", überschreibt die amerikanische Historikerin Lorraine Lees diese Politik.[172] Auch Großbritannien, Frankreich und die Bundesrepublik Deutschland sprangen mit Warenkrediten und Kapitalhilfen ein. Die Bedeutung der westlichen Unterstützung für die innerjugoslawische Entwicklung ist umstritten. Nach Berechnungen jugoslawischer Ökonomen

---

169 Milošević, Nemanja: Yugoslavia, USA and NATO in the 1950s, in: Western Balkans Security Observer, No. 5 (April–Juni 2007) S. 70.

170 Ebda., S. 71.

171 Einzelheiten bei Bogetić, D.: Jugoslavija i Zapad (187).

172 Lees, L.: Keeping Tito Afloat (198).

Abb. 9: Tito und der amerikanische Präsident John F. Kennedy in Washington (Oktober 1963).

habe sie mit einem Prozent zur durchschnittlichen Wachstumsrate von 7,5 % in den Jahren 1951–60 beigetragen. Allerdings handelt es sich hierbei um eine rein mathematische Größe, die nichts über die Ausbreitungseffekte der westlichen Hilfsleistungen aussagt. So haben beispielsweise die amerikanischen Nahrungsmittellieferungen den Ausbruch von Hungersnöten nach der Kollektivierungskampagne und infolge der Missernten von 1950 und 1952 verhindert. Die Militärhilfe entlastete den nach dem Bruch mit Moskau stark ausgeweiteten jugoslawischen Wehretat und machte Gelder für andere Zwecke frei. Die Warenkredite der westlichen Länder schließlich ermöglichten Jugoslawien trotz eines ständigen Defizits in der Außenhandelsbilanz die Einfuhr von Investitionsgütern, ohne die der Industrialisierungsprozess erheblich schleppender verlaufen wäre. Alles in allem wäre die jugoslawische Wachstumsrate in den 50er-Jahren ohne westliche Hilfe sicher um zwei bis drei Prozent niedriger ausgefallen.

Auch wenn die jugoslawische Regierung zur Enttäuschung mancher Politiker im Westen auf ihrem eigenen Weg zum Sozialismus beharrte, räumte sie doch die bisherigen Konfliktpunkte mit dem Westen allmählich aus dem Weg. Die Einstellung der Unterstützung für die griechischen Partisanen gehörte ebenso dazu wie die Normalisierung der Beziehungen zu Österreich. Nachdem auf der Pariser Außenministerkonferenz vom Mai bis Juni 1949 beschlossen worden war, Österreich in den Grenzen von 1938 wiederherzustellen, gab Jugoslawien schließlich seine Forderungen auf Teile Kärntens und der Steiermark auf. Am 16. Januar 1951 erklärte sie den – formal nie vorhandenen – Kriegszustand zwischen Jugoslawien und Österreich für beendet und nahm diplomatische Beziehungen zu seinem nordwestlichen Nachbarstaat auf. Mit den Minderheiten-Schutzbestimmungen im österreichischen Staatsvertrag von 1955 schienen die Reibungspunkte zwischen beiden Ländern endgültig ausgeräumt zu sein. Dass die Frage in den 1970er-Jahren dennoch wieder aktuell werden sollte, war damals weder abzusehen, noch wurden die gutnachbarlichen Beziehungen zwischen Jugoslawien und Österreich dadurch dauerhaft gestört.

Im selben Jahr (1951) hob die Belgrader Regierung auch den Kriegszustand mit Deutschland auf und vereinbarte den Austausch von Botschaftern mit der Bonner Regierung. Bereits Ende Dezember 1949 hatte Edvard Kardelj im jugoslawischen Bundesparlament (Skupština) erklärt, dass sich das deutsche Volk „früher oder später in einem unabhängigen Staat vereinigen (müsse), weil es unmöglich ist, ein großes europäisches Volk endlos unter den Bedingungen der Okkupation und Uneinigkeit festzuhalten". Jugoslawien unterstützte eine Politik der Wiedervereinigung auf der Grundlage freier und demokratischer Wahlen und verurteilte die „Rücksichtslosigkeit und Brutalität des sowjetischen Terrors" in Ostdeutschland. Die politische Annäherung zwischen Jugoslawien und der Bundesrepublik Deutschland wurde durch eine enge wirtschaftliche Zusammenarbeit beider Länder vorbereitet und entwickelte sich bis Ende 1957 für Bonn und Belgrad zufriedenstellend.[173]

Wesentlich schwieriger erwies sich die Entspannung an der nördlichen Adria, in der von Italien und Jugoslawien umkämpften Provinz Venezia Giulia (Julisch Venetien) mit einer stark gemischten (italienischen, slowenischen und kroatischen) Bevölkerung. Venezia Giulia, das im Norden von den Julischen Alpen und im Süden von der Kvarner Bucht begrenzt wird, hatte bis zum Ende des Ersten Weltkriegs zu Österreich-Ungarn gehört und war dann an Italien gefallen (zusammen mit Rijeka, Zadar und einigen dalmatinischen Inseln). Am 10. Juni 1945 hatten der Generalstabschef der angloamerikanischen Streitkräfte im Mittelmeer, General Sir William Morgan, und der jugoslawische General Arso Jovanović eine vorläufige Übereinkunft erzielt, derzufolge sich die jugoslawische Armee aus Triest und dessen Hinterland bis zu einer endgültigen Regelung auf der Friedenskonferenz zurückziehen musste. Der Großteil der Provinz Venezia Giulia kam dafür unter jugoslawische Militärverwaltung. Fast die gesamte italienische Bevöl-

173 Reuter-Hendrichs, I.: Jugoslawische Außenpolitik (205a), S. 42 ff.

kerung verließ daraufhin das Gebiet oder wurde mittels Diskriminierung zur Aufgabe ihrer Heimat gedrängt. Die jugoslawische Geheimpolizei OZNA war allgegenwärtig. Und in Triest bahnte sich eine Flüchtlingskatastrophe an.[174] Die in der Zwischenkriegszeit und während des Zweiten Weltkriegs bis zur italienischen Kapitulation 1943 intensiv vorangetriebene Romanisierung Julisch Venetiens wurde nun umgedreht. Auf der Pariser Friedenskonferenz kämpfte die Belgrader Regierung – unterstützt von Moskau – erbittert und aggressiv um die Städte Görz, Tarvis, Monfalcone und vor allem um Stadt und Hafen von Triest. Der am 10. Februar 1947 unterzeichnete Friedensvertrag der Alliierten mit Italien brachte den Jugoslawen zwar erhebliche Gewinne (den Hauptteil der ehemaligen italienischen Provinz Venezia Giulia mit Rijeka, den Inseln Cres und Lošinj sowie die mitteldalmatinische Stadt Zadar), sah aber auch die Bildung eines „Freien Territoriums Triest" vor, das als entmilitarisiertes Gebiet von einem Gouverneur unter Aufsicht des Sicherheitsrats der Vereinten Nationen regiert werden sollte. Da sich die beteiligten Mächte auf keinen Kandidaten einigen konnten, blieb das 1945 vereinbarte Provisorium weiter bestehen und vergiftete die Beziehung Jugoslawiens zu Italien und zum Westen. Faktisch gliederte sich das „Freie Territorium Triest" in eine Zone A (222 km^2 mit 302.000 Einwohnern) und eine Zone B (516 km^2 mit 70.000 Einwohnern). Die Zone A mit der Stadt Triest und einem schmalen Küstenstreifen bis Monfalcone wurde von angloamerikanischen Truppen besetzt, die Zone B dagegen, der südlich von Triest gelegene Teil Istriens mit den Ortschaften Koper, Piran, Novigrad und Buje, stand weiter unter jugoslawischer Militärverwaltung. Am 20. März 1948, kurz nach der Verschärfung des Ost-West-Konflikts durch die kommunistische Machtergreifung in der Tschechoslowakei und knapp einen Monat vor den Parlamentswahlen in Italien, veröffentlichten die drei Westmächte ihre Londoner Deklaration, in der sie sich für den Anschluss des „Freien Territoriums Triest" an Italien aussprachen. Jugoslawien war empört. Unter dem Eindruck des nachfolgenden Bruchs zwischen Belgrad und Moskau ließen die Westmächte dann jedoch ihre Bereitschaft erkennen, von der Londoner Deklaration wieder abzurücken, was auf nachhaltigen Widerstand in Italien stieß. 1952 schrieb ein italienischer Autor vom rechten politischen Spektrum: „Man musste verstehen, dass es sich nicht darum handelte, eine Grenze zwischen Italienern und Slawen zu errichten, sondern [...] eine Grenze zwischen Ost und West, zwischen dem Balkan und Italien, zwischen Balkanismus und Zivilisation, zwischen Kommunismus und Demokratie, das heißt zwischen zwei Welten."[175] Am 8. Oktober 1953 kündigten die amerikanische und britische Regierung an, dass sie ihre Truppen aus der Zone A zurückziehen würden

174 Wörsdörfer, R.: Krisenherd (210), S. 522 ff.
175 Zit. nach ebda., S. 541.

und dass die Triest-Frage in bilateralen Verhandlungen gelöst werden sollte. Daraufhin bereitete sich die Regierung in Rom auf die militärische Besetzung Triests vor, was auf jugoslawischer Seite Proteste und Gegendrohungen auslöste. Eine neue Welle antiwestlicher Demonstrationen durchzog Jugoslawien, begleitet von Truppenkonzentrationen beider Nachbarstaaten in den grenznahen Gebieten. Um eine militärische Eskalation zu verhindern, schoben die USA und Großbritannien den Abzug ihrer Truppen auf, aber es dauerte noch einmal ein Jahr, bis sich Jugoslawien und Italien unter Beteiligung der Westmächte auf einen Modus vivendi einigten. Nach dem Londoner Memorandum vom 5. Oktober 1954 erhielt Jugoslawien mehr als zwei Drittel des „Freien Territoriums Triest", d. h. die gesamte Zone B zuzüglich kleinerer Grenzkorrekturen, während die Stadt Triest und ein schmaler Küstenstreifen an Italien fielen.

Bereits eineinhalb Jahre zuvor hatte die Belgrader Regierung auch die außenpolitische Isolation im Südosten durchbrochen. Nach längeren Vorbereitungen unterzeichnete sie am 28. Februar 1953 in Ankara den Balkanpakt mit den beiden NATO-Mitgliedern Griechenland und Türkei.[176] Allerdings handelte es sich dabei nur um einen Rahmenvertrag, der keine konkreten Beistands- und Hilfsklauseln enthielt, da zunächst weder Tito noch die griechischen und türkischen Staatsmänner weitreichende Verbindlichkeiten eingehen konnten oder wollten. Obwohl dem Vertrag von Ankara noch einige zusätzliche Vereinbarungen folgten, darunter ein am 9. August 1954 abgeschlossener 20-jähriger Beistandspakt, zeigte sich bald die Problematik des Vertragswerks. Der erste griechisch-türkische Konflikt um Zypern und die nach Stalins Tod allmählich veränderte außenpolitische Lage Jugoslawiens ließen den Pakt ab Mitte der 50er-Jahre praktisch bedeutungslos werden, obwohl er von keiner Seite gekündigt wurde.

Eine Zwischenbilanz der Beziehungen Jugoslawiens zum Westen aus amerikanischer und jugoslawischer Sicht fiel unterschiedlich aus. Die „Wedge Strategy" Präsident Trumans war ohne Ergebnis geblieben, und Eisenhowers Bestrebungen, Jugoslawien in die NATO einzubinden, waren gescheitert. Jugoslawien war sozialistisch geblieben, hatte sich aber dank westlicher Unterstützung nicht der Sowjetunion gebeugt und verfolgte eine Politik der „aktiven friedlichen Koexistenz" zwischen Staaten mit unterschiedlichen Gesellschaftssystemen, die Edvard Kardelj bereits auf der VI. Tagung der Generalversammlung der Vereinten Nationen 1949 in den Grundrissen skizziert hatte.[177] Aus amerikanischer Perspektive war es bereits ein Erfolg, dass Jugoslawien außerhalb des Ostblocks geblieben war. Für Belgrad hatte sich die Blockfreiheit in jeder Hinsicht ausgezahlt: Das Land konnte an dem eigenen Weg zum Sozialismus festhalten, ohne auf Hilfe und Bei-

176 Ausführlich Bogetić, D.: Jugoslavija i Zapad (187) und Dimitrijević, B. B.: Jugoslavija i NATO (192).
177 Vgl. Kosanović, M.: Koexistenz-Doktrin (197).

stand vom Westen verzichten zu müssen. Sieht man von gelegentlichen Spannungen im Verhältnis Jugoslawiens zu Italien und Österreich in den 70er-Jahren und von der später noch zu erörternden zehnjährigen Stagnation in den deutsch-jugoslawischen Beziehungen ab, so erwies sich die jugoslawische Koexistenzpolitik auch in den folgenden Jahren als ziemlich stabil und erfolgreich.

Die Wechselbäder in den jugoslawisch-sowjetischen Beziehungen und die Anerkennung der DDR

Ganz anders – nervös und fieberhaft – gestaltete sich das Verhältnis zum Osten. Nach Stalins Tod am 5. März 1953 zeichnete sich schnell eine leichte Entspannung ab. Der diplomatische Verkehr zwischen Jugoslawien und der Sowjetunion wurde bereits im Sommer wieder aufgenommen. Die nächsten Jahre mussten erweisen, ob die von der KPJ nach dem Bruch mit Moskau eingeleitete Weichenstellung in der Innen- und Außenpolitik – der eigene Weg zum Sozialismus und die Blockfreiheit – über den Tod Stalins hinaus Bestand haben würden oder ob sich Jugoslawien nach dem Führungswechsel im Kreml wieder voll in den Ostblock eingliedern würde. Die zweite Alternative wurde nicht nur von den Nachfolgern Stalins, sondern auch von einem Teil der jugoslawischen Kommunisten erwartet oder erhofft. Insofern kam die eigentliche Bewährungsprobe für den „Titoismus" erst nach 1953.

Am 22. Juni 1954 schrieb der sowjetische Parteichef Nikita Chruschtschow einen verklausulierten, vor der Öffentlichkeit streng geheim gehaltenen Brief an Tito und die jugoslawische Führung.[178] Es war der erste Kontakt zwischen beiden Parteiführungen seit dem Bruch vor sechs Jahren. Während sowjetische Medien Tito und seine engsten Mitarbeiter weiterhin als „faschistische Clique" beschimpften, sondierte Chruschtschow mit äußerster Vorsicht die Möglichkeiten einer Wiederannäherung. Er machte den früheren sowjetischen Geheimdienstchef Lavrentij Berija, den „Agenten des internationalen Imperialismus", sowie den „Pseudo-Marxisten" Milovan Djilas für die Verschlechterung der sowjetisch-jugoslawischen Beziehungen verantwortlich (Stalin erwähnte er mit keinem Wort) und bat die Belgrader Führung um ihre Meinung bezüglich einer Wiederannäherung. Tito war zunächst sprachlos. Selbst die Mitglieder des Zentralko-

178 Der Text des Briefs und der nachfolgenden Schreiben (in englischer Übersetzung) abgedruckt in: New Evidence from the Former Yugoslav Archives. The Tito-Khrushchev Correspondence, 1954. Introduced by Rajak, Svetozar, in: Cold War International. History Project Bulletin 12/13 (o.J.), S. 315–324; abrufbar unter: http://www.wilsoncenter.org/topics/pubs/New_Ev_FormYugoArch.pdf. Die 2011 erschienene Monografie von RAJAK: Yugoslavia and the Soviet Union (205) konnte hier nicht mehr berücksichtigt werden.

mitees des BdKJ wurden erst Monate später über die Existenz von Chruschtschows Brief informiert. Am 11. August schickte Tito seine Antwort nach Moskau. Darin brachte er seinen Wunsch nach Normalisierung zum Ausdruck, betonte aber, dass noch „große Anstrengungen" zur grundsätzlichen Klärung der beiderseitigen Beziehungen erforderlich seien. Auf beiden Seiten herrschte tiefes Misstrauen. Chruschtschow konnte nicht sicher sein, dass die jugoslawische Führung seinen Brief geheim halten würde (schließlich hatte sie auch den seinerzeitigen Briefwechsel zwischen der KPdSU und der KPJ veröffentlicht). Und da der Machtkampf im Kreml noch nicht entschieden war, durfte sich Chruschtschow keine Blöße geben. Unklar ist bis heute, was ihn zu seinem überraschenden Schritt veranlasst hatte. Svetozar Rajak vermutet, dass Moskau die für Juli 1954 geplante Unterzeichnung des Balkanpakts und eine weitere Annäherung Jugoslawiens an den Westen verhindern wollte. Für diejenigen, die den Kalten Krieg nur noch vom Hörensagen kennen, mögen Chruschtschows Brief und Titos Antwort heute unspektakulär erscheinen. Doch das waren sie keineswegs, denn seit 1948/49 glich die außenpolitische Situation Jugoslawiens einem Pulverfass. Für Belgrad bot eine Normalisierung der Beziehungen zur Sowjetunion die Chance, die explosive Lage in Südosteuropa zu entschärfen. Aber um welchen Preis? Im Zuge der weiteren sowjetisch-jugoslawischen Kontakte zeigte sich, dass Belgrad nicht bereit war, den „eigenen Weg" aufzugeben, sondern dessen Anerkennung durch Moskau anstrebte. Der Kreml schluckte diese bittere Pille, wohl in der Hoffnung, Jugoslawien irgendwann doch noch in das eigene Lager zurückholen zu können.

Während des Aufenthalts einer sowjetischen Delegation unter Führung Chruschtschows und des Ministerpräsidenten Bulganin vom 27. Mai bis 2. Juni 1955 in Jugoslawien erhielt Tito weitgehende Genugtuung („Chruschtschows Canossagang"). In einer gemeinsamen Regierungserklärung vom 2. Juni, der „Belgrader Deklaration", fanden die Grundsätze der jugoslawischen Koexistenzpolitik uneingeschränkten Niederschlag: „Unteilbarkeit des Friedens, auf dem allein die kollektive Sicherheit beruhen kann; Respektierung der Souveränität, der Unabhängigkeit, der Integrität und Gleichberechtigung in den gegenseitigen Beziehungen und in den Beziehungen zu anderen Staaten; Anerkennung und Ausbau der friedlichen Koexistenz zwischen den Völkern, ungeachtet ideologischer Unterschiede und der Unterschiede in der Gesellschaftsordnung [...]; gegenseitige Achtung und Nichteinmischung in die inneren Angelegenheiten aus welchen Gründen auch immer [...]." Der Belgrader Regierungserklärung von 1955 folgte nur vier Monate nach der Abrechnung Chruschtschows mit Stalin auf dem XX. Parteitag der KPdSU die sowjetisch-jugoslawische Parteienerklärung von Moskau. „Beide Seiten stehen auf dem Standpunkt", so heißt es in der gemeinsamen Verlautbarung des BdKJ und der KPdSU vom 20. Juni 1956, „dass die Wege der sozialistischen Entwicklung in den verschiedenen Ländern und Verhältnissen verschieden sind und dass der Reichtum der Formen bei der Entwicklung des Sozialismus zu dessen Stärkung beiträgt; sie gehen von der Tatsache aus, dass sowohl der einen als auch der anderen Seite alle Tendenzen zum Aufzwingen ihrer Meinung bei der Bestimmung der Wege und Formen der sozialistischen Entwicklung fremd sind; sie sind darin einig, dass die erwähnte Zusammenarbeit auf völliger Freiwilligkeit und Gleichberechtigung, auf freundschaftlicher Kritik und kameradschaftlichem Charakter des Meinungsaustauschs in strittigen Fragen zwischen unseren Parteien beruhen muss." Was in der Belgrader Deklaration auf Staatsebene vereinbart worden war, wurde nun auf Parteiebene bestätigt. Beide Resolutionen galten der jugoslawischen Führung seither als „Magna Charta" ihrer Beziehungen zur UdSSR.[179]

Der jugoslawische Erfolg war jedoch ein sowjetisches Problem. Für die KPdSU barg die Anerkennung „verschiedener Wege zum Sozialismus" (und des „Titoismus" im Besonderen) die Gefahr, dass der Entstalinisierungsprozess in den Ostblockstaaten ihrer Kontrolle entgleiten und der vormaligen amerikanischen „Wedge Strategy" einen späten Erfolg bescheren könnte. In Polen kam es nach dem XX. Parteitag der KPdSU zu Demonstrationen für den Nationalkommunisten Gomulka, und in Ungarn musste der als „Titoist" hingerichtete László Rajk bereits Ende März 1956 rehabilitiert werden. Ungarische Intellektuelle forderten die energische Fortführung des Liberalisierungsprozesses, und am 23. Oktober 1956 brach in Budapest die erste umfassende Revolution in einem Ostblockstaat aus, die zwei sowjetische Interventionen nach sich zog. Tito kritisierte zwar das erste Eingreifen der Roten Armee, nahm jedoch die endgültige Niederschlagung des Volksaufstands durch die sowjetischen Truppen hin. Er begründete seine Haltung damit, dass die Ereignisse in Ungarn einen „konterrevolutionären" Charakter angenommen und einen dritten Weltkrieg hätten auslösen können. Obwohl Jugoslawien die Einmischung in die inneren Angelegenheiten eines anderen Landes ablehne, sei die sowjetische Intervention zur Rettung des Sozialismus in Ungarn und zur Bewahrung des Weltfriedens „notwendig" gewesen. Dem gestürzten ungarischen Ministerpräsidenten Imre Nagy sicherte die Belgrader Regierung dennoch Asyl in der jugoslawischen Botschaft in Budapest zu. Nagy verließ seine Zufluchtsstätte erst, nachdem die neue Regierung unter János Kádár versprochen hatte, nichts gegen ihn zu unternehmen. Dass er dessen ungeachtet nach Verlassen des jugoslawischen Botschaftsgebäudes entführt (und 1958 hingerichtet) wurde, löste am 24. November 1956 Proteste der Belgrader Regierung in Moskau und Budapest aus.

179 Text der Deklarationen in Gavranov, V. [u. a.]: Medjunarodni odnosi (192a), Anhang Nr. XVIII und XIX, S. 380–384; Auszug aus der Belgrader Erklärung in deutscher Übersetzung bei Gasteyger, C.: Feindliche Brüder (20a), S. 13–16.

In einem Artikel vom 23. November 1956 erklärte das sowjetische Parteiorgan *Prawda*, dass Jugoslawien zwar das Recht auf einen eigenen Weg zum Sozialismus habe, aber nicht als Modellfall für andere Staaten dienen könne. Die Deklarationen von Belgrad und Moskau wurden ungeachtet der darin enthaltenen allgemeinen Grundsätze von sowjetischer Seite als Basis der bilateralen Beziehungen zwischen der UdSSR und Jugoslawien, von jugoslawischer Seite dagegen als Grundlagenvereinbarung über die Beziehungen zwischen sozialistischen Staaten und Parteien gewertet. Trotz dieser Unterschiede in der Auslegung wurden beide Deklarationen anlässlich eines Geheimtreffens zwischen Tito und Chruschtschow am 1. und 2. August 1957 in der Nähe von Bukarest bestätigt und damit ein Schlussstrich unter die ungarischen Ereignisse gezogen.

Dass die jugoslawische Führung die darauf beginnende abermalige Verschlechterung der Beziehungen nicht erwartet und vorhergesehen hatte, machte das Einschwenken der Belgrader Außenpolitik auf die sowjetische Deutschland- und Polenpolitik deutlich.[180] Schon Ende Mai 1956 hatte Tito in einem Interview erklärt, er glaube nicht, dass die deutsche Frage durch Wahlen oder eine Volksabstimmung zu lösen sei. Gut drei Wochen später gab er im Moskauer Dynamostadion die Erklärung ab: „Heute bestehen zwei Staaten: West- und Ostdeutschland, und es wäre falsch, diese Tatsache zu ignorieren." Und in der gemeinsamen sowjetisch-jugoslawischen Deklaration vom 20. Juni 1956 schloss sich Belgrad der sowjetischen Zwei-Staaten-Theorie ohne Vorbehalt an. Während eines Besuchs des polnischen Ministerpräsidenten Gomulka in Belgrad Mitte September 1957 sprach sich Belgrad auch für die Anerkennung der Oder-Neiße-Grenze aus. Und während die Bonner Regierung noch ihr Bedauern über die veränderte Position Jugoslawiens in der deutschen Frage zum Ausdruck brachte, nahm Belgrad am 15. Oktober 1957 nach einem Briefwechsel zwischen Grotewohl und Tito offizielle Beziehungen zur DDR auf. Damit war der Bruch zwischen Bonn und Belgrad perfekt. In Anwendung der Hallstein-Doktrin brach die Bundesrepublik Deutschland die diplomatischen Beziehungen zu Jugoslawien ab. In einer Aufzeichnung des Auswärtigen Amtes wurde voller Verbitterung das „illoyale jugoslawische Verhalten" beklagt, nachdem der bisherige Botschafter Karl-Georg Pfleiderer bereits Anfang 1957 von einem „Element des Opportunismus" in der jugoslawischen Deutschlandpolitik gesprochen hatte.[181]

Die Führung des BdKJ hegte zu diesem Zeitpunkt große und offensichtlich übertriebene Erwartungen an den Entstalinisierungsprozess in den Ostblockländern. Die

180 Vgl. Anić de Osona, M.: Anerkennung der DDR (183) und Nečak, D.: Hallsteinova doktrina (200).

181 Jahresbericht der deutschen Botschaft in Belgrad für 1956 vom 21. 2. 1957; zit. nach Sundhaussen, Holm: Jugoslawisch-deutsche Beziehungen zwischen Normalisierung, Bruch und erneuter Normalisierung, in: Haberl, Othmar N. – Hans Hecker (Hg.): Unfertige Nachbarschaften. Die Staaten Osteuropas und die Bundesrepublik Deutschland. Essen 1989, S. 133–151; hier S. 142.

Anerkennung der DDR und der polnischen Westgrenze sowie die Unterstützung für den einst als „Titoisten“ geschmähten Gomulka erfolgten nicht zufällig nach dem Juni-Plenum des ZK der KPdSU, auf dem sich Chruschtschow gegen die Gruppe Malenkow-Kaganowitsch-Molotow hatte durchsetzen können und nach dem Treffen Titos mit Chruschtschow in der Nähe von Bukarest. Wie der jugoslawische Botschafter in Moskau, Veljko Mićunović, in seinen Tagebüchern festhielt, hätten die Jugoslawen allen Grund gehabt, „Chruschtschow nach den stürmischen Juni-Ereignissen in Moskau und nach der Liquidierung der ‚Gruppe Malenkow-Kaganowitsch-Molotow‘ zu unterstützen“.[182] Die jugoslawischen Politiker hofften, „dass sich Chruschtschow jetzt entschlossener der Politik der Entstalinisierung zuwenden werde“. Doch diese Hoffnung zerschlug sich überraschend schnell.

Auf der Konferenz der Kommunistischen und Arbeiterparteien im November 1957 in Moskau unterzeichneten die jugoslawischen Vertreter Kardelj und Ranković zwar das „Friedensmanifest“, verweigerten jedoch ihre Unterschrift unter die Deklaration der zwölf Kommunistischen Parteien aus den sozialistischen Ländern, in der das Prinzip der Einheitlichkeit des sozialistischen Lagers unter Führung der Sowjetunion hervorgehoben wurde. Die nun wieder einsetzende Kritik an den jugoslawischen Genossen erfuhr anlässlich der öffentlichen Diskussion über ein neues Programm des BdKJ und der Annahme dieses Programms auf dem VII. Kongress in Ljubljana 1958 besorgniserregenden Auftrieb. Die darin enthaltene Doktrin unterschiedlicher Wege zum Sozialismus, der Grundsatz der Gleichberechtigung zwischen sozialistischen Staaten, das Selbstverwaltungsmodell und die Politik der Blockfreiheit – die vier ausdrücklich bestätigten Eckpfeiler des „Titoismus“ – wurden als „revisionistische“ Abweichungen scharf angegriffen.[183] Die Weltkonferenz der 81 Kommunistischen und Arbeiterparteien vom November 1960 in Moskau sowie der XXI. und XXII. Parteitag der KPdSU von 1959 und 1961 entwickelten sich zu Höhepunkten einer zweiten antijugoslawischen Kampagne im Ostblock. Das neue Parteiprogramm der KPdSU vom Oktober 1961 prangerte den Reformkommunismus, vor allem in seiner jugoslawischen Variante, als ideologische Hauptgefahr an.

Unter den Kritikern des BdKJ taten sich die albanischen und chinesischen Kommunisten durch die Schärfe ihrer Angriffe besonders hervor, und es sieht so aus, als ob die sowjetische Rücksichtnahme auf China für den Ausbruch des neuen Streits mit Jugoslawien von Bedeutung war. 1960 unterzog Edvard Kardelj die Kontroverse zwi-

182 Mićunović, Veljko: Moskauer Tagebücher 1956–1958. Stuttgart 1982, S. 350.

183 Vgl. die Dokumentensammlung von Gasteyger, C. (Hg.): Feindliche Brüder (20a), und Benes, V. – R.F. Byrnes – N. Spulber (Hg): Second Dispute (17a).

schen Belgrad und Peking in seinem Werk *Sozialismus und Krieg* einer grundlegenden Analyse. Der führende jugoslawische Theoretiker wies darin die These von der „Unvermeidbarkeit" des Krieges zwischen sozialistischen und kapitalistischen Ländern zurück und sprach sich nochmals nachdrücklich und beschwörend für die „friedliche aktive Koexistenz" aus.[184] Die Meinungsverschiedenheiten zwischen der jugoslawischen und chinesischen KP seien „ihrem Wesen nach Ausdruck jener objektiven Widersprüche in der sozialistischen Entwicklung, die sich aus der Tatsache ergeben, dass der Sozialismus seinen Formen, Wegen und Mitteln nach nicht einen Prozess darstellt, der sich überall in derselben Weise wiederholte und der irgendwo in ‚reiner' Form erschiene [...]. Unter solchen Umständen ist es das Recht jeden Volkes, über die Wege und Mittel der sozialistischen Entwicklung frei zu entscheiden, ein Prinzip, durch das nicht nur die Gleichberechtigung der Völker, sondern – und das ist noch wichtiger – auch die rascheste und schmerzloseste Entwicklung und der Fortschritt des Weltsozialismus sichergestellt werden."

Wie nicht anders zu erwarten war, schlugen sich die ideologischen Differenzen zwischen den „feindlichen Brüdern" auch im jugoslawisch-bulgarischen Verhältnis nieder. Die einst von Georgi Dimitrov ausdrücklich anerkannte nationale Individualität der Makedonier wurde erneut infrage gestellt. Damit wiederholte sich ein Vorgang, der sich in ähnlicher Form nach dem Ausschluss Jugoslawiens aus dem Kominform abgespielt hatte. Damals waren die der makedonischen Bevölkerung in Bulgarien gewährten kulturellen Rechte Schritt für Schritt zurückgenommen worden. Nach der sowjetisch-jugoslawischen Aussöhnung von 1955/56 war Bulgarien zunächst zur Anerkennung der makedonischen Nationalität im Pirin-Gebiet zurückgekehrt, vertrat nun jedoch abermals den Standpunkt, dass es keine makedonische Nation – weder in Bulgarien noch (!) in Jugoslawien – gebe, dass Makedonien kein ethnischer, sondern ein geografischer Begriff und dass die makedonische Sprache ein ostbulgarischer Dialekt sei. Die Haltung Sofias zur makedonischen Frage hatte sich nachgerade zum Seismografen für die Schwankungen in den jugoslawisch-sowjetischen Beziehungen entwickelt.

Erst die Jahre 1962–68 brachten wieder Ruhe in das Verhältnis zwischen Belgrad und Moskau und damit auch in die Beziehungen Jugoslawiens zu den übrigen sozialistischen Ländern (mit Ausnahme Albaniens und der Volksrepublik China). Wiederum reisten sowjetische Partei- und Staatsführer nach Jugoslawien, und wiederum wurde der Inhalt der Belgrader und Moskauer Deklarationen von 1955/56 feierlich bestätigt. Auch der Sturz Chruschtschows im Jahre 1964 änderte an dieser zweiten Annäherung nichts. Obwohl Jugoslawien 1964 als assoziiertes Mitglied dem „Rat für gegenseitige Wirtschaftshilfe"

---

184 Kardelj, Edvard: Sozialismus und Krieg. Belgrad 1960.

(RGW) beitrat, war es – gebrannt durch die Erfahrungen nach 1948 und 1957 – zu keiner einseitigen wirtschaftlichen Bindung bereit. Im Gegenteil: Die handelspolitische Verflechtung mit der „Europäischen Wirtschaftsgemeinschaft" behielt auch in den folgenden Jahren Vorrang.

Normalisierung der Beziehungen zwischen Belgrad und Bonn

Trotz blühender Wirtschaftskontakte blieben die diplomatischen Beziehungen zwischen der Bundesrepublik Deutschland und Jugoslawien aufgrund der Hallstein-Doktrin weiter unterbrochen.[185] Zwar hatte das Auswärtige Amt schon seit Mai 1958 Hinweise erhalten, dass die jugoslawische Regierung an einer Verbesserung der Beziehungen zu Deutschland interessiert sei, und war danach zu der Überzeugung gelangt, dass Belgrad „mit der Anerkennung Pankows einen politischen Fehler gemacht und sich in eine höchst schwierige Lage hineinmanövriert habe. In Anbetracht der Undankbarkeit der sogenannten ‚DDR' sowie der feindseligen Haltung der Sowjetunion und der übrigen Ostblockstaaten sei das Bedürfnis, die Verbindung mit dem Westen zu vertiefen, echt [...]."[186] Das galt aber nur zeitweilig und bedingt, denn die tatsächlichen oder vermeintlichen Erfordernisse der blockfreien Politik und das Verhältnis zur Sowjetunion hatten für Jugoslawien absolute Priorität, ebenso wie der deutsche Alleinvertretungsanspruch für die Bonner Politik. Die ungelöste Frage der Wiedergutmachung nationalsozialistischen Unrechts und die Duldung kroatisch-extremistischer Exilgruppen auf dem Territorium der Bundesrepublik sorgten für politische Belastungen.[187] Insbesondere die terroristischen Aktivitäten politischer Emigranten, darunter die 1961 in Australien gegründete „Kroatische revolutionäre Bruderschaft", die auch in der Bundesrepublik aktiv wurde, vergifteten die Atmosphäre.[188] In ihrer Antwort auf die „Friedensnote"

185 Vgl. den Überblick von Brey, Thomas: Bonn und Belgrad. Die Beziehungen zwischen der Bundesrepublik Deutschland und Jugoslawien seit dem zweiten Weltkrieg, in: Osteuropa 29 (1979), 8, S. 632–644.

186 Aufzeichnung der Abt. 7 des Auswärtigen Amtes vom 31. 8. 1958, zit. nach Sundhaussen, Holm: Jugoslawisch-deutsche Beziehungen, a. a. O., S. 146.

187 Vgl. u. a. Pavlica, Branko: Antijugoslovenska emigracija u SR Nemačkoj (1951–1984). Beograd 1990; Jovanović, Vladimir: Ekstremna emigracija u SR Nemačkoj i Jugoslavija, in: Istorija XX veka 1/2009, S. 139–147.

188 Die „Kroatische revolutionäre Bruderschaft" (Hrvatska revolucionarno bratstvo, HRB) verübte in mehreren westlichen Ländern Anschläge auf jugoslawische Diplomaten und Einrichtungen. Im Juni 1972, nach der Niederschlagung des „kroatischen Frühlings", schleuste sie auch eine Gruppe von Terroristen nach Jugoslawien ein, die sich nach Bugojno in Bosnien durchschlug und dort einen Volksaufstand gegen das kommunistische Regime entfachen sollte. Dieser dilettantische Versuch wurde nach einigen Tagen niedergeschlagen. Vgl. dazu u. a. Vukušić, Bože: HRB. Hrvatsko revolucionarno bratstvo. Rat prije rata. Zagreb 2010.

der Bonner Regierung vom März 1966 verband die jugoslawische Führung die Wiederaufnahme diplomatischer Beziehungen mit der Forderung, dass Bonn zuerst die antijugoslawischen Aktivitäten kroatischer Extremisten vollständig unterbinden und die Entschädigungsansprüche der jugoslawischen Opfer des Nationalsozialismus befriedigen müsse. Die zunehmende Bereitschaft deutscher Behörden, gegen die Aktivitäten kroatischer Emigranten vorzugehen, die Hoffnungen Jugoslawiens auf neue Kredite in einer wirtschaftlich schwierigen Lage und der Wunsch nach einer vertraglichen Regelung der „Gastarbeiter"-Probleme auf der einen sowie die allmähliche Überwindung des ostpolitischen Immobilismus der Bonner Regierung nach Bildung der Großen Koalition 1966 auf der anderen Seite ebneten den Weg zu einer Normalisierung, die am 31. Januar 1968 zur Wiederaufnahme der diplomatischen Beziehungen führte. Eine Vereinbarung über die Anwerbung jugoslawischer „Gastarbeiter", verschiedene Abkommen zur Erleichterung des Reiseverkehrs sowie zur wirtschaftlichen und technischen Zusammenarbeit folgten. Ebenso ein Abkommen über die wissenschaftliche und kulturelle Zusammenarbeit, in dessen Folge zwei junge deutsche Historiker, ein früh verstorbener Kollege und ich, erstmals eine Erlaubnis zur Arbeit im Archiv des Militärhistorischen Instituts in Belgrad erhielten, dem wichtigsten jugoslawischen Archiv für die Geschichte des Zweiten Weltkriegs.

Ungelöst blieben die jugoslawischen Entschädigungsforderungen, da man sich weder über die Gesamtzahl der jugoslawischen Kriegsopfer noch über die Zahl der NS-Opfer einigen konnte. Eine Vielzahl weiterer komplizierter Fragen (Trennung von Wiedergutmachung und Reparationen, individuelle Entschädigung der Opfer versus Pauschalsumme, Aufrechnung der Wiedergutmachung für jugoslawische Opfer mit einer Entschädigung für die Jugoslawiendeutschen, Auswirkungen der jugoslawischen Anerkennung der DDR auf die Wiedergutmachungsproblematik usw.) erschwerten die Einigung.[189] Da Jugoslawien aber dringend auf Kredite angewiesen war, zeichnete sich schließlich die Verständigung auf eine Pauschalsumme ab (bei der die NS-Opfer allerdings leer ausgingen). Anlässlich eines Besuchs in Jugoslawien vom 16. bis 19. April 1973 verständigten sich Bundeskanzler Willy Brandt und Tito in einem Vier-Augen-Gespräch auf der Insel Brioni (vgl. Abbildung 10) auf eine Kompromissformel, die die Grundlage des Abkommens vom Dezember 1974 bildete und demzufolge Jugoslawien einen Kredit in Höhe von 700 Millionen DM erhielt. Das Wort „Wiedergutmachung" tauchte im Vertrag nicht mehr auf. Immer wieder kursierten Spekulationen über geheime Zusatzabkommen zum Gentlemen's Agreement zwischen Brandt und Tito. Doch Belege dafür konnten bislang nicht gefunden werden. Mit der Wiederaufnahme der

189 Vgl. Janjetović, Z.: Od Auschwitza do Brijuna (194) und Pavlica, B.: Sporna pitanja (201).

Abb. 10: Tito und der deutsche Bundeskanzler Willy Brandt auf der Adriainsel Brioni (April 1973).

diplomatischen Beziehungen 1968 und dem Abkommen von 1974 fand ein langjähriger Konflikt seinen Abschluss, in dem keiner der beiden Kontrahenten sein Finalziel hatte erreichen können. Der Versuch der Bundesregierung, die Optionen für eine deutsche Wiedervereinigung durch Druck auf einen unbeteiligten Staat, der obendrein Opfer nationalsozialistischer Aggression gewesen war, offenzuhalten, hatte nur insofern „Erfolge" gezeitigt, als der Bruch mit Belgrad die Anerkennung der DDR seitens nichtsozialistischer Staaten über Jahre hinaus verzögerte, ohne dass die Überwindung der deutschen Teilung damit einen Schritt näher gerückt wäre. Auch die Belgrader Erwartung, dass die völkerrechtliche Aufwertung der DDR einen Beitrag zur dauerhaften Bereinigung des jugoslawisch-sowjetischen Verhältnisses leisten würde, erfüllte sich nicht.

Der „Prager Frühling" und die Veränderung der jugoslawischen Verteidigungsdoktrin

Der „tschechoslowakische Frühling" und die ihm folgende Intervention der Warschauer-Pakt-Staaten am 20. August 1968 lösten die dritte schwere Krise in den jugoslawisch-sowjetischen Beziehungen aus.[190] Anders als zur Zeit des ungarischen Oktobers von 1956 verurteilte die jugoslawische Führung in einer Resolution des ZK vom 23. August die „gewaltsame Aktion" der Sowjetunion und ihrer Verbündeten in der ČSSR ohne

190 Vgl. u. a. Klasić, Hrvoje: „Caught between the Blocs". Jugoslawien und die tschechoslowakische Krise, in: Karner, Stefan – Natalja Tomilina – Alexander Tschubarja (Hg.): Prager Frühling. Das internationale Krisenjahr 1968. Bd. 1: Beiträge. Wien 2008, S. 587–604.

Vorbehalt. Massenkundgebungen, die Anordnung der Teilmobilmachung und der Erlass eines neuen Verteidigungsgesetzes im Februar 1969 machten deutlich, dass die Belgrader Führung den Kern ihrer außenpolitischen Theorie und Praxis durch die Ereignisse in der Tschechoslowakei bedroht sah und zur bewaffneten Verteidigung der jugoslawischen Unabhängigkeit entschlossen war. Nach dem „Gesetz über die Volksverteidigung“ hatte niemand in Jugoslawien das Recht, eine Kapitulation zu unterschreiben oder anzuerkennen. Alle Bürger im Alter zwischen 16 und 65 Jahren – Männer und Frauen gleichermaßen – waren zur Verteidigung des Landes im Fall einer auswärtigen Aggression verpflichtet, sei es durch Dienst in der regulären Armee, sei es im Rahmen der neu eingeführten Territorialverteidigung (Teritorijalna odbrana, TO), einer Art bewaffneten Bürgermiliz, die von den einzelnen Gebietskörperschaften (Republiken etc.) oder sonstigen gesellschaftspolitischen Gemeinschaften aufgestellt werden mussten.[191] Die Streitkräfte der SFRJ setzten sich fortan zusammen aus der Jugoslawischen Volksarmee und den (paramilitärischen) Einheiten der Territorialverteidigung. Für alle Bürgerinnen und Bürger galt eine militärische Ausbildungspflicht. Dass die Territorialverteidigung, die einen wichtigen Beitrag zur Militarisierung der jugoslawischen Gesellschaft leistete und das bisherige Monopol der Volksarmee außer Kraft setzte, aus der Sicht der Armeeführung ein zweischneidiges Schwert war, sollte sich spätestens zum Zeitpunkt des jugoslawischen Staatszerfalls zeigen. Alles in allem erwies sich die Intervention des Ostblocks in der Tschechoslowakei für Jugoslawien insofern als „Glücksfall“, als sie einen erneuten Solidaritätsschub in der jugoslawischen Gesellschaft auslöste und die innenpolitischen Probleme, die sich im Studentenprotest artikuliert hatten (siehe weiter unten), in den Hintergrund drängte.

Scharf verwahrte sich die jugoslawische Führung auch gegen die „Breschnew-Doktrin“, die in einem Grundsatzartikel des sowjetischen Parteiideologen Kowaljow am 25. September 1968 in der *Prawda* zur nachträglichen „Rechtfertigung“ der militärischen Intervention in der Tschechoslowakei formuliert wurde.[192] Im Mittelpunkt stand die These von der „beschränkten Souveränität“ und dem „beschränkten Selbstbestimmungsrecht“ sozialistischer Staaten, falls der „gemeinsamen Sache aller Kommunisten“ in dem einen oder anderen Land „Gefahr drohe“. Das Völkerrecht müsse den Gesetzen des Klassenkampfs untergeordnet werden, da der „Weltsozialismus“ „unteilbar“ sei. Hatte Tito noch 1956 eine teilweise ähnlich Position eingenommen, so war er 1968 – fünfzehn desillusionierende Jahre nach Stalins Tod – dazu nicht mehr bereit.

191 Vgl. auch Artikel 239 der Verfassung von 1974.

192 Prawda vom 25. 9. 1968. Englische Übersetzung in Stavrianos, L. S.: The Epic of Man. Eaglewood Cliffs/N.J., 1971, S. 465 f.

Während Bulgarien abermals die makedonische Karte spielte,[193] zeichnete sich diesmal – im Unterschied zu den Krisenjahren 1958–61 – dank der zunehmenden Entfremdung zwischen Peking und Moskau eine deutliche Annäherung Jugoslawiens an die Volksrepublik China ab. Schon im Sommer 1968 mehrten sich Anzeichen für ein Auftauen der seit zehn Jahren eingefrorenen Beziehungen, und im März 1969 wurde dies durch den Abschluss eines Handelsvertrags offen dokumentiert. Da sich Rumänien am Einmarsch in die Tschechoslowakei nicht beteiligt hatte und die Kontakte zwischen Tito und Ceauşescu 1968 immer enger und herzlicher wurden, zog die Spaltung des „sozialistischen Lagers" zunehmend weite Kreise. Auch zwischen Jugoslawien und Albanien wurden ab Frühjahr 1970 wieder Fäden der Kommunikation geknüpft, obwohl die Regierung in Tirana zu verstehen gab, dass die wichtigsten Streitpunkte zwischen beiden Ländern (die Frage der Albaner in Jugoslawien und die ideologische Kontroverse) als nicht gelöst anzusehen seien. Ab Herbst 1969 folgte dann die dritte Runde der sowjetisch-jugoslawischen Wiederannäherungen, einschließlich der Bestätigung der Belgrader und Moskauer Deklarationen von 1955/56 – wie gehabt.

Die Bewegung der Blockfreien[194]

Schon frühzeitig hatte Tito versucht, für seine Position der Blockfreiheit Verbündete zu finden. In einer Rede vor dem indischen Parlament im Dezember 1954 geißelte er die Teilung der Welt in Blöcke als eines der Grundübel des internationalen Systems. In den folgenden Jahren bemühte er sich, die Blockfreiheit als politische Kraft zu etablieren. Er besuchte zahlreiche Länder der Dritten Welt und knüpfte zum indischen Premierminister Nehru, zum Präsidenten der Vereinigten Arabischen Republik Nasser und zu Indonesiens Präsident Sukarno enge politische und freundschaftliche Beziehungen. 1956 arrangierte er ein „kleines Gipfeltreffen" mit Nehru und Nasser in seiner Sommerresidenz auf der kleinen Adriainsel Brioni, wo die Grundsätze der blockfreien Politik als eines Systems kollektiver Sicherheit präzisiert wurden. Während der zweiten Krise in den jugoslawisch-sowjetischen Beziehungen kämpfte Tito verstärkt und mit Erfolg für die Institutionalisierung der bündnisfreien Bewegung. Vom 1. bis 6. September 1961 fand in Belgrad die erste Gipfelkonferenz der Blockfreien unter Beteiligung von mehr als zwanzig Staaten statt. Ausgehend von der Charta der Vereinten Nationen als gemeinsamer politischer Aktionsbasis wurden Imperialismus, Neokolonialismus und

193 Einzelheiten bei Troebst, S.: Bulgarisch-jugoslawische Kontroverse (208a).

194 Zum Folgenden vgl. u. a. Rubinstein, A. Z.: Yugoslavia (206); Mates, L.: Nonalignment (198a); Kosanović, M.: Koexistenz-Doktrin (196).

Rassendiskriminierung verurteilt und die Lösung drängender Wirtschaftsprobleme in den Entwicklungsländern gefordert. Die Einigung auf gemeinsame Resolutionen und Maßnahmen wurde aber umso schwieriger, je mehr Länder sich der bündnisfreien Bewegung anschlossen. Auf der zweiten Gipfelkonferenz vom Oktober 1964 in Kairo nahmen bereits 47 Staaten als Mitglieder und elf als Beobachter teil, und fünfzehn Jahre später, auf der sechsten Konferenz im September 1979 in Havanna, waren es mehr als neunzig Staaten mit sehr unterschiedlichen Sorgen und Vorstellungen zu ihrer Lösung. Zwar gelang es dem greisen Tito ein dreiviertel Jahr vor seinem Tod, in Havanna zu verhindern, dass die Sowjetunion zum „natürlichen Verbündeten der Blockfreien" erklärt und die Bewegung ins „sozialistische Lager" gezogen wurde, doch die außenpolitischen Aktivitäten Kubas, die Konflikte in und um Kambodscha und der Einmarsch sowjetischer Truppen in das blockfreie Afghanistan Ende Dezember 1979 machten die Schwäche und innere Zerrissenheit der bündnisfreien Bewegung deutlich. Der verlockenden gedanklichen Konstruktion der Blockfreiheit als entscheidender moralischer Kraft bei der Aufrechterhaltung des Friedens, als „Gewissen der Menschheit", blieb die Bewährungsprobe versagt.

Trotz dieser ernüchternden Bilanz hatte das sozialistische Entwicklungsland Jugoslawien seit dem Ausschluss aus dem Ostblock seine Position zwischen den Blöcken und seinen eigenen Weg zum Sozialismus sowohl gegenüber westlichen Umarmungsversuchen als auch gegenüber wiederholten Drohungen der Sowjetunion und ihrer Verbündeten eingehalten und ausgebaut. Die Entschlossenheit der jugoslawischen Führung, das Land mit allen Mitteln zu verteidigen, die für den Westen wie Osten gleichermaßen wichtige strategische Lage Jugoslawiens und die daraus resultierenden amerikanischen Beistandsversprechen von 1949, 1968 und 1980 (zur Zeit von Titos Ableben) haben dazu freilich mehr beigetragen als das fragile Instrument der blockfreien Bewegung.

3. Jugolawiens „Goldene Jahre“ und ihre Widersprüche

3.1 WIRTSCHAFTLICHER UND SOZIALER WANDEL

Wie Russland zum Zeitpunkt der Oktoberrevolution, so entsprach auch Jugoslawien am Ende des Zweiten Weltkriegs nicht annähernd dem Bild eines Industriestaats mit einer politisch bewussten Arbeiterklasse. Das änderte sich rasch. Innerhalb einer Generation nach Kriegsende entwickelte sich Jugoslawien von einem verarmten Agrarland zu einem Staat an der Schwelle zur Vollindustrialisierung – ein gewaltiger Auf- und Umbruch, der mit seinen „positiven“ wie „negativen“ Ausstrahlungen und mit der Umwertung aller traditionellen Werte die Gesellschaft aus den Angeln hob. Vor dem Krieg hatten weit über 70 % der Bevölkerung von der Landwirtschaft gelebt. Das allein wäre nicht dramatisch gewesen. Dramatisch war, dass sich die jugoslawische Landwirtschaft insgesamt und ungeachtet bedeutender regionaler Unterschiede in einem desolaten Zustand befunden hatte: mit kleinen, stark parzellierten, primitiv ausgestatteten, oft verschuldeten Bauernhöfen, die in vielen Fällen nicht einmal zum Unterhalt der Familien ausreichten. Die Weltwirtschaftskrise Anfang der 1930er-Jahre hatte Millionen von Bauern in ein unbeschreibliches Elend getrieben. Und derjenige Teil der erwerbstätigen Bevölkerung, der außerhalb des primären Sektors und des hoffnungslos überbesetzten Staatsapparats beschäftigt gewesen war, hatte in einem permanenten Prekariat gelebt, materiell und ideell. Viele hatten den Sprung von der traditionellen zur modernen Lebensweise, von der bäuerlich-patriarchalen zur bürgerlich-urbanen Kultur, vom Plumpsklo zur Toilette nicht geschafft.

Die Arbeiter-Bauern, die Nebenerwerbsarbeiter, die Wander- und Gelegenheitsarbeiter sowie die vielfältigen kleinbäuerlich-proletarischen Mischexistenzen waren eine typische Erscheinung der krisengeschüttelten Zwischenkriegszeit gewesen. Und bei Kriegsende stellte sich Jugoslawien – von den ehemals österreichisch-ungarischen Landesteilen abgesehen – als ziemlich hoffnungsloser Fall dar: ein Stück Dritter Welt am Rande der Ersten Welt. Von den kriegsbedingten Verwüstungen ganz zu schweigen.

Vom Agrar- zum industriellen Schwellenland: Die industrielle Revolution

Mit der Etablierung einer zentralen Planwirtschaft 1947 startete die KPJ das Abenteuer der wirtschaftlich-sozialen Transformation von einer Agrar- zur Industriegesellschaft. Den Kriegshelden sollten die Helden der Arbeit folgen. Die KPJ wollte keinen Steinzeitkommunismus, sondern eine Gesellschaft auf dem modernsten Stand der Technologie. Die Begeisterung für das Industrialisierungsprojekt kannte keine Grenzen, auch wenn es an allem fehlte, vor allem an Geld, Erfahrung und Fachkräften. Die Protagonisten des Aufbruchs waren überzeugt, dass die traditionelle Landwirtschaft die erforderlichen Mittel für die Industrialisierung erwirtschaften und dass die Agrarwirtschaft schließlich „überwunden" werden müsse. Der Bruch mit Moskau und die ihm folgende Wirtschaftsblockade des Ostblocks drohten das ehrgeizige Vorhaben zu gefährden. Und im agrarischen Bereich manövrierte sich die KPJ selbst in eine Sackgasse. Etwa zur gleichen Zeit wie in anderen „Volksdemokratien" begann man auch in Jugoslawien eine Kollektivierungskampagne auf dem Lande, die als Beweis für die ideologische Linientreue der KPJ herhalten musste und die „primäre Kapitalakkumulation" auf dem Lande vorantreiben sollte. Die Planer gingen von der Annahme aus, dass der bäuerliche Familienbetrieb seine Bedeutung verlieren und angesichts der Vorteile großbetrieblicher Produktionsorganisation zugrunde gehen würde: ähnlich wie das traditionelle Handwerk zu Beginn des Maschinenzeitalters infolge niedriger Produktivität und hoher Produktionskosten zunehmend verfallen war und seinen Platz an die Fabriken hatte abtreten müssen. Mittels der Kollektivierungskampagne wollten sie diesen „natürlichen" Prozess beschleunigen. Bauern, die sich weigerten, den neuen Arbeitsgenossenschaften beizutreten, wurden durch den Zwangsaufkauf ihrer Produkte unter massiven wirtschaftlichen Druck gesetzt oder kurzerhand verhaftet.[195] Im April/Mai 1950 kam es deswegen im bosnisch-kroatischen Grenzgebiet in der Umgebung von Cazin zu einer Bauernrebellion (Cazinska buna). Der Geheimdienst UDBa verhaftete Hunderte von Bauern – angebliche „Kulaken" und „Anhänger der Kominform-Resolution" (was nicht so recht zueinander passte). 55 von ihnen wurden von einem Militärgericht zum Tode oder zu langen Haftstrafen verurteilt. Die „Cazinska buna" gehörte zu den vielen Tabus im sozialistischen Jugoslawien und wurde erste nach dessen Zusammenbruch wieder aus dem Vergessen geholt.[196] Zum damaligen Widerstand der Bauern kamen Missernten, sodass die Landwirtschaft auf eine Katastrophe zusteuerte. Anfang 1953 brach daher

195 Vgl. Spehnjak, Katarina: Seljački otpor politici obveznog otkupa u Hrvatskoj 1949. god., in: Časopis za suvremenu povijest 27 (1995), 2, S. 209–232.

196 Vgl. u. a. Kržišnik-Bukić, Vera: Cazinska buna 1950, Sarajevo 1991.

der BdKJ die Kollektivierungskampagne ab und ermöglichte eine Reprivatisierung der Landwirtschaft, wobei das Maximum für den privaten Grundbesitz von ursprünglich 30 auf 10–20 ha herabgesetzt wurde.

Das Industrialisierungsprojekt behielt weiterhin Vorrang und wurde mit allen Mitteln (insbesondere zentraler Investitionssteuerung, Raubbau an den natürlichen Ressourcen und Konsumverzicht der Verbraucher) vorangetrieben.[197] Für die Bevölkerung war das erste Nachkriegsjahrzehnt – die Phase des Wiederaufbaus und forcierter Industrialisierung – eine Zeit des Elends. Der Lebensstandard sank noch unter das ohnehin erbärmliche Vorkriegsniveau. Viele Gegenstände des alltäglichen Bedarfs gab es nicht oder nicht in ausreichenden Mengen, sodass ein Bezugsscheinsystem eingeführt werden musste. Was es gab, war oft von miserabler Qualität, sodass man es kaum gebrauchen konnte. Bei der Versorgung mit Lebensmitteln, Kleidung und Wohnraum taten sich riesige Löcher auf, und Schlange stehen gehörte zum Alltag.[198] Aber statistisch (und auch real) ging es voran, sodass sich das Verhältnis der einzelnen Wirtschaftssektoren zueinander grundlegend verschob. Der Index der industriellen Produktion verfünffachte sich zwischen 1947 und 1964, während sich derjenige der landwirtschaftlichen Erzeugung nur knapp verdoppelte. Entsprechend veränderten sich auch die Anteile des primären und sekundären Sektors an der Erwirtschaftung des Sozialprodukts: Der industrielle Beitrag vergrößerte sich von weniger als einem Drittel auf knapp die Hälfte (in festen Preisen von 1960), während derjenige der Landwirtschaft von 37 % auf 20 % zurückfiel. Energiewirtschaft, Bergbau und Metallverarbeitende Industrie erlebten einen steilen Aufstieg. Waren 1938 nur etwas mehr als 300.000 Menschen in der Industrie beschäftigt gewesen, so waren es 1967 bereits über 1,5 Millionen.[199] Jugoslawien hatte damit die Phase des industriellen „Take-off" erreicht, und rauchende Schlote gehörten fortan zu seinem Landschaftsbild.[200] Ob das Ergebnis ohne die (oft dilettantische und kontraproduktive) zentrale Planung ebenso schnell (oder schneller) hätte erreicht werden können, wird sich wohl nie klären lassen.

Der Industrialisierungsprozess wurde begleitet von der Elektrifizierung des Landes (u. a. durch Errichtung von Wasserkraftwerken in Verbindung mit Talsperren und Stau-

---

197 Vgl. Krndija, Dragomir: Industrijalizacija Jugoslavije. Sarajevo 1961.

198 Vgl. u. a. Dobrivojević, Ivana: Život u socijalizmu. Prilog proučavanju životnog standarda gradjana u FNRJ 1945–1955, in: Istorija XX veka 1/2009, S. 73–89.

199 Beschäftigtenzahlen nach: Jugoslavija 1918–1988 (40), S. 255 und 65. Zu den Grundlinien der Entwicklung vgl. Jugoslavija 1945–1985 (39), S. 9 ff.

200 Einen Überblick über die Verteilung der Industrie nach Regionen geben Popović, Miroslav – Milun Lekić – Jovan Dinić: Ekonomska geografija. Bd. 1: Ekonomska geografija Jugoslavije. 2. Aufl. Beograd 1984, S. 106–169.

dämmen in den „Schluchten des Balkans") sowie vom Ausbau der nach dem Weltkrieg weitgehend zerstörten und aufgrund vieler natürlicher Hindernisse ohnehin schwach entwickelten Infrastruktur. Geradezu legendären Ruf erwarben sich der neue Autoput, die Adria-Magistrale und die Eisenbahnstrecke von Belgrad zum montenegrinischen Adriahafen Bar. Der quer durch Jugoslawien – über Ljubljana, Zagreb, Belgrad und Skopje – verlaufende, knapp 1.200 km lange Autoput (heute Teil des Paneuropäischen Verkehrskorridors 10) stellt mit seinen zwei Gabeln (Belgrad–Niš–Sofia–Istanbul und Belgrad–Niš–Skopje–Saloniki) die kürzeste Verbindung von Mitteleuropa nach Griechenland und der Türkei dar. Der erste Abschnitt der Transversale (von Zagreb nach Belgrad: 382 km) wurde Ende Juli 1950 dem Verkehr übergeben. Am Bau der Straße waren sowohl die Kommunistischen Jugendbrigaden wie das Militär beteiligt. Der Autoput (die jugoslawische Fernstraße Nr. 1) erfreute sich als „Straße der Brüderlichkeit und Einheit" eines hohen symbolischen Werts, war aber dem rapid zunehmenden Verkehrsaufkommen bald nicht mehr gewachsen und zählte als viel frequentierte „Gastarbeiterrroute" von Mitteleuropa nach Kleinasien zu den gefährlichsten Straßen Europas, deren Ränder von Kreuzen und Wracks geziert wurden. In den 60er- und 70er-Jahren erfolgte der Ausbau der über 1.000 km langen Adria-Magistrale (Fernstraße Nr. 2) von der slowenischen Hafenstadt Koper über Rijeka, Zadar, Split und Dubrovnik bis nach Ulcinj an der montenegrinisch-albanischen Grenze, eine der schönsten und (neben dem Autoput) gefährlichsten Straßen der Welt. Die Adria-Magistrale mit ihren spektakulären (heute meist verbauten) Ausblicken wird als das „mit Abstand Großartigste" gepriesen, was Straßenbauer an irgendeiner Küste jemals angelegt haben. Auch die 476 km lange Eisenbahnstrecke von Belgrad nach Bar, die 1952 begonnen und 1976 vollendet wurde, zählt mit Höhenunterschieden von über 1.000 Metern und atemberaubenden Landschaftsbildern zu den Highlights der infrastrukturellen Revolution im zweiten Jugoslawien (Abbildung 11).

Dank der Industrialisierung erhielt der „Staat der Arbeiter und Bauern" auch eine Arbeiterklasse, die zwar nie genau definiert wurde, zunächst schlecht qualifiziert war und viele Merkmale einer transitionalen Arbeiter-Bauern-Schicht aufwies, aber an Zahl stetig zunahm. Infolge der sozialistischen Revolution und des industriellen „Take-off" zeigte die jugoslawische Gesellschaft nach dem Krieg alle typischen Merkmale einer Übergangszeit. Die soziale Mobilität – vom Bauernsohn oder Arbeiterkind zum Professor – erreichte bislang unbekannte Ausmaße. „Auf der Grundlage der mangelhaften und verstreuten Daten", schrieb der jugoslawische Wirtschaftstheoretiker Branko Horvat 1969, „können wir schließen, dass unsere Gesellschaft offener ist als andere Gesellschaften auf einer ähnlichen Stufe der wirtschaftlichen Entwicklung: die Mobilität zwischen den einzelnen Schichten ist größer. Das gilt besonders für die oberste Schicht,

Abb. 11: Teilstück der Eisenbahnstrecke Belgrad–Bar: Die Brücke über die Tara (in der Nähe des Nationalparks Biogradska gora, Montenegro).

was ganz ohne Zweifel ein unmittelbares Ergebnis der Revolution ist. Allerdings hat die allgemeine gesellschaftliche Mobilität noch nicht den Grad der gesellschaftlichen Mobilität der am weitesten entwickelten Industriegesellschaften erreicht."[201] Der Anteil der landwirtschaftlichen Bevölkerung an der Gesamtpopulation sank von über 70 % vor dem Krieg auf 35 % bei der Bevölkerungszählung von 1971, d. h. halbierte sich, wobei Slowenien mit 20,4 % den geringsten und Kosovo mit 51,5 % den höchsten Anteil aufwiesen. Etwa acht Millionen Menschen – rund die Hälfte der Gesellschaft – veränderten seit Kriegsende ihren Wohnsitz; allein vier bis fünf Millionen zogen vom Land in die Stadt oder in stadtähnliche Verdichtungszentren. Hatten 1931 nur 8,8 % der Bevölkerung in Ortschaften mit mehr als 20.000 Einwohnern gelebt, so waren es 1971 bereits 26 % – mit weiterhin steigender Tendenz. Die Zahl der versicherten Arbeitnehmer im sekundären und tertiären Wirtschaftssektor schnellte folglich in den ersten zwanzig Nachkriegsjahren um fast drei Millionen in die Höhe (von 450.000 auf 3,3 Millionen 1965). Und das reale Volkseinkommen nahm in den erwähnten 17 Jahren um 230 %

201 Horvat, B.: Die jugoslawische Gesellschaft (123), S. 99.

Abb. 12: Das einst als sozialistische Musterstadt geplante Novi Beograd (Neu-Belgrad) heute. Foto von Nihad Muhić.

bzw. um durchschnittlich mehr als 7 % im Jahr zu (während die Bevölkerung lediglich um 1,3 % pro Jahr wuchs).

Dennoch wäre es irreführend, die jugoslawische Gesellschaft ab Mitte der 60er-Jahre als Industriegesellschaft zu interpretieren. Das war sie ganz und gar nicht. Nicht nur weil der Anteil der Bauern an der Gesamtbevölkerung weiterhin hoch blieb (auch wenn er rückläufig war), sondern weil sich auch derjenige Teil der Gesellschaft, der im sekundären und tertiären Sektor beschäftigt war, viele rurale Merkmale bewahrte. Die Kluft zwischen Stadt und Land war in Jugoslawien sehr viel größer als in voll entfalteten Industriegesellschaften, und dementsprechend lange dauerte es, bis der Sprung vom Dorf in die Stadt oder aus der ländlichen Familienwirtschaft in den Industriebetrieb mental verarbeitet werden konnte.

Umrisse einer Wohlstands- und Konsumgesellschaft

Die Periode der „harten" Industrialisierung auf Kosten des allgemeinen Lebensstandards dauerte bis in die zweite Hälfte der 50er-Jahre. Im Juli 1955 verkündete Tito, dass nicht eine Generation allein die ganze Last des sozialistischen Aufbaus tragen könne, sondern an den Ergebnissen ihrer Anstrengungen beteiligt werden müsse. Das bedeutete eine Verminderung des durch Konsumverzicht hoch gehaltenen Investitionsvolumens, eine stärkere Berücksichtigung der Verbrauchsgüter- zulasten der Schwerindustrie sowie die Aufbesserung der persönlichen Einkommen, einschließlich der Bereitstellung billiger Verbraucherkredite. War der Lebensstandard in den ersten zehn Nachkriegsjahren ext-

Abb. 13 und 14: Der Fiat 600 („fićo“), der seit Ende der 50er-Jahre vom Automobilhersteller „Zastava“ in Kragujevac/Serbien produziert wurde, sowie ein Werbeplakat für den „Yugo“ (1980er-Jahre).

rem niedrig gewesen, nahm er von nun an stetig zu.[202] 1964 hatte sich der Kleiderkonsum gegenüber 1939 bereits mehr als verdreifacht, und der Gebrauch von industriellen Massengütern (Radioapparaten, Fernsehern, Waschmaschinen, Kühlschränken, Autos u. a.) schnellte sprunghaft in die Höhe. Der in der serbischen Stadt Kragujevac produzierte – liebevoll „fićo“ genannte – „Fiat 600“ und der „Jugo“ (Zastava Koral) avancierten zu Statussymbolen (Abbildungen 13 und 14). Schon im Frühjahr 1958 – anlässlich der Eröffnung des ersten jugoslawischen Supermarkts in Belgrad – hatte die *Los Angeles Times* berichtet: „U.S. Supermarket Makes a Hit in Yugoslavia“.[203] Allerdings dauerte es noch ein paar Jahre, bis sich die Menschen an diese neue Form des Einkaufens gewöhnt hatten und die Krämerläden sowie den quirligen Bauernmarkt zugunsten der Selbstbedienungszentren aufgaben. Im City-Bereich der Großstädte entstanden auch die ersten „Shopping Malls“. Und Einkaufen (šoping) wurde zu einer beliebten Freizeitbeschäftigung. Zumindest für diejenigen, die es sich leisten konnten. Die Zahl der einheimischen Touristen verzehnfachte sich bis Anfang der 70er-Jahre im Vergleich zur Vorkriegszeit.[204] Allerorten, insbesondere an der Adriaküste, entstanden Erholungsheime (odmarališta)

202 Savezni zavod za privredno planiranje (Hg.): Životni standard, lična i društvena potrošnja 1952–1963. Beograd 1964.

203 Nach Münnich, Nicole: Urbane Lebenswelten zwischen sozialistischer Planung und eigensinniger Aneignung. Die jugoslawische Hauptstadt Belgrad in den 1960er Jahren. Diss. Leipzig 2010, S. 289, Anm. 1360 (Druck in Vorbereitung).

204 Vgl. Jugoslavija 1918–1988, (40), S. 339.

und Wochenendhäuser (vikendice). Ferien und Freizeit – einst Privilegien der „High Society“ – entwickelten sich zu zentralen Erfahrungen der „kleinen Leute“.[205] Und die den jugoslawischen Bürgerinnen und Bürgern in den 1960er-Jahren gewährte Reisefreiheit eröffnete nicht nur neue Horizonte, sondern auch neue Einkaufsmöglichkeiten, insbesondere in Triest und Saloniki, wo man allerlei westlichen Tand erstehen konnte. Die Befriedigung des Konsumhungers und die Öffnung des Landes gehörten zu den großen Trümpfen des titoistischen Paternalismus.[206] Den Menschen in Jugoslawien ging es jetzt nicht nur sehr viel besser als in anderen sozialistischen Ländern, sondern auch sehr viel besser als je zuvor in ihrer Geschichte. Jedenfalls sah es so aus. Unter Studenten kursierte Anfang der 70er-Jahre der Witz: „Jugoslawischer Kommunismus, das ist, wenn alle so viel trinken wie die Slowenen, sich alle so gut kleiden wie die Kroaten, wenn alle so viel lieben wie die Bosnier, wenn alle so gut essen wie die Serben, wenn alle so gut tanzen wie die Makedonier und schließlich wenn alle so viel arbeiten wie die Montenegriner – nämlich gar nicht.“[207]

Parallel zur Industrialisierung, zur Zurückdrängung der Landwirtschaft, zur Veränderung der Erwerbsstruktur und zur Erhöhung des Lebensstandards wandelten sich auch die Familienstrukturen sowie die demografischen Merkmale der Gesellschaft und die Geschlechterrollen. Fast ganz Jugoslawien (mit Ausnahme Sloweniens, der dalmatinischen Küste und der nordserbischen Peripherie) hatte zum Bereich der patriarchalen Kultur gehört, mit graduellen Unterschieden zwischen den ehemaligen Ackerbau- und den vormaligen Hirtengesellschaften. Die Ethnologin Vera Erlich teilte das ländliche Jugoslawien (unter Ausklammerung von Slowenien und Kosovo) aufgrund ihrer Feldforschungen in den 1930er-Jahren hinsichtlich der „altertümlichen“ (patriarchalen) Familienmerkmale in mehrere Gebiete auf.[208] Das „altertümlichste Gebiet“ mit einer Vorliebe für Großfamilien war Makedonien (an erster Stelle das muslimische, an zweiter Stelle das christliche Makedonien). Es folgten das muslimische Bosnien, das christliche Bosnien, dann Serbien, Kroatien und schließlich das Küstenland, wo es die südslawische Großfamilie (Zadruga) entweder nie gegeben hatte oder wo sie bereits vor langer Zeit zerfallen war. Anhand mehrerer Indikatoren zeigte Erlich, dass zwischen den Gebieten mit einer altertümlich-patriarchalen Familienstruktur (muslimisches und

205 Zum einheimischen Tourismus vgl. die Beiträge im Sammelband: Yugoslavia's Sunny Side. A History of Tourism in Socialism (1950s–1980s). Hg. Grandits, Hannes – Karin Taylor. Budapest, New York 2010; ferner Duda, Igor: I vlakom na vikend. Prilog socijalnoj i kulturnoj povijesti slobodnog vremena u Hrvatskoj krajem 1960–ih, in: Časopis za suvremenu povijest 34 (2002), 3, S. 659–678.

206 Vgl. Golubović, Z. – B. Kuzmanović – M. Vasović: Društveni karakter (277), S. 21 ff.

207 Zit. nach dem Artikel „Jedes Dorf will sein eigenes Stahlwerk“ im Spiegel Nr. 25/1972.

208 Erlich, Vera Stein: Family in Transition. A Study of 300 Yugoslav Villages. Princeton 1966.

christliches Makedonien sowie muslimisches Bosnien) auf der einen und den Gebieten mit einer modernen Familienstruktur (Küstenland) auf der anderen Seite hinsichtlich des innerfamiliären Friedens viele Ähnlichkeiten bestanden, während die Familien im christlichen Bosnien, in Serbien und Kroatien „schwersten Erschütterungen“ ausgesetzt waren: Die Zadruga wurde im Massenausmaß geteilt; der Kinderreichtum wurde als Belastung empfunden; die Familienhierarchie zersetzte sich; die Beziehungen zwischen Mutter und Schwiegertochter verschlechterten sich; die eheliche Treue war erschüttert; die Autorität des (männlichen) Familienoberhaupts (domaćin) schwand. „Mit dem Verlust seiner hohen Position lässt der Mann seine würdevolle und verantwortliche Haltung der Frau gegenüber fallen. Misshandlungen der Frau werden häufig, besonders brutal in der Trunkenheit [...]. In dieser Phase von ungehemmtem Individualismus sind Freiheiten nur für die physisch und ökonomisch starken Familienmitglieder gesichert.“[209] Neben Kindern waren Frauen vom Umbruch in den Familienstrukturen besonders hart betroffen. Denn einerseits brachen die traditionellen Bindungen weg, während andererseits die rechtliche Gleichstellung der Frau bis zum Ende des Zweiten Weltkriegs nicht vorankam. Von der politischen Partizipation blieben sie in der Zwischenkriegszeit ausgeschlossen, im Familien- und Erbrecht wurden sie diskriminiert, auf dem Arbeitsmarkt benachteiligt und zu Hause misshandelt.

Zwar befand sich die Zadruga im ländlichen Kroatien und Serbien bereits seit Jahrzehnten im Verfall, aber der Umbruch war bei Kriegsende nicht abgeschlossen, und vielen Männern wie Frauen fiel es schwer, sich in den neuen Verhältnissen zurechtzufinden. In den weniger entwickelten Gebieten (Makedonien, Kosovo, Montenegro und Bosnien-Herzegowina) waren die überkommenen patriarchalen Strukturen noch weitgehend intakt, insbesondere bei der muslimischen Bevölkerung. Erst nach 1945 beschleunigte sich der familiäre Wandel. Die Zahl der Großfamilien bzw. die durchschnittliche Größe eines Haushalts in Jugoslawien ging permanent zurück (mit Ausnahme Kosovos); das durchschnittliche Heiratsalter nahm ebenso zu wie die Zahl der Scheidungen, die Zahl der Ledigen und die Zahl der Ein- oder Zweipersonenhaushalte. Das Durchschnittsalter der Bevölkerung erhöhte sich und die Lebenserwartung verlängerte sich deutlich. 1948 hatten Neugeborene eine durchschnittliche Lebenserwartung von 50,8 Jahren, 1981 waren es fast zwanzig Jahre mehr (70,4 Jahre; 73,2 für Frauen und 67,7 für Männer).[210]

209 Dies.: Das erschütterte Gleichgewicht in der Familie. Aus einer jugoslawischen Studie, in: Kölner Zeitschrift für Soziologie und Sozialpsychologie 12 (1960), S. 400 f.

210 U. a. Jugoslavija 1918–1988 (40), S. 39 ff.

Wandel der Geschlechterbeziehungen

Auch die Geschlechterbeziehungen veränderten sich. Frauen hatten bereits in der Volksbefreiungsbewegung eine wichtige Rolle gespielt und fanden ihren Platz im jugoslawischen Heldennarrativ. Über zwei Millionen Frauen sollen sich in der einen oder anderen Form an der Befreiung des Landes beteiligt haben, und mehr als 100.000 hatten in den militärischen Einheiten der Volksbefreiungsbewegung gekämpft. 25.000 waren gefallen und 40.000 verwundet worden. 90 Frauen erhielten den „Orden des Volkshelden".[211] Die gesetzliche Gleichstellung der Frau wurde bereits in der ersten Verfassung des neuen Jugoslawien von 1946 (in Kapitel 5, § 24) verankert.[212] Damit endete die lange Phase der rechtlichen Diskriminierung. In der Folgezeit wurde die Gleichberechtigung durch eine Vielzahl von Verordnungen und Gesetzen (zum Ehe- und Erbrecht, zum Schwangerschafts- und Mutterschutz, zum Verhältnis von Eltern und Kindern etc.) konkretisiert. Die Abtreibung stand noch bis Anfang der 50er-Jahre unter schwerer Strafe, wurde dann unter bestimmten medizinischen und gesundheitlich-sozialen Gründen toleriert und in den 60er-Jahren weitgehend liberalisiert. Jugoslawien war das einzige sozialistische Land, das das Recht auf Schwangerschaftsabbruch in der Verfassung verankerte.[213] Anfang der 70er-Jahre wurde den Frauen sogar – nach leidenschaftlichen Diskussionen in der Öffentlichkeit – das Fußballspielen „erlaubt". Für viele Frauen brach ein neues Zeitalter an. Es war verbunden mit einem deutlich verbesserten Bildungsniveau (wovon noch zu sprechen sein wird), einem höheren Beschäftigungsgrad, mehr individueller Selbstbestimmung sowie mit neuen Erfahrungen, Orientierungen und Enttäuschungen. Der Anteil der Frauen an der Gesamtzahl der Beschäftigten stieg von 28,5 % (1948) auf 31,8 % (1971) und 36,1 % (1981). Wählt man die weibliche Bevölkerung (aller Altersgruppen) als Bezugsgröße, so befanden sich 1948 nur 5,3 % in einem Beschäftigungsverhältnis (bei der männlichen Bevölkerung waren es 14,2 %). Dagegen verdienten 1981 19,0 % der weiblichen Bevölkerung und 34,4 % der männlichen Bevölkerung ihren Lebensunterhalt außerhalb eines Familienbetriebes. Die Beschäftigungsrate der weiblichen Bevölkerung war damit um über 258 %, die der männlichen um 142 % gestiegen. Allerdings gab es gewaltige regionale Unterschiede: In Slowenien standen 1981 36,7 % der weiblichen Bevölkerung in einem Beschäftigungsverhältnis, in Kosovo waren es 5,1 %.[214]

211 Žena u privredi i društvu SFR Jugoslavije, osnovni pokazatelji. Beograd 1964.

212 Hierzu und zum Folgenden vgl. Gudac-Dodić, Vera: Položaj žene u Srbiji (1945–2000), in: Srbija u modernizacijskim procesima. Bd. 4. Beograd 2006, S. 33 ff.

213 Art. 191 in der Verfassung von 1974.

214 Jugoslavija 1918–1988 (40), S. 58 f.

Im Alltag verlief die Gleichstellung der Frauen sehr viel stockender, um es vorsichtig zu formulieren. Die Anfang Dezember 1942 als Unterorganisation der „Nationalen Front“ gegründete „Antifaschistische Front der Frauen Jugoslawiens“ (AFŽ) löste sich 1953 auf und wurde Teil des „Bundes der Frauengesellschaften“, der bis 1961 existierte und dann ersatzlos gestrichen wurde. Die Rhetorik in den Beschlüssen der Frauenorganisationen war überaus blumig. Konkrete Missstände wurden nicht angesprochen, obwohl die Defizite andauerten:[215] Das traditionelle Rollenbild lebte in den Köpfen hartnäckig fort.[216] Frauen wurden für gleiche Arbeit schlechter entlohnt als Männer; sie erhielten noch in der ersten Hälfte der 80er-Jahre durchschnittlich weniger als 60 % des männlichen Durchschnittslohns. In Krisensituationen wurden sie schneller und häufiger in die Arbeitslosigkeit geschickt als ihre männlichen Kollegen, und in den Führungspositionen von Politik und Wirtschaft waren sie hoffnungslos unterrepräsentiert. Unter den Spitzenmanagern in Unternehmen befanden sich 1971 weniger als 1 % Frauen.[217] Im wissenschaftlichen und kulturellen Bereich war die Situation etwas besser. Auch die Gewalt in den Familien, zu der es kaum brauchbare Daten gibt, blieb virulent, ebenso wie der Frauenhass. Die Annahme der Parteiführung, dass sich mit dem „Sieg der sozialistischen Revolution“ nicht nur die nationale und soziale, sondern auch die „Frauenfrage“ im Wesentlichen von selbst erledigt habe, erwies sich als Illusion. Gleichwohl war der 8. März, der Internationale Frauentag, in Jugoslawien äußerst populär – nicht zuletzt bei Männern. Die vom Regime („von oben“) betriebene, wenn auch nicht durchgesetzte, Gleichstellung der Geschlechter, allen voran der Arbeiterinnen mit den Arbeitern, hatte einen janusköpfigen Charakter. Im Vergleich zur Zwischenkriegszeit verbesserte sich zwar die gesellschaftliche Stellung der Frauen grundlegend. Doch der widerstrebende Teil der männlichen Gesellschaft lastete diese Verbesserung dem sozialistischen Regime als Anmaßung, Eingriff in das Familienleben, in die als „unpolitisch“ etikettierte Privatsphäre an. Aus dieser Perspektive waren Frauen die Profiteurinnen des Sozialismus. Und als der Sozialismus in die Krise geriet, erlitt folglich auch die Emanzipation der Frauen – zumindest vorübergehend – einen schweren Rückschlag.

---

215 Vgl. Woodward, Susan: The Rights of Women. Ideology, Policy, and Social Change in Yugoslavia, in: Women, State, and Party in Eastern Europe. Hg. Sharon L. Wolchik – Alfred G. Meyer. Durham 1985, S. 234–256; Tomšić, V.: Women (173).

216 Vgl. Mihovilović, Miro A. – Ruža First-Dilić: Žena izmedju rada i porodice. Utjecaj zaposlenosti žene na strukturu i funkciju porodice. Zagreb 1975, S. 93 ff.

217 Flakierski, Henryk: The Economic System and Income Distribution in Yugoslavia. Armonk/N.Y. 1989 (= Eastern European Economics 27/4), S. 30.

Die Kehrseite des Fortschritts

Wirtschaftlicher Fortschritt, Verbesserung des Lebensstandards und sozialer Wandel hatten ihre Kehrseiten. Nach der Liberalisierung des Wirtschaftssystems zeigte sich in der zweiten Hälfte der 60er- und verstärkt in den 70er-Jahren die Tendenz der Bevölkerung, mehr zu konsumieren als zu produzieren. Das Konsumfieber heizte die Inflationsrate an, die im Durchschnitt der Jahre 1970–77 knapp 18 % erreichte, belastete die chronisch defizitäre Außenhandelsbilanz und vergrößerte die Auslandsschulden. Mit rund zwölf Milliarden Dollar Handelsschulden (ohne Investitionskredite und andere langfristige Anleihen) zählte Jugoslawien Ende der 70er-Jahre zu den am höchsten verschuldeten Ländern Europas.[218]

Der Sprung in die Modernität führte auch zu teilweise paradoxen Erscheinungen: Während die schlimmsten hygienischen Missstände aus der Vergangenheit noch nicht beseitigt waren – weder auf dem Lande noch in einem Teil der Städte –, nahm die industrielle Umweltverschmutzung bereits ein Ausmaß an, das sowohl das ökologische Gleichgewicht als auch die Gesundheit der Menschen gefährdete. Unter der Überschrift „Die Vögel beginnen zu husten" wies das angesehene Belgrader Wirtschaftsmagazin „Ekonomska politika" Ende 1970 darauf hin, dass die Luftverschmutzung in 44 jugoslawischen Städten einen Grad erreicht hatte, der weit über den international zulässigen Werten lag. In der Krankheit der Städte summierten sich die Relikte der Vergangenheit mit den Folgelasten der Gegenwart.[219]

Bis zu den Reformen von 1964/65 wuchs die Zahl der Arbeitsplätze im nichtlandwirtschaftlichen Bereich infolge der extensiven Beschäftigungspolitik jährlich um 11 %. Der danach einsetzende Zwang zum sparsameren Wirtschaften führte zu einer Stagnation bei der Einstellung neuer Arbeitskräfte. Sehr schnell wurde deutlich, dass sich die Beseitigung der „versteckten" Arbeitslosigkeit auf dem Lande unter den Bedingungen eines marktorientierten Wirtschaftens wesentlich schwieriger und langfristiger gestalten würde, als bis zur Reform allgemein angenommen worden war. Die Landflucht hielt dennoch fast unvermindert an, sodass die Aktivitätsrate der Bevölkerung in den Städten der zentralen und südlichen Regionen Jugoslawiens mitunter geringer war als in der ländlichen Umgebung.[220] Ein jugoslawischer Soziologe hat in diesem Zusammenhang von einer „pathologischen Urbanisierung" gesprochen, die viele Städte eher zu Brennpunkten sozialer Probleme und Konflikte als zu Entwicklungszentren werden ließ. Die

---

218 Jugoslavija 1918–1988 (40), S. 147.
219 Sundhaussen, H.: Geschichte Jugoslawiens (74), S. 184 f.
220 Vgl. Puljiz, V.: Eksodus poljoprivrednika (157).

„pathologische Urbanisierung“ hatte ihre Komplementärseite in der „Pathologisierung“ der Dörfer. Es lag in der Natur der Sache, dass vor allem die jüngeren Jahrgänge von der Landflucht erfasst wurden. In ungefähr 10.000 Dörfern und ländlichen Streusiedlungen gab es noch Ende der 60er-Jahre keine zivilisatorischen Neuerungen: keine Schulen, keine Kultur- und keine sanitären und Gesundheitseinrichtungen. Stromausfälle gehörten zum Alltag. Die Jugend blickte mit Neid auf die in der Stadt lebenden Verwandten und Bekannten und war bereit, um jeden Preis das Dorf und die Landwirtschaft zu verlassen. Infolge dieser Wanderbewegung nahm die Zahl der „vergreisten“ Haushalte auf dem Lande rasch zu, und viele Dörfer waren vom Aussterben bedroht. Von einem „Gesundschrumpfungsprozess“ konnte dennoch keine Rede sein. Die strukturellen Probleme, die einst mit der Kollektivierungskampagne hatten gelöst werden sollen, bestanden unvermindert fort. Die Misere der Landwirtschaft drohte sich zu einer endlosen Geschichte zu entwickeln.

Als Folge der veränderten Beschäftigungspolitik nach den Reformen von 1964/65 stieg auch die Zahl der Arbeitslosen außerhalb der Landwirtschaft an, und das zu einem Zeitpunkt, als die ersten geburtenstarken Jahrgänge der Nachkriegszeit auf den Arbeitsmarkt drängten. 1968 gab es bereits 312.000 registrierte Arbeitslose (= 8 % der versicherten Arbeitnehmer), wobei die „versteckte“ Arbeitslosigkeit auf dem Lande nicht berücksichtigt ist. Der „Überschuss“ an Arbeitskräften im Privatsektor der Landwirtschaft wurde in den 60er-Jahren auf über eine Million geschätzt. Zwar war dies um die Hälfte weniger als 1938 (trotz einer um fünf Millionen größeren Bevölkerungszahl), doch war die Gesamtquote der Arbeitslosigkeit mit etwa 15 % extrem beunruhigend. In der zweiten Hälfte der 70er-Jahre schnellte die Arbeitslosenquote (ohne den „Überschuss“ auf dem Lande) sogar auf 12 % hoch. In Kosovo und Makedonien lag sie über 20 %, in Kroatien bei 6,5 %, während in Slowenien Vollbeschäftigung herrschte.[221]

Das Problem wäre ohne die Migration von Arbeitskräften ins Ausland noch sehr viel drückender gewesen. Seit den 1950er-Jahren erlebte die Abwanderung, die Ende des 19. Jahrhunderts begonnen hatte, einen neuen Aufschwung. Sie setzte als (zunächst illegale) Migration vor allem aus den Karstregionen im dalmatinisch-bosnischen Grenzraum nach Österreich und Westdeutschland ein. Nach der von der jugoslawischen Regierung (im Unterschied zu allen anderen sozialistischen Regimen) in bilateralen Verträgen vorgenommenen Legalisierung der als „temporär“ verstandenen Arbeitsmigration in den 1960er-Jahren nahm die Zahl der jugoslawischen „Gastarbeiter“ im Ausland, insbesondere in der Bundesrepublik Deutschland und anderen Ländern der Europäischen

221 Jugoslavija 1918–1988 (40), S. 72 f.

Wirtschaftsgemeinschaft, sprunghaft zu.[222] Nach der jugoslawischen Volkszählung von 1971 befanden sich in den verschiedenen Ländern Westeuropas knapp 600.000 „temporäre“ Emigranten, während die Schätzungen der Experten deutlich über dieser Zahl lagen. Bis zur weltweiten Rezession von 1973 und dem von der Bonner Regierung im gleichen Jahr verhängten Anwerbestopp für „Gastarbeiter“ summierte sich die Zahl der Abwanderer aus Jugoslawien auf annähernd eine Million, von denen über 60 % in die Bundesrepublik Deutschland gekommen waren. Der größte Teil der Migranten stammte aus den entwickelten Regionen (Kroatien und Slowenien), während sich die Bevölkerung in den unterentwickelten Gebieten Jugoslawiens wesentlich unbeweglicher zeigte und zunächst die Binnenwanderung (in das engere Serbien, in die Wojwodina, aber auch nach Kroatien und Slowenien) vorzog, um dann eventuell in einem zweiten Schritt ins Ausland abzuwandern. Inwieweit neben ökonomischen auch politische Gründe bei der Abwanderung eine Rolle spielten, lässt sich nicht zuverlässig rekonstruieren. Die Niederschlagung des „kroatischen Frühlings“ 1971 (siehe Kapitel 3.5) dürfte aber ein wichtiger „Push-Faktor“ für die Arbeitsaufnahme im Ausland gewesen sein. Die Tatsache, dass insbesondere die kroatische „Diaspora“ beim Zerfall Jugoslawiens eine treibende Rolle spielte (vgl. Kapitel 5.5), lässt aber nur bedingte Rückschlüsse auf die ursprünglichen Motive der Migration zu. Aber sicherheitshalber legte der Geheimdienst UDBa zu allen Personen, die einen Reisepass beantragten, ein Dossier an und versuchte auch, die „Gastarbeiter“ in den Zielländern unter Kontrolle zu halten sowie besonders missliebige Personen durch Geheimagenten zu beseitigen.

Die Abwanderung von Arbeitskräften ins Ausland ließ sich in einer sozialistischen Gesellschaft mit einem in der Verfassung verbürgten „Recht auf Arbeit“ ideologisch natürlich nicht rechtfertigen. Der „temporär im Ausland beschäftigte Arbeiter“ (der Begriff „Emigrant“ wurde offiziell gemieden) zählte daher nach wie vor zur jugoslawischen „Arbeiterklasse“ und sollte in der Obhut der sozialistischen Gemeinschaft verbleiben. Doch entgegen den offiziellen Erwartungen in Jugoslawien und den Anwerbeländern kehrten viele „temporäre“ Migranten nicht in ihre Heimat zurück. Über den volkswirtschaftlichen Nutzen und Nachteil der Arbeitskräftemigration für das Herkunftsland gehen die Meinungen weit auseinander. Auf der Haben-Seite stehen insbesondere die Entlastung des einheimischen Arbeitsmarkts und die Rücküberweisungen der „Gastarbeiter“, die im Falle Jugoslawiens erheblich zur Verringerung des Zahlungsbilanzdefizits beitrugen, auf der Soll-Seite schlägt vor allem der „Brain-Drain“ zu Buche, da ein Großteil der Abwanderer zu den qualifizierten Kräften zählte. „Jugoslawien ist der größte Exporteur

222 Vgl. Haberl, O. N.: Abwanderung (117); Dobrivojević, Ivana: U potrazi za blagostanjem. Odlazak jugoslovenskih državljana na rad u zemlje Zapadne Evrope, in: Istorija XX veka 2/2007, S. 89–100.

von Fachkräften in der Welt", kritisierte im November 1971 die Zagreber Tageszeitung *Vjesnik*.[223] Nationalisten klagten obendrein über die „demografischen Verluste" für ihre Nation. Ob und inwieweit die Rücküberweisungen nicht nur die Zahlungsbilanz entlasteten, sondern auch die Investitionstätigkeit in Jugoslawien sowie den technologischen Transfer belebten, lässt sich beim derzeitigen Forschungsstand nicht abschließend beantworten. Fest steht, dass sie einen wichtigen Beitrag zum privaten Häuserbau, zur Modernisierung der Haushalte in den Herkunftsgebieten und zur Konsumsteigerung leisteten.

3.2 Ideologischer und kultureller Wandel

Agitprop und der Neue Mensch

Gleich anderen kommunistischen Parteien war auch die KPJ von der alten Utopie des Neuen Menschen beseelt. Was ihr vorschwebte, war die totale Transformation der Individuen und der Gesellschaft, d. h. die Überwindung sowohl der bäuerlich-rückständigen wie der bürgerlich-kapitalistischen Relikte und die grundsätzliche Neugestaltung des als formbar vorgestellten Menschen mit dem Ziel, eine kommunistische Gesellschaft zu verwirklichen: frei, gerecht, solidarisch, moralisch, gebildet und zukunftsorientiert. Mit ihrer Wirtschaftspolitik wollten die Parteiführer die materiellen Grundlagen, die „Basis", für die sozialistische Lebensweise, den „Überbau", aus dem Boden stampfen. Parallel dazu nahmen sie eine Vielzahl von Großprojekten in der Infrastruktur, im Rechtssystem, im Bildungssektor und in der Kultur in Angriff, um die Voraussetzungen und Rahmenbedingungen für eine neue Ära sicherzustellen. Sie gingen mit großem Elan ans Werk und waren überzeugt, dass der Zweck die Mittel heilige. Die Arbeit der (nicht immer) freiwilligen „Jugendbrigaden" symbolisierte den Aufbruch in eine neue Welt. Zu den Lieblingsprojekten Titos gehörten der Aufbau Neu-Belgrads, einer Art sozialistischer Musterstadt am nördlichen Save-Ufer, gegenüber dem bürgerlich-kleinbürgerlichen Alt-Belgrad (vgl. Abbildung 12), sowie der Ausbau des bereits erwähnten Autoput.

Trotz allen Eifers in der unmittelbaren Nachkriegszeit wurde deutlich, dass die Kommunisten – gemeint sind hier die Kommunisten aus Überzeugung – einen Kampf kämpften, den sie realistischerweise nicht gewinnen konnten. Die Partei als „Initiator und Organisator der nationalen Einheit, der Einheit der Volksmassen, als Initiator und Organisator des neuen Staates, der neuen Kultur, der neuen Volkswirtschaft" ähnelte dem Sisyphos aus Homers Odyssee: „Und weiter sah ich den Sisyphos in gewaltigen

223 Zit. nach „Jedes Dorf will sein eigenes Stahlwerk", in: Der Spiegel Nr. 25/1972.

Schmerzen: wie er mit beiden Armen einen Felsblock, einen ungeheuren, fortschaffen wollte. Ja, und mit Händen und Füßen stemmend, stieß er den Block hinauf auf einen Hügel. Doch wenn er ihn über die Kuppe werfen wollte, so drehte ihn das Übergewicht zurück: von neuem rollte dann der Block, der schamlose, ins Feld hinunter. Er aber stieß ihn immer wieder zurück, sich anspannend, und es rann der Schweiß ihm von den Gliedern, und der Staub erhob sich über sein Haupt hinaus."

Der „Initiator und Organisator" der neuen Ordnung, die KPJ, hatte bei Kriegsbeginn etwas mehr als 12.000 Mitglieder gehabt (das waren die altehrwürdigen Kämpfer der ersten Stunde, die „prvoborci", von denen 9.000 gefallen waren). Bei Kriegsende zählte die Partei 141.000 Mitglieder, und Mitte 1948 gab es bereits 468.000 Parteimitglieder, ferner 52.000 Anwärter (Kandidaten) sowie 332.000 Mitglieder in der kommunistischen Jugendorganisation (SKOJ). Knapp 30 % der in der Regel jungen Parteimitglieder waren Arbeiter, über 49 % waren Bauern (vornehmlich arme Bauern und Landproletariat), 14 % waren Intellektuelle, der Rest: Sonstige. Annähernd 20 % der Parteimitglieder waren Frauen.[224] Ungeachtet gelegentlicher Rückschläge hielt der Zustrom zur KPJ bzw. zum BdKJ auch in der Folgezeit an (obwohl sich die soziale Zusammensetzung – wie wir noch sehen werden – drastisch veränderte), sodass Anfang der 80er-Jahre etwa ein Zehntel der Bevölkerung ein Parteibuch besaß. Der kometenhafte Zuwachs von Genossinnen und Genossen in der unmittelbaren Nachkriegszeit, von denen viele gar nicht oder nur mühsam lesen und schreiben konnten, ging zulasten der ideologischen „Festigkeit". Das Parteiorgan *Borba* (Kampf) wurde selbst von lesekundigen Parteimitgliedern wenig beachtet. Breitenwirksamer war die satirische Wochenzeitschrift *Jež* (Igel), deren simple Schwarz-Weiß-Karikaturen für jedermann verständlich und bar aller geistigen Schnörkel waren. Die Situation erschwerend kam hinzu, dass für die große Mehrheit der Bevölkerung die Lehren des Marxismus-Leninismus ein Buch mit sieben Siegeln waren. „Erziehen", „Umerziehen" und noch mal „Erziehen" lautete die Devise, die sich wie ein roter Faden durch die Dokumente der Parteiführung in den frühen Nachkriegsjahren zieht. Zuständig für die (Um-)Erziehung war die von Milovan Djilas geleitete Abteilung für Agitation und Propaganda (Agitprop) beim ZK der Partei, die das ganze Land mit einem Netz von Unterorganisationen überzog: eine Krake, die ihrerseits unter intellektueller Schwindsucht litt.[225] Allenthalben beklagt wurde der „unzureichende Kampf für die ideologische Reinheit und die Parteilinie", die „unzureichend entwickelte ideo-

224 Nach dem Rechenschaftsbericht von A. Ranković vom 22. 7. 1948, in: Petranović, B. – M. Zečević (Hg.): Jugoslavija (26), S. 735.

225 Vgl. Dimić, LJ.: Agitprop kultura. Agitpropovska faza kulturne politike u Srbiji 1945–1952. Beograd 1988.

logische, politische und kulturell-aufklärerische Arbeit unter den Arbeitern", die „Vernachlässigung der alltäglichen konkreten Arbeit in den Dörfern", die Überheblichkeit der SKOJ-Funktionäre, die „unplanmäßige Arbeit in den Reihen der Intelligenz". Am öffentlichen Leben nähmen Zehntausende Personen teil, die „nicht nur unsere Ideologie nicht angenommen haben, sondern Auffassungen vertreten, die den unseren fremd sind", und die die Entwicklung des neuen Jugoslawiens behinderten. Die ideologische Schulung der Parteimitglieder sei „schematisch und unfruchtbar". Selbst in Führungspositionen gebe es Genossen, die „nichts wissen und nichts lernen wollen". Unter den Wissenschaftlern des Landes und im Lehrpersonal der Hochschulen und Universitäten sei der Anteil der Kommunisten „minimal". Überall fehlte es an kommunistisch verlässlichen Fachleuten, an politisch korrekten Lehrmaterialien etc.[226] Mit einer Flut von Beschlüssen, Handlungsanleitungen und organisatorischen Umbildungen versuchte die Parteispitze, den „Anomalien" zu Leibe zu rücken. Doch was immer sie anordnete – die Umsetzung fiel stets „schematisch" aus.[227]

Die Phase der „Agitprop" bzw. des vulgärmarxistischen Dogmatismus währte etwa bis Ende 1952, bis zum VI. Parteitag der KPJ. Danach kam es zu einer Öffnung, die auch als „Liberalisierung" (mit und ohne Anführungsstriche) bezeichnet wird und die das Resultat der Abgrenzung gegenüber Stalin und der Sowjetunion war. Schon seit Ende 1949 hatte Djilas auf „Fehler" hingewiesen und eingestanden, dass man das menschliche Bewusstsein und Denken nicht administrativ und gewaltsam, in planmäßig verordneten Schritten verändern könne. Der Neue Mensch ließ sich eben nicht – und erst recht nicht mit repressiven Methoden – herbeizaubern. Ziel müsse daher die Erziehung „freier sozialistischer Menschen" sein, die „kühn und beherzt" denken. An die Stelle der Agitprop sollte nun die „Überzeugungsarbeit" treten, die freie Diskussion und der Gedankenaustausch. Das gefiel nicht allen Führungskadern, aber noch war Djilas' Autorität unangefochten. Auf ihrem VI. Parteitag beschloss die Partei, dass sie sich nicht „in alles und jedes einmischen" dürfe. Damit begann eine neue Phase in der Kulturgeschichte des zweiten Jugoslawiens. Die seit Anfang der 50er-Jahre eingeleiteten Reformen wurden in der Formel von den „4 D" zusammengefasst: „decentralizacija, deetatizacija, debirokratizacija i demokratizacija" (Dezentralisierung, Abbau des Staates, Entbürokratisierung und Demokratisierung). Die Republiken erhielten mehr Mitspracherechte, und die Grundprinzipien der Selbstverwaltung kamen nun auch im Bildungs- und Kulturbereich (in Schulen, Universitäten, wissenschaftlichen Instituten, in Bibliotheken, Museen

226 Einzelheiten bei Petranović, B. – M. Zečević (Hg.): Jugoslavija (26), S. 717–737.

227 Vgl. auch Lilly, Carol S.: Problems of Persuasion in Communist Agitation and Propaganda in Post-war Yugoslavia, 1944–1948, in: Slavic Review 53 (1994), 2, S. 395–413; dies.: Power and Persuasion (135).

Abb. 15: Jovanka Broz, Josip Broz Tito sowie das Schauspielerpaar Elizabeth Taylor und Richard Burton (1. August 1971). Im Film „Die fünfte Offensive" (1972), der an die Schlacht von Sutjeska (Mai/Juni 1943) erinnert, spielte Burton Titos Rolle.

etc.) zur Anwendung. Im Vergleich mit anderen Volksdemokratien entwickelte sich in Jugoslawien eine bemerkenswert freie Kultur- und Bildungslandschaft.

Vom Dogmatismus zur Verwestlichung der Kulturszene

Der „sozialistische Realismus" nach sowjetischem Muster in Literatur und Kunst geriet allmählich in die Defensive und in Verruf. Der international renommierte kroatische Schriftsteller Miroslav Krleža, Mitglied der Jugoslawischen Akademie der Wissenschaften und Künste in Zagreb, ging in seinem Grundsatzreferat auf dem Schriftstellerkongress in Ljubljana am 5. Oktober 1952 scharf mit dem sowjetischen „Kulturpapst" Andrej Ždanov und dem französischen Linken Louis Aragon ins Gericht. Er kritisierte die tendenziöse Genre-Malerei und verteidigte das L'art-pour-l'art-Prinzip in der Kunst. Die von Krleža eingeforderte Emanzipation der jugoslawischen Literatur vom östlichen und westlichen linken Epigonentum führte in den Folgejahren zum „Zusammenbruch der literarischen Linken" und öffnete die jugoslawische Literaturszene für die vielfältigen Strömungen in der Weltliteratur.[228] Die Werke von Ivo Andrić, der 1961 den Nobelpreis für Literatur erhielt, von Krleža, Miodrag Bulatović, Meša Selimović, Danilo Kiš und vielen anderen erlangten in den 1960er- und 1970er-Jahren Weltruhm. Auch in der Filmproduktion und im Musikleben zeichnete sich eine radikale Wende ab. Der „neue jugoslawische Film" (von Kritikern unter dem „Label" „Schwarze Welle" attackiert) wandte sich zunehmend „heiklen" oder tabuisierten Themen aus Vergangenheit und Gegenwart zu. „Diese

228 Zum Folgenden vgl. u. a. Janjetović, Z.: Od „Internacionale" do komercijale (126); Beganović, Davor: Anlauf und Sturz. Jugoslawische Kultur in den 1960ern, in: Osteuropa 58 (2008), S. 129–138.

Sechziger Jahre“, so der Regisseur Želimir Žilnik in einem Interview von 2007, „waren die kreativste und den Resultaten nach interessanteste Periode des sozialistischen Jugoslawien. Produktiver und bedeutender als die heutigen Produktionen der ehemaligen jugoslawischen Teilrepubliken. Diese Sechziger Jahre waren eine Periode, ich würde sagen, des ‚reifen Titoismus‘, als das sozialistische Jugoslawien seine eigene Identität gefunden hatte. Im kulturellen Segment wurde es immer offener, denn das Selbstverwaltungsmodell, das heutzutage nahezu vollkommen in Vergessenheit geraten ist, hatte eine Menge positiver Energien, so dass nicht nur der Raum für die staatliche Planung relevant war, sondern auch die freie individuelle Entwicklung möglich wurde. Und das zeigte sich auch in der Kinematografie.“[229] Es zeigte sich im Film ebenso wie in der Musik.

Abb. 16: Tito 1976.

In den ersten Nachkriegsjahren hatte die Musik – unter Rekurs auf die reiche Folklore – vor allem „patriotische“ Gefühle wecken und befriedigen sollen: den Stolz auf die Errungenschaften im Zweiten Weltkrieg und die Begeisterung für „Brüderlichkeit und Einheit“ der jugoslawischen Völker. Mitreißende Partisanenlieder und zum Mitsingen komponierte „Massenlieder“ (masovne pesme) sowie Volkstänze (narodne igre) standen hoch im Kurs und erfreuten sich großer Beliebtheit. Obwohl sie weiterhin ihre Popularität bewahrten – nicht nur bei den Touristen, die seit den 60er-Jahren die Adriaküste und die Inselwelt bevölkerten –, sondern auch im Lande selbst, wandte sich die Jugend in den größeren Städten zunehmend der westlichen Musikszene zu. Bereits 1953 wurde eine Vereinigung jugoslawischer Jazzmusiker gegründet. Erheblich breitenwirksamer als die Begeisterung für Jazz war jedoch die Rockszene, die sich in den 60er-Jahren etablierte und in den beiden folgenden Jahrzehnten zur städtischen Massenkultur avancierte (Abbildung 17). Sie erschöpfte sich nicht in der bloßen Rezeption der angloamerikanischen Pop-Kultur, sondern erwies sich als ausgesprochen produktiv. 1981 listete das renommierte britische Magazin *New Musical Express* die „Akademija“ in Belgrad, eine der bekannten Spielstätten jugoslawischer Rockmusik, als „one of the finest clubs in Europe“. Auch diese Entwicklung war Teil des jugoslawischen „Sonderwegs“. Während andere sozialistische Regime die Rockszene mit repressiven Mitteln bekämpften, da sie mit

229 Zit. nach Kanzleiter, B. – K. Stojaković (Hg.): „1968“ in Jugoslawien (21), S. 153.

Abb. 17: Die Rock-Band „Prljavo kazalište“ (Schmutziges Theater) aus Zagreb, Ende der 70er Jahre.

der „sozialistischen Lebensweise“ und dem Ziel des „Neuen Menschen“ unvereinbar zu sein schien, konnte sie sich in Jugoslawien – republiksübergreifend, im Norden ebenso wie im Süden – seit den 60er-Jahren ungehindert entfalten und erhielt sogar öffentliche Fördermittel. Sie war Ausdruck einer zunehmenden „Verwestlichung“ der Popularmusik und des Lebensstils. Sie erschöpfte sich nicht in Musik und Tänzen oder in der Adaption der jeweils modernsten elektronischen Medien und Techniken, sondern umfasste ein komplexes System von Werten, Normen, Wahrnehmungs- und Verhaltensweisen: eine vitale Subkultur sui generis, die den Alltag der städtischen Jugend und ihre Sozialisation prägte. Über die Jugend hinaus setzte sich der westliche Habitus (in Kleidung, Konsumverhalten, Freizeitgestaltung) auch in großen Teilen der sonstigen städtischen Bevölkerung durch.[230] Es gibt Leute, die das sozialistische Jugoslawien im Nachhinein in erster Linie mit Rock 'n' Roll identifizieren. Ein Schauspieler in Ljubljana erinnerte sich im Jahr 2004: „For me, Yugoslavia was all about Yugoslav rock'n roll. Do you remember ‚Mi

230 Einzelheiten bei Ramet, S. P.: Balkan Babel (160), S. 91 ff.; Gordy, E.D.: Culture of Power (565), S. 108 ff.; Tomc, Gregor: We Will Rock YU. Popular Music in the Second Yugoslavia, – in: Impossible Histories. Historical Avant-gardes, Neo-avant-gardes, and Post-avant-gardes in Yugoslavia, 1918–1991. Hg. Dubravka Djurić – Miško Šuvaković. Cambridge/Ma., London 2003, S. 442–465, vgl. auch die Beiträge im Sammelband Rocking the State. Rock Music and Politics in Eastern Europe and Russia. Hg. Sabrina P. Ramet. Boulder/Co. 1999.

smo ljudi cigani, sudbinom prokleti', ,We are gypsy people, cursed by fate' … or ,Balkane, Balkane, Balkane moj, budi mi silan i dobro mi stoj'… ,Balkans, Bakans, Balkans of mine, be mighty for me and stand strong'. All these lyrics are strongly engrained in our generation … they still represent identification among the youth. Rock music was the only way of holding Yugoslav people together and not tearing them apart."[231]

Die Bildungsrevolution

Im Bildungs- und Wissenschaftssystem des zweiten Jugoslawiens war und blieb die Überwindung des desaströsen Erbes aus dem ersten Jugoslawien eine der Herkulesaufgaben. Die Tatsache, dass bei Kriegsende über die Hälfte der erwachsenen Bevölkerung Analphabeten waren und/oder keinen Schulabschluss besaßen, war eine Katastrophe. Die Partei- und Staatsführung unternahm große Anstrengungen, um aus der Sackgasse herauszukommen. Zwischen 1945 und 1950 beteiligten sich knapp zwei Millionen Erwachsene an Alphabetisierungskursen.[232] Im selben Zeitraum wurden fast 2.500 Schulen neu gebaut. Das Netz von Grund- und Mittelschulen sowie Höheren und Hochschulen erweiterte sich von Jahr zu Jahr. Ungeachtet der wirtschaftlichen Schwierigkeiten, die der Bruch mit Moskau verursacht hatte, stiegen die staatlichen Aufwendungen für Bildung, Wissenschaft und Kultur von 2,6 % des Sozialprodukts (1947) auf 4,7 % (1950).[233] Ohne hier auf die weitere, vor allem in den 50er-, 60er- und 70er-Jahren sehr dynamische Entwicklung und deren Einzelheiten eingehen zu können, bleibt festzuhalten: Das zweite Jugoslawien machte im Bereich von Bildung und Wissenschaft einen gewaltigen Sprung nach vorn. Waren 1948 noch ein Viertel der Bevölkerung (im Alter über 10 Jahren) Analphabeten gewesen (11 % bei den Männern und 30 % bei den Frauen), so waren es 1981 „nur" noch 9,5 % der Bevölkerung (4,1 % der Männer und 14,7 % der Frauen). Bei Kriegsende hatte fast die Hälfte der über 10 Jahre alten Bevölkerung keine Schulbildung besessen. 1953 waren es 42,1 %, 1981 „nur" noch 17,3 %. Der Anteil der Personen mit Mittlerer Reife an der Gesamtbevölkerung vervierfachte sich zwischen 1953 und 1981, derjenige der Akademiker – der Absolventen von Höheren und Hochschulen – verfünffachte sich. Vor dem Krieg hatte es im Königreich Jugoslawien dreißig höhere Bildungseinrichtungen gegeben (die drei Universitäten in Belgrad, Zagreb und Ljubljana, zwei Fakultäten in Skopje und Subotica, der Rest: Hochschu-

231 Zit. nach Volcic, Zala: Scenes From the Last Yugoslav Generation: The Long March from Yugo-Utopia to Nationalisms, in: Cultural Dynamics 19 (2007), 1, S. 78.

232 Bondžić, Dragomir: Prosveta i nauka u Srbiji i Jugoslaviji 1945–1990, in: Istorija XX veka (2008), 2, S. 419–465; hier S. 427.

233 Ebda.

len); hinzu kamen drei Akademien der Wissenschaften und Künste an den erwähnten Universitätsstandorten. 1980 hatte sich die Zahl der höheren Bildungseinrichtungen auf 356 mehr als verzehnfacht. Und zu den alten Akademien waren fünf neue hinzugekommen, in Sarajevo (1966), in Skopje (1967), im montenegrinischen Titograd (heute: Podgorica) (1976), in Priština (1978) und in Novi Sad (1979). Vor dem Krieg hatte es etwas mehr als 21.000 Studenten gegeben, darunter 4.000 Frauen. 1980, im letzten Jahr der studentischen Expansion, waren es 411.000 Studierende, darunter 187.000 Frauen. Der Anteil der Akademiker an der Gesamtbevölkerung über 10 Jahre stieg von 0,6 % (1953) auf 5,6 % (1981) (bei der weiblichen Bevölkerung von 0,3 % auf 4 %). Hatten 1939 nur sechs Frauen einen Doktortitel erworben, so waren es Anfang der 80er-Jahre jeweils mehr als zweihundert.[234]

Bedenkt man das extrem niedrige Ausgangsniveau im Bildungssektor und die Tatsache, dass Jugoslawien alles andere als ein reiches Land war, und stellt man in Rechnung, dass es ein langer Weg vom Analphabeten zum Doktor ist – ein Weg, der sich in der Regel über zwei, oft drei Generationen erstreckt –, muss man die Bildungspolitik im zweiten Jugoslawien als Erfolgsgeschichte werten, wobei unerheblich ist, ob dasselbe (oder gar ein besseres) Ergebnis auch unter anderen gesellschaftspolitischen Bedingungen hätte erzielt werden können. Dass es im Detail viel Unzufriedenheit, viele heftige Diskussionen und zahllose institutionelle und organisatorische Veränderungen gab, war keine Besonderheit des sozialistischen Jugoslawiens. Keine Bildungspolitik ist so gut, dass sie nicht verbesserungsfähig wäre, zumal sich die Anforderungen der Gesellschaft und des internationalen Umfelds an das Bildungssystem ständig verändern. Unstrittig ist, dass viele der ererbten Defizite in Jugoslawien nicht völlig überwunden wurden. Die Zahl der Analphabeten war auch 1981 noch zu hoch, vor allem unter der älteren und der weiblichen Bevölkerung. Viele Erwachsene, die einen Alphabetisierungskurs besucht hatten, fielen wieder in den Analphabetismus zurück. Ebenso manche Schulkinder, die trotz achtjähriger Schulpflicht über die vierte Klasse nicht hinausgelangt waren. Nach wie vor bestand ein ausgeprägtes Gefälle zwischen städtischer und ländlicher sowie zwischen männlicher und weiblicher Bevölkerung. Und es bestanden gravierende Unterschiede zwischen den nördlichen und den südlichen Teilen Jugoslawiens. 1981 waren in Kosovo noch immer 26 % und in Bosnien-Herzegowina 23 % der Frauen Analphabeten, während der Analphabetismus in Slowenien ausgestorben war. Neue Defizite waren im Zuge der Expansion der Hochschulbildung hinzugekommen: die Studienzeiten waren zu lang, technische und naturwissenschaftliche Fächer waren unterrepräsentiert, die Ausstattung der Universitäten und die Lebensbedingungen der Studierenden (Wohnheime,

234 Jugoslavija 1918–1988 (40), S. 363 f.

Mensen usw.) ließen zu wünschen übrig. Die Berufschancen für Hochschulabsolventen verschlechterten sich, sodass viele junge Forscher ins Ausland abwanderten.[235] Und je größer die Zahl der Studierenden wurde, desto größer wurde auch das Unzufriedenheitspotenzial, das sich seit 1966 in den Studentenzeitschriften *Student* (Belgrad) und *Tribuna* (Ljubljana) artikulierte. Diejenigen, die in den 1960er-Jahren studierten, interessierten sich nicht für das, was seit Kriegsende erreicht worden war. Ihre Kritik bemaß sich an dem, was sie selber zu erreichen hofften und was die Partei- und Staatsführung ihnen bzw. der Gesellschaft versprochen hatte.

„1968"

Im Juni 1968 brachen an der Belgrader Universität Studentenproteste aus, die sich schnell auf andere jugoslawische Universitäten (in Ljubljana, Zagreb und Sarajevo) ausbreiteten.[236] Eine Woche lang war die Belgrader Universität von Studenten besetzt. Die Protestbewegung war einerseits durchaus ein Reflex auf die Studentenunruhen in anderen Ländern (in Frankreich, Deutschland, in der Tschechoslowakei oder Polen), wies aber auch spezifisch jugoslawische Züge auf. Schon vorher, im Dezember 1966, war es anlässlich von Demonstrationen gegen den Vietnam-Krieg zu Zusammenstößen zwischen Belgrader Studenten und der Polizei gekommen. Auch in Zagreb und Sarajevo waren Studenten auf die Straße gegangen. Die Proteste gegen den Vietnam-Krieg und den US-Imperialismus waren ein weltweites Phänomen, doch in Jugoslawien bestanden in diesem Punkt keine grundsätzlichen Differenzen zwischen Regierung und Studenten. Im Zentrum der jugoslawischen Proteste von 1968 stand die Situation im eigenen Land. Auch das war keine Besonderheit. Was die jugoslawische 68er-Bewegung von den Studentenbewegungen in anderen Ländern (in West- und Osteuropa) unterschied, machte eine Erklärung der Streikenden und Professoren an der Philosophischen Fakultät in Belgrad vom 4. Juni deutlich: „Wir haben kein eigenes Programm", hieß es darin. „Unser Programm ist das Programm der fortschrittlichsten Kräfte unserer Gesellschaft – das Programm des BdKJ und unsere Verfassung."[237] Mit anderen Worten: Was die Studenten forderten, deckte sich mit den von Partei und Staat proklamierten Zielen. Sie wollten keinen Systemwechsel, sondern die Verwirklichung dessen, was seit Langem auf dem Papier stand. Was sie kritisierten, war die zunehmende Diskrepanz zwischen Theo-

235 Einzelheiten bei Šoljan, Nikša N.: The Saga of Higher Education in Yugoslavia: Beyond the Myths of a Self-Management Socialist Society, in: Comparative Education Review 35 (1991), 1, S. 131–153. Zum „brain drain" vgl. Golub, Branka: Odliv mozgova: Socijalni profil istraživača-migranata. Zagreb 1988.
236 Zum Folgenden (mit dem Schwerpunkt auf Belgrad) vgl. Kanzleiter, B.: „Rote Universität" (570a).
237 Zit. nach Kanzleiter, B. – K. Stojaković (Hg.): „1968" in Jugoslawien (21), S. 459.

rie und Praxis: die Entfremdung des Menschen, die soziale Ungleichheit, die Arbeitslosigkeit, die Allmacht der Bürokratie, das Machtmonopol der Partei, die Widersprüche im Selbstverwaltungssystem usw. Der „Neue Mensch", der immer mehr in Vergessenheit geraten war, beflügelte die Imagination der Streikenden.

Studentische Proteste gegen Missstände an den Universitäten hatte es auch schon früher gegeben (Ende Oktober 1954 in Belgrad und im Mai 1959 an mehreren Universitäten, ausgehend von Zagreb). Und auch die Systemkritik war nicht neu, selbst wenn man vom „Fall Djilas" absieht. Bereits 1952/53 hatte sich eine Gruppe junger Intellektueller mit der Zagreber Zeitschrift *Pogledi* (Ansichten) ein kritisches Sprachrohr geschaffen, das nach wenigen Nummern verboten worden war. 1964 war dann die erste Nummer der marxistisch-philosophischen Zeitschrift *Praxis* erschienen. Zu ihren Gründern gehörten Milan Kangrga, Philosoph an der Universität Zagreb und Stipendiat der Alexander-von-Humboldt-Stiftung, der Zagreber Soziologe Rudi Supek, der während des Zweiten Weltkriegs im KZ Buchenwald interniert gewesen war, sowie der Philosoph Predrag Vranicki, ehemaliger Partisan und Mitglied der Jugoslawischen Akademie der Wissenschaften. *Praxis* war die seinerzeit bedeutendste theoretische Zeitschrift für jugoslawische und ausländische Marxisten in Ost und West, ein Forum unabhängiger Intellektueller, das in Jugoslawien (über die Republikgrenzen hinaus) einzigartig war. *Praxis* war eng verbunden mit der „Sommerschule", die erstmals 1963 in Dubrovnik stattgefunden hatte und seit 1964 alljährlich Ende August auf der Adriainsel Korčula veranstaltet wurde. Dort trafen sich marxistische Philosophen aus aller Welt, darunter Vertreter der „Frankfurter Schule" und der „New School of Social Resarch" in New York, zu einem unorthodoxen Gedankenaustausch. Die Insel entwickelte sich zu einem zentralen Ort marxistisch-philosophischer Wechselbeziehungen und Aneignungen. Zu den ausländischen Teilnehmern der Sommerschule gehörten u. a. Herbert Marcuse, Ernst Bloch, Erich Fromm, Jürgen Habermas, Ernest Mandel und Leszek Kolakowski. Erich Fromm schrieb aus der Rückschau: „Nachdem die Sommerschule auf Korčula ihre Arbeit aufgenommen hatte, hielt ich dies für ein Ereignis von großer Bedeutung für die marxistische Theorie und den Sozialismus. Auf den folgenden Tagungen wurde dies voll bestätigt. Das, was eine kleine Gruppe mit einem begrenzten Programm begonnen hatte, verwandelte sich in ein einzigartiges Ereignis, mit dem kein anderes zu vergleichen ist. Es ist das einzige Forum dieser Art in einem sozialistischen Land und wurde zugleich zu einem Zentrum des internationalen Ideenaustauschs."[238]

---

238 Zit. nach Kangrga, Milan: Izvan povijesnog dogadjanja. Dokumenti jednog vremena. Split 1997, S. 292. Zu „Praxis" und zur Sommerschule vgl. auch Sheer, Gerson: Praxis: Marxist Criticism and Dissent in Socialist Yugoslavia. Bloomington 1977; Crocker, David: Praxis and Democratic Socialism.

Die „Praxis-Philosophie“ und die „Kritische Theorie“ der „Frankfurter Schule“ lieferten den jugoslawischen Studenten das theoretische Rüstzeug für ihre Gesellschafts- und Systemkritik, soweit diese über konkrete Missstände im Alltag hinausging. Die Rhetorik in den studentischen Resolutionen unterschied sich nicht grundsätzlich von der Rhetorik des BdKJ. Sie war gespickt mit idealistischen und utopischen Elementen und wurde getragen vom Glauben an eine bessere Welt. Im Vergleich zur scharfen Kritik, die Milovan Djilas an Partei und Gesellschaftssystem geübt und den Schlussfolgerungen, die er daraus gezogen hatte, blieben die Verlautbarungen der Studenten und Philosophen moderat und auf halbem Wege stecken. Was herausgekommen wäre, wenn die *Praxis*-Leute die Möglichkeit gehabt hätten, die Praxis in Jugoslawien verantwortlich zu gestalten, wissen wir nicht. So blieb es bei einer generellen Kritik, die meistens zutraf. Doch wie die Gesellschaft verändert werden könnte, wussten weder die Studenten noch die Philosophen. Ihr Ziel war es, die Praxis der Theorie anzunähern, was sich 1968 als ebenso illusorisch erwies wie 1945 oder 1949. Umgekehrt wäre vielleicht mehr herausgekommen: Wenn man die Theorie an die Praxis, genauer gesagt: an die Realität bzw. an die Conditio humana, angenähert hätte. Ein Gesellschaftskonzept, das die Unzulänglichkeiten des Menschen ignoriert, bleibt ein schöner, aber letztlich unpraktischer Entwurf.

Titos Reaktion auf die Studentenproteste fiel überraschend aus: Während in Teilen der Parteiführung die Sorge umging, dass sich die Arbeiterschaft mit den Studenten solidarisieren könnte (was nicht geschah) und die jugoslawische Presse die Demonstrationen als bloßen Reflex auf die Ereignisse im Ausland wertete, stellte sich Tito unerwartet hinter die Studenten: „Manche denken, dass das, wozu es gekommen ist, eine Reaktion auf das ist, was in Frankreich, Deutschland, der Tschechoslowakei usw. geschieht. Das stimmt nicht. Das ist keine Reaktion darauf. Das ist eine Reaktion auf unsere Schwächen, die sich angehäuft haben und die wir heute beseitigen müssen.“ Den Parteiführern drohte er damit, dass die „vulkanartige Explosion von Unzufriedenheit“ sie aus ihren Ämtern vertreiben könnte: „Sitzen wir wirklich so fest auf unseren Stühlen, als seien wir angeschraubt und als könnte uns niemand vom Fleck rücken? Bei Gott, das sind wir nicht! Wir können aus diesen Stühlen fliegen.“[239] Demonstrativ stellte sich Tito hinter den „Prager Frühling“ und stärkte Alexander Dubček während eines Besuchs in Prag vom 9. bis 11. August den Rücken. Gut eine Woche später marschierten Truppen des Warschauer Pakts in die Tschechoslowakei ein und schlugen die Reformbewegung

The critical theory of Marković and Stojanović. Atlantic Highlands/N.J. 1983 sowie die Erinnerungen von Milan Kangrga, Zagorka Golubović, Ivan Kuvačić, Božidar Jakšić und Ante Lesaja in: Popov, Nebojša (Hg.): Sloboda i nasilje (154).

239 Zit. nach Kanzleiter, B. – K. Stojaković (Hg.): „1968“ in Jugoslawien (21), S. 251, 255.

nieder. Die Jugoslawische Volksarmee wurde daraufhin in Alarmzustand versetzt. Die Angst vor einer sowjetischen Intervention in Jugoslawien löste einen Solidarisierungseffekt in der Gesellschaft aus und ließ die Studentenproteste in den Hintergrund treten; ihre Wortführer wurden kaltgestellt.

Die Studentenunruhen von 1968 hätten nach dem Kominform-Konflikt die zweite große Krise Nachkriegsjugoslawiens werden können, falls die Arbeiter sich den Studenten angeschlossen und die blutigen Ereignisse in der Tschechoslowakei nicht eine veränderte Situation geschaffen hätten. Doch im Unterschied zur schweren Krise, die drei Jahre später folgte, hatten die Studenten an den großen Universitäten 1968 weder den jugoslawischen Staat noch die Grundzüge des Gesellschaftssystems infrage gestellt, obwohl sich in Zagreb neben jugoslawisch-sozialistischen auch bereits kroatisch-nationalistische Töne vernehmen ließen. So blieb das jugoslawische „68" eine Episode, von der – im Unterschied zu anderen Ländern – keine nachhaltigen politischen und gesellschaftlichen Veränderungen ausgingen. Auf den bereits zuvor eingeleiteten Umbau von Staat und Gesellschaft hatten die Unruhen keinen erkennbaren Einfluss.

Zwischenbilanz

Fassen wir die Ergebnisse des Wandels und der Entwicklung kurz zusammen: Die wesentlichen Merkmale dessen, was als „Titoismus" bzw. als jugoslawischer Sonderweg in die Publizistik und Fachliteratur eingegangen ist, waren: die (letztlich auf halbem Wege steckengebliebene) Entstalinisierung, die Theorie unterschiedlicher Wege zum Sozialismus, das jugoslawische Selbstverwaltungsmodell, die Politik der Blockfreiheit und die vielerorts als vorbildlich angesehene Lösung der nationalen Frage. (Hinzu kam das Egalitätsversprechen, das allen sozialistischen Gesellschaften gemein war und deshalb an dieser Stelle ausgeklammert wird.) Diese fünf „Eckpfeiler" des Titoismus verliehen der jugoslawischen Politik ein eigenständiges und eigenwilliges Profil, mit dem sich ein bedeutender Teil der Bevölkerung identifizierte. Das Bekenntnis zu Jugoslawien wurde für viele Bürger des Landes mehr als ein bloßes Lippenbekenntnis. In den Jahren nach Beendigung des Zweiten Weltkriegs und noch einmal verstärkt nach dem erfolgreich überstandenen Bruch mit der Sowjetunion und nach Aufbau des Selbstverwaltungsmodells formierte sich ein jugoslawisches Selbstbewusstsein, das über die Parteimitglieder hinaus von großen Teilen der Gesellschaft angenommen wurde. Die Vorstellung gemeinsamer Bedrohung von außen, der Stolz auf das Gewicht Jugoslawiens in der Blockfreien Bewegung, die Erwartungen und Hoffnungen, die mit dem Selbstverwaltungsmodell und dem Föderalismus verbunden wurden, die allmähliche Öffnung des Landes nach Westen, die Anerkennung, die dem Experiment Jugoslawien in vielen Ländern der Welt entgegengebracht wurde, sowie die unleugbaren Erfolge bei der Transformation eines rückständigen Agrarlandes in ein industrielles Schwellenland entwickelten sich zu Bezugspunkten einer national übergreifenden, jugoslawischen Identifikation. In diesen Jahren war es möglich, sich sowohl als Slowene, Kroate, Serbe etc. wie als Jugoslawe zu empfinden, ohne dass dies als Widerspruch oder gar als „Verrat“ an der jeweiligen Nation empfunden wurde (so wie sich ein US-Bürger sowohl als Ire wie als Amerikaner verstehen kann). Die Zeit nationaler Exklusivität schien endgültig der Vergangenheit anzugehören.

3.3 Religionsgemeinschaften und Staat

Auch in der Religionspolitik des Regimes hatte sich seit den frühen 50er-Jahren ein allmählicher Wandel vollzogen.[240] Die Phase massiver Repression gegen die drei großen Religionen (Katholizismus, Orthodoxie und Islam) war spätestens 1953 mit dem „Gesetz über die rechtliche Stellung der Glaubensgemeinschaften“ zum Abschluss gekommen.[241] Tito verurteilte jetzt den massenhaften Terror gegen Priester und Bischöfe. „Wir sind mit [den Exzessen] nicht einverstanden und verdammen solche Handlungen, weil wir viel bessere Mittel für den Kampf haben.“ Die Attacken auf die Priester seien „illegal; und wir verlangen, dass das Recht in unserem Land respektiert wird.“[242] Nach wie vor versuchte der Staat jedoch, über die von ihm kontrollierten „Priestervereinigungen“ und die „Bundeskommission für religiöse Fragen“ den Einfluss der Glaubensgemeinschaften zu neutralisieren oder zurückzudrängen.[243] Doch darin war er nur bedingt erfolgreich. Vor allem gelang es ihm nicht, die *nationale* Ausrichtung der christlichen Kirchen aufzubrechen. Selbst das Zweite Vatikanische Konzil (1962–1965)[244] brachte die katholische Kirche in Kroatien nicht von ihrem kroatozentrischen Kurs ab. Der ökumenische Dialog mit der christlichen „Bruderkirche“ blieb im Ansatz stecken.[245] Wie die orthodoxe Kirche verstand sich auch die katholische Kirche weiterhin als Nationalkirche.[246]

---

240 Zur Religionspolitik in den ersten Nachkriegsjahren vgl. Kapitel 1.3 (Das neue Staats- und Nationskonzept).

241 Zu Einzelheiten des Gesetzes Buchenau, K.: Orthodoxie und Katholizismus (91), S. 107 ff.; Radić, R.: Država i verske zajednice (159), Bd. 1, S. 377 ff.

242 Zitiert nach Buchenau,K.: Orthodoxie und Katholizismus (91), S. 100.

243 Einzelheiten ebda., S. 186 ff.

244 Mit dem Konzil vollzog die katholische Weltkirche eine historische Wende. Sie bekannte sich zu den Werten von Demokratie, Menschenrechten, Pluralismus und Religionsfreiheit. Vgl. Anderson, John: Religious Liberty in Transitional Societies: The Politics of Religion. Cambridge 2003, S. 31.

245 Buchenau, K.: Orthodoxie und Katholizismus (191), S. 309 ff.

246 Das gilt in erster Linie für die Katholische Kirche in Kroatien, weniger für die katholische Kirche in Slowenien, die infolge ihrer andersgearteten historischen Erfahrung gemäßigter war.

Klaus Buchenau hat in einer vergleichenden Untersuchung zur Geschichte der katholischen und der orthodoxen Kirche im sozialistischen Jugoslawien anhand umfangreichen Quellenmaterials gezeigt, dass die katholische Kirche, die seit Jahrhunderten an Auseinandersetzungen mit der weltlichen Gewalt gewohnt war und über einen gut ausgebildeten und sozial respektierten Klerus verfügte, gegen die Vereinnahmungsbestrebungen des kommunistischen Regimes (in Jugoslawien wie anderswo) besser gewappnet war als die autokephale orthodoxe Kirche, die traditionell stärker auf die Kooperation mit der staatlichen Gewalt gesetzt und die Defizite aus osmanischer Zeit auch in der zweiten Hälfte des 20. Jahrhunderts noch nicht überwunden hatte. Während die katholische Kirche bei den Kroaten auf einen vergleichsweise hohen Prozentsatz von Gläubigen rekurrieren konnte, ging die Religiosität bei den Serben zurück oder stagnierte auf niedrigem Niveau.[247] Eine Zusammenarbeit beider christlichen Konfessionen gegen das atheistische Regime scheiterte an der Unfähigkeit der Kirchen, aufeinander zuzugehen und sich kritisch mit der eigenen Vergangenheit im ersten jugoslawischen Staat und während des Zweiten Weltkriegs auseinanderzusetzen. Aufgrund dieser Unfähigkeit konservierten sie ihre national polarisierende, gegeneinander gerichtete Aufstellung, die sie in der Spätphase des sozialistischen Jugoslawiens – wie noch zu zeigen sein wird – zur Mobilisierung der Bevölkerung bedenkenlos einsetzten.

Die islamische Glaubensgemeinschaft profitierte nicht nur von der Liberalisierung der kommunistischen Religionspolitik, sondern auch von den zunehmend enger werdenden Beziehungen Jugoslawiens zu den islamischen Staaten der blockfreien Bewegung. Insbesondere während der Amtszeit des unter muslimischen Würdenträgern heftig umstrittenen Reis-ul-ulema (dem Oberhaupt der bosnischen Muslime) Sulejman Kemura von 1957 bis 1975 erlebte die islamische Glaubensgemeinschaft einen deutlich erkennbaren Aufschwung, der gelegentlich als „islamische Wiedergeburt" bezeichnet wird. Gab es 1949 in Bosnien 677 aktive Moscheen mit Minarett, so waren es 1970 bereits 1074.[248] Kemura arbeitete eng mit den staatlichen Organen zusammen, nutzte diese Zusammenarbeit aber nicht nur zu seinem persönlichen, sondern auch zum Vorteil seiner Glaubensgemeinschaft. Die Intensivierung der Kontakte Jugoslawiens mit dem islamischen Ausland blieb nicht ohne Auswirkungen auf die Entwicklung des Islams in Bosnien. Das galt sowohl für den Ausbau der institutionellen Infrastruktur mittels ausländischer Spenden (für Moscheen, Bildungsstätten und Presse) als auch für die is-

247 Vgl. dazu den religionssoziologischen Überblick ebda., S. 131 ff.

248 Balić, S.: Unbekanntes Bosnien (422a), S. 21; Šukrić, Nijaz: Islamska zajednica u Bosni i Hercegovini nakon oslobodjenja, in: Muhamed Hadžijahić (Hg.): Islam i Muslimani u Bosni i Hercegovini, Sarajevo 1977, S. 153–168, hier S. 159.

lamischen Diskurse in Bosnien, bei denen insbesondere seit 1970 eine immer stärkere Anbindung an das islamische Denken außerhalb Jugoslawiens (nicht zuletzt dank des intensiven Studentenaustauschs mit islamischen Ländern wie Ägypten, Jordanien, Syrien u. a.) zu beobachten war.[249] Die fortschreitende „Privatisierung“ des Islams in Bosnien konnte aber auch Kemura nicht aufhalten. Viele bosnische Muslime zeigten sich gegenüber den Lehren und Bräuchen des orthodoxen Islams indifferent. Das war nicht nur eine Folge der vorangegangenen staatlichen Repression, sondern mag auch zu tun haben mit der Bedeutung, die heterodoxe Sufi-Orden (allen voran die Mawlawi/Mewlewi und die Naqsch(i)bandi) über Jahrhunderte hinaus in Bosnien (und den Nachbarregionen) gespielt haben.[250] Die Sufis bzw. Derwische zeichne(te)n sich durch Volksnähe, ein hohes Maß an religiöser Toleranz, eine mystische Gotteserfahrung und häufig auch durch Distanz gegenüber der strengen Scharia aus. Außenstehenden bekannt wurden sie durch ihre Musik und Tänze. Die jahrhundertelange Koexistenz mit Christen und Juden sowie vielfältige Formen religiösen Synkretismus („prijepodne Ilija – poslijepodne Alija“; vormittags der hl. Elias, nachmittags Allah) verliehen dem Islam in Bosnien ein besonderes Gepräge, das immer wieder Spannungen mit dem orthodoxen Islam auslöste. Für einen großen Teil der bosnischen Muslime war die Religionsausübung eine Privatsache, die sie recht unkonventionell handhabten. Ihre Aufwertung zur Nation im Jahr 1968, von der in der Einleitung bereits die Rede war, scheint diesen Trend religiöser Entspanntheit eher gestärkt als geschwächt zu haben. Ob überhaupt und ab wann von einer „islamischen Wiedergeburt“ in Bosnien (über die kleine Gruppe von Geistlichen und laizistischen Intellektuellen hinaus) gesprochen werden kann, lässt sich beim gegenwärtigen Forschungsstand nicht abschließend beurteilen.

3.4 Zunehmende Ungleichheiten

Das regionale Entwicklungsgefälle: MER und WER

Das Prinzip „Brüderlichkeit und Einheit“ wurde in den 60er-Jahren nicht offen infrage gestellt. Doch sobald es ums Geld ging, stieß es an seine Grenzen.[251] Das war keine Besonderheit Jugoslawiens. In allen Staaten, in denen ein ausgeprägtes Entwicklungsgefälle existiert, kommt es zu mehr oder minder heftigen Verteilungskämpfen. Eines

---

249 Omerika, Armina: Islam in Bosnien-Herzegowina im 20. Jahrhundert und das Netzwerk der Jungmuslime (1941–1983) (Druck in Vorbereitung), hier nach dem Manuskript, S. 235.

250 Ćehajić, Džemal: Derviški redovi u jugoslovenskim zemljama. Sarajevo 1986.

251 Vgl. Haug, H.: Comrades between brotherhood and (dis)unity (120).

der konfliktreichsten Probleme des ersten und zweiten Jugoslawiens war das Entwicklungs- und Wohlstandsgefälle innerhalb des Landes, vom Nordwesten nach Südosten. Weder in der Zwischenkriegszeit noch nach 1945 ist es gelungen, die überkommenen Niveau-Unterschiede abzubauen. Die Besonderheit Jugoslawiens bestand darin, dass die wirtschaftlich-soziale Ungleichheit national aufgeladen war (oder aufgeladen werden konnte): Den „reichen“ Slowenen und nicht ganz so „reichen“ Kroaten standen die „ärmeren“ Serben und die sehr „armen“ Bewohner Bosnien-Herzegowinas, Montenegros, Makedoniens und des Kosovos gegenüber.[252] Wohlstand und Armut waren eine Hinterlassenschaft der habsburgischen und osmanischen Herrschaft mit ihren unterschiedlichen Wirtschafts- und Gesellschaftssystemen. Die unsichtbare Grenze zwischen beiden ehemaligen Imperien entlang der Flussläufe von Save und Donau deckte sich näherungsweise auch mit dem bereits in vorosmanischer Zeit vorhandenen Grenzsaum zwischen westlicher und östlicher Zivilisation mit ihren differierenden Rechtssystemen.[253] Innerhalb des ehemals habsburgischen Raums bestanden abermals Unterschiede zwischen den slowenischen Siedlungsgebieten, die jahrhundertelang zur österreichischen (cisleithanischen) Reichshälfte gehört hatten, und Kroatien sowie der Wojwodina, die Bestandteile der ungarischen (transleithanischen) Reichshälfte gewesen waren (von der vergleichsweise kurzfristigen Zugehörigkeit Dalmatiens und Bosnien-Herzegowinas zu den österreichischen Kronländern resp. zu Österreich-Ungarn einmal abgesehen). Südlich von Save und Donau bestanden weitere Unterschiede zwischen den Gebieten, die früher, und denen, die später von osmanischer Herrschaft befreit worden waren, sowie zwischen Gebieten mit vorwiegend christlicher oder vorwiegend muslimischer Bevölkerung mit ihren unterschiedlichen Wertsystemen.

Den jugoslawischen Kommunisten war die Gefährlichkeit des Wohlstandsgefälles bewusst, und sie zeigten sich entschlossen, durch eine Umverteilung der Ressourcen die Unterschiede zwischen den mehr entwickelten Regionen (MER) – Slowenien, Kroatien, Wojwodina und engeres Serbien – und den weniger entwickelten Regionen (WER) – Bosnien-Herzegowina, Montenegro, Makedonien und Kosovo – einzuebnen. Doch die Voraussage des 1953 verstorbenen „Vaters des sozialistischen Wirtschaftssystems“ in Ju-

---

252 Zum Folgenden vgl. u. a. EGER, TH.: Entwicklungsgefälle (108); DEVETAK, S.: Equality of Nations (97) und PLEŠTINA, D.: Regional Development (153).

253 Während die Rezeption des Römischen Rechts in West- und Mitteleuropa bereits im Mittelalter eingesetzt hatte, begann sie im Balkanraum erst im Verlauf des 19. Jahrhunderts. Die Verdrängung des vorosmanischen (byzantinisch geprägten) Rechts, des osmanisch-islamischen Rechts und des Gewohnheitsrechts wurden zwar in allen postosmanischen Staaten zügig in Angriff genommen und innerhalb einiger Jahrzehnte formal abgeschlossen, aber viele Anzeichen sprechen dafür, dass die Rezeption des Römischen Rechts ein langfristiger Prozess ist, dessen Unfertigkeit die Rechtskultur bis zur Gegenwart beeinflusst.

goslawien, Boris Kidrič, dass bis zum Jahr 1964 ein Ausgleich zwischen den MER und WER erzielt würde, erwies sich trotz zentraler Investitionsplanung als unerfüllbar. Im Gegenteil: Im Planjahrfünft 1956–1960 lag das Sozialprodukt pro Kopf der Bevölkerung in den MER mit 15,7 Indexpunkten über dem jugoslawischen Durchschnitt, während die WER mit 32,7 Punkten darunter lagen. Im folgenden Jahrfünft (1961–65) vergrößerte sich der Abstand (auf 17,8 über und 35,4 Punkte unter dem Landesdurchschnitt). In Bosnien-Herzegowina hatte das Sozialprodukt pro Kopf der Bevölkerung 1952 noch 95,5 % des jugoslawischen Durchschnitts betragen, während es 1965 auf 71,6 % gesunken war; in Kosovo schrumpfte der Wert um 10 Punkte (von 46,5 % auf 36,5 % (jeweils in festen Preisen von 1972). Auch Makedonien war zurückgefallen, wenn auch nicht so stark wie Bosnien und Kosovo.[254] Mit anderen Worten: Obwohl die Zentralregierung erhebliche Investitionsmittel in die WER pumpte, hatte sich das Entwicklungsgefälle weiter vertieft, was in beiden Lagern – bei den Vertretern der MER und WER – wachsende Unzufriedenheit auslöste. Die Politiker im Nordwesten betrachteten die Umverteilung durch die Bundesregierung als Nullsummenspiel, bei dem sie auf der Verliererseite standen. Zwar hatte ihr Wohlstand zugenommen, aber nicht in dem Ausmaß, wie er ohne Umverteilung hätte zunehmen können („relative Benachteiligung").[255] Die Politiker im Südosten dagegen drängten auf eine stärkere Beteiligung ihrer Länder am allgemeinen Wohlstand mittels (zentral-)staatlicher Steuerung.

Die Verlagerung der wirtschaftlichen Zuständigkeiten vom Bund auf die Länder sowie die Wirtschaftsreformen von 1965 drohten den Konflikt weiter zu verschärfen. Um ein Gegengewicht gegen die Ungleichheiten der „sozialistischen Marktwirtschaft" zu schaffen, mussten alle im gesellschaftlichen Sektor tätigen Unternehmen eine Abgabe an den 1963 eingerichteten Bundesentwicklungsfonds entrichten, um die WER mit billigen (infolge der Inflation oft kostenlosen) Krediten versorgen zu können. Die Höhe der Abgabe wurden zwischen den WER und MER ausgehandelt und schwankte im Durchschnitt der Jahre 1966–1980 um 1,9 % des Bruttoeinkommens der Unternehmen (erst ab Mitte der 80er-Jahre verringerte sich die Quote deutlich). Die Mittel, die der Bundesentwicklungsfonds an die WER verteilte und die zu etwa 78 % von Unternehmen in den MER erwirtschaftet wurden, stiegen von 11,3 Milliarden Dinar für das Jahrfünft 1966–1970 auf 23,8 Milliarden für die Jahre 1981–85 (jeweils in festen Preisen von 1972). Hinzu kamen Mittel aus einem 1971 eingerichteten Ergänzungsfonds und die Vorzugsbehandlung der WER bei der Aufteilung von internationalen Darlehen an Jugoslawien (z. B. seitens der Weltbank). Unter den Empfängerregionen standen Kosovo und Bosnien-

254 Berechnet nach Jugoslavija 1918–88 (40), S. 105.
255 Zum Paradigma der „realtiven Benachteiligung" vgl. Kapitel 3.5. (Der „kroatische Frühling" 1971).

Herzegowina an erster Stelle, gefolgt von Makedonien und – mit deutlichem Abstand – von Montenegro.

Das Ergebnis dieser gewaltigen Umverteilung war desillusionierend. Zwar profitierten die WER zum Teil erheblich von den bereitgestellten Mitteln. In allen Regionen erhöhte sich der Anteil der Industrieproduktion an der Erwirtschaftung des Sozialprodukts beträchtlich. Mitte der 1970er-Jahre war der industrielle Sektor überall mit mindestens 30 % an der wirtschaftlichen Gesamtleistung beteiligt. In den WER lag dieser Anteil zum Teil sogar höher als etwa in der Wojwodina, der „Kornkammer Jugoslawiens", wo die Landwirtschaft auf hohem technischem Niveau weiterhin eine führende Rolle spielte. Der Reichtum an Bodenschätzen in den WER begünstigte die Entstehung neuer Industriezonen südlich von Save und Donau. Auch der Lebensstandard verbesserte sich deutlich, ebenso wie das Gesundheits- und Bildungswesen. Doch gemessen am Sozialprodukt pro Kopf der Bevölkerung vergrößerte sich der Abstand zwischen den MER und WER und insbesondere zwischen der reichsten und ärmsten Region (Slowenien und Kosovo) dramatisch. Mitte der 1980er-Jahre lag das Sozialprodukt in Slowenien mehr als 100 Indexpunkte über dem jugoslawischen Durchschnitt, während es in Kosovo um 72 Punkte darunter lag. Kosovo befand sich auf dem Niveau Pakistans, während Slowenien mit Spanien und Neuseeland vergleichbar war.[256]

Über die Gründe für die Öffnung der Leistungsschere wurde leidenschaftlich gestritten: „Wer beutete wen aus?"[257] Richtig ist, dass die deutlich höhere Wachstumsrate der Bevölkerung in den südöstlichen Regionen (allen voran in Kosovo) einen Teil des Wachstums „aufzehrte". Aber dies war nicht der entscheidende Punkt. Denn selbst wenn man den Bevölkerungszuwachs rechnerisch auf den jugoslawischen Durchschnitt begradigt, bleibt die Öffnung der Schere bestehen. War der Grund für das schlechte Ergebnis somit der Tatsache geschuldet, dass der Bund mit Übertragung seiner Wirtschaftskompetenzen an die Republiken und Kommunen auch deren Egoismus gefördert hatte? Und hatte die Einführung marktwirtschaftlicher Elemente die Probleme vergrößert, statt sie zu lösen? Oder waren die Reformen von 1965 Stückwerk geblieben? Eine hundertprozentig befriedigende Antwort auf diese Fragen gibt es bis heute nicht.[258] Zwei Faktoren spielten mit Sicherheit eine große Rolle: 1. das Bestreben der Republiken und

256 Borak, Neven: Economic Background to National Conflicts in Yugoslavia, in: Teichová, Alice [u. a.] (Hg.): Economic Change and the National Question in Twentieth-Century Europe. Cambridge 2000, S. 312 f.

257 Vgl. Madžar, Ljubomir: Ko koga eksploatiše, in: Popov, N. (Hg.): Srpska strana rata (553), S. 171–200.

258 Kaiser, Robert J.: The Equalization Dilemma in Yugoslavia, in: Geoforum 21 (1990), 2, S. 261–276.

Provinzen nach möglichst weitreichender wirtschaftlicher Unabhängigkeit (Autarkie)[259] sowie 2. (und damit verbunden) die Finanzierung „politischer Fabriken“ (mit relativ gut bezahlten Arbeitern) oder von kostspieligen Objekten (z. B. Hotels ohne Gäste), die der Autarkie oder dem Prestige dienen sollten, aber ökonomisch sinnlos waren (da sie weder komparative Wettbewerbsvorteile besaßen noch ausgelastet wurden) und faktisch eine Verschleuderung knapper Ressourcen darstellten.[260] Im ersten Fall erwies sich das Defizit an bundesstaatlicher Steuerungskompetenz als Problem, im zweiten Fall die Schwäche der Marktwirtschaft. Aber auch eine Rezentralisierung des Fiskalsystems[261] hätte nicht automatisch zu einer Verbesserung der Lage geführt, solange man sich nicht auf Kriterien für wirtschaftlich nachhaltige Investitionen einigen konnte. Zentral gesteuerte Fehlinvestitionen sind nicht besser als regional gesteuerte. Aber richtig ist wohl auch, dass langfristig gewachsene Unterschiede eben nur langfristig überwunden werden können (unabhängig von Staatsform, Gesellschaftssystem und Förderinstrumenten). Mit Sicherheit falsch ist die von Gegnern der Wirtschaftsreformen kolportierte pauschale Behauptung, dass die Einführung marktwirtschaftlicher Elemente die Verschärfung der regionalen Disparitäten verursacht hätte. Wie oben erwähnt, hatte sich die Schere bereits in den 50er-Jahren geöffnet. Und zumindest im Falle Bosniens verlangsamte sich dieser Prozess nach Implementierung der Reformen von 1965.

Soziale und andere Ungleichheiten[262]

Die regionalen Unterschiede schlugen sich nicht nur in makroökonomischen, sondern auch in sozialen Indikatoren nieder, obwohl es hierzu nur relativ wenige Untersuchungen gibt. Im Unterkapitel über den wirtschaftlichen und sozialen Wandel wurde bereits auf die starke landesweite Zunahme der Lebenserwartung hingewiesen. Das durchschnittliche Todesalter in Jugoslawien betrug 1950 bei Männern 35,6 und bei Frauen 38,9 Jahre. Bis 1981 stieg es bei Männern auf 61,7 und bei Frauen auf 67,3 Jahre. Aber in Kosovo starben die Männer 1981 gut 21 Jahre früher als in Slowenien (42,0 gegenüber 63,7 Jahren). Bei Frauen war der

---

259 Dabei ging es um die Unabhängigkeit von anderen jugoslawischen Republiken, nicht um die Unabhängigkeit vom Ausland bzw. von ausländischen Banken.

260 Vgl. u. a. Lydall, H.: Yugoslavia in Crisis (138), S. 78 f.

261 In den ersten Nachkriegsjahren war der Bund mit gut 63 % an allen öffentlichen Ausgaben beteiligt gewesen. 1986 waren es nur noch knapp 22 %, von denen der größte Teil auf die Finanzierung der Volksarmee entfiel. Im gleichen Zeitraum war der Anteil der Förderationseinheiten an den öffentlichen Ausgaben von 24,3 % auf 38,7 % und derjenige der lokalen Verwaltungen von 12,6 % auf 37,2 % gestiegen. Bogoev, Ksente: The Dangers of Decentralization: The Experience of Yugoslavia, in: Prud’homme, Rémy (Hg.): Public Finance with Several Levels of Government. Den Haag, Königstein 1991, S. 99 ff.

262 Zum Folgenden Berković, E.: Socijalne nejednakosti (84).

Unterschied noch größer. In Kosovo lebten sie durchschnittlich nur knapp 40 Jahre, in Slowenien fast 32 Jahre länger! Ähnliche Diskrepanzen bestanden bei der Kindersterblichkeit, die überall in Jugoslawien deutlich zurückging. 1931 waren von 1.000 Lebendgeborenen noch 164,5 im Kindesalter gestorben, 1986 waren es „nur" noch 27,1 (was allerdings noch immer eine der höchsten Quoten in Europa war). Aber auch hier existierten ausgeprägte regionale Unterschiede zwischen Slowenien, Kroatien und der Wojwodina auf der einen sowie Kosovo und Makedonien auf der anderen Seite. 1981 war die Kindersterblichkeit in Kosovo fast fünfmal so hoch wie in Slowenien (62,9 gegenüber 13,3).[263]

Bemerkenswert ist, dass die durchschnittlichen Nettolöhne der Arbeiter im gesellschaftlichen Sektor von den 50er- bis Ende der 70er-Jahre regional weitaus weniger streuten als das Sozialprodukt pro Kopf der Bevölkerung und dass sich die Lohnunterschiede in den ersten eineinhalb Jahrzehnten nach den Wirtschaftsreformen verringerten (mit Ausnahme der Jahre 1965–71)! Erst im Verlauf der 80er-Jahre nahmen sie sozial bedrohliche Ausmaße an, vor allem zwischen Kosovo und Makedonien auf der einen sowie Slowenien auf der anderen Seite.[264] Doch bis dahin war die Lohnentwicklung in den nordwestlichen Landesteilen dank staatlicher Intervention deutlich gebremst worden (zum Unmut der dort Beschäftigten) mit der Konsequenz, dass die Betriebe in den MER einen höheren Anteil ihrer Gewinne reinvestierten als die Betriebe in den WER, wodurch sich die Produktivitätsunterschiede immer weiter vergrößerten.[265] Sofern das richtig ist (was durch weitere Forschung noch überprüft werden muss), würden die Argumente der Reformgegner regelrecht auf den Kopf gestellt: Nicht die marktwirtschaftlichen Elemente, sondern die staatlichen Interventionen (vor allem auf Republiksebene) beförderten (unbeabsichtigt) die Zunahme regionaler Disparitäten! Denn selbst in der Blütezeit des wirtschaftlichen „Liberalismus" zwischen 1965 und Anfang der 70er-Jahre wurden 50–60 % der Preise für industrielle Produkte von den Bundes-, Republiks- oder kommunalen Autoritäten festgelegt und kontrolliert. Hinzu kamen Subventionen, Kredite und Steuererleichterungen für einzelne Branchen oder Betriebe, die das Marktgeschehen weiter, mitunter bis zur Unkenntlichkeit, verzerrten.[266]

Zu den Differenzen zwischen den Republiken und Provinzen kamen Unterschiede innerhalb der Republiken sowie Unterschiede zwischen einzelnen Branchen, einzelnen Betrieben sowie sozialen Schichten. Mit Blick auf die Entwicklung in den 90er-Jahren sei stellvertretend auf das Entwicklungsgefälle innerhalb Kroatiens und Bosnien-Herze-

263 Angaben nach Mastilica, Miroslav: Health and Social Inequities in Yugoslavia, in: Social Science & Medicine 31 (1990), 3, S. 405–412.

264 Dies ergibt sich aus den Daten in Jugoslavija 1918–1988 (40), S. 77.

265 Vgl. auch Flakierski, H.: Economic System, a. a. O., S. 42.

266 Ebda., S. 79.

gowinas hingewiesen. Große Teile der späteren „Serbischen Republik Krajina“ im vergleichsweise wohlhabenden Kroatien oder Teile der späteren (kroatischen) „Republik Herceg-Bosna“ in Bosnien[267] lagen mit ihrem Sozialprodukt pro Kopf der Bevölkerung deutlich (zum Teil mehr als 50 %) unter dem jeweiligen Republiksniveau![268] Die soziale Unzufriedenheit in diesen ländlich geprägten Gebieten mit schwacher Infrastruktur und einer „konservativen“ Bevölkerung war zweifellos ein wichtiger Faktor bei der nationalen Mobilisierung und Radikalisierung der dortigen serbischen resp. kroatischen Bevölkerung Anfang der 90er-Jahre (ähnlich wie bei den Kosovo-Albanern).

In Jugoslawien entschied nicht der Arbeitseinsatz als solcher über die Höhe des persönlichen Einkommens (Arbeitsanreize gab es praktisch nicht), sondern die Frage, wo man beschäftigt war. Wie andere sozialistische Gesellschaften war auch die jugoslawische keine egalitäre Gesellschaft, obwohl sie im Durchschnitt egalitärer war als in kapitalistischen Ländern oder in der Sowjetunion und Polen.[269] An der Spitze der sozialen Pyramide standen die Dinar(!)-Millionäre (Industriemanager, Grundstücksspekulanten, Filmstars, Fußballspieler, Schlagersänger) sowie Spitzenpolitiker, am unteren Ende die sozial marginalisierten Schichten: Arbeitslose, Unqualifizierte (mit einem überdurchschnittlich hohen Anteil von Frauen), innerjugoslawische Migranten, Behinderte, Alte sowie privat wirtschaftende Bauern, die in entlegenen ländlichen Gebieten und kleinen Ortschaften lebten. Die Zwischenschicht bildeten die qualifizierten Arbeiter im gesellschaftlichen Sektor sowie heterogene Gruppen, die sehr vereinfacht unter der Überschrift „Dienstleister“ zusammengefasst wurden. Die finanziellen und gesundheitlichen Unterschiede zwischen den Schichten waren ebenso groß wie die Unterschiede im Bildungsniveau, von denen bereits die Rede war. Derartige Diskrepanzen standen nicht nur im Widerspruch zum kommunistischen Gleichheitsideal, sondern auch zur traditionellen bäuerlichen Vorstellung von der Begrenztheit und Unvermehrbarkeit irdischer Güter (Image of Limited Good).[270] Das sorgte für Unmut. Der Soziologe Josip Županov sprach 1977 sogar von einem „Egalitätssyndrom“ und erblickte darin ein Relikt der Vergangenheit, das durch die kommunistische Ideologie verstärkt oder wiedererweckt worden sei. Namentlich auf dem Lande waren die Egalitätsvorstellungen stark verwurzelt.[271] Tito, der den persönlichen

267 Vgl. dazu Kapitel 1.2 im zweiten Teil der Arbeit.

268 Vgl. Allcock, John B.: Rural-urban differences and the break-up of Yugoslavia, in: Balkanologie 6 (2002), 1–2, S. 115, 121.

269 Flakierski, H.: Economic System, a. a. O., S. 30; zum Folgenden vgl. auch Pešić, Vesna: Društvena nejednakost. Beograd 1988.

270 Vgl. dazu allgemein Foster, George M.: Peasant Society and the Image of Limited Good, in: American Anthropologist 67 (1965), S. 293–315.

271 Županov, Josip: Socijalizam i tradicionalizam, in: Politička misao (1977), Nr. 1; hier nach Ivеković,

Luxus durchaus genoss (Tito war eben Tito), hat wiederholt gegen die Gehalts- und Einkommensunterschiede gewettert. 1962 geißelte er in einer Rede in Split die Disparitäten zwischen den Löhnen und die Bereicherung von Funktionären. Um 1970 unterstützte er eine Kampagne unter dem Motto „Du hast ein Haus, kehr in dein Appartement zurück!" etc.[272] Doch die vielfältigen Ungleichheiten nahmen im Lauf der Jahre eher zu als ab und verstärkten sich in Zeiten wirtschaftlicher Krisen dramatisch (z. B. in zunehmender sozialer Distanz oder in Gestalt unterschiedlicher Arbeitslosenquoten).[273] Im Zentrum der öffentlichen Diskurse standen aber fast immer nur die makroökonomischen, vermeintlich nationalen Unterschiede zwischen den Republiken.

Verteilungskämpfe

Die divergierende Interessenlage der „reichen" und „armen" Republiken und das mangelnde Verständnis der einen für die anderen lösten immer wieder scharfe Verteilungskonflikte aus. Das war im zentralistischen, „kapitalistischen" Jugoslawien der Zwischenkriegszeit nicht anders gewesen als im sozialistischen, föderativen Jugoslawien der Nachkriegszeit. Den meisten parteiinternen Auseinandersetzungen nach 1945 lagen ökonomische Interessengegensätze (z. B. in der Infrastrukturpolitik: beim Straßen- und Eisenbahnbau) zugrunde. Die Wirtschaftsreform von 1965 wurde von den „Armen" mit unverhohlenem Misstrauen betrachtet. Ihrer Auffassung nach machte die „sozialistische Marktwirtschaft" die „Reichen" immer reicher und die „Armen" immer ärmer. Aber nicht nur die „Armen", sondern auch die „Reichen" beklagten ihre vermeintliche „Ausbeutung", denn ohne den „Ballast" der weniger entwickelten Gebiete hätten sie noch reicher sein können. Einig waren sich alle darin, dass sie zu kurz gekommen seien und von den anderen „übervorteilt" oder „behindert" würden. Politiker aus den weniger entwickelten Regionen beklagten sich über die mangelnde Solidarität slowenischer und kroatischer Politiker, diese beschwerten sich über die ökonomische Ineffizienz in den

Ivan: Neopatriarchy and Political Violence. Understanding ethnic conflict in the Balkans and Transcaucasia, in: Europe and the Balkans – Occasional Papers 6 (1996), S. 10. Iveković zitiert ebda. auch den slowenischen Soziologen Sergej Flere: „Egalitarianism implies the idea of a limited pool of goods (without envisaging the possibility of its enlargement) which are to be distributed (and re-distributed) by a just and authoritarian governor in an even manner. This in turn presupposes the distributive function of the state, which can lead to an obsession about dispossessing private owners, thereby impeding entrepreneurship, professionalism and innovation."

272 Vgl. Flere, Sergej: The Broken Covenant of Tito's People: The Problem of Civil Religion in Communist Yugoslavia, in: East European Politics & Societies 21 (2007), S. 681–703; hier S. 694.

273 Pantić, Dragomir: Karakteristike socijalne distance kod zaposlenih u društvenom sektoru SFRJ, in: Sociologija 29 (1987), 4, S. 559–602.

Entwicklungsgebieten und über die Vergeudung der Subsidien. Letztlich nahmen beide Lager die Interessen ihrer jeweiligen Republiken wahr, wobei die nördlichen Republiken die wirtschaftlichen und die südlichen Republiken die entwicklungspolitischen Interessen in den Vordergrund rückten. Zwar ging es den Bürgern in allen Teilen des Landes im Durchschnitt sehr viel besser als früher. Aber im Süden wie im Norden bemaßen sich Zufriedenheit oder Unzufriedenheit nicht an der Vergangenheit, an dem, was erreicht worden war, sondern an den jeweils besser situierten Nachbarn: entweder im Norden des Gesamtstaats oder jenseits der Grenze in Österreich oder Italien. Maßstab für die Zufriedenheit waren nicht das Hier und Jetzt (von der Vergangenheit ganz zu schweigen), sondern die veränderten Erwartungen, die im selben Maße gestiegen waren, wie sich die Realität verbessert hatte.

3.5 Nationale Frage und die Reformen von 1967 bis 1971

Irrungen und Wirrungen im Nationsverständnis: „Abschied vom Jugoslawismus“?

Mit der Einrichtung eines föderativen Staates und der Durchsetzung der sozialistischen Gesellschaftsordnung hatte die KPJ geglaubt, die nationale Frage, die sie anfangs für ein Relikt der „bürgerlich-kapitalistischen“ Klassengesellschaft gehalten hatte, ein für allemal gelöst zu haben. Etwa eineinhalb Jahrzehnte verharrte sie in diesem Irrglauben und ließ sich auch von gelegentlichen Zweifeln nicht anfechten. Zwar wies Petar Stambolić, einer der führenden serbischen Kommunisten, bereits im Mai 1956 auf „chauvinistische Tendenzen“ hin, die „ein wenig auch einige unserer Kader erfasst“ hätten. Aber er führte diese Tendenzen auf die „Reste des Kapitalismus“, auf „verschiedene religiöse Auffassungen“ und auf die Problematik der bundesstaatlichen Ordnung zurück. Er warnte vor einer „Einkapselung in den Republikgrenzen“ und vor einer „Schwächung des politischen Zentrums“, lehnte jedoch eine Beseitigung der Republiken entschieden ab und glaubte auch nicht an die Entstehung einer jugoslawischen Nation: „Ich denke nicht, dass die Entwicklung in Jugoslawien zur Herausbildung einer jugoslawischen Nation führen wird. Fünf Nationen sind entwickelt und herausgebildet und es ist nicht möglich, dass eine jugoslawische Nation entsteht …“ Die Zukunft werde auch deshalb nicht zur Schaffung einer integralen jugoslawischen Nation führen, „weil die sozialistischen Kräfte auf ein Absterben der Nation hinarbeiten. Die Nation ist ein gesellschaftliches Phänomen, das mit dem Kapitalismus entstand und mit ihm verschwinden soll, auch wenn das ein langsamer Prozess ist …“[274] Wie bis zum „Absterben der Nation“ (und

274 Zit. nach Cvetković-Sander, K.: Sprachpolitik (95), S. 108.

zum ebenfalls angestrebten „Absterben des Staates" und der Religion) praktisch und politisch agiert werden sollte, war Gegenstand häufiger Kontroversen und sorgte unter den Parteimitgliedern für „ziemlich viel Konfusion und Unverständnis gegenüber prinzipiellen Standpunkten", wie Edvard Kardelj 1961 konstatierte.[275] Auch Tito ging seit Anfang der 1960er-Jahre mehrfach auf die nationale Frage ein. Er forderte eine stärkere Integration in den Bereichen von Wirtschaft und Kultur, lehnte jedoch eine Aufhebung der Republikgrenzen ab und distanzierte sich vom Ziel einer „Verschmelzung" der Nationen.

Auch die These vom „Absterben der Nation" wurde kurz darauf beerdigt: Der VIII. Kongress des BdKJ segnete Ende 1964 die Kehrtwende ab. Für Anhänger der Auffassung, dass die Nationen im Sozialismus absterben sollen, gebe es im BdKJ keinen Platz, erklärte Tito, denn diese Absicht erinnere an „Assimilierung und bürokratische Zentralisierung, an Unitarismus und Dogmatismus".[276] Die Vorstellung, „dass sich die Nationen in unserer sozialistischen gesellschaftlichen Entwicklung überlebt haben und dass eine einheitliche jugoslawische Nation geschaffen werden soll", müsse bekämpft werden.[277] Die heute gelegentlich vertretene These, Tito habe sich 1964 vom Jugoslawismus verabschiedet (und damit zugleich auch das Ende Jugoslawiens eingeleitet),[278] ist eine Fata Morgana. Es gibt keine Äußerung Titos – weder vor noch nach 1964 –, die sich im Sinne eines nationalen „Melting Pots" interpretieren ließe, zumindest ist mir keine bekannt. Titos Jugoslawismus war von Anfang an und blieb bis zu seinem Tod eine politische und soziale Kategorie, die niemals (ethno-)national konnotiert war. Der in vielen Reden und Dokumenten verwendete Begriff „jugoslovenski narod", der sowohl „jugoslawisches Volk" wie „jugoslawische Nation" bedeuten kann, wurde von Tito und seinen engsten Vertrauten stets im Sinne von „arbeitendes Volk/Werktätige" gebraucht und nie im Sinn einer ethnischen Nation.[279] „Narod" war also nicht Ethnos, sondern Klasse. (Erst im Verlauf der 1980er-Jahre verdrängte das „Volk" die Klasse.) Und wenn Tito von „Integration" (später von „Kohäsion") sprach, war damit nie die ethnische In-

---

275 Ebda., S. 110.

276 Ebda., S. 112.

277 Aus der Resolution des Parteikongresses, zit. nach Kobsa, Leopold [u. a.] (Hg.): Nacionalno pitanje u djelima klasika marksizma i u dokumentima i praksi KPJ/SKJ. Zagreb 1978, S. 360 f.

278 Etwa Marković, Predrag: Titova shvatanja nacionalnog i jugoslovenskog identiteta, in: Dijalog povijesničara/istoričara. Bd. 2. Zagreb 2000, S. 237–253.

279 Im Serbokroatischen gibt es keine klare Differenzierung zwischen „narod" und „nacija". Beide Begriffe werden oft als Synonyme gebraucht und gegeneinander ausgetauscht. Ausschlaggebend dafür ist, dass die (Staatsbürger-)Nation in der Regel als Volk im ethnischen Sinn begriffen wird. Vgl. u. a. Milošević-Djordjević, Jasna: Jedan pokušaj klasifikacije teorejskih razmatranja nacionalnog identiteta, in: Psihologija 36 (1983), S. 125–140.

tegration gemeint. Auf die Frage, was eigentlich ein Jugoslawe sei, antwortete Tito 1964: „Heute bedeutet dies, Bürger des sozialistischen Jugoslawiens zu sein.“[280] (Dass es seit der Volkszählung von 1961 – wie in der Einleitung dargestellt – Menschen gab, die sich auf die Frage nach ihrer Volkszugehörigkeit als „Jugoslawe“ deklarierten, sprengte dieses Konzept, wurde aber toleriert.)

Kampf gegen den „Unitarismus“

Der bundesstaatlichen Ordnung waren bis in die 60er-Jahre hinein relativ enge Grenzen gezogen. Die Partei (wenn auch in sich uneins) hielt alle Fäden in der Hand und machte den in der Verfassung vorgesehenen Föderalismus zur bloßen Formalität, sieht man vom kulturellen Bereich ab. Das Problem waren aber nicht die politisch eher schwachen Republiken, sondern die Parteikader, von denen sich viele mehr und mehr mit ihrer Republik und immer weniger mit dem Gesamtstaat identifizierten. Die tiefe strukturelle Krise des zweiten Jugoslawiens begann, als der ökonomische Nachkriegsboom Anfang der 60er-Jahre einer neuen Normalität Platz machen musste. Bis dahin hatte Jugoslawien dank stark forcierter Industrialisierungspolitik, Ausschöpfung aller Reserven und finanzieller Unterstützung aus dem Westen extrem hohe Zuwachsraten in der Wirtschaft verzeichnet. Aber die Zuwächse und Umstrukturierungen waren vornehmlich extensiver Art gewesen. Nun ging es um eine Intensivierung. Und damit stieß die bisherige Politik an ihre natürlichen Grenzen.

Die Wiederbelebung der nationalen Frage stand in einem engen zeitlichen Zusammenhang mit den Wirtschaftsreformen, für die sich vor allem die Vertreter der entwickelten Republiken Slowenien und Kroatien, Kardelj und Bakarić, eingesetzt hatten. Beiden ging es – im Unterschied zu manchen anderen Führungskadern – nicht um Nationalismus, sondern um die Lösung konkreter ökonomischer und gesellschaftlicher Probleme (unter Wahrung der ideologischen Vision). Die Reform des Wirtschaftssystems und der Ausbau des Selbstverwaltungsmodells implizierten den ständigen Kampf gegen zentralistisch-bürokratische Hindernisse. Mit den erwähnten Wirtschaftsreformen von 1965 war ein partieller Durchbruch im ökonomischen Bereich erzielt worden, ohne dass der zentralistische und reformfeindliche Flügel innerhalb des BdKJ entmachtet werden konnte. Erst der Sturz Aleksandar (Leka) Rankovićs auf einer ZK-Sitzung im Juli

280 Tito, Josip Broz: Nacionalno pitanje i revolucija. Sarajevo 1977, S. 259 f. (Das Buch enthält Reden und Artikel, die zu unterschiedlichen Zeitpunkten entstanden sind.). Vgl. auch Milosavljević, Olivera: Titov Jugosloven – nacionalni ili državni identitet? (Reakcija na tekst Predraga J. Markovića: Titova shvatanja nacionalnog i jugoslovenskog identiteta, u: Dijalog povjesničara/istoričara. Bd. 2, Zagreb, 2000, 235–253) in: http://www.cpi.hr/download/links/hr/7239.pdf

1966 auf der Adriainsel Brioni verschaffte den Reformern einen wichtigen Teilsieg.[281] Der Serbe Ranković war seit Kriegsende Chef des Geheimdienstes gewesen und hatte jahrelang den Umbau der politischen Machtstrukturen in Jugoslawien und in Serbien, insbesondere auch die Umsetzung der albanischen Autonomierechte in Kosovo, torpediert. Sein – mit vermutlich fabrizierten Anschuldigungen inszenierter – Sturz lähmte den dogmatischen Flügel im Bund der Kommunisten und machte den Weg zu einer Umverteilung der Macht frei.[282] (Ranković lebte anschließend bis zu seinem Tod in Dubrovnik. Seine Beisetzung am 22. August 1983 in Belgrad im Beisein von angeblich 300.000 Trauergästen wurde zu einer Demonstration serbischer Unzufriedenheit mit der Umgestaltung Jugoslawiens nach seinem Sturz: „Ewig währe dein Ruhm, Genosse Leka, du wirst immer im Herzen jedes normalen oder anständigen Serben und Jugoslawen sein.")[283]

Der IX. Kongress des BdKJ Mitte März 1969 in Belgrad verlieh den Republiksparteien, die bis dahin mehr oder minder bloße Vollzugsorgane der Bundespartei gewesen waren, mehr Mitwirkungsrechte. Der Kongress beschloss die Einrichtung eines Parteipräsidiums, das nach einem genau festgelegten Republikenproporz besetzt wurde. Jede der sechs Teilrepubliken entsandte sieben Vertreter, die Autonomen Provinzen Kosovo und Wojwodina je drei Delegierte. Tito gehörte dem Präsidium von Amts wegen an, ebenso wie drei hohe Offiziere der Jugoslawischen Volksarmee. Das Präsidium ernannte seinerseits ein 15-köpfiges Exekutivbüro, bei dessen Zusammenstellung ebenfalls der Republikenproporz beachtet werden musste. Damit war praktisch eine Föderalisierung des Bundes der Kommunisten vollzogen. Lediglich die Parteiorganisation der Armee stellte als neunte (und zentralistische) Unterorganisation neben den acht Republiken und Autonomen Provinzen ein als Stabilisierungsfaktor gedachtes Novum dar. Nicht nur der BdKJ, sondern auch die Bünde der Kommunisten in den acht Gebietskörperschaften waren längst keine monolithische Einheit mehr. Die Unterschiede zwischen den Bünden und innerhalb der Bünde waren oft größer als die Unterschiede zwischen konkurrierenden Parteien in einem Mehrparteiensystem. Überspitzt formuliert handelte es sich um ein illegales Mehrparteiensystem unter dem Dach einer (zerstrittenen)

---

281 Četvrti plenum Centralnog komiteta SK Jugoslavije. Beograd 1966; Auszüge aus den Reden und Beschlüssen bei Petranović, B. – M. Zečević (Hg.): Jugoslavija 1918–1984 (26), S. 942–947. Dazu auch Radelić, Z.: Hrvatska u Jugoslaviji (521), S. 360 ff.

282 Vgl. auch Lukić, Vojin (Hg.): Brionski plenum: obračun sa Aleksandrom Rankovićem: sećanja i saznanja. Beograd 1990; zur Reaktion auf Rankovićs Sturz in Kroatien vgl. Spehnjak, Katarina: „Brionski plenum" – odjeci IV. Sednice CK SKJ iz srpnja 1966. u hrvatskoj političkoj javnosti, in: Časopis za suvremenu povijest 31 (1999), 3, S. 463–489.

283 Vgl. das Video auf Youtube: http://www.youtube.com/watch?v=fgmmcCtxk10

Einheitspartei. Anders formuliert: Zu den unterschiedlichen Interessen zwischen höher und weniger entwickelten Republiken kamen unterschiedliche Konzepte innerhalb der einzelnen Republiken sowie zwischen den Vertretern ein und derselben Republik auf Bundes- und Republiksebene. Illustrativ war die slowenische „Straßenaffäre" vom Sommer 1969. Der zwei Jahre zuvor zum slowenischen Regierungschef gewählte Stane Kavčić, der als Repräsentant der slowenischen „Liberalen" für mehr Selbstständigkeit seines Landes kämpfte, geriet in einen scharfen Konflikt mit der Bundesregierung unter Führung seines Landsmanns Mitja Ribičić. Streitpunkt war die Aufteilung einer Anleihe der Weltbank zum Ausbau des jugoslawischen Straßensystems. Die Nichtberücksichtigung der slowenischen Anträge löste scharfe Reaktionen der Regierung in Ljubljana aus, sodass sich Tito einschaltete und Kavčićs Einfluss beschränkte (obwohl dieser sein Amt noch bis 1972 ausübte).[284]

Sprache als Kampfarena

Die Wirtschaftsreformen, der Sturz Rankovićs und die Bekämpfung des „Unitarismus" (der fortan als Totschlagargument gegen sehr unterschiedliche politische Gegner eingesetzt wurde) waren von leidenschaftlichen Kontroversen begleitet, die teils von Politikern, teils von Wissenschaftlern und Intellektuellen vom Zaun gebrochen und national (bzw. nationalistisch) aufgeladen wurden. Zu den bevorzugten Diskursfeldern gehörten die Sprachenfrage und die Sprachpolitik. Sprache hat bekanntlich eine doppelte Funktion: Sie ist einerseits Kommunikationsmittel und fungiert andererseits als kollektives Indentitätsmerkmal, da sie einen hohen symbolischen Wert als nationales Kulturgut besitzt. Spätestens seit Beginn der Nationsbildungsprozesse im 19. Jahrhundert hatte in den Gelehrtendiskursen der symbolische Wert der Sprache das Übergewicht über die Bedeutung der Sprache als Verständigungsmittel erlangt. Jugoslawien mit seiner Vielfalt von Nationen und Sprachen war ein besonders kompliziertes Experimentierfeld für Sprachpolitiker und Linguisten. In einer umfangreichen Arbeit hat Ksenija Cvetković-Sander erstmals die Wege und Irrwege der Sprachpolitik im sozialistischen Jugoslawien umfassend und systematisch untersucht.[285] Sie zeigt, dass der Bund der Kommunisten kein konzises und einheitliches Konzept für die Sprachpolitik besaß. Die damit zusammenhängenden Fragen sind ein spannendes Thema für sich, das hier nur in Umrissen

284 Vgl. Bilanžić, D.: Historija SFRJ (59), S. 360. Aus serbisch-nationaler Sicht Šutović, Milojica: Slovenačka „cestna afera": traganje za autonomijom i punoljetstvom nacije, in: Baština 28 (2010), S. 315–322.

285 Cvetković-Sander, K.: Sprachpolitik (95).

skizziert werden kann. Nicht immer ging es im Sprachenstreit um die Sprache(n) an sich, sondern um die Deutungshoheit einer von György Konrád und István Szelényi beschriebenen „Intelligenz auf dem Weg zur Klassenmacht".

In Jugoslawien bestanden einerseits reale Kommunikationsbarrieren zwischen Sprechern südslawischer und nicht-südslawischer Sprachen (wie Albanisch oder Ungarisch), aber auch zwischen Sprechern unterschiedlicher südslawischer Sprachen (Slowenisch, Makedonisch und Serbokroatisch). Alle drei südslawischen Sprachen waren gemäß Verfassung als „Staatssprachen" anerkannt. Aber die Realisierung ihrer Gleichberechtigung bereitete erhebliche Probleme. Im November 1966 klagten führende slowenische Kommunisten im sogenannten „Sprachenbrief" unter Berufung auf Artikel 113 der Bundesverfassung die Gleichberechtigung des Slowenischen mit dem Serbokroatischen im öffentlichen Leben der Föderation ein. Eine ähnliche Aktion starteten makedonische Kommunisten im Dezember 1966. Das waren sensible, schwer zu lösende Fragen: Wie konnte oder sollte die sprachliche Gleichberechtigung in der Praxis aussehen?

Die bestehenden Kommunikationsbarrieren zwischen Sprechern unterschiedlicher Sprachen hatten erhebliche Bedeutung für die Menschen in ethnisch gemischten Gebieten: für die Gestaltung des Alltags, für den Umgang mit Behörden, für den Unterricht in den Schulen, für die Berufschancen der Erwachsenen, bei der Besetzung von Stellen oder bei der (Nicht-)Integration innerjugoslawischer Arbeitsmigranten. Sollte/musste z. B. ein Serbe, der in Slowenien einen Arbeitsplatz gefunden hatte, Slowenisch lernen, um besser integriert werden zu können, oder konnte er darauf verzichten, und welche praktischen Konsequenzen ergaben sich daraus für ihn und seine Familie, insbesondere für seine Kinder? Wie viele Sprachen sollten in der Armee verwendet werden? War es „korrekt", wenn in Kosovo albanische Schüler obligatorischen Unterricht in Serbokroatisch als Zweitsprache erhielten, während serbische Schüler nur fakultativ oder gar nicht Albanisch lernten? Wie sollte man die Arbeitsabläufe in Betrieben mit gemischtsprachiger Belegschaft gestalten? Brauchte man zweisprachige Arbeitsplätze? Für Wirbel sorgte 1968 ein Streit zweier Baggerführer in Kosovo – eines albanischen und eines serbischen – darüber, in welcher Sprache die Schichtübergabe des Baggers zu erfolgen habe.[286] Das alles zu regeln war schwierig, zeitlich und materiell aufwendig, und eine allseits befriedigende Lösung konnte nie gefunden werden. In Indien, wo mehr Sprachen gesprochen werden als in Jugoslawien, steht mit Englisch ein gemeinsames postkoloniales Erbe zur Verfügung, das in Jugoslawien fehlte. An pragmatischen Vorschlägen hat es aber auch in Jugoslawien nicht gefehlt, und in Teilbereichen konnten durchaus bemerkenswerte Fortschritte erzielt werden.

286 Ebda., S. 335.

Nahezu unlösbar wurde das Sprachproblem erst, als kulturelle Eliten damit begannen, das Serbokroatische, das von rund 73 % der Bevölkerung Jugoslawiens als Muttersprache gesprochen wurde, als einheitliche Standardsprache infrage zu stellen. Nun ging es nicht mehr allein darum, wie das gemeinsame Kind heißen sollte – „Serbokroatisch“, „Kroatoserbisch“ (ohne oder mit Bindestrich), „Kroatisch oder Serbisch“ oder gar „Jugoslawisch“ – und wie viele „Varianten“ (und eventuell „Subvarianten“) das Serbokroatische hatte, sondern ob es überhaupt eine gemeinsame Schriftsprache gab, wie man dies 1954 in Novi Sad vereinbart hatte. In der zweiten Hälfte der 60er-Jahre erhob ein Teil der Wissenschaftler und Politiker den nachweisbar falschen Grundsatz „Jede Nation muss eine eigene Sprache haben“ zum Dogma. Daraus entwickelte sich zunächst ein kroatisch-serbischer Streit, der sich anschließend wie ein Virus unter den Fachleuten und „Kulturschaffenden“ verbreitete. Auch montenegrinische Intellektuelle setzten sich nun für die amtliche Anerkennung einer montenegrinischen Schriftsprache ein und begründeten ihr Verlangen mit der autochthonen Entstehung ihrer Nation. (Aber erst im Herbst 2010 wurde das noch nicht standardisierte Montenegrinisch tatsächlich als Unterrichtssprache in den Schulen eingeführt.) In Bosnien war die Lage besonders prekär, doch die dortigen Sprachexperten versuchten zunächst, mit einer integrativen Sprachpolitik die Situation zu entschärfen. Der serbisch-kroatische Streit schwelte dessen ungeachtet weiter. Serbische Linguisten betonten in der Regel das Gemeinsame, während kroatische Linguisten das Trennende hervorhoben.

Das alles hatte mit den Sorgen der „Normalbürger“ im serbokroatischen Sprachraum wenig oder nichts zu tun. Doch die Protagonisten der Sprachtrennung ließen sich davon nicht beirren. Ihrer Prämisse folgend, durften Angehörige verschiedener Nationen nicht dieselbe Normsprache verwenden, denn damit stellten sie ihre jeweilige Kultur und ihre Nation infrage. Zwar bestanden keinerlei Kommunikationsprobleme zwischen den vier Bevölkerungsgruppen (jedenfalls nicht mehr – sondern weniger – als im deutsch- oder französischsprachigen Raum), aber hier ging es nicht um Kommunikation, sondern um deren Erschwernis, um die Aufteilung des serbokroatischen Sprachraums in mehrere – möglichst klar voneinander geschiedene – nationale Sprachräume, wobei der Symbolwert der Sprache und deren „Reinheit“ im Vordergrund standen. Ideal war nicht der Reichtum der Sprache(n), sondern ihre puritanische Armut: klein, aber „rein“. Nur mit sprachlicher Abgrenzung glaubten die Puristen, eine „schleichende Serbisierung“ des Serbokroatischen verhindern zu können. Das Problem waren somit nicht die sprachlichen Unterschiede (die es zweifellos gab), sondern im Gegenteil: Die unerwünschten Ähnlichkeiten zwischen der östlichen (serbischen) und der westlichen (kroatischen) Variante des Serbokroatischen und die Tatsache, dass sich die gesprochene und geschriebene Sprache in der Tat veränderte (wie immer und überall auf der Welt) und dass der

Einfluss der östlichen Variante auf den Wandlungsprozess stärker war als die der westlichen Variante.

Übertragen auf den deutschsprachigen Raum ging es um die Frage: Was ist das „Deutsche" an der deutschen Sprache? Wer einen Blick in das „Deutsche Wörterbuch" der Brüder Grimm wirft, stößt auf eine Fülle von Worten, die für heutige Leser nicht mehr verständlich sind, weil sie aus dem Sprachgebrauch verschwunden sind oder ihre Bedeutung verändert haben. Um drei völlig beliebige Beispiele herauszugreifen, nicht jeder weiß, was „abfädmen", „abeschern" oder „Abername" bedeutet. Wenn diese Worte das „eigentlich Deutsche" an der deutschen Sprache sind, bedarf es dringend einer umfassenden Sprachreform. Vergleichbares gab es auch im serbokroatischen Sprachraum.[287] Was den Sprachpuristen in Jugoslawien vorschwebte, war die Konservierung eines bereits untergegangenen Sprachzustands, der wieder zur alleinigen, unveränderbaren Norm erhoben werden sollte, die „Essenzialisierung" der „Nationalsprache".

Darüber hinaus bestanden genügend andere Probleme: Wie konnte und sollte man den Grundsatz „Jede Nation eine eigene Sprache" praktisch umsetzen: Bezogen auf die jeweilige Bevölkerung der Republiken oder bezogen auf die jeweiligen Nationsangehörigen? Sollte also jede Republik (mit Ausnahme des Sonderfalls Bosnien-Herzegowina) eine eigene, einheitliche Staatssprache besitzen? Und was bedeutete das für die Nationen, deren Angehörige sich über mehrere Republiken verteilten (insbesondere Serben und Kroaten)? Schieden sie als Minderheiten aus ihrer „Mutternation" sprachlich aus? Oder musste man umgekehrt dafür sorgen, dass alle Angehörigen einer Nation, wo immer sie in Jugoslawien lebten, eine nationale Sprachgemeinschaft bildeten? Brauchte man dann für Minderheiten, die im Alltag dieselbe Sprache benutzten wie die Mehrheit, eigene Schulen? Die Dogmatiker und Sprachpuristen wurden nicht müde, kafkaesk anmutende Konzepte auszuarbeiten. Zwar gab es auch in diesem Fall pragmatische Vorschläge, aber sie waren immer weniger anschlussfähig, denn der Kampf gegen „unitaristische" Tendenzen wurde auch auf die Sprache übertragen, mit einer wichtigen Ausnahme: Alles, was den Unitarismus der jeweiligen Nationalsprache beförderte, war (selbstverständlich) nicht unitaristisch. Regionalsprachen oder nicht standardisierte

287 Bereits im „Unabhängigen Staat Kroatien" existierten starke Bestrebungen zur „Re-Kroatisierung" der Sprache. Viele der damals verwendeten Worte waren aber für Kroaten unverständlich. Als ich Ende der 60er-/Anfang der 70er-Jahre mit Archivquellen aus dieser Zeit arbeitete, musste ich oft kroatische KollegInnen nach der Bedeutung einzelner Worte fragen. Viele Fragen blieben jedoch unbeantwortet. Für Muslime haben auch „Turzismen" eine hohe symbolische Bedeutung. Ein Großteil davon ist nach dem Ende der osmanischen Herrschaft in Vergessenheit geraten. In den historischen Romanen des Nobelpreisträgers Ivo Andrić tauchten sie wieder auf. Deshalb enthielten diese Romane regelmäßig ein Glossar, in dem die Bedeutung der Worte den Lesern des Serbokroatischen erklärt wurde.

Sprachvarietäten konnten und sollten verschwinden. Entscheidend war einzig und allein die jeweilige Nationalsprache bzw. das, was dafür gehalten wurde.

Seinen ersten Höhepunkt erreichte der Sprachenstreit mit der „Deklaration über die Benennung und Lage der kroatischen Schriftsprache“ vom 17. März 1967, in der neunzehn kulturelle und wissenschaftliche Institutionen und Verbände Kroatiens, darunter der Kulturverein „Matica hrvatska“, der kroatische Schriftstellerverband und die Jugoslawische Akademie der Wissenschaften in Zagreb, die Auflösung der kroatoserbischen Sprachgemeinschaft und die „konsequente Anwendung“ der kroatischen Schriftsprache im öffentlichen Leben ihrer Republik forderten. „Trotz des VIII. Kongresses, des IV. und V. Plenums des Zentralkomitees des Bundes der Kommunisten Jugoslawien, die besonders die Bedeutung sozialistischer Grundsätze für die Gleichberechtigung unserer Völker – und folglich auch ihrer Sprachen – hervorhoben, wird faktisch auch heute durch den Verwaltungsapparat und die Medien der öffentlichen Kommunikation und der Massenkommunikation […], durch die Sprachpraxis bei der Jugoslawischen Volksarmee, in der Bundesverwaltung, in der Gesetzgebung, in der Diplomatie und in den politischen Organisationen die [serbische] ‚Staatssprache‘ oktroyiert, so dass die kroatische Schriftsprache verdrängt und in die nicht gleichberechtigte Lage einer lokalen Mundart gebracht wird.“[288] Diese Klagen waren gewiss nicht völlig unberechtigt. Viele Schriftsteller und Linguisten fühlten sich in ihrer sprachlichen – und somit in ihrer kulturellen und nationalen – „Identität“ angegriffen und verletzt, weil die östliche Variante die westliche in die Defensive zu drängen drohte. Diese Probleme hätten aber durch gemeinsame Anstrengungen überwunden werden können. Stattdessen forderten die Unterzeichner der „Deklaration“ die sprachliche Segregation. Eine serbische Intellektuellengruppe in Belgrad setzte sich daraufhin mit einem „Vorschlag zum Nachdenken“ für die sprachliche Verselbstständigung der in Kroatien beheimateten Serben ein. Was als Philologenstreit begonnen hatte, eskalierte bald zu scharfen serbisch-kroatischen Auseinandersetzungen, die schließlich von den Parteiführungen in Zagreb und Belgrad als nationalistische Auswüchse verurteilt wurden. In der kroatischen Parteiführung war es vor allem Miloš Žanko, der die „Deklaration“ als nationalistisch und chauvinistisch attackierte und prompt als „Unitarist“ abgestempelt wurde. Der bekannteste Unterzeichner der „Deklaration“, der kroatische Schriftsteller Miroslav Krleža, trat als Mitglied des ZK des Bundes der Kommunisten Kroatiens zurück. Und Franjo Tudjman, der spätere erste Präsident des unabhängigen Kroatiens und ebenfalls ein Unterzeichner der „Deklaration“, verlor seine Position als Direktor des Instituts der kroatischen Arbeiterbewegung und wurde aus dem BdK Kroatien ausgeschlossen, behielt aber seinen Sitz im kroatischen Parlament.

288 Zit. nach Cvetković-Sander, K.: Sprachpolitik (95), S. 209.

Föderalisierung der Föderation

Die Diskurse über Sprachen sowie nationale Institutionen und interethnische Beziehungen zogen – teils mit, teils gegen den Willen der Republikspartei(en) – immer weitere Kreise und erfassten auch die orthodoxe Glaubensgemeinschaft. Im Juli 1967 erklärte sich die orthodoxe Kirche Makedoniens mit Unterstützung des BdKJ für selbstständig (autokephal) und löste die Gemeinschaft mit der serbisch-orthodoxen Kirche auf.[289] Die Folge war ein bis heute andauerndes Schisma zwischen beiden Nationalkirchen. Glaubensfragen spielten dabei keine Rolle. Es ging um kirchliche Macht und eine essenziell verstandene nationale „Identität". Ein Jahr später brach im Bund der Kommunisten Serbiens eine Diskussion über die Kosovo-Frage aus. Mitglieder des Zentralkomitees, unter ihnen der Schriftsteller Dobrica Ćosić und der Historiker Jovan Marjanović, warfen ihrer Führung vor, dass sie sich mehr mit der Frage der nationalen Autonomie der Albaner beschäftige als mit der Tatsache, dass die „ursprüngliche" Bevölkerung Kosovos, Serben und Montenegriner, wegen der angespannten Situation das Gebiet nach und nach verließen (was u. a. auch mit der Sprachproblematik zu tun hatte). Zwar wurden die Kritiker aus dem ZK ausgeschlossen, doch spitzte sich die Lage gegen Ende 1968 weiter zu, als es in Kosovo und Westmakedonien zu Demonstrationen albanischer Studenten und Arbeiter kam, die unter dem Eindruck der jahrelangen Unterdrückung durch Rankovićs Geheimpolizei und unter Hinweis auf die wirtschaftliche Vernachlässigung des Armenhauses Kosovo die Umwandlung des Autonomen Gebiets in eine siebente Republik forderten. Die Demonstranten argumentierten, dass die halbe Million Montenegriner einen Republikstatus, die 1,3 Millionen Albaner dagegen nur einen Autonomiestatus besaßen, dass die Montenegriner als eigenständige Nation, die Albaner dagegen nur als Nationalität anerkennt waren.[290]

Zwischen 1967 und 1971 gingen Proteste und Reformen Hand in Hand, wobei im Einzelfall schwer zu entscheiden ist, ob die Proteste die Reformen oder die Reformen die Proteste ermöglichten und vorantrieben. Beide durchdrangen und bedingten einander und setzten einen Prozess wechselseitiger und kumulativer Verursachungen in Gang. Parallel zur bereits erwähnten Föderalisierung der Partei erfolgte die Föderalisierung des Staates in drei Schüben. Am 18. April 1967, am 26. Dezember 1968 und am 30. Juni 1971 wurden insgesamt 42 Verfassungsänderungen verabschiedet, deren Ergebnis ein

289 Einzelheiten bei. Zečević-Božić, J.: Autokephalieerklärung (544a); Ilievski, D.: Macedonian Orthodox Church (533b).

290 Vgl. u. a. Reuter, J.: Albaner in Jugoslawien (500), S. 48 f.; Malcolm, N.: Kosovo (494), S. 325.

faktisch neues sozialistisches Jugoslawien war.[291] Die Verfassungsnovellen Nr. 1–19 von 1967/68 leiteten den ersten Föderalisierungsschub ein. Der Nationalitätenrat erhielt wieder den Status einer selbstständigen Kammer, in die von den Republiken je zwanzig, von den Autonomen Provinzen je zehn Abgeordnete entsandt wurden. Der Nationalitätenrat war an allen Beschlüssen des Bundesparlaments bzw. seiner vier Räte zu beteiligen und avancierte damit zur wichtigsten Kammer des Parlaments, zumal der bisherige Bundesrat (der von der Konzeption her dem deutschen Bundes*tag* vergleichbar war) abgeschafft wurde. Die Autonomen Gebiete Kosovo und Wojwodina wurden in den Rang konstitutiver Einheiten der Föderation erhoben, wenngleich sie nicht in allen Punkten denselben Status erhielten wie die Republiken. Im Gegensatz zu Letzteren besaßen die Autonomen Provinzen keinen staatlichen Charakter, sondern galten als „gesellschaftlich-politische Gemeinschaften“.[292] Die Unterscheidung zwischen der Staatlichkeit der Republiken und der Nichtstaatlichkeit der Autonomen Provinzen war aber fast nur noch symbolischer Natur.[293] Da Symbole aber oft wichtiger sind als das, was sie symbolisieren, lauerte hier neues Ungemach. Die Zuständigkeit der Bundesorgane bei der Vergabe von Investitionsmitteln wurde durch die Novellen eingeschränkt. Fortan durfte der Bund Investitionen nur noch für bestimmte, gesetzlich festgelegte Zwecke tätigen. Außerdem wurden die nationalen Minderheiten, die seit 1963 amtlich als „Nationalitäten“ (narodnosti) bezeichnet wurden, mit den Nationen (narodi) hinsichtlich ihrer kulturellen Rechte gleichgestellt.

Und im Juni 1971 verabschiedete das Parlament nach monatelangen heftigen Querelen, die wiederum von zahlreichen Protesten begleitet waren, weitere 23 Verfassungsänderungen: Alle Führungsorgane des Staates wurden auf der Basis nationaler Parität umgebildet. An die Stelle des bisherigen Staatspräsidenten trat ein kollektives Führungsgremium, in das jede Republik und Autonome Provinz – unabhängig von der Einwohnerzahl – einen Vertreter entsandte. Der Präsident des BdKJ gehörte dem neunköpfigen Gremium kraft Amtes an. Die wichtigsten Machtbefugnisse im Staat konnten somit nur nach Abstimmung zwischen den Republik- und Provinzvertretern ausgeübt werden. Der Vorsitz im Staatspräsidium (d. h. des kollektiven Staatsoberhaupts) sollte regelmäßig in genau festgelegter Reihenfolge wechseln. Lediglich für Tito wurde eine Ausnahmeregelung vorgesehen: Sein Mandat als Präsident der Bundesrepublik bzw. als „Präsident des Präsidiums der Sozialistischen Föderativen Republik Jugoslawien“ – so die amtliche Ti-

291 Eine Auswahl der Amendements abgedruckt in Petranović, B. – M. Zečević (Hg.): Jugoslavija 1918–1984 (26), S. 975–981.

292 Näheres bei Beckmann-Petey, M.: Jugoslawischer Föderalismus (83), S. 106 ff.

293 Ebda., S. 113.

tulatur – galt auf Lebenszeit. Auch die anderen Bundesorgane wurden entsprechend dem Republikenproporz umstrukturiert. Die Zuständigkeiten des Bundes erfuhren weitere drastische Einschränkungen oder wurden an das Einvernehmen mit den Ländern gebunden. In der jahrelang umstrittenen Investitionspolitik sowie im Bereich des Steuer- und Finanzwesens verlor die Zentralregierung ihre bisherige Vorrangstellung. Im Wesentlichen oblagen der Föderation nur noch die Außen- und Verteidigungspolitik (mit Ausnahme der „Territorialverteidigung"), die allgemeine Staatssicherheit, die grundsätzlichen Vorgaben für eine einheitliche Wirtschafts- und Sozialpolitik (einschließlich des Außenhandels) sowie die Festlegung allgemeiner Richtlinien der Gesellschafts- und Rechtsordnung. Last, but not least wurde auch das Selbstverwaltungssystem durch die Einführung der „Grundorganisationen vereinter Arbeit" weiter ausdifferenziert. Keine Frage also: Die politische Entscheidungsfindung in Jugoslawien gestaltete sich fortan zu einem äußerst komplizierten Aushandlungsprozess, der Ähnlichkeiten mit den Verhältnissen in Belgien aufwies, wenngleich die Zahl der Akteure in Jugoslawien sehr viel größer war.

Die serbische Führung hatte schon während der Verfassungsdiskussionen ihre Bedenken geäußert und sie 1977 während der Amtszeit des serbischen Staatspräsidenten Draža Marković (1974–78) in einem (erst 13 Jahre später bekannt gewordenen) „Blaubuch" niedergelegt.[294] Was viele Politiker in Serbien störte, war nicht der Machtzuwachs für die Republiken, von dem sie ebenso profitierten wie ihre Genossen in den anderen jugoslawischen Gliedstaaten, weshalb sie den Verfassungsänderungen auch zugestimmt hatten,[295] sondern der Machtzuwachs für die Autonomen Provinzen Kosovo und Wojwodina. Sie wiesen darauf hin, dass Serbien der einzige Staat in Jugoslawien sei, dem die volle Staatlichkeit infolge der Autonomieregelung verwehrt worden sei. Die Vertreter Kosovos und der Wojwodina ließen ihrerseits kaum eine Gelegenheit verstreichen, um die serbische Führung zu provozieren. Die Situation Serbiens innerhalb Jugoslawiens war in der Tat einzigartig. Dies war aber nicht der antiserbischen Politik Titos (und erst recht nicht Kardeljs) geschuldet, wie seit den 80er-Jahren litaneiartig wiederholt wurde, sondern einer einzigartigen Ausgangssituation. In Serbien lagen die Siedlungsgebiete der beiden größten – nichtsüdslawischen – Minderheiten: der Albaner und Ungarn. Bedeutende Minderheiten gab es auch in den anderen Republiken (mit Ausnahme Sloweniens). Aber die Unterschiede zwischen Serbien und den anderen Republiken waren grundsätzlicher Art. Für die Serben in Kroatien oder die Kroaten in Bosnien-Herzegowina lag

294 In: Djekić, Mirko: Upotreba Srbije. Optužbe i priznanja Draže Markovića. Beograd 1990, S. 123–175.

295 Allein schon aus diesem Grund ist die Föderalisierung eines Staates leichter zu bewerkstelligen als seine Rezentralisierung. Denn im ersten Fall werden neue Schaltstellen von Macht und Einfluss geschaffen, im zweiten Fall werden sie reduziert.

ihr Nationalstaat innerhalb Jugoslawiens, für Albaner und Ungarn lag er außerhalb des Gesamtstaats, aber in unmittelbarer Nachbarschaft, was die Situation erschwerte. Serben und Kroaten konnten sich mühelos verständigen und sprachen die gleiche Sprache, während Albaner und Ungarn völlig andere Sprachen benutzten. Kroaten und Serben gehörten zwar unterschiedlichen Kirchen an, waren aber beide Christen (ebenso wie die Ungarn), während die Albaner mehrheitlich Muslime waren. Das Hauptproblem waren die Albaner und Kosovo. Gemäß der Volkszählung von 1981 lebten in Jugoslawien viermal so viele Albaner wie Ungarn (1,7 Millionen gegenüber 427.000). In Kosovo stellten die Albaner die absolute Bevölkerungsmehrheit, während die Ungarn nur zu 19 % an der Bevölkerung der Wojwodina beteiligt waren. Wie sollte oder konnte man mit dieser Ausgangssituation, insbesondere mit der Kosovo-Frage, umgehen? Theoretisch waren fünf Szenarien denkbar: 1. Abspaltung Kosovos (oder von Teilen der Provinz) von Jugoslawien (die Radikallösung); 2. Abspaltung Kosovos von Serbien bei gleichzeitigem Verbleib in Jugoslawien; 3. Umgestaltung Serbiens in einen Bundesstaat, bestehend aus drei Ländern; 4. territoriale Autonomie etwa in der Art, wie sie die Verfassungsänderungen bzw. die neue Verfassung von 1974 vorsah, und 5. Umgestaltung Serbiens in einen Zentralstaat mit persönlicher, kultureller Autonomie für die Minderheiten (bei gleichzeitiger Aufhebung der territorialen Autonomie). Für die Mehrheit der serbischen Politiker war nur die fünfte Lösung oder eine Mischung aus den Szenarien 4 und 5 (d. h. ein starkes Serbien mit zwei Provinzen, deren Kompetenzen auf kulturelle Belange begrenzt wurden) akzeptabel. Tito war jedoch bewusst, dass er Kosovo für Jugoslawien nur retten konnte, wenn er eine Kompromisslösung durchsetzte. Unter den dafür infrage kommenden Szenarien 2 bis 4 wählte er die für Serbien vorteilhafteste, die für die Albaner (und Ungarn) die ungünstigste war.[296] Die kosovo-albanischen Politiker wussten nun, dass sie – ungeachtet aller Unterstützung, die Tito ihnen gewährt hatte – den Republikstatus nicht erlangen würden, solange Tito lebte.

Über Umfang und Details der Kompetenzverlagerung vom Bund auf die Republiken und Autonomen Provinzen konnte man in der Tat streiten. Anlässlich einer Diskussion an der Juristischen Fakultät in Belgrad wurde mit Erbitterung kritisiert, dass Jugoslawien „fast nur noch ein geografischer Begriff sei, weil auf seinem Territorium – oder genauer: auf seinen Trümmern – unter der Maske einer konsequenten Entwicklung der Gleichberechtigung zwischen den Nationen [...] einige selbständige, unabhängige, sogar sich gegenseitig widersetzende Nationalstaaten eingerichtet" worden seien.[297] Streiten konnte

296 In einem Gespräch mit Draža Marković soll sich Tito Ende Januar 1971 dezidiert gegen einen Republikstatus für Kosovo ausgesprochen haben. Marković, D.: Život i politika (46a). Bd. 1., S. 256.

297 Vgl. Sundhaussen, H.: Geschichte Jugoslawiens (74), S. 191.

man auch darüber, ob Jugoslawien noch ein Bundesstaat oder bereits ein Staatenbund war. Gewiss war es mehr – deutlich mehr – als die heutige EU und erst recht mehr als die damalige EWG. Aber es war weniger als ein herkömmlicher Bundesstaat. Bedenklich war insbesondere die Abschaffung des Bundesrats, der – wie bereits erwähnt – dem deutschen Bundestag ähnelte und als parlamentarische Klammer des Gesamtstaats hätte fungieren sollen. Mit anderen Worten: Das „neue" Jugoslawien wies sowohl bundesstaatliche wie staatenbundliche Elemente auf. Das war keine Ideallösung. Aber eine solche war auch weit und breit nicht in Sicht. Außer Zweifel steht, dass eine (Re-)Zentralisierung Jugoslawiens (nach dem Muster im ersten jugoslawischen Staat und in der ersten Phase des zweiten Jugoslawiens) nur unter großem Zwang möglich gewesen wäre und sich – über kurz oder lang – als kontraproduktiv erwiesen, den Gesamtstaat nicht gestärkt, sondern seine Überlebenschancen – zur Freude der einen und zum Leidwesen der anderen – verkürzt hätte. Ebenso wichtig oder wichtiger als die Frage, ob Jugoslawien ein Bundesstaat oder Staatenbund war, ist die Tatsache, dass es kein demokratischer Staat war. Und auch kein pluralistischer Staat (allenfalls ansatzweise), sofern man unter „Pluralismus" eine vielgliedrige, differenzierte politische Ordnung versteht, in der politische, wirtschaftliche und gesellschaftliche Macht mittels Recht, institutioneller „Checks and Balances" sowie informeller Spielregeln ausgehandelt wird.

Der „kroatische Frühling" 1971

Im Vorfeld und nach Verabschiedung der letzten 23 Verfassungsänderungen war in Kroatien die schwerste Krise Jugoslawiens seit dem Bruch mit Moskau herangereift. Erstmals kamen jetzt drei Faktoren zusammen, die an die Grundfesten des gemeinsamen Staates rührten und sich in ähnlicher Konstellation in den 80er-Jahren wiederholen sollten: 1. ein latentes Unzufriedenheitspotenzial, das sich aus dem Gefühl „relativer Benachteiligung" speiste,[298] 2. die Kanalisierung dieses Potenzials in national(istisch)e Bahnen und 3. der Schulterschluss zwischen politischer Führung und Protestierern. Gemeint ist

298 Höpken hat den Begriff „relative Benachteiligung" (relative deprivation) von GURR, TED R.: Why Men Rebel. Princeton 1970, übernommen und ihn für die Analyse der Ereignisse von 1971 fruchtbar gemacht. „Relative Benachteiligung" bezeichnet die Diskrepanz zwischen den als möglich erachteten (erreichbaren) und den tatsächlich erreichten materiellen, gesellschaftlichen und politischen Lebensbedingungen. In den innerjugoslawischen Auseinandersetzungen spielte die „relative Benachteiligung" eine Schlüsselrolle – die Vorstellung, was eine Republik oder Nation kulturell, wirtschaftlich und politisch hätte erreichen können, wenn sie nicht durch die anderen Republiken oder Nationen daran „gehindert" worden wäre. HÖPKEN, WOLFGANG: Krisenursachen und Krisenverläufe – Die kroatische Krise 1970/71, in: Bonwetsch, Bernd (Hg.): Zeitgeschichte Osteuropas als Methoden- und Forschungsproblem. Berlin 1984, S. 27–46.

der „Kroatische Frühling“ von 1971 bzw. die kroatische „Massenbewegung“ (masovni pokret, despektierlich abgekürzt als „maspok“).[299] Hauptakteure des Protests waren die „Kulturschaffenden“ (unter Führung des Kulturvereins „Matica hrvatska“), die Zagreber Studenten und die kroatische Parteiführung. Zwei Jahre zuvor war der 1967 unterbundene Sprachenstreit neu aufgeflammt. Die „Matica hrvatska“ kündigte die weitere Mitarbeit am serbokroatischen bzw. kroatoserbischen Wörterbuch auf und erhob erneut die Forderung nach einer selbstständigen Schriftsprache zum Banner einer kroatischen „Sammlungsbewegung“. Ihren mehr als 200 Zweigstellen strömten 1969/70 schätzungsweise 30.000 neue Mitglieder zu. Die Veröffentlichungen der „Matica“ räumten dem Schicksal der kroatischen „Minderheiten“ in Bosnien-Herzegowina und der Wojwodina zunehmend breiten Raum ein. Auch die Mitte des 19. Jahrhunderts aufgestellte und von den Ustasche verbreitete These, dass die bosnischen Muslime „eigentlich“ Kroaten seien, feierte jetzt – knapp ein Vierteljahrhundert nach dem Ende der blutigen Exzesse im Zweiten Weltkrieg – ihre Wiederauferstehung in der Öffentlichkeit. Die Autoren kümmerte es wenig, dass die Muslime bereits seit Langem die Anerkennung einer muslimischen Ethnizität gefordert und im Verlauf der 60er-Jahre den Status einer Nation erlangt hatten. Während sich der bosnische Parteichef Branko Mikulić scharf gegen die Agitation der „Nationalisten und Chauvinisten“ aus der Nachbarrepublik verwahrte, hüllte sich der Bund der Kommunisten Kroatiens (BdKK) in Schweigen.

Etwa zur gleichen Zeit (Ende 1969/Anfang 1970) eskalierten die Auseinandersetzungen zwischen „Reformern“ und „Unitaristen“ in Kroatien. Der oben bereits erwähnte Kroate Miloš Žanko, Vizepräsident des jugoslawischen Bundesparlaments – in den Augen seiner Gegner ein „mythomanischer Jugoslawe“[300] –, stellte Zitate aus Blättern der Ustascha-Emigration neben Äußerungen kommunistischer Blätter aus Kroatien und kommentierte provozierend: „Wenn hier jemand gleiche Ansichten beobachtet, so stelle ich fest, dass die Ähnlichkeit rein zufällig ist und organisatorische Querverbindungen auszuschließen sind. Denn schließlich bekommen die Ustasche ihr Geld von obskuren Geheimdiensten, während unsere Publikationen aus sozialistischen Quellen finanziert werden.“[301] Damit kam es zum Eklat. Der einflussreiche Flügel um die streitbare kroatische Parteichefin Savka Dabčević-Kučar und ZK-Sekretär Miko Tripalo ging zum Ge-

299 Zum Folgenden vgl. u. a. Steindorff, Ludwig: Der Kroatische Frühling. Eine soziale Bewegung in einer sozialistischen Gesellschaft, in: Elvert, Jürgen (Hg.): Der Balkan. Eine europäische Krisenregion in Geschichte und Gegenwart. Stuttgart 1997, S. 197–210.

300 Vgl. Behschnitt, Wolf D.: Nationalismus bei Serben und Kroaten 1830–1914. Analyse und Typologie der nationalen Ideologie. München 1980, S. 249, Anm. 20.

301 Zit. nach Stehle, Hansjakob: Titos Kampf an zwei Fronten, in: Die Zeit vom 30. 1. 1970: http://www.zeit.de/1970/05/titos-kampf-an-zwei-fronten.

genangriff über. An die Adresse der „Unitaristen" gerichtet, erklärte Dabčević-Kučar: „Sie sind der Ansicht, dass das Bestehen mehrerer Völker und Völkerschaften Jugoslawien schwächt. Deshalb halten sie das Nationalgefühl für verdächtig und [...] [meinen], dass es verboten und abgeschafft werden müsse. Sie glauben nicht an eine Einheit, die nicht durch Negieren, sondern durch Anerkennung der Freiheit und Gleichberechtigung der Nation verwirklicht wird. Es ergreift sie panische Angst allein vor dem Gebrauch der Worte Kroate, kroatisch, kroatische Sprache und Ähnlichem."[302] Auf der 10. Sitzung des ZK des BdKK im Januar 1970 wurde der „unitaristische" Flügel um Žanko entmachtet.[303] Tito unterstützte diesen Kurs und stärkte den Gegnern von Žanko den Rücken. Offenbar suchte er Bündnispartner zur Durchsetzung der Verfassungsänderungen. Doch diese Strategie erwies sich als gefährlicher Balanceakt. Denn die Niederlage der „Unitaristen" beflügelte die Proteststimmung und beschleunigte die Entstehung einer sozialen Bewegung, die von den Kulturinstitutionen, den Medien und den Studenten getragen wurde.

Das Jahr 1971 war begleitet von „meetings" der Zagreber Studenten, die seit dem Vorjahr eine neue, national orientierte Führung besaßen, die sich Schritt für Schritt radikalisierte. Die Forderung der Studenten nach mehr Selbstständigkeit für Kroatien wurden von Dabčević-Kučar und Tripalo dazu benutzt, um die Position Kroatiens in der Verfassungsdebatte zu stärken. Zwar distanzierte sich Dabčević-Kučar von einigen Forderungen der „Nationalisten", stellte sich aber auf den Standpunkt, dass die Entgleisungen nur eine Folge des „Unitarismus" und des jahrelangen Zentralismus seien und dass die Träger der nationalen Bewegung deshalb differenziert beurteilt werden müssten. Die Hauptargumente der „Nationalisten" fasste sie wie folgt zusammen: Die gesamte bisherige Entwicklung habe zu einer wirtschaftlichen Verarmung und allgemeinen Bedrohung des kroatischen Volkes geführt; Kroatien werde „ausgeplündert", während die übrigen Republiken begünstigt seien; das gesamte Finanzkapital und sämtliche Investitionsmittel seien in Serbien konzentriert; unrentable Investitionen gäbe es nur außerhalb Kroatiens und würden mit kroatischem Kapital finanziert; die weniger entwickelten Republiken seien eine Last und der Grund für das Zurückbleiben in der Republik Kroatien; die Folge dieser wirtschaftlichen „Ausbeutung" sei die Abwanderung kroatischer Arbeitskräfte ins Ausland, was zu einer Schwächung des biologischen Potenzials der Kroaten führe. Ein Teil dieser Behauptungen, so die Parteichefin, habe durchaus reale Hintergründe und sei gerade deshalb so gefährlich. Da sich der BdKK in der Vergan-

302 Zit. nach Radelić, Z.: Hrvatska u Jugoslaviji (521), S. 408.

303 Auszüge aus den Reden bei Petranović, B. – M. Zečević (Hg.): Jugoslavija 1918–1984 (26), S. 982–984.

genheit nicht ausreichend um die Beseitigung der Missstände gekümmert habe, werde er von den „Nationalisten“ mehr oder weniger offen der Unfähigkeit und des Opportunismus beschuldigt.[304] (Ganz ähnlich – nur mit einem anderen nationalen Vorzeichen – wurde in den 1980er-Jahren in Serbien argumentiert.) Mit der scharfen Verurteilung des „Unitarismus“ versuchte die kroatische Parteiführung, sich nun an die Spitze der „Massenbewegung“ zu setzen. (Auch das sollte sich in Serbien wiederholen.)

Die „Nationalisten“ fühlten sich dadurch bestärkt. Tatsächliche und vermeintliche Ungerechtigkeiten, Wahrheiten, Halbwahrheiten und Unwahrheiten gingen eine unheilvolle Allianz ein. Politische Frustrationen, Klagen über wirtschaftliche Benachteiligung und die Forderung nach „sauberen Rechnungen“ (čiste račune)[305] mischten sich mit der Erbitterung über die langjährige Missachtung nationaler und kultureller Eigenheiten durch den bürokratischen Apparat zu einem Unzufriedenheitspotenzial, das die Entfaltung des Nationalismus beflügelte. „Wenn irgend etwas nicht taugte – und vieles taugte nicht –“ so schrieb der Kroate Branko Horvat, Direktor des Wirtschaftswissenschaftlichen Instituts in Belgrad, Mitte 1971, „dann richtete sich die Kritik nicht gegen die führende Mannschaft der Bundesregierung oder des Zentralkomitees, an deren Spitzen nicht nur Serben, sondern auch Kroaten, Slowenen und andere standen – nein, angeschuldigt wurde immer Belgrad. Und da Belgrad auch die Hauptstadt Serbiens war, waren die Implikationen offensichtlich.“ Missstände, Ineffizienz und Fehlentscheidungen wurden zunehmend durch ein nationales Prisma gedeutet.[306]

Das seit April 1971 von der „Matica hrvatska“ herausgegebene „Kroatische Wochenblatt“ (Hrvatski tjednik) entwickelte sich zum Sprachrohr der kroatischen „Massenbewegung“ und steuerte zusammen mit der neuen Studentenführung an der Zagreber Universität einen streng nationalen Kurs. Im Zusammenhang mit den Verfassungsänderungen wurde u. a. die Errichtung eines kroatischen „Nationalstaats“ und dessen Mitgliedschaft in den Vereinten Nationen sowie die Aufstellung einer kroatischen Armee gefordert. Der Wunsch nach Errichtung eines „Nationalstaats“ rief nicht nur die in Kroatien beheimateten Serben (rund 14 % der Republikbevölkerung) auf den Plan, sondern löste auch in Serbien leidenschaftliche Polemiken aus. Während die nationalen Minderheiten in Serbien, Albaner und Ungarn, mit den Autonomen Provinzen Kosovo und Wojwodina einen den Republiken fast gleichrangigen Status erhalten hätten, dachte man in Kroatien gar nicht daran, den dortigen Serben Autonomie einzuräumen.

---

304 Eine ausführliche Darstellung der Argumente bei Radelić, Z.: Hrvatska u Jugolaviji (521), S. 379 ff. Vgl. auch die vom BdK Kroatiens rückblickend angefertigte und veröffentlichte Analyse: Izvještaj o stanju u Savezu komunista Hrvatske u odnosu na prodor nacionalizma u njegove redove. Zagreb 1972.

305 Exemplarisch bei Šošić, Hrvoje: Za čiste račune. Zagreb 1970.

306 Hierzu und zum Folgenden Sundhaussen, H.: Geschichte Jugoslawiens (74), S. 194 ff.

Selbst als am 30. Juni 1971 die Verfassungsnovellen verabschiedet worden waren und die Republiken auf Kosten des Bundesstaats eine bisher nicht gekannte Machtfülle erhielten, spitzte sich die Krise in Kroatien weiter zu, ohne dass sich die Parteiführung davon deutlich distanzierte. Den Vorwand für die weitere Eskalation lieferte die Devisenfrage, an der Kroatien als exportorientierte Republik mit hohen Einnahmen aus dem Fremdenverkehr besonders interessiert war. Die Tourismus-Unternehmen konnten bislang nur 12 % und die Exportfirmen 7–12 % ihrer Deviseneinnahmen für sich behalten, während der Rest vom Staat zentral verwaltet wurde. Am 5. November forderte die BdKK-Führung eine grundsätzliche Neuregelung der Devisenzuteilung, nachdem Tito bereits am 8. September in Zagreb eine Umgestaltung angekündigt hatte, was allerdings nach den Verfassungsbestimmungen nur in Absprache mit den anderen Republiken möglich und bei der unterschiedlichen Interessenlage nicht von heute auf morgen zu bewerkstelligen war. (Ein neues Devisengesetz wurde im Januar 1972 verabschiedet). Dennoch traten am 22. November über 30.000 kroatische Studenten in einen unbefristeten Streik, um die Forderung ihrer Parteiführung zu unterstützen, zugleich aber wesentlich weiter reichenden nationalistischen Anliegen Nachdruck zu verleihen. Vergeblich appellierten nun Dabčević-Kučar und Tripalo an die Studentenführer, den Streik zu beenden. Die Bewegung hatte sich ihrer Kontrolle entzogen und folgte einer eigenen Dynamik. Erstmals seit Ende des Zweiten Weltkriegs wurde die Solidarität mit der jugoslawischen Gemeinschaft von einer nationalen Bewegung offen aufgekündigt. Damit schien eingetreten zu sein, wovor Tito und seine engsten Mitstreiter, darunter der „große alte Mann" der kroatischen Kommunisten, Vladimir Bakarić, und andere wiederholt gewarnt hatten. War jetzt die Grenze zwischen einem „legitimen" Nationalgefühl und einem „illegitimen" Nationalismus überschritten?

Angesichts der Ausuferung nationalistischer Parolen, der an Straßenschlachten zwischen Studenten und der Polizei grenzenden Demonstrationen in Zagreb und angeblicher Kontakte kroatischer Funktionäre mit militanten Ustascha-Sympathisanten im Ausland entschloss sich Tito zum Eingreifen. Mit seinen Gegenmaßnahmen verfolgte er drei aufeinander abgestimmte Ziele: 1. die „Mobilisierung der Straße" zu beenden, 2. die Partei ideologisch wieder zu straffen und 3. das Protestpotenzial durch Zugeständnisse zu entschärfen. Nach einem Treffen mit der Armeeführung, auf dem über einen eventuellen Einsatz des Militärs beraten worden war, zitierte Tito die kroatische Parteispitze für den 30. November in ein Gästehaus der Regierung nach Karadjordjevo in der Wojwodina, wo zwei Tage lang höchst kontrovers gestritten wurde. Die kroatische Führung zeigte sich gespalten: elf Teilnehmer unterstützten Dabčević-Kučar und Tripalo, acht stellten sich auf die Seite Titos. Beschlüsse wurden nicht gefasst.[307] Am 1. und 2.

307 Radelić, Z.: Hrvatska u Jugoslaviji (521), S. 451.

sowie am 8. und 9. Dezember tagten die höchsten BdKJ-Gremien (Präsidium und Zentralkomitee) in Karadjordjevo bzw. Belgrad. Der erzürnte Tito verlangte nun den Rücktritt von Dabčević-Kučar und Tripalo. Am 12. Dezember versammelte sich das ZK des BdKK unter starkem Polizeiaufgebot in Zagreb. Die Studenten versuchten, die Sitzung zu blockieren. Auf dem Platz der Republik (heute: Platz des Banus Josip Jelačić) und in anderen Teilen der Stadt kam es zu Zwischenfällen. „Nieder mit dem Verräter Tito“, „Nieder mit Karadjordjevo“, „Nieder mit dem Regime“, „Noch ist Kroatien nicht verloren“ lauteten die Parolen der Demonstranten. Die Polizei nahm zahlreiche Verhaftungen vor. Dabčević-Kučar und andere Spitzenfunktionäre traten zurück.[308] Und obwohl die Unruhen in Zagreb noch ein paar Tage anhielten, war der „kroatische Frühling“ mit den Rücktritten und der Verhaftung der Hauptakteure beendet. Eine großangelegte „Säuberungswelle“ unter den Parteimitgliedern (Parteiausschlüsse und Austritte), eine Reihe (politischer) Prozesse gegen studentische Rädelsführer, Entlassungen inkriminierter Personen aus ihren Ämtern und Verbote von Medien und Institutionen, die die „Massenbewegung“ unterstützt hatten (darunter die „Matica hrvatska“), folgten. Mehrere Tausend Personen (die Zahlenangaben schwanken) wurden von der Repressionswelle betroffen. Danach begann die Phase des öffentlichen Schweigens in Kroatien, die bis Ende der 80er-Jahre währte.

In Ost und West hatte man die kroatischen Ereignisse von 1971 mit Unbehagen verfolgt. Weder die Sowjetunion bzw. der Ostblock noch der Westen waren angesichts des internationalen Gleichgewichts des Schreckens an einer Destabilisierung Jugoslawiens interessiert. Westliche Diplomaten und linke Intellektuelle bewerteten den „kroatischen Frühling“ als nationalistisch und erblickten in ihm eine Gefährdung Jugoslawiens und darüber hinaus des Friedens in Europa. Wie auch immer man das Geschehen von 1971 beurteilen mag, aus den Verlautbarungen der kroatischen Protagonisten geht klar hervor, dass es ihnen einerseits um die Beseitigung wirtschaftlicher Missstände, andererseits aber um mehr Selbstständigkeit für Kroatien (über das mit den Verfassungsnovellen bereits erreichte Ausmaß hinaus) ging und dass Jugoslawien als Solidargemeinschaft ebenso wenig eine Rolle spielte wie die Demokratisierung der (kroatischen oder jugoslawischen) Gesellschaft. Die mit dem VIII. Kongress des BdKJ 1964 eingeleiteten und nach dem Sturz Rankovićs 1966 intensivierten Debatten um eine Demokratisierung von Partei und Gesellschaft kamen mit dem „kroatischen Frühling“, der eigentlich ein Herbst war, zum Stillstand.

---

308 Ebda., S. 452 ff. Vgl. auch die Erinnerungen von Tripalo, M.: Hrvatsko proljeće (49), S. 234 ff., sowie die Erinnerungen weiterer Akteure bei Baletić, Milovan (Hg.): Ljudi iz 1971. Prekinuta šutnja. Zagreb 1990.

4. Die letzte Phase der Tito-Ära (1971–80)

4.1 DER ABSCHLUSS DES EXPERIMENTS JUGOSLAWIEN

Das Ende des „Liberalismus"

Auf dem Höhepunkt der kroatischen Krise Ende 1971 war Tito fast achtzig Jahre alt. Seine Autorität und Integrationskraft waren unangefochten: „Jugoslawien ist Tito, Tito ist Jugoslawien." Kaum jemand zweifelte daran, dass der Gesamtstaat trotz innerer Widersprüche und trotz des labilen Verhältnisses zur Sowjetunion gesichert war, solange Tito lebte. Doch was würde nach ihm kommen? „Wir machen eine Entwicklungsphase durch", hatte Tito Ende 1970 erklärt, „in der wir nicht genügend Zeit haben. Die Zeit arbeitet nicht für, sondern gegen uns."[309] Die Krise von 1971 dürfte Tito tief bestürzt und getroffen haben. Aber wer geglaubt (oder gehofft) hatte, dass er die „Föderalisierung der Föderation" nun stoppen oder rückgängig machen würde, sah sich getäuscht. Tito und seine Mitstreiter (Kardelj, Bakarić und andere) setzten den eingeschlagenen Kurs des Umbaus von Staat, Wirtschaft und Gesellschaft fort, versuchten jedoch, die Partei als Gegengewicht organisatorisch und ideologisch neu aufzustellen. Das Exekutivbüro des BdKJ-Präsidiums wurde um die Hälfte verkleinert und die führende Rolle der Partei als Integrationsfaktor deutlich herausgestrichen. In einem „Brief" wandten sich Tito und der Sekretär des Exekutivbüros, der Slowene Stane Dolanc, am 18. September 1972 an alle Organisationen und Mitglieder des BdKJ und wiederholten jene Vorwürfe, die Tito seit Jahren und mit zunehmender Erbitterung an der Situation im Bund der Kommunisten geübt hatte: Die Machtfülle der „Bürokraten und Technokraten" habe in der Gesellschaft zu einem Prestigeschwund der Partei einerseits und zu wachsendem Interesse an der „Neuen Linken", am Nationalismus und an „Theorien der liberalen Demokratie [...], etwa sozialdemokratischen Typs" andererseits geführt. Zielscheibe der Kritik waren neben den Nationalisten vor allem die Vertreter des „Liberalismus" in Serbien, in Slowenien und Makedonien.[310] Die seit längerer Zeit in diesen

309 Zit. nach SUNDHAUSSEN, H.: Geschichte Jugoslawiens (74), S. 198.

310 Was in den zeitgenössischen Diskursen als „Liberalismus" apostrophiert wurde, hat mit dem klassischen Liberalismus wenig zu tun. Der Begriff diente zur Bezeichnung von Strömungen innerhalb des Bundes

drei Republiken schwelenden gewerkschaftlichen Verselbstständigungstendenzen, die auch bei reformorientierten Kommunisten – etwa beim serbischen Parteichef Marko Nikezić – Unterstützung fanden, gerieten als „Anarchosyndikalismus“ oder „Anarcholiberalismus“ ins Schussfeuer einer rückwärtsgewandten Kritik. Attackiert wurde auch die außenwirtschaftliche und außenpolitische Orientierung der slowenischen Regierung unter Stane Kavčič, die für ihre Republik einen Status anstrebe „wie einige kleinere europäische Staaten, z. B. Luxemburg“. Die Maßregelungen lösten im Herbst 1972 eine Welle von Rücktritten höchster Parteiführer in Slowenien und Serbien (unter ihnen Stane Kavčič, Marko Nikezić und Latinka Perović) aus.[311] Mit diesem Rundumschlag wurden nicht nur die Nationalisten, sondern auch diejenigen mundtot gemacht, die – wie die „Liberalen“ – mit ihrer Forderung nach Dialog und Reformen sowie im Kampf gegen den Nationalismus einen Gegenpol hätten bilden können. Die viel gescholtenen „Bürokraten und Technokraten“ erhielten dagegen neuen Aufwind.

Mit einem ideologisch „härteren“ Kurs versuchte die Parteiführung, den zentrifugalen Tendenzen im Staat und im geistig-kulturellen Leben entgegenzuwirken. Auf dem X. Kongress des BdKJ vom 27. bis 30. Mai 1974 wurde der „Klassencharakter“ der Partei wieder nachdrücklich betont.[312] Hatte die Partei nach dem IX. Kongress (1969) nur noch „anleiten“ wollen, so stellte sie nun den Führungsanspruch „in allen Bereichen und auf allen Ebenen“ wieder deutlich heraus. Tito forderte eine verstärkte Kontrolle des Bundes der Kommunisten über fast alle Tätigkeitsbereiche der Gesellschaft und sagte politischen Abweichungen den Kampf an. Es habe in der Partei Spaltungen und Gruppenbildungen gegeben, die Sorge bereitet hätten, doch sei man ihrer Herr geworden, vor allem seit der Tagung des Parteipräsidiums im Dezember 1971 und seit den Säuberungen in Kroatien. Tito bekannte sich ausdrücklich zum Lenin'schen Prinzip des „demokratischen Zentralismus“, der von jedem Parteimitglied verlangte, einmal gefasste Beschlüsse zu respektieren. Das nach dem IX. Kongress bis Ende 1971 geduldete Oppositionsrecht innerhalb des BdK wich wieder dem Streben nach „monolithischer“ Willensbildung. Die Bundespartei erhielt abermals einen „klassischen“ (allerdings nach dem Republikenproporz unter Berücksichtigung der Armee zusammengesetzten) Führungsaufbau: mit einem 166 Mitglieder umfassenden Zentralkomitee (darunter 15 Vertreter der Armee), einem aus 39 (später 48) Politikern bestehenden ZK-Präsidium und einem

der Kommunisten, dessen Vertreter für die Überwindung ideologischer Barrieren, für gesellschaftliche und wirtschaftliche Reformen und für mehr Offenheit des Systems plädierten. Vgl. u. a. Repe, Božo: „Liberalizem“ v Sloveniji. Ljubljana 1992.

311 Vgl. Perović, L.: Zatvaranje kruga (48); Djukić, S.: Slom srpskih liberala (102).

312 Auszüge aus dem neuen Statut bei Petranović, B. – M. Zečević (Hg.): Jugoslavija 1918–1984 (26), S. 1015–1017.

12-köpfigen Exekutivkomitee (früher: Exekutivbüro). Tito wurde erneut – diesmal auf Lebenszeit – zum Präsidenten des BdKJ gewählt.[313]

Der verschärfte ideologische Kurs richtete sich nicht nur nach wie vor gegen „Nationalchauvinismus" und „Liberalismus", sondern auch in zunehmendem Maße gegen Vertreter der „Neuen Linken", die ihrerseits in den Jahren 1972/73 in der philosophischen Zeitschrift *Praxis* zu scharfen Angriffen auf das Regime übergegangen waren.[314] Der serbische Schriftsteller Dobrica Ćosić, der 1968 wegen „Chauvinismus" aus dem serbischen ZK ausgeschlossen worden war, erklärte – ausgerechnet in der „Praxis" –, dass Jugoslawien von „geistigen Nihilisten" regiert würde, die den Intellektuellen die schöpferische Freiheit genommen hätten. Der Belgrader Philosophie-Professor Svetozar Stojanović bezeichnete den BdKJ als „stalinistische Partei" und setzte sich ausführlich (ohne Tito beim Namen zu nennen) mit der Frage der „charismatischen Führerschaft" auseinander. In einem Artikel vom Mai 1972 behauptete er, dass „Führer" gelegentlich selber Krisen heraufbeschwörten, um sich in ihrer Rolle als „Retter" bewähren zu können. Die Menschen bekämen auf diese Weise Angst vor der Zukunft, vor dem Tag, an dem der charismatische Führer nicht mehr am Leben ist und die charismatische in eine nachcharismatische Periode übergehen muss. In der Regel vermeide es jedoch der charismatische Führer, nur gegen eine Seite loszuschlagen. „Er schlägt auch die andere Seite, und das heißt, dass er nicht darauf abzielt, die Krise radikal zu lösen. Dadurch lässt er die Saat für die nächste Krise zurück." Ob dies eine zutreffende Beschreibung der Rolle Titos war, lässt sich aus der Rückschau und mit den heute bekannten Dokumenten allerdings bezweifeln.[315]

Mit dem Verbot der *Praxis* im Februar 1975, der Entlassung von acht Professoren der Philosophischen Fakultät in Belgrad und der Beschlagnahme der Zeitschrift *Filosofija* ging die Partei zum Gegenangriff über. Auf dem 8. Schriftstellerkongress im Oktober 1975 wies Stane Dolanc unmissverständlich darauf hin, dass der BdK die kulturelle Entwicklung nicht mehr der „Spontaneität" überlassen wolle. Bezeichnenderweise war eine Reihe prominenter Schriftsteller des Landes dem Kongress von vornherein ferngeblieben, unter ihnen der Kroate Miroslav Krleža, der in seinem Grundsatzreferat auf dem Schriftstellerkongress von 1952 mit der stalinistischen Praxis in der Kulturpolitik abgerechnet und die erste Wende im kulturellen Leben Jugoslawiens eingeleitet hatte. Auch andere bekannte Autoren fehlten und/oder gerieten in die Kritik. Tito selbst hatte 1970

313 Deseti kongres SKJ: dokumenti. Hg. Sekretarijat SIV-a za informacije. Beograd 1974.

314 Vgl. Bonacci-Skenderović, Dunja: Radio Sloboda Evropa o sukobima jugoslavenskih vlasti i časopisa Praxis (1972–1975), in: http://www.cpi.hr/download/links/hr/7290.pdf.

315 Vgl. Sundhaussen, H.: Geschichte Jugoslawiens (74), S. 199.

Dragoslav Mihajlović scharf gemaßregelt. In seinem Drama *Als die Kürbisse blühten* hatte sich Mihajlović der Verfolgung von Kominform-Anhängern in Jugoslawien nach 1948 angenommen, ein Thema, über das die jugoslawische Presse in den 50er-Jahren kaum oder nur am Rande berichtet hatte. Nach dem X. BdKJ-Kongress von 1974 räumten dagegen die Massenmedien der Verhaftung und Verurteilung neu aufgespürter „Kominformisten" relativ breiten Raum ein.

Die Verfassung von 1974

Die ideologische Offensive des BdKJ gegen „Abweichungen" nach rechts und links („Nationalchauvinisten", „Liberale", „Neue Linke", „Kominformisten" usw.) war aber nur der eine Aspekt der titoistischen Spätphase und der Reaktion auf den „kroatischen Frühling". Der andere Aspekt war die Fortsetzung des mit den Verfassungsnovellen zwischen 1967 und 1971 eingeleiteten Umbaus von Staat und Gesellschaft. Ungeachtet der kroatischen Krise wurden die Verfassungsreformen nun mit einer neuen Gesamtkodifikation abgeschlossen: Am 21. Februar 1974 verkündete die Erste Kammer des Bundesparlaments, also der Bundesrat, die dritte bzw. – unter Einbeziehung der Verfassungsreformen von 1953 – die vierte jugoslawische Nachkriegsverfassung, die umfangreichste Verfassung der Welt.[316] (Etwa zeitgleich erhielten auch die sechs Republiken und zwei Autonomen Provinzen neue Verfassungen.)[317] Auf die in der Bundesverfassung enthaltene „Föderalisierung der Föderation" wurde im Kapitel 3.5 bereits eingegangen. Die neue Konstitution bekräftigte, dass die sechs Sozialistischen Republiken als Staaten betrachtet wurden (Art. 3), deren Grenzen – ebenso wie die Grenzen der Autonomen Provinzen – nur mit deren Einverständnis geändert werden konnten (Art. 5). Die wichtigste Neuerung war die Einführung des Zwei-Kammer-Systems, bestehend aus dem „Bundesrat", in den jede Republik (unabhängig von ihrer Bevölkerungszahl) 30 und jede Autonome Provinz 20 Mitglieder delegierte, und dem „Rat der Republiken und Provinzen", in dem die Republiken mit je 12 und die Autonomen Provinzen mit je 8 Delegierten vertreten waren. Der *formale* Unterschied in der Zusammensetzung beider

316 Der Originaltext ist im Internet abrufbar unter: http://hr.wikisource.org/wiki/Ustav_Socijalisti%C4%8Dke_Federativne_Republike_Jugoslavije_(1974)#Glava_II_PREDSJEDNI.C5.A0TVO_SOCIJ.D0.90LISTI.C4.8CKE_FEDER.D0.90TIVNE_REPUBLIKE_JUGOSL.D0.90VIJE. Eine vom Sekretariat für den Informationsdienst der Bundesversammlung autorisierte deutsche Übersetzung erschien in Belgrad 1974: Verfassung (37). Vgl. auch die von Herwig Roggemann eingeleitete deutsche Ausgabe: Verfassung (38).

317 Der Text aller Verfassungen findet sich bei Sofronić, Z. (Hg.): Ustav SFRJ. Ustavi socijalističkih republika i pokrajina 35).

Kammern bestand darin, dass die Mitglieder des „Bundesrats" von den selbstverwalteten Organisationen und Gemeinschaften in den Ländern entsandt, während die Mitglieder des „Rats der Republiken und Provinzen" von den jeweiligen Parlamenten bestimmt wurden. Das war insofern problematisch, als *beide* Kammern *de facto* Ländervertretungen darstellten (auch wenn Kardelj dies anders intendiert hatte), während ein Äquivalent für das, was in Deutschland der Bundestag ist, fehlte. Damit hatte der Verfassungsgeber die Verlagerung der parlamentarischen Beschlusskompetenzen vom Bund auf die Gliedstaaten sowie den Zwang zum Konsens, das föderale Konkordanzprinzip, bis an die Grenze des Möglichen (oder Unmöglichen?) vorangetrieben.[318] Die politische Entscheidungsfindung wurde nun sehr viel komplizierter, als sie nach den früheren Verfassungen gewesen war. Das war freilich nicht (allein) der Laune der Verfassungsväter, sondern auch der lange verdrängten Komplexität Jugoslawiens geschuldet.

Zu den Besonderheiten der 74er-Verfassung gehörte die Neugestaltung des Wahlrechts, das einzigartig in der Welt war. Mit der Einführung eines sogenannten Delegiertensystems verwandelte sich Jugoslawien nach Titos Worten zum „Staat der Volksausschüsse, zum Staat des Typs der Pariser Kommune und der Leninschen Sowjets". Da die unmittelbare, persönliche Beteiligung aller Wahlberechtigten an der politischen Entscheidungsfindung unmöglich war und ist, wurde die Institution der Delegation geschaffen und zwischen die Wähler und die Abgeordneten geschoben. Die Bürgerinnen und Bürger bestimmten die Abgeordneten also nicht mehr direkt, sondern wählten aus ihrer Mitte eine Delegation als ständige Arbeitskörperschaft, und die Delegation wählte dann aus ihren Mitgliedern die Delegierten für die übergeordneten Gebietskörperschaften. In der Praxis wählte der Bürger somit nur einige Personen aus seiner unmittelbaren Umgebung (vor allem am Arbeitsplatz, in der „Ortsgemeinschaft" oder in den gesellschaftspolitischen Organisationen: BdK, Sozialistische Allianz und Gewerkschaften) und übertrug diesen Personen, die sich zu Delegationen zusammenschlossen, die Wahl von Abgeordneten zu den verschiedenen Stufen der „Versammlungen" (Parlamente). Die Nominierung der Kandidaten lag in den Händen der Sozialistischen Allianz und der Gewerkschaften. Insgesamt wurden anlässlich der Wahlen von 1974 über 800.000 Delegierte gewählt, die sich zu 72.531 Delegationen formierten und ihrerseits die Abgeordneten für die Parlamente der Gebietskörperschaften und die Erste Kammer des Bundesparlaments wählten. Da Jugoslawien zu diesem Zeitpunkt etwa 15 Millionen wahlberechtigte Bürgerinnen und Bürger zählte, erhielten damit mehr als 5 % der Wahlberechtigten – ein bemerkenswert hoher Prozentsatz – ein politisches Mandat. Und niemand durfte mehr als zweimal in dieselbe Delegation gewählt werden. Der größte

318 Vgl. Roggemann, H.: Verfassung (38), S. 58.

Teil der Delegierten und Delegationen entfiel auf die „Grundorganisationen vereinter Arbeit", womit der bisherigen „Kopflastigkeit" in den Parlamenten (ca. 50 % Akademiker) entgegengewirkt werden sollte. Die Gleichberechtigung der Geschlechter geriet allerdings unter die Räder. Die Delegierten setzten sich überwiegend aus Männern zusammen, nur ein Siebentel waren Frauen.[319]

Das „Gesetz über die vereinte Arbeit" von 1976 und der „Selbstverwaltungspluralismus"

Analog dem politischen „Rätesystem" erfolgte auch der weitere Ausbau des Selbstverwaltungsmodells, das mit dem „Gesetz über die vereinte Arbeit" von 1976 (oft auch als „Grundgesetz" bezeichnet) seinen Abschluss fand.[320] Die wichtigsten Punkte wurden bereits im Unterkapitel 1.5 behandelt. Mit der Verfassung von 1974 und dem „Grundgesetz" von 1976, das mit seinen 671 Artikeln eine Art Parallelverfassung darstellte, endete die rund zehnjährige Phase intensiven Experimentierens, die mit den Wirtschaftsreformen von 1965 eingeleitet worden war und sich ihrerseits in zwei Unterphasen gliederte: die Phase relativer Meinungsfreiheit bis 1971/72 und die anschließende Phase ideologischer Verhärtung. Mit den Wirtschaftsreformen und der grundlegenden Föderalisierung des Staates hatte die oberste Parteiführung den zentrifugalen Tendenzen in der Hoffnung auf mehr wirtschaftliche Effizienz und zur Befriedigung nationaler Bedürfnisse Raum gegeben und zugleich versucht, mit dem Ausbau der Selbstverwaltung und der ideologischen Straffung der Partei ein Gegengewicht zu schaffen. Wie sich die Parteispitze die waghalsige Balance zwischen Steuerung der Gesellschaft und Basisdemokratie vorstellte, machte Edvard Kardelj auf der 3. Plenarsitzung des ZK des BdKJ im April 1976 deutlich: „Für die Ausbildung unseres demokratischen Systems kann weder der Parlamentarismus des bürgerlichen politischen Staats noch die Einparteienvariante der Ausgangspunkt sein, sondern einzig und allein die selbstverwaltende Demokratie der vereinten Arbeit, in der der Bund der Kommunisten und andere Faktoren des organisierten sozialistischen, gesellschaftlichen, wissenschaftlichen, kulturellen und sonstigen Bewusstseins sich als schöpferischer Bestandteil bzw. als Gemeinschaft freier Produzenten ausformen und organisieren." Ein Mehrparteiensystem käme für Jugoslawien nach Kardeljs Worten schon deshalb nicht infrage, weil die Gegensätze, die zur Revolution geführt haben – und dazu gehörte an erster Stelle die nationale Frage –, „durch diese Revolution nicht beseitigt worden sind". Die Revolution habe im Grunde nur zu einer „Veränderung des Kräfteverhältnisses" geführt (eine bemerkenswerte Feststellung!). In

319 Vgl. Roggemann, H.: Verfassung (38), S. 67–69.
320 Zakon o udruženom radu (38a).

einer mehrstündigen Rede entwickelte Kardelj am 13. Juni 1977 auf der 30. Sitzung des BdKJ-Präsidiums das neue Konzept des jugoslawischen „demokratischen Pluralismus" in Gestalt des „Selbstverwaltungspluralismus".[321] Seine Grundlage bilde das Delegiertensystem als Ausdruck des „Pluralismus der selbstverwalteten Interessen". Die „organisierten Kräfte des gesellschaftlichen Bewusstseins" – darunter vor allem der BdK – würden „in einem solchen System ihr Monopol auf die Macht verlieren"! Die Bedeutung des BdKJ werde dadurch aber nicht geschmälert, sondern seine Rolle als „führende ideelle und politische Kraft" vergrößert und vertieft, denn die Gesellschaft bestehe „nicht nur aus einer Vielzahl partieller Interessen und Bestrebungen, sondern auch aus der Gesamtheit des ideellen, politischen, wissenschaftlichen, kulturellen und gedanklichen Überbaus". Der Kampf um den Einfluss dieser Orientierung auf die Selbstverwalter sei vor allem die Aufgabe des BdKJ. Hierbei müsse er allerdings auch „zur Korrektur seiner Standpunkte bereit sein, falls sie sich in der Praxis nicht bewähren oder das vorhandene gesellschaftliche Bewusstsein nicht bereit ist, sie zu akzeptieren". Eine solche „demokratische Rolle des BdKJ" war nach Kardeljs Auffassung die „Voraussetzung für die erfolgreiche Entwicklung des politischen Systems der Selbstverwaltungsdemokratie". Mit der Verfassung von 1974 und dem Gesetz über die vereinte Arbeit von 1976 seien inhaltlich und strukturell „fast revolutionäre Änderungen" in den sozioökonomischen Beziehungen sowie im Verhältnis zwischen Bund und Ländern vollzogen worden. Kardelj gab zu, dass die Entwicklung des politischen Systems hinter der allgemeinen Entwicklung „hinterherhinke", das zwischen Letzterer und den institutionellen Lösungen eine „Disharmonie" bestehe, dass es „Diskrepanzen [gebe] zwischen den verkündeten und in der Verfassung bekräftigten demokratischen Prinzipien und unserer gesellschaftlichen und politischen Praxis". Die angestrebte Demokratisierung des politischen Systems werde auf ähnliche Schwierigkeiten und Hindernisse stoßen wie die Durchsetzung des sozioökonomischen Systems.[322]

Der XI. Kongress des BdKJ vom 20. bis 23. Juni 1978 in Belgrad stand ganz im Zeichen der von Kardelj entwickelten Gedanken. Die abermals veränderten Statuten trugen dem „Selbstverwaltungspluralismus" insofern Rechnung, als sie zwar am „demokratischen Zentralismus" festhielten, aber jedem Parteimitglied, das in der Minderheit geblieben war, das Recht einräumten, den eigenen Standpunkt auch nach Annahme des Beschlusses durch die Mehrheit zu verteidigen. Die Fraktionsbildung blieb allerdings

---

321 Zum Konzept des „Pluralismus der Selbstverwaltungsinteressen" vgl. Kardelj, Edvard: Pravci razvoja političkog sistema socijalističkog samoupravljanja. Beograd 1977. Zur Entwicklung der jugoslawischen Pluralismus-Diskussion vgl. Höpken, W.: Sozialismus und Pluralismus (122), S. 41 ff.

322 Vgl. Sundhaussen, H.: Geschichte Jugoslawiens, S. 205 f.

Abb. 18: Edvard Kardelj und Tito in den 1970er-Jahren.

weiterhin verboten, doch die Duldung abweichender Meinungen bedeutete eine Rückkehr zu der Entwicklung, die durch die Krise von 1971 unterbrochen worden war. Das ZK-Präsidium wurde von 48 auf 24 Mitglieder (je drei Vertreter der Republiken, jeweils zwei der Autonomen Provinzen, ein Repräsentant der Armee und Tito) reduziert. Die vor dem Kongress angekündigte Trennung des kollektiven Partei- und Staatspräsidiums blieb dagegen aus.

Titos Tod 1980

Acht Monate nach dem Kongress starb Edvard Kardelj nach langem Krebsleiden im Alter von 69 Jahren in seiner Heimatstadt Ljubljana. Damit verschied einer der engsten Vertrauten Titos und der letzte seiner nächsten Kampfgefährten aus der Revolutionszeit (vgl. Abbildungen 4 und 18). Kardelj war der „Architekt" der letzten Verfassungen und der „Motor" des Experiments Jugoslawien gewesen. Schon 1954 hatte er geschrieben, dass „nichts, was geschaffen wurde", so heilig sei, „dass es nicht übertroffen werden oder durch etwas ersetzt werden könnte, was noch fortschrittlicher, noch freier, noch menschlicher ist". Diesem Prinzip war er zeit seines Lebens treu geblieben. Den Abschluss bildete das Konzept des „Selbstverwaltungspluralismus", das er kurz vor seinem Tod entworfen hatte. Dessen Scheitern erlebte er nicht mehr. Ob er es mit weiteren Reformen hätte verhindern können, ist unwahrscheinlich.

Rund fünfzehn Monate nach Kardeljs Tod trat ein, wovor viele seit Langem Angst gehabt hatten. Nach viermonatigem Koma starb Tito am 4. Mai 1980 im Klinikum von Ljubljana, drei Tage vor seinem 88. Geburtstag. Sein Leichnam wurde am 8. Mai im „Haus der Blumen" im Belgrader Stadtteil Dedinje beigesetzt. Das Begräbnis war ein Jahrhundert-Event, an dem vier Könige, 31 Staatspräsidenten, 47 Außenminister sowie Delegationen aus 127 Ländern teilnahmen. Mit Tito hatte der „letzte große Führer des Zweiten Weltkriegs", der „Sieger über Hitler und Stalin", die „Symbolfigur des sozialistischen Jugoslawiens" und der „Initiator der Blockfreien Bewegung" die politische Bühne verlassen. Dreieinhalb Jahrzehnte lang hatte er die Geschicke Jugoslawiens mit Machtinstinkt, Repression und Charisma bestimmt. Unter seiner Führung war der Vielvölkerstaat aus der Katastrophe des Zweiten Weltkriegs herausgeleitet und von einer „Volksdemokratie" nach sowjetischem Muster in ein eigenwilliges Land mit einem ebenso einzigartigen wie problematischen Gesellschaftsmodell verwandelt worden. Das anfangs totalitäre war einem autoritären Regime mit quasipluralistischen Ansätzen gewichen. Der *Mensch* Josip Broz mit seiner blütenweißen Prunkuniform hatte sich nach den Strapazen des Krieges und nach vielen Enttäuschungen in der Nachkriegszeit zunehmend dem Luxus ergeben; 25 Residenzen und Villen standen zu seiner Verfügung, ebenso der „Blaue Zug" oder die Edeljacht „Galeb". Alljährlich am 25. Mai, dem „Tag der Jugend", der zugleich als Titos Geburtstag gefeiert wurde, hatten ihm die Jugendlichen nach einem mehrwöchigen Stafettenlauf durch alle Republiken des Landes mit einem abschließenden Festakt im Belgrader Zentralstadion gehuldigt. Der *Politiker* Tito, dessen Identität mit der Person Josip Broz gelegentlich in Zweifel gezogen wurde, hatte Freiräume ebenso genommen wie geschaffen, hatte Experimente ermöglicht (allen voran das Dauerexperiment Kardeljs), zugleich aber am Machtmonopol der untereinander zerstrittenen Kommunisten eisern festgehalten. „Tito ist Jugoslawien – Jugoslawien ist Tito" war die Quintessenz des ausufernden Personenkults, mit dem sich der „Alte" umgeben hatte, die Quintessenz der jugoslawisch-sozialistischen „Zivilreligion".[323] Sein Tod löste echte und tiefe Trauer in der Bevölkerung und eine Art Trotzreaktion aus: „Nach Tito – Tito!". „Tito's Yugoslavia", schreibt Aleksa Djilas, der Sohn von Milovan, „was undoubtedly not a totalitarian state of mass terror, but merely a moderately authoritarian, semi-efficient, corrupt, and somewhat farcical state, similar to many others in the world."[324]

Erkrankung und Tod Titos waren begleitet von Sorgen und Unsicherheit. Sie betrafen nicht so sehr die Situation im Lande selbst als eine mögliche Bedrohung von außen. Der Kalte Krieg war noch in vollem Gange, und die politische Führung Jugoslawiens fürchtete, dass der Warschauer Pakt sowie jugoslawische Emigrantengruppen mit Unterstützung des sowjetischen Geheimdienstes die Situation nützen könnten, um Jugoslawien

323 Vgl. Flere, Sergej: The Broken Covenant of Tito's People: The Problem of Civil Religion in Communist Yugoslavia, in: East European Politics & Societies 21 (2007), S. 681–703.

324 Djilas, A.: Tito's Last Secret: How Did He Keep the Yugoslavs Together? (Review of Richard West's „Tito and the Rise and Fall of Yugoslavia"), in: Foreign Affairs 74 (1995), 4, S. 116–122.

Abb. 19: Schallplatten-Cover: Pesme o Titu (Lieder über Tito) (1970er-Jahre).

zu destabilisieren und das Modell des „dritten Weges" ein für allemal aus der Welt zu schaffen.[325] Aber diese Sorge kittete große Teile der jugoslawischen Gesellschaft noch einmal zusammen.

4.2 DIE PFEILER DER MACHT

Wie in anderen sozialistischen Ländern, so gab es auch in Jugoslawien keine Gewaltenteilung. Es gab eine Arbeitsteilung: zwischen Partei- und Staatsapparat, zwischen Bund, Ländern und Kommunen, zwischen selbstverwalteter Basis und Funktionären. Aber die Fundamente von Legislative, Exekutive und Judikative waren gebündelt in einer Hand: in der Hand der Parteiführung. Und so zerstritten und fragmentiert die Partei auch war, ihr Machtmonopol ließ sie sich bis 1990 nicht nehmen.

---

325 Vgl. die Erinnerungen eines der jugoslawischen Spitzenpolitiker Dizdarević, R.: Od smrti Tita (224), S. 49 ff. Angeblich wurden auch zwischen der sowjetischen und italienischen Regierung Gespräche geführt, um Italien mit der Aussicht auf den Erwerb der Zone B (vgl. Kap. 2) für die Zerschlagung Jugoslawiens zu gewinnen.

Von der Kaderpartei zur „Neuen Klasse"

An verschiedenen Stellen der vorliegenden Arbeit wurde der kometenhafte Aufstieg der einst illegalen Kaderpartei zur Massenorganisation bereits erwähnt. 1980 zählte der BdK rund zwei Millionen Mitglieder, sodass etwa 13 % der erwachsenen Gesamtbevölkerung ein Parteibuch besaß. Aber nur noch eine kleine Minderheit weniger als 5 % der damaligen Genossinnen und Genossen, hatte bereits vor Kriegsende der Partei angehört. Mit dem in den 60er-Jahren eingeleiteten Generationenwechsel hatte sich auch die soziale Struktur grundlegend verändert. Bei Kriegsende war die KPJ noch eine „Bauernpartei" gewesen, aber der Anteil der Bauern war von Jahr zu Jahr dramatisch zurückgegangen.[326] Nun stellte sich der BdK hinsichtlich seiner sozialen Zusammensetzung als Partei der Mitte und der Gebildeten dar: Über 40 % der Mitglieder gehörten Anfang 1981 zur „Intelligenz" (eine leichte Steigerung gegenüber 1967), weitere 17 % waren Studenten, die 1967 nur 3,3 % der Mitglieder gestellt hatten. Der Anteil der Arbeiter belief sich auf 29,5 % (4 % weniger als 1967). Pensionäre waren mit 9 % vertreten (gegenüber 7 % 1967), während der Anteil der privaten Bauern von 7,4 % auf 4,3 % gesunken war. Obwohl Anfang der 80er-Jahre noch fast 30 % der Gesamtbevölkerung von der Landwirtschaft lebten, waren weniger als 3 % (nach anderen Berechnungen weniger als 1 %) der Bauern im BdK engagiert.[327] Dies war ein deutliches Zeichen für die weit fortgeschrittene Marginalisierung der Landbevölkerung: Sie war nicht nur wirtschaftlich und kulturell benachteiligt, sondern hatte sich auch enttäuscht aus der politischen Entscheidungsfindung zurückgezogen (oder war zurückgedrängt worden), was ihre weitere Marginalisierung vorantrieb. Es waren die Bauern, die die Hauptlast des kommunistischen Modernisierungsprojekts zu tragen hatten. Und entsprechend distanziert fiel ihre Einstellung zu Partei und Staat aus. Auch der Anteil der Arbeiter, deren absolute Zahl deutlich zugenommen hatte, war in der Partei rückläufig.

Aber für diejenigen, die Karriere machen wollten, war die Mitgliedschaft im BdK unverzichtbar. Das erklärt – nicht allein, aber doch zu einem wesentlichen Teil – den

326 So waren z.B. Mitte 1945 62,7 % der Parteimitglieder in Kroatien Bauern gewesen; bis Ende 1952 sank ihr Anteil auf 28,2 %. Absolut hatte ihre Zahl zwar zugenommen, aber nicht annähernd im gleichen Umfang wie die Zahl der Arbeiter und der Angehörigen anderer sozialer Schichten. Vgl. Jandrić, B.: Hrvatska (516a), S. 70 ff.

327 Angaben nach Staar, Richard F.: Communist regimes in Eastern Europe. 4. Aufl. Stanford/Ca. 1982, S. 252, 253. Das Buch ist vollständig abrufbar unter: http://books.google.de/books?id=ugeMgomY7hAC&pg=PA380&lpg=PA380&dq=Richard+F.+Staar++Communist+regimes+1982&source=bl&ots=zbnzb1mPlu&sig=DuOuZ9zfxdrM8g8F3hiipzXxdIk&hl=de&ei=FhdhTN6EC5PE4gbvkdzzCQ&sa=X&oi=book_result&ct=result&resnum=2&ved=0CB8Q6AEwAQ#v=onepage&q&f=false.

hohen Anteil der „Intelligenz“ und der Studenten an der Gesamtzahl der Mitglieder. Nach einem Bericht in der Zeitschrift *Ekonomska politika* von März 1986 waren 76 % aller Manager Mitglieder im BdK, bei den „Experten“ waren es 42 %, bei Lehrern 40 %, während nur 8 % der Industriearbeiter und 2–3 % der Privatbauern der Partei angehörten.[328] Diese Entwicklung entsprach ziemlich genau dem, was Milovan Djilas 1957 in seinem Buch *Die Neue Klasse* oder was die beiden Ungarn György Konrád und Iván Szelényi in ihrer Studie von 1978 über *Die Intelligenz auf dem Weg zur Klassenmacht* beschrieben hatten. Von einer Partei der Arbeiter und Bauern konnte keine Rede sein. Die Verfügungsmacht über gesellschaftliche Ressourcen ruhte in den Händen einer neuen Schicht oder – wie Djilas, Konrád und Szelényi formulieren – einer neuen Klasse, die nicht ein Überbleibsel der vorsozialistischen Zeit, sondern ein Produkt der realsozialistischen Gesellschaftsordnung und ihrer Ungleichheiten war. Das jugoslawische Konzept des „Gesellschaftseigentums“ (in Abgrenzung zum Staatseigentum der Ostblockländer und zum Privatkapital in westlichen Gesellschaften) hat diese Entwicklung nicht verhindern können. Auch in Jugoslawien waren die Machtsphären von Wirtschaft und Politik untrennbar miteinander verflochten. Um über die Verteilung des gesellschaftlichen Mehrprodukts mitbestimmen zu können, musste man nicht nur – und nicht einmal in erster Linie – über Fachwissen, sondern auch über Legitimation verfügen. Und die Legitimation erhielt man von der Partei. Die Angehörigen der „Nomenklatura“ (der Führungskräfte aller Art) waren hoch privilegiert, was Macht, Bezahlung, Altersvorsorge, den Bezug von höherwertigen Konsumgütern und Wohnraum oder die Aufstiegschancen ihrer Kinder, der künftigen „Nomenklatura“, betraf. Zur politischen und wirtschaftlichen Macht gesellte sich der Anspruch auf Deutungsmacht, d. h. der Anspruch zu bestimmen, was richtig oder falsch ist. Doch dies war seit Jahrzehnten Gegenstand heftigster Kontroversen und hatte die Partei in „Dogmatiker bzw. Konservative“ und „Reformer bzw. Liberale“ gespalten. Über die Einstellungen der Parteimitglieder lässt sich oft nur spekulieren. Gewiss gab es im BdK zu Beginn der 80er-Jahre auch noch Kommunisten aus Überzeugung, aber ihr Anteil dürfte über die Jahre hinweg rückläufig gewesen sein. Der BdK entwickelte sich mehr und mehr zu einem Sammelbecken für Leute, die Karriere machen wollten. Insofern stellt es eine grobe Vereinfachung dar, die Partei, die bereits in den Jahrzehnten zuvor alles andere als eine monolithische Einheit gewesen war, mit „den“ Kommunisten gleichzusetzen. Denn „die“ Kommunisten gab es schon lange nicht mehr.

Von den über 1,8 Millionen Genossinnen und Genossen im Jahr 1979 waren die Serben mit knapp 49 % deutlich überrepräsentiert. Es folgten die Kroaten mit 15 %,

328 Nach Lydall, H.: Yugoslavia in Crisis (138), S. 214 f.

die Muslime und Makedonier mit jeweils über 6 %, während Slowenen, Montenegriner und „Jugoslawen" mit 5,9–5,6 % vertreten waren. Die Albaner bildeten mit 3,7 % das Schlusslicht, gefolgt von einigen anderen kleineren Gruppen. Serben und Montenegriner zusammen stellten mit über einer Million Mitgliedern mehr als 54 % aller Genossinnen und Genossen. Setzt man die nationalen Mitgliederzahlen in Verhältnis zur jeweiligen Bevölkerungszahl, so ergibt sich folgendes Bild: Fast 19 % aller Montenegriner waren in der Partei, bei den Serben waren es gut 11 %. Von den Makedoniern und „Jugoslawen" gehörten jeweils über 8,5 % der Partei an; bei Kroaten, Muslimen und Slowenen waren es jeweils mehr als 6 %, während nur knapp 4 % der Albaner den Weg zur Partei gefunden hatten. Mit anderen Worten: Hinsichtlich der nationalen Zusammensetzung wies der BdK eine deutliche Schieflage auf – mit allen Konsequenzen, die sich daraus für die Besetzung wichtiger Ämter in Politik, Armee, Wirtschaft und Gesellschaft ergaben, soweit nicht durch verschiedene Quotenregelungen ein Gegengewicht geschaffen worden war.[329]

Unterhalb des BdK gab es eine Reihe weiterer Massenorganisationen, die unter Kontrolle der Partei standen und als Transmissionsriemen der politischen Führung konzipiert waren. Zu ihnen zählte der Bund der kommunistischen Jugend Jugoslawiens (SKOJ) mit 3,6 Millionen Mitgliedern (1980), die Sozialistische Allianz der Werktätigen (SSRN), die Nachfolgerin der vormaligen Volksfront, mit ca. 13 Millionen Mitgliedern und die Gewerkschaften mit 5,7 Millionen Mitgliedern.

Die Jugoslawische Volksarmee

Zu den tragenden Säulen des sozialistischen Systems und des gemeinsamen Staats gehörte die „unpolitische" Jugoslawische Volksarmee (JVA) – ihrerseits eine Massenorganisation. Die Zahl der Aktiven (Berufssoldaten und Wehrpflichtige) betrug 1979 etwa 250.000 Mann. Hinzu kamen mehrere Millionen Reservisten (Reservisten der JVA sowie Mitglieder und Reservisten der Territorialverteidigung). Zwischen den höheren Rängen der Armee und den Berufssoldaten auf der einen und dem BdK auf der anderen Seite bestanden enge personelle Verbindungen. Fast das gesamte Offizierskorps setzte sich aus Parteimitgliedern zusammen. Im 166-köpfigen ZK des BdKJ saßen 1979 23 (nach anderen Angaben: 21) hohe Offiziere. Nicht nur der Verteidigungsminister, sondern auch der Innenminister, der Bundesstaatsanwalt, der Generalsekretär des Staatspräsidiums

329 Einzelheiten bei Cvjetićanin, Vladimir (Hg.): Klasno-socijalna struktura Saveza komunista Jugoslavije. Beograd 1984; Auszüge bei Burg, Steven L.: New Data on the League of Communists of Yugoslavia, in: Slavic Review 46 (1987), 3–4, S. 553–567.

sowie die Träger anderer hoher politischer Ämter kamen zu diesem Zeitpunkt aus der Armee. Die Parteiorganisation in der JVA besaß den gleichen Rang wie die Parteiorganisationen der Republiken („siebte Republik") und ihr Vorsitzender war qua Amt Mitglied des jugoslawischen Parteipräsidiums. Armee und Rüstungsindustrie (der größte jugoslawische Exporteur) bildeten einen gewaltigen militärisch-industriellen Komplex, der ein Imperium eigener Art darstellte. Die Armee, die „Wächterin der Revolution und des Sozialismus", verstand sich als Garant des zweiten Jugoslawiens, als Gegengewicht zu den eigennützigen Bestrebungen der Republiken und Autonomen Provinzen, als eine der wenigen nach der Verfassung von 1974 noch verbliebenen zentripetalen Kräfte im Staat. An der jugoslawischen Orientierung der Armeeführung kann bis zum Übergang von den 80er- zu den 90er-Jahren kein Zweifel bestehen, obwohl die nationale Zusammensetzung des Offizierskorps ein deutliches Ungleichgewicht zugunsten der Serben aufwies.[330] Die Armee erfreute sich in der Bevölkerung großer Akzeptanz. Doch im Verlauf der 80er-Jahre – mit ihrem Einsatz zur Herstellung der „inneren Sicherheit" (1981 in Kosovo) und der politischen Parteinahme im Streit um die Umgestaltung Jugoslawiens – begab sie sich in eine gefährliche Schieflage, an der sie schließlich zerbrechen sollte. Aus der Beschützerin des Staates wurde eine „Armee ohne Staat" (wie Verteidigungsminister Veljko Kadijević treffend seine Erinnerungen überschrieben hat).

Die oberste politische Führung

Die politische Macht zu Titos Lebzeiten und danach konzentrierte sich in den Händen einer überschaubaren Zahl von Spitzenfunktionären, von denen viele im Lauf ihrer politischen Karriere wechselnde Führungspositionen auf Bundes- und Republiksebene sowie im Partei- und Staatsapparat (einschließlich der Armee) bekleideten. Zu ihnen gehörten 1. die Führer der Bundespartei (Tito und seine zwölf Nachfolger), 2. die Mitglieder des obersten Führungsgremiums der Bundespartei (des Politbüros bzw. des Exekutivkomitees bzw. des Präsidiums des Zentralkomitees), 3. die Parteiführer in den Republiken und Autonomen Provinzen, 4. die Staatspräsidenten Jugoslawiens (Tito sowie die 14 Präsidenten nach seinem Tod), 5. die Ministerpräsidenten Jugoslawiens (Tito bis 1963, danach weitere acht), 6. die Präsidenten der sechs Republiken und zwei Autonomen Provinzen sowie 7. die jeweiligen Regierungschefs: Insgesamt zwischen 300 und 400 Perso-

330 Zur Armee vgl. u. a. Niebuhr, Robert: Death of the Yugoslav People's Army and the Wars of Succession, – in: Polemos 7 (2004), 1–2, S. 91–106. Zur nationalen Zusammensetzung der höheren Ränge in der Armee von 1977 bis 1985 vgl. die Zahlenangaben bei Radelić, Z.: Hrvatska u Jugoslaviji (521), S. 572.

nen, verteilt auf einen Zeitraum von viereinhalb Jahrzehnten und auf mindestens zwei Generationen. Deutlich weniger einflussreich waren die Mitglieder der obersten Parteigremien in den Republiken und Provinzen sowie die Kabinettsmitglieder in Bund und Ländern, sofern sie nicht eine der erwähnten Spitzenpositionen erklimmen konnten. Rechnet man alle Personen zusammen, die als „Kader“ (entsprechend einem 1981 festgelegten Verfahren über die „Kaderpolitik“) auf den verschiedenen Ebenen vom Bund über die Republiken und Provinzen bis zu den insgesamt 533 Kommunen tätig waren, so kommt man nach Schätzungen von Vladimir Goati auf eine Gesamtzahl von etwa 14.000 Personen, die das bildeten, was Goati als „Politokratie“ bezeichnet (vergleichbar der „Nomenklatura“ in den realsozialistischen Ländern).[331] Die soziale Zusammensetzung dieser herrschenden Schicht entsprach in etwa der oben erwähnten sozialen Zusammensetzung der Parteimitglieder insgesamt. Systematische Untersuchung über ihre *Herkunft* gibt es dagegen bislang nicht. Wie hoch war der Anteil derjenigen, die den Sprung aus einem dörflichen oder klein- bzw. provinzstädtischen Milieu nach oben geschafft hatten? Ob und wie hatten sie den Karrieresprung, den Sprung von einem patriarchal-konservativen in ein sozialistisches Milieu verarbeitet? Und wie wirkten sich die (wahrscheinlich noch vorhandenen) ruralen Bindungen während der Krisen- und Kriegszeit in den 80er- und 90er-Jahren aus?

Für die Zeit nach Titos Tod waren – neben dem Präsidium der Bundespartei und den Führern der Republiksparteien – auf gesamt*staatlicher* Ebene vor allem die Positionen des jugoslawischen Staats- und des jugoslawischen Ministerpräsidenten von Bedeutung. Gemäß der Verfassung von 1974 setzte sich das Präsidium der Bundesrepublik aus je einem Mitglied der Republiken und Provinzen sowie dem Präsidenten des BdKJ (bis 1988)[332], d. h. aus neun resp. acht Personen, zusammen. Die Mitglieder wurden von den Parlamenten der Länder auf fünf Jahre bestimmt. Das Präsidium wählte dann aus seiner Mitte den Präsidenten und Vizepräsidenten für die Dauer eines Jahres gemäß einer festgesetzten Reihenfolge, sodass sich die jeweiligen Vertreter der Republiken und Provinzen in der Funktion als Staatsoberhaupt regelmäßig ablösten. Das Gremium übte seine Tätigkeit „auf dem Grundsatz der Harmonisierung der Einstellungen seiner Mitglieder“ (usaglašavanje stavova svojih članova) aus (Art. 330). Was passieren sollte, wenn eine „Harmonisierung“ nicht erzielt wurde, ließ die Verfassung offen. Dies sollte durch

331 Goati, Vladimir: Politička anatomija jugoslovenskog društva. Zagreb 1989, S. 187. Vgl. auch ders.: The disintegration of Yugoslavia: The role of the political elites, in: Nationalities Papers 25 (1997), 3, S. 455–467.

332 Die Mitgliedschaft des Präsidenten des BdKJ im Staatspräsidium wurde durch ein Verfassungsgesetz 1988 aufgehoben. Die Veränderung trat am 15. 5. 1989 in Kraft. Siehe Beckmann-Petey, M.: Jugoslawischer Föderalismus (83), S. 149.

die Geschäftsordnung des Staatspräsidiums geregelt werden. Diese sah vor, dass nach weitestgehender Angleichung der Standpunkte die Beschlüsse anschließend in der Regel mit einfacher Mehrheit gefasst wurden.[333] Das Präsidium bzw. der „im Namen des Präsidiums" tätige Präsident war u. a. für die „Harmonisierung" der gemeinsamen Interessen der Republiken und Autonomen Provinzen" zuständig, fungierte als oberstes Führungs- und Befehlsorgan der Streitkräfte, stellte das Bestehen einer unmittelbaren Kriegsgefahr fest, ordnete die allgemeine und teilweise Mobilmachung an und verkündete den Kriegszustand, wenn das Bundesparlament nicht in der Lage war zusammenzutreten (Art. 313 und 316). Dem Präsidium stand ferner das Recht zu, dem Bundesparlament die Festlegung der Innen- und Außenpolitik sowie die Verabschiedung von Gesetzen „vorzuschlagen" (Art. 314). Sofern sich Präsidium und Bundesparlament bzw. die zuständige Kammer des Parlaments nicht einigen konnten, war ein „einvernehmliches Verfahren" zur Konsensfindung vorgesehen, das im Fall des wiederholten Misserfolgs die Auflösung des Parlaments und des Staatspräsidiums zur Folge hatte (Art. 319).

Ausführendes Organ des Bundesparlaments war der Bundesvollzugsrat (SIV), also die Bundesregierung, an deren Spitze ein Präsident stand (der jugoslawische Ministerpräsident), der auf Vorschlag des Staatspräsidiums von den „Räten" (Kammern) des Parlaments auf die Dauer von vier Jahren gewählt wurde. Das Rotationsprinzip galt in diesem Fall nicht. Der jugoslawische Ministerpräsident bzw. der „Präsident des Bundesvollzugsrates" war für die Umsetzung der Beschlüsse des Parlaments, für die Lenkung und „Harmonisierung" der Tätigkeit der Bundesverwaltung sowie für die Vorbereitung und Durchführung des Bundeshaushalts zuständig. Die Befugnisse des Ministerpräsidenten und der Bundesregierung wurden durch die Aufgabenteilung zwischen Bund und Ländern vorgegeben und konzentrierten sich vorrangig auf die Gewährleistung einer einheitlichen Wirtschafts- und Sozialpolitik auf dem gesamten Territorium des Staates.

War die Schwäche der Bundesregierung der Hauptgrund oder gar der einzige Grund für den schleichenden Verfall Jugoslawiens in den 80er-Jahren? Auf den ersten Blick mag es so aussehen. Bei genauerem Hinsehen ergibt sich ein differenzierteres Bild. Hätte die Bundesregierung zu Beginn der 80er-Jahre dieselben Machtbefugnisse besessen wie vor den großen Reformen Ende der 60er-/Anfang der 70er-Jahre bzw. wie vor der Verfassung von 1974, hätte sich in der Praxis nur wenig geändert. Ohne Unterstützung der Parteiführung konnte die Bundesregierung wenig bewegen. Gegen deren Willen schon gar nicht. Das Zentrum der Macht war und blieb die Partei, nicht die Bundesregierung. Das war in den 50er-Jahren nicht anders gewesen als in den 80er-Jahren. Die Bundes-

333 Vgl. ebda. (mit Quellenbeleg).

regierung und die Landesregierungen waren letztlich nur Vollzugsorgane der Partei, die mittels der Parlamente oder unter Umgehung der Parlamente die Richtlinien der Politik bestimmte.[334]

„Harmonisierung" war einer der Schlüsselbegriffe der 74er-Verfassung. Die Notwendigkeit dazu nahm nach dem Tod der jugoslawischen „Vaterfigur" sprunghaft zu. Die Skala dessen, was „harmonisiert" werden musste, wurde breiter und breiter. Hinter der oben erwähnten Spaltung der Führungskader in „Dogmatiker" und „Reformer" (mit wechselnden und fließenden Übergängen und mit manchmal erstaunlichen Volten entsprechend dem Amt, das ein Akteur gerade bekleidete)[335] verbargen sich weitere Spaltungen, z. B. hinsichtlich der Einstellung zur „nationalen Frage", zur Staatsform (zentralistisch, föderalistisch, konföderalistisch) oder zur Verfassung (Verfassungsverteidiger vs. Revisionisten). Neben „Dogmatikern", die für oder gegen den Nationalismus Stellung bezogen, gab es „Reformer" bzw. „Modernisierer", die sich des Nationalismus bedienten oder diesen ablehnten, und solche, die ihren Standpunkt der jeweiligen Situation anpassten und sich als „Pragmatiker" präsentierten. Konservativen „Föderalisten" standen nicht nur konservative „Zentralisten", sondern auch liberale „Föderalisten" gegenüber. Diese Differenzierungen zogen sich quer durch alle Republiken, auch wenn es von Republik zu Republik – entsprechend der jeweiligen wirtschaftlichen und politischen Interessenlage

334 Die jugoslawische Ministerpräsidentin Milka Planinc (1982–86) erklärte in einem Interview mit Dejan Jović (1998): „The Party was the main obstacle. The members indulged themselves in laments about the ideological and political situation, about the enemies of Socialism, and other things. They always tried to find reasons against fundamental economic reforms because they were skeptical about the market. On the other hand, I was responsible for the economic situation, and I tried to find quick and efficient ways to improve it. The Party presidency was a big problem to me, but at the same time I knew I would be unable to operate without their support. They controlled the votes in the Federal Assembly and in all the republics and provinces." Dazu der Kommentar von Jović: „Planinc's assessment of the main conflicts within the leadership confirms that the main lines of division were not ethnic, and not even strictly between republics, though – as Planinc admits – the divisions were often between the developed and the underdeveloped. On this particular issue and in the first post-Titoist years, the main conflict was between the ideological and pragmatic approach within the Yugoslav political elite. It was because they lost the battle for a more pragmatic approach to politics that the four successive Yugoslav prime ministers in the analyzed period (Djuranović 1977–82, Planinc 1982–86, Mikulić 1986–88, and Marković 1988–91) left politics disappointed and disillusioned about the prospects of Yugoslavia." Jović, D.: Yugoslavia (296), S. 153.

335 Hier sei noch einmal Milka Planinc zitiert: „When a person holds this office [the office of federal prime minister], she or he changes a lot. This happened to me, and also to my successor, Branko Mikulić [Bosnia-Herzegovina]. All the way through, as a member of the federal presidency, he was my hardest critic. During the 1984-86 period, there was no session of the federal presidency at which he would not criticize my policy, demanding administrative regulation, state intervention, and the suspension of the market. But when he became the prime minister in 1986, he needed only a year to change his position and to become even more radical than I was." Jović, D.: Yugoslavia (296), S. 154.

– unterschiedliche Präferenzen gab: etwa zwischen den mehr und weniger entwickelten Republiken (MER und WER) oder zwischen den Republiken mit einer national fast homogenen Bevölkerung (Slowenien) und solchen mit einer national heterogenen Bevölkerung (z. B. Bosnien, Makedonien, Kroatien). Zu den Verfassungsverteidigern, die Reformen nur im Rahmen der bestehenden Verfassungsordnung durchzuführen bereit waren, gehörten die Vertreter Sloweniens, der beiden Autonomen Provinzen (bis Frühjahr 1989) und Kroatiens. Die wichtigsten Exponenten einer grundlegenden Revision der Verfassung fanden sich in den Reihen der serbischen Führungsschicht. Während in den Parteien Sloweniens und der Wojwodina Liberalismus und Föderalismus Hand in Hand gingen, setzte sich im BdK Serbiens zunehmend ein konservativer Zentralismus durch. Die Tatsache, dass in der Republik Serbien (einschließlich Kosovo und Wojwodina) nur 76 % aller in Jugoslawien gezählten Serben lebten (6,2 von 8,1 Millionen) und dass rund 3,3 Millionen Serben (fast 40 %) außerhalb des engeren Serbien beheimatet waren (in Bosnien, der Wojwodina, Kroatien und Kosovo), steuerte die serbische Politik zunehmend in eine grundsätzlich andere Richtung als die slowenische. In den politischen Führungen Makedoniens, Kosovos und Kroatiens dominierte ein konservativer Föderalismus, während die politischen Eliten in Bosnien und Montenegro zwischen konservativem Föderalismus und konservativem Zentralismus schwankten.[336] Die Makedonier zum Beispiel, deren Nations- und Staatsbildung sich im Rahmen Jugoslawiens vollzogen hatte und die das jugoslawische Dach zur Abwehr bulgarischer und griechischer Sticheleien benötigten, waren eher zu Kompromissen im Sinne des Gesamtstaats bereit als die Slowenen. Die föderale Gliederung Jugoslawiens war für sie ebenso unverzichtbar wie die zentrale Umverteilung von Ressourcen oder das sozialistische Gleichheitsmodell. Ähnliches gilt für die Vertreter Bosniens, das oft als „Jugoslawien im kleinen" bezeichnet worden ist und dessen Vertreter ein elementares Interesse nicht nur am Erhalt ihrer Republik, sondern auch am Erhalt des Gesamtstaats haben mussten. Der BdK Kroatiens schließlich (mit einem hohen Anteil serbischer Kroaten) musste mehr Kompromisse schließen und vorsichtiger taktieren als der BdK Sloweniens etc. Doch ungeachtet aller Differenzierungen, Taktiken und Rhetoriken kann man davon ausgehen, dass seit Ende der 60er-/Anfang der 70er-Jahre bis über Titos Tod hinaus – neben der Partei – die jeweilige Republik (und nicht die jeweilige Nation!) als Quelle und Grundlage der politischen Macht verstanden wurde. Dass serbische Politiker (lange vor dem Aufstieg Slobodan Miloševićs) die starke Stellung der beiden Autonomen Provinzen Kosovo und Wojwodina als unakzeptable Beschneidung der Machtfülle ihrer Republik verstanden, liegt auf der Hand. Erst mit dem Generationenwechsel ab Mitte der 80er-Jahre wurde

336 Vgl. dazu die etwas abweichende Einschätzung von RAMET, S.: Three Yugoslavias (72), S. 333.

ein (von den Republikgrenzen losgelöster bzw. grenzübergreifender) Nationalismus, der bis dahin vor allem ein Reservoir vieler Intellektueller gewesen war, von der politischen Klasse als neue Machtressource zunehmend entdeckt und genutzt.

Solange die maßgeblichen politischen Akteure dem Erhalt Jugoslawiens Priorität zumaßen und die dafür erforderlichen Kompromisse auszuhandeln bereit waren, konnte man mit der 74er-Verfassung leben. Das war schwierig und zeitraubend (wie auch die Entscheidungsfindung innerhalb der EU zeitraubend und schwierig ist), aber es war möglich. Doch in dem Augenblick, da die Akteure entweder ihre Kompromissbereitschaft oder das Interesse am gemeinsamen Staat oder beides verloren, trat eine Situation ein, auf die die Verfassungsordnung denkbar schlecht vorbereitet war. Denn darüber, wie das in der Präambel erwähnte Recht auf nationale Selbstbestimmung, einschließlich des Rechts auf Loslösung, im Konfliktfall umgesetzt werden konnte, schwieg sich die Verfassung aus.

5. Finale Krise und der Untergang Jugoslawiens

5.1 Kollaps der Wirtschaft und des Selbstverwaltungssystems

Nach Titos Tod geschah im öffentlichen Leben Jugoslawiens etwas Merkwürdiges: Es geschah nichts. Einerseits blieb der von vielen Zeitgenossen prognostizierte, befürchtete oder ersehnte Zerfall Jugoslawiens aus. Andererseits blockierten sich Reformer und Dogmatiker sowie die acht Oligarchien der Republiken und Autonomen Provinzen wechselseitig, sodass ungeachtet des enormen Handlungsbedarfs jahrelang nichts geschah, was Jugoslawien hätte zukunftsfähig machen können. Obwohl alle verfügbaren Daten darauf hinwiesen, dass das Land auf eine Krise bisher unbekannten Ausmaßes zusteuerte, zeigte sich die Führung des BdKJ (teilweise im Unterschied zu den jugoslawischen Bundesregierungen)[337] unfähig oder unwillig, nachhaltige Wirtschaftsreformen in Angriff zu nehmen. Eine kleine Auswahl von Indikatoren reicht, um die dramatische Lage Ende der 70er-/Anfang der 80er-Jahre zu verdeutlichen.

Die Schuldenkrise und ihre Auswirkungen

Die jugoslawische Außenhandelsbilanz hatte seit Kriegsende ein chronisches Defizit aufgewiesen (mit einer einzigen Ausnahme im Jahr 1946). Seit 1970 war der Negativsaldo sprunghaft gewachsen. Hatte das Defizit der Handelsbilanz 1956 noch bei 151 Millionen Dollar gelegen, so erreichte es 1980 mit mehr als 6 Milliarden Dollar seinen Rekordstand. Nur noch 53 % der Einfuhren wurden durch Ausfuhren gedeckt. Parallel dazu nahmen die Auslandsschulden zu. 1969 hatten sie erstmals einen Betrag von 2 Milliarden Dollar überschritten.[338] Nach dem ersten weltweiten Ölpreisschock kletterten

337 Der Montenegriner Veselin Djuranović, der von 1977 bis 1982 als jugoslawischer Ministerpräsident amtierte, hat sowohl zu Lebzeiten Titos wie danach auf die schweren ökonomischen Verwerfungen hingewiesen, fand aber weder im Bundesparlament noch bei den Republikfürsten Gehör. Zwar setzte er einen Monat nach Titos Tod eine Abwertung des Dinar um 30 % durch, doch dies war nur ein erster Schritt, dem weitere hätten folgen müssen. Vgl. Djuranović, Veselin: O nekim aspektima politike razvoja koja je prethodila privrednoj krizi, in: Socijalizam 28 (1985), S. 206–221.

338 Lampe, J. – R. O. Prickett – Lj. Adamović: Yugoslav-American Economic Relations (198), S. 149.

sie rasant in die Höhe. 1977 belief sich die gesamte Auslandsverschuldung Jugoslawiens (des Bundes, der Länder, der Kommunen, der Banken und Einzelunternehmen) auf 9,5 Milliarden Dollar, 1980 waren es nahezu 19 Milliarden und 1981 21 Milliarden.[339] Das heißt, innerhalb von vier Jahren (1977–81) hatte sich die Auslandsschuld (Finanz- und Warenkredite) verdoppelt. Und dies zu einer Zeit, da die Zinsen für Kredite in den USA und auf dem Weltmarkt infolge der Ölpreisschocks und der Rezession Ende der 70er-Jahre drastisch in die Höhe geschnellt waren.[340] Unter den Gläubigern befanden sich rund 16 ausländische Regierungen, über 500 Privatbanken sowie die drei großen internationalen Finanzinstitute (Internationaler Währungsfonds, Weltbank und Bank für internationalen Zahlungsausgleich).[341] Nach jugoslawischen Berechnungen vom Herbst 1982 betrug der Schuldendienst für den Zeitraum 1981–85 rund 23,7 Milliarden Dollar (13 Milliarden für Tilgung und 10,7 Milliarden für Zinsen). Allein 1982 mussten 5,2 Milliarden Dollar für den Schuldendienst bereitgestellt werden.

Zu den Auslandsschulden kamen gigantische Inlandsschulden von Unternehmen, Banken und Privatpersonen. Allein bei den Wirtschaftsunternehmen des gesellschaftlichen Sektors hatten sich die kurz- und langfristigen Kredite 1979 auf knapp eine Billion Dinar summiert und erreichten 1983 bereits 3,3 Billionen (das waren nach dem damaligen Wechselkurs von 125,6 Dinar für 1 US-Dollar) mehr als 26 Milliarden Dollar. Die Inlandsschulden übertrafen somit noch die Auslandsschulden. Die Geldmenge in Jugoslawien schnellte von 375 Milliarden Dinar (1979) auf 1,2 Billionen (1984) hoch (mit weiterhin steil steigender Tendenz). Im Juni 1980 wurde der Dinar um 30 % abgewertet, eine Maßnahme, die Tito kurz vor seinem Tod noch abgelehnt hatte. Im Oktober 1982 folgte die nächste Abwertung in Höhe von 20 %. Und ein Ende war nicht abzusehen. 1979 hatte man für einen US-Dollar 19,2 Dinar gezahlt, im Jahr darauf 29,3 und 1981 41,8 Dinar.[342] Damit war man zwar noch weit von den 1244,5 Dinar entfernt, die 1987 für einen Dollar getauscht wurden, aber die Anzeichen für eine galoppierende Inflation waren Anfang der 80er-Jahre unübersehbar. Die Lebenshaltungskosten stiegen von 1979 auf 1980 um über 30 %, von 1980 auf 1981 um 41 %, von 1981 auf 1982 um 32 % usw.,[343] während die inflationsbereinigten Einkommen der Arbeiter stetig zurückgingen. Zwar besaß ein Großteil der privaten Haushalte noch immer relativ viel Geld, sodass die Spareinlagen im Verlauf der 80er-Jahre deutlich zunahmen,[344] aber die

339 Jugoslavija 1918–1988 (40), S. 147.
340 In den USA stiegen die Zinsen von 1977 bis 1980 von 5,5 % auf 16,8 %
341 Lampe – Prickett – Adamović: Yugoslav-American Economic Relations (198), S. 149.
342 Jugoslavija 1918–88 (40), S. 149.
343 Ebda., S. 165.
344 Ebda., S. 138.

soziale und regionale Schere öffnete sich. Und selbst diejenigen, die Geld hatten, konnten es nicht entsprechend ihren Wünschen ausgeben. Fast täglich meldeten die Medien neue Engpässe bei der Versorgung der Bevölkerung mit importierten Verbrauchsgütern (Kaffee, Waschmittel, Speiseöl, Medikamente usw.). Und in einer Reihe von Kommunen wurden Bezugsscheine für knappe Güter ausgegeben. Die industrielle Produktion stagnierte und die Arbeitsproduktivität war rückläufig. 1982 gab es offiziell 862.477 Arbeitslose, das waren 13 % der arbeitsfähigen Bevölkerung (weitere 700.000 hielten sich als „Gastarbeiter“ im Ausland auf). Da es die selbstverwalteten Betriebe – auch wenn sie unrentabel arbeiteten oder gänzlich überschuldet waren – mit allen Kräften vermieden, Arbeitskräfte zu entlassen, waren in erster Linie die Jugendlichen von der Arbeitslosigkeit betroffen. Knapp 70 % der Arbeitssuchenden im Jahr 1982 waren Berufseinsteiger![345]

Die Situation der Jugendlichen war desolat. Bei ihnen war fast alles schiefgelaufen, was schief laufen konnte.[346] Eine 1974 eingeleitete Bildungsreform, die Schule und Berufsvorbereitung enger miteinander verzahnen sollte, war auf halbem Wege steckengeblieben. Wie in der Bundesrepublik Deutschland, so fiel auch in der Bundesrepublik Jugoslawien die Bildung in die Kompetenz der Länder, mit der Folge, dass jugoslawische Bildungsinhalte mehr und mehr aus den Lehrplänen verschwanden. Und nach wie vor nahmen ideologische Erziehung und die Erinnerung an „heroische“ Zeiten eine Schlüsselrolle ein, was von den Schülerinnen und Schülern mit Langeweile und wachsendem Unmut quittiert wurde. Mangels attraktiver Alternativen drängten immer mehr Schulabgänger an die chronisch unterfinanzierten Universitäten, deren Zahl Ende der 70er-Jahre auf 218 (plus 131 Fachhochschulen) heraufgeschnellt war. Die Ausbildung war miserabel; die Berufsaussichten schlecht. Hauptsorge der Jugendlichen war die Arbeitslosigkeit. „Die Jugendlichen fragen heute, wie es möglich ist, dass dieselben Leute, die uns durch ihr verantwortungsloses, unqualifiziertes und falsches Verhalten in diese Wirtschaftslage geführt haben, jetzt die Arbeiterklasse in die wirtschaftlichen Stabilisation führen sollen.“[347] Anlässlich des 100. Todestags von Karl Marx am 14. März 1983 wurden in der Belgrader Universität große Plakate aufgehängt mit der Frage „Was würde Marx heute sagen?“ Antwort der Kommentatoren: „Er würde gar nichts sagen, sondern weinen.“ – „Schamrot würde er werden.“ – „Gottseidank lebe ich nicht mehr.“ – „So habe ich das nicht gemeint.“ –

345 Ebda., S. 72 f. Vgl. auch Petak, Zdravko: Ekonomska pozadina raspada socijalističke Jugoslavije, in: Dijalog povjesničara-istoričara. Bd. 9. Zagreb 2005, S. 66 ff.

346 Das folgende nach Oschlies, Wolf: Jugoslawiens Jugend 1982/83. Köln 1983 (Berichte des Bundesinstituts für ostwissenschaftliche und internationale Studien 16/1983).

347 So ein slowenischer Delegierter auf dem Kongress des Bundes der Sozialistischen Jugend im Dezember 1982, zit. nach ebda., S. 27.

„Forwertz!" – „Leute, arbeitet mehr und quatscht weniger." – „Erlaubt der Bürokratie nicht, euch in Marxismus zu belehren", usw.[348] Parallel zur Desillusionierung und zur beruflichen Perspektivlosigkeit nahmen Drogenkonsum und Jugendkriminalität zu, während die jugendlichen Subkulturen blühten. Das war das Einzige, was blühte.[349]

Aber wer war für den dramatischen Niedergang des Systems verantwortlich? Auf dem 12. Kongress des BdKJ Ende Juni 1982 in Belgrad wagte Rade Končar, ein Delegierter aus Neu-Belgrad, einen Vorstoß: „Ich denke, dass irgendjemand damit beginnen sollte zurückzutreten; niemand in diesem Lande fühlt sich für irgendetwas verantwortlich, weder für die Revolte in Kosovo noch für die Lage unserer Wirtschaft noch für die Arbeitslosigkeit. Niemand hier ist verantwortlich für irgendetwas."[350] Zwei Monate später wurde Končar gezwungen, Verantwortung zu übernehmen und von seinen Ämtern im BdKJ zurückzutreten. Eine Kommission unter Leitung des Slowenen Sergej Kraigher wurde beauftragt, ein Konzept für die langfristige ökonomische Stabilisierung Jugoslawiens auszuarbeiten. Ein Mitglied dieser Kommission, der Direktor des Instituts für sozioökonomische Forschung in Titograd (Montenegro) Boško Gluščević, wies darauf hin, dass die augenblickliche Wirtschaftskrise von vielen Experten vorhergesehen worden war und dass es viele Warnungen und Vorschläge gegeben habe. Aber „damals wie heute wurden derartige Vorschläge in der Regel zurückgewiesen oder, um es milde zu formulieren, einfach ignoriert".[351] Weder die Partei- noch die Staatsführung fühlte sich für den wirtschaftlichen Alltag verantwortlich, deren Steuerung formal in die Zuständigkeit des Regierungschefs fiel, der wiederum von der Partei- und Staatsführung sowie vom Bundesparlament abhängig war. Schließlich wurde im Oktober 1982 doch ein erstes Sparprogramm aufgelegt. Mit ihm begann die „Zeit des Verzichts".[352]

Doch wenn schon niemand Verantwortung übernahm, so musste es wenigstens Gründe für die Krise geben. In der ersten Hälfte der 80er-Jahre kursierten mehrere mit-

---

348 Zit. nach ebda., S. 31 f.

349 Das Belgrader Nachrichtenmagazin NIN machte in der jugoslawischen Hauptstadt insgesamt sieben Jugendgruppierungen aus: „Hippies" (Hipici), „Schminker" (Šminkeri), „Punker" (Pankeri), „Neoromantiker" (Neoromantičari), „Rockabillies" (Rokabili), „Rocker" (Rokeri) und „Heavy-metals" (hevi-metalci). Siehe ebda, S. 37 f.

350 Zit. nach Antic, Zdenko: What's Wrong with Yugoslavia's Economic System?. Radio Free Europe Report 237, 10. 11. 1982: http://www.osaarchivum.org/files/holdings/300/8/3/text/86-1-65.shtml.

351 Ebda.

352 „Vreme odricanja" lautete die Überschrift eines Artikels von Mirko Cekić im Magazin NIN vom 24. 10. 1982. Zum Programm gehörten Energieeinsparungen, Benzinrationierung, die Einschränkung der Verfügungsgewalt über Devisenkonten, „Deposit"-Zahlungen bei Auslandsreisen und eine Abwertung des Dinars. Zum Programm vgl. Prstojević, Miroslav (Hg.): Polazne osnove dugoročnog programa ekonomske stabilizacije: dokumenti I–VII. 2. Aufl. Sarajevo 1983.

einander verknüpfte Erklärungen, die später durch neue Erklärungen teils ergänzt, teils verdrängt wurden: 1. Schuld waren die Verfassungsänderungen von Ende der 60er-/Anfang der 70er-Jahre bzw. die Verfassung von 1974, die den Bundesstaat Jugoslawien unregierbar gemacht und den nationalen Egoismus der Länder über jedes vertretbare Maß hinaus gesteigert hätten. Mit dem Hinweis auf die Verfassung konnten deren Kritiker eine eigene Verantwortung von sich weisen. 2. Schuld waren die Wirtschaftsreformen von 1965, also die Einführung marktwirtschaftlicher Elemente. Diese Erklärung trat in zwei widerstreitenden Varianten auf: a) Die Reformen waren zu halbherzig, b) die Reformen waren bereits im Ansatz falsch. 3. Schuld waren das Selbstverwaltungssystem und die „Atomisierung" der Betriebe sowie die „Vereinbarungswirtschaft". Diese Begründung trat ebenfalls in zwei unterschiedlichen Varianten auf, die auch im Ausland kontrovers diskutiert wurden: a) Das System scheiterte, weil es nicht konsequent implementiert wurde,[353] b) das ganze System war eine ideologische Chimäre und konnte nicht funktionieren.[354] 4. Schuld waren das permanent gewachsene regionale Entwicklungsgefälle innerhalb Jugoslawiens und die daraus resultierenden wirtschaftspolitischen Gegensätze.[355] 5. Schuld waren die riesigen Fehlinvestitionen im Verlauf der 70er-Jahre, die zumeist auf Pump vorgenommen worden waren, ohne die erwartete Rendite zu erbringen. 6. Schuld war das aus dem Ruder gelaufene Banken- und Kreditsystem sowie 7. schuld war die jahrelange Vernachlässigung der Privatwirtschaft, sowohl im agrarischen wie im nichtagrarischen Sektor (bei Handwerk und Dienstleistungen).

Während die Punkte 1–4 bereits an anderen Stellen dieser Arbeit diskutiert worden sind, bedürfen die drei letzten Punkte noch einer kurzen Erläuterung. 1. In der Tat wurden die 70er-Jahre von einem unkontrollierten Investitions- und Gründungsboom begleitet. Jugoslawien erlebte eine (Schein-)Blüte wie nie zuvor. Der Anteil der Investitionen am jugoslawischen Sozialprodukt bewegte sich jahrelang um rund 35 % und war

353 So heißt es z. B. bei Schweickart, David: After Capitalism. Lanham, Md. [u. a.] 2002: „What was needed was more freedom for independent decision-making by genuinely self-managed enterprises within a free market, combined with tight controls on the supply of domestic currency." (S. 61)

354 Das ist z. B. die These von McNally, David: Against the Market: Political Economy, Market Socialism and the Marxist Critique. London [u. a.] 1993. Zu den Kontroversen vgl. Gray, Chris: What Caused the Yugoslav Economic Desaster?, in: http://www.whatnextjournal.co.uk/Pages/next/Yugoslavia.html. Gray hat wohl recht, wenn er schreibt: „In effect, the ‚Yugoslav model' ended up as a combination of features characteristic of two distinct modes of production, viz. capitalism and socialism, held together by an aspirant ruling class which was still in its soul enamoured of Stalinist commandism: ‚market forces' indicated capitalism's influence, while samouprava (Serbocroat for ‚self-management') looked forward to genuine socialism, but the whole complex was directed by a ruling bureaucracy."

355 Vgl. u. a. Vojnić, Dragomir: Disparity and Disintegration: The Economic Dimension of Yugoslavia's Demise, in: Akhavan, Payam – Robert Howse (Hg.): Yugoslavia the Former and the Future (244), S. 75–111.

damit selbst für eine finanziell starke Volkswirtschaft hoch oder zu hoch. Die jugoslawische Volkswirtschaft war aber finanziell nicht stark, und viele der Investitionen wurden durch Verschuldung im In- oder Ausland realisiert. Leitschnur der Investitionspolitik war das Streben der Republiken und Provinzen nach wirtschaftlicher „Autarkie“ und nach „Prestige-Objekten“. „Consequently, several prestigious industrial projects, like automobile factories, oil refineries, ironworks, and electronics plants, have mushroomed all over the country like magnificent cathedrals in medieval cities, as somebody said.“[356] Schon 1971 hatte ein kommunistischer Delegierter geklagt: „Jedes Dorf will sein eigenes Stahlwerk haben.“[357] Und obwohl viele Betriebe ökonomisch kontraproduktiv waren, wurden sie von den Republiksoligarchien gegen jeglichen Wettbewerb abgeschirmt. Das alles hatte mit Marktwirtschaft, auch mit einer „sozialistischen Marktwirtschaft“ nichts zu tun.[358]

Die Folgen waren verheerend: Die Kapazitäten vieler neuer Unternehmen waren nur zur Hälfte oder weniger ausgelastet, die Produkte wurden oft unterhalb der Gestehungskosten und auf Kredit verkauft (innerhalb Jugoslawiens oder in die Sowjetunion), obwohl die Begleichung der Rechnungen – gelinde gesagt – unsicher war. Die Unternehmen mussten daher neue Schulden machen, etwa bei den kommunalen oder betriebseigenen Banken, deren Zinsen häufig unterhalb der Inflationsrate lagen, wodurch die Betriebe zur Aufnahme von immer mehr Schulden regelrecht animiert wurden. Auch wenn viele Unternehmen mittels fingierter Bilanzen ihre Schließung verhindern konnten, brachen die Anlageinvestitionen und insbesondere der Import neuer Technologien in den 80er-Jahren ein, wodurch die ohnehin geringe Arbeitsproduktivität und Wettbewerbsfähigkeit weiter sanken: ein Teufelskreis.

2. Das jugoslawische Banken- und Kreditsystem hatte sich im Verlauf der 70er-Jahre in ein schwer überschaubares und noch schwerer zu kontrollierendes Netzwerk ausdifferenziert.[359] Die Jugoslawische Nationalbank, deren Leitungsorgan – gleich Partei- und Staatsführung – nach dem Republikenproporz zusammengesetzt war, hatte ihre Kontroll- und Steuerungsfunktionen gegenüber den Nationalbanken der Republiken und Provinzen sowie gegenüber den 166 Basis- und 9 assoziierten Banken weitgehend verloren, obwohl sie für deren Risiken bürgen musste (notfalls durch Bedienung der Notenpresse).[360] Viele selbstverwaltete Unternehmen und Kommunen hatten eigene

356 Antic, Z.: What's Wrong, a. a. O.

357 Überschrift eines Artikels im Spiegel Nr. 25/1972.

358 Vgl. auch Dorn, James A.: Markets True and False: the Case of Yugoslavia, in: Journal of Libertarian Studies 3 (1978), 2, S. 246 ff.

359 Vgl. Lampe, J. R.: Yugoslavia as History (64), S. 309 ff.

360 Vgl. Rant, Andrej: Establishing Monetary Sovereignty, in: Mrak, Mojmir – Matija Rojc – Carlos Silva

Banken ohne nennenswerte Kapitalrücklagen gegründet, deren Hauptaufgabe darin bestand, ihre Gründer mit billigen Krediten (oft ohne irgendwelche Sicherheiten) zu versorgen. Das Ergebnis war eine permanent wachsende Blase notleidender bzw. „fauler" Kredite.

3. Die Privatwirtschaft in Jugoslawien (die kleinen Handwerks- und Dienstleistungsbetriebe sowie die private Landwirtschaft) war jahrelang systematisch vernachlässigt worden. 1965 waren nur 79.000 Personen im privaten Sektor außerhalb der Landwirtschaft beschäftigt, 1981 waren es 120.000.[361] Im Herbst 1982 räumte der Slowene Mitja Ribičić, ehemaliger jugoslawischer Ministerpräsident, ein, dass Jugoslawien eine Million zusätzlicher Arbeitsplätze schaffen könnte, wenn die Fesseln für die Privatwirtschaft gelockert würden.[362] Das mag übertrieben gewesen sein, aber sicher gab es ein großes ungenutztes Potenzial. Das Höchstmaß von 10 ha für den privaten Landwirtschaftsbesitz (mit wenigen Ausnahmen) war längst zum Anachronismus geworden. Die Klein- und Zwergbetriebe produzierten infolge ihrer schwachen Kapitalausstattung nur einen Bruchteil dessen, was sie unter anderen Umständen hätten produzieren können, sodass Jugoslawien Lebensmittel importieren musste, die ohne Weiteres im Lande selbst hätten hergestellt werden können. „It is no exaggeration to state that the private agricultural sector is the pariah, the most neglected and forgotten part of the Yugoslavian economy. According to data provided by some Yugoslav economists, 80 % of the village population has incomes below the national average and over 20 % lives on the poverty line. This bleak picture is compounded by the fact that a substantial portion of the village population is still without basic social benefits such as pensions, health care, and the like. The village continues to be an important locus of unemployment and a reservoir of cheap, unskilled labor, both for Yugoslavia and for other countries."[363]

1982 spitzte sich die wirtschaftliche Lage Jugoslawiens zu, da das Land nicht mehr in der Lage war, seine Auslandsschulden zu bedienen. Die Schuldenkrise und ihre Bekämpfung kamen für die meisten Bürgerinnen und Bürger völlig überraschend, da die Höhe der Auslandsschulden wie ein Staatsgeheimnis behandelt worden war. Zwar hatte es seit Langem Anzeichen für eine Krise und Warnungen von Experten gegeben, aber sie waren nie in der Öffentlichkeit diskutiert worden. Ohne Umschuldung, neue Kredite und ohne Maßnahmen zur wirtschaftlichen Konsolidierung drohte nun der Staatsbankrott. Die wichtigsten ausländischen Gläubiger, die sich zum Konsortium „Friends of

---

Jáuregui (Hg.): Slovenia: From Yugoslavia to the European Union. Hg. von der Weltbank. Washington 2004, S. 85 f.

361 Statistički godišnjak 1984 (43), S. 125.

362 Tanjug in English, 22 Oct. 1982, zit. nach Antic, Z.: What's wrong, a. a. O.

363 Flakierski, H.: Economic System, a. a. O., S. 43.

Yugoslavia“ zusammengeschlossen hatten, verständigten sich auf eine neue Anleihe und die Refinanzierung eines Teils der jugoslawischen Schulden.[364] Auch der Internationale Währungsfonds (IMF), zu dessen Gründungsmitgliedern Jugoslawien gehörte, erklärte sich bereit, das Land vor dem Konkurs zu bewahren, knüpfte jedoch seine Hilfe an eine „marktwirtschaftliche Sanierung“ und insbesondere an den Ausgleich der defizitären Handelsbilanz.

Das war der Auftakt zu dem, was Kritiker des IMF (wie Susan Woodward, Michel Chossudovsky und viele andere) als ersten Schritt zur Zerstörung Jugoslawiens verstehen, womit die Erklärung des jugoslawischen Desasters um eine weitere Variante bereichert wurde. Der IMF wird dieser Verschwörungstheorie zufolge als Erfüllungsgehilfe des kapitalistischen/imperialistischen Westens vorgeführt. Noch Jahre später, Mitte April 1999, fragte Jan Oberg von der „Transnational Foundation for Peace and Future Research“ im schwedischen Lund während eines Interviews: „[D]id you ever hear about the National Security Decision Directive (NSDD) 133 entitled ‚United States Policy toward Yugoslavia‘ labelled ‚SECRET SENSITIVE‘? A censored version was declassified in 1990 and largely confirmed NSDD 54 from 1982 the objective of which included ‚expanded efforts to promote quiet revolutions to overthrow Communist governments and parties‘ while integrating the countries of Eastern Europe into a market economy.“[365] Offenbar ist Oberg ebenso wie den anderen Autoren, die sich auf die geheime Direktive der Reagan-Administration NSDD 133 vom 14. März 1984 berufen und diese verbinden mit der Direktive NSDD 54 vom 2. September 1982 („US Policy Toward Eastern Europe“), entgangen, dass in der US-Politik deutlich zwischen Jugoslawien und dem Ostblock unterschieden wurde. In NSDD 133 heißt es wörtlich: „[…] an independent, economically viable, stable and militarily capable Yugoslavia serves Western and U.S. interests. Yugoslavia is an important obstacle to Soviet expansionism and hegemony in southern Europe. Yugoslavia also serves as a useful reminder to countries in Eastern Europe of the advantages of independence from Moscow and of the benefits of friendly relations with the West.“ Und weiter: „The U.S. will continue its close cooperation with other friendly countries to support Yugoslavia's efforts to overcome its financial difficulties. We will seek to expand U.S. economic relations with Yugoslavia in ways which benefit both countries and which strengthen Yugoslavia's ties with the industrialized democracies. U.S. policy will be to promote the trend toward an effective, market-oriented Yugoslav economic structure.“[366] Dass man in Washington (und anderswo) den Ausweg

364 LAMPE; J.: Yugoslavia as History (64), S. 320.
365 http://members.tripod.com/~sarant_2ks13infowar.html.
366 http://www.fas.org/irp/offdocs/nsdd/23-2222t.gif.

aus der jugoslawischen Krise in einer Stärkung der marktwirtschaftlichen Mechanismen erblickte, trifft ebenso zu wie die Tatsache, dass der Westen zu diesem Zeitpunkt (noch) an einem stabilen Jugoslawien interessiert war. Richtig ist aber wohl auch, dass die westlichen Banken in den 70er-Jahren viel zu leichtfertig Kredite an Jugoslawien vergeben hatten und damit eine Mitverantwortung an der Schuldenkrise trugen. Mit anderen Worten: Nicht die Auflagen bei der Kreditvergabe in den 80er-, sondern deren Fehlen in den 70er-Jahren erwies sich als Sündenfall.

Zwischen Reformen und Blockaden

Doch kehren wir zurück zur wirtschaftlichen Entwicklung in Jugoslawien. In der Tat sah sich die im Mai 1982 zur neuen jugoslawischen Ministerpräsidentin ernannte Kroatin Milka Planinc, die erste Frau in diesem Amt, kurz nach ihrer Ernennung unter dem Druck des IMF und der Schuldenkrise gezwungen, gegen den Widerwillen der BdKJ-Führung und des Bundesparlaments erste Schritte zur wirtschaftlichen Sanierung des Landes durchzusetzen (die bereits erwähnte Abwertung des Dinar, Reformen in der Währungs- und Kreditpolitik sowie Importrestriktionen), woraufhin der IMF und andere Gläubiger ihre Stützungszusagen realisierten. Planinc hatte mit enormen Widerständen zu kämpfen und hatte dem Parteipräsidium deshalb bereits 1983 ihren Rücktritt angeboten: „They all looked at me suspiciously, many convinced I was an IMF spy in their ranks. I publicly said that the IMF initiative was welcome because many people at home were against reforms. I had in mind the LCY [BdKJ] leadership, though of course I did not say this explicitly. But they knew whom I was criticizing. Another incident occurred when I told the IMF representatives that I appreciated their efforts because this was exactly the same direction as the one proposed by my government. The Party Presidency was so angry that they almost formed a separate commission to discuss my words. When I offered my resignation in 1983, the president of the Party Presidency, Ali Shukrija, said there was no need to discuss it, since I was only a member of the Central Committee, and only the CC should discuss it, not the presidency. Only because of the scandal this would produce did they decide not to accept it."[367]

Der 13. Kongress des BdKJ im Juni 1986 räumte erstmals und mit ziemlicher Verspätung ein, dass Jugoslawien in einer tiefen Krise steckte, und sprach sich für ein langfristiges wirtschaftliches Stabilisierungsprogramm aus. Doch das Krisenmanagement der Planinc-Regierung, das von einigen Zeitgenossen bereits als „Schock-Therapie" empfunden wurde, blieb ein Tropfen auf den heißen Stein, solange die „Gretchenfrage" des

367 Zit. nach Jović, D.: Yugoslavia (296), S. 158.

Wirtschaftssystems nicht gelöst wurde: Entweder koppelte sich Jugoslawien gänzlich vom Weltmarkt ab und orientierte sich ausschließlich auf den Ostblock (mit unkalkulierbaren wirtschaftlichen Folgen) oder es baute sein Wirtschaftssystem grundlegend um (mit gravierenden sozialen Konsequenzen). Auch Planincs Nachfolger, der bosnische Kroate Branko Mikulić, der von Mai 1986 bis März 1989 als Ministerpräsident amtierte, konnte den Gordischen Knoten nicht durchschlagen, obwohl sich die Talfahrt der jugoslawischen Wirtschaft nach vorübergehender leichter Beruhigung wieder rasant beschleunigte. Weder die Empfehlungen der Krajgher-Kommission[368] noch das Anti-Inflationsprogramm der Regierung Mikulić oder die Forderungen des IMF wurden konsequent umgesetzt. Zwar versuchte Mikulić nach neuen schwierigen Verhandlungen mit dem IMF und den untereinander zerstrittenen jugoslawischen Ländern, mit einer partiellen Liberalisierung der Preise, einer abermaligen Abwertung des Dinar, einem neuen Devisenmanagement und einer Verlangsamung der Lohnentwicklung der Sanierungspolitik neuen Schwung zu verleihen, aber er setzte nicht einmal die vom IMF geforderte Anhebung der Zinsen über die Inflationsrate (die Zinsrate sollte um mindestens einen Punkt über der Inflationsrate liegen) durch.[369] Auch die von ihm angestrebte Beschränkung der Staatsausgaben, darunter der Ausgaben für die Armee, scheiterte. Nach einer Abstimmungsniederlage im Bundesparlament (sowie angeschlagen durch den Agrokomerc-Skandal in seinem Heimatland Bosnien und lokale Streiks) trat Mikulić im Dezember 1988 mit seinem gesamten Kabinett zurück, blieb aber bis zur Wahl seines Nachfolgers noch im Amt. Immerhin beschloss das Parlament Ende November 1988 39 Verfassungsänderungen (Nr. 9–48), durch die die Einheit des jugoslawischen Markts gefördert werden sollte, das private mit dem gesellschaftlichen Eigentum gleichgestellt und die Bedingungen für ausländische Investitionen in Jugoslawien verbessert wurden.[370] Die „Arbeiterklasse und alle Werktätigen“, die in der Verfassung von 1974 neben den

368 Der Slowene Sergej Kraigher war 1981/82 jugoslawischer Staatspräsident gewesen und hatte eine Expertenkommission geleitet, die Vorschläge zur Stabilisierung der Wirtschaft erarbeiten sollte. Die Kommission hatte eine Reihe von Missständen kritisiert und auf deren Abhilfe gedrängt. Doch das Selbstverwaltungssystem hatte sie nicht infrage gestellt. Ein wesentlicher Grund für die Krise war nach Kraighers Auffassung die Tatsache, dass das Selbstverwaltungssystem nicht konsequent implementiert worden war. Vgl. Kraigher, Sergej: Konsequente Durchsetzung der ökonomischen Stabilisierung, in: Sozialistische Theorie und Praxis. 9 (1982), S. 68–80. Zu den Vorschlägen der Kommission siehe Komisija savezu društvenih saveta za probleme ekonomske stabilizacije. Dokumenti. Hg. Milivoje Dimić. 2 Bde. Beograd 1982, 1983.

369 Der für die Beziehungen mit den internationalen Gläubigern und dem IMF zuständige Minister in Regierung Mikulić, Oskar Kovač, ein in Amerika geschulter Ökonomie-Professor, trat daraufhin von seinem Posten zurück.

370 Abgedruckt in Josipović, Milorad (Hg.): Ustav SFRJ. Amandmani I do XLVIII na Ustav SFRJ. Beograd 1988.

Abb. 20: 5-Dinar-Münze (1970), 1 DM: Notgeld aus der Zeit des Bosnienkrieges 1992–95, ausgegeben von der Verkehrsabteilung der Post in Bihać, und 500-Mrd.-Dinar-Note aus (Rest-)Jugoslawien (1993).

„freiwillig zusammengeschlossenen Völkern“ als Träger der Souveränität des jugoslawischen Staates fungiert hatten, verschwanden aus den Gesetzesnovellen, und das Selbstverwaltungssystem wurde zu Grabe getragen. Doch viele Fragen blieben ungeregelt, und die Zeit arbeitete unerbittlich gegen Jugoslawien. 1988 betrug die Inflationsrate 251 %, die Arbeitslosigkeit war weiter gestiegen, die Auslandsverschuldung, die vorübergehend etwas gesunken war, belief sich Anfang 1988 auf knapp 22 Milliarden Dollar und erreichte einen neuen Höchststand. Auch die Inlandsverschuldung war weiter gestiegen, anstatt zu sinken. Seit Jahren stand der Staat nun bereits am Rand des Ruins, und von einem funktionierenden Wirtschaftssystem konnte schon lange keine Rede mehr sein.

Im März 1989 wurde der kroatische Wirtschaftsexperte Ante Marković, ein 64-jähriger Elektro-Ingenieur und Partisan der ersten Stunde, zum neuen (und letzten) jugoslawischen Ministerpräsidenten ernannt. Er galt als Reformer und erfahrener Wirtschaftsmanager, aber die Chancen für eine erfolgreiche Politik waren minimal, zumal sich die politische Lage im Land von Jahr zu Jahr verschlechtert hatte. Marković, der sich u. a. vom Harvard-Professor Geoffrey Sachs, dem Befürworter von Schocktherapien, beraten ließ, legte sein Reformprogramm im Dezember 1989 vor.[371] Der zeitgleiche Zusammenbruch der realsozialistischen Systeme im Ostblock verschaffte ihm etwas Spielraum, da er die Dringlichkeit grundsätzlicher Veränderungen unterstrich. Von den 24 vorgeschlagenen Gesetzen wurden 17 vom Bundesparlament sofort beschlossen, während die anderen provisorisch in Kraft gesetzt wurden. Zu den wichtigsten Maßnahmen gehörten ein befristeter Lohnstopp auf dem Niveau von November 1989, die Deregulierung der Preise (mit wenigen Ausnahmen), die Verschärfung des Insolvenzrechts, das Verbot von staatlichen Subsidien und Bankkrediten für bankrotte Unternehmen, die Bereitstellung von Hilfsmitteln für die ärmeren Regionen und für soziale Unterstützungszahlungen, Regelungen zur Umwandlung von gesellschaftlichem in privates Kapital sowie eine neue Währungsreform. Am 1. Januar 1990 wurden 10.000 alte in einen neuen (konvertiblen) Dinar umgewandelt, der mit einem festen Wechselkurs an die DM gebunden wurde (7 Dinar = 1 DM). Das Programm zeigte unmittelbare Wirkung und wurde von der jugoslawischen Gesellschaft – anders als die Kritiker der Schocktherapie und des IMF prognostiziert hatten – überwiegend positiv aufgenommen. Die Inflationsrate sank innerhalb weniger Monate auf null, Ex- und Importe nahmen zu (ebenso die Devisenreserven). „This was the first time in any socialist country", erklärte Ante Marković als Zeuge im Prozess gegen Milošević am 23. Oktober 2003 vor dem Kriegsverbrechertribunal in Den Haag, „that inflation had been reduced to zero. Besides this, we managed to establish large hard currency reserves. According to the French governor of the central bank, we had larger hard currency reserves than many European countries, and they amounted to almost 11 billion dollars."[372] Bis Mitte 1990 kamen 1200 neue Joint Ventures mit ausländischen Firmen zustande (mit einem geschätzten Gesamtvolumen von einer Milliarde DM) und Zehntausende (meist kleinere) Firmen wurden neu gegründet. Andererseits brach die industrielle Produktivität und mit ihr das Bruttosozialprodukt dramatisch ein, als Folge von Insolvenzen, Geld- und Kreditverknappung sowie rückläufiger Investitionen. Waren die Kredite jahrelang zu billig gewesen, so waren sie nun zu teuer. Vielen, vor allem großen und unrentablen Unternehmen drohte das Aus, begleitet

371 Vgl. Gaspari, Mitja: Recent Developments in Yugoslavia (1990), in: http://www.kansascityfed.org/publicat/sympos/1990/S90GASPA.pdf; Lahiri, Ashok Kumar: Money and Inflation in Yugoslavia, in: IMF Staff Papers 38 (1991), 4, S. 751–788.

372 Protokoll der ICTY-Sitzung vom 23. 10. 2003: http://www.icty.org/x/cases/slobodan_milosevic/trans/en/031023ED.htm, S. 28008.

von Massenentlassungen. Andere befanden sich bereits in Auflösung, sodass mehrere Hunderttausend Menschen ihren Arbeitsplatz verloren. Die Banken, soweit sie nicht geschlossen worden waren, litten unter der enormen Last „fauler" Kredite. Der Lohn- und Gehaltsstopp konnte nur bedingt durchgesetzt werden. Und die Ausgabenpolitik der Länder, auf die die Bundesregierung keinen Einfluss hatte, drohte das Reformprogramm aus den Angeln zu heben.

Für größte Empörung sorgte ein Vorfall, der als „Einfall in das monetäre System Jugoslawiens" bzw. als serbischer „Raub" bezeichnet wurde. Am 28. Dezember 1990 beschloss das serbische Parlament in einer Geheimabstimmung, neues Geld in Höhe von 18,243 Milliarden Dinar (= 1,4 Milliarden US-Dollar) durch eine ungedeckte, illegale Anleihe bei der Jugoslawischen Nationalbank in Umlauf zu bringen, um Pensionen und überfällige Gehälter zu bezahlen.[373] Am 4. Januar des folgenden Jahres wurde Ministerpräsident Marković über den „Einfall" anonym (!) informiert. Nach Aussage seines Pressechefs, Predrag Tašić, habe Marković den Vorfall auf einer außerordentlichen Sitzung des jugoslawischen Kabinetts als „Akt zur Liquidation Jugoslawiens" bezeichnet.[374] Und als Zeuge im Prozess gegen Milošević vor dem Haager Kriegsverbrechertribunal sprach er am 23. Oktober 2003 von „daylight robbery, pure and simple".[375] Zwar wurden nach dem Protest der Regierung etwa 10 Milliarden an die Jugoslawische Nationalbank zurücktransferiert, doch der Rest blieb verschwunden.

Ob Markovićs Schocktherapie die Wirtschaft dauerhaft hätte sanieren können, bleibt eine offene Frage. Zumindest erschien eine wirtschaftliche Rettung Jugoslawiens nicht ausgeschlossen, sofern sie nicht systematisch torpediert worden wäre.

Die Umrisse der Großen Krise: Eine Zwischenbilanz

Versucht man die wirtschaftliche Entwicklung in den 80er-Jahren zusammenzufassen, was angesichts großer Forschungslücken nur provisorisch ausfallen kann, lassen sich folgende Punkte festhalten: 1. Zum Zeitpunkt von Titos Tod war die Wirtschaft Jugoslawiens bereits marode. Zwei Jahre später begann die große Schuldenkrise, die das Scheitern des bisherigen jugoslawischen Wirtschaftssystems offenlegte. 2. Der seit den 60er-Jahren währende Dauerkonflikt zwischen Reformern und Dogmatikern in der Partei- und Staatsführung vereitelte grundlegende Reformen bis zum Ende des Jahrzehnts,

373 Letzteres nach Gagnon, V. P.: Ethnic Nationalism (272).

374 Tašić, Predrag: Kako sam branio Markovića. Skopje 1993, S. 59; nach: Popović, Srdja: Raspad Jugoslavije, in: Peščanik v. 23. 9. 2008: http://www.pescanik.net/images/stories/pdf/raspad_sfrj.pdf.

375 Protokoll vom 23. 10. 2003: http://www.icty.org/x/cases/slobodan_milosevic/trans/en/031023ED.htm, S. 28012 f.

sodass wertvolle Zeit verloren ging. 3. Die „Machtlosigkeit" der Bundesregierung bei der Krisenbekämpfung war nicht in erster Linie der (Kon-)Föderalisierung Jugoslawiens geschuldet, wie die Verfechter einer Rezentralisierung behaupteten, sondern – bis weit in die zweite Hälfte der 80er-Jahre hinein – vor allem der ideologischen Uneinigkeit im BdKJ (und zwar über Republiksgrenzen hinweg). Oder anders herum formuliert: Jugoslawien war nicht „unregierbar" infolge der Mängel der 74er-Verfassung, sondern infolge des fehlenden Grundkonsenses der politischen Akteure. 4. Ökonomisch hätte Jugoslawien wahrscheinlich gerettet werden können. Marković war auf dem richtigen Weg. Sein Sanierungsprogramm war schmerzhaft, aber fast harmlos im Vergleich zu dem, was in den 90er-Jahren folgen sollte. Und 5. Die Wirtschaftskrise war untrennbar verbunden mit der politischen Krise, die uns im folgenden Kapitel beschäftigen wird. Es war der desaströse Zustand der Ökonomie, der die Politik unter Handlungsdruck setzte, und es war die Politik, die die Umsetzung nachhaltiger ökonomischer Reformen vereitelte.

Erstaunlich war, dass im sozialistischen Jugoslawien nicht das geschah, was wohl in jeder westlichen Gesellschaft angesichts der wirtschaftlichen Talfahrt geschehen wäre. Es gab keine Massenstreiks, von einem Generalstreik ganz zu schweigen. Zwar kam es immer wieder zu lokalen Protesten und Streiks – 1987 wurden in Jugoslawien 1685 und 1988 1851 registrierte Arbeitsniederlegungen gezählt[376] –, aber von einem Generalstreik konnte nicht einmal näherungsweise die Rede sein. Streiks waren mit den ideologischen Prämissen des Wirtschaftssystems nicht vereinbar, da die Arbeitnehmer in selbstverwalteten Betrieben zugleich die Arbeitgeber waren und sich nicht selber bestreiken konnten. Theoretisch zumindest. Wichtiger war die Tatsache, dass es keine unabhängige Gewerkschaftsbewegung gab (vergleichbar der *Solidarność* in Polen). Auch scheint ein zunehmend großer Teil der Bevölkerung die Notwendigkeit von grundlegenden Veränderungen eingesehen zu haben. Dafür spricht zumindest die Popularität, die Marković in Meinungsumfragen genoss. Und schließlich existierten mehrere Ventile, durch die der soziale Druck gemildert wurde. Dazu gehörte, dass die Beschäftigten ihren Arbeitseinsatz im gesellschaftlichen Sektor immer weiter reduzierten, d. h. immer weniger arbeiteten (im Unterschied zu denen, die in kleinen Privatbetrieben beschäftigt waren), und dass sie zusätzliche Jobs annahmen, ferner dass sie Teile des Gesellschaftseigentums für private Zwecke abzweigten („privatisierten"), dass sie offene Rechnungen nicht bezahlten, bestehende Kredite nicht bedienten und neue Kredite aufnahmen in der Hoffnung, dass die Inflation deren Abzahlung von selbst erledigen werde, und schließlich dass ein beträchtlicher Teil der Bevölkerung auf den „grauen" oder „schwarzen" Markt auswich und die Behörden wegschauten. Von Bedeutung dürfte schließlich gewesen sein, dass der Unmut

376 Vladisavljević, N.: Serbia's Antibureaucratic Revolution (350), S. 112.

über die jahrelange Misswirtschaft und Lähmung der Partei- und Staatsführung – zumindest teilweise – in politische Protestbewegungen umgeleitet wurde (z. B. in die vom Milošević-Regime inszenierten „Meetings", von denen gleich zu sprechen sein wird).

Der Zusammenbruch der Wirtschaft war für die gesamte Gesellschaft eine elementare Erfahrung, auch wenn sie einzelne Gruppierungen (z. B. Jugendliche) und einzelne Regionen (z. B. Kosovo, die serbischen Siedlungsgebiete in Teilen Kroatiens, ferner die Westherzegowina) stärker traf als die jeweilige Gesamtheit von Gesellschaft und Staat. Zur ökonomischen Krise gesellten sich die Kosovo-Krise, die Krise der Intellektuellen und die Krise des politischen Systems, die nachstehend behandelt werden. Verschärfend kamen die allgemeine Krise des Sozialismus und deren Auswirkungen auf das internationale System hinzu. Der vormalige Stolz vieler Bürgerinnen und Bürger auf Jugoslawien und seine Errungenschaften wich zunehmend einem Gefühl fortschreitender Bedeutungslosigkeit und Marginalisierung. Alles, worauf die Menschen stolz gewesen waren, verflüchtigte sich. An die Stelle der früheren Erfolgsgeschichte trat eine Verlustgeschichte: Der relative Wohlstand schwand, das jugoslawische Sozialismus-Modell erwies sich als Sackgasse, die Blockfreiheit und das internationale Ansehen Jugoslawiens verloren im selben Maße ihre Attraktivität wie sich der Gegensatz zwischen den Blöcken auflöste. Eine Bedrohung von außen war nicht mehr vermittelbar (oder nur noch dank neuer Feindbilder, die die Gesamtgesellschaft nicht mehr zusammenhielten, sondern spalteten). Die jugoslawische Solidargemeinschaft, die ungeachtet aller Krisen lange Zeiten überdauert hatte, begann zu bröckeln. Und alles, was Halt gewährt hatte, löste sich auf.[377] Zurück blieb eine riesige Leerstelle. Die Bevölkerung, die die Ereignisse erstmals in den Medien live mitverfolgen konnte, wurde regelrecht überrollt. Die Bewältigung der Alltagsprobleme ließ ihr keine Zeit, die dramatischen Geschehnisse einzuordnen, geschweige denn: zu verarbeiten. Jugoslawien hätte sich angesichts der multiplen Krisen neu erfinden müssen (und theoretisch auch können), doch der dazu erforderliche Konsens der Akteure fehlte. Diese setzten stattdessen auf nationale und apokalyptische Rhetorik und trieben den Prozess der Auflösung voran.

5.2 Das Kosovo-Syndrom

Wem gehört Kosovo? Skizzen einer Konfliktgeschichte

Seit Längerem brodelte im Hintergrund eine Frage, deren Erörterung seit Ende des Zweiten Weltkriegs sorgfältig vermieden worden war: Wer hat – aus welchen Gründen

377 Vgl. Lazić, Mladen: Sistem i slom (300a), insbes. S. 187 ff.

– Anspruch auf Kosovo? Die Frage hatte sich erstmals anlässlich des Berliner Kongresses von 1878 und der Gründung der albanischen „Liga von Prizren“ gestellt.[378] Seither war sie in bestimmten Abständen immer wieder aufgeworfen worden und hatte sowohl kontroverse Debatten wie gewaltsame Konflikte ausgelöst. Drei Argumentationsmuster standen in Konkurrenz zueinander: der Rekurs auf „historische Rechte“, das moderne Selbstbestimmungsrecht und die Berufung auf das Völkerrecht. Über das Völkerrecht wird im Zusammenhang mit der Unabhängigkeitserklärung Kosovos von 2008 noch zu sprechen sein. Hier geht es zunächst um das Spannungsverhältnis zwischen „historischen Rechten“ und dem Selbstbestimmungsrecht der Völker.[379] Wie so oft, spielt auch in diesem Fall die Wahrnehmung oder Konstruktion der Vergangenheit eine entscheidende Rolle bei der Interpretation und Konstruktion der Gegenwart. Werfen wir deshalb einen kurzen Blick zurück.[380]

Während der Balkankriege von 1912/13 war das bis dahin osmanische Kosovo von serbischen Truppen in Besitz genommen worden. War dies eine Befreiung oder eine Eroberung? Aus Perspektive der Serben war die Antwort klar. Ihre Befreiungs-Rhetorik bezog und bezieht sich auf das Faktum, dass Kosovo etwa zweieinhalb Jahrhunderte (vom Anfang des 13. bis zur Mitte des 15. Jahrhunderts) zum mittelalterlichen serbischen Reich der Nemanjiden-Dynastie und seinen Nachfolgestaaten gehört hatte, bevor es für viereinhalb Jahrhunderte unter „türkisches Joch“ gefallen war. Kosovo war (und ist) – namentlich aus Sicht der serbischen orthodoxen Kirche – „heiliger“ Boden, das „Herz“ des mittelalterlichen Serbiens. In Peć/Peja hatte der serbische Patriarch im Mittelalter seinen Sitz gehabt. Viele der in Kosovo gelegenen Kirchen und Klöster (Visoki Dečani, Gračanica u. a.) gehören zu den schönsten Denkmälern der mittelalterlichen serbischen Kultur. In der Umgebung der heutigen Kosovo-Hauptstadt Priština/Prishtina hatte am 28. Juni 1389, am St. Veitstag/Vidovdan, die von Mythen umwobene Schlacht auf dem Amselfeld (Kosovo polje) stattgefunden. Der Führer der christlichen Truppenallianz gegen das osmanische Heer, Fürst Lazar, hatte dabei sein Leben gelassen und war unmittelbar danach von der serbischen Kirche als „Märtyrer“ heiliggesprochen worden.

378 Die in Prizren (Südkosovo) ins Leben gerufene Liga steht für den Anfang einer albanischen Nationalbewegung. Ihr Ziel war es, eine Aufteilung der unter osmanischer Herrschaft stehenden albanischen Siedlungsgebiete auf die christlichen postosmanischen Staaten zu verhindern.

379 Vgl. Sundhaussen, Holm: Der Gegensatz zwischen historischen Rechten und Selbstbestimmungsrechten als Ursache von Konflikten: Kosovo und Krajina im Vergleich, in: Nationalitätenkonflikte im 20. Jahrhundert: Ursachen von inter-ethnischer Gewalt im Vergleich. Hg. Ther, Philipp – Holm Sundhaussen. Wiesbaden 2001, S. 19–33.

380 Zu Einzelheiten vgl. u. a. Malcolm, N.: Kosovo (494); Vickers, M.: Between Serb and Albanian (504); Schmitt, O. J.: Kosovo (501a).

Im Verlauf der serbischen Nationsbildung im 19. Jahrhundert war die Kosovo-Schlacht dann zum wichtigsten serbischen Erinnerungsort avanciert, obwohl sie historisch weniger bedeutend war als andere Schlachten vor und nach 1389. Die Bedeutung, die Kosovo in der Überlieferung der Kirche seit dem ausgehenden 14. und im kulturellen Gedächtnis der Serben seit Mitte des 19. Jahrhunderts einnimmt, beruht weniger auf den historischen Ereignissen als auf den mit ihnen verbundenen Heiligen, Helden und Verrätern (Fürst Lazar, Miloš Obilić, Kraljević Marko, Jug Bogdan, die neun Jugovići auf der einen sowie der vermeintliche Verräter Vuk Branković auf der anderen Seite); sie beruht auf den Mythen, die teils aus kirchlichen, teils aus weltlichen Überlieferungen gespeist und im Verlauf des 19./20. Jahrhunderts „nationalisiert" wurden.[381]

Der Stellenwert Kosovos als serbisch-nationaler Erinnerungsort weist viele Ähnlichkeiten mit den (nach dem Zweiten Weltkrieg) an Polen angeschlossenen „Westgebieten" im polnisch-sozialistischen Narrativ nach Kriegsende auf. Der Rekurs auf die dynastische Herrschaft im Mittelalter (auf Piasten bzw. Nemanjiden), das Verständnis der Region als alte polnische Länder (Ziemie Staropolski) bzw. „Altserbien" (Stara Srbija), die Erinnerung an die Schlacht von Tannenberg 1410 bzw. an die Amselfeldschlacht 1389, der Topos von der „Wiederinbesitznahme" bzw. „Befreiung" nach Jahrhunderten der Unterdrückung und Fremdherrschaft sowie das Bestreben nach „Repolonisierung" resp. „Reserbisierung" der wiedergewonnenen Gebiete (poln. Ziemie odzyskane) folgen einem ähnlichen Argumentationsmuster. Doch damit enden die Gemeinsamkeiten, denn die „Westverschiebung" Polens erfolgte auf Druck der Sowjetunion, während die „Südverschiebung" Serbiens bzw. die „Befreiung" Kosovos ohne Einwirkung Dritter vollzogen wurde.

Wer sich auf „historische Rechte" beruft, geht von der Vorstellung aus: Die Nation existiert seit alters her; sie ist eine Art Kollektivperson, die Eigentumsrechte an einem Territorium erwirbt, die ihr anschließend niemand mehr – jedenfalls nicht ohne ihre Zustimmung – nehmen darf. Sofern das doch geschieht (was immer wieder der Fall war), handelt es sich um Unrecht, das wieder gutgemacht werden muss. Wer einmal etwas erworben hat – egal auf welche Weise: durch Erstbesiedlung, Kriege bzw. Eroberung, dynastische Verträge oder Ähnliches –, hat es für immer erworben, selbst wenn dies im Widerspruch zum Selbstbestimmungsrecht der aktuellen Bevölkerung steht. Doch es gibt zwei Probleme, die in dieser ahistorischen Argumentation ungelöst bleiben: 1. Welches Recht wiegt schwerer: das Erstsiedlungsrecht, das die Albaner für ihre vermeintlichen Vorfahren, die Illyrer, in Anspruch nehmen, oder das in die Vergangen-

381 Vgl. u. a. Sundhaussen, Holm: Der 28. Juni und Kosovo: Geburt eines „Erinnerungsortes", in: Ders.: Geschichte Serbiens (583), S. 97–115 (mit weiteren Quellen- und Literaturangaben).

heit zurückprojizierte staatliche Recht, auf das sich die Serben berufen? Und 2.: Welche Zeit bildet den Ausgangspunkt für die Begründung von Rechten? Kosovo hat im Verlauf der Jahrhunderte zu vielen Staaten gehört: zum Oströmischen/Byzantinischen Reich, zum mittelalterlichen bulgarischen Reich, zum mittelalterlichen serbischen Reich und schließlich zum Osmanischen Reich. Die längste Zeit hat es zum Byzantinischen und zum Osmanischen Reich gehört. Wie also lässt sich begründen, dass die Zugehörigkeit Kosovos zum mittelalterlichen Serbien entscheidend dafür ist, wer heute Anspruch auf dieses Territorium hat? Eine anschlussfähige Begründung dafür gibt es nicht.

Dieses Dilemma wird in der Regel dadurch „gelöst", dass moralische bzw. religiöse Kriterien in die Argumentation eingeschleust werden. Danach gibt es „gute" und „böse" Staaten, wie es auch „gute" und „böse" Nationen gibt – solche, die „Europa" gegen „Asien", das Christentum gegen den Islam, die „Zivilisation" gegen die „Barbarei" etc. verteidigt haben, und solche, die das „Böse" repräsentieren oder mit dem „Bösen" „kollaboriert" haben. Viele Nationen in Europa – Polen, Ungarn, Kroaten, Serben, Rumänen (und selbst Albaner mit ihrem Nationalhelden Skanderbeg) – nehmen für sich in Anspruch, „Schutzwall Europas", „Antemurale christianitatis", gewesen zu sein und erwarten dafür Dank. Das Osmanische Reich gilt insbesondere den christlichen Balkannationen als „Reich des Bösen" schlechthin. Und alles, was während der osmanischen Herrschaft geschehen ist, ist per se Unrecht. Das heißt: Der serbische Anspruch auf Kosovo gründet sich nicht allein darauf, dass Kosovo vor mehreren Jahrhunderten einmal zu Serbien gehörte und dass der serbische Anteil an der Bevölkerung Kosovos über Jahrhunderte hinweg höher war als heute, sondern auch und vor allem darauf, dass die Serben auf dem Kosovo-Feld 1389 das „Christentum gegen den Islam" verteidigt und sich für „Europa" und/oder für ein „himmlisches Reich" geopfert haben. Nachdem sie Ende des 17. Jahrhunderts abermals für das Christentum gekämpft hatten, mussten sie ihre Heimat aus Furcht vor Vergeltung verlassen. Erst danach hätten muslimische Albaner das serbische Land geraubt und sich unrechtmäßig in Kosovo niedergelassen. Dass die Albaner mehrheitlich Muslime sind, die den christlichen Glauben ihrer Vorfahren aufgegeben haben, und dass sie dem Osmanischen Reich bis ins letzte Viertel des 19. Jahrhunderts im Großen und Ganzen loyal gegenüberstanden, stempelt sie obendrein zu „Renegaten", „Verrätern" und „Handlangern des Bösen". Ihre Anwesenheit im „serbischen Kosovo" ist somit einem großen historischen Unrecht, einer „beispiellosen Tragödie" geschuldet. Und wie jedes Unrecht schreit auch dieses nach Wiedergutmachung.[382]

382 Weitere Einzelheiten bei Sundhaussen, Holm: Kosovo: „himmlisches Reich" und irdischer Kriegsschauplatz. Kontroversen über Recht, Unrecht und Gerechtigkeit, in: Südosteuropa. Zeitschrift für Gegenwartsforschung 48 (1999), S. 237–257.

Es versteht sich von selbst, dass diese christlich fundierte Argumentation kein universaler Rechtsgrundsatz sein kann. Wie auch umgekehrt der „heilige Krieg" islamischer Prägung kein universaler Rechtsgrundsatz sein kann. Dass Repräsentanten der serbischen orthodoxen Kirche eine religionsgestützte Rhetorik verwenden, ist einsichtig, aber international anschluss- oder konsensfähig ist es nicht. Für die meisten Serben ist Kosovo in erster Linie ein symbolischer Ort, ein Mythos, losgelöst von der widerspenstigen Realität.[383] Bis in die 1980er-Jahre hinein wurde es als periphere Region wahrgenommen, als arm, rückständig und besiedelt von „unzivilisierten Šiptari". Ein Siedlungsschwerpunkt des modernen Serbentums war es nie. Nach den Ergebnissen der Volkszählung von 1981 lebten in Kosovo nur 2,6 % aller im damaligen Jugoslawien beheimateten Serben.

Über die Siedlungsverhältnisse in Kosovo von der Antike bis zur Gegenwart ist seit dem ausgehenden 19. Jahrhundert unablässig gestritten worden. Wer siedelte dort zuerst? Wer lebte dort vor der „slawischen Landnahme"? Und wie entwickelten sich die Siedlungsverhältnisse danach?[384] Trotz aller Quellenprobleme ist unstrittig, dass es bereits zur Zeit des mittelalterlichen serbischen Nemanjiden-Reiches Albaner in Kosovo gab. Ob sie bereits vor den Serben dort ansässig gewesen oder aus dem Nachbargebiet zugewandert waren, wissen wir nicht. Ebenfalls unstrittig ist, dass sich das Kräfteverhältnis von Serben und Albanern während der viereinhalb Jahrhunderte osmanischer Herrschaft infolge von Migrationen zugunsten der Letzteren verschob. Das war nicht ungewöhnlich. Ähnliche Veränderungen gab es auch in anderen Teilen Europas, die von tiefen Umbrüchen als Resultat von Eroberung und Rückeroberung betroffen waren. Mit dem modernen Selbstbestimmungsrecht der Völker war die Angliederung Kosovos an Serbien nicht zu begründen, unabhängig davon, wie die ethnische Zusammensetzung der Bevölkerung in vormoderner Zeit ausgesehen haben mochte.[385] Auch kann ein Territorium nicht befreit werden; befreit werden können nur die Menschen, die auf dem Territorium leben. Und das waren in Kosovo zum Zeitpunkt der Balkankriege

383 In dieser Hinsicht unterscheidet er sich nicht von anderen nationalen Mythen und Erinnerungsorten: vom deutschen Schlesien-Mythos, dem deutschen und polnischen Erinnerungsort Tannenberg, dem ungarischen Siebenbürgen-Mythos, dem russischen und estnischen Erinnerungsort Narva und vielen anderen. Zum Kosovo-Mythos vgl. u. a. Sundhaussen, Holm: Kriegserinnerung als Gesamtkunstwerk und Tatmotiv: Sechshundertzehn Jahre Kosovo-Krieg (1389–1999), in: Beyrau, Dietrich (Hg.): Der Krieg in religiösen und nationalen Deutungen der Neuzeit. Tübingen 2001, S. 11–40.

384 Zur umstrittenen Bevölkerungsgeschichte Kosovos vgl. Clewing, Konrad: Mythen und Fakten zur Ethnostruktur in Kosovo – Ein geschichtlicher Überblick, in: Ders. – J. Reuter (Hg.): Der Kosovo-Konflikt (479), S. 17–63.

385 Zur Eroberung Kosovos vgl. u. a. Malcolm, N.: Kosovo (494), S. 239 ff.; zur Problematik der serbisch-albanischen Grenzziehung von 1912/13 vgl. Boeckh, Katrin: Von den Balkankriegen zum Ersten Weltkrieg. Kleinstaatenpolitik und ethnische Selbstbestimmung auf dem Balkan. München 1996, S. 102 ff.

in der Mehrheit muslimische Albaner. Nach Eroberung und Anschluss des Gebiets an Serbien wurden die „befreiten" Albaner massiv diskriminiert. Sie wurden zum Objekt einer serbischen „Zivilisierungsmission", zu Bürgern zweiter oder dritter Klasse. Im ersten Jugoslawien waren sie nicht als Minderheit anerkannt und genossen keinerlei Minderheitenschutz. Das Bestreben der neuen Machthaber, Kosovo zu „re-serbisieren" und zu „zivilisieren" – teils durch Ansiedlung serbischer Kolonisten, teils durch Assimilation bzw. Konversion jener Albaner, die „eigentlich" Serben mit „falscher" Sprache und „falschem" Glauben waren (der sogenannten Arnautaši), teils durch Einsatz physischer Gewalt –, zeitigte nicht die gewünschten Erfolge. Auch der Plan aus der zweiten Hälfte der 30er-Jahre, einen Teil der Kosovo-Albaner in die Türkei (!) umzusiedeln, ließ sich vor Beginn des Zweiten Weltkriegs nicht mehr realisieren.

Während des Krieges stellten die Besatzungsmächte – zuerst Italien, später Deutschland – den Albanern die Errichtung eines gesamt- oder großalbanischen Staats in Aussicht. Unter dieser Voraussetzung waren viele Kosovo-Albaner zur Kollaboration bereit. Sie fürchteten die Wiederherstellung der serbischen Herrschaft mehr als die Zusammenarbeit mit den ungeliebten Italienern. Dennoch blieb die Bevölkerung politisch gespalten. Einige hofften auf den Sieg der „Achsenmächte", während andere auf einen Sieg der Alliierten setzten. Einige wollten ein vereintes Albanien unter italienischem Protektorat, andere ein vereintes Albanien unter dem im April 1939 auf italienischen Druck hin abgesetzten König Ahmed Zogu, wieder andere strebten eine Republik an. Auch sozial war die albanische Bevölkerung zwischen Großgrundbesitzern und Kleinbauern mit entsprechend divergierenden Zukunftsvisionen gespalten. Hinzu kamen die Unterschiede zwischen südalbanischen Tosken und nordalbanischen sowie kosovarischen Gegen. Einig waren sich die Kosovo-Albaner nur in einem Punkt: Sie wollten keine Rückkehr zu den Verhältnissen vor dem Krieg. Ihr Zorn richtete sich insbesondere gegen die serbischen Kolonistendörfer. Rund 20.000 serbische und montenegrinische Kolonisten flohen oder wurden vertrieben, weitere 10.000 fielen Racheakten zum Opfer. Andererseits zeitigte die Inanspruchnahme der Albaner für die Ziele Italiens oder des „Dritten Reiches" keine nachhaltigen Erfolge. Die von den Nationalsozialisten Anfang 1944 betriebene Aufstellung einer albanischen SS-Division „Skanderbeg" kam über Anfänge nicht hinaus und erwies sich als Fehlschlag. Nur knapp 7.000 Mann hatten sich gemeldet, die sich vor allem an der Deportation der in Kosovo beheimateten Juden beteiligten. Auch die Anerkennung eines „ethnischen Albaniens" (also einschließlich Kosovos) durch das Deutsche Reich am 13. Juli 1944 blieb weitgehend folgenlos.

Ende 1941 war in Kernalbanien unter maßgeblicher Mitwirkung der jugoslawischen Kommunisten Miladin Popović und Dušan Mugoša eine schwache albanische KP gegründet worden, deren Mitglieder sich in erster Linie aus dem toskischen Süden rekrutierten.

In ihrem Kampf um die Macht blieb die Partei unter Führung Enver Hoxhas auf die Unterstützung durch die KPJ angewiesen. Der Preis dafür war der geheim gehaltene Verzicht auf Kosovo. Obwohl die Kosovo-Albaner von diesem „Verrat" nichts ahnten, blieben sie der kommunistischen Widerstandsbewegung – von kleineren Gruppen abgesehen – fern. Denn die durch und durch negativen Erfahrungen mit dem ersten Jugoslawien überschatteten auch die Errichtung eines zweiten – kommunistischen – Jugoslawiens. Stärkeren Zuspruchs erfreute sich die Ende 1942 gegründete „Nationale Front" (Balli kombëtar), die für ein geeintes Albanien und soziale Reformen eintrat und im Kampf gegen die Kommunisten – ähnlich wie die serbischen Tschetniks – Bündnisse mit der Besatzungsmacht einging. In der Endphase des Krieges kämpften die Ballisten gegen die „Titoisten", welche die nichtkommunistischen Verbände mit aller Härte liquidierten und die Zivilbevölkerung unter massiven Druck setzten. „Sie rekrutierten Zehntausende junger Albaner, die sie entweder zwangsweise gegen die eigenen Landsleute einsetzten oder nach Norden zum Kampf gegen die Wehrmacht schickten. Offenbar gezielt wurden Hunderte Rekruten durch Gewaltmärsche nach Montenegro bzw. in Montenegro selbst (in Bar) umgebracht. Wie in anderen Teilen Jugoslawiens begann die kommunistische Herrschaft mit einem Blutbad, das die im Zweiten Weltkrieg begangenen Gewaltakte nahtlos fortsetzte."[386] Die Zahl der kosovo-albanischen Opfer wird auf mehrere zehntausend geschätzt.[387]

Die Zukunft Kosovos unter kommunistischer Herrschaft blieb zunächst unklar. Einerseits betonten die „Titoisten" das Selbstbestimmungsrecht der Völker, die Respektierung des „Volkswillens", einschließlich des Rechts auf Sezession, und hofften damit, mehr Rückhalt in der kosovo-albanischen Bevölkerung zu finden. Andererseits dachte die KPJ-Führung – im Unterschied zu Enver Hoxha – nicht ernsthaft daran, auf Kosovo zu verzichten, da sie damit ihren Rückhalt in Teilen der serbischen Gesellschaft verloren hätte. Mit Errichtung einer kommunistischen, von der KPJ geführten Balkanföderation sollte das „Kosovo-Problem" ebenso gelöst werden wie die „makedonische Frage" bzw. der Konflikt mit Bulgarien und Griechenland. Wie bereits dargestellt, scheiterten diese Pläne an den Winkelzügen Stalins. Die bereits 1945 vollzogene Angliederung des mit Autonomierechten ausgestatteten Kosovos an die Republik Serbien und die Missachtung des während des Krieges propagierten Selbstbestimmungsrechts wurden von den Kosovo-Albanern als „Täuschung/Betrug" (mashtrim) wahrgenommen und stärkten die Sympathien für die – politisch heterogenen – Gruppierungen im Untergrund (Illegalja).[388]

386 Schmitt, O. J.: Kosovo (501a), S. 223 f.

387 Ebda., S. 225.

388 Vgl. Lipsius, Stephan: Untergrundorganisationen im Kosovo: Ein Überblick, in: Südosteuropa 47 (1998), 1–2, S. 75–82.

Auch als es Enver Hoxha nach dem Bruch zwischen Belgrad und Moskau 1948 gelang, die Vormundschaft der KPJ abzuschütteln, änderte sich an der Kosovo-Frage mit Rücksicht auf die Machtkämpfe zwischen Tosken und Gegen nichts. Obwohl sich Hoxha in seiner Rhetorik bei passender Gelegenheit der Kosovo-Frage bediente, fürchtete er einen Anschluss Kosovos an Albanien. Die Entwicklungen in Kernalbanien und Kosovo drifteten in der Folgezeit immer mehr auseinander, auch wenn die Menschen infolge mangelnder Reisemöglichkeiten davon wenig wussten. Nach dem Ausschluss Jugoslawiens aus dem Kominform und Hoxhas Parteinahme für Stalin gerieten die Kosovo-Albaner, die „Schiptaren", als potenzielle Verräter unter Generalverdacht. Und bis zum Sturz des Geheimdienstchefs Aleksandar Ranković 1966 blieben sie Bürger zweiter Klasse. Erst mit den Verfassungsreformen Ende der 60er-/Anfang der 70er-Jahre änderte sich die Situation grundlegend. Nun waren es die Kosovo-Serben, die marginalisiert und diskriminiert wurden, wovon noch zu sprechen sein wird.

Die neue Generation der Kosovo-Albaner und die Unruhen vom Frühjahr 1981

Kosovo erlebte seit Ende der 60er-Jahre einen schwindelerregenden Modernisierungsschub,[389] der freilich unter den gleichen Mängeln litt wie die wirtschaftliche Entwicklung in anderen Teilen Jugoslawiens (Ineffizienz, ökonomisch unrentable Investitionen, Wachstum auf Pump usw.) und dessen (Schein-)Erfolge durch die hohe Geburtenrate der Albaner zum Teil „aufgezehrt" wurden. Eine imposante Bildungsoffensive hatte eine selbstbewusste junge Generation hervorgebracht. Der Anteil der Analphabeten, der 1948 noch über 62 % betragen hatte, sank bis Ende der 80er-Jahre auf 12 %. Und die Zahl derjenigen, die eine weiterführende Schule oder Universität besuchten, war regelrecht „explodiert".[390] Anfang der 80er-Jahre studierten an der Universität Priština 36.000 Studentinnen und Studenten, weitere 18.000 hatten Aufbaustudiengänge belegt.[391] Die albanische Gesellschaft befand sich in einem sozialen und kulturellen Umbruch wie nie zuvor in ihrer Geschichte. Doch wie an anderer Stelle dieser Arbeit gezeigt, blieb Kosovo das Schlusslicht unter den jugoslawischen Republiken und Provinzen. Der Abstand zu den höher entwickelten Regionen vergrößerte sich ständig. Während in Slowenien Anfang der 80er-Jahre Vollbeschäftigung herrschte, suchten in Kosovo mehr als 23 %

389 Vgl. Motes, Mary: Kosova/Kosovo. Prelude to War 1966–1999. Homestead/Florida 1999; Schmitt, O. J.: Kosovo (501a), S. 237–279; Schwandner-Sievers, Stephanie: Beyond the family? Making modernity and new social capital in Yugoslav socialist Kosovo, in: Clewing, Konrad – Vedran Džihić (Hg.): Das neue Kosovo: Eigenstaatlichkeit, Demokratie und „Europa". München (im Druck).

390 Einzelheiten bei Reuter, Jens: Bildungspolitik in Kosovo, in: Südosteuropa 32 (1983), 1, S. 8–16.

391 Vgl. Hudelist, D.: Kosovo. Bitka bez iluzija. Zagreb 1989, S. 19.

der aktiven Bevölkerung (mehrheitlich Jugendliche bzw. Berufseinsteiger) einen Job.[392] Die mit großen Erwartungen angetretene neue Bildungselite sah sich hinsichtlich ihrer weiteren Entwicklung blockiert. Die daraus resultierende Perspektivenlosigkeit war der Humus, auf dem die nationalistischen Strömungen gediehen. Befeuert wurden sie – wie Oliver Schmitt gezeigt hat – durch Wissenschaftler aus der Volksrepublik Albanien, die seit Anfang der 70er-Jahre, nachdem sich das Verhältnis zwischen Jugoslawien und Albanien entspannt hatte, kulturelle „Entwicklungshilfe" in Kosovo leisten durften und mit ihrem national-stalinistischen Gedankengut die rasant wachsende albanische Studentenschaft infizierten. Linksextremistische kosovo-albanische Zellen, die mit Enver Hoxha sympathisierten, sowie radikalisierte Teile der albanischen Diaspora versuchten, die kosovarische Bevölkerung zu indoktrinieren bzw. die Unzufriedenheit zu kanalisieren.[393] Dass es den Albanern in Kosovo unvergleichlich besser ging als den Landsleuten im idealisierten Nachbarland, ahnten selbst die Befürworter eines Anschlusses an das unbekannte Albanien, die „Enveristen", nicht.[394] Und von Hoxhas „Verrat" wussten sie ebenfalls nichts. Doch die Stimmung in Kosovo war und blieb gereizt und konfus.

Am 11. März 1981 – knapp ein Jahr nach Titos Tod – brachen an der Universität der Kosovo-Hauptstadt Prishtina Unruhen aus. Den 2.000 Studenten, die gegen die mangelnde Qualität des Mensaessens und der Studentenheime protestierten, schlossen sich in den folgenden Tagen mehrere Zehntausend Albaner an, die soziale Verbesserungen und den Republikstatus für Kosovo forderten. Nach Zusammenstößen mit der Polizei und der Verhaftung mehrerer Demonstranten nahm der zunächst soziale Protest zunehmend politische und nationalistische Formen an. Aufgrund der wirtschaftlichen und sozialen Ungleichheit der Kosovaren in Jugoslawien ließen die Demonstranten das gleichmacherische Regime des albanischen Diktators Enver Hoxha hochleben.[395] Die teils gewalttätigen Unruhen griffen auf Makedonien über, wo in Tetovo ebenfalls Alba-

392 Jugoslavija 1918–1988 (40), S. 51 (aktive Bevölkerung), S. 72/73 (Arbeitssuchende).

393 Schmitt, O. J.: Kosovo (501a), S. 298.

394 Den „Enveristen" ging es in erster Linie um die nationale Einheit der Albaner, nicht um das politische und wirtschaftliche System. „[T]he essential cleavage separated ‚Enverists', who placed the Kosova issue within the general context of a broad national consciousness in a people partitioned between Albania proper and Kosova, and ‚Titoists' who considered the Kosova problem to be distinct from the destiny of the broader Albanian community." Zu den Ersteren habe der Essayist Rexhep Qosja, zu den Letzteren Ibrahim Rugova gehört. Schwartz, Stephen: „Enverists" and „Titoists", Communism and Islam in Albania and Kosova, 1941–1999. From the Partisan Movement of the Second World War To the Kosova Liberation War, in: The Journal of Communist Studies and Transition Politics, March 1, 2009, abrufbar unter: http://www.islamicpluralism.org/759/enverists-and-titoists-communism-and-islam-in.

395 Vgl. u. a. Stankovic, Slobodan: The Kosovo Unrest – The Causes and Consequences. Radio Free Europe. Background Report 97, 7. 4. 1981: http://www.osaarchivum.org/files/holdings/300/8/3/text/3-11-227.shtml.

ner mit nationalen Parolen auf die Straße gingen. Die Regierung in Belgrad beschloss, die Unruhen mit einem massiven und unverhältnismäßigen Einsatz von Armee und Spezialeinheiten der Polizei niederzuschlagen. Rund 30.000 Soldaten wurden in den Kosovo verlegt, die brutal gegen die Demonstranten vorgingen. Schätzungen zufolge sollen mehrere Hundert Albaner getötet worden sein. Zwischen März und Juni wurden 1.700 Personen verhaftet, von denen 226 zu teilweise mehrjährigen Haftstrafen verurteilt wurden.[396] Die jugoslawische Partei- und Staatsführung schaute politisch überfordert und entsetzt auf die Demonstrationen der Albaner, die einhellig (auch von der albanischen Führung in Kosovo) verurteilt wurden. Statt die Hintergründe – befreit vom ideologischen Ballast – zu untersuchen, wurde eine Kampagne über die albanische „Konterrevolution" und die damit verbundene Gefahr für die Integrität des jugoslawischen Staates gestartet. Die aufschäumende Stigmatisierung der Albaner, ihre pauschale Verurteilung als „Konterrevolutionäre", „Separatisten", „Faschisten", „Kominformisten" usw. sowie die Tabuisierung jeder ernsthaften Diskussion über die vorhandenen Probleme setzten eine Spirale in Gang, die schließlich – als Self-fulfilling Prophecy – in den Zerfall Jugoslawiens mündete. Die heftigen Reaktionen der jugoslawischen Politiker und Medien verliehen den Demonstrationen eine Qualität, die sie – nach den bisher vorliegenden Informationen – nicht hatten. Verschwörungstheorien, Untergangsszenarien und Mythen traten an die Stelle von Analysen.

Ursachen und Verlauf der Unruhen von 1981 werfen nach wie vor Fragen auf.[397] Der Journalist Victor Meier schrieb 1995: „Es ist dem Verfasser trotz vieler Befragungen und Gespräche bis zum heutigen Tage nicht gelungen, auch nur einigermaßen Klarheit darüber zu gewinnen, was die albanischen Demonstranten vom März und April 1981 konkret wollten."[398] Die Unklarheit über die Motive der Demonstranten resultierte offenbar aus einem schwer zu entwirrenden Gemisch von sozialer Unzufriedenheit, interethnischen Spannungen, nachholendem Nationalismus, unterschiedlichen Strömungen innerhalb der kosovo-albanischen Gesellschaft und Unsicherheit über die Zukunft. Doch die Forderung nach Anerkennung als siebente Republik war Allgemeingut. Und von der Frustration über die Verweigerung des Republikstatus bis zum Wunsch nach

396 Clark, H.: Civil Resistance in Kosovo (478), S. 41 ff.. Vgl. auch Mertus, J.: Kosovo (495a), S. 33 ff.; Vickers, M.: Between Serb and Albanian (504), S. 197 ff.; Jović, D.: Yugoslavia (296), S. 176 ff. Während Clark die politischen Forderungen (Republikstatus für Kosovo) in den Mittelpunkt der Demonstrationen rückt, geht Vickers davon aus, dass die Unruhen „were inspired not by nationalism but by economic and social factors". Auch zur Frage, ob und von wem die Demonstrationen organisiert wurden, gehen die Auffassungen weit auseinander.

397 Vgl. Mertus, Julie: Kosovo (495a), S. 17–93.

398 Meier, V.: Wie Jugoslawien verspielt wurde (308), S. 57.

Sezession war es nur ein verhältnismäßig kleiner Schritt, selbst wenn die Mehrheit der kosovo-albanischen Bevölkerung ebenso wie ihre politischen Führer Gewalt zur Durchsetzung ihrer Forderungen vorerst ablehnten.

Serbische Gravamina und der Auftakt zum Genozid-Diskurs

Am 15. Mai 1982 veröffentlichte die Zeitschrift *Pravoslavlje*, das Organ der serbischen orthodoxen Kirche, einen „Appell zur Verteidigung der serbischen Bevölkerung und seiner Heiligtümer in Kosovo".[399] Vorangegangen waren die Demonstrationen der Albaner – der „Vertürkten" (Poturice), wie es im „Appell" heißt – sowie mehrere unaufgeklärte Brandanschläge gegen serbische Heiligtümer, u. a. gegen das Patriarchatsgebäude in Peć. Die 21 Priester und Mönche, die den Appell vom Mai 1982 unterzeichneten, unter ihnen die angesehenen Mönchstheologen Atanasije Jevtić, Amfilohije Radović und Irinej Bulović (Letzterer wurde Anfang 2010 zum Patriarchen gekürt), begründeten ihr Vorgehen mit den Worten: „Man wirft der Serbischen Kirche vor, dass man ihre Stimme in dieser Frage bis jetzt in der Öffentlichkeit nicht gehört hat. [...] Wir sind uns der Tatsache [...] bewusst, dass Schweigen einer Akzeptanz oder mehr noch dem Verbrechen des Verrats an unserem Volk gleichkäme, und daher haben wir uns entschieden, diese bescheidene Rede an die Verantwortlichen und alle wahrheitsliebenden Menschen zu richten." Die Verfasser hoben die Bedeutung Kosovos im kollektiven Gedächtnis der Serben hervor: „Das Serbentum ist nach den Worten der allerweisesten Serbin, Isidora Sekulić,[400] ‚nicht das Brot, keine Schule, kein Staat – sondern Kosovo, eine Gruft, die Gruft, in der alles begraben ist. Die Auferstehung geht durch die Gruft hindurch, denn es gibt keine Auferstehung ohne Tod.' [...] Es gibt keinen Serben, der nicht an Kosovo gedacht, über Kosovo gesprochen, geschrieben, getrauert hätte und auferstanden wäre. [...] Kosovo ist unser Gedächtnis, unser Herd, der Brennpunkt unseres Wesens. Und einem Volk sein Gedächtnis zu nehmen, bedeutet, es zu töten und spirituell zu zerstören." Der Schlüsselsatz der „bescheidenen Rede" lautete: „Ohne alle Übertreibung kann man sagen, dass das serbische Volk in Kosovo einen langsamen, gut geplanten Genozid erleidet." Und an anderer Stelle: „Es sieht so aus, als wenn der jahrhundertlange Kampf um Kosovo in diesen unseren Tagen zu Ende geht – durch die dritte und letzte Wanderung der Serben [nach den Wanderungen von 1690 und 1739], das heißt mit der endgültigen

399 Pravoslavlje Nr. 364 vom 15. 5. 1982. Der „Appell" war an das Staatspräsidium Jugoslawiens, das Präsidium der Republik Serbien, an das serbische Parlament und die Synode der Orthodoxen Kirche gerichtet. Vgl. Buchenau, K.: Orthodoxie und Katholizismus (91), S. 377 ff. Die folgenden Zitate nach Buchenau.

400 Die in der Batschka geborene Isidora Sekulić (1877–1958) war die erste bedeutende serbische Schriftstellerin, die sich 1909 in Belgrad niederließ und dort einen literarischen Salon eröffnete.

Niederlage, welche die schrecklichste in der Geschichte dieses Volkes und Landes sein wird."

Die Rede von einem „gut geplanten Genozid" war ebenso falsch wie provozierend. Gewiss gab es gravierende Missstände. Seit dem Sturz von Aleksandar Ranković und der verfassungsrechtlichen Aufwertung Kosovos Ende der 60er-/Anfang der 70er-Jahre hatten sich die ethnischen Machtverhältnisse in der Provinz um 180 Grad gewandelt. Wie vorher die kosovo-serbische, so verfolgte nun die kosovo-albanische Führung eine national ausgrenzende Politik. Die in Kosovo beheimateten Serben und Montenegriner sahen sich einer zunehmenden Marginalisierung und psychologischen Diskriminierung ausgesetzt.[401] Viele verließen das Gebiet aus unterschiedlichen Gründen: Verlust der vormals privilegierten Stellung, Anfeindungen und Übergriffe seitens der albanischen Bevölkerung, Rechtsunsicherheit und wirtschaftliche Perspektivlosigkeit, die auch viele Albaner zur Arbeitssuche ins Ausland trieb.[402] In serbischen Verlautbarungen war immer wieder von 150.000 bis 200.000 serbischen Abwanderern aus Kosovo die Rede. Diese Zahl wird durch die Volkszählungsergebnisse aber widerlegt. 1971 wurden in Kosovo 228.000 Serben gezählt (das waren eintausend mehr als 1961, aber weniger, als aufgrund der Zuwachsrate zu erwarten gewesen wäre). Zehn Jahre später waren es 209.000, also 19.000 weniger als 1971.[403] Infolge unterschiedlicher Geburtenraten hatte sich der Anteil der Serben an der Gesamtbevölkerung Kosovos stetig und deutlich verringert: von 23,5 % (1961) auf 18,4 % (1971) und 13,2 % (1981). (Da sich auch der Anteil der Serben an der Bevölkerung anderer Republiken, insbesondere Bosnien-Herzegowinas und Kroatiens, verringerte, lösten derartige Zahlen immer wieder Panikstimmung aus.) Berücksichtigt man die natürliche Zuwachsrate der Kosovo-Serben und stockt man die Ergebnisse der Volkszählungen entsprechend auf, so dürfte die Nettoabwanderung zwischen 1971 und 1981 knapp 40.000 Personen betragen haben.[404] Rechnet man noch diejenigen hinzu, die

---

401 Zur Diskussion und zu einer ausgewogenen Bewertung der kontroversen Literatur zu diesem Thema vgl. u. a. den von Momčilo Pavlović verfassten Bericht eines Forscherteams des „Institute for Historical Justice and Reconciliation" (IHJR): Kosovo Under Autonomy (1974–1990) aus dem Jahr 2005: http://www.salzburgseminar.org/ihjr/si/si/Team_1_Full_Text_Report.pdf. Ferner Dragović-Soso, J.: „Saviours oft he Nation" (564), S. 166 ff.

402 Einzelheiten bei Petrović, R. – M. Blagojević: Seobe Srba i Crnogoraca (151; 152). Zur Diskriminierung der Kosovo-Serben vgl. u. a. Pavlović, Momčilo: Albanci (Šiptari) u Srbiji i Jugoslaviji 1944–1991, in: Kosovo i Metohija u velikoalbanskim planovima 1878–2000. Hg. Nikola B. Popović. Beograd 2001, S. 168 ff.

403 Jugoslavija 1918–88 (40), S. 48.

404 Clewing, Konrad: Mythen und Fakten zur Ethnostruktur in Kosovo – Ein geschichtlicher Überblick, in: Ders. – J. Reuter (Hg.): Kosovo-Konflikt (479), S. 58. Vgl. auch Blagojević, Marina: Der Exodus aus dem Kosovo. Ein serbisches Trauma im Propagandakrieg, in: Bremer, Th.- N. Popov – K.-H. Stobbe (Hg.): Serbiens Weg (553), S. 75–91.

Kosovo bereits zwischen 1961 und 1971 verlassen hatten, so kommt man auf insgesamt etwa 85.000 Personen (von denen etwa die Hälfte Nachkommen serbischer „Kolonisten" aus der Zwischenkriegszeit waren).[405] Das war besorgniserregend, aber kein Genozid.

Dass es unter den Kosovo-Albanern fanatische Nationalisten gab, hatten spätestens die Demonstrationen von 1981 erkennen lassen. Und dieser Nationalismus war nicht besser als andere Nationalismen. Was die Ausschreitungen – insbesondere die viel beschworenen Vergewaltigungen serbischer Mädchen und Frauen – betrifft, so wurden nachprüfbare Belege in den seltensten Fällen vorgelegt, was nicht bedeutet, dass es keine Ausschreitungen gab. Nur der serbische Schriftsteller und spätere Politiker Vuk Drašković glaubte, es ganz genau zu wissen. In seinem Roman *Der russische Konsul* von 1988 heißt es, dass seit Ende des Zweiten Weltkriegs 400.000 Serben Kosovo verlassen hätten, 28 orthodoxe Kirchen zerstört, 46 Mönche und Nonnen geschlagen und 3.743 serbische Mädchen und Frauen vergewaltigt worden seien.[406] Diese Angaben ließen sich weder durch empirische Untersuchungen vor Ort noch durch polizeiliche oder gerichtliche Akten verifizieren. Zwischen dem 1. Januar 1981 und dem 1. November 1986 wurden in Kosovo 380 Fälle von Vergewaltigung, versuchter Vergewaltigung, sexueller Belästigung u. ä. gemeldet. In 277 Fällen waren Opfer und Täter jeweils Albaner, in 38 Fällen jeweils Serben. In 65 Fällen waren Täter und Opfer unterschiedlicher Nationalität.[407] Eine Gruppe serbischer Juristen und Menschenrechtsexperten kam 1990 zu dem Ergebnis, dass die Zahl der Vergewaltigungen in Kosovo während der 80er-Jahre geringer gewesen sei als in anderen Teilen Jugoslawiens. In den zehn Jahren von 1979 bis 1988 wurden in Kosovo insgesamt 210 Männer wegen Vergewaltigung oder versuchter Vergewaltigung verurteilt.[408] Auf 10.000 männliche Einwohner kamen damit 0,5 Delikte. Das war weniger als im jugoslawischen Durchschnitt (0,69) und deutlich weniger als im engeren Serbien (0,83).[409] In den fünf Jahren 1982–86 wurden nach amtlichen Angaben insgesamt 31 Albaner beschuldigt (!), eine Serbin oder Montenegrinerin ver-

---

405 Bogosavljević, Srdjan: A Statistical Picture of Serbian-Albanian Relations, in: Janjić, D. – S. Maliqi (Hg.): Conflict or Dialogue (487), S. 23.

406 Drašković, Vuk: Ruski konzul. Beograd 1988 (und zahlreiche Neuauflagen), S. 206.

407 Horvat, B.: Kosovsko pitanje (486), S. 154.

408 Die Zahl der Angeklagten betrug 434.

409 Kosovski čvor (492), S. 37–57; hier insbes. Tab. 2, S. 49; vgl. auch Malcolm, N.: Kosovo (494), S. 339; Oberschall, Anthony: The manipulation of ethnicity: from ethnic cooperation to violence and war in Yugoslavia, in: Ethnic and Racial Studies 23 (2000), S. 990. Mertus, J.: Kosovo (495a), S. 112: „From 1981 to 1987, the crime rate in Kosovo was the lowest in Yugoslavia. There were five interethnic murders in all of Kosovo during this period, two cases, in which Albanians murdered Serbs and three cases in which Serbs murdered Albanians."

gewaltigt zu haben.[410] Die vergleichsweise niedrige Kriminalitätsrate in Kosovo mag darauf zurückzuführen sein, dass die Aufklärungsrate gering war und dass es eine mehr oder minder hohe Dunkelziffer gab (ähnlich wie in anderen Teilen Jugoslawiens), aber es mag auch daran liegen, dass viele vermeintliche Vorfälle lediglich kolportiert wurden. Auch in diesem Fall waren Gerüchte wirkungsmächtiger als Realia. Dazu noch einmal Victor Meier: „Befragungen in serbischen Dörfern des Kosovo wickelten sich [...] fast stereotyp wie folgt ab: Zuerst kamen endlose Tiraden über Vergewaltigungen, Räubereien, Sachbeschädigungen, Belästigungen und ähnliches; regelmäßig auch solche gegen die Universität Priština als Hort und Ursprung dieser Schlechtigkeiten. Auf die Frage, ob sich denn hier irgendwo in der Nähe solche Dinge tatsächlich ereignet hätten, kam fast regelmäßig die Antwort, dass dies nicht der Fall sei, aber man brauche ja nicht zu warten, bis sie tatsächlich geschähen."[411]

Die hohe natürliche Zuwachsrate der Kosovo-Albaner (mit 2,3 % per annum eine der höchsten in Europa) schürte die Hysterie vor einer biologischen Verdrängung der Serben, „eines abgeschlachteten Volkes" (so der Dichter Matija Bećković), und wurde als Instrument einer antiserbischen Politik, als „natural birth rate bomb" bzw. als „dirty demographic war for (an) ethnically pure Kosovo" interpretiert.[412] (Auch in den nationalistischen Diskursen von Kroaten und Slowenen wurde die Demografie politisch instrumentalisiert. Es war eine regelrechte Obsession.) Tatsache ist freilich, dass die „konterrevolutionäre" demografische Revolution bei den Albanern lediglich einige Jahrzehnte später eingesetzt hatte als bei den anderen Balkangesellschaften und sich in ihrem Verlauf nicht grundlegend von den vorangegangenen demografischen Entwicklungskurven der Nachbarn – einschließlich der Serben – unterscheidet. Dem Umstand, dass Serben und Montenegriner in der Provinz eine Minderheit darstellten, versuchte man in orthodoxen Kirchenkreisen durch die Behauptung zu begegnen, dass „Ideogenese in diesem Fall wichtiger sei als Ethnogenese". Kosovo sei nicht nur ein physischer Aufenthaltsort, sondern auch ein metaphysisches Gebilde. „Himmel und Erde bilden diese serbische Heimat." Die aktuelle nationale Zusammensetzung der Bevölkerung sei deshalb nicht maßgebend.[413] Ein Mitglied des serbischen Schriftstellerverbands fügte 1989 emphatisch hinzu: „On the 600th Anniversary of the Battle of Kosovo, do we have to announce that Kosovo is Serbia and that this fact depends on neither Albanian natality nor Serbian

410 Kosovski čvor (492), Tab. 3a, S. 52.

411 Meier, V.: Wie Jugoslawien vespielt wurde (308), S. 64.

412 Vgl. Mladenović, Marko: Counter-Revolution in Kosovo, Demographic Policy and Family Planning, in: Kosovo 1389–1989. Serbian Literary Quarterly 1989/1–3, S. 141, 146 und passim.

413 Pravoslavlje Nr. 388 vom 15. 5. 1983, zit. nach Radić, Radmila: Die Kirche und die „serbische Frage", in: Serbiens Weg in den Krieg (553), S. 185.

mortality. There is so much Serbian blood and so many sacred relics that Kosovo will remain Serbian land, even if not a single Serb remains there."[414] Kosovo als metaphysische serbische Heimat zu interpretieren ist das eine, der physische Besitz des Territoriums ist jedoch etwas völlig anderes.

Ein weiterer Schritt auf dem Weg in die nationale Hysterie bildete der „Fall Djordje Martinović" vom Frühjahr 1985 – die angebliche, nie restlos aufgeklärte sexuelle Misshandlung eines Kosovo-Serben durch Albaner, die in der serbischen Presse monatelang für maßlos überzogene, unverantwortliche Berichte sorgte.[415] Die diskursive Aufladung des Vorfalls fand in einem Bild des bekannten serbischen Malers Mića Popović (1923–1996) in Form einer Kreuzigung (!) ihren symbolträchtigen Niederschlag.[416] Selbst im jugoslawischen Bundesparlament kam es über den „Fall Martinović" zu einer Debatte. Im Herbst 1985 stellte der Nationalist Kosta Bulatović eine Klageschrift, die „Petition der 2016" an die jugoslawischen und serbischen BdK-Gremien in Belgrad, zusammen, in der die Unterzeichner um Schutz für die serbische Bevölkerung Kosovos baten. Ebenfalls 1985 veröffentlichte der serbische Historiker Dimitrije Bogdanović eine Geschichte Kosovos (Buch über Kosovo), in der er zu dem Schluss kam, die dortigen Albaner bedrohten die Serben mit einem „biologischen Genozid". Im Februar 1986 übergaben 160 Serben und Montenegriner aus dem Kosovo dem jugoslawischen Bundesparlament einen Beschwerdekatalog. Ihre Sprecher erklärten, dass es nicht die einfachen albanischen Bürger seien, die die Serben in ihre beklagenswerte Situation gebracht hätten, sondern die führenden Politiker in der Provinz.[417] Schon einen Monat zuvor hatten 212 serbische Intellektuelle, darunter 52 Professoren, 34 Mitglieder der Serbischen Akademie der Wissenschaften und vier Mitglieder der ehemaligen „Praxis"-Gruppe, unter Führung Dobrica Ćosićs eine Petition unterzeichnet, in der die Kosovo-Serben zu Opfern eines „Genozids" erklärt wurden.[418]

---

414 Bećković, Matija: Speech Held at the Extraordinary Assembly of the Association of Serbian Writers on March 4, 1989, in: Kosovo 1389–1989, a. a. O., S. 45.

415 Martinović wurde Anfang Mai 1995 mit einer zerbrochenen Bierflasche im After in ein Krankenhaus eingeliefert. Nach albanischer Darstellung hatte er sich beim Onanieren selbst verletzt. Zu Einzelheiten siehe Mertus, J.: Kosovo (495a), S. 95 ff.

416 Popovićs Bild trägt den Titel „1. Mai 1985", abgebildet bei Miller, Nicholas J.: The Nonconformists: Dobrica Ćosić and Mića Popović Envision Serbia, in: Slavic Review 58 (1999), 3, S. 532.

417 Nach Hudelist, Darko: Kosovo. Bitka bez iluzija. Zagreb 1989, S. 26.

418 Die Texte der Petitionen (mit Namenslisten der Unterzeichner) sind abgedruckt im Sammelband: Kosovo i Metohija u velikoalbanskim planovima 1878-2000 [Kosovo und Methohija in den großalbanischen Plänen 1878–2000]. Hg. Nikola B. Popović. Beograd 2001, S. 279 ff.; vgl. auch Magaš, B.: The Destruction of Yugoslavia (305), S. 50 f. Die Unterzeichner der „Praxis"-Gruppe waren Ljubomir Tadić, der Vater des derzeitigen serbischen Präsidenten Boris Tadić, Zagorka Golubović, Mihailo Marković und Milan Kangrga. Zu den nationalistischen „Dissidenten" und Intellektuellen vgl. u. a. Dimitrijević, Nenad:

Vertreter der Sozialen Bewegungsforschung betonen den „Grass roots"-Charakter der serbischen Proteste.[419] Das ist insofern richtig, als unter den Kosovo-Serben ein starkes Unzufriedenheitspotenzial bestand (ebenso wie unter den Kosovo-Albanern). Richtig ist auch, dass die Protestbewegung der Serben von der politischen Elite in Belgrad zunächst nicht unterstützt, geschweige denn organisiert wurde. Organisiert wurde sie von Miroslav Šolević, Kosta Bulatović u. a. im Dorf Kosovo Polje (südwestlich von Priština). Sowohl unter den Kosovo-Albanern wie unter den Kosovo-Serben gab es nationale Extremisten (frustrierte junge Akademiker und Intellektuelle auf der einen sowie ein Netzwerk lokaler Akteure auf der anderen Seite), die sich wechselseitig hochschaukelten und versuchten, die Unzufriedenheit der Bevölkerung in ihrem Sinn zu kanalisieren. Doch ohne diese Kanalisierung, ohne Duldung „von oben" und ohne massive Unterstützung der serbischen Deutungseliten (sowie schließlich der Politiker) hätten die Graswurzel-Proteste nicht jene Ausdauer und Wirkmächtigkeit entfalten können, die bald die Grundfesten Jugoslawiens erschütterten.

5.3 Neue Diskurse – alte Feindbilder

Die Wortwahl in der „bescheidenen Rede" der 21 Priester von 1982 bildete den Auftakt zu einer rhetorischen Wende, die im Verlauf der 80er-Jahre das geistige Klima in Jugoslawien zutiefst vergiftete. In der Folgezeit erschienen in *Pravoslavlje* weitere Artikel, in denen die „Vernichtung" des serbischen Volkes in Kosovo beklagt und der aktuelle „Genozid" als Fortsetzung der „Völkermorde" (Plural!) an den Serben von 1389 bis zum Zweiten Weltkrieg heraufbeschworen wurde: „Von Kosovo nach Jadovno"[420] lautete der Titel einer Artikelserie des Mönchstheologen Atanasije Jevtić von 1983/84, in der auch die angebliche Vergewaltigung serbischer Mädchen und Frauen angeprangert wurde.[421] Den Geistlichen folgten Schriftsteller und Wissenschaftler. Die Schleusen jenes Damms, der mit der jahrzehntelangen Tabuisierung „heikler" Themen errichtet worden war, öffneten sich. Und bald begann der Märtyrer- und Genozid-Topos die

---

Words and Death. Serbian Nationalist Intellectuals, 1986–1991, in: Intellectuals in Post-Communist Europe. Hg. András Bozóki. Budapest 1998, S. 119–148; Jakšić, Božidar: Balkanski paradoksi. Beograd 2000, S. 182 ff.

419 Vladisavljević, Nebojša: Nationalism, Social Movement Theory and the Grass Roots Movement of Kosovo Serbs, 1985–1988. Vgl. auch ders.: Serbia's Antibureaucratic Revolution (586).

420 Jadovno im Velebit-Gebirge war eines der ersten Ustascha-Konzentrationslager.

421 Die Artikelserie erschien Ende 1983 und wurde 1984 fortgesetzt. 1984 erschien sie in Belgrad als eigenständiges Buch. Vgl. Radić, R.: Die Kirche und die „serbische Frage", in: Serbiens Weg in den Krieg

Intellektuellen-Diskurse in Serbien zu beherrschen.[422] „Genozid" wurde zum Topthema. Kaum ein anderes Wort ist in den 1980er- und 90er-Jahren so inflationär gebraucht und missbraucht wurden wie das Wort „Genozid". Seine permanente, stakkatoartige Wiederholung in vielfältigen Varianten (als physischer, politischer, rechtlicher, kultureller, religiöser, administrativer etc. Genozid) erzeugte ein Wahrnehmungsmuster (einen „Frame"), aus dem mit der Zeit nahezu alles verdrängt wurde, was damit nicht kompatibel war. Nach dem jugoslawischen Strafgesetzbuch (§ 134) dürfte die Rhetorik in vielen Fällen den Tatbestand der „Volksverhetzung" erfüllt haben. Aber die Kampagne nahm ein Ausmaß an, das justiziell nicht mehr bewältigt werden konnte, selbst wenn der Wille dazu bestanden haben sollte. Dass damit – ungewollt – auch der *tatsächliche* Völkermord an Serben im Ustascha-Staat während des Zweiten Weltkriegs bis zur Unkenntlichkeit relativiert und der Leugnung dieses Verbrechens Tür und Tor geöffnet wurde, sei nur am Rande bemerkt. Serbische Schriftsteller, unter ihnen der spätere (rest-)jugoslawische Staatspräsident Dobrica Ćosić, der spätere Oppositionspolitiker Vuk Drašković und der aus Knin (Kroatien) gebürtige Jovan Radulović, später „Außenminister" der kurzlebigen „Serbischen Republik Krajina" in Kroatien, gossen mit ihren Werken Öl in die schwelende Glut.

Die Diskurse der „Dissidenten", ihre Um- bzw. Neucodierung der Geschichte Jugoslawiens und insbesondere der Geschichte des Zweiten Weltkriegs, die Demontage des jugoslawischen Gründungsmythos, die „Ent-Mystifizierung" Titos usw. sind von Jasna Dragović-Soso, Andrew Baruch Wachtel, Branimir Anzulović und vielen anderen beschrieben worden.[423] Sie sollen hier nicht wiederholt werden, zumal auf einige Aspekte in den nachfolgenden Kapiteln noch zurückzukommen sein wird.

---

(553), S. 185. Jevtićs Artikelserie wurde auch ins Internet gestellt: www.rastko.org.yu/kosovo/istorija/kosovo-jadovno.html, ist aber inzwischen wieder entfernt worden.

422 Vgl. Denich, Bette S.: Dismembering Yugoslavia: Nationalist Ideologies and the Symbolic Revival of Genocide, in: American Ethnologist 21 (1994), S. 367–390; Križan, Mojmir: New Serbian Nationalism and the Third Balkan War, in: Studies in East European Thought 46 (1994),1–2, S. 47–68. Ausführlich dazu MacDonald, David B.: Balkan Holocausts? (304).

423 Dragović-Soso, J.: „Saviours oft he Nation" (564), S. 71–114; Wachtel, A.B.: Making a Nation (178), S. 197–226; Anzulović, B.: Heavenly Serbia (550); Sundhaussen, H.: Geschichte Serbiens (583), S. 387 ff.; Ramet, Sabrina P.: Apocalypse Culture and Social Change in Yugoslavia, in: Dies.: Yugoslavia in the 1980s. Boulder/Co. 1985, S. 13 ff.; Djordjević, Mirko: Književnost populističkog talasa, in: Popov, N. (Hg.): Srpska strana rata (553), S. 394–418; ders.: Legenda o trulom Zapadu [Die Legende vom verrotteten Westen]. Ulcinj 2001, S. 40 ff.

Die Jungmuslime, der Prozess von 1983 und die „Islamische Deklaration“

Parallel zum Thema Kosovo rückte auch die „islamische Gefahr“ in den Fokus der Intellektuellen und „Dissidenten“. Verortet wurde sie vor allem in Bosnien-Herzegowina. Die Anerkennung der bosnischen Muslime als Nation und die gleichwertige Position der Republik Bosnien-Herzegowina mit Serbien und Kroatien war von den Nationalisten beider Nachbarrepubliken ohnehin nie ernsthaft akzeptiert worden. Die Muslime als Nation sowie Bosnien-Herzegowina als eigene Republik galten weiterhin als „künstliche“ Schöpfungen des Regimes. Die Tatsache, dass die Muslime seit der Volkszählung von 1971 die stärkste Bevölkerungsgruppe in Bosnien stellten (mit knapp 40 % 1981), schürte die Angst vor einer demografischen Verdrängung von Serben und Kroaten. Dass die (ethnisch gemischte) politische Führung in Bosnien allen Anfechtungen des offiziellen Status ihrer Republik mit drei gleichberechtigten Nationen energisch entgegentrat, war irritierend. Gleichwohl wurde ihren Mitgliedern eine Affinität zum muslimischen Nationalismus nachgesagt, womit die „Partei-Derwische“ im Kampf gegen den Nationalismus unter Druck gesetzt wurden. Und dass die Muslime ihr Nationalbewusstsein und ihr kulturelles Erbe (zu dem an prominenter Stelle der Islam gehört) nicht minder selbstbewusst vertraten wie Serben oder Kroaten, war für ihre Gegner nicht nur gewöhnungsbedürftig, sondern geradezu unheimlich. Nach Ajatollah Chomeinis Revolution im Iran (1978/79) und ihren Ausstrahlungen ins Ausland wuchs sich die Perzeption einer tatsächlichen oder vermeintlichen Revitalisierung des Islams in Bosnien sowie in anderen Teilen Jugoslawiens mit muslimischer Bevölkerung (Kosovo, Makedonien, Montenegro, Sandžak) bei einigen Intellektuellen zur Hysterie aus.[424]

Aus der Rückschau wird den „Jungmuslimen“ (Mladi Muslimani) eine Schlüsselrolle bei der „islamischen Renaissance“ in Bosnien zugeschrieben. Die Jungmuslime waren hervorgegangen aus einem Netzwerk muslimischer Gymnasiasten und Studenten, das sich zwischen 1939 und 1941 formiert hatte. Die Mitglieder des Netzwerks propagierten eine Rückkehr zum islamischen Lebensstil und zur Umma (zur Gemeinschaft aller Muslime). Sie zeichneten sich durch starke Religiosität aus, sie fasteten, beteten und gingen regelmäßig zur Moschee.[425] Ihr Zusammenschluss und ihre zunehmende Bedeutung kurz vor und während des Zweiten Weltkriegs waren eine Reaktion auf die Marginalisierung der Muslime im ersten jugoslawischen Staat sowie auf das Abkommen (sporazum) zwischen dem jugoslawischen Ministerpräsidenten Dragiša Cvetković und

---

424 Vgl. die Details bei Jović, Petar: Predznaci agresije i druge zloslutice: reagovanja i polemike 1979–1991. Sarajevo 2003.

425 Einzelheiten bei Trhulj, Sead: Mladi Muslimani. Sarajevo 1995. (Erstmals erschienen in Zagreb 1992.)

dem Führer der Kroatischen Bauernpartei Vladko Maček vom August 1939, mit dem eine serbisch-kroatische Teilung Bosniens zulasten der Muslime eingeleitet worden war. Schließlich waren die Aktivitäten der Jungen Muslime auch eine Reaktion auf die ethnischen Säuberungen während des Weltkriegs. Das seinerzeitige Ringen um den Erhalt der territorialen Integrität Bosnien-Herzegowinas und deren Absicherung durch einen Autonomiestatus rückte die muslimischen Aktivisten in bedenkliche Nähe zu dem zeitweilig von Heinrich Himmler im Zusammenhang mit der Aufstellung der muslimischen SS-Division „Handschar" favorisierten Plan zur Einrichtung einer „SS-Wehrgrenze".[426] Nach dem Zweiten Weltkrieg wurde dann das jungmuslimische („terroristische" und „fundamentalistische") Netzwerk von den Kommunisten zerschlagen. Mehrere Tausend Mitglieder und Sympathisanten wurden zwischen 1946 und 1949 verhaftet, gefoltert und zu Haftstrafen (vier Angeklagte auch zum Tod) verurteilt.[427] Zu den Verurteilten gehörte auch der spätere bosnische Präsident Alija Izetbegović.[428]

Nach Entlassung aus der Haft bauten die Jungmuslime ihr Netzwerk im Stillen wieder auf, doch blieb ihr Einfluss auf die muslimische Bevölkerung gering. 1970 verfasste Izetbegović gemeinsam mit anderen Jungmuslimen (und im engen Kontakt zur Muslimbruderschaft in Ägypten und anderen Ländern) die „Islamische Deklaration", für die er 1983 (zusammen mit zwölf anderen muslimischen Intellektuellen) zu vierzehn Jahren Haft verurteilt wurde. Das Gericht warf der „Gruppe" Pläne zur Errichtung eines islamischen Staats und feindliche Propaganda vor.[429] Das Verfahren wurde 1984 vom Obersten Gerichtshof für Bosnien-Herzegowina und im Jahr darauf vom Bundesgerichtshof erneut aufgerollt. Ein Teil der Anklagepunkte wurde fallengelassen, die Haftstrafen reduziert.[430] Nach heutigem Kenntnisstand war der (von einer extrem einseitigen Medienkampagne begleitete) Prozess von 1983 ein politischer Prozess mit fabrizierten Anklagen. Ziel war es, die Existenz eines muslimischen Nationalismus und einer isla-

426 Vgl. dazu Hory, Ladislaus – Martin Broszat: Der kroatische Ustascha-Staat 1941–1945. Stuttgart 1964. S. 157.

427 Zu den Anklageschriften und Urteilen vgl. Trhulj, S.: Mladi muslimani, a. a. O., S. 333–355. Die Jungmuslime waren jedoch weder eine politische noch eine nationale, sondern eine islamische Organisation.

428 Izetbegović (1925–2003) stammte aus einer verarmten Familie in Bosanski Šamac (im Norden Bosniens). Als 16-Jähriger schloss er sich bei Kriegsbeginn den „Jungen Muslimen" an. 1946 wurde er wegen der Herausgabe der islamischen Zeitschrift „Mudžahid" (Mudjahedin) verhaftet und zu drei Jahren Haft verurteilt. Anschließend studierte er Jura und war fast dreißig Jahre lang als Anwalt tätig.

429 Zum Prozess vgl. Prguda, Abid: Sarajevski proces. Sudjenje muslimanskim intelektualcima 1983. godine. Sarajevo 1990. Fünf der Verurteilten (aber nicht Izetbegović) hatten im Januar 1983 heimlich an einer internationalen Islam-Konferenz in Teheran teilgenommen.

430 Izetbegović verbüßte eine Haftstrafe von fünf Jahren. Das Urteil des Bundesgerichts ist abrufbar unter: http://www.slobodanpraljak.com/MATERIJALI/RATNI%20DOKUMENTI/islamska%20deklaracija/VERDICT_OF_THE_FEDERAL_COURT.pdf.

mistischen Bedrohung „nachzuweisen" und zugleich die Entschlossenheit der bosnisch-herzegowinischen Führung zu dokumentieren, den Nationalismus in ihrer Republik mit allen Mitteln zu bekämpfen.[431]

Die Deklaration wurde erstmals 1990 vollständig in serbokroatischer und englischer Sprache veröffentlicht.[432] Die Tatsache, dass zuvor nur Auszüge oder aus dem Zusammenhang gerissene Textstellen kursierten, hat die kontroverse Diskussion über die Deklaration jahrelang beeinflusst. Vorweg bleibt festzuhalten, dass es sich nicht um eine politische Programmschrift, sondern um einen Appell zur religiösen Erneuerung der islamischen Welt handelt. Ziel der panislamischen Erneuerung ist es, die Muslime von ihrem Minderwertigkeitsgefühl, von Armut und Unbildung sowie von diktatorischen und korrupten Regimen zu befreien. Die Verfasser behaupten die „Inkompatibilität von Islam mit nichtislamischen Systemen. Es kann weder Frieden noch Koexistenz zwischen der islamischen Religion und nichtislamischen gesellschaftlichen und politischen Institutionen geben."[433] Diese Formulierung liest sich wie eine Bestätigung dessen, was Samuel Huntington 1993 unter dem Begriff „Clash of civilizations" zusammenfasste.[434] Ein genauerer Blick auf die Deklaration lässt freilich Zweifel an dieser Interpretation aufkommen. Der zitierte Satz bezieht sich auf islamische Staaten/Gesellschaften mit einer „islamischen Ordnung". Kritisiert wird das Bestreben, in diesen Staaten „nicht-islamische (westliche) Institutionen zu etablieren, die im Widerspruch zur islamischen Ordnung stünden. Diese kann nach Auffassung der Autoren aber nur in Staaten eingerichtet werden, in denen die Muslime die Mehrheit der Bevölkerung stellen. Wo dies nicht der Fall sei, werde die islamische Ordnung auf bloße Machtausübung reduziert und könne in Gewalt ausarten.[435] Ob Izetbegović und seine Mitautoren darauf spekulierten, dass die bosnischen Muslime aufgrund ihrer stärkeren Geburtenrate in einigen Jahrzehnten die Bevölkerungsmehrheit in ihrem Land stellen würden, wissen wir nicht. Bosnien und Jugoslawien werden in der Deklaration nicht ein einziges Mal erwähnt. Erwähnt werden jedoch religiöse Minderheiten. Dazu heißt es: „The non-Muslim minorities within an Islamic state, on

431 Vgl. Danilović, Rajko: Sarajevski proces 1983. Tuzla 2006. Danilović ist ein Belgrader Anwalt, der sich eingehend mit politischen Prozessen in Jugoslawien, in denen er wiederholt als Verteidiger der Angeklagten aufgetreten ist, beschäftigt hat. Siehe seine Monografie: Upotreba neprijatelja. Politička sudjenja u Jugoslaviji 1945–1991. Beograd 2002.

432 Im Internet abrufbar unter: http://www.scribd.com/doc/14683785/Islamska-deklaracija-Alija-Izetbegovi (serbokroatische Fassung); http://www.scribd.com/doc/13113767/Alija-Izetbegovics-Islamic-Declaration1990 (engl. Fassung). Eine stark gekürzte deutsche Ausgabe erschien unter dem Titel: Die islamische Ordnung. Berlin 1993.

433 In der engl. Fassung, S. 30.

434 Zu Huntingtons Thesen vgl. die Ausführungen im zweiten Teil der Arbeit, Kapitel 3.5.

435 In der engl. Fassung, S. 49 f.

condition they are loyal, enjoy religious freedom and all protection. Muslim minorities within a non-Islamic community, provided they are guaranteed freedom to practise their religion, to live and develop normally, are loyal and must fulfil all their commitments to that community, except those which harm Islam and Muslims."[436] Die Beziehungen zwischen Islam und anderen Religionsgemeinschaften müssten nach den Grundsätzen der Religionsfreiheit, des Verbots von Aggressionskriegen und Verbrechen sowie wechselseitiger Kooperation und Reziprozität gestaltet werden. Verwiesen wird auf die lange Praxis des Zusammenlebens zwischen Muslimen, Christen und Juden im Osmanischen Reich. Irritierend klingt die Forderung der Autoren nach Überwindung des nationalstaatlichen Prinzips zugunsten einer „großen islamischen Föderation von Marokko bis Indonesien, vom tropischen Afrika bis Zentralasien".[437] Wie dieser Bundesstaat (oder Staatenbund?) aussehen und welche Länder dazugehören sollten, lässt die Deklaration offen. Kurzum: Die politischen Zielvorstellungen bleiben überaus vage und inkohärent (ähnlich wie das Programm der panislamischen Bewegung insgesamt, die nach 1860 aufkam und bis heute keine einheitlichen politischen Ziele entwickelt hat).[438]

Im Zentrum der Deklaration steht der Appell zur religiösen Erneuerung. Kritisiert wird „the natural tendency of man to avoid the initial and hardest phase of the *jihad* – the struggle against oneself. It is hard to bring up people, and even harder oneself. By definition, religious renewal means beginning with the self."[439] Im Unterschied zu der vom blinden ägyptischen Scheich Umar Abd ar-Rahman seit den 70er-Jahren (nach Erscheinen der „Deklaration"?) vorgenommenen Reduzierung des Djihad auf den bewaffneten Kampf („kleiner Djihad"), der zum Hauptziel der Terrornetzwerke wurde, steht in der „Deklaration" die Selbstläuterung der Gläubigen, der „große Djihad", im Mittelpunkt. „Fundamentalistisch" ist der Appell insofern, als er eine grundlegende innere Umkehr der Muslime fordert. Nicht mehr und nichts anderes. In dieser Hinsicht unterscheidet er sich nicht von ähnlichen Appellen christlicher Religionsführer. Jede Form von Gewalt wird ausdrücklich abgelehnt. Dass die „Islamische Deklaration" auf Wertvorstellungen basiert, die denen säkularisierter Gesellschaften mit Trennung von Staat und Religion widersprechen, ist offenkundig. Und sofern man diese ganzheitliche Sicht als „Islamismus" definiert, war die „Deklaration" islamistisch. Aber ein Aufruf zum Religionskrieg oder zur Schaffung eines islamischen Staats in Bosnien war sie nicht.

436 Ebda.
437 In der engl. Fassung, S. 60; im serbokroat. Original, S. 48.
438 Vgl. Schulze, Reinhard: Islamischer Internationalismus im 20. Jahrhundert. Untersuchungen zur Geschichte der islamischen Weltliga. Leiden [u. a.] 1990; Landau, Jacob M.: The Politics of Pan-Islam. Ideology and Organization. Neuausgabe Oxford [u. a.] 1994.
439 Izetbegović, a. a. O. (engl. Fassung,), S. 54.

Dasselbe gilt für Alijas Hauptwerk *Islam Between East and West* von 1980.[440] Auch dies ist keine politische Schrift. Es ist eine moralphilosophische Abhandlung über den Platz des Islams in der modernen Welt, ein Plädoyer für den Islam als „dritten Weg" zwischen rein religiösen (Christentum, Hinduismus, Buddhismus) und rein materialistischen Philosophien (Sozialismus, Kapitalismus), ein Plädoyer für den Islam als integrale Weltsicht und Vermittler zwischen den alten Kulturen und dem modernen Westen. Der Islam sei keine vorgefertigte Lösung, sondern (ganz im Sinne der Existenzialisten) eine Methode, etwas, das man für sich selbst entdecken müsse. Izetbegović sieht viele Parallelen zwischen der englischen/angelsächsischen Kultur (in Abgrenzung zu Kontinentaleuropa) und dem Islam. Herbert Spencers *Education* von 1861 hätte auch von einem muslimischen Intellektuellen geschrieben werden können! Wie in der „Islamischen Deklaration", so wird auch in diesem Werk deutlich, dass Izetbegović den Westen und die Moderne nicht ablehnt (wie dies z. B. eine Reihe orthodoxer Geistlicher tut), sondern sich gegen eine schematische Übernahme westlicher Modelle, einen bloßen Transfer, verwahrt.[441] All dies hat nicht verhindern können, dass Izetbegovićs Kritiker unter Berufung auf seine Schriften, die sie offenbar zumeist nicht gelesen hatten, ein islamisches Feindbild konstruierten, das in den 90er-Jahren zur vollen Entfaltung gelangte. Von einem islamischen „Fundamentalismus" oder einer „islamischen Wiedergeburt" konnte in Bosnien in der ersten Hälfte der 80er-Jahre keine Rede sein. Nur 17 % der Muslime bezeichneten sich 1985 als gläubig.[442]

Das Memorandum der Serbischen Akademie der Wissenschaften von 1986

Ihre „akademische Würde" und Durchschlagskraft erhielten die serbischen Opferdiskurse und Bedrohungsszenarien durch einen Text, der ebenso schnell berühmt wie berüchtigt wurde. Gemeint ist das Memorandum der Serbischen Akademie der Wissenschaften von 1986, das in der Öffentlichkeit zunächst als „sogenanntes Memorandum" zirkulierte.[443] Eine Gruppe von 16 Akademie-Mitgliedern hatte das Papier ausgearbeitet. Es war von

440 Die erste englische Ausgabe erschien 1984 in Indianopolis/Ind (danach mehrere Neuauflagen).

441 Zu den beiden Schriften vgl. auch Malcolm, N.: Bosnia (459), S. 219–221.

442 Hussein, A.: Communist Yugoslavia's Fear of Islam, in: Issues in the Islamic Movement 4 (1983/84), S. 34 f.; nach Malcolm, N.: Bosnia (459), S. 222.

443 Die „Urfassung" besteht aus 73 maschinschriftlichen Textseiten, die nur teilweise redigiert und von der Serbischen Akademie der Wissenschaften nicht autorisiert in die Öffentlichkeit gelangten. Auszüge wurden erstmals in der Belgrader Tageszeitung „Večernje novosti" am 24. 9. 1986 veröffentlicht. Der vollständige Text erschien 1989 im Organ des BdK Kroatien „Naše teme". Zum Folgenden vgl. auch Stefanov, N.: Wissenschaft als nationaler Beruf (581), S. 259–291.

der Akademie nicht offiziell verabschiedet worden, doch hat sich die Akademie auch nie davon distanziert. Im Gegenteil: 1995/96 gab das Präsidium der Akademie eine redigierte Fassung heraus, die sich nur geringfügig von der „Urfassung" unterschied, und veröffentlichte diese in mehreren Sprachen (darunter auch in Deutsch).[444] Das Dokument setzt sich aus zwei sehr unterschiedlichen Teilen zusammen. Der erste Teil, der etwas mehr als die Hälfte des Gesamttextes umfasst, ist der Krise der jugoslawischen Wirtschaft und Gesellschaft gewidmet. Darin wird die politische Führung Jugoslawiens und seiner Republiken frontal angegriffen. Im Einzelnen werden die Auslandsverschuldung, die Ineffizienz der Investitionen, der Rückgang der gesamtwirtschaftlichen Produktivität, der Anstieg des persönlichen Konsums, die Arbeitslosigkeit oder die „Atomisierung" der Unternehmen unter die Lupe genommen. Die Autoren geißeln die Ziellosigkeit und Inkonsequenz der Wirtschaftspolitik, die Desintegration von Wirtschaft und Staat seit der Verfassung von 1974 und die Deformierung des Selbstverwaltungssystems. Sie konstatieren eine „noch nie dagewesene Kluft zwischen Normativität und Realität". Als Ursachen der umfassenden Krise werden das Erbe Stalins und der Komintern, die Wirtschaftsreformen Mitte der 1960er-Jahre und die Verfassung von 1974 in den Vordergrund gerückt: eine ungewöhnliche Phalanx.

Die Ausführungen zur Krise der jugoslawischen Wirtschaft und Gesellschaft hätten dennoch die Grundlage für eine breite Diskussion in Jugoslawien bilden können. Dies wurde jedoch von der Politik unterbunden und durch den zweiten Teil des Memorandums konterkariert. Beide Teile passen nicht zusammen, denn im zweiten Teil wird exzessiv das praktiziert, was im ersten Teil kritisiert wird: Das Memorandum entpuppt sich als paranoides Pamphlet zur Lage Serbiens und des serbischen Volkes. Zunächst wird die „konsequente Diskriminierung der Wirtschaft Serbiens" abgehandelt: das Zurückbleiben der serbischen Wirtschaft hinter dem jugoslawischen Durchschnitt, die niedrigen Pro-Kopf-Investitionen, die ungleichen Austauschbeziehungen zwischen den Republiken, die angebliche Verlagerung serbischer Industrieunternehmen in andere Teile des Landes und die ökonomische wie politische „Dominanz" Sloweniens und Kroatiens.[445] Anschließend werden die fehlende Gleichberechtigung des serbischen Volkes und die „Kapitulation" der serbischen Politiker vor den Politikern der anderen Republiken beklagt. Die „revanchistische" Politik gegenüber Serbien und den Serben habe ihren

444 Mihailović, Kosta – Krestić, Vasilije: Das Memorandum der Serbischen Akademie der Wissenschaften und Künste: Stellungnahmen zu Kritiken. Hg. Miroslav Pantić. Beograd 1996. Die folgenden Zitate folgen der Urfassung: Memorandum grupa akademika, in: Naše teme 33/1989, 1–2, S. 128–163.

445 Beim gegenwärtigen Forschungsstand ist es unmöglich, diese Behauptungen zu beweisen oder zu widerlegen. In Slowenien und Kroatien wurde genau das Gegenteil behauptet. Eine unvoreingenommene Untersuchung der jeweiligen Vorwürfe steht bislang aus.

Ausdruck im [...] Genozid" gefunden. Zur Erläuterung heißt es: „Es ist politisch untragbar, wie die Bürger Serbiens diskriminiert werden, die im Bundesparlament infolge der paritätischen Vertretung der Republiken über weniger Sitze für Bundesfunktionäre und Delegierte verfügen als andere Republiken, was dazu führt, dass die Stimme eines wahlberechtigten Bürgers aus Serbien weniger wert ist als die Stimme aus irgendeiner anderen Republik oder einer autonomen Provinz."[446] Besonders dramatisiert wird die „Dreiteilung Serbiens" in das engere Serbien und die beiden Provinzen Kosovo und Wojwodina. „Eine Nation, die nach langen und blutigen Kriegen ihren Staat wieder erlangt hatte, die sich eine bürgerliche Demokratie erkämpft hatte und die in zwei Kriegen 2,5 Millionen Angehörige ihres Volkes verloren hat, musste erleben, wie ihr gegenüber eine aus Apparatschiks zusammengesetzte Parteiorganisation durchsetzte, dass nach vier Jahrzehnten im neuen Jugoslawien einzig und allein sie keinen eigenen Staat besitzt. Eine schlimmere historische Niederlage mitten im Frieden lässt sich nicht vorstellen." Seit Frühjahr 1981 (seit den damaligen Demonstrationen der Albaner) würde gegen die Serben in Kosovo ein „offener und totaler [!] Krieg" geführt. Brandstiftungen, Morde, Vergewaltigungen serbischer Frauen und Schändungen religiöser Stätten seien an der Tagesordnung. „Der physische, politische, rechtliche und kulturelle Genozid an der serbischen Bevölkerung von Kosovo und Metohija stellt die schwerste Niederlage in den Befreiungskämpfen dar, die Serbien von Orašac[447] 1804 bis zum Aufstand des Jahres 1941 geführt hat. Die Verantwortung für diese Niederlage trägt vor allem das immer noch lebendige Erbe der Komintern in der nationalen Politik der Kommunistischen Partei Jugoslawiens und ihrer serbischen Parteigänger; die Verantwortung liegt aber auch in den schweren ideologischen und politischen Verirrungen, im Unwissen, in der Unreife und im verkalkten Opportunismus der serbischen Politikergeneration nach dem Krieg [...]."

Die „Dreiteilung Serbiens" habe zur Folge, dass die Republikorgane außerstande seien, für Ruhe und Ordnung in der Provinz Kosovo zu sorgen. „Die Gewalttaten, die durch Jahrhunderte die Reihen der serbischen Bevölkerung in Kosovo gelichtet haben, kommen in dieser unserer Zeit zu ihrem unerbittlichen Ende", heißt es im Memorandum unter Wiederaufnahme der Klagen aus dem „Appell" der 21 Priester und Mönche von 1982. „Die Auswanderung der Serben aus Kosovo und Metohija[448] im Sozialisti-

446 Das war richtig. Hier ging es um die Grundfrage, wie die Vertretung der Bürgerinnen und Bürger in einem Bundesstaat organisiert wird: ein Bürger – eine Stimme oder ein Bundesland – eine Stimme oder eine Mischung aus beiden Prinzipien.

447 Ein kleines Dorf in Serbien, wo im Februar 1804 der Aufstand gegen die osmanische Herrschaft beschlossen wurde.

448 Metohija ist die serbische Bezeichnung für den westlichen Teil des Kosovo. Der aus dem Griechischen abgeleitete Begriff bezieht sich auf die mittelalterlichen serbischen Klostergemeinschaften in diesem Teil

schen Jugoslawien übertrifft an Umfang und Charakter alle früheren Etappen dieser großen Vertreibung des serbischen Volkes. [...] In den vergangenen zwanzig Jahren haben ungefähr 200.000 Serben Kosovo und Metohija verlassen. Der allerletzte Rest des serbischen Volkes verlässt nicht nur in unvermindertem Tempo sein Land, sondern bereitet sich, wie man weiß, auf einen endgültigen Exodus vor – getrieben durch tyrannische Ungerechtigkeit und physischen, moralischen und psychologischen Terror. In weniger als zehn Jahren wird es [...] keine Serben mehr in Kosovo geben [...]."

Aber die Lage der Serben war nicht nur in Kosovo, sondern auch in Kroatien bedroht. Scharf wird die „Assimilationspolitik" gegenüber den kroatischen Serben ebenso wie die kroatische Sprachpolitik kritisiert. Auch die politischen Führer in der Wojwodina geraten ins Visier der Akademiker. Ihr Streben nach größtmöglicher Selbstständigkeit sei „unnatürlich und gegen jede geschichtliche Logik". Schließlich kommen die Verfasser auf den Nationalismus zurück – freilich nur auf den Nationalismus der Nichtserben, insbesondere der Slowenen und Kroaten, die sich gegen Serbien verbündet hätten. „Der Nationalismus kam von oben, seine Hauptinitiatoren waren Politiker", die dem Sozialismus eine geistige Niederlage bereitet hätten. „Die Wurzeln dieser Niederlage sind in der Ideologie der Komintern und der nationalen Politik der Kommunistischen Partei Jugoslawiens vor dem Krieg zu suchen. Ein Bestandteil dieser Politik war der Revanchismus gegenüber dem serbischen Volk als einer Nation der ‚Unterdrücker'. [...] Dem serbischen Volk wurde ein Gefühl historischer Schuld aufgezwungen, doch nur das serbische Volk hat seine nationale Frage nicht gelöst [...]." Abschließend fordern die Autoren die „Wiederherstellung der vollen nationalen und kulturellen Integrität des serbischen Volkes", die „Wiederherstellung" des serbischen Staates und die „demokratische Mobilisierung aller geistigen und moralischen Kräfte des Volkes".

Für die Bedeutung, die das Memorandum in den Folgejahren erlangte, gibt es mehrere Gründe: 1. Die Akademie war nach dem Zweiten Weltkrieg eine Bastion national orientierter Wissenschaftler geblieben und genoss in der serbischen Gesellschaft großes Ansehen.[449] Ihre wissenschaftliche Autorität stand außer Frage und verlieh auch dem Memorandum in den Augen der serbischen Bevölkerung ein hohes Maß an Glaubwürdigkeit. 2. Das Memorandum lieferte eine „Erklärung" bzw. mehrere „Erklärungen" für

der Provinz. Die Kosovo-Albaner lehnen die Bezeichnung ab. Nach dem Zweiten Weltkrieg lautete der offizielle Name des Autonomen Gebiets bzw. der Autonomen Provinz zunächst Kosovo-Metohija. 1967 wurde Metohija aus der offiziellen Bezeichnung gestrichen. Diese Änderung wurde mit den serbischen Verfassungsänderungen von 1989/90 wieder rückgängig gemacht. Die Serbische Akademie setzte sich in ihrem Memorandum über die 1986 noch gültige offizielle Bezeichnung hinweg.

449 Zur Geschichte der Akademie nach 1945 vgl. neuerdings die detaillierte Untersuchung von Stefanov, N.: Wissenschaft als nationaler Beruf (581).

die Misere der 1980er-Jahre. Diese „Erklärungen“ waren gewiss nicht alle falsch, was im Umkehrschluss nicht heißt, dass sie alle richtig waren. Die „Erklärungen“ setzten sich zusammen aus Tatsachen, unbewiesenen Behauptungen und Beschuldigungen. Das war für die einfache Bevölkerung schwer zu durchschauen. 3. Die Akademiemitglieder benutzten ihre Autorität, um einen „Feind“ zu definieren. Denn „die Benennung des ‚Feindes‘ bildet [...] die höchste Kompetenz von Herrschaft, weil sie mit der Freisetzung einer unbegrenzten ‚eliminatorischen‘ Gewalt verbunden ist.“[450] Die Autoren (re)aktivierten zu diesem Zweck alte Feindbilder, Stereotypen und Vorurteile. Sie schufen keine neuen Feindbilder (was erheblich schwieriger gewesen wäre), sondern knüpften an dem an, was allen in irgendeiner Form bekannt war.[451] Viele derjenigen, die die Feindbilder für anachronistisch gehalten und sich von ihnen distanziert hatten, fühlten sich nun ertappt: Hatten sie ihre Feindbilder zu Unrecht und voreilig abgelegt? 4. Obwohl das Memorandum von der Politik zunächst scharf kritisiert worden war, kam es im Februar 1988 zur offiziellen Rehabilitierung der Akademie und ihres Memorandums. Von da an zogen die Verfasser des Memorandums, nationalistische Geistliche und Schriftsteller sowie die serbischen Politiker um Slobodan Milošević – und in deren Gefolge die gleichgeschaltete Presse – an einem Strang.

5.4 Miloševićs Aufstieg und die „antibürokratische Revolution“

Maßgeblich für den Wandel der politischen Szene in Serbien war der Aufstieg Slobodan Miloševićs. Milošević wurde 1941 in der nordostserbischen Kleinstadt Požarevac (Passarowitz) geboren.[452] Seine Familie stammte aus Montenegro und war entfernt verwandt mit der Familie von Radovan Karadžić, dem Führer der bosnischen Serben in den 1990er-Jahren. Miloševićs Familiengeschichte wirft ein Licht auf die Zerrissenheit und Traumata der serbischen Gesellschaft. Slobodans Vater, Svetozar, hatte nach dem Studium der Theologie in Belgrad als Gymnasiallehrer für Russisch und Serbokroatisch

450 Metz, Karl Heinz: Geschichte der Gewalt. Krieg – Revolution – Terror. Darmstadt 2010, S. 72.

451 Vgl. Skoko, Božo: Moć stereotipa: Srbi o Hrvatima – prije, za vrijema i nakon sukoba, in: Cipek, Tihomir (Hg.): Kultura sjećanja: 1991. Povijesni lomovi i svladavanje prošlosti. Zagreb 2011, S. 93–108.

452 Zum Folgenden vgl. die Arbeiten des gut informierten Journalisten Djukić, S.: Izmedju slave i anateme (560a); ders.: Milošević and Marković (562a); ferner die Biografie des serbischen Schriftstellers Stevanovic, Vidosav: Milosevic. The People's Tyrant. London [u. a.] 2004. Der im Exil lebende Stevanović liefert eine eindringliche psychologische Studie von Milošević und seiner Frau Mira Marković. Sein Text enthält aber viele Ungenauigkeiten und Fehler.

in Montenegro gearbeitet. Die Mutter, Stanislava, war ebenfalls Lehrerin, aber eine aktive und überzeugte Kommunistin gewesen. Den Zweiten Weltkrieg und seine Gräuel hatten die Eltern in Požarevac durchlebt. Während der Vater ein gläubiger Christ blieb, hielt Stanislava zeit ihres Lebens am Kommunismus fest. 1962 setzte sich der Vater eine Pistole an die Schläfe und erschoss sich. Stanislava beging elf Jahre später Selbstmord. Slobodans Onkel, Milislav Koljenšić, Sicherheitschef des 3. Armeebezirks in Skopje, schied ebenfalls durch Freitod aus dem Leben. Miloševićs Biografen behaupten, dass vor allem der Suizid der Mutter den künftigen Serbenführer psychisch erschüttert habe.

Milošević folgte dem politischen Vorbild seiner Mutter. Schon während der Schulzeit erhielt er den Spitznamen „Bolschewik", auf den er sehr stolz gewesen sein soll. Dieses „kleine jungkommunistische Monstrum mit den gesträubten Haaren" habe schon in seiner „politischen Jugend klare Vorstellungen von den Säuberungen" gehabt „und auch von der Art und Weise, wie man sie durchführt".[453] Als Gymnasiast lernte Milošević seine spätere Frau Mira Marković kennen. Auch sie schaute auf ein bewegtes Familienschicksal zurück. Ihre Mutter hatte während des Zweiten Weltkriegs für die „Volksbefreiungsbewegung" gearbeitet, war im März 1943 von der Gestapo verhaftet und im Lager Banjica gefoltert worden. Von ihren Genossen wurde sie verdächtigt, Geheimnisse der Widerstandsbewegung preisgegeben zu haben, und galt als Verräterin. Über ihren Tod herrscht Unklarheit. Es wird vermutet, dass sie von den Kommunisten nach Befreiung des Lagers Banjica hingerichtet wurde (ähnlich wie die Opfer der erwähnten „Dachauer Prozesse" von 1948). Mira Marković hat nie geglaubt, dass ihre Mutter die Partei verraten habe, und kämpfte ihr Leben lang gegen diesen Vorwurf. Ihr Vater, Moma Marković, gehörte zu einer der einflussreichsten Familien in Nachkriegsserbien. Momas Bruder, Draža, war zeitweilig serbischer Regierungschef. Und Miras Tante arbeitete als Titos Sekretärin und war dessen Geliebte. Mira selbst studierte Soziologie. Sie war anschließend bei der renommierten serbischen Tageszeitung *Politika* beschäftigt und erhielt schließlich eine Professur für Marxismus an der Belgrader Universität. Mehr als Slobodan blieb Mira eine zutiefst überzeugte Kommunistin. Ihren Mann unterstützte sie in jeder Hinsicht und uneingeschränkt. Darüber sollte es schließlich zum Bruch mit ihrem Vater und Onkel kommen, die sich der nationalistischen Wende in Serbien während der zweiten Hälfte der 1980er-Jahre widersetzten.

453 Bogdanović, Bogdan: Der verdammte Baumeister. Erinnerungen. München 2000, S. 258. Bogdanović (1922–2010), ehem. Partisan, renommierter Architekt (u. a. Planer der Gedenkstätte Jasenovac) war von 1982 bis 1986 Bürgermeister von Belgrad. Miloševićs Versuch, ihn 1987 auf seine Seite zu ziehen, scheiterte (dazu weiter unten).

Vom Parteifunktionär zum Volkstribun

Kehren wir zurück zu Milošević. Dieser absolvierte zunächst ein juristisches Studium und engagierte sich früh im Bund der Kommunisten. Er galt als typischer Vertreter jener Generation von Parteikadern, die in den 1970er-Jahren die Karriereleiter erklommen hatten: ein befähigter Organisator, angepasst an das Tito-System, ohne erkennbares Charisma und eher öffentlichkeitsscheu. Während des Studiums an der Juristischen Fakultät in Belgrad hatte Milošević Ivan Stambolić kennengelernt und war dessen Freund geworden. Ivan war der Enkel von Petar Stambolić, einem der „Helden" des „Volksbefreiungskampfes", der nach dem Krieg eine Vielzahl höchster politischer Ämter innegehabt hatte. Die Stambolićs gehörten (ähnlich wie die Markovićs) zu den mächtigsten Familien in Serbien. Ivan Stambolić machte schnell politische Karriere und öffnete auch seinem Freund Milošević den Weg an die Spitze der kommunistischen Nomenklatura. Als Stambolić 1984 Vorsitzender des Bundes der Kommunisten Serbiens wurde, verhalf er Milošević, der als Direktor einer großen Belgrader Bank tätig war, zum Vorsitz der Partei in Belgrad. Damit bekleidete Milošević erstmals ein wichtiges parteipolitisches Amt und zeichnete sich besonders dadurch aus, dass er sowohl liberale wie nationalistische Strömungen in der Partei energisch bekämpfte. Und als Stambolić Anfang 1986 zum Kandidaten für das Präsidentenamt der Republik Serbien vorgeschlagen wurde, unterstützte er die Wahl Miloševićs zu seinem Nachfolger als serbischer Parteichef – gegen den zum Teil heftigen Widerstand prominenter Politiker. Ende Mai 1986 wurde Milošević in sein neues Amt eingeführt. Draža Marković, der einstige serbische Regierungschef und Onkel von Miloševićs Ehefrau, kommentierte dessen Wahl gegenüber Stambolić mit den Worten: „Die Geschichte wird uns diese Wahl niemals verzeihen [...] Milošević wird alles zerstören."[454]

Bis dahin war Miloševićs Karriere zwar steil, aber ohne besondere Auffälligkeiten verlaufen. Er galt als ein linientreuer, mediokrer Apparatschik, der dank Stambolićs Patronage zur Spitze der Politik aufgestiegen war. In den Debatten über Kosovo hielt sich Milošević bedeckt. Während sein politischer Ziehvater Stambolić das Memorandum der Serbischen Akademie der Wissenschaften öffentlich als „chauvinistisch" und als „Dolchstoß in den Rücken Jugoslawiens, Serbiens und des Sozialismus" verurteilte, vermied Milošević eine öffentliche Stellungnahme. Nur parteiintern kritisierte er das Memorandum als „schwarzen Nationalismus".[455]

---

454 Djukić, Slavoljub: Kraj srpske bajke. Beograd 1999, S. 23.

455 Reljić, Slobodan: Veština vladanja, in: NIN v. 8. 5. 1992; Djukić, S.: Izmedju slave i anateme (560a), S. 46 f.

Zur entscheidenden Wende in Miloševićs politischer Laufbahn kam es 1987 anlässlich eines Aufenthalts in der Kosovo-Hauptstadt Priština. Am Abend des 24. April traf er im Kulturhaus „Braća Krajnović“ mit den kommunistischen albanischen Führern zusammen, um sich mit ihnen über die Lage in der Autonomen Provinz zu beraten und zwischen der aufgebrachten serbischen Bevölkerung und der albanischen Parteiführung zu vermitteln. Vor dem Gebäude hatten sich rund 15.000 Serben und Montenegriner versammelt. Einige von ihnen versuchten, den Polizeikordon zu durchbrechen, um direkt mit Milošević zu sprechen. Die Atmosphäre war aufgeheizt; es flogen Steine. Die Polizei unter Führung ihrer zumeist albanischen Offiziere ging brutal gegen die Demonstranten vor. Als Milošević über die Ereignisse vor dem Gebäude Kenntnis erhielt, trat er vor die aufgebrachte Menge, die ihm zurief „Sie prügeln uns, sie prügeln uns“. Nach Augenzeugenberichten sei Milošević bleich gewesen und habe am ganzen Körper gezittert. Dann sprach er jenen Satz aus, der ihn schnell in ganz Jugoslawien und darüber hinaus bekannt machen sollte: „Niemand darf euch schlagen“ (Niko ne sme da vas bije).

Über das Ereignis selbst und darüber, was Milošević mit seiner Bemerkung ausdrücken wollte, gibt es unterschiedliche Versionen. Tatsache ist, dass die Demonstranten ihm begeistert zujubelten und frenetisch seinen Vornamen „Slobo, Slobo“ skandierten. Zurückgekehrt in das Haus der Kultur, diskutierte Milošević anschließend zwölf Stunden lang mit einer Delegation der Demonstranten und hörte sich deren Beschwerden an. Vor seiner Abreise erklärte er: „Wir müssen Brüderlichkeit und Einheit wie unseren Augapfel hüten. Wir können nicht und wir wollen nicht die Bevölkerung in Serben und Albaner teilen, aber wir müssen eine Linie ziehen zwischen den ehrlichen und fortschrittlichen Leuten auf der einen und den Konterrevolutionären und Nationalisten auf der anderen Seite.“ Die Serben forderte er auf, in Kosovo, dem Land ihrer Ahnen, zu bleiben, und fügte hinzu, dass Jugoslawien nicht ohne Kosovo existieren könne, dass Jugoslawien und Serbien Kosovo nicht preisgeben würden.[456] Serbische Analysten, die den Auftritt Miloševićs in Priština studiert haben, sind überzeugt, dass die Episode das politische Agieren des bislang unscheinbaren Funktionärs grundlegend verändert habe: Aus einem vorsichtigen Apparatschik der Tito-Ära, der sich politisch stets bedeckt und weitgehend konform verhalten hatte, war nach dem Bad in der Menge ein „anderer Mann“ geworden, einer, der die Mobilisierungskraft des Nationalismus erkannt und verstanden hatte. Mit dem Satz „Niemand darf euch schlagen“, der in jedem Rechtsstaat (und Jugoslawien nahm für sich in Anspruch, ein Rechtsstaat zu sein) eine Selbstverständlichkeit ist, hatte Milošević – wohl eher unerwartet und unbeabsichtigt – ein Signal gesetzt, das ihn über Nacht bei vielen Serben in allen Teilen Jugoslawiens populär machte. Dass aus

456 Nach Cohen, L. J.: Serpent in the Bosom (556), S. 238 f.

einer Selbstverständlichkeit ein Signal werden konnte, lag an der Krisenwahrnehmung in Teilen der Bevölkerung und der Deutung der Krise. Spätestens seitdem der Inhalt des politisch verurteilten Akademie-Memorandums an die Öffentlichkeit gedrungen war, glaubte ein Teil der serbischen Gesellschaft, die Ursachen der Krise zu kennen: Die Serben wurden systematisch benachteiligt, angefeindet, geschlagen und vom Genozid bedroht. Nun hatte sich ein führender kommunistischer Politiker der „serbischen Sache" angenommen! So entfaltete ein kleiner, banaler Satz eine große Wirkung. Wahrscheinlich wurde auch Milošević selbst davon überrascht. Aus einer unscheinbaren Episode ging er als Volksheld, als „Retter der Serben", als „Führer" (vodja, vožd) hervor.[457]

Miloševićs Biografen messen dem Schicksal seiner Eltern bzw. der Familientragödie einen hohen Stellenwert in seiner Persönlichkeitsentwicklung zu und sehen darin einen wesentlichen Faktor in der Ausformung seiner Psychopathologie.[458] Direkt oder indirekt verbinden sie die Psychopathologie Miloševićs mit dem blutigen Zerfall Jugoslawiens. Vorweg ist aber daran zu erinnern, dass Milošević die nationalistische Wende in den serbischen Diskursen nicht eingeleitet hatte, sondern lediglich auf den fahrenden Zug aufgesprungen ist. Im Unterschied zum ersten Präsidenten des unabhängigen Kroatiens, Franjo Tudjman, war Milošević nicht der große nationalistische Kommunikator, als der er gern dargestellt wird. Feste Überzeugungen waren ihm eher fremd. Umso ausgeprägter waren sein Machtinstinkt und seine Gefühlsarmut. Der letzte amerikanische Botschafter in Jugoslawien, Warren Zimmermann, der 1989 seine Tätigkeit in Belgrad aufnahm, schildert Milošević als „man of extraordinary coldness. I never saw him moved by an individual case of human suffering; for him, people are groups (Serbs, Muslims) or simply abstractions. Nor did I ever hear him say a charitable or generous word about any human being, not even a Serb."[459] Es waren die aufgebrachten Kosovo-Serben (zumindest ein Teil von ihnen) sowie die geistlichen, künstlerischen und wissenschaftlichen Wegbereiter der nationalistischen Wende, die sich einen „Führer" gesucht und ihn unerwartet (und mitunter schon nach kurzer Zeit enttäuscht) in Milošević gefunden hatten. Unter anderen Rahmenbedingungen und Verhältnissen wäre Milošević vielleicht geblieben, was sein Karriereverlauf anzudeuten schien: einer von vielen mehr oder minder blassen Funktionären. Die Neuverteilung der Macht in der Nach-Tito-Zeit auf der einen, die durch die Krise Jugoslawiens und die Krise des Sozialismus um sich greifende Verunsicherung und

457 Ebda.; Djukić, S.: Kako se dogodio vodja (560), S. 127.

458 Am konsequentesten in dieser Hinsicht ist Husić, Sead: Psychopathologie der Macht (291), S. 57 ff. und passim. Husićs Dissertation enthält viele nachdenkenswerte Hinweise, beruht aber zu einem großen Teil auf Spekulationen.

459 Zimmermann, Warren: The Last Ambassador. A Memoir of the Collapse of Yugoslavia, in: Foreign Affairs, March/April 1995, S. 5.

Abb. 21: Der erste Präsident des unabhängigen Kroatien, Franjo Tudjman, findet Gefallen am Tito-Kult. Tudjman und Tito in Prunkuniform. Kroatische Briefmarke mit Tudjman-Porträt (1997) und jugoslawische Briefmarke mit Tito-Porträt.

Orientierungslosigkeit der Bevölkerung, das Bestreben der Intellektuellen, die nationalistische Karte zu spielen, und die von ihnen systematisch geschürten Ängste auf der anderen Seite schufen das Umfeld, das den Aufstieg Miloševićs ermöglichte. Dieser vertrat keineswegs uneingeschränkt die Mehrheitsmeinung der serbischen Bevölkerung (schon gar nicht die des alteingesessenen Belgrader Bürgertums), wie zahlreiche Umfragen und die Wahlergebnisse in den 90er-Jahren belegen.[460] Er repräsentierte vielmehr eine einflussreiche Fraktion von Meinungsbildnern und Politikern, die dem öffentlichen Leben zunehmend ihren Stempel aufdrückten. Angst war ihr wichtigstes Instrument.

Die allmählich zunehmende Besorgnis in Teilen der serbischen Bevölkerung beruhte in der Regel nicht auf eigenen Erfahrungen oder belegbaren Informationen, sondern auf unkontrollierbaren Medienberichten, Verschwörungstheorien, öffentlich kommunizierten „Erinnerungen" und daraus abgeleiteten Ängsten und Erwartungen. Kosovo blieb an vorderster Stelle auf der öffentlichen Agenda: Im Mai 1987 sprach die Kirchenleitung (Sabor) der serbischen orthodoxen Kirche erstmals offiziell von einem Genozid an den Serben in Kosovo.[461] Am 15. Mai 1987 startete der serbische Schriftstellerverband eine Serie von Protestabenden „O Kosovu – za Kosovo" (Über Kosovo – für Kosovo). Das Zentralkomitee des BdK Serbien unter Vorsitz von Slobodan Milošević (!) beschloss daraufhin am 27. Mai eine „ideologische Offensive" gegen eine Reihe kultureller Vereinigungen und Medien (darunter gegen die Serbische Akademie der Wissenschaften, gegen den Schriftstellerverband, gegen die Vereinigungen der Soziologen und Philosophen Serbiens, gegen die Zeitschrift *NIN* u. a.) und drohte ihnen die Kürzung oder Streichung der finanziellen Zuwendungen an. Doch das fruchtete nicht. Und sollte vielleicht auch nicht fruchten.

Am 25. und 26. Juni forderte eine Delegation der Kosovo-Serben in Belgrad den Rücktritt des kosovo-albanischen Politikers Fadilj Hodža als Mitglied des jugoslawischen Staatspräsidiums (seine Ablösung erfolgte Ende Oktober). Am 3. September erschoss ein Soldat albanischer Nationalität, Azis Keljmendi, in der Kaserne der Jugoslawischen Volksarmee in Paraćin vier Kameraden (zwei bosnische Muslime, einen Serben und einen Kroaten) und verletzte sechs weitere (drei aus Bosnien und je einen aus Montenegro, Slowenien und Kosovo). Er selber wurde während der anschließenden Verfolgung getötet. Obwohl die Motive des Täters nie aufgeklärt wurden und sich unter den vier Todesopfern nur ein Serbe befand, wurde der Vorfall als Angriff auf das Serbentum ausgeschlachtet. In den serbischen Medien setzte eine zügellose antialbanische Kampagne ein.[462] Wenige Tage später protestierte der Belgrader Parteichef Dragiša Pavlović auf

460 Vgl. Gagnon, V. P.: Myth of Ethnic War (262), S. 89 ff. Vgl. Auch die Ausführungen in Kapitel 5.5.
461 Vgl. Buchenau, K.: Kämpfende Kirchen (90), S. 181.
462 Zum „Paraćin-Massaker" vgl. ausführlich Mertus, J.: Kosovo (495a), S. 135 ff.

einer Pressekonferenz gegen die „nationalistische Hysterie“, die der Vorfall Keljmendi ausgelöst hatte. Er verurteilte den albanischen Nationalismus und Separatismus ebenso wie den serbischen Nationalismus. Pavlović forderte zur Geduld auf und warnte davor, dass unausgewogene Worte das Land ins Chaos stürzen könnten.[463]

Miloševićs „Putsch“ vom September 1987

In dieser Atmosphäre höchster Erregung trat das Zentralkomitee des BdK Serbien am 23. und 24. September zu seiner 8. Plenarsitzung zusammen. Radoš Smiljković, Professor für Politikwissenschaft an der Belgrader Universität und Pavlovićs künftiger Nachfolger als Belgrader Parteichef, fragte: „Was bedeutet es, uns aufzufordern, geduldig zu sein, zu warten, einen kühlen Kopf zu bewahren in einer Situation, da Blut fließt, da die Leichen schlafender Soldaten und die Körper vergewaltigter Mädchen und Frauen (einschließlich alter Frauen) auf den Boden rollen? [...] Genosse Pavlović hat gesagt, dass unausgewogene Worte einen Startschuss ausgelöst hätten oder hätten auslösen können [...]. Doch der Startschuss wurde ausgelöst in Paraćin.“ Die von der Partei konstatierte Konterrevolution in Kosovo lasse sich nur mit revolutionären Methoden bekämpfen.[464] Das war das Stichwort für Milošević, der sich der revolutionären Rhetorik sofort anschloss. Diese war bereits seit einigen Monaten wieder im Schwange, ausgelöst durch die „Nacht der Vampire“ in der Zeitschrift *Student* vom Mai 1987 und die Jagd auf „antititoistische Hexen“.[465] Pflichtgemäß wetterte Milošević nun gegen den serbischen Nationalismus – die „Schlange im Busen der serbischen Nation“ – und präsentierte sich als Verteidiger des revolutionären, ursprünglichen Titoismus (der spätestens mit dem Sturz Rankovićs 1966 „entgleist“ war), als neuer, junger Tito und forderte die Partei zur Einigkeit auf.[466] Sein revolutionärer Elan begeisterte viele Genossen und Bürger. Nach

---

463 Pavlović, Dragiša: Olako obećana brzina. Zagreb 1988, S. 94 ff.

464 Nach Jović, D.: Yugoslavia (296), S. 268 f.

465 „Nacht der Vampire“ prangte auf dem Titelblatt der Doppelnummer 11/12 der Zeitschrift „Student“, des Organs des „Bundes der Sozialistischen Jugend“. Einige Parteifunktionäre, darunter der eben zitierte Radoš Smiljković, wollten darin eine Anspielung auf den „Tag der Jugend“ und den Genossen Tito sehen und sprachen von einer „groben Provokation“. Im Text gab es aber keinen einizgen Satz, der in diesem Sinn hätte interpretiert werden können. Rechts unten auf dem Titelblatt befand sich lediglich eine Anspielung auf die rechte politische Szene („Desnica“). Dessen ungeachtet begann nun eine Kampagne, die sich gegen die vermeintliche Verunglimpfung Titos richtete und zu neuen Konfliktlinien in der serbischen Parteispitze führte. Zum „Fall Student“ vgl. Jović, D.: Yugoslavia (296), S. 261–263. Vgl. auch Banjac, Zorica: Bal vampira ili lov na veštice, in: Naša Borba vom 11. 5. 1997: http://www.yurope.com/nasaborba/arhiva/Maj97/1105/1105_6.HTM.

466 Vgl. Jović, D.: Yugoslavia (296), S. 274 f.

einer hitzigen, 23 Stunden dauernden, vom Fernsehen live übertragenen Debatte über die aktuelle politische Lage und den künftigen Kurs der Partei setzte sich die Milošević-Fraktion gegen die Fraktion seines ehemaligen Mentors Ivan Stambolić durch. Dessen Anhänger, Dragiša Pavlović sowie der Direktor der *Politika*, Ivan Stojanović, wurden von ihren Posten abgelöst. Stambolić selbst trat am 14. Dezember von seinem Amt als serbischer Staatschef zurück (und wurde 13 Jahre später von Angehörigen der Spezialeinheit „Rote Barette", eventuell auf Weisung des Ehepaars Milošević-Marković ermordet). Ivan Stambolić und sein Vater Petar hatten rund vier Jahrzehnte lang die Politik Serbiens maßgeblich geprägt und die Interessen ihrer Republik verteidigt. Gleichwohl hatte sich Ivan seit 1986 darum bemüht, die nationalistischen Wogen zu glätten und sich damit von seinem revolutionär entflammten Mitstreiter Milošević entfernt. Dessen „unkonventionelle", gegen die bisherigen Regeln verstoßenden Methoden lehnte er ab. Nun endete eine Ära. Wie es Milošević gelang, das einflussreiche Netzwerk der Stambolićs im Handstreich auszuschalten, ist nicht ganz klar, hat aber vermutlich auch etwas mit dem diskursiven Wandel in Serbien zu tun. Nachfolger Stambolićs wurde der ehemalige Generalstabschef der Jugoslawischen Volksarmee, Petar Gračanin, ein Gefolgsmann Miloševićs. Damit hielt Letzterer alle Fäden der politischen Macht in seiner Hand.[467] Und die überregionalen serbischen Medien (die nationalen Radio- und Fernsehstationen, die Tageszeitungen *Politika*, *Politika ekspres* und *Večernje novosti* sowie die Wochenmagazine *NIN* und *Duga*) zogen mit der neuen politischen Führung an einem Strang.[468]

Miloševićs Putsch auf dem 8. Plenum gilt als Beginn der „antibürokratischen Revolution", von der gleich die Rede sein wird. Der bereits erwähnte Architekt Bogdan Bogdanović, der von 1982 bis 1986 Bürgermeister von Belgrad gewesen war und den Milošević 1987 vergeblich für das Zentralkomitee des BdK Serbien gewinnen wollte, schreibt über das 8. Plenum: „Die Teilnehmer an dieser historischen Sitzung sprachen wie im Fieberwahn von ‚blutigen (natürlich serbischen) Köpfen, die davonrollen', beweinten die ‚Leichen der entschlafenen (natürlich serbischen) Soldaten', stolperten beinahe über die ‚Körper der vergewaltigten (natürlich) serbischen Mädchen und Frauen', und das alles in einem Augenblick, in dem noch kein Kopf gerollt und keine Frau vergewaltigt worden war. Wenig später rollten tatsächlich die Köpfe und wurden Frauen vergewaltigt, aber am allerwenigsten die serbischen."[469]

467 Ausführlich dazu Tomic, Yves: Milosevic et la mutation de la Ligue des communistes de Serbie: du communisme au nationalisme populiste (1986–1989), in: L'Autre Europe 34–35 (1997), S. 177–211.

468 Vgl. u. a. Nenadović, Aleksandar: Die Politika im Sturm des Nationalismus, in: Bremer, Th. – N. Popov – H.-G. Stobbe: Serbiens Weg (553), S. 279–298; Veljanovski, Rade: Die Wende in den elektronischen Medien, in: ebda., S. 299–317.

469 Bogdanović, Bogdan: Der verdammte Baumeister. Erinnerungen. München 2000, S. 255.

Kommen wir noch einmal auf Miloševićs Erfolg zurück. Der Journalist Victor Meier, der Jugoslawien sehr gut kannte und über vielfältige Kontakte und Informationsquellen verfügte, schreibt: „Es muss eine Prädisposition im serbischen Volk gegeben haben, die seinen Erfolg sozusagen vorprogrammierte."[470] Und an anderer Stelle: „Das Problem scheint tatsächlich Serbien an sich zu sein und nicht diese oder jene Führungsschicht."[471] Meier ist kein Historiker, auch kein Soziologe oder Sozialpsychologe. Anderenfalls wäre ihm nicht entgangen, dass jede Gesellschaft, zumal in Krisenzeiten, indoktrinierbar und manipulierbar ist, sofern es keine Zivilgesellschaft gibt und die öffentliche Meinung breitenwirksam gesteuert wird. Unter diesen Voraussetzungen kann jede Gesellschaft zu einem Problem „an sich" werden.

Die „antibürokratische Revolution"

Zur Wirtschaftskrise, zur Kosovo-Krise und zur intellektuellen Krise kam die Krise des politischen Systems, die unentwirrbar mit den anderen Krisen verknüpft war. Im Zentrum der politischen Diskurse stand die Verfassungsfrage, die zwei Schwerpunkte aufwies. Einerseits ging es um das Verhältnis der Republik Serbien zu seinen beiden Autonomen Provinzen, andererseits um das Verhältnis zwischen Bund und Ländern bzw. um eine Stärkung der Bundesregierung und der anderen Bundesorgane zulasten der Länder. Beide Teilbereiche waren insofern miteinander verbunden, als sie die innerjugoslawische Machtbalance in empfindlichster Weise berührten. Auf die unterschiedlichen Interessen der politischen Führungsschichten in den sechs Republiken und zwei Autonomen Provinzen wurde bereits an früherer Stelle eingegangen, und im folgenden Unterkapitel wird darauf noch einmal zurückzukommen sein. Milošević konzentrierte sich vorrangig auf den ersten Teilbereich. Da er wusste, dass eine Änderung der Bundesverfassung von 1974 vorerst nicht realisierbar war, versuchte er, sein Ziel (die Stärkung Serbiens) über eine Änderung der serbischen Republiksverfassung zu erreichen. Um den Schein der Legalität zu wahren, brauchte er dazu die Zustimmung der beiden Autonomen Provinzen. Dies wiederum setzte voraus, dass die Führungspositionen in Kosovo und der Wojwodina mit Milošević-Anhängern besetzt wurden. Der Weg dorthin führte über die „antibürokratische Revolution", mit der ein radikaler Wandel im Politikstil Jugoslawiens vollzogen wurde. Es begann die Zeit des Populismus,[472] und

470 Meier, V.: Wie Jugoslawien verspielt wurde (308), S. 82.

471 Ebda., S. 97.

472 Der Begriff „Populismus" wird häufig – je nach Kontext, Untersuchungszeit und Inhalten – unterschiedlich definiert. Ich folge hier der Definition in dem von Klaus Schubert und Martina Klein hg. Politiklexikon, 4. Aufl. Bonn 2006: „Populismus [...] bezeichnet eine Politik, die sich volksnah gibt, die Emotionen,

zwar ganz im Sinne des Memorandums der mittlerweile rehabilitierten Serbischen Akademie der Wissenschaften.

Die „antibürokratische Revolution“ war aus Miloševićs Sicht mit dem 8. Plenum des serbischen ZK im September 1987 eingeleitet worden. Ihr Ende wird auf Frühjahr 1989 datiert.[473] Ziel der „Revolution“ war nicht der Abbau bürokratischer Strukturen, die seit Milovan Djilas' Kritik in den 50er-Jahren immer wieder beklagt worden waren, sondern die Verdrängung Milošević-kritischer Führungskader aus den Schaltstellen der Macht. Zielscheibe waren jene „bürokratisierten, unverantwortlichen und unfähigen“ Kader, die im Unterschied zum neuen Volkstribun Milošević den Kontakt zum (serbischen) Volk verloren hatten: die „Sesselfurzer“ (foteljaši) und Repräsentanten der Autonomen Provinzen (autonomaši), d. h. diejenigen, die die „Dreiteilung Serbiens“ (und sofern man die Montenegriner den Serben zurechnete, die Vierteilung Serbiens) politisch repräsentierten. Zum Zweck der Wiedervereinigung der drei Teile Serbiens sowie zur Herstellung von dessen „Souveränität“ mussten die „Sesselfurzer“ aus ihren Führungspositionen in den Provinzen verschwinden. Die Art und Weise, in der sie aus den Ämtern vertrieben wurden, war in der Tat „unbürokratisch“, da die dafür vorgesehenen institutionellen Prozeduren außer Kraft gesetzt wurden. Maßgeblich war allein der „Volkswille“, der sich u. a. in der einflussreichen Tageszeitung *Politika* und im Staatsfernsehen artikulierte. Auch in Demokratien wird die Mobilisierung der Bevölkerung zur Durchsetzung politischer Ziele praktiziert. Doch unter den Bedingungen einer (quasi)monopolisierten „öffentlichen Meinung“ verwandelt sich ein demokratisches Verfahren schnell in eine diktatorische Praxis.

Die Autonome Provinz Wojwodina, in der die serbische Bevölkerung eine – wenn auch knappe – Mehrheit repräsentierte, bot sich als erstes Etappenziel wie von selbst an (im Unterschied zum überwiegend albanisch besiedelten Kosovo und auch im Unterschied zu Montenegro, das den Status einer eigenen Republik genoss). Ab Frühjahr 1988 geriet die politische Führung der Wojwodina, die als „liberal“ galt und den Autonomiestatus ihrer Provinz mit Zähnen und Klauen verteidigte, unter Beschuss der von Milošević kontrollierten Medien, sodass die Kosovo-Frage kurzweilig in den Hintergrund rückte. Da die Wirtschaftskrise auch an der Wojwodina nicht spurlos vorüberge-

---

Vorurteile und Ängste der Bevölkerung für eigene Zwecke nutzt und vermeintlich einfache und klare Lösungen für politische Probleme anbietet.“ Die Populisten verstehen und behandeln den „populus“ nicht als Subjekt (wie ihre Vorläufer im 19. Jahrhundert), sondern als „amorphe“, manipulierbare Masse und Objekt. Ich mache deshalb einen Unterschied zwischen dem „Populismus“ (narodnjaštvo) eines Svetozar Marković (1846–1875) und dem Populismus Slobodan Miloševićs.

473 Zum Folgenden u. a. Milosavljević, Olivera: Antibirokratska revolucija 1987–1989. godine, in: Dijalog povijesničara-istoričara. Bd. 8. Zagreb 2004, S. 319–336.

gangen war und der Frust über die Parteibürokraten wuchs, gab es auch dort – wie überall in Jugoslawien – ein Unzufriedenheitspotenzial, das sich gegen die eigene Führung richtete und verbunden war mit der Forderung nach Veränderungen.

Mitte 1988 begann in Serbien eine Welle von „Meetings“ zur Unterstützung von Milošević, der zu diesem Zeitpunkt noch als Mann der Reformen galt. Im Verlauf und als Ergebnis dieser Spektakel wurde die soziale Unzufriedenheit breitenwirksam in nationale Unzufriedenheit transformiert. An die Stelle der Arbeiterklasse trat als neuer Akteur das (ethnisch verstandene) Volk. Erstmals seit dem „kroatischen Frühling“ wurden Massendemonstrationen wieder zur Durchsetzung politischer Forderungen eingesetzt. Hinsichtlich Teilnehmerzahl, Dauer und Radikalität der Parolen übertrafen sie jedoch die Proteste von 1971 um ein Vielfaches. Etwas Vergleichbares hatte es im sozialistischen (und auch im ersten) Jugoslawien nicht gegeben. Die „antibürokratische Revolution“ war ein Novum. Die Teilnehmer der „Meetings“ wurden mit Bussen kostenlos zu den Veranstaltungsorten gebracht, erhielten einen Tag frei und wurden obendrein noch verköstigt.[474] Die Vorbereitung der „spontanen“ Events lag in den Händen eines Organisationskomitees, das von dem Kosovo-Serben Miroslav Šolević geleitet wurde. Zwischen Sommer 1988 und Frühjahr 1989 organisierte das Komitee rund 100 Protestdemonstrationen, an denen insgesamt etwa fünf Millionen Menschen teilgenommen haben sollen.[475] Obwohl die jugoslawische Staats- und Parteiführung Milošević aufforderte, die „Meetings“ zu beenden, und obwohl der amtierende jugoslawische Parteichef Boško Krunić (Vertreter der Wojwodina im Parteipräsidium) aus Protest von seinem Amt zurücktrat, verteidigte Milošević die „Meetings“ auf einer Sitzung der serbischen Parteiführung Anfang September 1988 als „rechtschaffenes und demokratisches“ Mittel zur Artikulierung des „Volkswillens“. Jetzt sei alles vorhanden, was in vielen Deklarationen immer gefordert worden war: „das Volk, die Demokratie, die Meinungsfreiheit und die Öffentlichkeit. Doch auf einmal wird dies als unerwünschte und gefährliche Angelegenheit etikettiert, die wir beenden sollen.“[476] Also setzten sich Milošević und das „Volk“ über die Forderung der jugoslawischen Führung hinweg. Bereits am 9. Juli hatten Kosovo-Serben in der Wojwodina-Hauptstadt Novi Sad protestiert und die dortige Führung aufgefordert, sich nicht länger den angestrebten Verfassungsänderungen zu widersetzen. Am 4. und 5. Oktober folgten weitere Demonstrationen in Bačka Palanka und Novi Sad, an denen sich angeblich bis zu 150.000 Demonstranten beteiligten. An die Spitze der nach Darstellung der Tageszeitung „Politika“ „spontan“ organisierten Proteste

474 Bennett, C.: Yugoslavia's Bloody Collapse (254), S. 95.
475 Ramet, S.: Three Yugoslavias (72), S. 350.
476 Zit. nach Jović, D.: Yugoslavia (296), S. 310.

setzte sich ein örtlicher Parteifunktionär, Mihalj Kertes, ein ungarischstämmiger Gefolgsmann Miloševićs, der in den folgenden Jahren eine steile staatliche und kriminelle Karriere absolvierte.[477] Die Demonstranten schrien „Nieder mit den Dieben!", „Verräter", „Hilfe für Slobodan", „Nieder mit der Verfassung", „Geht nach Kosovo – dort werden Kinder vergewaltigt", und bewarfen das Gebäude, in dem sich die politische Führung versammelt hatte, mit Joghurt-Bechern,[478] womit die „antibürokratische Revolution" zur „Joghurt-Revolution" mutierte. Nach einer Nacht, in der die Protestanten das Gebäude belagert hatten, erklärte die politische Führung der Wojwodina geschlossen ihren Rücktritt und wurde durch Anhänger des serbischen Parteichefs ersetzt. Erstmals in der Geschichte des sozialistischen Jugoslawiens war damit eine politische Führung durch Mobilisierung der Straße aus ihren Ämtern gejagt worden.[479]

Einen Tag nach dem politischen Umsturz in der Wojwodina versammelten sich in Titograd (dem heutigen Podgorica) und an anderen Orten Montenegros erneut Demonstranten, die ihre Führung zur Solidarität mit den Kosovo-Serben und -Montenegrinern sowie zur Unterstützung von Miloševićs Kurs aufforderten. Anders als die Wojwodina und Kosovo war Montenegro eine eigene Republik. Was hier geschah, betraf auch die anderen Republiken, aber nur das slowenische Zentralkomitee und die Führung der Bundespartei protestierten. Umsonst. Milošević beschuldigte die slowenischen „Bürokraten", sie versuchten, interethnischen Zwist zu säen und Jugoslawien zu destabilisieren. Er erklärte, mit den Ereignissen in Montenegro nichts zu tun zu haben, verteidigte diese aber mit dem Hinweis, dass das serbische und montenegrinische Volk schon oft gemeinsame Wege gegangen seien. Das jugoslawische Staatspräsidium verfolgte die Entwicklung mit Sorge, blieb aber untätig.[480] Die tiefe Wirtschaftskrise und die Unfähig-

477 Kertes war Anfang der 90er-Jahre im Geheimdienst tätig und rekrutierte Freiwillige für die paramilitärischen Banden in Kroatien und Bosnien, die er illegal auch mit Waffen versorgte. Von 1993 bis 2000 war er Chef der Zollverwaltung. Aus den Zolleinnahmen finanzierte er irreguläre Krieger, zweigte Gelder für Miloševićs Parteikasse ab und ließ als Mitglied einer kriminellen Gruppe Staatsgelder auf Zypern verschwinden. Auch zur Tabak-Mafia soll er Verbindungen gehabt haben. Im Februar 2007 wurde er von einem Belgrader Gericht zu zweieinhalb Jahren und im Dezember 2010 zu acht Jahren Haft verurteilt. Zu Kertes und zu den paramilitärischen „Roten Baretten" vgl. die Arbeit des Journalisten Lopušina, Marko: Tajni ratnici ex-Jugoslavije. Beograd 2002.

478 Die Slogans nach Karadžić, Goran: Kako su pali automaši?, in: Vojvodjanski Magazin, 6. 10. 2008: http://www.vm.rs/index.php/prethodna-web-izdanja-vm/broj-6-oktobar-2008/121-dosije-kako-su-pali-autonomai.

479 Anlässlich des 20. Jahrestags der „Joghurt-Revolution" veröffentlichte der „Vojvodjanski klub" einen Sammelband mit Berichten und Erinnerungen von Zeitzeugen. Budakov, Slobodan (Hg.): „Jogurt-Revolucija" 1988. Vojvodina od Ustava do Statuta. Novi Sad 2009.

480 Vgl. die Erinnerungen von Raif Dizdarević, der 1988/89 Präsident des jugoslawischen Staatspräsidiums war. Dizdarević, R.: Od smrti Tita (224), S. 220 ff.

keit der „Bürokraten", die Krise zu lösen, hatte auch in Montenegro die Bereitschaft zum Protest geschürt, obwohl ein großer Teil der Demonstranten gar nicht aus Montenegro stammte, sondern aus Serbien, Kosovo usw. zugereist war. Im Unterschied zur Führung in Novi Sad gab diejenige in Titograd allerdings zunächst nicht nach. Erst nach einem weiteren, großen „Meeting" am 11. Januar 1989 trat die Führung zurück und machte Platz für Vertreter einer jüngeren, an Milošević orientierten Generation (Milo Djukanović, Momir Bulatović u. a.). Das war der zweite Streich.

Blieb noch Kosovo. Dort war die Situation insofern schwieriger, als sich Milošević nicht auf den „spontanen Volkswillen" in der Region, jedenfalls nicht auf den der Mehrheit, berufen konnte. Ganz im Gegenteil. Zwar gab das ZK des BdK Kosovo der Forderung Miloševićs nach Absetzung der Spitzenfunktionäre Azem Vllasi und Kaqusha Jashari am 17. November 1988 nach, womit Rrahman Morina, der als „Kollaborateur" Miloševićs galt, zur wichtigsten politischen Figur in der Provinz avancierte. Daraufhin brachen vier Tage währende Massendemonstrationen aus, angeführt von den albanischen Bergleuten der Erzlagerstätten Trepča (nördlich der Stadt Kosovska Mitrovica), in denen die Wiedereinsetzung von Vllasi und Jashari gefordert wurde. Zeitgleich, am 19. November, fand in Belgrad das „größte Meeting aller Zeiten", das „Meeting der Brüderlichkeit und Einheit", statt, an dem sich nach offiziellen Schätzungen eine Million Menschen beteiligten. Auf dieser Versammlung prägte Milovan Vitezović, Autor von Kinderbüchern, Aphorismen und TV-Dramen, den unvergesslichen Satz: „Verehrtes Volk, unsere Geschichte wird dieses Jahr erinnern als das Jahr, in dem sich das Volk ereignete."[481] An die Stelle der „antibürokratischen Revolution" trat in der Folgezeit mehr und mehr das „Sich-Ereignen des Volkes" (dogadjanje naroda). „Das Volk hat gesprochen", „Das Volk ist der beste Richter", „Das Volk kann nicht mehr leiden", „Das Volk kennt die Wahrheit", „Das Volk hat das Volk verstanden". So und ähnlich lauteten die gängigen Parolen. Auf dem „Meeting der Brüderlichkeit und Einheit" erklärte Milošević laut Tageszeitung *Politika*, dass die politische Führung „keine große Wahl" habe: „Entweder sie stellt sich an die Spitze des Volkes und erhört seine Stimme oder sie wird von der Zeit fortgespült."[482] Die „Stimme des Volkes" forderte, dass die „endlosen Leiden der Serben und Montenegriner in Kosovo" ein Ende finden müssten. Jetzt, so Milošević, „ist nicht die Zeit für Trauer, sondern für Kampf. Dieses Bewusstsein hat Serbien seit diesem Sommer erfasst, und es wurde zu einer materiellen Kraft, die den

481 Zit. nach Srpska država 1804–2004. Hronologija (568a), S. 405. Aus Vitezovićs Aphorismensammlung seien drei stellvertretend erwähnt: „Wenn sich die Welt vereinigt / Werden alle Serben in einem Staat leben!"; „Die Geschichte hat die Serben gelehrt / Auf die Vergangenheit im Voraus zu blicken" und „Himmlisches Serbien: / Das ist bereits ein kosmisches Projekt!"

482 Politika, 19. 11. 1988; zit. nach Polónyi, C.: Heil oder Zerstörung (324), S. 190.

Terror in Kosovo stoppen und Serbien vereinigen soll. Das ist ein Prozess, den keine Kraft mehr aufhalten kann und vor dem jede Angst schwach wird. [...] Diese Schlacht für Kosovo hat das Volk begonnen, alle Bürger, gleich welcher Volkszugehörigkeit oder welchen Berufs. Und es gibt keine Schlacht auf der Welt, die ein Volk verloren hat."[483] Nach Milošević hat jedes Volk eine Liebe, „die ewig sein Herz erwärmt. Für Serbien ist dies[e Liebe] Kosovo. Deshalb wird Kosovo in Serbien bleiben."[484]

Am 20. Februar 1989 traten albanische Bergleute von Trepča in einen Hungerstreik, der sich in den folgenden Tagen zu einem Generalstreik der albanischen Bevölkerung ausweitete.[485] Die Streikenden lehnten eine Änderung der Verfassung von 1974 oder der serbischen Republikverfassung ab und forderten den Rücktritt von Morina und dessen Gesinnungsgenossen. Am 27. Februar beschloss das jugoslawische Staatspräsidium „besondere Maßnahmen" für Kosovo. „Besondere Maßnahmen" war eine euphemistische Formulierung für die Verhängung des Ausnahmezustands. In Slowenien lösten die Ereignisse in Kosovo Unruhe und Empörung aus. Am 28. Februar fand in Ljubljana eine Solidaritätskundgebung für die albanischen Streikenden statt. Einige der Teilnehmer trugen ein Abzeichen mit einem Judenstern und der Aufschrift „Kosovo – Mein Vaterland". „Heute sind es die Albaner, die aus der Gesellschaft ausgeschlossen sind als ‚faul', ‚gewalttätig' und ‚Mörder'. Doch morgen kann es uns passieren, den Slowenen, den Kroaten und Montenegrinern, jedem", verkündete einer der Redner und verglich das Leiden der Albaner mit dem Holocaust.[486] Die Protestveranstaltung in Ljubljana, über die vom Fernsehen berichtet wurde, provozierte wütende Reaktionen in Belgrad, wo sich am Abend mehr als 700.000 Menschen zu einer Gegendemonstration versammelten, die sich anschließend auch auf andere Städte Serbiens ausdehnte. Die Demonstranten beschimpften die Slowenen als Konterrevolutionäre und Vaterlandsverräter. Sie forderten die Verhaftung Vllasis und verlangten nach Waffen. Am selben Tag traten Morina und Genossen aufgrund der Protestwelle in Kosovo zurück. Während die albanischen Bergleute ihren Streik daraufhin abbrachen, traten nun serbische Bergleute in Leposavić (das zum Trepča-Komplex gehörte) in den Streik und forderten die Rücknahme des Rücktritts von Morina (der von der serbischen Führung ohnehin nicht akzeptiert worden war). Wenige Tage später wurden Vllasi sowie 44 weitere missliebige albanische Politiker ins Gefängnis gesteckt.

Und am 23. März war es dann so weit: Die eingeschüchterten Parlamente von Wojwodina und Kosovo stimmten einer Änderung der serbischen Verfassung zu. Trotz des

483 Ebda. (Vgl. auch die Auszüge aus Miloševićs Rede bei Ramet, S.: Three Yugoslavias (72), S. 348.
484 Polónyi, ebda.
485 Einzelheiten bei Magaš, B.: Destruction of Yugoslavia (305), S. 179 ff.
486 Jović, D.: Yugoslavia (296), S. 334.

Ausnahmezustands in Kosovo brachen daraufhin erneut Massendemonstrationen aus, die gewaltsam niedergeschlagen wurden, wobei es Tote und Verletzte gab. Am 28. März nahm das serbische Parlament die Verfassungsänderung an, begleitet von den größten Demonstrationen in Kosovo seit Kriegsende, abermals mit vielen Toten und Verwundeten. Der Tag der Verfassungsänderung wurde serbischer Staatsfeiertag.[487]

Rechtlich trat jetzt eine merkwürdige Situation ein: Einerseits verloren die beiden Provinzen ihren (nahezu) gleichberechtigten Status mit Serbien und den anderen jugoslawischen Republiken, andererseits galten sie gemäß Bundesverfassung weiterhin als konstitutive Bestandteile der Föderation (was faktisch nicht mehr der Fall war). Diese konfuse Situation beschäftigte später auch das Haager Kriegsverbrechertribunal. Am 8. August 2007 erklärte Ratko Marković, Rechtsprofessor an der Belgrader Universität und stellvertretender serbischer Ministerpräsident in den 90er-Jahren, als Zeuge der Verteidigung im Prozess gegen Milan Milutinović: „The Constitution of the Republic of Serbia was changed to alter not just the status, but to redistribute the powers, the competences between the autonomous province and the republic. [...] So even after the amendments of 1989, the autonomous provinces had exactly the same status within the Federation. There had only been a redistribution of powers between the provinces and the Republic of Serbia [...].“ Das jugoslawische Bundesparlament habe diese Interpretation bereits am 1. März 1989 bestätigt. Auf die Frage von einem der Anwälte: „Professor, [...] could one [...] conclude that in 1989 the amendments to the Constitution of Serbia did not infringe upon the autonomous rights of the autonomous provinces of Kosovo and Metohija?", antwortete Marković: „Absolutely, that's correct. That's a very clear conclusion that the Assembly of the SFRY reached. They state that these amendments do not affect, do not change, the position of the socialist autonomous provinces established by the SFRY constitution.“

Gewinner dieser widersprüchlichen Situation war das Milošević-Lager, das nun in den jugoslawischen Bundesorganen mit drei bzw. nach Gleichschaltung Montenegros mit vier Stimmen vertreten war und damit ebenso viele Stimmen besaß wie alle anderen vier jugoslawischen Republiken zusammen. Ohne Zustimmung Miloševićs war somit das Staatspräsidium bei kontroversen Entscheidungen mit vier gegen vier Stimmen handlungsunfähig, aber auch Milošević benötigte mindestens eine Stimme aus dem nichtserbischen Lager,

487 Zum Verfassungstext vgl. Josipović, Milorad (Bearb.): Srbija. Ustav: Ustav SR Srbije i amandmani na Ustav SR Srbije. Beograd 1989. Zu den Umständen, unter denen die Verfassungsänderung vom Kosovo-Parlament und vom serbischen Parlament verabschiedet wurde vgl. u. a. Meier, V.: Wie Jugoslawien verspielt wurde (308), S. 154 ff., sowie (aus serbischer Sicht) das Verhör des Zeugen Milorad Josipović (zu diesem Zeitpunkt Präsident des Kosovo-Parlaments) im Fall Milošević vor dem Internationalen Kriegsverbrechertribunal in Den Haag am 2. 12. 2004: http://www.un.org/icty/transe54/041202IT.htm. Zur Aushöhlung der Autonomie des Kosovo vgl. u. a. Biermann, R.: Lehrjahre im Kosovo (358), S. 208 ff.

um Beschlüsse in seinem Sinne durchzusetzen. Kurzum: Es hatte sich „nichts verändert", sofern man von der Veränderung der Machtverhältnisse absieht und davon, dass mit diesem Schritt die offene Demontage des zweiten Jugoslawiens begonnen hatte, der Anfang von seinem Ende. „Nichts hatte sich verändert", aber nichts war mehr, wie es vorher gewesen war. In Würdigung seiner Verdienste wählte das Belgrader Parlament am 6. Mai 1989 Milošević zum neuen Staatspräsidenten Serbiens. Die Vertreter der nichtserbischen Republiken in den jugoslawischen Partei- und Staatsorganen (mit Ausnahme der Vertreter Sloweniens) sahen dem Treiben Miloševićs mehr oder minder tatenlos zu. Ihre Appeasement-Politik begründeten sie mit der These, dass es sich um eine innerserbische Angelegenheit handle. Aber selbst wenn Milošević auf die Stimmen von Kosovo und Wojwodina in den Bundesorganen verzichtet und sich nicht in die inneren Angelegenheiten Montenegros eingemischt hätte – zwei Mindestvoraussetzungen, um von einer innerserbischen Angelegenheit sprechen zu können –, blieb das Faktum, dass die jugoslawische Machtbalance grundlegend verschoben worden war. Und der neue Politikstil Miloševićs – die Mobilisierung und Radikalisierung der Massen – war alles andere als eine innerserbische Angelegenheit. Dieser Stil war eine Herausforderung an die etablierten Führungsschichten in allen Republiken, die nun in der Tat – um Miloševićs Formulierung aufzugreifen – vor der Wahl standen, sich entweder an „die Spitze des Volkes" zu stellen und dessen „Stimme zu erhören" oder „von der Zeit fortgespült" zu werden.

Das Super-Event: Der 28. Juni 1989

Mit der Änderung der serbischen Verfassung war die „antibürokratische Revolution" abgeschlossen, auch wenn das „verehrte Volk" fortfuhr, „sich zu ereignen". Die Rhetorik auf den Massenveranstaltungen in Serbien Ende der 80er-Jahre bewegte sich zwischen Friedens- und Kriegsrhetorik, zwischen der Beschwörung von „Einheit und Brüderlichkeit", der Erinnerung an die Toten und der düsteren Prophezeiung künftiger Kriege, zwischen historischen Opfermythen und Verfolgungsängsten auf der einen und dem Ruf nach Geschlossenheit der Serben auf der anderen Seite. Nie fehlten die überlebensgroßen Porträts Miloševićs und die Konterfeis der beliebtesten und populärsten serbischen Nationalhelden: vom heiligen Sava und den Helden der Schlacht auf dem Amselfeld von 1389 (Fürst Lazar, Miloš Obilić, die neun Jugovići usw.) über den Führer des ersten serbischen Aufstands von 1804, Karadjordje, bis zu Mihailović und Milošević, dem „neuen Tito" – eine merkwürdige, widersprüchliche Mixtur aus nationalistischen, neo- oder pseudoreligiösen, neokommunistischen und folkloristischen Elementen. Die Ansprachen und Spruchbänder waren gespickt mit Zitaten aus Volksliedern und Sprichwörtern, mit Versen aus dem *Bergkranz* von Petar Petrović Njegoš, dem „serbischen

Goethe", oder mit Zehnsilbern zu Ehren Slobodan Miloševićs. Journalisten, Priester, Schauspieler, Maler und Schlagersänger sowie der serbische Schriftstellerverband inszenierten den Kosovo-Mythos in allen Facetten.[488] Und auch die „Vox populi" begann wieder, in den traditionellen Zehnsilbern des Heldenepos zu dichten:

„Slobodan, du unser scharfer Degen / Ist bald die Schlacht des Kosovo wegen?
Rufen wir Strahinjić, tapfer und klug, / Die neun Jugovići, den alten Jug
Oder Boško, der unser Banner trägt / Und mit dem Säbel das Amselfeld mäht.
Wird warmes Blut dann fließen, / Wo alljährlich die Pfingstrosen sprießen?
Wenn Not am Mann ist, dann sag nur ein Wort, / Gewehrkugeln gleich sind wir am Ort."[489]

Den Höhepunkt der Mobilisierung bildete die 600-Jahr-Feier der Kosovo- bzw. Amselfeld-Schlacht am St. Veitstag, dem 28. Juni 1989, mit der die „Erinnerung" an das „serbische Golgatha" und das „serbische Jerusalem" zelebriert wurde. Spätestens zu diesem Zeitpunkt wurde deutlich, wie grundlegend sich der diskursive und mediale Raum in Serbien verändert hatte und welchen Einfluss die national umgepolte „Erinnerungskultur" auf die Generierung soziokultureller „Catchwords", sozialer Wahrnehmungen und Handlungsorientierungen ausübte. Es würde Seiten füllen, wollte man alle Reden, Medienberichte, literarische Ergüsse, „historische" Artikel, Bilder und Lieder aufzählen, die um den Veitstag herum das „müde Serbien" (Bogdanović) und sein „verehrtes Volk" überschwemmten. Von dem speziell zu diesem Anlass gedrehten Monumentalfilm *Boj na Kosovu* (Schlacht auf dem Amselfeld) ganz zu schweigen.[490] „Tausende und Abertausende von Menschen", so berichtete die Tageszeitung *Politika* am Veitstag 1989, „kommen auf den Wegen von den sanft abfallenden Hängen herab auf das Große Feld. [...]. Das Volk kommt, und nichts kann es mehr aufhalten."[491] Dort, auf dem Großen Feld, auf der Gedenkstätte „Gazimestan" nördlich der Kosovo-Hauptstadt Priština (vgl. Abbildung 22), erklärte der aus dem Himmel (mit einem Hubschrauber) eingeflogene Milošević am Tag des Heiligen Veit vor angeblich 1–2 Millionen Zuhörern:

488 Stellvertretend für viele andere: Sveti knez Lazar. Spomenica o šestoj stogodišnjici kosovskog boja 1389–1989. Hg. Serbische Orthodoxe Kirche, Beograd 1989; Kosovo 1389–1989. Special edition on the occasion of 600 years since the Battle of Kosovo. (Serbian Literary Quarterly 1989, 1–3). Hg. Serbischer Schriftstellerverband. Beograd 1989 oder das populäre Lied von Nikola Urošević (Gedža): Šest vekova prodje od Kosovskog boja (Sechs Jahrhunderte sind seit der Kosovo-Schlacht vergangen).

489 Zitiert nach Čolović, I.: Bordell der Krieger (266), S. 22.

490 Vgl. u. a. Zirojević, Olga: Das Amselfeld im kollektiven Gedächtnis, in: Serbiens Weg in den Krieg (553), S. 59 f.

491 Zitiert nach Nenadović, Aleksandar: Die *Politika* im Sturm des Nationalismus, in: ebda., S. 296.

„An diesem Ort im Herzen Serbiens, auf dem Amselfeld, geschah vor sechs Jahrhunderten, vor genau sechshundert Jahren, eine der größten Schlachten jener Zeit. Ebenso wie andere große Ereignisse ist auch dieses von vielen Fragen und Geheimnissen umgeben, es ist Gegenstand kontinuierlicher wissenschaftlicher Forschung und gewöhnlicher Neugierde des Volkes. [...] Heute ist schwer zu sagen, was an der Kosovo-Schlacht historische Wahrheit und was Legende ist. Heute ist das auch nicht mehr wichtig. Das Volk erinnerte sich und vergaß, niedergedrückt von Leid und voller Hoffnung [...]. Es schämte sich des Verrats und verherrlichte das Heldentum. [...] Zwietracht und Verrat in Kosovo begleiteten das serbische Volk als Verhängnis durch seine Geschichte. Auch im letzten Krieg [1941–45] führten Zwietracht und Verrat das serbische Volk und Serbien in die Agonie. [...] Aber auch später, als das sozialistische Jugoslawien errichtet war, blieb die serbische Führung gespalten. [...] So war es für Jahre und Jahrzehnte. Heute sind wir auf dem Amselfeld, um zu sagen, dass es nicht mehr so ist. Es gibt keinen geeigneteren Ort in Serbien als das Amselfeld, um das zu sagen. [...] Serbien ist heute geeint, gleichberechtigt mit den anderen Republiken und bereit, alles zu tun, damit sich das materielle und gesellschaftliche Leben aller seiner Bürger verbessert. [...] In Serbien haben nie allein Serben gelebt. Heute leben in ihm mehr Bürger anderer Völker und Nationalitäten als früher. Das ist kein Nachteil für Serbien. Ich bin ehrlich überzeugt davon, dass dies ein Vorteil ist. [...] Die Krise, die Jugoslawien getroffen hat, hat nationale Spaltungen mit sich gebracht, aber auch soziale, kulturelle und viele andere, weniger wichtige. Unter allen diesen Spaltungen haben sich die nationalen als dramatischste erwiesen. Ihre Beseitigung wird die Beseitigung anderer Spaltungen erleichtern und die Folgen mildern, die diese anderen Spaltungen hervorgerufen haben. [...] Die Kosovo-Schlacht beinhaltet noch ein weiteres großes Symbol. Es ist das Symbol des Heldentums. [...] Heute, sechs Jahrhunderte später, stehen wir wieder in Schlachten und vor Schlachten. Sie werden nicht mit Waffen ausgetragen, obwohl auch das nicht auszuschließen ist. [...] Für diese Schlacht benötigen wir das Heldentum ganz besonders. Ein etwas anderes Heldentum, versteht sich. Aber jene Beherztheit, ohne die nicht Ernsthaftes und Großes auf der Welt erreicht werden kann, bleibt unverändert, bleibt auf ewig notwendig [...].

Ewig lebe die Erinnerung an das Heldentum von Kosovo!

Es lebe Serbien!

Es lebe Jugoslawien!

Es lebe der Frieden und die Brüderlichkeit zwischen den Völkern!“[492]

492 Text der Rede bei Jevlić, Djordje: Bitka za Kosovo. Šest vekova posle. Bd. 1, Priština, Beograd 1998, S. 204–208. Eine von Milošević autorisierte Fassung der Rede existiert nicht. Vgl. dazu auch Polónyi, C.: Heil und Zerstörung (324), S. 485 ff.

Abb. 22: Serbischer Erinnerungsort Gazimestan (bei Priština) am 620. Jahrestag der Schlacht auf dem Amselfeld (2009), mit einem Porträt des Fürsten Lazar.

Miloševićs Rede, von der es keine autorisierte Fassung, aber Mitschnitte und Stenografien gibt, unterschied sich in vielen Punkten von dem, was in westlichen Medien darüber berichtet wurde. Es war nicht die Rede eines „Kriegshetzers“, kein „Kampfruf“ und auch keine „von Chauvinismus durchwirkte Rede“ (wie es in der *FAZ* hieß). Nach der Entmachtung der Autonomen Provinzen und den Erfolgen der „antibürokratischen Revolution“ übte sich Milošević in Zurückhaltung und zeigte sich versöhnlich, wie er dies später auch bei anderen Gelegenheiten tun sollte. Die Hetze überließ er anderen. Er selbst hat seine Rede vor dem Haager Kriegsverbrechertribunal ausdrücklich gelobt: „eine sehr gute, ausgezeichnete Rede, an der es tatsächlich nichts zu beanstanden gibt“ (zumindest dann nicht, wenn man den Text aus seinem Kontext löst).

Der kurzen Ansprache Miloševićs folgte ein 40-minütiges Kulturprogramm mit der Aufführung des szenischen Musikstücks *Martyrium des heiligen Fürsten Lazar* von Rajko Maksimović.[493] Zwei Stunden später begann eine Gedenkmesse für die kosovarischen Helden, die vom greisen Patriarchen German mit allen Erzbischöfen der serbischen orthodoxen Kirche zelebriert wurde. Es war eine bewegende, emotional aufgeladene Veranstaltung, die auch diejenigen in ihren Bann schlug, die zunächst nur aus Neugierde oder Wunsch nach Abwechslung daran teilgenommen hatten. Auf einer Anhöhe des Amselfelds wurde eine Gedenktafel errichtet. Ihre Inschrift lautet: „Wer Serbe ist und vom serbischen Geschlecht und nicht zum Kampf ins Kosovo kam, der möge weder mit männlichem noch mit weiblichem Nachwuchs gesegnet sein, von seiner Hand möge ihm nichts mehr gedeihen, weder roter Wein noch helles Getreide, seine Nachfahren mögen leiden, solange es sie gibt.“[494] Und der Schriftsteller Milan Komnenić erklärte drohend: „But it should finally be clear to everyone: were the Serbs forced to plunge into the abyss, that nation would, as it did seventy-four years ago on St. Vitus' day [gemeint ist das Attentat von Sarajevo am 28. Juni 1914] drag the whole world with them, a world that today is perilously indifferent to the Serbian destiny.“[495]

Fassen wir zusammen: Die große Krise der 80er-Jahre, der damit verbundene allgemeine Politikverdruss, der „antibürokratische“ Habitus Miloševićs, das Bündnis von Politik, Kirche und Wissenschaft, der Dauerbeschuss durch die Medien (Presse, Fernsehen, Radio), die Inszenierung der „Meetings“ und ihre Mobilisierungseffekte, die permanente Wiederholung des Genozid-Topos und der Opferdiskurse, die Zurückdrängung der jugoslawischen zugunsten der serbischen Mythen (insbesondere des Kosovo-Mythos) be-

493 Auszug aus Maksimovićs „Martyrium“ (Teil 8: Begräbnis): http://www.rajko-maksimovic.net/index.php?page=video_8

494 Zit. nach Popović, T.: Mythologisierung des Alltags (576), S. 100.

495 Komnenić, Milan: The Kosovo Cataclysm, in: Kosovo 1389–1989, S. 76.

gründeten oder verfestigten kollektive Wahrnehmungsmuster und schufen die mentale Grundlage zur Führung eines „gerechten Krieges". Sie setzten eine Dynamik in Gang, der sich große Teile der Bevölkerung nicht entziehen konnten (oder wollten), egal ob es sich dabei um Analphabeten oder Akademiker handelte. Eine von Aljoša Mimica und Radina Vučetić durchgeführte Analyse der in der *Politika* veröffentlichten Leserzuschriften macht deutlich, dass die „Vox populi" nicht vom „Mann auf der Straße, sondern vor allem von Wissenschaftlern, Lehrern und Professoren artikuliert wurde.[496]

Die Journalisten Bojana Lekić, Zoran Pavić und Slaviša Lekić veröffentlichten 2009 in Belgrad einen Band über die „Antibürokratische Revolution (1987–1989)" als Teilergebnis eines größeren Untersuchungsprojekts darüber, wie „sich das Volk ereignete". Der Band enthält neben einer Chronik der Ereignisse und Berichten von Zeitzeugen wichtige Dokumente aus den eineinhalb Jahren der „Revolution", u. a. Miloševićs Reden, Texte von Schriftstellern (Dobrica Ćosić) sowie Auszüge aus der damaligen Presse, insbesondere Leserbriefe, die die *Politika* in ihrer Rubrik „Echos und Reaktionen" (Odjeci i reagovanja) veröffentlichte.[497] Nach Auffassung des Psychologen Žarko Trebješanin offenbaren die gesammelten Texte die Macht des Wortes, „das töten kann", und geben Einblick in die „dunkle Seite der Manipulation von menschlichen Leidenschaften, in die Art und Weise, wie kollektive Paranoia inszeniert und zur Hexenjagd aufgewiegelt wird". Selbst diejenigen, die den Wahrheitsgehalt der Reden und Medienberichte bezweifelten – beweisen, dass sie falsch waren, konnten sie das in der Regel nicht. Ungewissheiten blieben. Und dann kamen weitere „Nachrichten", immer mehr, begleitet von schrecklichen Bildern. Und wieder dieselben Zweifel, wieder die Ungewissheiten. Gegen die Phalanx von Wissenschaftlern, Schriftstellern, Priestern und Politikern sowie Medien waren die Zweifler machtlos und isolierten sich selbst.

Serbisch war die spezifische Staffage und Inszenierung des diskursiven Raums, während die Reaktion großer Teile der Bevölkerung nicht „serbisch" oder „balkanisch", geschweige denn anomal war. Ähnliche Reaktionen sind aus sozial- und massenpsychologischer Sicht oft und eindringlich beschrieben worden (unabhängig von Serbien und unabhängig von den 1980er-Jahren). Wer die hier skizzierten Ereignisse als „typisch serbisch" interpretiert, verwechselt Volk und Masse. Den Schlüssel zum Verständnis der Ereignisse liefert nicht die Völkerpsychologie (etwa die des serbischen Geografen

496 Mimica, A. – R. Vučetić: „Vreme kada je narod govorio" (316).

497 Lekić, B. – Z. Pavić – S. Lekić (Hg.): Antibirokratska revolucija (302). Zur Berichterstattung der „Politika" über Kosovo in der ersten Jahreshälfte 1990 und zu den Kosovo-Beiträgen in der Rubrik „Echos und Reaktionen" während desselben Zeitraums vgl. die Kapitel 4 und 5 in: Kosovski čvor (492), S. 77–112 und 113–131.

und Anthropologen Jovan Cvijić, 1865–1927),[498] sondern die Massenpsychologie, die erstmals von Gustave Le Bon in *La psychologie des foules* (1895) formuliert und seither vielfältig ausdifferenziert wurde, u. a. vom serbischen Psychiater Dušan Kečmanović.[499] Das Verhalten von Massen kennt keine nationalen und zeitlichen Grenzen: es ist latent allgegenwärtig und ubiquitär.

5.5 DER SERBISCH-SLOWENISCHE ANTAGONISMUS

Divergierende Interessenlagen

Obwohl in vielen Arbeiten zum Untergang Jugoslawiens der serbisch-kroatische Konflikt als treibender Faktor des Staatszerfalls im Vordergrund steht, war es neben dem serbisch-albanischen vor allem der slowenisch-serbische Gegensatz, der die jugoslawische Politik in der zweiten Hälfte der 80er-Jahre paralysierte. (Der serbisch-kroatische Gegensatz beherrschte die Bühne erst ab Anfang der 90er-Jahre.) Slowenien war ein Sonderfall innerhalb Jugoslawiens. Es war nicht nur ökonomisch am weitesten entwickelt, sondern war auch ethnisch annähernd homogen.[500] Keine andere Republik des Bundesstaats wies eine vergleichbare Konstellation auf. Während die überwiegende Mehrheit der serbischen Bevölkerung und Politiker „pro-jugoslawisch" eingestellt war und vorerst blieb, zeichnete sich in Slowenien ab 1987 (unter slowenischen Intellektuellen auch schon früher) eine zunehmende Distanz und Enttäuschung gegenüber dem gemeinsamen Staat ab. Das war insofern ungewohnt, als slowenische Politiker und große Teile der

498 Zu Cvijić vgl. u. a. SUNDHAUSSEN, H.: Geschichte Serbiens (583), S. 191 ff.

499 KECMANOVIC, DUSAN: The Mass Psychology of Ethnonationalism. New York 1996; ders.: Ethnic Times. Exploring Ethnonationalism in the Former Yugoslavia. Westport 2002; ders.: Da li smo sišli s uma ili Dokaži da si Srbin. O etnonacionalizmu i o nama. Sremski Karlovci [u. a.] 2006. Kečmanović, der sich als einer der wenigen „Yugoslavs of Serbian ethnicity" bezeichnet, hat die erste Phase der postjugoslawischen Kriege in Sarajevo erlebt und 1993 das Land in Richtung Sydney verlassen. Im Unterschied zu den Nationalismus-Theoretikern Benedict Anderson, Eric Hobsbawm, Ernest Gellner u. a., die Nationalismus und Modernität miteinander verknüpfen, rückt Kečmanović Bedrohungsmythen und den Narzissmus der kleinen Unterschiede in den Mittelpunkt von Nationsbildung, ethnischer Gewalt und der „landscape of eternal madness".

500 Anlässlich der Volkszählung von 1981 lebten in Slowenien rund 9,5 % Nichtslowenen. Davon gehörten knapp 6 % (= 111.905 Personen) zu nationalen Minderheiten, die in der Nachkriegszeit – insbesondere in den 60er- und 70er-Jahren – aus anderen Teilen Jugoslawiens als „Gastarbeiter", „Južnjaci" (aus den südlichen Republiken) nach Slowenien gekommen waren. Die verbleibenden 3,5 % gehörten zu den „autochthonen" Minderheiten, die bereits seit Langem auf slowenischem Boden beheimatet waren. Die zahlenmäßig stärkste Gruppe bildeten die Ungarn mit rund 9500 Personen. Zu den Migranten vgl. Stat. godišnjak Jugoslavije 38 (1991) (43), S. 451. Die Unterscheidung zwischen „autochthonen" und sonstigen Minderheiten war ein Novum, das mit den slowenischen Verfassungsänderungen 1989 eingeführt wurde.

Bevölkerung sowohl nach dem Ersten wie nach dem Zweiten Weltkrieg auf ein starkes Jugoslawien zur Durchsetzung und Wahrung ihrer nationalen Ambitionen gegenüber den Nachbarn (insbesondere Italien und Österreich) und (nach 1948/49) zum Schutz vor einer sowjetischen Bedrohung gesetzt hatten. Erstmals in ihrer Geschichte hatten die Slowenen innerhalb des zweiten Jugoslawiens auch einen eigenen Staat erhalten. Viele slowenische Spitzenpolitiker (allen voran Edvard Kardelj, ferner Boris Kidrič, Stane Kavčić, Mitja Ribičić, Stane Dolanc u. a.) waren maßgeblich an der Ausgestaltung des Experiments Jugoslawien beteiligt gewesen. Und schließlich besaß Slowenien in Jugoslawien einen wichtigen Absatzmarkt für seine Produkte. Zwar hatten sich auch slowenische Kommunisten in der Vergangenheit oft vehement für die Interessen ihrer Republik (z. B. bei der Verteilung von Investitionsmitteln für Infrastrukturprojekte oder in der Sprachenfrage) eingesetzt, dabei aber nicht den jugoslawischen Staat infrage gestellt. Diese projugoslawische Stimmung begann nun zu kippen.[501] Slowenische Intellektuelle begannen, sich vom Konzept der „Brüderlichkeit und Einheit" zu verabschieden. Der Literaturwissenschaftler und Philosoph Taras Kermauner veröffentlichte im August 1987 seinen „Brief an einen serbischen Freund". Darin hieß es: „A brother is a brother. The question, however, is whether I want to live with my brother in the same house. It's not enough that he wants to live with me. Perhaps behind his brotherly feelings he hides a desire to freeload. Perhaps he causes enough damage that his closeness does not make me happy."[502]

Für den Prozess der Entsolidarisierung gab es mehrere Gründe. Erstens fühlte sich die slowenische Bevölkerung in der zweiten Hälfte der 80er-Jahre nicht mehr von außen bedroht und glaubte, auf den Schutzschirm Jugoslawiens verzichten zu können. Dieser „Verzicht" wurde zweitens dadurch erleichtert, dass nur eine sehr geringe Zahl von Slowenen in anderen Teilen Jugoslawiens lebte. Drittens: Obwohl es den Slowenen im Durchschnitt sehr viel besser ging als der Bevölkerung in vielen anderen Teilen des Gesamtstaats, wurden das marode jugoslawische Wirtschaftssystem und die Schuldenkrise zunehmend als Last und Zukunftsbarriere empfunden. Insbesondere die jüngere Generation wollte sich nicht länger mit einer „gerechten Verteilung der Armut" abfinden. Viertens: Slowenien war mit einem überproportional hohen Anteil an der Finanzierung des innerjugoslawischen Entwicklungsfonds als Nettozahler sowie an der Finanzierung der Bundesorgane beteiligt. Doch die Bereitschaft zur Solidarität mit den weniger ent-

501 Vgl. Kovač, Miha: The Slovene Spring, in: New Left Review I/171 (Oktober 1988), S. 115–128.

502 Veröffentlicht in NIN am 9. 8. 1987; zit. nach Bakić-Hayden, Milica – Robert Hayden: Orientalist Variations on the Theme „Balkans": Symbolic geography in recent Yugoslav cultural politics, in: Slavic Review 51 (1992), 1, S. 1–15; hier S. 6f.

Abb. 23: Der slowenische Parteichef und spätere Präsident Sloweniens Milan Kučan.

wickelten Teilen Jugoslawiens nahm in gleichem Maße ab, wie die Frustration über die Ineffizienz des Systems zunahm. Die Misswirtschaft brachte auch die Solidarität in Misskredit. Nun ging es um die Frage, wer die angelaufenen Schulden bezahlen sollte und wie eine weitere Fehlentwicklung durch einen grundlegenden Umbau des Systems verhindert werden konnte. Und fünftens: Die „antibürokratische Revolution" Miloševićs schürte die Angst vor einer serbischen Majorisierung. Je erfolgreicher Milošević agierte, desto mehr versteifte sich der Widerstand in Slowenien (nicht nur bei den Politikern, sondern auch bei der Bevölkerung). Sofern auch nur der Verdacht bestand, dass dringend notwendige Reformen eine Rezentralisierung des Gesamtstaats einleiten könnten, stießen sie in Slowenien zunehmend auf Misstrauen oder Ablehnung.[503] Zusammen mit den „Autonomisten" in der Wojwodina und Kosovo gehörten die slowenischen Politikern zum Lager der „Verfassungsverteidiger" und wehrten sich vehement gegen den Umbau der Verfassung im Sinne Miloševićs. Der von ihnen anvisierte lockere Staatenbund geriet in einen unlösbaren Gegensatz zu dem vom Milošević-Lager geforderten „dritten Jugoslawien". Doch worin bestand der Unterschied zwischen der „anti-jugoslawischen" Haltung der Slowenen und der „pro-jugoslawischen" Haltung der Serben? Der Unterschied bestand darin, dass beide das „realexistierende" Jugoslawien ablehnten, wobei die einen seine Entwicklung zu einem Staatenbund („anti-jugoslawisch"), die anderen seine

503 Vgl. Perović, Latinka: Yugoslavia was defeated from inside, in: Biserko, S. (Hg.): Yugoslavia (257), S. 63.

Entwicklung zu einem Zentralstaat mit föderativen Elementen („pro-jugoslawisch") anstrebten. Die in jeder Hinsicht konträre Interessenlage der slowenischen und serbischen Politik nahm seit 1986 immer deutlichere Konturen an. Im April dieses Jahres war Milan Kučan (vgl. Abbildung 23), der den Reformkommunisten zugerechnet wurde, an die Spitze der slowenischen KP gewählt worden, nur wenige Wochen nachdem sein Altersgenosse Slobodan Milošević (beide Jahrgang 1941) an die Spitze des BdK Serbiens gerückt war. Damit hatten sich die beiden Hauptkontrahenten der kommenden Jahre positioniert. Wie Milošević, so machte sich bald auch Kučan mehr und mehr die national(istisch)en Forderungen der Intellektuellen zu eigen.

„Die Nacht der langen Messer"

Nach dem Amtsantritt von Kučan mehrten sich in Slowenien die systemkritischen Stimmen. Im Januar 1987 veröffentlichte die fünf Jahre zuvor von slowenischen Dissidenten gegründete unabhängige Zeitschrift *Nova revija* ihre 57. Ausgabe unter dem Titel „Beiträge zu einem slowenischen Nationalprogramm" (Prispevki za slovenski nacionalni program*)*, das etwa zeitgleich mit dem Memorandum der Serbischen Akademie der Wissenschaften entstanden war, aber erst jetzt publiziert wurde.[504] Die Autoren der 16 Artikel, unter ihnen die Philosophen Tine Hribar und Ivan Urbančič, der Chefredakteur Dimitrij Rupel, der Schriftsteller Niko Grafenauer und der Intellektuelle Jože Pučnik, beschäftigten sich mit der „slowenischen Staatlichkeit", der „slowenischen nationalen Souveränität", dem (Nicht-)Gebrauch des Slowenischen in der Jugoslawischen Volksarmee, dem Aufbau einer Zivilgesellschaft usw. Haupttenor der weltanschaulich und politisch unterschiedlichen Beiträge war die Forderung, dass den Slowenen der Weg zu einer eigenständigen Entwicklung (innerhalb Jugoslawiens), der Weg zu Demokratie, Pluralismus und Marktwirtschaft nicht versperrt werden dürfe. Anderenfalls sollte Slowenien die volle Unabhängigkeit anstreben. Hauptgegner der slowenischen Intellektuellen (nicht der slowenischen Politiker) war übrigens nicht der serbische Nationalismus, für den sie durchaus Verständnis zeigten, weil er ihrem eigenen ähnelte und in dieselbe Richtung zielte, sondern der jugoslawische Unitarismus/Zentralismus, den sie als existenzielle Bedrohung empfanden. Die Angst, in einem rezentralisierten Jugoslawien zur Minderheit abzusteigen, war in Slowenien ebenso verbreitet wie die Angst der Serben vor einem Minderheitenstatus in Kosovo, in einem unabhängigen Kroatien oder in Bosnien.

Das „Nationalprogramm" provozierte einen öffentlichen Skandal in Jugoslawien. Die Herausgeber wurden zum Rücktritt gezwungen, doch nicht verfolgt. Parteichef Kučan

504 Abrufbar unter: http://www.rtvslo.si/files/novice/nr_57.pdf.

hüllte sich in beredtes Schweigen, und die *Nova revija* konnte ihr Erscheinen fortsetzen. Die 57. Ausgabe gilt als Vorspiel für den „slowenischen Frühling", der mit den antikommunistischen Massenprotesten des folgenden Jahres begann und manche Ähnlichkeiten mit dem „kroatischen Frühling" von 1971 aufwies.

Anlass war ein Artikel unter dem vieldeutigen Titel „Die Nacht der langen Messer" (Noč dolgih nožev), der nie erschienen ist. Er sollte am 10. Mai 1988 im systemkritischen slowenischen Jugendmagazin *Mladina* veröffentlicht werden. Die Ausgabe war bereits gedruckt, wurde aber auf Intervention der Staatsanwaltschaft nicht ausgeliefert. *Mladina* (Jugend) war eine vom Sozialistischen Jugendverband Sloweniens herausgegebene Wochenzeitschrift, die sich mit kritisch-provokativen Beiträgen zu politischen und gesellschaftlichen Fragen, u. a. auch mit scharfer Kritik an der Jugoslawischen Volksarmee und am jugoslawischen Verteidigungsminister Branko Mamula (1982–88), einen Namen gemacht hatte und zum Sprachrohr der demokratischen Opposition avanciert war. Mehrere der armeekritischen Beiträge waren von dem Dissidenten Janez Janša (von Ende 2004 bis Ende 2008 slowenischer Ministerpräsident) verfasst worden, der zwar zwischenzeitlich kaltgestellt worden war, aber in der „Ära Kučan" wieder publizieren durfte. In dem nicht veröffentlichten und mit einem Pseudonym gekennzeichneten Artikel vom 10. Mai berichtete die *Mladina* über eine geheime Sitzung des ZK des BdKJ vom 29. März, auf der über Pläne zur Verhaftung slowenischer Journalisten und Dissidenten sowie über eine Niederschlagung der Demokratiebewegung in Slowenien unter Assistenz der Armee beraten worden war.[505] Die Informationen beruhten auf einer Aufzeichnung Milan Kučans, der nun aus Sicht der Armee ein Sicherheitsrisiko wurde. Wie das Material an die *Mladina* gelangt war, ist unklar. Der Bericht bot der Armeeführung einen willkommenen Vorwand zur Intervention. Ende Mai/Anfang Juni wurden Janez Janša (der nicht der Verfasser des genannten Artikels war), Ivan Borštner, ein Sergeant der Jugoslawischen Volksarmee, der *Mladina*-Journalist David Tasić, und Chefredakteur Franci Zavrl wegen angeblichen Verrats von Militärgeheimnissen verhaftet. Um welche Militärgeheimnisse es sich handelte, blieb geheim. Ausschlaggebend war, dass dieser Fall damit in die Zuständigkeit der Militärgerichtsbarkeit fiel, auf die die slowenische Regierung und Justiz keinen Einfluss hatten. Das Gerichtsverfahren gegen die vier Angeklagten, das nach den Initialen ihrer Namen als JBTZ-Prozess bekannt wurde, fand hinter verschlossenen Türen statt. Gerichtsort war Ljubljana, doch die Verhandlungen wurden

505 Ein Fasimile des Artikels ist einsehbar unter: http://www.slovenskapomlad.si/1?id=28&aofs=9. Auszüge aus dem „Stenogramm" der ZK-Sitzung, die als samizdat-Kopien in Ljubljana kursierten, wollte „Mladina" am 13. 5. veröffentlichen. Aber auch dieser Artikel konnte nicht erscheinen. Abgedruckt in Mihelјak, Vlado: Slovenci padajo v nebo. Ljubljana 1995, S. 32 f. Ich danke Dušan Nečak von der Universität Ljubljana, der mir die Materialien zur „Mladina"-Affäre zur Verfügung gestellt hat.

Abb. 24: Solidaritätskundgebung für die vier slowenischen Angeklagten vor dem Militärgericht in Ljubljana (1988).

in serbokroatischer Sprache (der „Kommandosprache" der Armee)[506] geführt, was die ohnehin gespannte und nationalistisch aufgeladene Stimmung in Slowenien weiter anheizte.[507] Die Angeklagten wurden zu Haftstrafen zwischen sechs Monaten und vier Jahren verurteilt.

Der Prozess erwies sich als Pyrrhussieg der Armeeführung (insbesondere des neuen Verteidigungsministers Veljko Kadijević, eines „Hardliners") und der für eine Intervention in Slowenien plädierenden Politiker. Statt die Opposition einzuschüchtern, löste er eine breite Protest- und Solidarisierungswelle in Slowenien aus (Abbildung 24). Er entfremdete die nördliche Republik weiter von Jugoslawien, stärkte den Wunsch nach nationaler Unabhängigkeit, gab den Anstoß zur Formierung einer slowenischen Menschenrechtsbewegung und verlieh der aufkeimenden, noch zaghaften Zivilgesellschaft kräftige Impulse. Kučan, dessen Popularität sprunghaft in die Höhe geschnellt war, stellte sich in der Folgezeit immer offener auf die Seite der Protestbewegung, versuchte aber

506 Gemäß Art. 243 der Verfassung von 1974 waren alle Sprachen (und Schriften) der Völker und Völkerschaften Jugoslawiens in den Streitkräften gleichberechtigt. Als Kommandosprache durfte jedoch *eine* der Sprachen [Serbokroatisch] verwendet werden.

507 Vgl. Gow – CarMichael: Slovenia and the Slovenes (587), S. 154.

Provokationen zu vermeiden, da er einen Militärputsch fürchtete. Das Ergebnis war ein riskanter politischer Balanceakt. Der Graben zwischen Slowenien und dem Rest Jugoslawiens, insbesondere dem Milošević-Regime und der Volksarmee, wurde immer tiefer.

Auf dem Weg zur „asymmetrischen Föderation"?

Nachdem Milošević die Autonomen Provinzen entmachtet und Montenegro „gleichgeschaltet" hatte, begann in Slowenien eine neue Runde im Kampf gegen die Rezentralisierung Jugoslawiens. Während das Milošević-Lager für eine „effektive Föderation" mit einem Dreikammer-Parlament (zu den bestehenden zwei Kammern sollte eine „Bürgerkammer" hinzukommen, die im Unterschied zu den beiden ersten nicht nach dem Republikenproporz, sondern nach der Bevölkerungszahl zusammengesetzt sein sollte), ferner für die Beibehaltung des „demokratischen Zentralismus" im BdKJ und für einen „nichtparteilichen Pluralismus" (nepartijski pluralizam)[508] kämpften, plädierten Öffentlichkeit und Reformpolitiker in Slowenien für eine umfassende Demokratisierung und eine „asymmetrische Föderation": Jede Republik sollte über die Ausgestaltung ihrer Beziehungen zum Bundesstaat selber frei entscheiden können. Eine Mehrheitswahl auf Bundesebene, wie von serbischer Seite gefordert, lehnten die Slowenen ab. In einem multiethnischen Staat gefährde eine Mehrheitswahl die Gleichberechtigung der Völker, so Milan Kučan.[509] (Diese Angst war freilich weniger das Resultat nüchterner Überlegungen als eine Reaktion auf das politische Klima, das Milošević seit Ende 1987 geschaffen hatte.)

Am 27. Juni 1989 – drei Monate nach der Verfassungsänderung in Serbien – traten führende slowenische Politiker mit einer „Grundsatzcharta für Slowenien" (Temeljna listina Slovenije) an die Öffentlichkeit. Im ersten Punkt der Charta hieß es: „Wir wollen leben in einem demokratischen Staat des souveränen slowenischen Volkes und aller Staatsbürger Sloweniens, gegründet auf Menschenrechte und staatsbürgerliche Freiheiten."[510] Betont wurden das „unveräußerliche" Recht auf nationale Selbstbestimmung und der Wunsch der Slowenen, nur in einem solchen jugoslawischen Staat zu leben, in dem alle Nationen und Minderheiten gleiche Rechte genießen und über ihre gemeinsamen Angelegenheiten in einem Konsensverfahren entscheiden. Indirekt wurde die von serbischen Verfassungsrechtlern und Politikern vertretene These zurückgewiesen, dass das Selbstbestimmungsrecht der jugoslawischen Völker durch ihren Beitritt zum Gesamt-

508 Gemeint war ein „Pluralismus" ohne Mehrparteiensystem.

509 Vgl. Borba vom19. 6. 1989, nach Jović, D.: Yugoslavia (296), S. 339.

510 Wortlaut: www.dlib.si/v2/StreamFile.aspx?URN=URN:NBN:SI:doc-6V8QQ1?5.pdf. .

staat am Ende des Zweiten Weltkrieges „konsumiert“ worden sei: Ein grundsätzliches Recht kann nicht durch einmalige Anwendung „aufgebraucht“ werden. Ein politisches Monopol und die Vorherrschaft einer Nation wiesen die Verfasser der Charta dezidiert zurück.

Am Abend des 29. September 1989 – als sich in Teilen des Ostblocks bereits die Anzeichen für den bevorstehenden Zusammenbruch der realsozialistischen Systeme mehrten – verabschiedete das Parlament in Ljubljana eine Änderung der slowenischen Verfassung und folgte damit dem Schritt des serbischen Parlaments fünf Monate zuvor. Die slowenischen Verfassungszusätze nahmen die Grundprinzipien aus der Charta wieder auf und setzten sie in geltendes Recht um. Neu war die Bestimmung, dass die Organe Sloweniens bei „der Übernahme finanzieller Verpflichtungen zur Realisierung der Funktionen der Föderation die materiellen Möglichkeiten der Republik in Betracht ziehen“ müssten. Und ebenfalls neu war die (den Ereignissen in Kosovo geschuldete) Regelung, dass ein Ausnahmezustand in Slowenien nur mit Zustimmung der Republik verhängt werden könne, wogegen die jugoslawische Armeeführung sofort protestierte.

Die Annahme der slowenischen Verfassungsänderungen erfolgte in einer unheilschwangeren Atmosphäre. Seit Wochen führten serbische Medien eine Kampagne gegen Slowenien. Gerüchte über einen von der Armeeführung betriebenen Politikwechsel in Slowenien rissen nicht ab. Auch das jugoslawische Staatspräsidium unter Vorsitz des Slowenen Janez Drnovšek hatte sich (unter Missachtung des Votums ihres Vorsitzenden) gegen einige der slowenischen Verfassungsänderungen ausgesprochen, da diese im Widerspruch zur Bundesverfassung stünden, was zutraf, aber von slowenischer Seite zurückgewiesen wurde. Und nur einen Tag vor dem Beschluss des slowenischen Parlaments war das Zentralkomitee des BdKJ überraschend zu einer außerordentlichen Sitzung nach Belgrad einberufen worden. Die Sitzung wurde live vom Fernsehen übertragen. Die Vertreter Sloweniens sahen sich mit massiven, oft feindseligen Anschuldigungen konfrontiert. Bogdan Trifunović, ein enger Vertrauter Miloševićs, brüstete sich damit, dass Kučan sein Feind sei. Die Beschuldigten ihrerseits warnten vor einer „Kosovisierung“ (kosovizacija) Sloweniens und verwiesen auf die Leistungen, die ihre Republik im Gesamtstaat erbringe: Mit acht Prozent der Bevölkerung erzeuge Slowenien 22 % des Nationaleinkommens und beteilige sich dementsprechend an der Finanzierung des Bundeshaushalts. 30 % der Exporte Jugoslawiens in Länder mit konvertibler Währung und 25 % aller Gesamtexporte kämen aus Slowenien, dessen Unternehmen auch überproportional an der Finanzierung des innerjugoslawischen Entwicklungsfonds beteiligt seien. Kučan erklärte, dass Slowenien auf alle Fälle die Verabschiedung der Verfassungszusätze fortsetzen werde. Mit 97 gegen 40 Stimmen beschloss das ZK in den frühen Morgenstunden des 27. Septembers, die Slowenen zur Verschiebung ihrer Parlamentsabstimmung aufzufordern.[511] Doch die Parlamentarier in Ljubljana ließen nicht locker. Während der Sitzung des slowenischen Parlaments am Abend des 28. September sprach sich der neue montenegrinische Parteichef Momir Bulatović im Fernsehen unverhüllt für eine militärische Intervention in Slowenien aus. Aber auch diese Drohung nutzte nichts. Faktisch war Jugoslawien nun (nach den einschneidenden Verfassungsänderungen in Serbien und Slowenien) tatsächlich eine „asymmetrische Föderation".

Der amerikanische Anthropologe und Rechtswissenschaftler Robert Hayden, ein ausgewiesener Kenner Jugoslawiens, erklärte dazu am 11. September 1996 vor dem Kriegsverbrechertribunal in Den Haag als Gutachter der Verteidigung im Prozess gegen Duško Tadić:

> „What we are looking at is the final version, the final version, of the [Slovenian] amendments, the amendments as passed. Amendment XLVI says: ‚In the course of their activities in the territory of the Socialist Republic of Slovenia, the organs of the federation shall respect the constitutional right of the equality of the languages on the part of the members of all the nations and nationalities'. The controversial part was the next clause: ‚If activities or enactments by the organs of the federation violate the constitutional status and rights of the Socialist Republic of Slovenia, the Assembly of the Socialist Republic of Slovenia shall take measures in accordance with Amendment LXII.'
>
> Q[uestion]: Professor Hayden, if you would compare this Amendment to the Slovenian Constitution with the provisions of the Serbian constitution, what would be your conclusion?
>
> A[nswer]: Well, I would actually have to look first at Amendment LXII which is now in front of us. It says: ‚If the organs of the federation adopt a decision which is not in accordance with their competence as set out in the Constitution, and thereby infringe on the constitutional status and the rights of the Socialist Republic of Slovenia, the Assembly of the Socialist Republic of Slovenia shall take measures in order to protect the status and rights of the Socialist Republic of Slovenia as defined in the Constitution.' This Amendment, of course, read along with the Amendment before it, is very comparable to the Serbian Amendment -- Serbian Article No. 135 of the Serbian Constitution which was passed a year later. The Serbian Constitution was adopted in September 1990. This Slovenian Constitution was adopted in September of 1989.
>
> Q[uestion]: Looking at these amendments to the Constitutions, both of Serbia and Slovenia, I would like to put to you a quote that I also put to Dr. [James] Gow.[512] It was a

511 Vgl. Meier, V.: Wie Jugoslawien verspielt wurde (308), S. 211.

512 James Gow war im Mai 1996 als Experte vor dem Kriegsverbrechertribunal aufgetreten.

quote of a statement he gave in the Foreign Affairs Committee in the House of Commons. Would you agree if I would say that: ‚It is fair to say that the Slovenes were the first to give up on Yugoslavia', at least if you understand that question?

A[nswer]: I would certainly agree with that statement, yes.

[...]

[Hayden]: The federation, the Yugoslav federation, well, it began a process of decreasing functionality with the passage of the Slovenian amendments in September of 1989, and specifically the first federal organ to essentially pass into ineffectiveness, an effective nullity, was the constitutional court of Federal Yugoslavia, because there was an attempt made by the federal government (headed by Ante Markovic) to bring the Slovenian amendments before the federal court. The Slovenian government refused to recognise the competence of the federal court to hear the issue, refused to participate in the hearing before the constitutional, the federal constitutional court, which actually did hear the case and rendered a decision which was ignored by the Republic of Slovenia. Over the course of the next year and a half, as it became obvious that a Republic could ignore federal authority and get away with it, increasingly republics ignored federal authority, ignored directives of the federal government and thereby brought the federal structure to a halt."[513]

Hayden erwähnt zwar die neue serbische Verfassung, von der noch zu sprechen sein wird, geht aber mit keinem Wort auf die serbischen Verfassungsänderungen vom März 1989 ein, die gegen Buchstabe und Geist der Bundesverfassung von 1974 verstießen. Und er geht mit keinem Wort auf die politischen Ereignisse ein, die den slowenischen (und serbischen) Verfassungsänderungen vorausgingen. Dass die slowenischen Gegenmaßnahmen nur dann in Gang gesetzt werden sollten, wenn von den Bundesorganen eine Maßnahme beschlossen würde, die gegen die Verfassung verstieß, ist selbsterklärend. Richtig ist, dass Slowenien die Entscheidung des Bundesverfassungsgerichts ignorierte.[514] Aber ebenso richtig ist, dass das Staatspräsidium und die Bundesregierung im Fall der serbischen Verfassungsänderungen auf die Anrufung des Bundesverfassungsgerichts verzichtet hatten, weil sie die Änderungen für eine innerserbische Angelegenheit hielten und glaubten, auf diese Weise Milošević zufriedenstellen zu können. Dabei ging es nicht um Verfassungsrecht, sondern um Politik.[515] Haydens These, dass die sloweni-

513 http://www.icty.org/x/cases/tadic/trans/en/960911IT.htm, S. 5650–5653.

514 1963 waren Verfassungsgerichte sowohl auf Bundes- wie auf Republiksebene eingerichtet worden. Zu Einzelheiten vgl. Srzentić, Niko: The Constitutional Judiciary in Yugoslavia. Belgrade 1984.

515 Im Januar 1990 erklärte übrigens das Bundesverfassungsgericht 18 Änderungen der Republiksverfassungen für verfassungswidrig! Nur die montenegrinische Verfassung wurde nicht beanstandet. Konsequenzen zeitigte diese Entscheidung aber nicht.

schen Verfassungsänderungen der Anfang vom Ende Jugoslawiens gewesen seien und den künftigen Krieg „unvermeidbar" gemacht hätten,[516] ist historisch unhaltbar (ob sie verfassungsrechtlich haltbar ist, müssen andere entscheiden). Wie dem auch sei – Jugoslawien war nun eine „asymmetrische Föderation" bzw. Konföderation. Wäre diese Tatsache von allen Seiten akzeptiert worden, hätte es dabei bleiben können. Zumindest für einige Jahre.[517]

Ein erneuter Versuch zur Mobilisierung der Straße und zum Export der „antibürokratischen Revolution" brachte den Stein aber wieder ins Rollen. Der von Kosovo-Serben unter Leitung von Miroslav Šolević geleitete Ausschuss zur Vorbereitung von Meetings kündigte für den 1. Dezember ein „Meeting der Wahrheit" in Ljubljana an, um der slowenischen Öffentlichkeit die „Wahrheit über Kosovo" zu „erklären". Obwohl sich das jugoslawische Staatspräsidium hinter das Meetingprojekt stellte (da damit „direkte Konsultationen im demokratischen Geist" zwischen den „interessierten jugoslawischen Bürgern" und den Organen Sloweniens ermöglicht würden!), entschieden sich die slowenischen Behörden in Erinnerung an die „Meetings" aus der Zeit der „antibürokratischen Revolution" für ein Verbot der Veranstaltung mit der Begründung, dass gewaltsame Ausschreitungen zu befürchten seien. In der Rubrik „Echos und Reaktionen" der Tageszeitung *Politika* erschien nun wieder eine Flut emotionsgeladener Kommentare, in denen das Demonstrationsverbot mit Beschränkung der Bewegungsfreiheit gleichgesetzt wurde. So schrieb ein Sredoje T. aus Zrenjanin am 25. November: „Solange sich Slowenien im Verbund Jugoslawiens befindet, hat meiner Meinung nach niemand das Recht, den Bürgern dieses Staates das Recht auf Bewegungsfreiheit zu beschneiden, auch nicht den Serben und Montenegrinern aus Kosovo und anderen Teilen unseres Landes, die Ljubljana besuchen [!] möchten." Noch sei es für die slowenische Führung nicht zu spät für einen Gesinnungswandel, „anderenfalls wird ihr eigenes Volk sie von der politischen Szene eliminieren, was kein Schaden wäre". Der Autor verweist in diesem Zusammenhang auf das Meeting in Titograd. Und ein gewisser Sava A. aus Belgrad kommentierte am 27. November: „Aus den Beschlüssen zahlreicher Organe der SR Slowenien haben

516 Hayden, Robert: The beginning of the end of Federal Yugoslavia: the Slovenian amendment crisis. Pittsburgh 1992; ders.: Blueprints (287), S. 29: „Following this act by Slovenia, the survival of the Yugoslav federation became impossible in constitutional terms and, for this reason, politically as well, which made the outbreak of internal war inevitable."

517 Zur Diskussion vgl. Antonić, Slobodan: Could a Confederation Have Saved Yugoslavia?, in: Nationalities Papers 25 (1997), 3, S. 469–479. Antonić beantwortet die Frage negativ, da selbst die slowenischen und kroatischen Politiker eine Konföderation auf Dauer nicht gewollt hätten. Für sie wäre die Konföderation nur ein Übergangsstadium zur völligen Trennung gewesen. Letztlich lässt sich die Frage aber nicht beantworten, da eine neue Realität auch neue Orientierungen und Zielsetzungen mit sich gebracht hätte. Über deren Ausrichtung können wir nur spekulieren.

wir gesehen, dass für die Serben und Montenegriner aus Kosovo ein ‚feierlicher' Empfang in Slowenien vorbereitet wird. Es wird sogar mit der Miliz an der Grenze dieses ‚Staates' [der Autor benutzt hier in Anführungsstrichen das slowenische Wort für Staat: ‚dežela'] gedroht, d. h. es wird ihnen der Eintritt nach Slowenien verwehrt, womit die Bewegungsfreiheit der Bürger auf dem gesamten Territorium Jugoslawiens verfassungswidrig beschränkt wird." Falls dies in die Tat umgesetzt würde, schlug der Verfasser vor, dass Serbien die Lieferung serbischer Waren nach Slowenien (Bodenschätze, Getreide, Mais, Industriepflanzen usw.) verbietet, „damit die ‚Infizierung' Sloweniens mit dem serbischen Virus (virus antibirocraticus) komplett verhindert wird", usw.[518]

Nachdem das „Meeting" in Ljubljana dank eines massiven Polizeiaufgebots geplatzt war, verkündete die *Politika* in ihrer Schlagzeile „Serbien bricht die Beziehungen mit dem Regime Sloweniens ab". Hintergrund war die Aufforderung der „Sozialistischen Allianz Serbiens" zu einem Boykott slowenischer Waren, da die menschlichen Grundrechte und Freiheiten in Slowenien „suspendiert" worden seien. Damit begann ein offener Wirtschaftskrieg, der alle Bestrebungen des neuen jugoslawischen Ministerpräsidenten Ante Marković zur Stabilisierung des jugoslawischen Markts zunichtemachte. Die These, dass der jugoslawische Markt bereits seit Jahren desintegriert gewesen sei, gehört zu den hartlebigen Behauptungen der „Zentralisten". Die bis in die zweite Hälfte der 80er-Jahre hinein verfügbaren statistischen Wirtschaftsdaten belegen, dass die ökonomische Desintegration Jugoslawiens erst Ende des Jahrzehnts dramatische Ausmaße annahm.[519] Auch politisch gingen Slowenien und Serbien entgegengesetzte Wege. Während in Serbien am 11. November 1989 Parlaments- und Präsidentschaftswahlen auf gewohnter Einparteienbasis (allerdings mit jeweils mehreren Kandidaten) durchgeführt wurden und Milošević mit 80,4 % der abgegebenen Stimmen erstmals in einer Direktwahl als Präsident Serbiens bestätigt wurde, sprach sich der BdK Sloweniens auf seinem Parteikongress im Dezember 1989 offen zugunsten eines Mehrparteiensystems, freier Wahlen und der Trennung von Partei und Staat aus.

Januar 1990: Der BdKJ bricht auseinander

In Vorbereitung des auf den 20. Januar 1990 anberaumten 14. außerordentlichen Kongresses des BdKJ traten die divergierenden Konzepte der Republikparteien noch einmal

518 Zu diesen und weiteren „Leserzuschriften" vgl. Mimica, A. – R. Vučetić: „Vreme kada je narod govorio" (316), S. 230–242. Auszüge aus dem Buch sind abrufbar unter: http://www.e-novine.com/srbija/srbija-tema/25766-Miting-istine-Ljubljani.html.

519 Vgl. u. a. Petak, Zdravko: Ekonomska pozadina raspada socijalističke Jugoslavije, in: Dijalog povjesničara – istoričara. Bd. 9. Tagreb 2005, S. 58 ff.

deutlich zutage. Formal ging es um Statut und Programm der Bundespartei. Die Slowenen plädierten für die Transformation des BdKJ in einen „Bund der Bünde" (Savez saveza), d. h. für die Umwandlung der Bundespartei in einen Dachverband der selbstständigen Republiksparteien, ferner für die Aufgabe des „demokratischen Zentralismus" und für die Beibehaltung des Konsensprinzips bei wichtigen Entscheidungen. Zugleich wiederholten sie ihren Vorschlag zur Bildung einer „asymmetrischen Föderation". Die Serben sprachen sich für eine einheitliche Bundespartei, für die Beibehaltung des „demokratischen Zentralismus" und für ein Abstimmungsverfahren auf der Basis „eine Person eine Stimme" aus. Sie lehnten die These von der „Staatlichkeit" der Republiken ab und forderten eine Stärkung der bundesstaatlichen Kompetenzen. Milošević, dessen Partei mit Abstand die meisten Mitglieder zählte, aber keine eigene Mehrheit im Kongress besaß,[520] setzte auf die Unterstützung einiger Vertreter Bosniens und Makedoniens, der beiden Republiken, die am Erhalt Jugoslawiens besonders interessiert waren, und hoffte außerdem, auch einen Teil der kroatischen Delegierten, die sich zu 35 % aus kroatischen Serben und „Jugoslawen" zusammensetzten, auf seine Seite ziehen zu können. Die Mehrheit der Stimmen aus der Wojwodina und Montenegro setzte er voraus.[521] Obwohl noch Unsicherheiten bestanden, zumal die Krise der Partei und des Sozialismus auf der einen und die nationalistische Rhetorik auf der anderen Seite die Parteimitglieder in allen Teilen des Landes zunehmend verunsicherte, schien Milošević den Sieg bereits in der Tasche zu haben. Dies hätte es ihm erlaubt, Jugoslawien nach seinen Vorstellungen umzugestalten. Denn nach wie vor war es die Partei, die an den Schaltstellen der Macht saß.

Aufschlussreich ist eine Umfrage über Schlüsselfragen der Reform von Staat und BdKJ, die unter 5.000 Parteimitgliedern im ganzen Land unmittelbar vor dem Kongress durchgeführt wurde. Für Mehrheitsentscheidungen auf Föderationsebene sprachen sich 73 % der Parteimitglieder in Serbien aus. In Montenegro waren es 66 %, in der Wojwodina 65 %, in Makedonien 57 % und in Bosnien-Herzegowina 52 %. Im Unterschied dazu votierten 67 % der Parteimitglieder in Slowenien für das Konsensprinzip, das auch mehrheitlich von den Mitgliedern in Kroatien und Kosovo befürwortet wurde. Eine deutliche Mehrheit aller Parteimitglieder im ganzen Land (70,1 %) plädierte für den „demokratischen Zentralismus" im BdKJ; die Zustimmungsrate reichte von 81 % in Serbien bis zu 68 % und 64 % in Kosovo resp. Kroatien. Ausschließlich in Slowenien stimmten 73 % der Mitglieder dagegen.[522]

---

520 Auch innerhalb des BdK Serbien bestanden noch tiefe Risse. Und selbst bei den ethnischen Serben war Milošević nicht unumstritten.

521 Die Zusammensetzung der Kongress-Delegierten folgte nicht dem Proporzsystem, sondern richtete sich nach der Mitgliederzahl der jeweiligen Parteien. Auf die serbische Partei entfielen rund 40 % der Delegierten.

522 Jović, D.: Yugoslavia (296), S. 343 ff. Vgl. auch Pauković, Davor: Posljednji kongres Saveza komu-

Eine vom ZK des BdKJ für den Kongress vorbereitete „Deklaration" spiegelte die tiefen Risse in der Bundespartei wider. Es war der letzte Versuch, eine gemeinsame Plattform zu finden. Der elaborierte Kompromiss stützte sich auf vage, teilweise widersprüchliche Formulierungen und verschob die Entscheidung über viele offene Fragen auf den nächsten ordentlichen Kongress. Als die Delegierten am 20. Januar 1990 im Belgrader Sava-Zentrum zusammentraten, lag eine Flut von Änderungsanträgen vor. In den Beratungen der verschiedenen Kommissionen stand der serbisch-slowenische Gegensatz im Zentrum. Zum Eklat kam es in der zweiten Plenarsitzung am Nachmittag des 22. Januar. In einem mehrstündigen Abstimmungsverfahren über Änderungsanträge wurden alle slowenischen Vorschläge abgelehnt. Ausschlaggebend aber war die Abstimmung über den slowenischen Antrag, in dem der BdKJ definiert wurde als Partei „gleichberechtigter Republiksorganisationen des Bundes der Kommunisten, die sich freiwillig zum Bund der Kommunisten Jugoslawiens zusammenschließen". Nur 169 Delegierte stimmten für den Antrag, 1.156 dagegen. Unmittelbar danach verließen die 114 verärgerten und frustrierten Slowenen unter dem Beifall der serbischen Delegierten das Sava-Zentrum: Ein einmaliger Eklat. War der Kongress damit geplatzt? Der Montenegriner Momir Bulatović, der den Vorsitz innehatte, schlug vor, die Sitzung auf der Grundlage eines neuen Quorums fortzusetzen und wurde von Milošević unterstützt. Gegen diesen Vorschlag, der dem serbischen Lager eine klare Mehrheit beschert hätte, sprach sich nun der Leiter der kroatischen Delegation Ivica Račan aus und beantragte die Unterbrechung des Kongresses; anderenfalls werde sich die Mehrheit der Vertreter Kroatiens nicht mehr an den Abstimmungen beteiligen. Nach längeren, hitzigen Debatten beschloss der Kongress in der Nacht vom 22. auf den 23. Januar, die Sitzung bis auf Weiteres zu „unterbrechen".[523] Wie sich bald zeigte, bedeutete die „Unterbrechung" das definitive Ende der kommunistischen Bundespartei. War sie auch gleichbedeutend mit dem Ende des von der Partei 1943 aus der Taufe gehobenen Jugoslawien?

Miloševićs Taktik in der Frage einer Reform von Partei (und Staat) legt die Vermutung nahe, dass er Slowenien aus dem Gesamtstaat entweder herausdrängen wollte oder zumindest über eine Abspaltung Sloweniens von Jugoslawien nicht unglücklich war. Damit wäre er den wichtigsten „Störenfried" losgeworden, und die Position Serbiens in den jugoslawischen Partei- und Staatsorganen wäre weiter gestärkt worden, ganz im

nista Jugoslavije: uzroci, tijek i posljedice raspada, in: suvremene teme 1 (2008), 1, S. 21–33; hier S. 25. Zu den Einzelheiten der Umfrage siehe Šiber, Ivan: Komunisti Jugoslavije o društvenoj reformi 1989. Beograd 1989.

523 Einzelheiten bei Pauković, D.: Posljedni kongres, a. a. O.

Sinne des Slogans „Ein starkes Serbien – ein starkes Jugoslawien" (jaka Srbija jaka Jugoslavija). Öffentlich sagte er dies nicht, und ob er es gedacht hat (zu diesem Zeitpunkt), entzieht sich unserer Kenntnis. Für die anderen nichtserbischen Republiken war dagegen eine Sezession Sloweniens aus demselben Grund inakzeptabel, wie sie für Milošević wünschenswert erschien. Entweder ließ sich die Abspaltung Sloweniens stoppen, was ohne Kompromisse von serbischer Seite oder ohne Anwendung von Gewalt unmöglich erschien, oder die anderen nicht-serbischen Republiken mussten sich entscheiden, ob sie eine Majorisierung durch das Milošević-Lager hinnehmen oder sich ihrerseits auf eine Abspaltung vorbereiten sollten. Nach dem Eklat auf dem außerordentlichen Parteitag befiel die Angst vor einer „Kosovisierung" auch die Führung derjenigen Republiken, die bislang zu weitgehenden Kompromissen bereit gewesen waren und die Entmachtung der Autonomen Provinzen als „innerserbische Angelegenheit" betrachtet hatten. Die Haltung der kroatischen Delegation auf dem außerordentlichen Parteitag stand exemplarisch für den einsetzenden Umdenkprozess.

Die nach dem Abbruch des Kongresses viel diskutierte Frage lautete: Kann Jugoslawien ohne den BdKJ überleben? Von Journalisten zu einer Antwort gedrängt, erklärte der in der Bevölkerung populäre jugoslawische Ministerpräsident Ante Marković: „Jugoslawien wird funktionieren, egal ob es den BdKJ gibt oder nicht."[524]

5.6 Freie Wahlen, Staatsstreichpläne und Agonie

Meinungsumfragen: Was wollten die Bürgerinnen und Bürger?

Auf den voranstehenden Seiten war hauptsächlich die Rede von den politischen, wirtschaftlichen und kulturellen Eliten, die sich öffentlich artikulierten oder an den Schaltstellen der Macht saßen bzw. diesen nahe standen. Doch was war mit den „einfachen" Bürgerinnen und Bürgern? Was dachten, was wollten sie? Wie weit waren sie von den politischen Auseinandersetzungen bereits infiziert? Mehrere von Soziologen durchgeführte Umfragen belegen, dass die interethnischen Beziehungen (etwa am Arbeitsplatz oder in der Nachbarschaft) von einer deutlichen Mehrheit der Bevölkerung Jugoslawiens noch bis Ende der 80er-Jahre als gut oder zumindest befriedigend und nur von einem kleinen Teil der Befragten als schlecht beurteilt wurden. Die einzige Ausnahme betraf das Verhältnis zwischen Albanern auf der einen und Serben, Makedoniern und Montenegrinern auf der anderen Seite; hier bestanden sowohl auf albanischer wie auf

524 Večernji list, 23. 1. 1990; Borba, 24. 1. 1990; nach: Pauković, D.: Poslednji kongres, a. a. O., S. 29.

südslawischer Seite massive (mitunter rassistisch geprägte) Vorurteile.[525] Doch bis in das Jahr 1990 hinein rangierte die jugoslawische Zugehörigkeit bei der Mehrheit der Bürgerinnen und Bürger des Landes an erster Stelle (bei Slowenen, Kroaten und Albanern weniger ausgeprägt als beim Rest der Bevölkerung). Es folgten die Zugehörigkeit zu Europa und erst an dritter Stelle die Zugehörigkeit zur jeweiligen Republik oder Region.[526] Das Reformprogramm von Ministerpräsident Marković wurde von einer deutlichen Mehrheit der Bürger in allen Teilen des Landes, mit Ausnahme Sloweniens und Kosovos, unterstützt.[527] „The respondents from all republics and provinces", heißt es über die Ergebnisse einer Umfrage vom Juni 1990, „were in favor of a market of commodities, capital and labor, a uniform tax system, and an end to the present method of providing aid for underdeveloped regions."[528] In einer vom Verband der jugoslawischen Sozialwissenschaftlichen Institute im Sommer und Herbst 1990 durchgeführten repräsentativen Befragung von 11.737 Bürgerinnen und Bürgern in allen Teilen Jugoslawiens ging es um die Frage: „Stimmen Sie zu, dass jede (jugoslawische) Nation ihren eigenen Nationalstaat haben sollte?" 61,0 % der Befragten stimmten überhaupt nicht zu, 6,3 % stimmten teilweise nicht zu, 9,9 % waren unentschieden, 6,7 % stimmten teilweise zu und 15,8 % bejahten die Frage ohne Einschränkung.[529] Das heißt im Umkehrschluss, dass die Bevölkerungsmehrheit Jugoslawiens an einem gemeinsamen Staat festhalten wollte.

Dieses Ergebnis darf andererseits nicht überstrapaziert werden. Denn hinter der Frage „Jugoslawien ja oder nein?" stand die unausgesprochene Frage „Jugoslawien ja, aber wie?" Die Vorstellungen darüber, wie Jugoslawien gestaltet sein sollte, sahen sehr unterschiedlich, ja gegensätzlich aus. „Pro-jugoslawisch" zu sein, konnte vieles bedeuten (die Serben in Kosovo hatten eine andere Vorstellung von Jugoslawien als Kroaten oder bosnische Muslime). „At one end of the scale", um noch einmal auf die bereits zitierte

---

525 Vgl. Vrcan, Srdjan (Hg.): Položaj, svest i ponašanje mlade generacije Jugoslovena: preliminarna analiza rezultata istraživanja. Beograd 1986; Pantić, Dragomir: Nacionalna svest mladih u SR Srbiji bez Pokrajina. Beograd 1987. Vgl. auch Cohen, L. J.: Broken Bonds (264), S. 173; Gagnon, V. P.: The Myth of Ethnic War (272), S. 31 ff. Zum albanisch-serbischen Verhältnis Baćević, Ljiljana: Nacionalna svest omladine, in: Deca krize (315), S. 157, S. 161. Vgl. auch die Angaben im Kapitel „Etnička distanca", in: Kosovski čvor (492), S. 133–145.

526 Baćević, Lj. [u. a.]: Jugoslavija (248), S. 236 u. passim; Vasović, Mirjana: Socijalno-psihološki aspekti formiranja jugoslovenskog identiteta, in: Sekelj, L. (Hg.): Identitet (167), S. 101–142.

527 Für Milošević und seine Parteigänger war besonders beunruhigend, dass im engeren Serbien 44 % der Befragten Markovićs Programm voll und weitere 41 % partiell unterstützten (siehe die nachfolgende Anmerkung). Damit wurde Marković zu einem gefährlichen Gegenspieler von Milošević.

528 Yugoslav Survey 1990: Public Opinion Survey on the Federal Executive Council's Social and Economic Reform, 31. Mai 1990, S. 3–26. Vgl. auch Jović, D: Yugoslavia (296), S. 354 ff.

529 Sekelj, L.: Yugoslavia (331), S. 277. Zu den Umfragen vgl. auch Oberschall, Anthony: From Ethnic Cooperation to Violence and War in Yugoslavia, in: Chirot, Daniel – Martin E.P. Seligman (Hg.):

Umfrage vom Juni 1990 zurückzukommen, „the respondents from Serbia propper, Vojvodina, Montenegro and to some extent Bosnia and Herzegovina and Macedonia, would like to see a stronger government with powers to intervene and impose repressive measures. [...] At the other end of the scale, the public in Slovenia, Croatia, and Kosovo called for a federal government whose functions would be only to take initiatives, maintain coordination, and mediate; they wanted the army budget reduced and were in favor of giving underdeveloped regions professional, cultural, and research assistance, but not monetary aid, or they would even go so far as to abolish all forms of aid.“[530] So unterschiedlich die Vorstellungen auch waren, sie bedeuteten definitiv (noch) nicht das Streben nach einem national homogenen Staat. Ein bis zwei Jahre später hatte sich die Stimmung um 190 Grad gewendet. Was war passiert?

Die Wahlen von 1990 und ihre Mobilisierungseffekte

„Passiert“ war die Demokratie. Mit dem Zusammenbruch der realsozialistischen Systeme in Osteuropa ließ sich das politische Monopol des (faktisch nicht mehr existenten) BdK Jugoslawiens und der Republikparteien nicht länger aufrechterhalten. Überall bahnten sich freie Wahlen im Rahmen eines Mehrparteiensystems an. Den Auftakt lieferte abermals Slowenien, wo am 8. April 1990 die ersten freien Parlaments- und Präsidentschaftswahlen auf jugoslawischem Boden seit 63 Jahren (d. h. seit 1927) stattfanden. Es folgte Kroatien am 22. April und 6. und 7. Mai. Der Vorschlag des jugoslawischen Verteidigungsministers Veljko Kadijević von Anfang April, die Mehrparteienwahlen durch das Verfassungsgericht verbieten zu lassen,[531] wurde selbst von „Hardlinern“ nicht mehr ernst genommen.

Den Wahlen in Slowenien und Kroatien folgten Mehrparteienwahlen in Makedonien und Bosnien-Herzegowina (November/Dezember 1990) und schließlich in Serbien und Montenegro (am 9. und 23. Dezember). Bevor auf die Ergebnisse dieser Wahlen eingegangen wird, bleibt festzuhalten, dass etwas fehlte: Wahlen zum Bundesparlament fanden nicht statt. Die Führung des BdK Serbien hatte vergeblich darauf gedrungen, Bundeswahlen vor den Republikwahlen abzuhalten. Doch die Verabschiedung eines Parteiengesetzes für den gesamten Staat war am 28. Juni 1990 an den Gegensätzen zwischen der slowenischen und serbischen Delegation im Bundesparlament gescheitert. Da

---

Ethnopolitical Warfare. Causes, Consequences, and Possible Solutions. Washington/D.C. 2001, S. 119–150.

530 Yugoslav Survey 1990, a. a. O.

531 Nach den Tagebuchaufzeichnungen von Jović, B.: Posljedni dani (229), S. 136.

in Jugoslawien viermal so viele Serben wie Slowenen lebten, musste aus slowenischer Sicht ein Wahlmodus gefunden werden, der die Möglichkeit einer serbischen Majorisierung ausschloss. Das war nicht gelungen. Somit gab es keine durch freie Wahlen legitimierte Legislative auf Bundesebene. Zwar versuchte Ministerpräsident Ante Marković, dessen Popularität in Jugoslawien laut Umfragen höher war als die Miloševićs in Serbien oder Kučans in Slowenien,[532] eine jugoslawische Partei in Stellung zu bringen, doch dieser von jugoslawisch orientierten Intellektuellen (einer kleinen Minderheit der Deutungseliten) unterstützte Versuch lief ins Leere. Der seit Mai 1990 amtierende jugoslawische Staatspräsident Borisav Jović, ein enger Vertrauter Miloševics, warnte den ob seiner Wirtschaftsreformen als „Verräter des Sozialismus" geschmähten Marković, dass er als Ministerpräsident kein Recht habe, eine eigene Partei zu gründen. Dieser setzte sich zwar über die Warnung hinweg, doch der von ihm Ende Juli gegründete „Bund der Reformkräfte Jugoslawiens" (SRSJ) konnte nur auf Republikebene kandidieren und wurde zwischen den dortigen Parteien „zerrieben".[533]

Mit Ausnahme Serbiens und Montenegros setzten sich in allen Republiken antikommunistische, mehr oder minder national(istische)e Parteien durch. Die Wahlen in Slowenien und Kroatien waren ein Triumph für die neu gegründeten national-„bürgerlichen" Parteien oder Koalitionen. In Slowenien bedeuteten der Sieg des Mitte-Rechts-Bündnisses „Demos" und die Wahl des Ex-Kommunisten Milan Kučan zum Präsidenten der Republik eine deutliche Beschleunigung der Verselbstständigungspolitik. Auch in Kroatien ließ der Sieg der nationalistischen „Kroatischen Demokratischen Gemeinschaft" (HDZ) unter Führung Franjo Tudjmans nur noch die Wahl zwischen Umbau Jugoslawiens zur Konföderation oder Unabhängigkeit zu, wenngleich von Anfang an klar war, dass Letzteres für das national heterogene Kroatien sehr viel schwerer zu realisieren sein würde als für das national homogene Slowenien. Dessen ungeachtet favorisierte ein Großteil der Wählerinnen und Wähler die HDZ (sie erhielt 41 % der Stimmen und 60 % der Parlamentssitze).[534] Unterstützt wurde sie von der katholischen Kirche in Kroatien. „Die

532 Zu den Umfragen siehe oben. Vgl.auch das Protokoll der ICTY-Sitzung vom 23. 10. 2003: http://www.icty.org/x/cases/slobodan_milosevic/trans/en/031023ED.htm, S. 28009.

533 Bei den Präsidentschaftswahlen in Serbien am 9. 12. 1990 landete Ivan Djurić als gemeinsamer Kandidat der Marković-Partei und der „Vereinigung für eine jugoslawische demokratische Initiative" (UJDI) mit 5,5 % der Stimmen auf dem dritten Platz. Bei den Parlamentswahlen erreichte die gemeinsame Liste dagegen nur 0,4 %. Bei den bosnischen Parlamentswahlen im November 1990 konnte die SRSJ 12 von 130 Sitzen gewinnen. Die „Vereinigung für eine jugoslawische demokratische Initiative" (UJDI) war im Frühjahr 1989 gegründet worden. Sie setzte sich vor allem aus linksliberalen Intellektuellen, darunter viele Mitglieder aus der ehemaligen „Praxis"-Gruppe, zusammen. Vgl. Horvat, Branko: The Association for Yugoslav Democratic Intitiative, in: Djokić, D. (Hg.): Yugoslavism (100), 298–303.

534 Der bisherige Bund der Kommunisten Kroatiens erhielt unter Führung von Ivica Račan 27 % der Stim-

Kirche bei den Kroaten und die Mehrheit des kroatischen Volkes", so der Chefredakteur des katholischen Zentralorgans *Glas koncila* (Stimme des Konzils), Živko Kustić, rückblickend in einem Interview, „empfanden die HDZ nicht als Partei, sondern als Befreiungsbewegung. Wir haben Tudjman nicht als Parteipolitiker unterstützt, sondern weil wir gemeinsam mit ihm die Befreiung des kroatischen Staates wollten. [...] Die HDZ hatte dasselbe Programm, und wir sind ein Stück historischen Weges gemeinsam gegangen. Gemeinsam haben wir Jugoslawien zerstört.[535] Jugoslawien musste zerstört werden, das war eine Frage der Ethik, der Ehre. Wer Jugoslawien nicht zerstören wollte, war kein ehrenwerter Mensch."[536] Die HDZ trug massiv zur Eskalation der nationalen Spannungen bei. Ein mit nationalistischen Parolen geführter Wahlkampf, befeuert von fanatischen Gruppierungen im Exil,[537] musste die 600.000 Serben der Republik zutiefst beunruhigen. Dass die Aussicht auf ein unabhängiges Kroatien sowie die Rehabilitierung und Rückkehr von Ustascha-Emigranten in ihre frühere Heimat die Erinnerung an den „Unabhängigen Staat Kroatien" während des Zweiten Weltkriegs heraufbeschwören würde, war unvermeidbar. Das war keine Überraschung. Doch die HDZ tat nichts, um die Ängste der serbischen Bevölkerung zu beschwichtigen und die Fanatiker aus dem Exil sowie im Land selbst zu bremsen. Im Gegenteil: Sie heizte die Situation weiter an: ein Lehrstück politischer Pubertät. Kurz nach den Wahlen verabschiedete das Parlament (Sabor) eine Verfassungsänderung, durch die die Serben, die bisher den Status eines zweiten Staatsvolks innegehabt hatten, mit den übrigen Minderheiten des Landes auf dieselbe Stufe gestellt wurden.[538] Statt des Begriffs „Völkerschaft bzw. Nationalität" (narodnost) verwendeten die Autoren wieder den seit den 60er-Jahren in Jugoslawien verpönten Begriff „Minderheit" (manjina). Fortan sollte es in Kroatien nur noch eine

men und 30 % der Sitze, während die mangelhaft organisierte Serbische Demokratische Partei, geführt von dem moderaten Jovan Rašković, mit 2 % der Stimmen und 5 Mandaten überraschend schlecht abschnitt.

535 Der Titel der 1992 veröffentlichten Erinnerungen von Stipe Mesić, damals noch ein Mitstreiter von Tudjman, lautete „Kako smo srušili Jugoslaviju" (Wie wir Jugoslawien zerstört haben). In der 2. Auflage von 1994 wurde das „wir" im Titel gestrichen. Nun hieß es nur noch: Wie Jugoslawien zerstört wurde („Kako je srušena Jugoslaviju").

536 Zit. nach Buchenau, K.: Kämpfende Kirchen (90), S. 128.

537 Zur Rolle der Diaspora vgl. u. a. Hockenos, P.: Homeland Calling. Exile Patriotism and the Balkan Wars. Ithaca [u. a.] 2003. Einzelheiten weiter unten.

538 In Artikel 1 der Verfassung Kroatiens von 1974 war Kroatien als „Nationalstaat des kroatischen Volkes, als Staat des serbischen Volkes in Kroatien und als Staat der Nationalitäten, die in ihm leben" definiert worden. In der Präambel der in Vorbereitung befindlichen Verfassung des unabhängigen Kroatien von 1991 wurde Kroatien dagegen als „Nationalstaat des kroatischen Volkes und als Staat der Angehörigen der autochthonen Minderheiten: der Serben, Tschechen, Slowaken, Italiener, Ungarn, Juden, Deutschen, Österreicher, Ukrainer, Russinnen u. a.", umdefiniert.

Titularnation geben, aus der die nichtkroatischen Bevölkerungsgruppen ausgeschlossen waren. Obwohl den Minderheiten Gleichberechtigung versprochen wurde, war die symbolische Bedeutung dieser Neudefinition gewaltig. Auch das wussten alle (oder hätten es wissen können), zumal in einer Zeit des Umbruchs, in der Symbole oft eine größere Bedeutung haben als Realia. Es geht daher nicht allein darum, ob Kroatien mit dieser Neuregelung im Vergleich zu anderen „Nationalstaaten" eine Ausnahme machte (das war nicht der Fall), sondern darum, dass die (schlagartige) Statusminderung von den Betroffenen als tiefer Einschnitt wahrgenommen wurde, obwohl sich ihr neuer Status nicht grundlegend von der Situation nationaler Minderheiten in anderen Staaten unterschied. Das heißt: Es ging nicht nur um Rechte, sondern auch und vor allem um Psychologie. Der erste Außenminister Kroatiens, Zdravko Mrsić, räumte im Herbst 1991 immerhin ein, dass die kroatische Führung die Bedeutung der serbischen Frage in Kroatien unterschätzt und vernachlässigt habe.[539]

Der neue Präsident der Republik Franjo Tudjman (Jg. 1922), vormals General in Titos Armee, dann „Historiker", schließlich „Dissident" und nun der falsche Mann zur falschen Zeit am falschen Ort,[540] versprach seinen Wählern die Errichtung eines starken, demokratischen und souveränen Kroatiens in seinen „historischen Grenzen". Er ließ offen, welche „historischen Grenzen" er meinte. Jedenfalls nicht die bestehenden. Damit deutete er zugleich an, dass er (ähnlich wie Milošević) die Republikgrenzen nur als Verwaltungsgrenzen verstand, die im Falle der Auflösung Jugoslawiens neu – im Sinne eines Großkroatiens – geordnet werden müssten. Sein während des Wahlkampfs getätigter Ausspruch „Gott sei Dank bin ich weder mit einer Serbin noch mit einer Jüdin verheiratet" rückte ihn in die Nähe eines neuen Antisemitismus und Rassismus. Der Satz ging durch die Weltpresse, doch blieb unklar, in welchem Zusammenhang er gefallen war. Dass er gefallen ist, hat Tudjman nicht bestritten. In einem Interview mit der Zeitung *Le Figaro* vom Juni 1992 erklärte er: „This remark was taken out of context. This is stupid. I still have the Jewish friends I had."[541] Dieses Argument „I still have the Jewish friends I had" ist bezeichnend für das, was Marion Kaplan „The Complex of My Private

539 Vgl. Bing, Albert: Put do Erduta. Položaj Hrvatske u medjunarodnoj zajednici 1994–1995. i reintegracija hrvatskog Podunavlja, in: scrinia sclavonica 7 (2007), S. 371–404; hier, S. 379.

540 Die Meinungen über Tudjman seitens seiner Biografen gehen weit auseinander. Hudelist, D.: Tudjman (515) entwirft ein sehr kritisches Bild des Politikers. Ebenso wie Husić, S.: Psychopathologie (291), S. 113 ff. Demgegenüber liefert Tomac, Zdravko: Tudjmanova politička biografija. Zagreb 2004 eine Apologie seines Titelhelden. Sadkovich, J.: Tudjman (526) bewegt sich zwischen beiden Polen und bringt viel Verständnis für Tudjmans Karriere und Politik auf.

541 Zit. nach Sundhaussen, Holm: Das „Wiedererwachen der Geschichte" und die Juden: Antisemitismus im ehemaligen Jugoslawien, in: Hausleitner, Martiana – Monika Katz (Hg.): Juden und Antisemitismus im östlichen Europa. Berlin 1995, S. 74, Anm. 8.

Jew" genannt hat[542], d. h. für die „aufgeklärte" Variante des Antisemitismus. Mit dem Hinweis auf „Freunde" wollte Tudjman unterstreichen, dass er – Gott behüte! – keine nationalistischen oder rassistischen Vorurteile hatte. Natürlich gab es auch „gute" Juden, aber nicht alle Juden sind „gute Juden", und obendrein gab und gibt es „Interessensunterschiede" zwischen Juden und Kroaten.[543] Ganz ähnlich haben viele Chauvinisten vor und nach Tudjman argumentiert.[544] Der Hinweis auf jüdische „Freunde" war insofern erstaunlich, als schon im Jahr zuvor die kroatische Ausgabe seines Buchs „Irrwege der Geschichtswirklichkeit. Eine Abhandlung über die Geschichte und die Philosophie des Gewaltübels" (so der sperrige Titel der deutschen Übersetzung von 1993) erschienen war.[545] Das Buch ist eine umfangreiche, sich wellenförmig wiederholende Abrechnung mit den Opfermythen des Zweiten Weltkriegs, insbesondere mit den „Obsessionen und Megalomanien" um das Konzentrationslager Jasenovac. Tudjman wollte nicht nur die Zahl der Opfer drastisch herabsetzen („wahrscheinlich" 30.000 bis 40.000, „vor allem Zigeuner, auch Juden und Serben und auch Kroaten"), sondern auch die Opfer selbst in ein zweifelhaftes Licht rücken. Was er in diesem Zusammenhang schrieb, war Antisemitismus pur. Allerdings waren es nicht seine eigenen Worte, sondern Zitate. Doch während er die Zitate seiner Gegner minutiös analysierte und ausführlich kommentierte, übernahm er die antisemitischen Zitate ohne Einschränkung oder Kommentar. Jasenovac wird darin als bloßes „Arbeitslager" geschildert. Die innere Lagerverwaltung habe ausschließlich in den Händen von Juden gelegen. Und diese seien es auch gewesen, die die „Initiative bei der Vorbereitung und Provozierung" des „Massenmords an Nicht-Juden" ergriffen hätten: „Jude bleibt Jude, auch im Lager Jasenovac." Schon in diesem

542 Kaplan, Marion: Between Dignity and Despair. Jewish Life in Nazi Germany. New York 1998, S. 38 ff.

543 Ähnliches gilt auch für andere kollektive Feindschaften. Wenn jemand etwas Böses tut, der zu unserer Gemeinschaft gehört, wird er als Ausnahmefall betrachtet. Schließlich gibt es in jeder Gemeinschaft schwarze Schafe. Gehört er einer von uns als negativ wahrgenommenen Gemeinschaft an, so repräsentiert er den Regelfall, was nicht ausschließt, dass es in einer Gemeinschaft schwarzer Schafe auch einige weiße Schafe geben kann.

544 Ein Musterbeispiel ist die Arbeit von Vučić, Petar: Židovstvo i Hrvatstvo. Prilog istraživanju hrvatsko-židovskih odnosa. Zagreb 2001. Der Verfasser wird nicht müde, antijüdische Stereotypen zu kritisieren. Im Duktus eines um Objektivität, Rationalität und Nüchternheit bemühten Autors versucht er nachzuweisen, dass Äußerungen, die anderswo als Antisemitismus eingestuft werden, im kroatischen Fall eigentlich nur Realitätsbeschreibungen seien (z. B. wenn er von der „Kollaboration" jüdischer Häftlinge mit der Lagerverwaltung im Vernichtungslager Jasenovac berichtet oder über den wirtschaftlichen Einfluss der Juden in Kroatien vor und nach dem Ersten Weltkrieg spricht). Er „wirbt" sozusagen um „Verständnis" für die „parasitäre" Rolle der Juden und ihre „internationalistische" Orientierung, die jedoch bedauerlicherweise in einem Spannungsverhältnis zu den Nations- und Nationalstaatsbildungsprozessen der Kroaten stehe.

545 Der Originaltitel ist nicht weniger sperrig: Bespuća povijesne zbiljnosti. Rasprava o povijesti i filozofiji zlosilja. Zagreb 1989.

Buch deutete sich Tudjmans Bestreben an, die Ermordung von Serben und Juden durch die Ustasche zu bagatellisieren, den Ustascha-Staat als „kroatischen Nationalstaat“ zu rehabilitieren[546] und „die“ Kroaten von „Tätern“ zu „Opfern“ umzudeuten. Wenn Tudjman den Ustascha-Staat als Beleg für das kroatische Streben nach Unabhängigkeit in Anspruch nehmen wollte, hätte er dies zumindest mit einer Entschuldigung für die Verbrechen des Ustascha-Regimes verbinden müssen. Doch dies lag außerhalb seines kroatozentrischen Horizonts. Stattdessen versuchte er, die Verbrechen zu minimieren, womit er zugleich das Ziel (die kroatische Unabhängigkeit) desavouierte. Nicht Neuanfang oder Aufbruch, sondern eine höchst problematische Kontinuität bestimmte sein politisches Denken. Kein führender kroatischer Politiker seit dem Ende des Zweiten Weltkriegs hat dem Ansehen seines Landes damit mehr geschadet als Franjo Tudjman. (Dass er sich im Februar 1994 in einem Brief an den Vorsitzenden einer der größten jüdischen internationalen Vereinigungen – B’nai B’rith (Söhne des Bundes) – für die antisemitischen Passagen in seinem Buch entschuldigte, ging in den Turbulenzen der postjugoslawischen Kriege unter.)[547]

Kroate zu sein wurde zur ersten und wichtigsten Bürgerpflicht. „Jeder vernünftige Mann“, so der kroatische Intellektuelle Dalibor Brozović, „würde es bevorzugen, im

546 Anfang 1990 soll Tudjman den Ustaša-Staat als „Erfüllung der historischen Sehnsüchte des kroatischen Volkes“ bezeichnet haben; nach Butković, Davor: Hrvati su politički sazreli, in: Nedeljna Dalmacija vom 7. 11. 1991. Einige kroatische Historiker stellen den „Unabhängigen Staat Kroatien und die heutige Republik Kroatien in eine Kontinuitätslinie. Zwei Beispiele von vielen:

1. „Ohne alle Kämpfer, die für den Unabhängigen Staat Kroatien gekämpft haben und die auch nach seinem Fall in der Emigration und in der Heimat den Gedanken der kroatischen staatlichen Unabhängigkeit [...] aufrechterhalten haben, gäbe es heute kein Kroatien.“ Gabelica, Ivan (Einführung) zu: Kazimir, Katalić: Radjanje države. NDH, Tito, „hrvatsko proljeće“ i 1991. 2. Aufl. Buenos Aires, Zagreb 1995, S. 12.

2. „[Tatsache ist], dass die Kroaten vor fünfundfünfzig Jahren, genau so wie vor fünf Jahren, ihren Staat haben wollten und dass sie, ganz logisch, die erste Gelegenheit genutzt haben, um diesen Staat zu gründen. Ohne dieses Streben [nach einem eigenen Staat] hätte es keinen unabhängigen Staat Kroatien gegeben. Ohne dieses Streben damals hätte es keinen kroatischen Staat fünfzig Jahre später gegeben und so gäbe es dann auch heute die Republik Kroatien nicht.“ Jelčić, Dubravko: Kulturni život u Nezavisnoj Državi Hrvatskoj, in: Časopis za suvremenu povijest 27 (1995), 3, S. 521.

547 In dem Schreiben heißt es u. a.: „Since the book ‚Wastelands of Historic Reality‘ was published some four years ago, I have had an opportunity or, even better, I have exerted great efforts to acquaint myself in greater detail with, and take part in, the Croatian and world Jewish community in order to get a broader and better insight in its needs, culture and history, its hopes and anxieties. This lasting contact has led me to new horizons, different from those I had a few years ago when I wrote the book as a persecuted dissident. [...] Accordingly, I have decided to delete those disputable parts from my book which is to be published soon in English.“ Zitiert nach Bulajić, Milan: Tudman’s „Jasenovac Myth“. Genocide Against Serbs, Jews and Gypsies. Belgrade 1994, S. 99f. Bulajić gehört zu jenen serbischen Autoren, die maßgeblich am serbisch-kroatischen „Historikerstreit“ über die Verbrechen im Zweiten Weltkrieg beteiligt waren.

Verlauf von 24 Stunden mehrere Stunden als Vater, Bruder, Sohn, Ehemann, Liebhaber oder Experte zu fungieren, anstatt gezwungen zu sein, sein kroatisches Bewusstsein an die erste Stelle zu rücken. Aber die Situation, in der sich die kroatische Nation befindet, erlaubt dies nicht."[548] Und die kroatische Schriftstellerin Slavenka Drakulić erklärte rückblickend: „Früher dachte ich, dass ich durch meine Ausbildung, durch meinen Beruf, durch meine Ideen und durch meinen Charakter, auch durch meine Nationalzugehörigkeit definiert bin. Jetzt wurde mir das weggenommen, ich bin niemand, weil ich kein Individuum mehr bin, ich bin keine Person. Ich bin eine von 4–5 Millionen Kroaten."[549] Die sich anbahnende totale Umkodierung der jugoslawischen „Erinnerungskultur", die Leugnung des Holocaust und des Völkermords an den Serben, die oft ins Chauvinistische (und Lächerliche) abgleitende Demonstration nationaler Souveränitätssymbole und die öffentliche Zurschaustellung von Ustascha-Emblemen schufen eine explosive Situation, begleitet von scharfen Attacken serbischer Autoren und Medien und einem oft bizarr anmutenden kroatisch-serbischen „Historikerstreit" über die Opfer des Zweiten Weltkriegs (vgl. Kapitel 1.1).

In Bosnien gestaltete sich die neue Parteienlandschaft entsprechend der nationalen Zusammensetzung der Bevölkerung. Die meisten Stimmen erhielt die muslimische „Partei der Demokratischen Aktion" (SDA) unter Führung von Alija Izetbegović (86 Parlamentssitze), gefolgt von der „Serbischen Demokratischen Partei" (SDS) unter Vorsitz von Radovan Karadžić (72 Sitze) und dem bosnisch-herzegowinischen Ableger der „Kroatischen Demokratischen Gemeinschaft" (HDZ) (44 Sitze). Das Wahlergebnis täuschte eine nationale Geschlossenheit vor, die zu diesem Zeitpunkt (noch) nicht existierte. Die panislamische Strömung um Izetbegović stand in einem auffallenden Spannungsverhältnis zu den säkularen und zivilgesellschaftlichen Gruppierungen der Muslime (um Adil Zulfikarpašić u. a.). Die Kroaten in Zentralbosnien unterschieden sich deutlich von ihren Landsleuten in der Westherzegowina. Und auch das serbische Lager war noch keineswegs einheitlich. Die siegreichen Parteien ähnelten mehr nationalen Sammelbecken auf der Grundlage des kleinsten gemeinsamen Nenners als demokratischen und programmatischen Parteien. Die Homogenisierung stand noch am Anfang. Verabredungsgemäß bildeten die drei Parteien mit ihren unterschiedlichen mehr oder minder gemäßigten bzw. radikalen Flügeln zunächst eine gemeinsame Regierung, die aber von Anfang an heillos zerstritten war.

548 Zit. nach Brkljačić, M. – H. Sundhaussen: Symbolwandel und symbolischer Wandel. Kroatiens „Erinnerungskulturen", in: Osteuropa 53 (2003), 7, S. 935 f.

549 Zit. nach Galijaš, Armina: Eine bosnische Stadt (273), S. 253.

Nur in Serbien und Montenegro konnten sich die zu Sozialisten „gewandelten" Kommunisten als stärkste Kraft behaupten. Die Sozialistische Partei Serbiens (SPS) – hervorgegangen aus dem BdK und der Sozialistischen Allianz Serbiens – erhielt 194 von insgesamt 250 Parlamentssitzen (= 77,6 %). Die beiden stärksten Oppositionsparteien, die „Serbische Erneuerungsbewegung" (SPO) des Schriftstellers Vuk Drašković und die von oppositionellen Intellektuellen gegründete „Demokratische Partei" (DS), gewannen 19 resp. 7 Mandate (= 7,6 % bzw. 2,8 % der Sitze). Die restlichen 30 Sitze verteilten sich auf eine Vielzahl von Parteien. Unter ihnen die „Serbische Tschetnik-Bewegung", aus der die „Serbische Radikale Partei" hervorgehen sollte. Ihr Gründer war der Ex-Kommunist, Anwalt, Publizist und „Ultra-Nationalist" Vojislav Šešelj, der während der 80er-Jahre mehrmals zu Haftstrafen verurteilt worden war (und seit 2003 als mutmaßlicher Kriegsverbrecher in Den Haager Untersuchungshaft sitzt). Zu den Splittergruppen zählte ferner der „Bund der Kommunisten – Bewegung für Jugoslawien", eine von Offizieren der Jugoslawischen Volksarmee und Intellektuellen ins Leben gerufene Partei, zu deren Gründungsmitgliedern auch Miloševićs Frau, Mira Marković, gehörte. 1994 fusionierte der „Bund" mit anderen kleinen Linksparteien zur „Vereinigten Jugoslawischen Linken" (JUL) unter Führung von Miloševićs Frau. Aus den Präsidentschaftswahlen, zu denen 32 Kandidaten angetreten waren, ging Milošević mit 63 % der Stimmen als klarer Sieger hervor, gefolgt von Vuk Drašković mit 16,4 % der Stimmen. Den dritten und vierten Platz belegten der Byzantinist Ivan Djurić, ein Parteigänger von Ministerpräsident Ante Marković, und Vojislav Šešelj, der 97.000 Stimmen erhielt.

Das Wahlergebnis in Serbien scheint die These von einer weit fortgeschrittenen Indoktrination der Bevölkerung zu bestätigen. Bei genauerem Hinschauen ergibt sich ein differenzierteres Bild. Der überwältigende Sieg der Sozialistischen Partei bedeutete nicht, dass eine große Mehrheit der Wählerinnen und Wähler ihre Politik unterstützte. Im September hatte die SPS in Wählerumfragen nur eine Zustimmungsquote von 26 % erreicht, während 45 % der Befragten noch unentschlossen gewesen waren.[550] Das heißt, trotz Mobilisierung der Straße während der „antibürokratischen Revolution" und trotz Stärkung Serbiens auf Kosten der beiden Autonomen Provinzen konnte sich Miloševićs Partei drei Monate vor der Wahl ihres Sieges keineswegs sicher sein. Dass sich die SPS bei einer relativ hohen Wahlbeteiligung von 71,5 % schließlich doch klar behaupten konnte, war mehreren Faktoren geschuldet: 1. Das Ende September von den Sozialisten durchgesetzte Wahlgesetz sicherte der relativ stärksten Partei eine klare Mehrheit im Parlament (Mehrheitswahlsystem). Obwohl die Sozialistische Partei nur 46 % aller

550 Sotirovic, Vladislav B.: The Multiparty Elections in Serbia 1990, in: Zgodovinski časopis 63 (2009), 1–2, S. 426–438; hier S. 431.

abgegebenen Stimmen gewann (ein Ergebnis, das sie in allen nachfolgenden Wahlen nie wieder erreichen sollte), erhielt sie 77,6 % der Sitze. 2. Die Wahlen waren zwar frei, aber alles andere als fair. Milošević und seine Genossen kontrollierten die überregionalen Medien in Serbien und steuerten den Wahlkampf in ihrem Sinne. Öffentliche Proteste führten zwar zu einigen Zugeständnissen, aber das Quasi-Monopol der Sozialisten blieb ungebrochen, sodass die oppositionellen Parteien zeitweilig einen Boykott der Wahlen erwogen hatten. Zur Kontrolle über die Medien kamen die institutionellen Vorteile, die die SPS als Nachfolgepartei des BdK im Vergleich mit den neu gegründeten Oppositionsparteien besaß. Das auf 160 Millionen Dollar geschätzte Vermögen des BdK verschaffte der SPS einen gewaltigen finanziellen Vorteil gegenüber ihren Konkurrenten.[551] 3. Die vorangegangenen Wahlen in Slowenien und Kroatien blieben nicht ohne Einfluss auf das Wahlverhalten in Serbien. Der national(istisch)e Kurs der neuen Regierungen im Norden stärkte das Bedürfnis nach Solidarität unter den Serben, das Milošević als „starker Mann" und „Volkstribun" auf die Mühlen seiner Partei lenken konnte. In Kroatien hatte sich seit Ende Juli ein Konflikt zwischen den kroatischen Serben und der neuen Regierung angebahnt, von dem noch zu sprechen sein wird. Und auch die Kosovo-Frage blieb auf der Agenda, nachdem die Delegierten des aufgelösten Regionalparlaments in geheimer Sitzung am 3. September die Verfassung der „Republik Kosova" verabschiedet hatten. 4. Im Unterschied zu den Wahlkampagnen Franjo Tudjmans und der „Serbischen Erneuerungsbewegung" des Vuk Drašković, im Unterschied auch zur Agitation während des „Putsches" im BdK Serbiens von 1987 spielte der aggressive Nationalismus im Wahlkampf von Milošević nur eine untergeordnete Rolle. Stattdessen stellte er sich als gemäßigt und besonnen dar, als ein um das Wohl der Bürgerinnen und Bürger besorgter „Pater familias". Den nationalen Extremismus überließ er seinen Gegnern.[552] Milošević versprach soziale Sicherheit, Gerechtigkeit und wirtschaftlichen Fortschritt. Auf diese Weise hoffte er, nicht nur die Ängste der Bevölkerung (vor allem auf dem Land) vor Veränderung und sozialem Abstieg zu überwinden, sondern auch einen Teil der nichtserbischen Wählerschaft für die SPS zu gewinnen. Darin war er auch erfolgreich, soweit die Betroffenen – wie die Mehrheit der Kosovo-Albaner – die Wahl nicht boykottierten. Die drängenden wirtschaftlichen Probleme wurden der „anti-serbischen" Politik des jugoslawischen Ministerpräsidenten Marković angelastet. 5. schließlich: Die Spaltung der Opposition in zwei völlig entgegengesetzte Lager erleichterte es der SPS, sich als relativ stärkste Partei „in der Mitte" zu positionieren. Auf der einen Seite stand

551 Thomas, R.: Serbia Under Milosevic (584), S. 63.

552 Die vergleichsweise „softe" Rhetorik, die Milošević bei verschiedenen Gelegenheiten einsetze, war ein charakteristisches Merkmal seiner „Stop and go"-Taktik zur Erlangung und zum Erhalt der Macht.

die „Serbische Erneuerungsbewegung" (SPO), die einen schrillen, mitunter skurrilen Nationalismus propagierte und die Serben von den „kommunistisch-vatikanischen [!] und anderen Fesseln" befreien wollte.[553] Sie trat für „Großserbien", die Rückkehr zu den serbischen „Traditionen", die Wiederherstellung des Einflusses der serbischen orthodoxen Kirche, die Rehabilitierung der Tschetnik-Bewegung und Draža Mihailovićs und die Rückkehr zur Monarchie ein. Auf ihren Veranstaltungen erfreute sie sich großen Zuspruchs und war zuversichtlich, die Wahl im Dezember für sich entscheiden zu können. Mit 15,8 % der abgegebenen Stimmen landete sie jedoch weit abgeschlagen hinter der SPS. Die „Demokratische Partei" auf der anderen Seite, zu deren Gründern die oppositionellen Intellektuellen und vormaligen Dissidenten Dragoljub Mićunović, Kosta Čavoški, Vojislav Koštunica und Zoran Djindjić gehörten, war ein Zusammenschluss mehrerer kleinerer Parteien und liberaler Bewegungen. Sie setzte sich für politische und wirtschaftliche Reformen, für den Aufbau einer Zivilgesellschaft und für Jugoslawien als demokratische Föderation ein. Was die „serbische Frage" und die Stellung Kosovos betraf, war sie jedoch gespalten (in ein breites Spektrum von nationalistischen und moderaten Gruppierungen). Milošević und die SPS konnten sich sowohl gegenüber dem exklusiven Nationalismus der SPO wie auch gegenüber dem in der „nationalen Frage" unscharfen Profil der DS und ihrer (zumindest partiell) prowestlichen Orientierung absetzen. Mit ihrem Slogan „Mit uns gibt es keine Unsicherheit" erreichte sie viele unentschlossene Wähler – jenen schweigenden Teil der Gesellschaft (vor allem auf dem Land und in den ärmeren Regionen Serbiens), der vom Kollaps des Sozialismus zutiefst verschreckt war. Ein Monopol auf den Nationalismus besaß die SPS nicht. Und sie war ebenso wenig sozialistisch, wie der „Bund der Kommunisten" in der Endphase kommunistisch gewesen war.[554]

Mit den Wahlkämpfen hatte der Zerfallsprozess Jugoslawiens seine Endphase erreicht. Wie in den meisten anderen Ländern, in denen die Kommunisten ihr politisches Monopol hatten aufgeben müssen, so war auch in Jugoslawien die neue Parteienlandschaft stark zersplittert und diffus. In der Regel gruppierten sich die Parteien um einzelne Persönlichkeiten auf Republiks- oder lokaler Ebene, die im Wettstreit um Einfluss und Posi-

553 Eine distanziert-ironische Darstellung der SPO (u. a. Oppositionsparteien) lieferte der Journalist Stefanović, Nenad: Pokrštavanje petokrake. Tajni život Srpske opozicije. 17. novembar 1989–1. februar 1994. Beograd 1994, S. 225–258.

554 Dies hielt einige „linke" Autoren im Westen aber nicht davon ab, Miloševićs Politik und seinen „Sozialismus" zu verteidigen. Die Vermutung liegt nahe, dass sich diese Bewertung nicht auf die Beschäftigung mit den Ereignissen im ehem. Jugoslawien stützte, sondern aus einer grundsätzlichen Gegnerschaft gegen den Westen, aus Antiamerikanismus und (oft durchaus berechtigter) Kritik an den westlichen Medien herleitete.

tionen ihre potenziellen Wähler mit nationalen und sozialen Parolen zu ködern suchten. Der Meinungsbildungsprozess innerhalb der Parteien befand sich in vollem Fluss. Auch abrupte Kurswechsel waren nicht ungewöhnlich. (So gab z. B. die von Vuk Drašković geführte Serbische Erneuerungsbewegung ihren nationalistisch-exzentrischen Kurs nach der Wahl auf.) Für die Wählerinnen und Wähler war es in dieser Situation nahezu unmöglich, sich ein halbwegs klares Bild von den Parteiprogrammen zu machen, falls man überhaupt von klaren Programmen sprechen kann. Die These, dass demokratische Wahlen ein wichtiges Instrument zur Lösung von Konflikten seien, hat sich im Falle Jugoslawiens nicht bestätigt. Wie Jack Snyder in seiner Studie *From Voting to Violence* anhand mehrerer Beispiele aus den letzten 200 Jahren herausgearbeitet hat, können Wahlen in Umbruchszeiten – angesichts schwach entwickelter demokratischer Institutionen und als Folge bereits vorhandener Gruppenrivalitäten („Popular Rivalries") oder infolge des Wettstreits der Eliten um die neue Wählerschaft („Elite Persuasion") – zu extremer Polarisierung und Gewalt führen.[555] Wahlkämpfe sind eben mit Polarisierung verbunden. Und im Fall Jugoslawiens erfolgte die Polarisierung – nicht allein, aber in einem beängstigenden Umfang – entlang ethnonationaler Abgrenzung, die sich als populistisches Mobilisierungsinstrument fast von selber anbot. Dies hatte zur Folge, dass nationale Minderheiten zwangsläufig auf der Verliererseite einer national definierten Mehrheitsentscheidung standen und die Demokratie zur Herrschaft einer nationalen Mehrheit über nationale Minderheiten degenerierte, zu einer Tyrannei des ethnischen Prinzips. Von einigen Ausnahmen abgesehen, setzten alle größeren Parteien im ehemaligen Jugoslawien in mehr oder minder radikaler Form auf die jeweiligen nationalen Interessen, die sie mit Geschlossenheitsappellen unterfütterten. Wie in den 1920er-Jahren, so triumphierten auch 1990 die „nationalen Ziele" über die Formierung einer Zivilgesellschaft, der Ethnos über den Demos. Damit kam eine Dynamik in Gang, die sich schnell als Selbstläufer erwies. Denn die Nationalisten, von denen sich viele als „Dissidenten" verstanden hatten, waren jetzt „demokratisch legitimiert". Das spornte sie an.

Der Staat wird demontiert

Nach den Wahlen war die „Demokratie" nicht mehr zu bremsen. Eine wahre Flut von Volksbefragungen folgte. Den Auftakt machten die Krajina-Serben in Kroatien im August 1990, gefolgt von Slowenen, Kroaten, Makedoniern usw.[556] Die Bevöl-

555 Snyder, Jack L.: From Voting to Violence. Democratization and Nationalist Conflict. New York 2000.

556 19. 8.1990: Die Krajina-Serben sprechen sich in einem Referendum zu über 90 % für die Autonomie ihrer Region aus.

kerung Jugoslawiens, die noch nie eine funktionierende, pluralistische Demokratie erlebt und praktiziert hatte, wurde von einem Tag auf den anderen mit dramatischen Entscheidungen konfrontiert. In der Regel erfolgten die Befragungen unter größtem Zeitdruck, und die Wählerinnen und Wähler wurden nur unzureichend und einseitig über die Konsequenzen ihrer Abstimmung informiert. Alternativen jenseits von Ja oder Nein gab es nicht. In Slowenien, Kroatien, Makedonien und Bosnien-Herzegowina stimmte die jeweilige Bevölkerung zwischen Dezember 1990 und März 1992 über die Unabhängigkeit ihrer Republik ab, während sich die Montenegriner am 29. März und 1. April 1992 für den Verbleib in Jugoslawien aussprachen. Diejenigen nationalen Minderheiten, die keine Chance hatten, die republikweite Befragung in ihrem Sinne zu entscheiden, boykottierten die Volksabstimmungen oder führten getrennte Plebiszite durch, wie die Serben in Kroatien und die Serben in Bosnien-Herzegowina. Auch die Albaner in Kosovo und die Muslime im serbischen Teil des Sandžaks veranstalteten ihre eigenen Referenden. Wesentlich stärker noch als die Ergebnisse der Parlamentswahlen wiesen die Resultate dieser Volksbefragungen den Charakter von Volkszählungen auf. Die nationale Zugehörigkeit wurde zum fast alleinigen Kriterium für die Entscheidung auf dem Fragebogen. Wer sich den Abstimmungen entziehen

---

23. 12. 1990: 88,5 % der stimmberechtigten Bürger Sloweniens stimmen für die Souveränität und Unabhängigkeit ihrer Republik.

19. 5. 1991: Bei einem Referendum in Kroatien (Beteiligung: 83 %; Boykott durch die Krajina-Serben) votieren 94,17 % für ein unabhängiges und souveränes Kroatien.

8. 9. 1991: Referendum in Makedonien: Beteiligung 74%, von denen gut 90 % für die Unabhängigkeit Makedoniens und dessen eventuellen Anschluss an einen jugoslawischen Staatenbund stimmen.

30. 9. 1991: Referendum der Kosovo-Albaner: 99 % der Beteiligten sprechen sich für einen souveränen Staat Kosovo aus.

25.–27. 10. 1991: Im serbischen Teil des Sandžaks Novi Pazar stimmen 98,9 % der zu den Urnen gegangenen Wähler für die Autonomie ihres Gebiets (Wahlbeteiligung: 70,2 %).

9. 11. 1991: Referendum der Serben in Bosnien-Herzegowina. Mehr als 90 % stimmen für den Verbleib in Jugoslawien.

29. 2./1. 3. 1992: Referendum in Bosnien-Herzegowina: Bei einer Beteiligung von 63,04 % der Stimmberechtigten (Boykott durch die Serben) stimmen rund 94 % für ein souveränes und unabhängiges Bosnien-Herzegowina (= 62,68 % aller Stimmberechtigten).

29. 2./1. 3. 1992: Referendum in Montenegro (Beteiligung: 66,04 % (Boykott durch Albaner u. a. Muslime): 95,94 % sprechen sich für ein souveränes Montenegro als Teil Jugoslawiens aus.

16./17. 5.1993: Referendum in der bosnischen Republika Srpska (Beteiligung: 92 %): 96% stimmen gegen den Vance-Owen-Friedensplan und für die Unabhängigkeit der Republika Srpska und ihre Assoziationsfreiheit mit anderen Staaten.

19./20. 6. 1993: Referendum in der Serbischen Republik Krajina. Beteiligung: 96,5 %. Knapp 99 % stimmen für die Souveränität der Republik Krajina und deren Vereinigung mit der Republika Srpska und anderen serbischen Ländern.

wollte, setzte sich der Gefahr aus, als nationaler „Verräter" geschmäht zu werden, und nicht immer blieb es bei der bloßen Schmähung.[557] Das Ausmaß der Zustimmung (in der Regel über 90 % der abgegebenen Stimmen) für die Abspaltung der jeweiligen Republik vom jugoslawischen Bundesstaat (mit Ausnahme Montenegros) bzw. der jeweiligen Region von der jeweiligen Republik ähnelte den Zustimmungsquoten aus realsozialistischen Zeiten.

Parallel zu Wahlen und Referenden schritt die politische Demontage Jugoslawiens zügig voran. Ein Meilenstein war die Verabschiedung einer neuen Verfassung für Serbien am 28. September 1990, also noch vor den Wahlen, deren Ausgang ungewiss war. Für dieses höchst problematische Prozedere hatte sich Milošević in einem Referendum Anfang Juli die Zustimmung der Bevölkerung geholt. In der neuen Verfassung wurde Serbien als „souveräner und unabhängiger" Staat (suverena i nezavisna država) definiert: „Die Republik Serbien organisiert und sichert: 1. die Souveränität, Unabhängigkeit und territoriale Integrität der Republik Serbien, ihre internationale Stellung und ihre Beziehungen mit anderen Staaten und internationalen Organisationen."[558] In der auswärtigen Politik, in der Verteidigung, der Staatssicherheit, in wirtschaftlichen und finanziellen Angelegenheiten koppelte sich Serbien von der SFRJ ab. Der 1989 geänderte Status der Provinzen Kosovo (jetzt: Kosovo und Metohija) und Wojwodina wurde bekräftigt und eine „Schutzklausel" eingeführt, die es Serbien erlaubte, sich Beschlüssen der Bundesregierung entgegenzusetzen, falls diese die Interessen Serbiens „gefährdeten". Nach Auffassung des Belgrader Anwalts Srdja Popović, der 1991 Jugoslawien verließ und sich seither mit den rechtlichen Aspekten des jugoslawischen Staatszerfalls und der postjugoslawischen Entwicklung auseinandergesetzt hat, war die serbische Verfassung vom 28. September 1990 eine „separatistische Verfassung", die gut ein Jahr vor der Unabhängigkeitserklärung Sloweniens und Kroatiens verabschiedet wurde.[559] Wie schon anlässlich der serbischen Verfassungsänderungen von 1989, so trat auch mit der neuen Verfassung von 1990, die gegen den Geist der gültigen Bundesverfassung verstieß, ein rechtlich merkwürdiger und höchst unklarer Zustand ein. War Serbien noch Teil des ju-

557 Von den serbischen Akteuren in Bosnien wurden z. B. Listen mit den Namen derjenigen Serben angelegt, die sich der Abstimmung verweigerten. Die Verweigerer wurden anschließend massivem Druck ausgesetzt (Verlust des Arbeitsplatzes, Misshandlungen u. Ä.). Vgl. die Aussage eines anonymisierten Zeugen vor dem Haager Kriegsverbrechertribunal am 31. 5. 1996 im Verfahren gegen Duško Tadić (IT-94-1-T), http://www.icty.org/x/cases/tadic/trans/en/960531ed.htm, S. 1663 ff.

558 Ustav Republike Srbije. Beograd 1990, Art. 72. Text der Verfassung abrufbar unter: http://sr.wikisource.org/wiki/Ustav_Republike_Srbije. Deutsche Übersetzung in: Brunner, Georg (Hg.): Verfassungs- und Verwaltungsrecht der Staaten Osteuropas. Berlin 1996; Eintrag: Serbien.

559 Popović, Srdja: Raspad Jugoslavije, in: Peščanik v. 23. 9. 2008, S. 27: http://www.pescanik.net/images/stories/pdf/raspad_sfrj.pdf.

goslawischen Bundesstaats oder nicht? Die neue Verfassung gab darauf widersprüchliche Antworten. Sie betonte einerseits die Unabhängigkeit Serbiens (Art. 72), hielt andererseits aber an den Rechten Serbiens gemäß Bundesverfassung fest (Art. 135, Abs. 1). Das heißt: In den Bundesorganen nahm Serbien weiterhin seine bisherigen Rechte wahr, in der politischen Praxis ging es – ähnlich wie Slowenien und bald auch Kroatien – seine eigenen Wege: ohne Rücksicht auf die Bundesregierung, ohne Rücksicht auf die anderen Republiken, aber in der Hoffnung auf Unterstützung durch die Führung der (politisch uneinigen) Jugoslawischen Volksarmee.[560]

Am 22. Dezember 1990 beschloss auch das kroatische Parlament eine neue Verfassung, die analog der neuen Verfassung Serbiens gestaltet war. Der Vertreter Kroatiens im jugoslawischen Staatspräsidium, Stipe Mesić, erklärte einige Monate später: „Genau das was Serbien [in seine Verfassung] geschrieben hat, das hat auch Kroatien geschrieben. Wir haben bewusst abgeschrieben […].“[561] Abgesehen von der höchst ungewöhnlichen Präambel (einer gedrängten Geschichte Kroatiens aus nationalistischer Sicht, unter Ausklammerung der Nichtkroaten) war die neue kroatische Verfassung nicht zuletzt deshalb problematisch, weil sie die im Lande lebenden Serben (14 % der Bevölkerung) – in Übereinstimmung mit der vorangegangenen Verfassungsnovelle – zu einer nationalen Minderheit degradierte und die Zweidrittelmehrheit bei nationalitätenpolitischen Beschlüssen des kroatischen Parlaments aufhob. Wie nicht anders zu erwarten war, verschärften diese Regelungen die Diskriminierungsängste der Serben, weckten traumatische Erinnerungen an die Ustascha-Zeit und verprellten selbst diejenigen, die mit dem neuen Regime in Zagreb einen Ausgleich suchten. Noch am selben Tag wurde in Knin, im strukturschwachen dalmatinischen Hinterland, das „Serbische Autonome Gebiet Krajina“ proklamiert, ein erster Schritt zur Verselbstständigung der serbischen Siedlungsgebiete in Kroatien. Einen Tag nach Verabschiedung der kroatischen Verfassung sprachen sich die Slowenen in einem Referendum mit überwältigender Mehrheit für einen unabhängigen slowenischen Staat aus (88 % Ja-Stimmen bei einer Beteiligung von rund 85 %). Mit der Umsetzung des Ergebnisses sollte aber noch sechs Monate (d. h. bis zum 23. Juni 1991) gewartet werden: ein Aufschub, der Spielraum für neue Verhandlungen geben sollte.

---

560 Der Generalstabschef Blagoje Adžić, selber ein Serbe, attackierte im Februar 1990 Miloševićs Politik in aller Schärfe und machte die „unintelligente“ serbische Führung für die Krise in Jugoslawien verantwortlich. Adžić verwahrte sich gegen einen Militäreinsatz in Kosovo, kritisierte die Absetzung Azem Vllasis und forderte eine Distanzierung von den Großserben in Kroatien. Vgl. Jović, D.: Yugoslavia (296), S. 95.

561 Stenografske beleške sa 125. sednice Predsedništva od 12. jula 1991, zit. nach Popović, Srdja: Raspad Jugoslavije, a. a. O., S. 29.

Aber es wurde nicht verhandelt. Nichts bewegte sich. Ein bereits am 4. Oktober 1990 von den Republikspräsidenten Sloweniens und Kroatiens vorgelegter Konföderationsplan, der kurze Zeit später mit geringen Modifikationen auch von der makedonischen und bosnischen Führung angenommen wurde, blieb Makulatur. Er sah vor, Jugoslawien in einen Bund souveräner Staaten mit einem gemeinsamen Markt umzugestalten nach dem Vorbild der Europäischen Gemeinschaft, auf die in der Präambel direkt Bezug genommen wurde.[562] Der amtierende jugoslawische Staatspräsident Jović legte daraufhin dem Staatspräsidium einen serbischen Gegenentwurf für eine „effektive Föderation" vor und ließ den slowenisch-kroatischen Vorschlag nicht einmal zur Diskussion zu. In seinem 1995 veröffentlichten Tagebuch *Die letzten Tage Jugoslawiens* machte Jović keinen Hehl daraus, dass er seine einjährige Amtszeit als Präsident des Staatspräsidiums (seit 15. Mai 1990) zur Lösung der „jugoslawischen Frage" in seinem und Miloševićs Sinne zu nutzen gedachte. Die Beratungen darüber wurden nicht in den dafür vorgesehenen Gremien und Institutionen, sondern hinter verschlossenen Türen zwischen Milošević, Jović und dem jugoslawischen Verteidigungsminister Veljko Kadijević geführt. General Kadijević, ein aus Kroatien stammender Serbe (Jg. 1925, seit 2008 russischer Staatsbürger), war ein dogmatischer Kommunist, der über die Auflösung des Warschauer Pakts ebenso entsetzt war wie über Gorbatschows Reformkurs in der Sowjetunion und der den engen Schulterschluss mit seinem sowjetischen Amtskollegen, Marschall Dmitrij Jazov suchte, der später zu den Anführern des Putsches gegen Gorbatschow (im August 1991) gehörte. Die Umbenennung des Bundes der Kommunisten Serbiens in Sozialistische Partei hatte Kadijević abgelehnt und mit der Gründung des „Bundes der Kommunisten – Bewegung für Jugoslawien" beantwortet. Als Verteidigungsminister war Kadijević sowohl der jugoslawischen Bundesregierung wie dem Staatspräsidium verantwortlich, was ihn nicht daran hinderte, gegen beide zu konspirieren. Schon im April 1990 hatte er vorgeschlagen, die Bundesregierung unter Ante Marković (den er anfangs zum Ärger von Milošević und Jović unterstützt hatte, nun aber schlicht als „Hurensohn" und – in Übereinstimmung mit Jović – als Handlanger der USA betitelte) unter die Kontrolle des Staatspräsidiums zu stellen. Die Volksarmee habe Pläne vorbereitet, „um in allen kritischen Teilen des Landes, insbesondere in Kroatien und Slowenien, in kürzester Zeit alles unter Kontrolle zu bringen". Dafür brauche er jedoch die Zustimmung des Staatspräsidiums, zumindest die einer Mehrheit.[563] Diese herzustellen war Aufgabe von Jović und Milošević. Bereits

562 Details bei Roggemann, H.: Krieg und Frieden (330a), S. 58 f.; Meier, V.: Wie Jugoslawien verspielt wurde (308), S. 280 f.; Hayden, R.: Blueprints (287), S. 53–65. Hayden erteilt dem Plan eine strikte Abfuhr.
563 Jović, B.: Posljedni dani (229), S. 142.

bei dieser Gelegenheit – wie bei dem späteren Plan zur Durchführung eines Militärputsches im März 1991 – wurde deutlich, dass die Troika Milošević-Jović-Kadijević eine militärische Intervention und einen Umsturz der verfassungsmäßigen Ordnung anstrebte, doch in der Frage der politischen Verantwortung (und in der jugoslawischen Frage) gespalten war. Während Kadijević auf einer politischen Rückendeckung beharrte, wollten Milošević und Jović der Armee den „schwarzen Peter" in die Schuhe schieben. Auf einer äußerst turbulenten Sitzung des Staatspräsidiums vom 12. bis 15. März 1991, drei Tage nach einer großen Protestdemonstration gegen das Milošević-Regime in Belgrad, wurde der Plan der Armeeführung, den Ausnahmezustand über das ganze Land zu verhängen und mit militärischen Mitteln „einen Bürgerkrieg und die Zerschlagung Jugoslawiens zu verhindern" mit den Stimmen der Vertreter Sloweniens, Kroatiens, Bosnien-Herzegowinas und Makedoniens abgelehnt.[564] Milošević, der mit der Zustimmung des bosnischen Präsidiumsmitglieds, des Serben Bogić Bogićević, gerechnet hatte, erlitt eine schwere Niederlage. Daraufhin traten Jović und die Repräsentanten Montenegros und der Wojwodina von ihren Ämtern im Staatspräsidium zurück. Milošević erklärte, dass er Beschlüsse des Präsidiums nicht mehr anerkennen werde und dass das Staatspräsidium „schon seit langem nicht mehr funktioniere".[565] Wie Jović seinem Tagebuch anvertraute, wollte er mit seinem Rücktritt ein „institutionelles Vakuum" für einen Militärputsch schaffen. Zu seiner und Miloševićs Enttäuschung lehnten Kadijević und die Armeeführung jedoch einen Putsch ohne politische Rückendeckung ab. Irritiert notierte Jović in sein Tagebuch: „Wenn sie alle Analysen bereits im Blick hatten, als sie uns sagten, dass sie sich für einen Militärschlag entschieden hätten, bleibt unklar, warum sie sich dafür entschieden haben. Wenn sie nicht alles im Blick hatten, sind sie unseriös."[566] Wie Kadijević in seinen 1993 publizierten Erinnerungen *Meine Sicht des (Staats-)Zerfalls – Eine Armee ohne Staat* schreibt, sollte der „Feind" (gemeint waren die nördlichen Republiken) zuerst angreifen, „damit alle Welt klar sieht, wer der Aggressor ist".[567] Da dies nicht geschah, fiel die militärische Intervention vorerst ins Wasser. Und Milošević vollzog eine weitere taktische Kehrtwende: Das serbische Parlament erklärte, dass es den Rücktritt Jovićs nicht annehme. Dieser

564 Srbija 1804–2004, Hronologija (568a), S. 416. Nach Meier, V.: Wie Jugoslawien verspielt wurde (308), S. 295 habe auch der Vertreter des Kosovo, „der noch von den alten Behörden gewählt war und bald vom serbischen Parlament abgesetzt werden sollte", beklagt, „dass auch das, was in Kosovo geschehe, nichts mit der Verfassung zu tun habe" (in den Worten von Meier).

565 Zit. nach Srbija 1804–2004, Hronologija (568a), S. 416. Siehe auch Meier, V.: Wie Jugoslawien verspielt wurde (308), S. 295.

566 Jović, B.: Posljedni dani (229), S. 310.

567 Kadijević, V.: Moje vidjenje raspada (230), S. 93 f.

kehrte in das Amt des Staatspräsidenten zurück, wo er die Arbeit des Präsidiums weiter blockierte und einige Wochen danach die turnusmäßige Wahl seines Nachfolgers, des Kroaten Stipe Mesić, verhinderte.[568]

Auch die politischen Zielvorstellungen der Troika passten anfangs keineswegs nahtlos zusammen. Kadijević hielt bis ins Jahr 1991 hinein am Ziel einer Rezentralisierung ganz Jugoslawiens fest, während Milošević und Jović bereits andere Optionen ins Auge gefasst hatten, die sie vor Kadijević verbargen. Milošević trug sich schon seit Mitte 1990 mit dem Gedanken, ein neues Jugoslawien ohne Slowenien und Teile Kroatiens zu schaffen. Ende Juni 1990 notierte Jović in sein Tagebuch: „Sloba [Slobodan Milošević] hat zwei Ideen eingebracht: Erstens dass die ‚Abtrennung' (odsećanje) Kroatiens so ausgeführt wird, dass die Gemeinden von Lika, Banija und Kordun, die eine Gemeinschaft gebildet haben, auf unserer Seite bleiben und dass das Volk dort später in einem Referendum entscheidet, ob es bleiben oder gehen will, und zweitens dass die Mitglieder des SFRJ-Präsidiums aus Slowenien und Kroatien von der Abstimmung über diese Entscheidung ausgeschlossen werden, da sie nicht den Teil Jugoslawiens repräsentieren, der diesen Beschluss trägt. Wenn der Bosnier dafür ist, haben wir eine Zweidrittelmehrheit."[569] Wenn Milošević das so gesagt hat (und Jović hat vor dem Haager Kriegsverbrechertribunal als Zeuge bekräftigt, dass er die Gespräche mit Milošević Wort für Wort getreu niedergeschrieben habe), dann wirft diese Bemerkung ein bezeichnendes Licht auf Miloševićs Politikverständnis: Man schließt diejenigen von einer Abstimmung aus, die nicht dafür sind – schon hat man eine Mehrheit. Milošević machte keinen Hehl daraus, dass er zur Lösung der „jugoslawischen Krise" die Verwendung „außerinstitutioneller" (d. h. verfassungswidriger) Mittel für notwendig hielt.[570] Wiederholt wurde in dem Dreiergespann auch über einen militärischen Schutz der Grenzen gesprochen. Kadijević dachte dabei an die Grenzen des zweiten Jugoslawiens, Milošević und Jović an die Grenzen eines dritten – um Slowenien und Teile Kroatiens amputierten – Jugoslawiens. „[Kadijević] hat noch nicht geschluckt, dass er die serbischen Territorien in Kroatien verteidigen soll. Noch immer glaubt er an die Verteidigung Jugoslawiens", heißt es bei Jović unter dem Datum des 29. Januar 1991.[571]

Nachdem der Militärputsch ausgefallen war, begab sich Milošević auf die Suche nach weiteren Optionen. Am 25. März 1991 traf er sich mit Tudjman in der Staatsdomäne Karadjordjevo in der Wojwodina, dort, wo Tito Ende 1971 den „kroatischen Frühling"

568 Vgl. auch Ramet, S.: Three Yugoslavias (72), S. 384 f.

569 Jović, B.: Posljedni dani (229), S. 161.

570 Das bezeugen zahllose Einträge in Jovićs Tagebuch. Vgl. auch Ivanović, Dragoš: Bolest vladanja. Zavereničko vladanje. Beograd 2000, S. 39, sowie Popović, Srdja: Raspad Jugoslavije, a. a. O.

571 Jović, B.: Posljedni dani (229), S. 264.

beendet hatte. Damit begegneten sich zwei Männer, die höchst unterschiedlich waren und dennoch viele Ähnlichkeiten aufwiesen. Auf der einen Seite Tudjman, ein ehemaliger Partisan, der sich zum Nationalisten aus Überzeugung oder – wie seine Anhänger sagen würden – vom Saulus zum Paulus gewandelt hatte. Auf der anderen Seite der sechzehn Jahre jüngere Milošević, ein ehemaliger Apparatschik, von dem man nicht weiß, ob er überhaupt eine feste Überzeugung hatte und der den Nationalismus je nach Opportunität einsetzte: mal lautstark, mal fein dosiert, mal gar nicht. Beide waren machtbesessen, beide errichteten autoritäre Regime, beide verfolgten expansionistische Ziele und beide kannten keine Skrupel, wenn es um die Realisierung ihrer Ziele ging. Tudjman musste jedoch infolge seiner schwächeren Position vorsichtiger agieren als Milošević. Das Gespräch in Karadjordjevo, dem Ende April eine zweite Begegnung im makedonischen Tikveš folgte, fand unter vier Augen statt. Zeugen gab es nicht. Allein schon dieser Umstand ist merkwürdig. Über den Inhalt der Unterredung existieren unterschiedliche Versionen. Stipe Mesić, der sich später mit Tudjman wegen dessen Bosnienpolitik überwarf, und andere hochrangige kroatische Politiker sowie der letzte jugoslawische Ministerpräsident Ante Marković haben bei verschiedenen Gelegenheiten (so auch vor dem Haager Kriegsverbrechertribunal) bekräftigt, dass sich Milošević und Tudjman über eine Teilung Bosnien-Herzegowinas verständigt hätten.[572] Tudjman

572 Marković erklärte am 23. 10. 2003 im Verfahren gegen Milosević vor dem Haager Tribunal: „At my initiative, I had a meeting with Milosevic in Belgrade and with Tudjman in Zagreb. According to my custom, I spoke to both of them very openly. The results of these talks were that both of them confirmed to me that they had agreed to divide up Bosnia and Herzegovina. Milosevic told me this very soon. Tudjman needed much more time to admit this and to say that they had reached an understanding about it. They did not have identical interpretations of this agreement. Milosevic said that Bosnia and Herzegovina was an artificial entity created by Tito, that it could not survive, and that most of the Muslims were in fact Orthodox who had been forced to change their religion. When I asked him directly or, rather, I asked both of them directly, ‚Do you think –, that's what I said to Milosevic, ‚Do you think that this will be so simple? Do you think you will be able to do this without bloodshed, without blood up to the knees?‘ Milosevic said he didn't believe that. He said that Bosnia and Herzegovina anyway has a majority of Serbs and Croats in the population so that there would be no conflict, and that they had envisioned an enclave for the Muslims, the two of them, and that the Muslims could live in that enclave. I asked the same question of Tudjman. I said to him, among other things, ‚Do you think that people who will be born and who will die to the sound of gunfire, that this will not transform Bosnia and Herzegovina into a kind of Palestine? How many victims will there be? How much destruction? How much will be ruined?‘ Tudjman thought this would not be the way things would happen. He said, ‚Europe will not allow a Muslim state in its heart. We will gain the support of European. And as for your fears that there will be war there, all I can say is Bosnia fell silently,‘ because in history Bosnia once fell without an armed struggle, so there is this saying in our language that Bosnia fell with a whisper. Tudjman said that the Muslims were anyway Catholics who had been forced to adopt Islam. So each of these men admitted and thought this was something quite normal.“ http://www.icty.org/x/cases/slobodan_milosevic/trans/en/031023ED.htm, S. 28026 f.

und Milošević haben diese Version bestritten (u. a. in einer gemeinsamen Erklärung vom 17. Juli 1993 in Genf).[573] Dieses Dementi besagt freilich nicht viel, denn selbst wenn es zu einer Absprache zulasten Bosniens gekommen sein sollte, hätten sie dies nicht öffentlich zugeben können. Doch höchstwahrscheinlich gab es keine Vereinbarung, sondern nur einen Gedankenaustausch, der bei Tudjman den *Eindruck* hinterließ, er könne sich mit Milošević auf Kosten Bosniens arrangieren. Dass er einem solchen „Deal" nicht abgeneigt war, hat er bei mehreren Gelegenheiten zu erkennen gegeben.[574] Anlässlich eines Treffens mit seinen engsten Beratern und kroatischen Vertretern aus Bosnien-Herzegowina am 27. Dezember 1991 wies er nach Angaben der Chefanklägerin beim Haager Kriegsverbrechertribunal, Carla del Ponte, darauf hin, „dass nun die Gelegenheit bestehe, den kroatischen Staat auf Kosten von Bosnien und Herzegowina zu erweitern: ‚Es ist Zeit', sagte Tudjman, ‚das kroatische Volk in den weitest möglichen Grenzen zu versammeln […].'"[575] Außerdem scheint Tudjman nach dem Gespräch in Karadjordjevo davon überzeugt gewesen zu sein, dass Milošević sich nicht in die inneren Angelegenheiten Kroatiens einmischen würde. Viele Indizien sprechen dafür, dass die Einschätzung des Journalisten Victor Meier von 1995 zutreffend ist: „Anfang und Verlauf des Treffens von Karadjordjevo sowie die Folgerungen, die Tudjman daraus zog, haben damals erste Zweifel an den politischen Fähigkeiten des kroatischen Präsidenten aufkommen lassen. Im Grunde können viele der politischen Fehler, die Tudjman später unterliefen, auf den ‚Geist von Karadjordjevo' zurückgeführt werden. Tudjman glaubte sichtlich der Versicherung Miloševićs, wonach Serbien in der kroatischen Krajina und in Ostslawonien ‚keine Interessen' habe […]. Höchstens einen ganz kurzen Krieg werde es geben, sagte Tudjman selbst nach der Auseinandersetzung in Slowenien immer wieder, auch zum Verfasser. Weiter legte Karadjordjevo den Grund zu Tudjmans verfehlter Bosnienpolitik."[576] Ob Milošević ein Arrangement mit Tudjman ernsthaft erwogen hat oder den politisch unerfahrenen kroatischen Präsidenten in Sicherheit wiegen wollte, wohl wissend, dass Tudjman ein Großkroatien ebenso herbeisehnte wie Milošević ein Großserbien, muss offen bleiben. Dass angesichts der dramatischen Entwicklung in Jugoslawien unterschiedliche Optionen für die Zukunft durchgespielt wurden, darf als

573 Vgl. u. a. die Hinweise in der Sitzung des Haager Tribunals am 19. 5. 2009: http://www.icty.org/x/cases/prlic/trans/en/090519ED.htm, S. 40324.

574 Auch der letzte amerikanische Botschafter in Jugoslawien bestätigt dies: „Tuđman admitted that he discussed these fantasies with Milošević, the Yugoslav Army leadership and the Bosnian Serbs and they agreed that the only solution is to divide up Bosnia between Serbia and Croatia". Zimmermann, W.: Origins (243), S. 182; vgl. auch Mahmutćehajić, R.: Denial of Bosnia (458), S. 47 f.

575 Del Ponte, C.: Im Namen der Anklage (398), S. 59.

576 Meier, V.: Wie Jugoslawien verspielt wurde (308), S. 298.

gesichert vorausgesetzt werden. Aber ziemlich unwahrscheinlich ist, dass Milošević im Frühjahr 1991 und in den nachfolgenden Monaten bereit gewesen ist, auf die serbischen Siedlungsgebiete in Kroatien zu verzichten. Ebenso wenig war Tudjman bereit, auf territorialen Zugewinn in Bosnien-Herzegowina zu verzichten. Alle gegenteiligen Behauptungen wirken unglaubwürdig. Und wenn dem so ist, dann trug Tudjman an der bevorstehenden Tragödie in Bosnien ein gerütteltes Maß an Mitverantwortung, obwohl aus dem „Deal" Milošević–Tudjman letztlich nichts wurde.

Während die Auseinandersetzungen zwischen kroatischen Serben und kroatischen Staatsorganen immer mehr eskalierten, die Gespräche über eine Umgestaltung Jugoslawiens nach wie vor in der Sackgasse steckten, Spekulationen über einen Militärputsch nicht abrissen und der Konflikt zwischen jugoslawischer Armeeführung und den Verteidigungsministern Sloweniens und Kroatiens an Schärfe gewann, stimmten die Bürgerinnen und Bürger Kroatiens am 19. Mai 1991 mit überwältigender Mehrheit (94 % der abgegebenen Stimmen) für ein unabhängiges und souveränes Kroatien. Bereits drei Tage zuvor hatten die Serben, die das kroatische Referendum boykottierten, den Anschluss des „Serbischen Autonomen Gebiets Krajina" an die Republik Serbien beschlossen. Slowenische und kroatische Spitzenpolitiker führten bereits seit einiger Zeit Gespräche über eine Koordinierung ihrer Unabhängigkeitserklärungen. Aber außer einem gemeinsamen Termin kamen Vereinbarungen über eine konkrete Zusammenarbeit nicht zustande. Während Slowenien zum Ärger der jugoslawischen Generalität seine 40.000 Mann zählende Territorialverteidigung in Stellung brachte, scheute die kroatische Führung vor einem solchen Schritt zurück bzw. hielt dies nicht für erforderlich. Am 23. Juni lief die vom slowenischen Parlament gesetzte Frist zur Umsetzung des Referendums vom Dezember des Vorjahres aus. Zwei Tage später erklärten die Parlamente in Ljubljana und Zagreb die Unabhängigkeit ihrer jeweiligen Republik. Unmittelbar darauf begann der Krieg. Wie einst die Gründung im November 1943, so wurde auch die endgültige Auflösung des sozialistischen Jugoslawiens im Krieg vollzogen. Beide Male ohne Beteiligung dritter Staaten.

Wann hörte Jugoslawien auf zu bestehen?

Während Juristen ein festes Datum benötigen, um die mit dem Staatszerfall verbundenen rechtlichen und finanziellen Fragen klären zu können, stellt sich der Zerfall Jugoslawiens aus historischer Perspektive als Prozess dar. Begonnen hatte er mit der einseitigen serbischen Verfassungsänderung vom Frühjahr 1989, mit der die Machtbalance des bisherigen Jugoslawiens aus den Angeln gehoben wurde. Damit zeichnete sich ab, was der italienische Politikwissenschaftler Daniele Conversi – in Umkehrung der serbischen

Argumentation – als „Sezession des Zentrums" bezeichnet hat.[577] Mit den freien Wahlen von 1990 erreichte der Zerfallsprozess die Schlussphase. Und spätestens seit Ende 1990 existierte der Gesamtstaat nur noch als Völkerrechtssubjekt oder – realistischer formuliert – als Völkerrechts*objekt*, denn von einem Subjekt konnte keine Rede mehr sein. Dem Bundesstaat waren mittlerweile alle staatlichen Attribute abhandengekommen. Es gab weder eine demokratisch oder anderweitig legitimierte Staatsgewalt noch ein einheitlich kontrolliertes Hoheitsgebiet, weder eine allseits akzeptierte Verfassung noch einen einheitlichen Wirtschaftsraum. Nach dem Rücktritt Jovićs vom Amt des Präsidenten des Präsidiums der SFRJ gab es auch kein reguläres Staatsoberhaupt mehr, da die routinemäßige Nachfolge des Kroaten Stipe Mesić am Widerstand des serbischen Lagers gescheitert war. Schließlich gab es auch kein Staatsvolk mehr. Die jugoslawische Identifikation verschwand klanglos im Orkus bzw. wurde unter dem Druck der Polarisierung durch eine ausschließlich ethnonationale Bindung verdrängt und ersetzt.[578] Für viele war dies ein schmerzlicher Abschied. Und zum Abschiednehmen blieb kaum Zeit. Betroffen waren zunächst besonders die „Jugoslawen", denen ihr Identifikationsobjekt abhandenkam und die unter gewaltigen Entscheidungsdruck gerieten, ebenso wie viele der insgesamt über 1,7 Millionen innerjugoslawischen „Gastarbeiter (vor allem in Serbien, Kroatien und Slowenien)[579] sowie all jene Bevölkerungsgruppen, die neben einer nationalen oder religiösen Zugehörigkeit auch ein jugoslawisches Selbstverständnis besessen hatten, d. h. all jene, die Srdja Pavlovic als „the wrong people, in the wrong place, at the wrong time" bezeichnet.[580] Zu ihnen gehörten auch die etwa 9.000 Juden (einschließlich der Krypto-Juden, die in den Volkszählungen nicht als Juden in Erscheinung getreten waren). „The disintegration of Yugoslavia caused Yugoslav Jews to reconsider their identification in the new national states. As a result, a reawakening of Jewish identification occurred. Growing nationalistic ambiguities in both Croatia and Serbia excluded Jews from the possibility of identifying themselves with the Croats and the Serbs in the same manner as they had previously as Yugoslavs […] Identification with Croats, Muslims or Serbs was […] felt to be unnatural, and so there was only one way forward –

577 Conversi, Daniele: The Dissolution of Yugoslavia: Secession by the centre?, in: John Coakley (Hg.); The Territorial Management of Ethnic Conflicts. 2. Aufl. London 2003, S. 264–292.

578 Vgl. Denich, Bette: Unmaking Multi-Ethnicity in Yugoslavia: Metamorphosis Observed, in: Halpern, J. M. – D. A. Kideckel (Hg.): Neighbors at War (286), S. 39–55.

579 Die Zahl beruht auf den Volkszählungsergebnissen von 1981. Zur innerjugoslawischen Migration vgl. Statistički godišnjak Jugoslavije (43), Jg. 38 (1991), S. 451.

580 Pavlovic, Srdjan: Understanding Balkan Nationalism: The wrong people, in the wrong place, at the wrong time, in: Southeast European Politics 1 (2000), Nr. 2, S. 115–124.

a rediscovery of Jewish roots and a renewal of Jewish identification."[581] Das Beispiel der jüdischen Jugoslawen betraf zwar nur eine verschwindend kleine Bevölkerungsgruppe, macht aber stellvertretend deutlich, dass kollektive Selbstzuschreibungen nicht immer das Ergebnis von Selbstbestimmung sind, sondern oft durch Wendepunkte erzwungen werden, auf die die Betroffenen keinen Einfluss haben. Das galt nicht nur für Juden und „Jugoslawen" – auch in den Reihen der südslawischen Nationen und der nationalen Minderheiten löste sich die jugoslawische Bindung unter dem Druck nationalistischer Propaganda auf. „Erst war ich Jugoslawe. Dann war ich Bosnier. Jetzt werde ich ein Muslim. Meine Entscheidung ist das nicht. Ich glaube ja nicht einmal an Gott."[582]

Wer war für die Zerstörung verantwortlich?

Hier geht es nicht um Verantwortung im juristischen Sinn (diese zu klären ist Aufgabe der Justiz), sondern um Verantwortung im historischen und politischen Sinn. Der ehemalige Sprecher der jugoslawischen Bundesregierung, Predrag Tašić, schrieb 1994: „Es waren nicht die Amerikaner, die Deutschen oder die Marsbewohner, die das zweite Jugoslawien zerstörten. Es waren wir selbst."[583] Es waren diejenigen, die das politische und geistige Umfeld schufen, in dem Zerstörung und Gewalt akzeptabel wurden. Gemeint sind die Wegbereiter der Gewalt, nicht ihre Exekuteure, also diejenigen, die mit ihrer verbalen Gewalt der physischen Gewalt den Weg bereiteten.[584] Vier Gruppierungen – nicht in ihrer Gesamtheit, sondern mit jeweiligen Teilgruppen – sind an vorderster Stelle zu nennen: 1. die sogenannten Deutungseliten: Schriftsteller, Geistliche und Wissenschaftler, 2. Politiker, 3. regimetreue Journalisten und 4. die verschiedenen „Diasporas".

Die national orientierten Deutungseliten bzw. die kulturellen und wissenschaftlichen „Autoritäten" haben im Ringen um das Deutungsmonopol, um gesellschaftliche Anerkennung und materielle Ressourcen das geistige Klima geschaffen, in dem die jeweilige Nation zum alleinigen Bezugspunkt für die „Weltsicht", für das Verständnis von „Recht" und „Unrecht", für die Einteilung des Umfelds in „Freund" und „Feind", „Opfer" und

---

581 Kerkännen, Ari: Yugoslaw Jewry. Aspects of Post-World War II and Post-Yugoslav Developments. Helsinki 2001, S. 194.

582 Zit. nach Rieff, David: Schlachthaus. Bosnien und das Versagen des Westens. München 1995, S. 13.

583 Tašić, Predrag: Kako je ubijena druga Jugoslavija. Skopje 1994, S. 8. Vgl. auch Goati, Vladimir: The disintegration of Yugoslavia: The role of political elites, in: Nationalities Papers 25 (1997), 3, S. 455–467.

584 Vgl. Bugarski, Ranko: Jezik od mira do rata. Beograd 1994; ders.: Discourses of War and Peace, in: Folia Linguistica 39 (2000), 3–4, S. 129–145; Marić, Georgije (Hg.): Hate Speech as Freedom of Speech. Belgrade 1995; Lenkova, Mariana (Hg.): „Hate Speech" in the Balkans. Athens 1998.

„Täter", „Gut" und „Böse" wurde. Mit ihrer Deutung von Vergangenheit, Gegenwart und Zukunft, der Verabsolutierung der Nation und einer symbolisch aufgeladenen Rhetorik schufen sie die Ordnungsmatrix, die den Bürgerinnen und Bürgern Orientierung versprach und sie zur Parteinahme für oder gegen „uns" zwang. „Aus den Versatzstücken des intellektuellen Diskurses formte sich […] eine holistische Verortung der eigenen nationalen Gemeinschaft, ein umfassendes Mythologem, in das die (Neu-)Deutung der Vergangenheit ebenso eingewebt wurde wie die Zuweisung vermeintlich nationaler Wesensmerkmale und Mentalitäten, in der politische Situationsanalyse sich mit dem Aufruf zum Handeln verband und Gegenwartsdiagnose mit Erlösungsversprechen verknüpft wurde. In einer Zeit, in der die Überzeugungskraft ganzheitlicher Erzählungen und geschlossener Identitätsentwürfe längst geschwunden war, schuf das intellektuelle Wort […] hermetische Sinnschemata, in denen dem Einzelnen und der Gemeinschaft als Ganzes feste Orientierungen zugewiesen wurden."[585]

Andererseits ist bei der Intellektuellenschelte auch in Rechnung zu stellen, dass selbst diejenigen Intellektuellen, die gegen das Regime opponiert hatten (die Dissidenten) ebenso wie die Mehrheit der Bevölkerung vom Regime geprägt waren (vielleicht nicht ganz so stark wie ihre angepassten Kollegen, aber eben doch). Pluralistische Diskurse waren ihnen ebenso fremd wie dem Rest der Bevölkerung. Sie konnten die Argumente des Regimes umdrehen, aus Schwarz Weiß machen oder umgekehrt, aber außer Nationalismus anstelle von Sozialismus hatten sie der Gesellschaft wenig zu bieten. Und dass der Nationalismus sie nicht automatisch zu Demokraten machte, versteht sich von selbst. Kurzum: Wissenschaftler und Religionsführer – allen voran die Repräsentanten der katholischen und orthodoxen Kirche (denen die Vertreter der islamischen Glaubensgemeinschaft mit einer gewissen Verzögerung folgten) – haben ihren Beruf zunehmend als „nationale Aufgabe" definiert und sich in einem Prozess der Entprofessionalisierung bedenkenlos über die Regeln oder Gebote der Wissenschaft bzw. des Glaubens hinweggesetzt.[586]

Politiker unterschiedlicher Couleur richteten sich – aus Überzeugung oder Kalkül – im neu geschaffenen geistigen Umfeld ein und nutzten den Nationalismus, um Macht zu erhalten oder zu erobern. Ohne ihre tatkräftige Mitwirkung hätten die Sinnprodu-

585 Höpken, Wolfgang: Die Gedanken der Tat. Intellektuelle und Gewalt im früheren Jugoslawien, in: Hartwig, Susanne – Isabella Treskow (Hg.): Bruders Hüter/Bruders Mörder. Intellektuelle und innergesellschaftliche Gewalt. Berlin, New York 2010, S. 41–63; hier S. 43 f.

586 Ergänzend zu den an anderen Stellen des Textes bereits erwähnten Arbeiten von Buchenau (90), Radić (159), Perica (150), Tomanić (340), Cvitković (267a) u. a. sei hier noch verwiesen auf den Überblick von Ivekovic, Ivan: Nationalism and the Political Use and Abuse of Religion: the Politicization of Orthodoxy, Catholicism and Islam in Yugoslav Successor States, in: social compass 49 (2002), 4, S. 523–536.

zenten wahrscheinlich nicht jene stickige Atmosphäre erzeugen können, in der sich ein rüder Nationalismus zum alleinigen sozialen Bezugspunkt entfaltete. Dass Milošević dabei eine Schlüsselrolle (sowohl im politischen wie juristischen Sinn) spielte, ist nach den mittlerweile vorliegenden Beweisen nicht mehr zu bezweifeln. Viele andere Politiker folgten seinem „Vorbild". Die Journalisten, die sich in den Dienst der Politik stellten, sorgten als Multiplikatoren und Anpeitscher für die Indoktrinierung der Bevölkerung. Ihrer einseitigen, polarisierenden Berichterstattung und Kommentierung konnten die Menschen schwer entkommen, selbst wenn sie es gewollt hätten.[587] Was da geschah, war wirklich bemerkenswert. Es war faszinierend, wenn erwachsene Männer, hoch gebildet, unter dem Siegel der Verschwiegenheit und unter Berufung auf absolut zuverlässige Quellen unglaubliche Verschwörungsgeschichten verbreiteten. Und wenn sie einem klar machten, wie naiv man war, obwohl man – zugegebenermaßen – gedacht hatte, dass sie naiv wären. Aber so kann man sich irren.

Nicht zuletzt waren es nationalistische Gruppierungen im Exil, die auf vielfältige Weise (durch terroristische Aktivitäten, Lobbyismus in ihren Aufenthaltsländern, durch Propaganda, finanzielle Unterstützung oder Waffenschmuggel) zur Verschärfung der Situation in ihrer Heimat oder der Heimat ihrer Vorfahren beitrugen.[588] Kroaten, Serben, Makedonier und Kosovo-Albaner im Ausland, vor allem in Mitteleuropa, in den USA und Australien, machten sich den Nationalismus oft schneller und ausschließlicher zu eigen als ihre „Brüder und Schwestern" in der Herkunftsgesellschaft. Die Verklärung der „Heimat", die viele von ihnen schlecht oder gar nicht kannten, die „Erinnerung" an den Zweiten Weltkrieg oder an das kommunistische Regime, das sie, ihre Eltern oder Großeltern zur Emigration veranlasst hatte, und die Erfahrung in der „Fremde" verschmolzen zu einem Bild, das mit der Wirklichkeit wenig zu tun hatte. Insbesondere die politischen Emigranten, die ihre Heimat nicht besuchen konnten, hatten sich in einer

587 Zur Rolle der Medien in (Ex-)Jugoslawien vgl. u. a. Thompson, M.: Forging War (339); Cohen, Ph.J.: Serbia's Secret War (557); Žarkov, D.: The Body of War (352); Nenadović, Aleksandar: Die *Politika* im Sturm des Nationalismus, in: Serbiens Weg in den Krieg (553), S. 279–298; Veljanovski, Rade: Die Wende in den elektronischen Medien, in: ebda., S. 299–318); Melčić, Dunja: Zwischen Pluralismus und Denkdiktat, in: Dies. (Hg.): Jugoslawien-Krieg (310), S. 312–324.

588 Vgl. Hockenos, P.: Homeland Calling, a. a. O.; Carter, Sean: The geopolitics of diaspora, in: Area 37 (2005), 1, S. 54–63. Während sich Hockenos v. a. mit prominenten Figuren der „Diaspora" (wie Gojko Šušak u. a.) beschäftigt, richtet Carter sein Augenmerk auf die durchschnittlichen Amerika-Kroaten und deren Lobbyismus. Procter, Nicholas G.: Serbian Australians in the Shadow of the Balkan War. Aldershot 2000; Danforth, L. M.: The Macedonian Conflict (532); Dahinden, Janine: Prishtina – Schlieren. Albanische Migrationsnetzwerke im transnationalen Raum. Zürich 2005. Dahinden, Janine – Moret, Joëlle: Transnationale Aktivitäten serbischer und kosovarischer Migrantenorganisationen in der Schweiz, in: Schweizerisches Jahrbuch für Entwicklungspolitik 27 (2008), 2, S. 235–247.

imaginierten Ersatzheimat eingerichtet. „Isoliert vom Alltag der Aufnahmegesellschaft, lebten politische Emigranten in einer ganz eigenen Welt. Sie war reich an Geschichte und Zukunftsphantasien, aber arm an Gegenwart.“[589] Benedict Anderson hat diese Form des Nationalismus als „Long-distance Nationalism“ bezeichnet.[590] Long-distance Nationalism ist ein relativ junges Phänomen, dessen rasche Verbreitung den modernen Kommunikations- und Transportmöglichkeiten geschuldet ist, die die Konstruktion eines staatsübergreifenden (transterritorialen) Nationalismus erleichtern und fördern. In der angloamerikanischen Literatur wird in diesem Zusammenhang oft von „Transnationalism“ gesprochen. Im Deutschen und den osteuropäischen Sprachen ist diese Bezeichnung, die auf einem anderen Verständnis von Nation basiert, irreführend. Denn das hier gemeinte Phänomen ist nicht transnational, nationsübergreifend, sondern transstaatlich oder transterritorial. Es überwindet die Grenzen des jeweiligen Nationalstaats und verbindet die Nation in der Heimat mit den Volksangehörigen jenseits der Grenze[591], d. h. die gesamte Nation, wo immer sich ihre Mitglieder aufhalten, zu einer imaginierten Gemeinschaft, zu einem national-globalen Netzwerk – einem Netzwerk, das weder „hier“ noch „dort“ verortet werden kann.[592]

Kurzum: Es war eine unheilige Allianz aus geistigen Impulsgebern, großen Teilen der politischen Elite und ihren Multiplikatoren sowie Nationalisten aus der Ferne, die das geistige Klima stifteten, in dem die Errichtung des Nationalstaats als Ende der Geschichte gedeutet und der Einsatz von Gewalt als Mittel zum Zweck „sakralisiert“ wurden. In dieser Hinsicht unterschieden sich die neuen Antikommunisten nicht von ihren Gegnern, den alten Kommunisten, sofern sie mit diesen nicht ohnehin identisch waren.

---

589 Buchenau, Klaus: Titos Alptraum. Die Katholische Kirche und die kroatische Diaspora, in: Religion, Ethnie, Nation und Aushandlung von Identität(en). Regionale Religionsgeschichte in Ostmittel- und Südosteuropa. Hg. István Keul. Berlin 2005, S. 15.

590 Anderson, Benedict: Long-distance Nationalism: Worl Capitalism and the Rise of Identity Politics. Berkeley 1992.

591 In Deutschland nach dem Ersten Weltkrieg sprach man in diesem Kontext von „Reichsdeutschen“ und „Volksdeutschen“.

592 Vgl.ferner Bock-Luna, Birgit: The Past in Exile. Serbian Long-Distance Nationalism and Identity in the Wake of the Third Balkan War. Berlin [u. a.] 2007; Srbis, Zlatko: Long-distance Nationalism: Diasporas, Homelands and Identities. Brookfield/VT 1999 (vergleicht kroatische und slowenische Immigranten in Australien).

Zweiter Teil : Ex-Jugoslawien 1991–2011

1. Die postjugoslawischen Kriege und die Reaktionen des Auslands

1.1 Kriegsbeginn und die Anerkennungsfrage (1991/92)

Die internationale Gemeinschaft und der Zehn-Tage-Krieg in Slowenien

Obwohl innerlich bereits zerfallen, bestand das zweite Jugoslawien – allen Realitäten zum Trotz – bis Ende 1991/Anfang 1992 noch als Völkerrechtsobjekt. Die „internationale Gemeinschaft“ bzw. die an der Region interessierten Mitgliedstaaten der Vereinten Nationen versuchten, die Auflösungserscheinungen in Jugoslawien zu ignorieren, und betonten noch bis weit in das Jahr 1991 hinein, dass sie eine Verselbstständigung der jugoslawischen Republiken nicht anerkennen würden. Die „Konferenz für Sicherheit und Zusammenarbeit in Europa“ (KSZE) unter Vorsitz des deutschen Außenministers Hans-Dietrich Genscher forderte am 19. Juni 1991 den Erhalt Jugoslawiens, ähnlich wie die EG, die Jugoslawien am 24. Juni einen fünfjährigen Kredit in Höhe von 807 Mio. Europäischen Rechnungseinheiten (ECU) gewährte.[593] US-Außenminister James Baker hatte sich drei Tage zuvor anlässlich eines Besuchs in Belgrad ebenfalls für den Fortbestand Jugoslawiens ausgesprochen. In Gesprächen mit Tudjman und Kučan stellte er klar, dass die USA keine einseitige Sezession ermutigen oder unterstützen würden. Gleichzeitig warnte er aber auch die jugoslawische Führung vor dem Einsatz militärischer Gewalt. „If you force the United States to choose between unity and democracy, we will always choose democracy.“[594] Nachdrücklich unterstützt wurde Baker von seinem Stellvertreter, Lawrence Eagleburger, der von 1977 bis 1981 Botschafter in Belgrad gewesen war und ob seiner proserbischen Haltung als „Lawrence von Serbien“ tituliert wurde (was sich später völlig änderte). Zweifellos befand sich die internationale Gemeinschaft in

593 Vgl. Crawford, Beverly: Explaining Defection from International Cooperation: Germany's Unilateral Recognition of Croatia, in: World Politics 48 (1996), 4, S. 482–521; hier S. 493.

594 Zit. nach Zimmermann, Warren: The Last Ambassador. A memoir of the collapse of Yugoslavia, in: Foreign Affairs 74 (1995), 2, S. 12. Dazu der Kommentar von Zimmermann: „Baker's message was the right one, but it came to late. If a mistake was made, it was that the secretary of state had not come six months earlier, a time that unfortunately coincided with the massive American preparations for the Persian Gulf War. By June 1991, Baker was making a last-ditch effort.“

einem Dilemma. Was immer ihre Repräsentanten sagten oder taten bzw. nicht sagten und nicht taten, konnte von den Konfliktparteien in Jugoslawien als „grünes Licht" verstanden werden: entweder zur Fortsetzung des Unabhängigkeitskurses oder zu dessen Verhinderung, entweder als Einmischung in innere Angelegenheiten oder als „Freibrief" für eine innerjugoslawische Lösung, wie immer diese aussehen mochte. Ein Entkommen aus diesem Dilemma gab es nicht. Bis Mitte 1991 waren die Signale der internationalen Gemeinschaft eindeutig: gegen eine Aufteilung Jugoslawiens, die als Präzedenzfall für die Sowjetunion hätte verstanden werden können. Unter den gegebenen Umständen stärkte dies die Position Miloševićs.[595]

Die Auflösung des Ostblocks, die Vereinigung der beiden deutschen Staaten, die prekäre Situation in der UdSSR und der erste Golfkrieg hatten die Koordinaten des internationalen Systems durcheinandergewirbelt. Politiker und Diplomaten waren schlicht überfordert.[596] Jugoslawien, das seine strategische Bedeutung aus der Zeit des Kalten Krieges verloren hatte, spielte zwar nur noch eine untergeordnete Rolle, aber sein Zerfall drohte eine Kettenreaktion auszulösen, die nicht nur für die Groß- und Atommacht Sowjetunion, sondern auch für einige westliche Staaten mit separatistischen Bewegungen (z. B. Großbritannien oder Spanien) gefährliche Konsequenzen nach sich ziehen konnte. Statt die jugoslawischen Konfliktparteien zu Verhandlungen über eine friedliche Auflösung des Landes zu drängen, klammerte sich die internationale Gemeinschaft an die Bewahrung des Status quo und beschloss, nichts zu beschließen. „The most commonly accepted assessment of international action toward the former Yugoslavia is that it was too little, too late. The lesson drawn is that the world needs better systems of early warning. But the reality is that there was plenty of early warning about the Yugoslav case and not enough incentive to act."[597]

Die EG schreckte erst auf, als in den frühen Morgenstunden des 27. Juni der Einsatz der Volksarmee zur „Sicherung der Grenze" im Norden Jugoslawiens begann. Offiziell wurde verlautbart, dass der Einmarsch der Armee in Slowenien vom jugoslawischen Ministerpräsidenten Ante Marković als „begrenzte Polizeiaktion" angeordnet worden sei, wozu Marković aber laut Bundesverfassung gar nicht befugt war. Zur Überraschung der Generalität leisteten die Einheiten der slowenischen Territorialverteidigung entschlossenen Widerstand, sodass die schlecht vorbereitete „Polizeiaktion" zu scheitern drohte. Die EG entsandte nun drei ihrer Außenminister nach Belgrad und Zagreb, die zwischen

595 Vgl. u. a. Gallagher, Tom: Milošević, Serbia and the West during the Yugoslav Wars, 1991–1995, in: Hammond, Andrew (Hg.): The Balkans and the West. Constructing the European Other, 1945–2003. Aldershot [u. a.] 2004, S. 151–168.

596 Dazu ausführlich Gow, James: Triumph of the Lack of Will (372).

597 Woodward, S. L.: Balkan Tragedy (349), S. 396.

den Konfliktparteien vermitteln und die (faktisch belanglose) Wahl Stipe Mesićs zum Vorsitzenden des jugoslawischen Staatspräsidiums durchsetzen sollten.[598] Am Abend des 3. Juli stimmte die Volksarmee einem Waffenstillstand zu und zog sich in die Kasernen zurück. Formell beendet wurde der „Zehn-Tage-Krieg“, in dem die Volksarmee 44 Tote und 146 Verwundete und die slowenische Seite 18 Tote und 182 Verwundete zu beklagen hatten, durch die „Erklärung von Brioni“ vom 7. Juli 1991. Unter Vermittlung der EG verständigten sich die Vertreter Sloweniens, Kroatiens und Jugoslawiens auf einen Kompromiss: Die beiden nördlichen Republiken sicherten zu, den Vollzug ihrer Unabhängigkeit für drei Monate (also bis zum 7. Oktober) auszusetzen. Während dieser Zeit sollte über eine friedliche Lösung des Konflikts verhandelt werden. Die Kontrolle über das Territorium Sloweniens übernahmen die dortigen Polizeikräfte und Territorialmilizen, während alle jugoslawischen Einheiten bis Ende Oktober unter Zurücklassung ihrer schweren Waffen die Republik räumen sollten.

Doch die Armee wollte gar nicht so lange warten. Schon unmittelbar nach Ende des Krieges in Slowenien begann ihr Rückzug nach Kroatien. Die Eile war auf den ersten Blick überraschend. Aber sie entsprach den Ambitionen Miloševićs, der (im Unterschied zu Ministerpräsident Marković und zu Staatspräsident Mesić und wohl auch im Unterschied zum verwirrten Verteidigungsminister Kadijević) kein Interesse hatte, Slowenien in Jugoslawien zu halten, sondern sich stattdessen auf die Durchsetzung der serbischen Ziele in Kroatien konzentrierte.

Der Krieg kommt nach Kroatien

In denjenigen Teilen Kroatiens, in denen die Serben die Mehrheit oder einen bedeutenden Bevölkerungsanteil stellten – von der Lika im Westen über den Kordun, die Banija und Westslawonien nach Ostslawonien, d. h. vor allem in den Gebieten der ehemaligen habsburgischen (kroatischen und slawonischen) Militärgrenze – wurde die Bevölkerung durch die kroatischen Unabhängigkeitsbestrebungen in Aufruhr versetzt. Die Erinnerung an den Ustascha-Staat und den von ihm betriebenen Völkermord an den Serben auf der einen und der ausufernde neue kroatische Nationalismus auf der anderen Seite verstärkten sich wechselseitig und kumulativ. Auf die Übernahme der Macht durch Franjo Tudjman und die HDZ reagierte die serbische Bevölkerung, angeführt

598 Da sich Slowenien aus den Bundesorganen zurückzog, verfügte das Milošević-Lager im Staatspräsidium über vier Stimmen gegen die drei Stimmen von Kroatien, Bosnien-Herzegowina und Makedonien. Mesić war damit völlig von Milošević abhängig. Am 3. Oktober verließ er seinen Amtssitz in Belgrad, und am 5. Dezember 1991 trat er zurück.

vom Zahnarzt und Ko-Direktor des Medizinischen Zentrums in Knin, Milan Babić, und dem bisherigen Polizeichef der Stadt Knin, Milan Martić, seit August 1990 mit der Errichtung von Barrikaden, um wichtige Verkehrswege zu unterbrechen, den Tourismus zu unterbinden und den kroatischen Polizei- und Spezialeinheiten den Zugang zu den serbisch besiedelten Gemeinden zu verwehren. Dies war der Beginn der „Baumstamm- oder Balkenrevolution" (balvan revolucija), die in der Folgezeit von einer rasch zunehmenden Zahl bewaffneter, kontrovers dargestellter Konflikte (mit Fanatikern auf beiden Seiten) abgelöst wurde. Wie erwähnt, wurde im Dezember 1990 das „Serbische Autonome Gebiet Krajina" proklamiert, in der Martić mit der Aufstellung eigener Milizen begann. Die Lage drohte immer weiter zu eskalieren. Weder die Serbenführer noch Tudjman und seine Mitstreiter waren willens, die Situation zu beruhigen.

Spätestens mit dem Rückzug aus Slowenien und der Parteinahme zugunsten der serbischen Milizen in Kroatien verlor auch die Armee als letzter „Pfeiler" des Bundesstaats ihren jugoslawischen Charakter.[599] Sowohl im Offizierskorps wie in den Mannschaften schritt der Prozess der Serbisierung zügig voran. Viele desertierten oder wechselten die Seite. Andere entzogen sich der Wehrpflicht durch Flucht ins Ausland. Diejenigen mit einem ethnisch gemischten Familienhintergrund standen vor einer schwierigen Wahl.[600] Von einem serbischen Piloten, der in Kroatien eingesetzt war, heißt es: „The pilot's Croatian wife had called him from Zagreb demanding that he take off his uniform and desert, or she would jump from their 14th-story apartment with their child. The pilot then called his Serbian mother in Novi Sad, who told him that if he took off the uniform of the Yugoslav Army, he could never cross her threshold again. He flew that night."[601] Der Serbe Stevan Kovačević, Sohn eines Offiziers der Jugoslawischen Volksarmee, war nach Abschluss des Gymnasiums in der westbosnischen Stadt Banja Luka gerade zum Militärdienst eingezogen worden. Zu Beginn der postjugoslawischen Kriege war er neunzehn Jahre alt. In einem 1997 in Banja Luka aufgezeichneten Interview erinnerte er sich an den Zerfall der jugoslawischen Armee wie folgt: „Das geht so: Jetzt haben wir eine Besprechung, der Kommandant dieser Kaserne kommt und sagt als Slowenien

599 Hadžić, Miroslav: Srpski kraj jugoslovenske armije, in: Janjić, D. – D. Pantić (Hg.): Srbija (569), S. 299 und (ausführlich) ders.: The Yugoslav People's Agony. The Role of the Yugoslav People's Army. Aldershot 2002. Hadžić war ein hoher Berufsoffizier in der JVA, der beim Zusammenbruch Jugoslawiens den Dienst quittierte und sich fortan für eine öffentliche Kontrolle der Armee engagierte.

600 29 % der Eheschließungen der in Kroatien lebenden Serben während der 80er-Jahre waren ethnisch gemischt. Vgl. Gagnon, Valère P. Jr.: Ethnic Nationalism and International Conflict: The case of Serbia, in: International Security 19 (1994), 3, S. 134, Anm. 15.

601 Binder, David: Ethnic Conflict in Yugoslavia Tearing Apart its Army, Too, in: New York Times vom 1. 10. 1991, zit. nach: Niebuhr, Robert: Death of the Yugoslav People's Army and the Wars of Succession, in: Polemos 7 (2004), 1–2, S. 91–106; hier S. 94 f.

sich abgelöst hat: ‚Jugoslawien werden alle sein, die es wollen!' ‚Also', sagt er, ‚Kroatien, Bosnien-Herzegowina, Serbien, Makedonien.' Es vergeht kein Monat, Kroatien löst sich ab. Er sagt nun, und nervt uns wieder, sagt: ‚Jugoslawien besteht aus Bosnien-Herzegowina, Montenegro, Serbien, Makedonien.' Danach löst sich Makedonien ab. Unser Kommandant reduziert schließlich Jugoslawien um Makedonien, und am Ende sagt er noch: ‚Was kümmern uns die anderen. Wir allein werden Jugoslawien sein.' [...] Das ist das Entscheidende, am Anfang waren wir alle durcheinander, man wusste nicht viel. Wir wussten in der Hauptsache, dass aus dieser Kaserne ständig alle abhauen. Dann kommt der Kommandant und sagt: ‚Wir haben sie alle erwischt!' Er erzählt [...], sie wären alle im Gefängnis in Niš [Ostserbien] und gleichzeitig treffen wir dieselben Leute in Makedonien auf der Straße, die uns Essen bringen und einen ausgeben. Ich denke, das sind die besten Beispiele, beispielsweise als wir in Makedonien waren, in S. gab es so etwas wie einen Karnevalsumzug – dies nur zur Illustration, damit du weißt, dass wir überhaupt nicht kapiert haben, was vor sich ging. Also, da laufen die Makedonier, einer trägt ein Kreuz, auf dem Kreuz steht JVA, alle anderen sind in Uniform wie wir auch, und diese anderen tragen einen Sarg und in diesem die jugoslawische Fahne [...]."[602]

Seit Spätsommer 1991 herrschte Krieg in Kroatien. Die Zusammenarbeit zwischen Volksarmee, einheimischen serbischen Milizen, paramilitärischen Banden und „Spezialeinheiten" aus Serbien nahm handfeste Gestalt an. Es war die Geburtsstunde jenes „parastaatlichen Kartells" aus „Roten Baretten", „Frankie boys", „patriotischen" Freiwilligen, entlassenen Kriminellen, Kriegsprofiteuren und Mafia-Bossen, das fortan auf den postjugoslawischen Kriegsschauplätzen eine Spur des Schreckens hinterließ[603] und von dem später noch zu sprechen sein wird. Spätestens Anfang August wurde zwischen Akteuren der Krajina und Serbiens das vorbereitet, was das Internationale Kriegsverbrechertribunal als „Joint Criminal Enterprise" (JCE) klassifizierte, die systematische und gewaltsame Vertreibung der Nichtserben aus den serbisch beanspruchten Territorien Kroatiens.[604] (Näheres zum JCE im Kapitel 2.3). Die schon in den Balkankriegen 1912/13 praktizierte Arbeitsteilung zwischen regulärem Militär und paramilitärischen

602 Zit. nach Bašić, N.: Krieg als Abenteuer (251), S. 30.

603 Vgl. Vasić, M.: Atentat na Zorana Djindjića (585), S. 8 ff.; zu den „Frankie boys" des „Frankie" Simatović vgl. Judah, T.: The Serbs (570), S. 170 ff.

604 Vgl. dazu u. a. das Urteil gegen Krajina-Führer Milan Babić vom Juni 2004. Babić, der seine Beteiligung am JCE zugab, wurde zu 13 Jahren Gefängnis verurteilt: http://www.icty.org/x/cases/babic/tjug/en/bab-sj040629e.pdf. Im Juni 2007 sprach das Haager Tribunal das Urteil gegen Milan Martić, der als Hauptverantwortlicher für die Verbrechen in den serbisch kontrollierten Gebieten Kroatiens galt. Martić erhielt eine Haftstrafe von 35 Jahren. Vgl. Summary of Judgement for Milan Martic, 12. 6. 2007: http://www.icty.org/x/cases/martic/tjug/en/070612_summary_en.pdf.

Banden (Letztere zur Erledigung der „Dreckarbeit") erlebte nun einen neuen Höhepunkt:

Zwischen August und Dezember 1991 werden aus den serbisch kontrollierten Gebieten Kroatiens schätzungsweise 80.000 Kroaten zwecks „Säuberung des Terrains" (čišćenje terena) vertrieben. Das ist der Anfang der ethnischen Säuberungen.[605] Dubrovnik und andere kroatische Städte werden beschossen, und am 20. November nehmen serbische Einheiten – unter Beteiligung paramilitärischer Hooligans – die seit knapp drei Monaten belagerte und fast vollständig zerstörte ostslawonische Stadt Vukovar ein (Abbildung 25), wobei es auf dem Gelände des fünf Kilometer von Vukovar entfernten Landwirtschaftsbetriebs Ovčara zu ersten Massenmorden kommt.[606] Am 19. Dezember 1991 erklärt Babić die Umwandlung des Serbischen Autonomen Gebiets in die „Serbische Republik Krajina" (SRK). Zehn Jahre nach der „Konterrevolution" der Albaner in Kosovo hatte nun die „Konterrevolution" auch die Serben in Kroatien erreicht, obwohl jetzt von „Konterrevolution" natürlich keine Rede mehr war, sondern von „Selbstbestimmung". Von Anfang an hing die RSK am Tropf Serbiens. Ohne dessen finanzielle und immaterielle Unterstützung hätten die RSK-Oberen weder Krieg führen noch ihren Para-Staat aufbauen können.[607] Nach dem Anschluss der serbisch kontrollierten Gebiete in West- und Ostslawonien umfasste die „Serbische Republik Krajina" gut 17.000 km^2. Unter den 470.000 bis 540.000 Einwohnern dieser Gebiete hatten sich vor dem Krieg ca. 35 % Kroaten und gut 10 % „Jugoslawen", Muslime, Ungarn, Slowaken etc., d. h. deutlich mehr als 40 % Nichtserben, befunden. Nach Einrichtung der „Republik Krajina" sank die Zahl der Nichtserben auf 9 %.[608]

605 Nach den Recherchen der Anklagebehörde des Kriegsverbrechertribunals in Den Haag seien insgesamt etwa 170.000 Kroaten vertrieben worden. Vgl. Second Amended Indictment im Verfahren gegen Milošević (No. IT-02-54-T) vom 4. 7. 2004, Pkt. 36: http://www.icty.org/x/cases/slobodan_milosevic/ind/en/040727.pdf.

606 Zu Ovčara vgl. Final report of the UN Commission of Experts, 28. 12. 1994; Annex X.A: Mass graves – Ovcara: http://www.ess.uwe.ac.uk/comexpert/anx/X-A.htm. Eine Darstellung der Schlacht um Vukovar (aus kroatischer Perspektive) liefert Marijan, Davor: Bitka za Vukovar. Zagreb 2004. Zur Beteiligung der paramilitärischen Banden („Arkans Tiger") siehe Čolović, Ivan: Fudbal, huligani i rat, in: Popov, Nebojša (Hg.): Srpska strana rata (553), S. 419–444; hier S. 437.

607 Einzelheiten und Ausmaß der Unterstützung der RSK (und später der bosnischen Serben) durch Belgrad wurden erst im Verlauf des Prozesses gegen Milošević vor dem Haager Kriegsverbrechertribunal anhand bis dahin geheim gehaltener serbischer Dokumente enthüllt. Vgl. die von Human Rights Watch (Vol. 18, No. 10 [D]) angefertigte Auswertung der Prozessunterlagen vom 13. 12. 2006: Weighing the Evidence. Lessons from the Slobodan Milosevic Trial: http://www.hrw.org/sites/default/files/reports/milosevic-1206webwcover.pdf.

608 Vgl. u. a. Amnesty International: Torture and Deliberate and Arbitrary Killings in War Zones. New York 1991; Grandits, Hannes – Christian Promitzer: „Former Comrades" at War. Historical Perspec-

Abb. 25: Die Ende November 1991 von serbischen Einheiten eroberte Stadt Vukovar in Ostslawonien.

Wie reagierte die „internationale Gemeinschaft" auf den Krieg in Kroatien? Die US-Administration machte deutlich, dass sie Jugoslawien als europäisches Problem betrachtete und nicht bereit war, sich in die dortigen Konflikte einzuschalten. „The bottom line in this crisis [...] is that the world community cannot stop Yugoslavs from killing one another so long as they are determined to do so."[609] Das klang logisch. Zumindest unter der Voraussetzung, dass man die Gewalt als Bürgerkrieg und den Bürgerkrieg als Ausdruck uralter ethnischer Stammeskonflikte interpretierte, auf die die Außenwelt ohnehin keinen Einfluss habe. Man konnte nur zuschauen und abwarten. Auch die Europäer konnten sich auf keine einheitliche Linie einigen: weder was die Bewertung der Ereignisse (Bürgerkrieg, Sezessionskrieg, Aggressionskrieg oder irgendein anderer Krieg) noch was eventuelle Gegenmaßnahmen betraf.[610] Während die deutsche Bundesregierung das Selbstbestimmungsrecht der Völker in den Vordergrund rückte und in der zweiten Hälfte 1991 immer wieder auf eine Anerkennung Sloweniens und Kroatiens drängte, um die dortigen Konflikte zu internationalisieren, beriefen sich die Regie-

tives on „Ethnic Cleansing" in Croatia, in: Halpern, J. M. – D. A. Kideckel (Hg.): Neighbors at War (286), S. 125 ff.; Anklageschrift des Haager Kriegsverbrechertribunals gegen Milan Babić: www.un.org/itcy/indictment/english/bab-ii03117e.htm; Artikel „Republic of Serbian Krajina" in: www.answers.com/topic/republic-of-serbian-krajina.

609 So Ralph Johnson (Deputy Assistant Secretary of State for European and Canadian Affairs) vor dem Ausschuss für Auswärtige Beziehungen des US-Senats, zit. nach Paulsen, T.: Jugoslawienpolitik der USA (385), S. 38.

610 Zum Folgenden vgl. u. a. Piotrowski, R.: Sprache und Außenpolitik (386), S. 56 ff.

rungen Großbritanniens, Frankreichs und Spaniens auf den Grundsatz der territorialen Integrität bzw. der Nichteinmischung in innere Angelegenheiten und lehnten folglich eine Anerkennung ab. Unter derartigen Bedingungen kamen bestenfalls Formelkompromisse zustande, die allen Positionen gerecht werden sollten und anschließend kontrovers interpretiert wurden. Am 27. August beschloss der Ministerrat der EG die Einrichtung einer „Friedenskonferenz für Jugoslawien" unter Leitung des früheren britischen Außenministers und Generalsekretärs der NATO, Lord Peter Car(r)ington, und setzte eine Schiedskommission zur Klärung der völkerrechtlichen Fragen ein. Vorsitzender der Kommission wurde der damalige Präsident des französischen Verfassungsgerichts, Robert Badinter, unterstützt von den Präsidenten des italienischen, spanischen, belgischen und deutschen Verfassungsgerichts (Roman Herzog). Bevor die Badinter-Kommission eine erste Stellungnahme abgeben konnte, überstürzten sich die Ereignisse in Jugoslawien. Mehrere international vermittelte Waffenstillstände wurden gebrochen. Der von Lord Carrington vorgelegte Rahmenplan („Arrangements for a General Settlement"), der die Bildung eines jugoslawischen Staatenbunds mit weitgehenden Minderheitsrechten vorsah, wurde von Milošević abgelehnt, obwohl die EG am 27. August in einem Ultimatum an Serbien für diesen Fall mit „zusätzlichen Maßnahmen [...], einschließlich internationaler Schritte" gedroht hatte.[611] Nach Ablauf des Ultimatums passierte jedoch nichts. Das in der „Erklärung von Brioni" vereinbarte Moratorium von drei Monaten lief ebenfalls ab, ohne dass ein Verhandlungsergebnis erzielt worden wäre, sodass die Unabhängigkeit der beiden nördlichen Republiken des ehemaligen Jugoslawiens am 8. Oktober in Kraft trat. Nun ging es also „nur" noch um die Frage der diplomatischen Anerkennung Sloweniens und Kroatiens.

Die Unsicherheit über die Entwicklung in der Sowjetunion mahnte aber alle Staaten zur Vorsicht. Ein Präzedenzfall, der Rückwirkungen auf die sowjetische Atommacht hätte haben können, musste unter allen Umständen vermieden werden. Am 20. August 1991 war der Moskauer Putsch gegen Gorbatschow zum Entsetzen des „jugoslawischen" Verteidigungsministers Veljko Kadijević gescheitert. Zu offen und zu früh hatten sich Miloševićs SPS und die Armeeführung auf die Seite der Putschisten geschlagen. Nach dem Zusammenbruch der „Konterrevolution" in Russland war auf eine nachhaltige Unterstützung aus Moskau vorerst nicht mehr zu hoffen. Und es sollte noch „schlimmer" kommen: Am 24. August erklärte die Ukraine ihre Unabhängigkeit, machte jedoch deren Vollzug vom Ausgang eines für den 1. Dezember angesetzten Referendums abhängig. Nachdem dieses positiv ausgefallen war, wurde die Ukraine (die im kulturellen Gedächtnis der Russen eine ähnliche Position einnimmt wie Kosovo in der serbischen Erinnerungskultur)

611 Einzelheiten bei SILBER, L. – A. LITTLE: Yugoslavia (334), S. 164 f.

selbstständig, ohne dass es zu Gewalt gekommen wäre.[612] Russlands Präsident Boris Jelzin akzeptierte die neue Lage, obwohl sich der sowjetische Präsident Gorbatschow noch um die Ausarbeitung eines neuen Unionsvertrags bemühte. Am 17. Dezember vereinbarten Jelzin und Gorbatschow die Auflösung der UdSSR. Und damit ergab sich auch für die Anerkennung Kroatiens und Sloweniens eine neue Situation. Wäre der Putsch in Moskau erfolgreich gewesen, wie Verteidigungsminister Kadijević und Mitglieder der Armeeführung in Belgrad gehofft hatten, hätte die Entwicklung in der Sowjetunion vielleicht einen ähnlichen Verlauf genommen wie im ehemaligen Jugoslawien. Dass Jelzin den Putsch vereitelt hatte und Gorbatschow sich um eine Verhandlungslösung mit den sowjetischen Gliedrepubliken bemühte, machte eine friedliche Lösung möglich.

Am 29. November 1991 hatte die Badinter-Kommission ihr erstes Gutachten abgegeben. Darin kam sie zu dem Schluss, dass sich die Bundesrepublik Jugoslawien „im Prozess der Auflösung“ (in the process of dissolution) befinde und dass die Bundesorgane (vom Staatspräsidium bis zur Armee) „no longer meet the criteria of participation and representativeness inherent in a federal state“[613]. Auf die Anfrage der Republik Serbien, ob die internen Grenzen (boundaries) zwischen Kroatien und Serbien sowie zwischen Bosnien-Herzegowina und Serbien als Grenzen (frontiers) im Sinne des internationalen Rechts zu verstehen seien, antwortete die Badinter-Kommission in ihrem Gutachten vom 11. Januar 1992, dass die bestehenden Grenzen nicht verändert werden dürften, es sei denn durch freiwillige Übereinkunft.[614] Die Kommission bekräftigte, was völkerrechtlich (weitgehend) Konsens war, dass nämlich das Recht auf Selbstbestimmung nicht mit einer einseitigen Veränderung bestehender Grenzen verbunden werden darf: „the right of self-determination must not involve changes to existing frontiers at the time of independence *(uti possidetis juris)* except where the states concerned agree

612 Der Fall der drei baltischen Staaten, die sich ebenfalls verselbstständigten, war insofern anders, als diese bereits vor ihrer Einverleibung in die Sowjetunion unabhängige Staaten gewesen waren.

613 Ramcharan, B. G. (Hg.): International Conference (220), Bd. 2, S. 1261.

614 Die entscheidenden Passagen in „Opinion No. 3“ lauten: „Second – The boundaries between Croatia and Serbia, between Bosnia-Herzegovina and Serbia, and possibly other adjacent states may not be altered except by agreement freely arrived at. Third – Except where otherwise agreed, the former boundaries become frontiers protected by international law. This conclusion follows from the principle of respect for the territorial *status quo* and, in particular, from the principle of *uti possedetis*. [...] The principle applies all the more to the Republic [of Yugoslavia] since the second and fourth paragraphs of Article 5 of the Constitution of the SFRY stipulated that the Republics' territories and boundaries could not be altered without their consent.“ Ramcharan, B. G. (Hg.): International Conference (220), Bd. 2, S. 1264. Vgl. auch Pellet, Alain: The Opinions of the Badinter Arbitration Committee. A second breath for the self-determination of peoples, in: European Journal of International Law 3 (1992), S. 178–185; hier: Appendix, S. 185, und Rich, Roland: Recognition of States: The Collapse of Yugoslavia and the Soviet Union, in: European Journal of International Law (1993), S. 36–65, hier: S. 56–58.

otherwise".[615] Damit beantwortet sich auch die Frage: „Warum sollten Slowenen und Kroaten das Recht auf Selbstbestimmung wahrnehmen dürfen, nicht jedoch die Serben in Kroatien und Bosnien oder die Albaner im Kosovo?"[616] Das Selbstbestimmungsrecht der Völker war nach Auffassung der Badinter-Kommission insofern eingeschränkt, als es sich nicht auf jede nationale Minderheit oder auf alle Siedlungsgebiete einer Nation (über bestehende Grenzen hinweg) bezog (wie das Milošević-Lager argumentierte und wie es Tudjman mit Blick auf die Kroaten in Bosnien-Herzegowina anstrebte). Sondern es war an die Achtung bestehender Grenzen gebunden.[617] Die Kommission verwarf damit zugleich Miloševićs Argumentation, dass die Grenzen zwischen den Republiken des (ehemaligen) Jugoslawiens bloße Verwaltungsgrenzen seien, die neu verhandelt werden müssten, und wies eine einseitige – mit militärischer Gewalt erzwungene – Neufestsetzung von Grenzen zurück. Christiane Simmler hat in einer detaillierten Untersuchung über das Uti-possidetis-Prinzip (Uti possidetis, ita possediatis: Was ihr besitzt, sollt ihr auch künftig besitzen) dargestellt, wie sich dieses Prinzip – ausgehend von Lateinamerika im 19. Jahrhundert – nach dem Zweiten Weltkrieg zu einem universell geltenden Völkergewohnheitsrecht entwickelte: Zerfällt ein Staat, so folgen die gegenseitigen (nunmehr: internationalen) Grenzen der auf seinem Territorium neu entstehenden Staaten den zum Zeitpunkt der Unabhängigkeit bestehenden administrativen Grenzen.[618]

Der deutsche Alleingang in der Anerkennungsfrage

Fast zum selben Zeitpunkt, als in Moskau das Ende der UdSSR beschlossen wurde, traten die Außenminister der EG am 16. Dezember in Brüssel zusammen und verabschiedeten eine Deklaration über die „Richtlinien bei der Anerkennung von neuen Staaten in Osteuropa und der Sowjetunion". Dem Dokument beigefügt war eine „Deklaration über Jugoslawien". Darin erklärte sich die EG auf Drängen der Regierung Kohl/Genscher

615 Ramcharan, B. G. (Hg.): International Conference (220). Bd.2, S. 1262.

616 Calic, M. J.: Jugoslawien (60), S. 310.

617 Ausnahmen können sich dann ergeben, wenn ein Staat im Gebiet einer nationalen Minderheit massiv gegen die Menschenrechte verstößt (z. B. im Fall von Pakistan und Bangladesch oder im Fall von Kosovo).

618 Simmler, Christiane: Das uti possidetis-Prinzip. Zur Grenzziehung zwischen neu entstandenen Staaten. Berlin 1998. Vgl. Auch Shaw, Malcolm N.: Peoples, Territorialism and Boundaries, in: European Journal of International Law 8 (1997), 3, S. 478–507 (auch abrufbar unter: http://www.ejil.org/pdfs/8/3/1457.pdf). Allerdings wird diese Auffassung nicht von allen Völkerrechtlern geteilt. Vgl. Radan, Peter: Post-Secession International Borders: A critical analysis of the opinions of the Badinter Arbitration Commission, in: Melbourne University Law Review (2000), 1, S. 50–76 (online: http://www.austlii.edu.au/au/journals/MULR/2000/3.html. Nach Radans Auffassung ist die Kommissionsmeinung „too simplistic and inflexible".

bereit, die Unabhängigkeit aller „jugoslawischen Republiken", die die Bedingungen der „Richtlinien" erfüllten, am 15. Januar 1992 anzuerkennen. Die Republiken wurden aufgefordert, bis zum 23. Dezember mitzuteilen, ob sie eine Anerkennung wünschten. Zu den in den „Richtlinien" aufgelisteten Bedingungen gehörten u. a. Rechtsstaatlichkeit, Demokratie und Achtung der Menschenrechte, Garantien für die Rechte ethnischer und nationaler Minderheiten sowie die Anerkennung der Unverletzbarkeit aller Grenzen.[619] Mit Ausnahme Serbiens und Montenegros beantragten alle ex-jugoslawischen Republiken, also Slowenien, Kroatien, Makedonien und Bosnien-Herzegowina, die Anerkennung ihrer Unabhängigkeit. Aufgabe der Badinter-Kommission war es nun zu prüfen, ob die Antragsteller die Bedingungen erfüllten. In ihrem Votum vom 15. Januar bescheinigte die Kommission Slowenien und Makedonien die Erfüllung der von der EG gestellten Kriterien für die völkerrechtliche Anerkennung. Kroatien sollte dagegen erst nach Verbesserung seines Minderheitenschutzes anerkannt werden. Bosnien-Herzegowina wurde angehalten, zuerst ein Referendum zur Frage der Unabhängigkeit durchzuführen.

Was tat die EG? Deutschland hatte Slowenien und Kroatien bereits am 23. Dezember im Alleingang anerkannt. Um die fragile Einigkeit der EG vor dem für Anfang Februar geplanten Gipfeltreffen in Maastricht nicht zu gefährden, folgten die übrigen Staaten am 15. Januar dem deutschen Schritt und erkannten neben Slowenien auch Kroatien an, während die Anerkennung Makedoniens am Widerstand Griechenlands scheiterte.[620]

Dass die Bonner Regierung das Votum der Badinter-Kommission und den mit ihren EG-Partnern vereinbarten Termin nicht abgewartet hatte, wurde Gegenstand heftigster Kontroversen.[621] Die deutsche Anerkennung löste wütende Kommentare in den serbischen Medien aus. Deutschland wurde als „Viertes Reich" und Außenminister Genscher als „faschistischer Brandstifter", als „Hauptkrimineller bei der Zerstörung Jugoslawiens", als „Wegbereiter zur Errichtung eines neuen Ustascha-Staats" usw. beschimpft. Auch in einigen westlichen Ländern hagelte es heftige Kritik: Das vereinte Deutschland habe seine Machtposition missbraucht, um sich neue Einflusssphären zu sichern; es habe die Wirkung der Anerkennung Sloweniens und Kroatiens auf die Entwicklung der Lage in Bosnien-Herzegowina nicht hinreichend bedacht und damit der weiteren Eskalation

619 Die Deklarationen sind abgedruckt als Annex 1 und 2 in: European Journal of International Law 4/1 (1993), S. 72 und 73.

620 Zu den griechisch-makedonischen Streitpunkten siehe unten, Kapitel 3.3. Zur Anerkennungsfrage vgl. Fabry, Mikulas: Recognizing States. International Society and the Establishment of New States Since 1776. Oxford 2010, Kapitel: Recognition and Non-Recognition in the Former SFRY, S. 189 ff.

621 Zum deutschen Alleingang vgl. u. a. Schmidt, Siegmar – Gunther Hellmann – Wolf Reinhard (Hg.): Handbuch zur deutschen Außenpolitik. Wiesbaden 2007, S. 470 ff., und Witte, E. A.: Rolle der Vereinigten Staaten (394), S. 76 ff.; Conversi, D.: German-Bashing (365).

von Gewalt Vorschub geleistet. Es habe mit seiner vorgezogenen Anerkennung einen wichtigen Verhandlungstrumpf gegenüber Kroatien aus der Hand gegeben und darüber hinaus die Solidarität unter den EG-Staaten aufs Spiel gesetzt.

Außenminister Genscher erklärt dazu in seinen Memoiren: „Die Aggression gegen und in Kroatien zu beenden, die Gefahr einer neuen Aggression gegen Slowenien zu bannen, das musste das oberste Ziel sein – und es wurde erreicht. Was gibt es daran zu kritisieren? Die Anerkennung Sloweniens und Kroatiens löste nicht Gewalt aus, sondern sie beendete den von Belgrad zu verantwortenden ersten jugoslawischen Krieg."[622] Was gibt es an diesem Zitat zu kritisieren? Einiges. Zunächst ist zu unterscheiden zwischen der Anerkennung an sich und dem deutschen Alleingang. Die Überlegung, den als „intern" eingestuften jugoslawischen Konflikt durch die Anerkennung Kroatiens zu *internationalisieren* und damit die „Jugoslawische" Volksarmee zum Rückzug zu veranlassen, war nachvollziehbar, doch hätte die Anerkennung durch die internationale Gemeinschaft sehr viel früher erfolgen müssen. Sie kam nicht zu früh, sondern zu spät. Daran hatte auch der deutsche Außenminister nichts ändern können. Ob sie den gewünschten Effekt gehabt hätte, bleibt aus der Rückschau zweifelhaft. Milošević erklärte zwar den Krieg in Kroatien am 8. und 9. Januar 1992 für beendet, aber erst nachdem die serbischen Kriegsziele mit der Kontrolle über knapp ein Drittel des kroatischen Territoriums erreicht worden waren. Bereits am 15. Dezember hatte der UN-Sicherheitsrat mit der Resolution 724 der Entsendung eines Vorauskommandos für eine friedenssichernde Truppe nach Kroatien zugestimmt. Ziel war es, den vom ehemaligen US-Außenminister Cyrus Vance ausgehandelten Waffenstillstand zu sichern. Vance war Anfang Oktober vom UN-Generalsekretär Pérez de Cuellar zum Sonderbeauftragten für Jugoslawien ernannt worden und hatte sich seitdem um die Beendigung der militärischen Konfrontation bemüht. Milošević nahm den von Vance vorgelegten Plan – gegen den Willen des Führers der Krajina-Serben, Milan Babić – am 2. Januar an.[623] Nachdem viele frühere Waffenstillstandsvereinbarungen immer wieder gebrochen worden waren, kam Miloševićs Zustimmung auf den ersten Blick überraschend. Vier Gründe dürften für die Wende entscheidend gewesen sein: 1. Mit der Stationierung einer („friedenswahrenden", d. h. neutralen) Schutztruppe in drei „United Nations Protected Areas" in Kroatien (in Ostslawonien, Westslawonien und Krajina) konnten die großen Gebietsgewinne der serbischen Seite bis auf Weiteres gesichert werden. Aber eben nur bis auf weiteres, was die Ablehnung Babićs erklärt. Die Stationierung der United Nations Protection

622 Genscher, Hans-Dietrich: Erinnerungen. Berlin 1995, S. 966.

623 Text des Vance-Plans: http://sca.lib.liv.ac.uk/collections/owen/boda/vanc1.pdf. Vgl. auch Filipović, Vladimir: Kontroverze Vanceova plana, in: Polemos 11 (2008), 1, S. 91–110.

Force (UNPROFOR) erfolgte mit Verabschiedung der Resolution 743 vom 21. Februar 1992. 2. Milošević brauchte eine Atempause. Die Stimmung in Serbien war alles andere als kriegsbegeistert. Dem Mobilisierungsbefehl vom August/September waren nur etwa 25 % der wehrpflichtigen Reservisten gefolgt und die Desertion serbischer Rekruten nahm massenhaften Charakter an.[624] Ein für die serbische Seite vorteilhafter Waffenstillstand kam in dieser Situation wie gerufen. 3. Milošević brauchte auch in finanzieller Hinsicht eine Atempause. Wie dramatisch die Lage war, macht die Tatsache deutlich, dass das restliche (von Milošević kontrollierte) Staatspräsidium 81 % der „jugoslawischen" Haushaltsmittel für die Volksarmee reserviert hatte, woraufhin Ministerpräsident Marković am 20. Dezember zurückgetreten war. 4. Nach Unterzeichnung des Waffenstillstands und Stationierung der UNPROFOR konnte sich die Volksarmee aus Kroatien zurückziehen und sich auf den nächsten Kriegsschauplatz, auf Bosnien, konzentrieren.

Die um gut drei Wochen vorgezogene Anerkennung Kroatiens durch Deutschland hatte also auf die Beendigung der Gewalt im Kriegsgebiet keinen erkennbaren Einfluss, was die Zeitgenossen allerdings nicht wissen konnten. Auch die Unsicherheit, dass die anderen EG-Staaten die Anerkennung Kroatiens in letzter Minute noch verschieben könnten, bestand nach wie vor. Auf der anderen Seite hatte die Bonner Regierung mit ihrer einsamen Entscheidung das gemeinsame Prozedere der EG unterlaufen und nachhaltige Irritationen bei ihren Partnern provoziert. Viele befürchteten (andere beschworen) eine Rückkehr der Weltkriegsallianzen (England, Frankreich und Serbien auf der einen, Deutschland, Österreich und Kroatien auf der anderen Seite). Aber so uneinig die EG-Staaten in der Behandlung (Ex-)Jugoslawiens auch waren – einen Bruch vor dem Maastrichter Gipfel wollte niemand riskieren, sodass die übrigen EG-Staaten dem deutschen Drängen schließlich nachgaben. Dass die Bonner Regierung angesichts massiven innenpolitischen Drucks (in den Reihen der Regierungs- und Oppositionsparteien, in den Medien und seitens der kroatischen Lobby in Deutschland) vorgeprescht war, stiftete auf dem internationalen Parkett mehr Schaden als Nutzen. Statt das Votum der Badinter-Kommission abzuwarten, hatte sie sich auf ein Gutachten des Bonner Völkerrechtlers Christian Tomuschat gestützt, der den Stand des Minderheitenschutzes in Kroatien aufgrund einer gesetzlichen Nachbesserung des Zagreber Parlaments vom 4. Dezember für vorbildlich erklärt hatte. Das betraf allerdings nur das formale Recht. Mit der Wirklichkeit hatte dies nichts zu tun. Gegen die Einschätzung sprach zum einen der überhitzte Nationalismus in Kroatien und zum anderen die Tatsache, dass zwischen „Mehrheit" und „Minderheit" seit Monaten Krieg herrschte. Der serbischen Seite ging es auch gar nicht um die *Qualität* des Minderheitenschutzes, sondern darum, dass die

624 Angaben in Srbija 1804–2004. Hronologija (568a), S. 419.

Serben in Kroatien mit den anderen Serben des ehemaligen Jugoslawien in einem Staat leben wollten. Selbst ein vorbildlicher Minderheitenschutz konnte daran nichts ändern.

Bleibt noch ein dritter Punkt: Voraussetzung für die Anerkennung Kroatiens hätte ein (gemäß Uti-possedetis-Prinzip) uneingeschränkter Verzicht der kroatischen Führung auf jegliche Expansionspläne sein müssen. Darauf hätten die Bonner Regierung und die EG-Staaten explizit bestehen müssen. Doch das wurde versäumt, obwohl es seit dem Milošević-Tudjman-Treffen in Karadjordjevo genügend Hinweise auf derartige Bestrebungen gab.

Dass die von Deutschland vorangetriebene Anerkennung Sloweniens und Kroatiens den Zerfall Jugoslawiens ausgelöst oder beschleunigt habe, wie nicht nur serbische, sondern auch eine Reihe auswärtiger Autoren immer wieder behaupteten, beruht auf einer kontrafaktischen Argumentation. Tatsache ist, dass die Kriegshandlungen in Kroatien (und Slowenien) nicht durch die Anerkennung ausgelöst worden waren, sondern umgekehrt: dass die praktizierte Gewalt die Anerkennungspolitik beschleunigt hatte.[625] Dass damit die Weichen für den Krieg in Bosnien-Herzegowina gestellt wurden, ist weder beweisbar noch widerlegbar, aber sehr unwahrscheinlich, wie das serbische Vorgehen in Kroatien (Beginn des Krieges lange *vor* der Anerkennung) gezeigt hatte. Und schon Ende März 1990, als von irgendeiner Anerkennung noch keine Rede sein konnte, hatte Milošević in kleiner Runde erklärt, dass Bosnien-Herzegowina als Staat nicht überleben könne und dass ein Krieg unvermeidbar sei, weil der Kampf um ein Territorium nicht ohne Blutvergießen geführt werden könne.[626] Gleichwohl hätte der Krieg in Bosnien vermieden werden können, sofern sich Bosniaken und bosnische Kroaten für den Verbleib in einem (von Milošević dominierten) Jugoslawien ausgesprochen hätten. (Darauf wird im nächsten Kapitel noch einmal zurückzukommen sein.) Dazu bestand jedoch keine Bereitschaft, wie sich in den folgenden Wochen zeigte.

Nachdem sich die Serben in Bosnien-Herzegowina bereits in einem Referendum am 9. November 1991 zu mehr als 90 % für den Verbleib bei „Jugoslawien" ausgesprochen hatten, folgte am 29. Februar und 1. März 1992 die von der Badinter-Kommission angemahnte Volksabstimmung für Bosnien-Herzegowina, die von den Serben boykottiert wurde. Bei einer Beteiligung von 63 % der Stimmberechtigten sprachen sich rund 94 % (das waren gut 62 % aller Stimmberechtigten) für die Unabhängigkeit ihrer Republik aus. Am 6. April erklärten die Staaten der nunmehrigen Europäischen Gemeinschaft, dass sie die Unabhängigkeit anerkannten. Die USA folgten einen Tag später. Auch Kroatien erkannte Bosnien an! Am 27. April nahm schließlich die (rest)jugoslawische Bun-

625 Vgl. u. a. Ramet, Sabrina P. – Coffin, Letty: German Foreign Policy Toward the Yugoslav Successor States, 1991–1999, in: Problems of Communism 48 (2001), 1, S. 48–64.

626 Vgl. den Tagebucheintrag von Borisav Jović vom 26. 3. 1990, in: Jović, B.: Posljedni dani (229), S. 132.

desversammlung in Belgrad die Verfassung für ein neues, drittes Jugoslawien an, das ebenso wie das zweite Jugoslawien als Bundesstaat organisiert war. Das dritte Jugoslawien verstand sich als Nachfolgerin des zweiten Jugoslawiens, konnte diesen Anspruch bei den Vereinten Nationen aber nicht durchsetzen. Die Mitgliedschaft Jugoslawiens in den UN wurde stattdessen bis zur Klärung der rechtlichen Fragen suspendiert. Nach Auffassung der Badinter-Kommission traten alle postjugoslawischen Staaten gemeinsam die juristische Nachfolge der SFRJ an.[627]

Fassen wir den Stand im Frühjahr 1992 kurz zusammen: Slowenien, Kroatien und Bosnien-Herzegowina waren als unabhängige Staaten anerkannt. Die Anerkennung Makedoniens und des dritten Jugoslawiens (Serbien und Montenegro) blieb in der Schwebe. Innerhalb Kroatiens und Bosniens hatte sich die serbische Bevölkerung in staatsähnlichen Gebilden organisiert. In der „Serbischen Republik Krajina" wachten UN-Truppen über die Einhaltung des militärisch geschaffenen Status quo. In Bosnien-Herzegowina hatten bosnische Kroaten am 11. November 1991 eine „Kroatische Gemeinschaft Herceg-Bosna" ausgerufen. Die Albaner in Kosovo hatten sich für unabhängig erklärt,[628] während sich die muslimische Mehrheit im serbischen Teil des Sandžaks für die Autonomie ihres Gebiets ausgesprochen hatte. Ein Ende der Verselbstständigungsbestrebungen war nicht abzusehen. Der nationale Spaltpilz – das Bestreben, den ex-jugoslawischen Raum in kleinste ethnische, kulturelle und religiöse Einheiten zu zerlegen – wucherte fort. Die Außenwelt stand diesem Prozess uneinig und hilflos gegenüber. Und duckte sich weg. „The international community's reaction to the self-destruction of Yugoslavia has been marked more by haphazard improvisation and ingenuity than by steadfast determination and willingness to make or risk some sacrifices. The result has been the involvement of an unprecedented number of international organs, which in turn have spawned a variety of sometimes elaborate ad hoc organs, with complex interactions."[629]

1.2 DIE KRIEGE 1992–95 : VON KROATIEN NACH BOSNIEN UND ZURÜCK

Bosnien an der Schwelle zum Krieg

Die blutigen Auseinandersetzungen in Bosnien-Herzegowina begannen im März 1992. Hier waren die Verhältnisse noch komplizierter als in den anderen ehemaligen Teilrepub-

627 Gutachten 8–10 vom 4. 7. 1992.

628 Einzelheiten weiter unten.

629 SZASZ, PAUL C.: Documents Regarding the Conflict in Yugoslavia [September 25, 1991–November, 16, 1992], in: International Legal Materials 31 (1992), 6, S. 1421–1426, hier S. 1421. Der Beitrag enthält auch eine Liste internationaler Dokumente zur Jugoslawien-Krise.

liken, da keine der drei großen nationalen Gruppen über eine absolute Mehrheit verfügte und ihre Siedlungsgebiete infolge ethnischer Gemengelagen nicht klar abgrenzbar waren („Leopardenfell"). Bei der Volkszählung von 1991 hatten sich knapp 44 % der 4,4 Millionen Einwohner als (bosnische) Muslime deklariert, reichliche 31 % als Serben, 17 % als Kroaten und 5,5 % als „Jugoslawen" (darunter Offiziere, Beamte, Angehörige von Mischehen) und gut 2 % als Mitglieder anderer Nationalitäten. In den größeren Städten waren die „Jugoslawen" überdurchschnittlich stark vertreten: in Tuzla mit 16,7 %, in Sarajevo-Zentrum mit 16,4 %, in Banja Luka mit 12,1 % und in Mostar mit 10,1 %.[630] Wer wohin gehörte, ließ sich weder am Aussehen noch an der Sprache, oft nicht einmal am Namen, und auch nicht am Alltagsverhalten erkennen. Für viele Stadtbewohner war dies offenbar auch nicht wichtig. Doch diese Indifferenz war für Nationalisten eine Provokation, sodass sie ab 1990/91 alles unternahmen, um diesen Zustand zu verändern. Und das mit überwältigendem Erfolg: Bei den ersten freien Wahlen hatte die Mehrheit der Bevölkerung für ihre jeweilige nationale Partei gestimmt, sodass die muslimische „Partei der Demokratischen Aktion" (SDA), die „Serbische Demokratische Partei" (SDS) und der bosnische Ableger der „Kroatischen Demokratischen Gemeinschaft" (HDZ) jeweils einen dem nationalen Bevölkerungsschlüssel annähernd entsprechenden Stimmenanteil erhalten hatten. Mit Demokratie hatte das Ergebnis wenig zu tun. Es war der Beginn einer Ethnokratie, die bis zur Gegenwart ungebrochen ist Alle drei Parteien vereinigten in sich unterschiedliche politische Strömungen und waren zunächst nichts anderes als nationale Sammelbecken. Politisch besonders heterogen waren zu diesem Zeitpunkt noch die SDA und die HDZ. Obwohl SDA, SDS und HDZ anschließend eine Regierungskoalition bildeten, ging die SDS sehr bald dazu über, parastaatliche serbische Territorien zu schaffen, die sich der Zuständigkeit der Regierung in Sarajevo entzogen. Eine wichtige Rolle spielten dabei die Gemeinden (opštine) oder die sich selbst verwaltenden Ortsgemeinschaften (mesne zajednice) innerhalb der Gemeinden, wo die ethnische Segregation im Alltag auf Betreiben örtlicher Funktionäre und „Autoritäten" vorangetrieben wurde. Kommunen mit serbischer Mehrheit oder einem bedeutenden serbischen Bevölkerungsanteil schlossen sich freiwillig oder unter massivem Druck örtlicher SDS-Funktionäre zu größeren Gemeinschaften zusammen, die in der Verfassung nicht vorgesehen waren. So entstand z. B. im Grenzraum zu Kroatien, in der bosnischen Krajina (nicht zu verwechseln mit der Krajina in Kroatien),[631] ein autonomes Gebiet,

630 Statistisches Amt der heutigen (bosniakisch-kroatischen) Föderation Bosnien-Herzegowina: Volkszählungsergebnisse von 1991, abrufbar unter: http://www.fzs.ba/popis.htm. Dort findet sich auch eine nach Gemeinden und Ortsgemeinschaften aufgeschlüsselte Verteilung der Bevölkerung entsprechend nationalem Bekenntnis.

631 „Krajina" bezeichnet den Grenzraum zu beiden Seiten der ehemaligen habsburgisch-osmanischen Grenze.

das sich Zug um Zug verselbstständigte. Nichtserben sahen sich permanenten Anfeindungen ausgesetzt; viele verließen das Gebiet. Die lokalen SDS-Führer verteilten Waffen an die serbische Bevölkerung. Diese stammten aus den Beständen der Volksarmee und der Territorialverteidigung oder waren auf anderem Weg besorgt worden. Waffen gab es reichlich. Auf den Parteiversammlungen und „Meetings“ (nach dem Stil der „antibürokratischen Revolution“) wurde offen von einem bevorstehenden Krieg gesprochen. Und es wurden schon Listen mit Namen von Muslimen angelegt, die im Fall eines erwarteten Konflikts ausgeschaltet werden sollten. „Insbesondere in jenen Teilen des Landes, in denen die bosniakische Bevölkerung [...] die Mehrheit bildete, wurden bereits in dieser frühen Phase [sechs bis neun Monate vor Ausbruch der Kriegshandlungen] die ersten Vorbereitungen für eine Entmachtung und Eliminierung der Führungsstrukturen der Bosniaken und Kroaten getroffen. So wurde mithilfe ortskundiger Serben eine umfassende Identifikation der Oberschicht vorgenommen; alle Repräsentanten des öffentlichen Lebens, alle Politiker und Funktionäre, alle SDA-Mitglieder und Aktivisten, die gesamte intellektuelle, wirtschaftliche und religiöse Lokalelite sowie all diejenigen Einzelpersonen, die auf andere Weise beachtlichen Einfluss auf die Lokalgemeinde ihrer Bevölkerungsgruppe ausübten, wurden auf Suchlisten gesetzt. Diese vorgefertigten Suchlisten wurden für alle Regionen angefertigt. Sie belegen die Annahme, dass die Verfolgung und Neutralisierung der lokalen nichtserbischen Oberschichten beabsichtigt war.“[632] Nach Kriegsbeginn betätigten sich dann die lokalen Akteure als Handlanger für das ortsfremde Militär und die paramilitärischen Banden.

Wie „konfus, angespannt, krankhaft“ die Atmosphäre bereits war, erzählte Adil Zulfikarpašić, Chef der 1990 gegründeten „Muslimisch-bosniakischen Organisation“ (MBO),[633] in einem mehrtägigen Gespräch mit Milovan Djilas und der serbischen Journalistin Nadežda Gaće im März 1994 in Budapest: „Ich wurde unterrichtet, dass die Serben bereits Listen mit den Namen der zu erschießenden Muslime erstellten. Man sagte mir, auch die HDZ habe derartige Listen angefertigt. Eines Tages begegnete mir ein Serbe, ein berühmter Mann, der der Akademie der Wissenschaften angehörte, und sagte zu mir:

‚Sie sind meine größte Enttäuschung, Herr Zulfikarpašić.‘

‚Ich verstehe Sie nicht, weshalb denn?‘

‚Sie arbeiten an einer Liste mit den Namen von Serben, die zu liquidieren sind.‘

---

632 Gratz, D.: Elitozid (280), S. 222.

633 Die MBO vertrat ein liberales staatsbürgerliches Konzept und verstand sich als Vertreterin der Bosniaken und aller anderen Bürgerinnen und Bürger, „die den drei großen historisch-kulturellen Traditionen Bosnien-Herzegowinas angehören, das Land als ihre Heimat betrachteten und sich als seine Bürger“ ansehen. Bei den Wahlen im November 1990 erhielt sie lediglich 1,1 % der abgegebenen Stimmen.

‚Wer arbeitet daran?'

‚Die MBO.'

‚Vielen Dank für Ihre Information. Ich werde nämlich tagtäglich davon unterrichtet, dass Sie solche Todeslisten zusammenstellen. Ich glaube, dass wir alle verrückt geworden sind, mein Gott, wir kennen uns doch, wir treffen uns, unterhalten uns und lassen zu, dass solche Dinge mit uns geschehen. Und Sie glauben tatsächlich, dass ich Todeslisten zusammenstelle, und ich soll glauben, dass Sie das Gleiche tun!'

‚Aber ich habe das wirklich gehört, man hat mir vor wenigen Tagen gesagt, dass Sie das tun!'

Das war die Atmosphäre damals: konfus, angespannt, krankhaft."[634]

Die ethnoreligiöse Gemeinschaft der bosnisch-herzegowinischen Kroaten, deren Mitglieder sich auf die Westherzegowina, Zentralbosnien und die Save-Niederung in Nordbosnien verteilten, ging ebenfalls bereits ihre eigenen Wege. Am 18. November 1991 proklamierte ihre Führung die „Kroatische Gemeinschaft Herceg-Bosna". Nachdem die gemäßigte Führung um Stjepan Kljujić (einem Vertreter derjenigen bosnischen Kroaten, die sich mit dem bosnischen Staat identifizierten) nach einem Machtkampf im Winter 1991/92 durch den früheren jugoslawischen Geheimdienstmann Mate Boban verdrängt worden war, schlug die „Kroatische Gemeinschaft Herceg-Bosna" einen klar sezessionistischen Kurs ein.[635] Wortführer waren die Radikalen aus der ökonomisch vernachlässigten Westherzegowina, wo es einer Redewendung zufolge „nur Felsen, Schlangen und Ustasche" gibt.

Lediglich die „einfachen" Leute in Bosnien vertrauten noch darauf, dass der Krieg vor der Haustür (in Kroatien) nicht zu ihnen kommen werde, obwohl die Spannungen unübersehbar waren. Nach wie vor aber überwog die Hoffnung auf einen friedlichen Ausgleich. An ihn glaubten selbst diejenigen, die in unmittelbarer Nachbarschaft zur bosnisch-kroatischen Grenze lebten. „Verstehst du, keiner war imstande, so etwas zu begreifen, dass so etwas geschehen konnte, dass die Leute anfangen, sich untereinander abzuschlachten, zu töten. Dabei war es so dicht dran, mit dem Fahrrad nur zwei, drei Stunden entfernt. Aber das war für mich Bangladesch, solange, bis es hierher rübergekommen ist. Den Leuten war überhaupt nicht bewusst, was da geschah. Einige begreifen es auch heute nicht […]."[636]

634 Zit. nach Djilas, M. – N. Gaće: Zulfikarpašić (437), S. 175.

635 Vgl. Allcock, John B.: Rural-urban differences and the break-up of Yugoslavia, in: Balkanologie 6 (2002), 1–2, S. 122 f.

636 So der serbische Ex-Krieger Stevan Kovačević in einem Interview im Jahr 1997: Bašić, N.: Krieg als Abenteuer (251), S. 32.

Die Hoffnung, dass in letzter Minute noch ein friedfertiger Ausgleich gefunden würde, war nicht gänzlich aus der Luft gegriffen. Nach Beginn des Krieges in Kroatien war es vor allem Zulfikarpašić, der einen Ausgleich mit den Serben in Bosnien suchte. „Die drei politischen Parteien [SDA, SDS und HDZ] erinnerten an Blinde und Taube, eingesperrt in einen dunklen Raum, wo jeder ein anderes Gebet spricht, eine andere Geschichte erzählt, doch niemand zuhört oder bereit ist zuzuhören. Ich erkannte, dass die Situation so gefährlich war, dass sie dramatische Züge annahm und sich immer schneller in Richtung Katastrophe entwickelte."[637] Nach Absprache mit Izetbegović führten Zulfikarpašić und der Vizepräsident der MBO, Muhamed Filipović Mitte Juli 1991 Gespräche mit den Repräsentanten der bosnischen Serben (Karadžić, Nikola Koljević und Momčilo Krajišnik). „Aus unserer Diskussion ging hervor, dass Koljević und Karadžić damit einverstanden waren, die Aufteilung [Bosniens] in Regionen [bzw. Kantone] aufzuschieben und unseren Standpunkt zu akzeptieren, dass Bosnien-Herzegowina ein gemeinsamer Staat seiner drei Völker bleiben müsse. Wir beharrten darauf, dass sie Bosnien als selbständigen und souveränen Staat akzeptierten. Sie sagten, sie könnten das nur akzeptieren, wenn Bosnien in der jugoslawischen Gemeinschaft verbliebe. Wir wiederholten unseren Standpunkt, Bosnien müsse gegenüber Kroatien und Serbien gleichberechtigt sein, und zwar als eine von sechs gleichgestellten Teilrepubliken."[638] Auf dieser Grundlage sollte ein Dokument abgefasst werden. Alle fünf begaben sich daraufhin zu Izetbegović, der erklärt habe: „Ich werde das Dokument unterzeichnen, sobald ich aus Amerika zurück bin." Koljević habe daraufhin laut gesagt: „Er wird uns belügen." Zulfikarpašić begab sich anschließend nach Belgrad, um das Abkommen mit Milošević zu besprechen. „Milošević lehnte keinen einzigen meiner Vorschläge ab. Er war von der Tatsache begeistert, dass ihm ein Volk ein Abkommen anbot, zu einer Zeit, da er vor den Augen ganz Europas Krieg gegen Kroatien führte. Er machte keinen Hehl daraus, dass er darin etwas sehr Positives erblickte. Er sagte: ‚Sehen Sie, wir haben die Katastrophe verhindert, und Sie haben uns gezeigt, dass man nach Wegen suchen muss, um die Probleme in Jugoslawien auf friedliche Art und Weise zu lösen.'"[639] In der Öffentlichkeit habe die Vereinbarung ein äußerst positives Echo gefunden. Noch war in Bosnien kein Tropfen Blut vergossen worden. „Der Krieg, der [in Kroatien] ausgebrochen war", so Zulfikarpašić, „hatte lediglich gezeigt – beginnend mit dem klaren Standpunkt Sloweniens in dieser Frage –, dass Jugoslawien mit Gewalt nicht aufrechtzuerhalten war, dass es aber ohne Gewalt auch nicht zerstört werden konnte." Nun schien der Frieden in Bosnien gerettet zu sein.

637 Zit. nach Djilas, M. – N. Gaće: Zulfikarpašić (437), S. 207.
638 Ebda., S. 210.
639 Ebda., S. 213.

Doch Izetbegović lehnte die „historische Übereinkunft" ab. Enttäuscht und verbittert kommentierte Zulfikarpašić: „Die Ablehnung des Abkommens durch Izetbegović lief den Interessen der Bosniaken und Bosniens derart zuwider, dass mir bis auf den heutigen Tag nicht klar ist, weshalb er das getan hat – weshalb er sein Wort gebrochen und auf das Abkommen verzichtet hat. Er musste wissen, was das für die Bosniaken bedeutete."[640] Über die Hintergründe des gescheiterten Abkommens kann man trefflich spekulieren. Hat Izetbegović die Gefährlichkeit der Situation verkannt? Oder hat er zu sehr auf ausländische (vor allem amerikanische) Unterstützung vertraut? Oder wollte er Zulfikarpašić einfach den Verhandlungserfolg nicht gönnen? War vielleicht Zulfikarpašić, der einmal treffend als „Hyperintellektueller" charakterisiert wurde,[641] politisch zu naiv? Wir wissen es nicht. Der Journalist Misha Glenny behauptete in einem Leserbrief an die Herausgeber der *New York Review of Books* im Oktober 1992: „The ‚deal' […] was an agreement reached by President Milosevic and Adil Zulfikarpasic. […] Zulfikarpasic has so little support within the Muslim community that, on hearing of his agreement with Milosevic, the leadership of his own party renounced him and the plan. I was in Belgrade when the agreement was announced and the reaction of most Serbs I spoke to was one of derision and even hilarity. Nobody, neither Serb nor Muslim, took it seriously for a minute." Und weiter: „Had Izetbegovic chosen to stay in a truncated Yugoslavia dominated by Milosevic, in which the Muslims would have been a vulnerable minority, he would have been forced out off office by his own people. Unfortunately, because of the Bosnian Serbs well-advertised opposition to recognition, the republic was not in a position to constitute itself as an independent state."[642]

Erste Phase des Bosnienkriegs

Nun steuerte alles auf einen Krieg zu. Milošević und der Generalstab der Armee trafen entsprechende Vorbereitungen, die im sogenannten „RAM-Plan" ihren Niederschlag fanden. „Ram" ist eines der serbischen Worte für „Rahmen". Der Rahmen-Plan war auch wiederholt Gegenstand in den Verhandlungen vor dem Haager Kriegsverbrechertribunal. So in der Sitzung am 6. Juni 1996 im Verfahren gegen Duško Tadić. Der

640 Ebda., S. 216.

641 Conces, Rory J.: The role of the hyperintellectual in civil society building and democratization in the Balkans, in: Studies in East European Thought 59 (2007), S. 195–214.

642 http://www.nybooks.com/articles/archives/1992/oct/08/bosnia-and-the-balkans-an-exchange/. Glenny fügte hinzu: „[…] the primary responsibility for creating the conditions in which the violent fragmentation of Bosnia took place […] lies with the German-led decision to recognize Croatia before winning the consent of the Serb minority there."

Zeuge Jerko Doko, ein bosnischer Kroate, der von Februar 1991 bis August 1992 als Verteidigungsminister der Republik Bosnien-Herzegowina amtierte, erklärte auf die Frage nach dem Inhalt des RAM-Plans: „The substance of the plan was to create a greater Serbia. That RAM was to follow the lines of Virovitica, Karlovac, Karlobag, which we saw confirmed in reality later on with the decision on the withdrawal of the JNA, the Yugoslav People's Army, from Slovenia and partly from Croatia to those positions in Western Slavonia up to Karlovac and south almost to Karlobag. Q[estion:] Do you know where this RAM plan originated from? A[nswer:] Well, the so-called RAM plan originates from the Serbian Academy of Arts and Sciences, the so-called SANU, where it was drawn up together with the Serbian leadership, with Milosevic and some members of the General Staff of JNA – normally in strict secrecy."[643] Unabhängig davon, ob es sich um einen konkreten und detaillierten Plan oder nur um informelle Überlegungen handelte – es existierte ein Handlungsrahmen, der die Richtung für die militärischen Aktionen vorgab.[644]

Die Gewalt, die Bosnien vor seiner internationalen Anerkennung am 6. April 1992 in den Abgrund riss, stellte in seinen Ausmaßen die Gewalt in Kroatien bald in den Schatten.[645] Obwohl es bis Kriegsausbruch keinerlei konkrete Anzeichen für eine Bedrohung oder Benachteiligung der bosnischen Serben gegeben hatte, ergriffen ihre Anführer sofort eine als „präventiv" etikettierte Offensive zum Erhalt Jugoslawiens bzw. dessen, was sie unter „Jugoslawien" verstanden.[646] Wie die Serben in Kroatien, die Serben in Kosovo, die Kroaten in Bosnien, die Albaner in Serbien etc. waren auch sie besessen von

643 http://www.icty.org/x/cases/tadic/trans/en/960606IT.htm, S. 2048.

644 Vgl. auch Biserko, Sonja: Srpska elita i realizacija srpskog nacionalnog programa, in: Dies. (Hg.): Kovanje (258), S. 72 ff. Čekić, Smail: The Aggression against the Republic of Bosnia and Herzegovina. Planning, preparation, execution. Sarajevo 2005, S. 363 ff. (Das umfangreiche Buch ist vollständig im Internet abrufbar: http://www.scribd.com/doc/30826816/The-Aggression-Against-the-Republic-of-Bosnia-and-Herzegovina-PART-1-Prof-Smail-Cekic.)

645 Guter Überblick bei Calic, M.-J.: Krieg in Bosnien-Herzegowina (262).

646 Der amerikanische Soziologe und Anthropologe Anthony Oberschall hat dies am Beispiel der Ereignisse im nordwestbosnischen Distrikt Prijedor verdeutlicht: „Muslims and Serbs had lived in peace before the conflict erupted. The Serbs were neither a numerical minority, nor discriminated against. They not only had a share of power, but they had the biggest share, and they were well armed. Why, then, did Serbs fear their fellow citizens in Prijedor? A cartoon from this period expresses the puzzle well. It shows a bearded Serb paramilitary, armed to the teeth, with guns, handgranades, ammunition belt, knives, waving a machine gun, looking worried, and yelling at the top of his voice, ‚I am being threatened!' (Mønnesland 1997 [67], S. 460). There was no anarchy, no state breakdown in Prijedor. The Serbs used the police and military of a functioning government to subdue the non-Serbs." Oberschall, Anthony: Manipulation of ethnicity: from ethnic cooperation to violence and war in Yugoslavia, in: Ethnic and Racial Studies 23 (2000), S. 986.

der Furcht, eine (diskriminierte) Minderheit zu werden (noch dazu in einem „islamistischen“ Staat). Nachdem sie sich ihre Bedrohung eingeredet hatten, stürzten sie sich in eine „Vorwärtspanik“.[647] Schon Ende März 1992 hatten serbische Einheiten Bijeljina und Zvornik erobert und waren von diesen beiden strategisch wichtigen Punkten an der bosnisch-serbischen Grenze in Richtung Banja Luka (nach Westen) und in die Ost-Herzegowina (nach Süden) vorgestoßen. Ziel ihrer Offensive war es, Serbien durch zwei Landkorridore mit diesen beiden Hauptsiedlungsgebieten der Serben in Bosnien-Herzegowina zu verbinden, was angesichts der serbischen Übermacht mühelos gelang.[648]

Anfang April legten die Serben dann einen Belagerungsring um Sarajevo. Damit begann die längste Belagerung einer Stadt im 20. Jahrhundert:[649] Mit Dauerbeschuss von den umliegenden Hügeln, serbischen Heckenschützen in Teilen der Stadt, mit Vergewaltigungen muslimischer Frauen und Mädchen,[650] einer Blockade der Zufahrtswege, einer mehr als drei Jahre währenden Luftbrücke vom italienischen Ancona in die eingekesselte Metropole und einem legendären Tunnel, der eine notdürftige Verbindung zur Außenwelt herstellte. Zur Geschichte der Belagerung gehören auch Radovan Karadžić, der auf den sanften Hügeln oberhalb der Stadt feierlich-banale Gedichte rezitierte, sowie der Galgenhumor der in der Stadt eingeschlossenen Menschen: „Was macht ein Mädchen auf einer Schaukel in Sarajevo? Sie nervt den Scharfschützen.“[651] Und es gehören noch viele offene Fragen dazu. Warum dauerte die Belagerung derartig lange? Wer hatte ein Interesse an der langen Dauer und wer profitierte von ihr? Welche Rolle spielten die „Blauhelme“? Dass Mitglieder der Kriegsparteien und der internationalen Gemeinschaft über ethnische Grenzen hinweg im Schmuggelgeschäft sehr effizient miteinander ko-

647 Zum Phänomen der „Vorwärtspanik“ vgl. Collins, Randall: Dynamik der Gewalt. Eine mikrosoziologische Theorie. Hamburg 2011, Kapitel 3, S. 130 ff.

648 Zu den ethnischen Säuberungen in Zvornik vgl. die Fallstudie von Müller, Stephan: Zvornik. Das Modell einer ethnischen Säuberung, in: Südosteuropa 44 (1995), 5, S. 290–309.

649 Die für die Belagerung verantwortlichen serbischen Generäle, Stanislav Galić und Dragomir Milošević (nicht verwandt mit Slobodan Milošević), wurden vom Haager Tribunal am 30. 6. 2006 resp. am 12. 12. 2007 zu lebenslanger bzw. zu 33 Jahren Jahren Haft verurteilt. http://www.icty.org/x/cases/galic/acjug/en/061130_Galic_summary_en.pdf und http://www.icty.org/x/cases/dragomir_milosevic/tjug/en/071212_Milosevic_Dragan_summary_en.pdf.

650 Der im Februar 2006 auf der Berlinale mit dem Goldenen Bären ausgezeichnete Film der Regisseurin Jasmila Žbanić „Esmas Geheimnis – Grbavica“ erzählt die Geschichte einer im serbisch kontrollierten Stadtteil Grbavica vergewaltigten Frau (Esma) und ihrer 12-jährigen Tochter, die durch Zufall erfährt, dass ihr unbekannter Vater ein Vergewaltiger war. Zu den psychischen Problemen von Vergewaltigungs-Kindern in Bosnien vgl. Erjavec, Karmen – Zala Volcic: Living with the Sins of Their Fathers: An analysis of self-representation of adolescents born of war rape, – in: Journal of Adolescent Research 25 (2010), 3, S. 359–386. Die Untersuchung der Autorinnen beruht auf Tiefeninterviews mit elf Jugendlichen in Bosnien.

651 Aufgelesen von Armina Galijaš.

operierten, dass sie die Belagerung als Business verstanden und beträchtliche Vermögen akkumulierten, darf als gesichert gelten.[652]

Zu den Leidtragenden in der Stadt gehörten auch viele der darin lebenden Serben. Auch unter ihnen gab es Opfer. Aber es waren definitiv nicht die Bosniaken, die die Stadt belagerten und die Ausnahmesituation herbeigeführt hatten – ein Umstand, der bei der Schilderung serbischer Leidensgeschichten aus Sarajevo stets unter den Tisch fällt.[653]

Am 12. Mai 1992 proklamierte eine Versammlung der bosnischen Serben die „Serbische Republik von Bosnien-Herzegowina/Republika Srpska (RS)“ und wählte Radovan Karadžić zum ersten Präsidenten mit Amtssitz in Pale (östlich von Sarajevo, am Rand des viel besungenen Romanija-Gebirges). Karadžić, Jahrgang 1945, geboren in einem montenegrinischen Dorf, Psychiater und Freizeit-Poet, war als Vorsitzender der SDS zum politischen Führer der bosnischen Serben avanciert. Mehrere Mitglieder seiner erweiterten Familie hatten sich während des Zweiten Weltkriegs den Tschetniks angeschlossen und waren von den Partisanen ermordet worden. Obwohl Karadžić bis zu Beginn des bosnischen Krieges in einer psychiatrischen Klinik in Sarajevo tätig gewesen war und vielfältige Beziehungen zu bosnischen Muslimen gepflegt hatte, hegte er einen tiefen Groll gegen die Stadt, deren multiethnisches und multireligiöses Gepräge ihm fremd geblieben war. Während des Krieges verfiel der Psychiater in einen Blutrausch, den er mit Gedichteschreiben, dem Spiel auf der Gusle und dem Singen alter epischer Lieder zu einem seltsamen Amalgam vermischte.[654]

Die serbische Kriegsstrategie des bewaffneten Aufstands einer durch Bedrohungsszenarien zuerst verängstigten, dann aufgehetzten Bevölkerung und des Einsatzes der Volksarmee bzw. der bosnisch-serbischen Armee unter Hinzuziehung paramilitärischer Einheiten und „Wochenend-Krieger“ aus Serbien funktionierte in Bosnien noch effektiver als in Kroatien. Auch im bosniakischen und kroatischen Lager formierten sich Spezialeinheiten. Nach einem Bericht des Strafrechtsexperten Cherif Bassiouni[655] an den UN-Sicherheitsrat operierten in Bosnien zwischen Sommer 1991 und Ende 1993

---

652 Einzelheiten bei Andreas, P.: Blue Helmets and Black Markets (247).

653 Vgl. die Dokumentensammlungen über das Leiden der Serben in Sarajevo: Sarajevska raskršća. Dnevnik i kazivanja izbeglica / The Crossroads of Sarajevo. Diary and testimonies of refugees. Hg. Momčilo Mitrović. Beograd 1995; Stradanja Srba u Sarajevu. Knjiga dokumenata/Suffering of the Serbs in Sarajevo. Documents. Hg. Dušica Bojić. 2. erw. Aufl. Beograd 1996.

654 Vgl. Weine, St. M.: When History Is a Nightmare (343a), S. 106 ff.; vgl. auch den 1992 von der BBC ausgestrahlten Dokumentarfilm von Pawel Pawlikowski „Serbian Epics“.

655 Auf den aus Ägypten stammenden Bassiouni, Rechtsprofessor am DePaul University College of Law in Chicago, wird im Zusammenhang mit dem Kriegsverbrechertribunal noch zurückzukommen sein.

neben regulären Armeen und Polizeieinheiten mindestens 83 identifizierte paramilitärische Banden, darunter 56 serbische (mit 20.000–40.000 Kämpfern), 13 kroatische (mit 12.000 bis 20.000 Mitgliedern) und 14 bosniakische (mit 4.000 bis 6.000 Kriegern).[656] Einige Einheiten waren in eine einheitliche Befehlsstruktur eingebunden, andere agierten mehr oder minder autonom unter dem Kommando lokaler „Warlords". Sie zogen marodierend durch die Dörfer, plünderten, brandschatzten, folterten, vergewaltigten und töteten. Was alle Einheiten der jeweiligen Konfliktpartei – ungeachtet der polyzentrischen Kommandostruktur – vereinte, war die jeweilige nationalistische Agenda, der sie sich aus Überzeugung verbunden fühlten oder die sie benutzten, um ihre eigenen Ziele (Bereicherung und/oder das Ausleben von Gewaltfantasien) zu realisieren. Raubökonomie und ethnische Säuberungen gingen vielfach Hand in Hand.[657] Zu den bekanntesten serbischen Spezialeinheiten gehörten die „Weißen Adler", die „Tschetniks", die „Serbische Freiwilligengarde", die „Roten Barette" und die „Skorpione".[658] Auf kroatischer und bosniakischer Seite kämpften die „Kroatischen Verteidigungskräfte" (Hrvatske obrambene snage, HOS) sowie die „Grünen Barette"[659] und die Mudschaheddin, von denen gleich zu sprechen sein wird.

Der Krieg zog über den Rahmen des ehemaligen Jugoslawiens hinaus Freiwillige, Söldner und Abenteurer aus vielen Ländern an. Zu ihnen gesellten sich auch christliche

656 UN, Commission of Experts' Final Report (S/1994/674) von Ende April 1994: http://www.ess.uwe.ac.uk/comexpert/report_toc.htm, Annex III A: Special Forces. Vgl. auch Oberschall, A.: Manipulation of ethnicity, a. a. O., S. 998. Die Mitglieder der irregulären Einheiten setzten sich zusammen aus ehem. Armeeangehörigen, Mitgliedern der Territorialverteidigung und lokaler Polizeieinheiten, aus Zivilisten, Kriminellen, Hooligans, Emigranten, ausländischen Freiwilligen und Söldnern.

657 Vgl. Bougarel, Xavier: Zur Ökonomie des Bosnien-Konflikts: zwischen Raub und Produktion, in: Jean, Françoise – Jean-Christoph Rufin (Hg.): Ökonomie der Bürgerkriege. Hamburg 1999, S. 191–217. Diese Entwicklung wurde noch dadurch gefördert, dass auch die Soldaten in den regulären Verbänden nicht regelmäßig bezahlt werden konnten und Plünderungen als Ersatz geduldet wurden.

658 Berühmt-berüchtigte Organisatoren bzw. Führer serbischer Spezialeinheiten waren Franko („Frenki") Simatović (Jg.1950), Chef der Spezialeinheiten des Serbischen Innenministeriums („Rote Barette"), Vojislav Šešelj (Jg. 1954), Begründer der Serbischen Radikalen Partei und Organisator der Šešelj-Einheiten (Tschetniks), sowie Željko Ražnatović („Arkan") (Jg. 1952), Kommandant der „Serbischen Freiwilligengarde" („Arkans Tiger"), die sich v. a. aus Hooligans des Belgrader Fußballclubs „Roter Stern" zusammensetzte. Der Journalist Norbert Mappes-Niediek hat „Arkan" einmal als „Symbol für die Umwertung aller Werte in Jugoslawien" beschrieben: „In mehreren europäischen Ländern wird er wegen Kapitalverbrechen gesucht. Mit seiner ‚Tiger-Brigade' hatte er in Kroatien und Bosnien gemordet und geraubt. Er scheffelte Millionen. Arkan, ein gelernter Konditor, ist der lebende Beweis dafür, dass eine der Antriebskräfte des Krieges Plünderung war." (Leben im Zielgebiet, in: Die Zeit vom 31. 3. 1999). „Arkan" wurde im Januar 2000 in Belgrad ermordet, Simatović und Šešelj sitzen in Den Haag in Untersuchungshaft. Ihre Prozesse waren Ende 2010 noch nicht abgeschlossen.

659 Eine paramilitärische Einheit, die von der SDA finanziert wurde.

Überzeugungstäter aus Russland und Griechenland, die sich am „heiligen Krieg" der Serben beteiligten,[660] sowie islamische „Gotteskrieger", die an der Seite der Muslime fochten.[661] Die Mujaheddin gerieten schnell in den Focus der Feindpropaganda, obgleich zwischen christlichen und islamischen „Glaubenskriegern" kein grundsätzlicher Unterschied bestand. In der islamischen Welt hatten die Ereignisse in Bosnien eine Welle der Solidarisierung ausgelöst.[662] Ausländische Islamisten witterten nun, nachdem im April 1992 der islamische Staat Afghanistan proklamiert worden war, eine Chance, in Bosnien Fuß fassen und ein neues Zentrum für ihre terroristischen Aktivitäten aufbauen zu können, was ihnen partiell auch gelang. Doch ohne den Krieg in Bosnien und die antiislamische Propaganda wäre dies undenkbar gewesen, zumal viele Mudschaheddin vor ihrer Ankunft nicht einmal gewusst hatten, wo Bosnien überhaupt lag. Über die Teilnahme von Mudschaheddin am Bosnienkrieg und deren Verbindungen zum Terrornetzwerk Al-Qaida bzw. zu den radikalislamischen Taliban existieren widersprüchliche Informationen. Die Angaben über die Zahl der ausländischen Dschihadisten in Bosnien, die vorwiegend aus arabischen Ländern (Ägypten, Saudi-Arabien, Algerien und Jordanien) stammten und vorher in Afghanistan gegen die Sowjetunion gekämpft hatten, schwanken zwischen mehreren Hundert und etwa 3.000.[663]Am 13. August 1993

660 Von der griechischen Freiwilligengarde wird im Zusammenhang mit dem Völkermord von Srebrenica noch zu sprechen sein.

661 Dass die SDA und die Führung der „Islamischen Gemeinschaft" in Sarajevo ihrerseits den Krieg in religiösen Metaphern deuteten, hat dem Paradigma des „clash of civilizations" zweifellos (und unnötigerweise) Vorschub geleistet.

662 Eine herausragende Rolle spielte die 1987 gegründete „Third World Relief Agency" (TWRA) mit Sitz in Wien. Sie wurde geleitet von dem Sudanesen Fatih al-Haseinin, der in Belgrad studiert hatte und seit den 70er-Jahren mit Izetbegović bekannt war. Die TWRA sammelte Spenden aus der islamischen Welt (aus Saudi-Arabien, Sudan, Iran, Pakistan usw.) und finanzierte damit den illegalen Waffenhandel nach Bosnien (etikettiert als „humanitäre Hilfe"). Auch Osama bin Laden soll zu den Spendern gehört haben. Insgesamt seien zwischen 1992 und 1995 mindestens 2,5 Mrd. Dollar bei der TWRA zusammengeflossen, wovon ein erheblicher Teil in privaten Kanälen verschwunden sei. Vgl. Schindler, John R.: Unholy Terror: Bosnia, al-Qa'ida, and the rise of global jihad. St. Paul/Mn 2007, S. 147 ff.. Schindler war für die National Security Agency tätig. Die Höhe der von der TWA gesammelten Spenden ist allerdings unklar. Die Angaben schwanken zwischen 350 Millionen und 2,5 Milliarden. Ab 1994 soll der Iran anstelle von TWRA die Rolle des Hauptlieferanten von Waffen übernommen haben. Zur TWA und dem Waffenschmuggel nach Bosnien vgl. auch Pomfret, John: How Bosnia's Muslims Dodget Arms Embargo, in: Washington Post, 22. 9. 1996; Bromley, Mark: United Nations Arms Embargoes. Their Impact on Arms Flows and Target Behaviour. Case study: Former Yugoslavia, 1991–96. Stockholm: International Peace Research Institute (SIPRI) 2007, S. 9–12, auch abrufbar unter: http://books.sipri.org/files/misc/UNAE/SIPRI07UNAEYug.pdf.

663 Vgl. Azinović, Vlado: Al-Kai'da u Bosni i Hercegovini – mit ili stvarna opasnost? Sarajevo 2007. Das von Radio Free Europe herausgegebene Buch ist im Internet abrufbar unter: http://www.slobodnaevropa.org/specials/al_kaida/index.htm (ohne Seitenzählung). Auch Azinović kommt zu dem Schluss, dass

ordnete der Generalstab der regierungstreuen bosnischen Armee[664] die Formierung einer Einheit „El Mudžahid" im Rahmen des 3. Korps an, um die Aktivitäten der „Gotteskrieger" besser kontrollieren zu können. Da es der bosniakischen Seite aber nicht an potenziellen Soldaten, sondern an Waffen fehlte, war der Einsatz der Mudschaheddin umstritten, zumal deren radikalislamisches Gedankengut den einheimischen Muslimen fremd blieb und ihr brutales Vorgehen das Image Bosniens nachhaltig beschädigte. Dass die islamischen „Gotteskrieger" auch an schweren Kriegsverbrechen beteiligt waren, ist mittlerweile unzweideutig belegt.[665]

Fassen wir die erste Phase des Krieges kurz zusammen: Im Mai 1992 zieht sich die Jugoslawische Volksarmee offiziell aus Bosnien nach Serbien und Montenegro zurück. Dabei überlässt sie einen Großteil ihrer Waffen und Ausrüstungen den bosnischen Serben. 60.000 Soldaten und Offiziere bosnisch-serbischer Herkunft wechseln die Uniform und bilden fortan zusammen mit 35.000 Freischärlern die Armee der bosnischen Serben unter dem Kommando von General Ratko Mladić, eines 1942 in einem kleinen Dorf bei Kalinovik, südlich von Sarajevo, geborenen Serben, der eine steile Karriere in der Jugoslawischen Volksarmee und bereits einen Einsatz auf dem kroatischen Kriegsschauplatz hinter sich hat. Mladić gilt als fähiger Soldat und egozentrische Persönlichkeit, aufgewachsen ohne Vater, der im Zweiten Weltkrieg von den Ustasche ermordet worden war. Die militärische Überlegenheit der bosnischen Serben gegenüber den im Aufbau begriffenen bosnischen Regierungstruppen ist überwältigend. Seit Sommer 1992 beherrschen sie mehr als zwei Drittel des Staates Bosnien-Herzegowina. Das Territorium, über das die rechtmäßige bosnische Regierung und die von der SDA aufgebauten parallelen Netz-

---

ohne den Krieg in Bosnien-Herzegowina und ohne das internationale Waffenembargo, das die militärische Schwäche der bosniakischen Seite zementierte, Bosnien nicht zum Schauplatz radikalislamischer Aktivitäten geworden wäre. Zu den Mudschahedin in Bosnien vgl. auch HUNTINGTON, SAMUEL: The Clash of Civilizations and the Remaking of World Order. New York 1996; hier nach der paperback edition von 2003, S. 285 ff. Zu Huntingtons Paradigma vgl. die Ausführungen in Teil 2, Kapitel 3.5: Vom „Islamismus" zum Europäismus.

664 In der regulären bosnischen Armee gab es sehr unterschiedliche Gruppierungen. Auf der einen Seite die Angehörigen der früheren Jugoslawischen Volksarmee und der Territorialverteidigung, von denen viele säkular eingestellt waren, und andererseits die religiösen Bosniaken und Pan-Islamisten, die sich nach Kriegsbeginn zur Armee gemeldet hatten.

665 Der letzte Oberkommandierende der bosnischen Armee, Rasim Delić, wurde vom Haager Kriegsverbrechertribunal am 15. 9. 2008 zu drei Jahren Haft verurteilt, weil er es unterlassen hatte, die Kriegsverbrechen ausländischer Dschihadisten bzw. der Einheit „El Mudžahid" an kroatischen und später serbischen Kriegsgefangenen (1993 resp. 1995) zu verhindern oder die Schuldigen zu bestrafen: http://www.icty.org/x/cases/delic/tjug/en/080915_Delic_summary_en.pdf. Zu den Verbrechen (aus serbischer Sicht) vgl. ANDJELIC, SUZANA: War Crimes: „The Vozuca Case", Six Years Laster, in: Pogledi vom 13. 9. 2001: http://www.pogledi.rs/izetbegovic/articles/3-2001.php.

werke noch eine Kontrolle ausüben, zerfällt dadurch in mehrere ost- und westbosnische Enklaven, den zentralbosnischen Raum und die kroatisch dominierte westliche Herzegowina.

Ethnische Säuberungen

Mit unserer Vorstellung von einem „klassischen“ Krieg hatte die schnell ausufernde Gewalt in Bosnien zunächst wenig zu tun. „Die Armeen taten einander kaum weh. Die Geschichte des bosnischen Krieges kennt nur Vertreibungen und Massaker, aber keine einzige Schlacht, keinen Häuserkampf, kein einziges Gefecht um den Vormarsch einer Armee. Das typische Kriegsszenario war der Austausch von Granaten zwischen Hügelstellungen. Der Dauerbeschuss von Wohngebieten, wie in Sarajevo oder Mostar, galt nicht der je anderen Armee, sondern der Zivilbevölkerung.“[666] Das mag eine reduzierte Wahrnehmung des Geschehens sein, weist aber auf wichtige Merkmale hin. Im Visier der Kriegshandlungen stand vor allem die Zivilbevölkerung, die von unterschiedlichen Kampfverbänden bzw. einer Vielzahl von staatlichen, parastaatlichen und lokalen Gewaltakteuren (aus z. T. unterschiedlichen Motiven) bekämpft wurde. Ob man in diesem Kontext eher von einem „neuen“ oder „alten“ Krieg sprechen sollte, bleibe dahingestellt.[667] Eine „balkanische“ Besonderheit war er jedenfalls nicht.

In den von Serben kontrollierten Territorien kommt es sofort zu schweren Menschenrechtsverletzungen und Kriegsverbrechen. Kurz nach Kriegsbeginn taucht der Begriff „ethnische Säuberung“ (etničko čišćenje) in serbischen Medien auf und findet schnell

---

666 Mappes-Niediek, Norbert: Die Ethno-Falle. Der Balkankonflikt und was Europa daraus lernen kann. Berlin 2005, S. 99.

667 Vertreter des Paradigmas der „neuen Kriege“ weisen auf einen grundlegenden Gestaltwandel des Krieges nach dem Ende des Ost-West-Konflikts hin: auf neue Opportunitäten der Kriegsführung, die zunehmende Rolle privater Gewaltakteure, die wachsende Bedeutung ökonomischer zulasten ideologischer Gewaltmotive, die Fokussierung auf die Zivilbevölkerung usw. Vgl. Münkler, Herfried: Die neuen Kriege. Reinbek b. Hamburg 2002; ders.: Die neuen Kriege, in: Der Bürger im Staat 54 (2004), 4, S. 346–369; unter demselben Titel in: Kollektive Gewalt. Universität Bern: Kulturhistorische Vorlesungen. Bern 2006, S. 31–46; Heupel, Monika – Bernhard Zangl: Von „alten“ und „neuen“ Kriegen. Zum Gestaltwandel kriegerischer Gewalt, in: Politische Vierteljahresschrift 45 (2004), 3, S. 346–369; Kaldor, Mary: Neue und alte Kriege. Organisierte Gewalt im Zeitalter der Globalisierung. Frankfurt/M. 2000 (unter Rekurs auf den Bosnienkrieg). Zur Kritik vgl. u. a. Kahl, Marin – Ulrich Teusch: Sind die „neuen Kriege“ wirklich neu?, in: Leviathan 32 (2004), 3, S. 382–401; Langewiesche, Dieter: Wie neu sind die „Neuen Kriege“? Eine erfahrungsgeschichtliche Analyse, in: Schild, Georg – Anton Schindling (Hg.): Kriegserfahrungen – Krieg und Gesellschaft in der Neuzeit. Neue Horizonte der Forschung. Paderborn [u. a.] 2009, S. 289–302.

Eingang in die internationale Publizistik und Fachliteratur.[668] Ausländischen Beobachtern gilt er zunächst als verharmlosende Bezeichnung für Völkermord und wird Ende 1992 in Deutschland zum „Unwort des Jahres" gewählt. Seither benutzen ihn viele Autorinnen und Autoren nur mit Anführungsstrichen oder mit dem Zusatz „sogenannte". Dennoch hat sich der Terminus bzw. seine Übersetzung in andere Sprachen (ethnic cleansing, nettoyage ethnique usw.) international durchgesetzt und taucht sowohl in offiziellen Dokumenten der Vereinten Nationen als auch in den Verhandlungen der Internationalen Kriegsverbrechertribunale für das ehemalige Jugoslawien und Ruanda sowie des Internationalen Strafgerichtshofs in Den Haag auf. Im Unterschied zu Völkermord stellt ethnische Säuberung bis heute keinen juristisch definierten Straftatbestand dar. Unter Fachleuten ist aber unstrittig, dass Völkermord und ethnische Säuberung keine Synonyme sind (und dass „ethnische Säuberung" somit auch keine euphemistische Bezeichnung für Genozid ist). Ethnische Säuberung umfasst eine Vielzahl von Taten, von denen einige – wie Menschenrechtsverletzungen, Kriegsverbrechen oder Völkermord – strafbar, andere dagegen – z. B. ein zwischenstaatlich vereinbarter obligatorischer Bevölkerungsaustausch – nicht strafbar sind. Der Internationale Gerichtshof in Den Haag entschied am 26. Februar 2007 im Verfahren Bosnien-Herzegowina gegen Serbien: „Neither the intent, as a matter of policy, to render an area ‚ethnically homogenous', nor the operations that may be carried out to implement such policy, can as such be designated as genocide: the intent that characterizes genocide is ‚to destroy, in whole or in part' a particular group, and deportation or displacement of the members of the group, even if effected by force, is not necessarily equivalent to destruction of that group, nor is such destruction an automatic consequence of the displacement. That is not to say that acts described as ‚ethnic cleansing' may never constitute genocide …'"[669] Der Begriff „ethnische Säuberung" umfasst also ein sehr viel weiter gefasstes Spektrum von Tatbeständen als der Begriff „Genozid".

Was sind ethnische Säuberungen? Sie lassen sich definieren als die von einem modernen Staat oder Parastaat und seinen Akteuren initiierten und ausgeführten, ermunternden oder geduldeten Maßnahmen, die darauf abzielen, eine aufgrund ihrer Ethnizität als „fremd", „bedrohlich", oft auch „minderwertig" stigmatisierte Bevölkerungsgruppe von

668 Vgl. u. a. Michels, Patrick: Le discours sur le „nettoyage ethnique": Comment diaboliser une nation, in: Revue d'études comparatives East-Ouest (1997), 1, S. 163–194.

669 http://www.icj-cij.org/docket/files/91/13685.pdf#view=FitH&pagemode=none&search=%22ethnic%20cleansing%22, S. 123. Auch der Europäische Gerichtshof für Menschenrechte in Straßburg zitierte in seiner Entscheidung des Falles Nikola Jorgić gegen Deutschland vom 12. 10. 2007 die Auslegung des Internationalen Gerichtshofs: http://cmiskp.echr.coe.int/tkp197/portal.asp?sessionId=76289388&skin=hudoc-en&action=request: Case of Jorgic vs. Germany, Final judgement, S. 12.

einem bestimmten Territorium zu beseitigen. Ziel der ethnischen Säuberung ist nicht primär der Völkermord, sondern die räumliche Entfernung der ethnisch „fremden" und „feindseligen" Bevölkerungsgruppe(n) *oder* die erzwungene Beseitigung ihrer differenzierenden Merkmale, um auf diese Weise Staatsterritorium, Staatsvolk, „Kultur" und „Volkstumsboden" in Übereinstimmung zu bringen. Die angestrebte „Reinigung" kann in Form von erzwungener Assimilation, von Animation zur Flucht (durch Gräuelpropaganda, Diskriminierung, systematische Demütigung, sexuelle Gewalt oder Zerstörung der wirtschaftlichen Grundlagen) sowie durch Umsiedlung, Vertreibung oder Genozid der unerwünschten Bevölkerung erfolgen. Diese Akte werden begleitet von der systematischen Eliminierung des kulturellen Erbes der Zielgruppe. „Systematisch" heißt, dass es sich hierbei nicht um bloße Zerstörungswut handelt, obwohl auch diese nicht ausgeschlossen werden kann, sondern um ein planvolles Vorgehen. Mit der Zerstörung von sakralen Gebäuden, Denkmälern, Archiven, Museen und Bibliotheken sollen die bisherige kulturelle Präsenz sowie das materialisierte kollektive Gedächtnis der Feinde, ihre bisherige „Heimat", ausgelöscht werden (Domicid). Ziel ist eine neue (monoethnische) Raumordnung.[670]

Ethnische Säuberungen – als eine Form des „ethnischen Unternehmertums"[671] – kommen vor allem dort zur Anwendung, wo die Wir-Gruppe der Akteure als biologische Gemeinschaft verstanden wird und Teile ihres tatsächlichen oder beanspruchten Territoriums von Bevölkerungsgruppen bewohnt werden, die nicht der eigenen Wir-Gruppe oder Titularnation angehören und als „Sicherheitsrisiko" empfunden wer-

670 „Ethnic cleansing [...] is a form of geopolitics. The ‚geo' and ‚politics' can be parsed to signify two interrelated practices: first the attempt to produce a new *ethnoterritorial order of space*, and second the attempt to build an *ethnocratic political order* upon that space. The remaking of Bosnia through ethnic cleansing involved both. An old order of space, in spirit and way of life a nonethnoterritorial ordering of space, is attacked and erased. Upon its ruins, a new ethnoterritorialism declares itself and becomes the foundation for a polity organized around the institutionalized supremacy of the victorious ethnic group. The renaming of Foča, the southernmost town in the Drina Valley, ethnically cleansed in April 1992, as Srbinje, literally ‚the space of the Serbs', encapsulated this geopolitical logic of erasure and refounding on purely ethnic lines." Toal, G. – C. T. Dahlman: Bosnia Remade (473), S. 5 f.

671 Zum ethnischen Unternehmertum (ethnic engineering), einer Variante des demografischen Unternehmertums (demographic engineering), vgl. McGarry, John: „Demographic Engineering": the state-directed movement of ethnic groups as a technique of conflict regulation, in: Ethnic and Racial Studies 21 (1998), 4, S. 613–638; Bookman Zarkovic, Milica: The Demographic Struggle for Power: the political economy of demographic engineering in the modern world. London, Portland 1997. Ethnisches Unternehmertum und ethnische Säuberung decken sich in vieler Hinsicht. Unter dem Begriff „etnisches und demografisches Unternehmertum" werden aber auch Maßnahmen mit berücksichtigt (z. B. eine pronatalistische Bevölkerungspolitik oder die Ansiedlung von „Kolonisten" zwecks Veränderung der ethnischen Siedlungsstruktur), die aus dem Katalog ethnischer Säuberungen herausfallen oder nur indirekt damit verbunden werden.

den.[672] Im Unterschied zu politischen oder religiös motivierten Säuberungen steht also bei ethnischen Säuberungen die andersartige Ethnizität der Zielgruppe im Vordergrund, die in früheren Jahrhunderten nur eine untergeordnete oder keine Rolle gespielt hatte. Die ethnischen Merkmale können durchaus mit religiösen und politischen Merkmalen interferieren (z. B. wenn die Religionszugehörigkeit ein konstitutives Merkmal der ethnischen Zuordnung bildet oder wenn politische Gegnerschaft das Resultat ethnischer Differenz ist).

Ethnische Säuberungen sind zumeist mit extremer Gewalt verbunden und werden in der Regel im Verlauf von Kriegen oder im Übergang vom Krieg zum Frieden durchgeführt. Die Maßnahmen erfolgen gezielt (intentional) und systematisch, werden aber auch begleitet von Handlungen, die das Resultat eines Konflikt*verlaufs* sind: prozessuale oder „funktionale" Formen ethnischer Säuberungen. Stets gibt es Banden organisierter Akteure, die ethnische Säuberungen als „windows of opportunity" zur Verwirklichung ihrer individuellen (häufig kriminellen) Absichten nutzen oder es genießen, Macht über andere Menschen auszuüben. Dazu bedarf es nicht einmal eines – wie immer etikettierten – Hasses. Und je länger ein Krieg währt, desto größer wird auch die Zahl derjenigen, die den Krieg als Geschäft betreiben (mitunter über ethnische Grenzen hinweg). Das heißt: Im Rahmen dessen, was als „ethnische Säuberung" etikettiert wird, kommt es in der Regel auch zu Gewaltakten, die mit ethnischen Säuberungen im oben definierten Sinn nichts oder nur entfernt etwas zu tun haben, sondern die primär dem Rollenspiel, der Veränderung von Eigentumsverhältnissen, der Begleichung offener Rechnungen o. Ä. dienen.[673] „Top-down"- und „Bottom-up"-Prozesse durchdringen sich wechselseitig. Der Anthropologe Mart Bax von der Freien Universität Amsterdam hat aufgrund

672 Die von den Vereinten Nationen eingesetzte „Bassiouni-Kommission", von der später noch zu sprechen sein wird, definierte ethnische Säuberung wie folgt: „‚Ethnic cleansing' is a purposeful policy designed by one ethnic or religious group to remove by violent and terror-inspiring means the civilian population of another ethnic or religious group from certain geographic areas. To a large extent, it is carried out in the name of misguided nationalism, historic grievances and a powerful driving sense of revenge. [...] Many of these acts of violence are carried out with extreme brutality and savagery in a manner designed to instill terror in the civilian population, in order to cause them to flee and never to return." United Nations, Security Council: Final Report of the Commission of Experts established pursuant to Security Council resolution 780 (1992) (S/1994/674), S. 33 f.

673 „Interviews with former militiamen illustrate how political opportunities, diverging nationalistic attitudes, proximity to growing violence in increasingly localized killing fields, incentives to participate in parallel criminal activities, and an influence within community networks that were submerged in mass crimes united to legitimize and facilitate their personal commitment to the events that took place in this region during the 1990s." Tanner, Samuel: Political Opportunities and Local Contingencies in Mass Crime Participation: Personnal Experiences by Former Serbian Militiamen, in: Global Crime, 8 (2007), 2, S. 152–171; hier S. 152.

eigener Feldforschungen und Beobachtungen in der westlichen Herzegowina daher zu Recht kritisiert: „There is a tendency among social scientists and others to interpret the ethnic cleansing in Bosnia Hercegovina as the result of a policy carefully orchestrated from above and systematically carried out. Whatever eruptions of war violence might deviate from this interpretation are generally viewed as primitive balkanism, pointless acts, banditism or mental aberrations."[674] Zwar könnten auch die vom Autor untersuchten lokalen Konflikte als Endergebnis einer ethnischen Homogenisierung der Region interpretiert werden, „but only part of its dynamics can be attributed to a policy implemented from above. It is neverless difficult to maintain that the process was the outcome of primitive balkanism, age-old tribalism, pointless and absurd violence, or mental aberrations. On the contrary, its course can be traced back to vendettas between local communities or sections of them that might well have been carefully planned but were not ethnically founded, and that were often carried out on the same lines as the long standing conflicts between Franciscan friars and diocesan priests."[675]

Kehren wir zurück zu den ethnischen Säuberungen im engeren Sinn. Obwohl der Begriff durch serbische Medien seinen Weg in die Weltöffentlichkeit fand, sind ethnische Säuberungen keine serbische oder balkanische Erfindung. Sie gehören zu den prägenden Merkmalen der Geschichte Europas in der ersten Hälfte des 20. Jahrhunderts.[676] Mehr

674 Bax, Mart: Warlords, priests and the politics of ethnic cleansing: a case study from rural Bosnia Hercegovina, in: Ethnic and Racial Studies 23 (2000), 1, S. 16–36; hier S. 16.

675 Ebda., S. 29. Bax bezieht sich hier auf die Konflikte zwischen den bosnisch-herzegowinischen Franziskanern und dem Klerus des katholischen Bistums von Mostar, die sich zuletzt an den Ereignissen in Medjugorje entzündeten. Medjugorje (Zwischen den Bergen) ist ein kleines Dorf rechts der Neretva, ca. 30 km südwestlich von Mostar. Dort erschien sechs Jugendlichen im Juni 1981 die heilige Jungfrau Maria mit einer Friedensbotschaft. Auch in den nachfolgenden Jahren zeigte sich die Jungfrau zumindest einigen der mittlerweile in die Jahre gekommenen Jugendlichen, in der Regel morgens, um 6.40 Uhr Ortszeit. Aufgrund dieser Erscheinungen entwickelte sich ein lokaler Marienkult. Rund 30 Millionen Pilger aus vielen Ländern sollen in den vergangenen Jahrzehnten Medjugorje besucht haben. Diese Leute mussten transportiert, untergebracht, verpflegt und mit Souvernirs versorgt werden. Das schuf Arbeitsplätze und Einkommen. Während der Bischof von Mostar (und schließlich auch der Vatikan) dem Marienkult mit Skepsis und Kritik begegneten, stellten sich die Franziskaner, die schon lange mit dem Klerus des Bistums Mostar im Konflikt gelegen hatten, auf die Seite der örtlichen Akteure. Medjugorje war während des Bosnien-Krieges aber nicht nur ein „heiliger Ort" des Friedens, sondern auch Heimstätte eines lokalen kroatischen Warlords. Bax hat den Ereignissen in Medjugorje auch eine umfangreiche Monografie gewidmet: Medjugorje: Religion, Politics, and Violence in Rural Bosnia. Amsterdam 1995. So wichtig sein Hinweis auf die Bedeutung der Mikroebene ist, so unklar bleibt, ob und inwieweit die sehr spezifischen Verhältnisse in der Westherzegowina, insbesondere in Medjugorje, verallgemeinerbar sind.

676 Vgl. dazu neuerdings Ther, Philipp: Die dunkle Seite der Nationalstaaten. „Ethnische Säuberungen" im modernen Europa. Göttingen 2011.

als 30 Millionen Menschen waren schätzungsweise davon betroffen.[677] Zwangsumsiedlungen und Bevölkerungsaustausch zählten seit den Balkankriegen von 1912/13 und vor allem seit der griechisch-türkischen Konvention von Lausanne aus dem Jahr 1923 zu den international akzeptierten[678] Instrumenten zur „Lösung“ interethnischer Konflikte und erlangten während des Zweiten Weltkriegs und unmittelbar nach dessen Abschluss gigantische Ausmaße. Auf das „Lausanner Modell“, das die bereits während des Kleinasienkrieges vollzogenen ethnischen Säuberungen nachträglich absegnete und mittels neuer Zwangsumsiedlungen vollendete, haben sich politisch unterschiedlichste Akteure berufen: Hitler ebenso wie Churchill oder der serbische Politiker und Historiker Vasa Čubrilović.[679] Im Dezember 1944 erklärte Premierminister Churchill vor dem britischen Parlament: „Expulsion is the method which, so far as we have been able to see, will be the most satisfactory and lasting. There will be no mixture of populations to cause endless trouble. [...] A clean sweep will be made. I am not alarmed at the prospect of the disentanglement of population, nor am I alarmed by these large transferences which are more possible in modern conditions than they ever were before. The disentanglement that took place between Greece and Turkey after the last war [1923 ...] was in many ways a success, and has produced friendly relations between Greece and Turkey ever since.“[680]

Die ethnischen Säuberungen im ehemaligen Jugoslawien folgten also einem bekannten Muster. Die maßgeblichen Akteure vertrauten darauf, dass die Ergebnisse ethnischer Säuberungen auch diesmal von der internationalen Gemeinschaft anerkannt würden, widerwillig zwar, aber eben anerkannt. Dass dies schließlich nicht der Fall war, überraschte sie. Auch die Weltöffentlichkeit, die sich im Glauben gewiegt hatte, dass ethnische Säuberungen (und Kriege) – zumindest in Europa – der Vergangenheit angehören, wurde durch die Ereignisse überrascht. Der Schock war umso stärker, als die Übermittlung von Texten und Bildern sehr viel rascher und umfassender erfolgte als in früheren Jahrzehn-

677 Die Angaben über die Zahl der Flüchtlinge und Vertriebenen schwanken extrem (zwischen 30 und 80 Millionen). Zur Vielzahl der Vertreibungen vgl. Brandes, Detlef – Holm Sundhaussen – Stefan Troebst (Hg.): Lexikon der Vertreibungen. Deportation, Zwangsaussiedlung und ethnische Säuberung im Europa des 20. Jahrhunderts. Wien, Köln, Weimar 2010.

678 Die griechisch-türkische Konvention wurde unter den Auspizien des nach dem Ersten Weltkrieg gegründeten Völkerbunds ausgehandelt, zu dessen Aufgaben u. a. der „Schutz der Minderheiten" gehörte!

679 Gemeint ist hier Čubrilovićs Memorandum von 1937 über die Vertreibung der „Arnauten“ (Albaner). Vasa Čubrilović: Iseljavanje Arnauta, in: Izvori velikosrpske agresije. Rasprave, dokumenti, kartografski prikazi. Hg. Bože Čović. Zagreb 1991, S. 106–124. Das stellenweise nur noch schwer entzifferbare Manuskript befindet sich im Archiv des Militärhistorischen Instituts in Belgrad. Am 3. 11. 1944 erneuerte Čubrilović seine Vorstellung zur ethnischen Säuberung.

680 Zit. nach De Zayas, Alfred M.: Nemesis at Potsdam. The Anglo-Americans and the Expulsions of the Germans. London 1979, S. 11.

ten, sodass die internationale Öffentlichkeit die ethnischen Säuberungen in Echtzeit mitverfolgen konnte. Es waren insbesondere Bilder, die im Zuge des „Iconic Turn“ das Publikum aufschreckten. Und noch etwas hatte sich verändert: Die Gewichtung der Menschenrechte hatte sich in Konkurrenz zu anderen Völkerrechtsgütern (wie Souveränität und Integrität von Staaten, Nichtinterventionsgebot usw.) in den Jahrzehnten nach dem Zweiten Weltkrieg allmählich zugunsten der Ersteren verschoben.[681] Zumindest in demokratisch verfassten Staaten. Das war auf der internationalen Bühne nicht unstrittig, wurde auch nicht allseits akzeptiert, konnte häufig nicht durchgesetzt werden oder wurde aus „realpolitischen“ Überlegungen zurückgestellt, doch die Entwicklung erwies sich als unumkehrbar. Die Rechte von Staaten traten hinter den Rechten von Menschen zurück. Und die Wahrnehmung der postjugoslawischen Kriege leistete zu diesem Umwertungsprozess einen wesentlichen Beitrag.

Zu Verlauf und Einzelheiten der ethnischen Säuberungen in Bosnien existiert bereits eine umfangreiche Literatur, die hier nicht rekapituliert werden soll.[682] Viele größere und kleinere Städte wurden zu ethnischen Umwälzpumpen, so z. B. Banja Luka, die heutige Hauptstadt der Republika Srpska. Zwischen 1990 und 1995 verließen zwischen 50.000 und 100.000 Menschen (v. a. Muslime, Kroaten und „Jugoslawen“) die Stadt sowie die umliegende Region, während eine etwa gleiche Zahl (v. a. Serben aus Kroatien und anderen Teilen Bosniens) in der Stadt Zuflucht suchten.[683] Betroffen von den ethnischen Säuberungen waren zunächst in erster Linie Bosniaken, die massenweise vertrieben, inhaftiert, getötet und gedemütigt wurden. Die Begründung dafür lieferte Biljana Plavšić (Jg. 1930), ehemals

681 Vgl. auch Troebst, Stefan: Vom Bevölkerungstransfer zum Vertreibungsverbot – eine europäische Erfolgsgeschichte?, in: Transit 36 (2008/09), S. 158–182.

682 Ergänzend zu den im Folgenden zitierten Werken vgl. die Titel in der Auswahlbibliografie. Sehr detailliert dokumentiert sind die Ereignisse im Bezirk Prijedor in der nordbosnischen Krajina. Die Region war besonders wichtig, weil sie in dem Korridor lag, der Serbien mit den serbisch kontrollierten Gebieten in Kroatien verband. Zum Zeitpunkt der Volkszählung von 1991 lebten im Bezirk Prijedor 112.470 Menschen (44 % Muslime, 42,5 % Serben, 5,6 % Kroaten, 5,7 % „Jugoslawen“ und 2,2 % andere). Ende 1994 wurde die Zahl der Nichtserben in Prijedor auf 9.000 geschätzt. Im Abschlussbericht der „Bassiouni-Kommission“ (siehe dazu weiter unten), Annex V: The Prijedor-Report (http://www.ess.uwe.ac.uk/comexpert/report_toc.htm) werden die einzelnen Etappen der serbischen Machtübernahme vor Beginn des Krieges (die Besetzung von Schlüsselpositionen, die Kontrolle der Medien, der Aufbau einer rein serbischen Polizei mit Geheimdienstfunktionen, die Bewaffnung der serbischen Zivilbevölkerung, die Entlassung von Muslimen aus ihren Ämtern etc.) sowie die ethnischen Säuberungen während des Krieges (die Vertreibung der nichtserbischen Bevölkerung, die Einrichtung von Lagern usw.) Punkt für Punkt rekonstruiert.

683 Galijaš, Armina: Eine bosnische Stadt (273), S. 19. Die Stadt Banja Luka hatte 1991 143.000 Einwohner (darunter 49 % Serben, 19 % Muslime, 16 % „Jugoslawen“, 11 % Kroaten u. a.). In der Stadt und der umliegenden Gemeinde lebten insgesamt 195.000 Personen (55 % Serben, 15 % Muslime, 15 % Kroaten, 12 % „Jugoslawen“ u. a.). Ebda., S. 48.

eine in Fachkreisen international angesehene Professorin für Biologie an der Universität Sarajevo und Fulbright-Stipendiatin. Sie nahm hinter Radovan Karadžić die zweite Position an der Spitze der bosnischen Serben ein und trat nach Karadžićs Ausschaltung an seine Stelle (1996–98). Die Verfolgung der Muslime begründete sie mit dem Argument, dass die Bosniaken zwar von den Serben abstammen. Doch handle es sich um „genetisch defektes Material, das zum Islam konvertiert sei und dass sich mit jeder weiteren Generation auf bösartige Weise vermehre".[684] Ethnische Säuberungen sollten der Vermehrung einen Riegel vorschieben. Und die dafür erforderlichen Exekuteure waren schnell bei der Hand.

Dass die postjugoslawischen Kriege ethnische Kriege waren, ist offenkundig. Aber sie waren keine ethnischen Kriege im Sinne der Verursachung. Das heißt: Ethnische Gegensätze und ethnischer Hass waren nicht Ursache, sondern Begleiterscheinung und Folge der Kriege. Folge auch der mentalen Vorbereitungsphase, in der die Feindbilder mittels Gräuelpropaganda und Neuinszenierung des Zweiten Weltkriegs kreiert oder reaktiviert worden waren. Ein weit in die Vergangenheit zurückreichender ethnischer Hass ist somit keine notwendige Voraussetzung für ethnische Säuberungen. Viele der beteiligten Akteure haben wohl eher ähnlich gedacht wie der bosnische Serbe Vuko aus Miljenko Jergovićs Roman *Buick Rivera*. Vuko flieht nach dem Bosnienkrieg nach Amerika und trifft dort seinen muslimischen Landsmann Hasan. „Für Vuko war Hasan nur ein Muslim, so dachte er eben, aber ein guter und ehrlicher Muslim, was es in seinem Dorf nicht gegeben hatte. Einem solchen Menschen würde er lieber als einem Amerikaner oder Serben helfen, denn Vuko ist keinesfalls Nationalist, er hasst niemanden, nur weil der einen anderen Glauben hat, darauf legt er großen Wert. […] Wir haben uns nie so gehasst, wie die hier hassen. Wir haben nur Missverständnisse geklärt. Es gab Dörfer, in denen Tausende charakterverdorbener Muslime gelebt hatten, erwiesenermaßen und eindeutig verdorbene Muslime. So wie es auf der Welt sicher Dörfer mit verdorbenen Franzosen, Deutschen und Amerikanern gibt. So wie es auch Dörfer mit verdorbenen Serben gibt. Und was willst du machen, wenn du aus so einem Dorf kommst, aber weder Muslim noch verdorben bist. Es hatte zehn, vielleicht zwanzig solcher Dörfer gegeben, also hatten

684 Vgl. Kohn, Marek: The Race Gallery. The Return of Racial Science. London 1995, S. 232, hier zit. nach Promitzer, Christian: Vermessene Körper: „Rassenkundliche" Grenzziehungen im südöstlichen Europa, in: Europa und die Grenzen im Kopf. Hg. Kaser, Karl – Dagmar Gramshammer-Hohl – Robert Pichler. Klagenfurt 2003, S. 365–393, S. 365. Plavšić, die einzige Frau, die vom Haager Kriegsverbrechertribunal angeklagt wurde, stellte sich im Januar 2001 freiwillig dem Gericht. Sie bekannte sich schuldig und bedauerte die Rolle, die sie während des Krieges 1992–95 gespielt hatte. Die Anklage wegen Völkermords wurde daraufhin fallengelassen. Wegen schwerer Menschenrechtsverletzungen verurteilte sie das Gericht im Februar 2003 zu elf Jahren Haft. Ende Oktober 2009, nachdem sie zwei Drittel ihrer Strafe (unter Anrechnung der Untersuchungshaft) in einem schwedischen Gefängnis abgesessen hatte, wurde sie entlassen.

sie auf die einzig mögliche Art die Missverständnisse geklärt. Die Serben hassten niemanden. Aber diese zehn, vielleicht zwanzig Dörfer genügten, so viel wusste Vuko genau, um ein Unglück zu produzieren, sobald Fremde kommen und alles auf ihre Art interpretierten; sie sahen verbrannte Häuser und Menschen auf der Flucht, weinende Omas und Panzer, die sie vor sich hertrieben, und dann guckten sie in ihre Bücher, blätterten ein wenig darin und sagten: Das ist ein Genozid. Was für ein Genozid, um Gottes willen? Was soll das für ein Genozid sein, wenn keiner keinen gehasst hat?“[685]

Der „Fall Herak“

Am 7. Februar 1993 eröffnet das Militärgericht im belagerten Sarajevo einen Prozess wegen Völkermords. Es ist der erste Prozess dieser Art seit Ende des Zweiten Weltkriegs. „Mein Name ist Borislav Herak“, gibt der Angeklagte zu Protokoll, „geboren in Sarajevo [...] 1971. Ich habe in Sarajevo, Drinska 48 gewohnt. Wo ich gewohnt habe, lebten Serben, Muslime und Kroaten. Noch zuletzt, als der Beschuss kam, richteten wir gemeinsame Wachen ein, alle zusammen [...]. Als noch Friede war, gingen wir mit den Muslimen aus. Zu Weihnachten kamen sie zu mir, zum Bajram ging ich zu ihnen. Wir waren eine richtige Clique.“[686] Dem Serben Herak werden 32 Morde und 16 Vergewaltigungen (davon 12 mit anschließender Tötung der Opfer) vorgeworfen. Im März 1993 spricht das Gericht ihn (sowie einen Mitangeklagten) schuldig. Das Urteil: Tod durch Erschießen.

Der Fall Herak ist in mehrfacher Hinsicht aufschlussreich: 1. Er zeigt nahezu exemplarisch, wie schnell aus Nachbarn Feinde werden. Es gibt keinerlei Hinweis darauf, dass Borislav vor Kriegsbeginn Muslime und Kroaten gehasst hätte, dass er nationalistisch indoktriniert oder psychisch krank gewesen wäre. Die Zugehörigkeit zur „Clique“ war ihm wichtiger als die nationale oder religiöse Zuordnung der einzelnen Cliquen-Mitglieder.

2. Beschuss und Belagerung Sarajevos trafen ihn völlig überraschend. „Ich fühlte nur, dass meine Welt zu Bruch ging, dass etwas verloren war, was ich noch nicht genau benennen konnte. [...] Meine Welt war plötzlich eine andere, mit neuen Gesetzen, die mir Angst machten.“ Niemand wusste, was passiert war. Fast niemand. Doch dann kamen die Erklärungen, die wieder Ordnung in die Welt brachten und die Unsicherheit beseitigten. „Ich hatte einen Verwandten. Er war in der [...] Serbischen Demokratischen Partei. Er sagte zu mir, sie würden mich und die Alte sofort umbringen, weil wir Serben sind, sie würden uns erschießen.“ Für Borislav ist der Verwandte eine Vertrauensperson,

685 Jergović, Miljenko: Buick Rivera. Frankfurt/M. 2006, S. 64 f.

686 Zit. nach: Eine Kugel in den Rücken, wo das Herz ist, in: Die Zeit, Nr. 25 v. 18. 6. 1993: http://www.zeit.de/1993/25/eine-kugel-in-den-ruecken-wo-das-herz-ist.

die mehr weiß als er selbst und die ihn warnt. (Die Rolle des Verwandten übernahmen in anderen Fällen lokale Netzwerke oder regimetreue Medien.)

3. Borislav weiß nun, dass er bedroht ist. Er ist bedroht, weil er Serbe ist. Er weiß, dass „sie" – die Muslime oder „Türken" – ihn und „die Alte" umbringen werden. So wie im Zweiten Weltkrieg. Borislav weiß nicht viel über den Zweiten Weltkrieg. Doch er weiß, dass es Massaker gegeben hat. Bisher hatten diese zu einer fernen, unwirklichen Vergangenheit gehört, mit der er nichts zu tun gehabt hatte. Nun „kehrte die Vergangenheit zurück" und lieferte eine Erklärung dafür, was vor sich ging und was noch geschehen würde. Borislav begreift, dass er aufwachen muss, weil „die Geschichte sich wiederholt".[687]

4. Borislav weiß, dass er sich, seine Familie und die Serben verteidigen muss. Auch gegen die Mitglieder seiner früheren Clique. Gewalt und Krieg schaffen eine neue identitäre Ordnung. Die Verteidigung ist Notwehr und Ehrensache. Mit Kriegsverbrechen oder gar mit Genozid hat sie nichts zu tun.

5. Dass Borislavs „Verteidigung", u. a. in Form von Vergewaltigung und anschließender Tötung der Opfer, sonderbare Formen annimmt, merkt er nicht. Nachdem er die Schwelle zum Töten überwunden hat, wird das Töten für ihn zur Routine. Und der „Spaß" gehört auch dazu.

6. Der Prozess gegen Herak wies viele Verfahrensmängel auf. Er wurde in Eile und unter ungewöhnlichen Umständen durchgeführt. Herak, der sich zunächst zu seinen Taten bekannt hatte, nahm seine Aussage in den Berufungsverhandlungen wieder zurück: Sein Geständnis sei unter Folter zustande gekommen. Personen, die angeblich tot waren, tauchten plötzlich wieder auf. Zeugen verschwanden. Im Jahr 2000 wurde der Prozess neu aufgerollt und Heraks Todesstrafe in eine 20-jährige Freiheitsstrafe umgewandelt.

7. In den Kommentaren aus dem ehemaligen Jugoslawien zum Fall Herak ging es nicht um die Person des Täters, sondern um Herak als Serben. Herak stand stellvertretend für „die Serben": entweder als Täter (aus nicht-serbischer) oder als Opfer (aus serbischer Sicht). Aus den Fehlern der Prozessführung wurde eine antiserbische Verschwörung hergeleitet. Und Herak, der einst ausgezogen war, um sich (und sein Volk) gegen die Verschwörung zu verteidigen, wurde ein zweites Mal Opfer eben dieser Verschwörung.

---

687 Der Rückgriff auf Verbrechen in der Vergangenheit stellte überall im ehem. Jugoslawien ein probates Mittel zur Schürung von Ängsten dar. Verbunden mit dem makabren und bedauernden Hinweis, dass „die Geschichte sich – leider – wiederholt". „Istorija se, nažalost, ponavlja", lautet z. B. der erste Satz in einer 1992 veröffentlichten Broschüre über den „Genozid mit Segen des Vatikans". Das, was dem serbischen Volk im Unabhängigen Staat Kroatien des „poglavnik [Führers] Ante Pavelić" widerfahren sei, wiederhole sich heute, zur Zeit „des zweiten poglavnik, Franjo Tudjman". Petrović, Rastislav V.: Genocid sa blagoslovom Vatikana. Beograd 1992. Aber es ist nicht „die Geschichte", die sich wiederholt, sondern es sind Autoren wie Petrović und viele andere, die nicht müde werden, ihre Feindbilder zu wiederholen.

Der Bosnienkrieg als mediales Ereignis

Die Belagerung Sarajevos, das unbeschreibliche Leid der Zivilbevölkerung (unter der sich – um es noch einmal zu wiederholen – auch Serben befanden) und die endlosen Flüchtlingsströme schreckten die internationale Öffentlichkeit langsam auf. Es waren vor allem drei mediale Ereignisse, die das Geschehen in den Fokus der Wahrnehmung rückten: ein Foto, ein Bericht und ein Buch. Zum Foto: Am 5. August 1992 veröffentlichte die britische Fernsehagentur Independent Television News (ITN) das Foto des halb verhungerten Bosniaken Fikret Alić aus dem serbischen Internierungslager Trnopolje in der Nähe der nordwestbosnischen Stadt Prijedor. Das Foto erschien drei Tage später im *Daily Mirror* unter der Überschrift „Belsen 92". Es ging anschließend um die ganze Welt und löste heftige Diskussionen und Bestürzung aus. Die Suggestivkraft des Bildes beruhte nicht allein auf dem, was das Foto abbildete (es gab schlimmere Bilder), sondern auf dem Zeitpunkt der Veröffentlichung und darauf, dass das Foto eine Fülle bereits vorliegender Informationen aus anderen Quellen zu einer visuell eindringlichen Botschaft über Menschenrechtsverletzungen und Kriegsverbrechen in Bosnien verdichtete und Erinnerungen an die nationalsozialistischen Lager evozierte. Das Foto wurde zum Emblem des Krieges in Bosnien. Der (nie zweifelsfrei erhärtete) Verdacht, dass das Bild eine Fälschung gewesen sei („Dieses Stacheldrahtbild war ohne Zweifel die folgenreichste und schlimmste Medientäuschung des Bosnienkriegs"),[688] ändert nichts an der Tatsache, dass die darin enthaltene Botschaft zutreffend war.[689]

688 So der Frankfurter Journalist Thomas Deichmann: www.novo-magazin.de/itn-vs-lm/zsfg.htm (Februar 1997) (dort auch weitere Beiträge zur Debatte); vgl. auch das Interview mit Deichmann im Krit-Journal von 2001: www.krit.de/int_deichmann.shtml. Der Streit um die Authentizität des ITN-Fotos vom 5. 8. 1992 hat drei Aspekte: einen prozessrechtlichen, einen journalistischen und einen politisch-semiotischen. Im ersten Punkt geht es um die juristische Beweiskraft des umstrittenen Bildes im Prozess gegen den Serben Duško Tadić vor dem Internationalen Kriegsverbrechertribunal in Den Haag. (Tadić wurde am 14. 7. 1997 als erster Angeklagter vom Tribunal zu 20 Jahren Haft verurteilt.) Der zweite Aspekt betrifft die journalistische Sorgfaltspflicht, und zwar nicht nur die des britischen ITN-Teams, sondern auch die von Thomas Deichmann. Wenn Deichmann von einer „skandalösen Täuschung" spricht, muss er dafür zweifelsfreie Belege bringen. Dies ist ihm nicht gelungen. Der dritte Aspekt ist der wichtigste. Er bezieht sich auf die politische und meinungsbildende Wirkung des Fotos. Wenn Deichmann von „Fälschung" spricht, so hat er nicht nur das Bild selbst, sondern auch die darin enthaltene Botschaft im Visier. Das sind aber unterschiedliche Dinge. Eine Botschaft kann richtig sein, selbst wenn das Bild, das sie vermittelt, gestellt ist. In einem von ITN angestrengten Verleumdungsprozess verurteilte der Londoner High Court am 14. März 2000 das britische Magazin LM (ehemals Living Marxism), das die Fälschungsbehauptung verbreitet hatte, zu einer hohen Schadenersatzforderung.

689 Zu Trnopolje und anderen Lagern in der nordostbosnischen Region Prijedor (Omarska, Keraterm etc.) vgl. den Abschlussbericht der „Bassiouni-Kommission": http://www.ess.uwe.ac.uk/comexpert/report_toc.htm, Annex V: The Prijedor report, part two, VIII. The concentrations camps. Zu den zahlreichen Lagern

Zum Bericht: Der von den UN zum Beauftragten für Menschenrechte im ehemaligen Jugoslawien ernannte Tadeusz Mazowiecki, der von August 1989 bis Dezember 1990 erster postkommunistischer Ministerpräsident Polens gewesen war, wies in achtzehn Berichten zwischen Ende August 1992 und Spätsommer 1995 nachdrücklich darauf hin, dass die ethnischen Säuberungen in Bosnien nicht Folge, Begleiterscheinungen („Kollateralschäden"), sondern Ziel des Krieges seien. Mazowiecki unterschied zwischen Diskriminierungen und Verbrechen, die auf allen Seiten begangen wurden, und der vornehmlich von serbischer Seite betriebenen ethnischen Säuberung als Prinzip und Ziel der Kriegführung. Auch bei den Massenvergewaltigungen vor allem muslimischer Mädchen und Frauen handle es sich um eine zielgerichtete und systematische Aktion zur moralischen Erniedrigung und Vernichtung des Gegners. Mittels sexueller Gewalt sollten die Muslime (Frauen wie Männer) gedemütigt und demoralisiert werden. Hauptverantwortung für diese Art der Kriegführung trügen die serbischen Führer in Bosnien (Karadžić, Mladić u. a.), die von Politikern und Militärs in Restjugoslawien bzw. Serbien unterstützt würden.[690] Mitte Dezember 1992 legte daraufhin der amerikanische Außenminister Lawrence Eagleburger, einst bekannt wegen seiner proserbischen Orientierung, in Genf eine Liste mit den Namen mutmaßlicher Kriegsverbrecher im ehemaligen Jugoslawien vor, darunter Slobodan Milošević, Radovan Karadžić, General Ratko Mladić, Tschetnik-Führer Vojislav Šešelj u. v. a., die sich vor einem Gericht der UN oder der KSZE verantworten müssten. Dieser Schritt kam einer Sensation gleich. Noch nie war gegen amtierende Politiker ein Kriegsverbrecherprozess angestrebt worden. Als „unwiderlegbare" Kriegsverbrechen bezeichnete Eagleburger die andauernde Belagerung und Beschießung Sarajevos und die Blockade internationaler Hilfslieferungen zur Versorgung der notleidenden Bevölkerung. Am 8. Dezember 1992 verurteilte der UN-Sicherheitsrat mit der Resolution 798 die systematische Vergewaltigung von Frauen in Bosnien als „Akte unaussprechlicher

---

in Bosnien und anderen Teilen des ehem. Jugoslawiens vgl. ebda., Annex VIII, part 1/10: Prison camps. Von den bosnisch-serbischen Behörden wurde Trnopolje als „offenes Lager" bezeichnet. Über die dortigen Verhältnisse berichtete der UN-Menschenrechtsbeauftragte Tadeusz Mazowiecki (zu dessen Auftrag siehe weiter unten) am 6. 11. 1992: „The Special Rapporteur was particularly shocked by the conditions in Trnopolje camp, where persons hoping to flee ethnic cleansing by Serbs have gathered. More than 3.000 people were cramped into three buildings and a few small houses, where they live in unspeakable qualor, sleeping on thin blankets and lice-infested straw, drinking contaminated water and surviving on minimum rations of bread." United Nations, General Assembly/Security Council: The situation on the human rights in the territory of the former Yugoslavia (A/47/635 – S/24766), S. 5. Aufgrund westlicher Medienberichte wurden einige Lager geschlossen, die Insassen abtransportiert. Omarska verwandelte sich im August 1992 in ein Vorzeigeobjekt für ausländische Journalisten und Vertreter des Roten Kreuzes.

690 Eine Kompilation der 17 Berichte bis zum Rücktritt Mazowieckis ist abrufbar unter: http://www.untz.ba/promocije/2006-07/REPORTS_MAZOWIECKI_1992-1995-ENG.pdf.

Brutalität" und forderte die Schließung sämtlicher Internierungslager. Am 22. Februar des folgenden Jahres wuchs der Sicherheitsrat über sich hinaus und verabschiedete die Resolution 808, die die Schaffung eines internationalen Gerichtshofs zur Verfolgung von Kriegsverbrechern im ehemaligen Jugoslawien vorsah (dazu später).

Schließlich zum Buch: Neben den CNN-Berichten von Christiane Amanpour[691] war das 1993 veröffentlichte Buch des amerikanischen Kriegsjournalisten Roy Gutman *A Witness to Genocide*, das mit dem Pulitzer-Preis ausgezeichnet wurde, die dritte eindringliche Botschaft an die Weltöffentlichkeit und ein weiterer Versuch, das „Gewissen" der internationalen Gemeinschaft aufzurütteln.[692] Gutman und seine Fotografen Andree Kaiser und Boris Geilert dokumentierten die Geschehnisse in Bosnien in Text und (teilweise) Bild: die Deportationen von Muslimen und Kroaten, die Internierungslager, die Folterung von Gefangenen, die Auslöschung der bosnisch-muslimischen Elite und die Gewalt gegen Frauen.

Späte Reaktion des Auslands, Friedenspläne und Krieg im Krieg

Die internationale Politik – anders als die Weltöffentlichkeit – blieb dennoch halbherzig und unentschlossen. Vielen Politikern fiel ein Stein vom Herzen, als der amerikanische Journalist Robert Kaplan 1993 die „Balkan ghosts" erfand, jene seit Jahrhunderten im Balkanraum umtriebigen Bösewichte und Unruhestifter.[693] Die Existenz der „Balkan ghosts" war zwar beunruhigend, aber mit „uns", die wir nicht im Balkanraum leben, hatten sie nichts zu tun. Der US-Verteidigungsminister Richard Cheney fragte im September 1992: „The ultimate question is: How many Yugoslavs are you willing to kill to stop Yugoslavs from killing other Yugoslavs?"[694] Der gerade in sein Amt eingeführte US-Präsident Bill Clinton hatte Kaplans Botschaft verstanden und entschied, nichts zu entscheiden. Gleichwohl war die US-Administration gespalten. Während das Pentagon ein „Balkan Vietnam" heraufbeschwor und vor Einmischung in den „Bürgerkrieg" warnte,

691 Zur Bedeutung der Medien für die politischen Entscheidungsprozesse in den USA vgl. Power, S.: A Problem From Hell (387), S. 406–473. Im Zentrum von Powers Buch steht die massive Kritik an der Untätigkeit der US-Politik im Zeitalter der Völkermorde (vom Genozid an den Armeniern bis zu den Genoziden in Ruanda und Bosnien).

692 Gutman, Roy: A Witness to Genocide (283). In diesem Kontext seien auch die Berichte des Korrespondenten der „Washington Post", Peter Maass, aus den Jahren 1992/93 erwähnt, die später unter dem Titel „Love Thy Neighbor: A story of war" erschien (London 1996; 12. Aufl. 2010). Gleich Gutman übt auch Maass scharfe Kritik an der Passivität der internationalen Gemeinschaft, insbesondere der US-Politik.

693 Kaplan, Robert: Balkan Ghosts. A Journey Through History. New York 1993.

694 Zit. nach Witte, E.A.: Rolle der Vereinigten Staaten (394), S. 97.

gab es im State Department angesichts der Horrormeldungen starke Befürworter eines amerikanischen Engagements in Bosnien.[695] Eagleburgers Rede („naming the names") war ein Signal, aber nicht mehr, und brachte die internationalen Diplomaten vor Ort in Verlegenheit: Mit wem sollten sie verhandeln? Durfte man mit mutmaßlichen Kriegsverbrechern Friedensgespräche führen?

Das Ergebnis waren neue Formelkompromisse. (Rest-)Jugoslawien – nur noch bestehend aus Serbien und Montenegro – war bereits aus der UN ausgeschlossen und im Mai 1992 mit Sanktionen belegt worden. Es herrschte ein generelles Waffenembargo, von dem automatisch die militärisch besser gerüstete Konfliktpartei – die bosnischen Serben – profitierte. Der Luftraum über Bosnien wurde gesperrt und die Einhaltung des Flugverbots von der NATO überwacht (Operation „Deny Flight"). Die Beteiligung der deutschen Bundeswehr an den AWACS-Flügen der NATO löste in Deutschland heftige Kontroversen aus. Im Juni 1992 hatte der UN-Sicherheitsrat die Entsendung von UNPROFOR-Soldaten nach Bosnien-Herzegowina beschlossen. Sie sollten vor allem die Zivilbevölkerung schützen und durch ihre bloße Anwesenheit (!) die Krieg führenden Parteien dazu zwingen, die Beschlüsse der internationalen Organisationen einzuhalten. Im Mai 1993 wurde die UNPROFOR zusätzlich mit der Überwachung der neu eingerichteten sechs UN-Schutzzonen Sarajevo, Tuzla, Bihać, Srebrenica, Žepa und Goražde beauftragt. Der Sicherheitsrat autorisierte die NATO „[to use] all necessary measures through the use of air power", um die UNPROFOR in den Schutzzonen zu unterstützen.[696] Die UN-Soldaten waren jedoch nicht in der Lage, die Entscheidungen der internationalen Gemeinschaft durchzusetzen. Sie hatten keinen Kampfauftrag und waren auch nicht entsprechend ausgerüstet. Ihre eigene Sicherheit war wichtiger als die Sicherheit derer, die sie schützen sollten und die nun schutzlos in der „Schutzzone" lebten. Auch beim NATO-Einsatz gab es operative Probleme, da zunächst nur die UN, dann UN und NATO für den Einsatz verantwortlich waren („Zwei-Schlüssel-Prinzip"). Wie sich bald zeigen sollte, erwiesen sich die Stationierung der „Blauhelme", das Konzept der „Safe Areas" und das „Zwei-Schlüssel-Prinzip" als Desaster.

---

695 Toal, G. – C. Dahlman: Bosnia Remade (473), S. 148: „The result of the growing commitment of different institutions and leaders to competing story lines on the Bosnian war [‚Balkan Vietnam' story line vs. ‚European genocide' story line] was the emergence of a superficial and incoherent policy script that papered over their differences. This ‚humanitarian' policy script navigated between both story lines, trumpeted concern for the victims of ethnic cleansing while doing little to confront the states sponsoring it and the military formations implementing it. It was a cynical exercise in looking concerned while remaining ambivalent. President Bush's response to the discovery of Republika Srpska concentration camps in August 1992 is an exemplary case of its operation: acknowledge, condemn, and then plead complexity while citing Balkan and Vietnam tropes."

696 UN-Sicherheitsresolution 836 vom 4. 6. 1993.

Auch die diplomatischen Friedensbemühungen der internationalen Gemeinschaft zur Lösung des bosnischen Knotens kamen nicht vom Fleck. Anfang Januar 1993 legten die beiden Vorsitzenden der Genfer Jugoslawienkonferenz, Cyrus Vance für die UN und Lord David Owen für die EU, ihren Friedensplan für Bosnien vor.[697] Er sah die Erhaltung des Gesamtstaats vor, gliederte ihn aber in zehn weitgehend selbstständige Kantone, die zwar nicht ethnisch homogen, aber jeweils von einer ethnischen Gruppe dominiert sein sollten (für jede Bevölkerungsgruppe drei Kantone, während für Sarajevo ein Sonderstatus vorgesehen war).[698] Für die Kroaten war der Plan vorteilhaft, sodass sie ihm zustimmten. Die Bosniaken waren von der vorgeschlagenen Landkarte zwar schockiert,[699] erklärten sich aber schließlich in ihrer nahezu aussichtslos erscheinenden Lage und unter starkem diplomatischem Druck zur Unterschrift bereit. Die bosnisch-serbische Seite, die sich mit etwa 43 % des Gesamtterritoriums hätte zufriedengeben müssen, lehnte ab, obwohl Milošević – zum Entsetzen der serbischen orthodoxen Kirche[700] und der Ultra-Nationalisten – seine Bereitschaft zur Annahme signalisiert hatte. Zwar unterzeichnete Karadžić das Dokument, machte aber seine (vermeintliche) Zustimmung von einer Entscheidung des bosnisch-serbischen Parlaments bzw. einer „demokratischen" Legitimierung abhängig. Das Parlament wies den Plan umgehend zurück und ließ sich seine Ablehnung Mitte Mai – zur Verärgerung Miloševićs – durch ein Referendum (nach dem bereits bekannten Muster) bestätigen.[701] Letztlich scheiterte der Vance-Owen-Plan an der mangelnden Bereitschaft der USA und der anderen internationalen Akteure, die Annahme des Plans zu erzwingen. Cyrus Vance trat daraufhin von seinem Amt als UN-Vermittler zurück und wurde durch den ehemaligen norwegischen Außenminister Thorvald Stoltenberg ersetzt.

Im Frühjahr 1993, nach mehreren kroatisch-bosniakischen Zwischenfällen mit wechselseitigen Schuldzuschreibungen, ging die kroatische Seite auf Konfrontationskurs zur

---

697 Text in: Ramcharan, B. G. (Hg.): The International Conference (220). Bd. 1, S. 249–274. Vgl. auch Owen, D.: Balkan-Odyssee (242), S. 123 ff. Zur Kritik an den Positionen Owens und seiner unzureichenden Kenntnis der Geschichte Bosniens vgl. Malcolm, Noel: David Owen and his Balkan bungling, in: http://www.barnsdle.demon.co.uk/bosnia/owen.html.

698 Die Kantone Banja Luka, Bijeljina und Nevesinje sollten einen serbischen, die Kantone Bihać, Tuzla und Zenica einen muslimischen und die Kantone Bosanski Brod, Mostar und Travnik einen kroatischen Gouverneur erhalten.

699 Vgl. Izetbegovićs Ausführungen in der Sitzung des Staatspräsidiums von Bosnien-Herzegowina am 2. 2. 1993, in: Šimić, Tomo (Hg.): Dokumenti Predsjedništva BiH, in: National Security and the Future 8 (2007), 2, S. 11 ff.

700 Vgl. Tomanić, M.: Srpska crkva (340), S. 128.

701 Ein entscheidender Grund für die Ablehnung war die Tatsache, dass die serbisch dominierten Kantone nicht miteinander verbunden waren und im Osten, an der Drina, nicht unmittelbar an Serbien angrenzten.

Regierung in Sarajevo und brach einen muslimisch-kroatischen Krieg vom Zaun – einen Krieg im Krieg mit ethnischen Säuberungen auf beiden Seiten, in dessen Verlauf auch die berühmte Alte Brücke in Mostar zerstört wurde (vgl. Abbildung 26). Die bosnischen Kroaten unter Führung Mate Bobans strebten die Sezession ihrer „Kroatischen Gemeinschaft Herceg-Bosna" von Bosnien-Herzegowina und deren Anschluss an Kroatien an. Im August 1993 riefen sie die „Kroatische Republik Herceg-Bosna" mit der Hauptstadt Mostar aus. Seit März 1991, als sich Tudjman und Milošević in Karadjordjevo getroffen hatten, kursierten Pläne über eine Aufteilung Bosnien-Herzegowinas zwischen Kroatien und Serbien, von denen bereits oben die Rede war. Tudjman hatte darüber auch mit dem Berater von Radovan Karadžić, Nikola Koljević, Anfang 1992 intensive Gespräche geführt.[702] Am 6. Mai desselben Jahres hatten sich Serbenführer Radovan Karadžić und Kroatenführer Mate Boban in Graz getroffen und eine Aufteilung Bosnien-Herzegowinas zwischen der „Republika Srpska" und der (späteren) „Kroatischen Republik Herceg-Bosna" entsprechend der serbisch-kroatischen Vereinbarung (sporazum) von 1939 ins Auge gefasst. Zwischen dem serbischen und kroatischen Teil sollte nur ein bosniakischer Puffer-Staat („Alijas [Izetbegović] Pašaluk") erhalten bleiben.[703] Selbst wenn die Gespräche zwischen Tudjman und Milošević, Tudjman und Koljević, Boban und Karadžić nicht zu einem unterschriftsreifen Dokument geführt haben, sodass (wie die Akteure und ihre Apologeten stets betonten) nicht von der Existenz eines formalen Teilungsplans gesprochen werden kann – an den Teilungsabsichten kann nach den heute vorliegenden Zeugnissen kein Zweifel bestehen. Und dass die Republik Kroatien, die im April 1992 Bosnien-Herzegowina als souveränen Staat anerkannt hatte, die bosnischen Kroaten aktiv (militärisch und finanziell) bei ihren Sezessionsbestrebungen unterstützte, ist ebenfalls zweifelsfrei belegt. Der Krieg im Krieg, in dessen Verlauf Tausende Menschen ermordet und vertrieben wurden oder flohen, war die logische Folge des kroatisch-serbischen Komplotts gegen Bosnien – eines Komplotts, das alle Merkmale eines zwischenstaatlichen Krieges, eines Aggressionskrieges, aufwies.[704]

---

702 Vgl. Stenogrami o podjeli Bosne. Sarajevo, Split. 2005.

703 Vgl. Harden, Blaine: Warring Factions Agree on Plan to Divide up Former Yugoslavia, in: Washington Post vom 8. 5. 1992.

704 In seinem Urteil gegen den kroatischen General Tihomir Blaškić vom 3. 3. 2000 klassifizierte das Haager Kriegsverbrechertribunal den bosniakisch-kroatischen Krieg als „an international armed conflict. The Republic of Croatia did not content itself merely with remaining a spectator on the sidelines or even seek simply to protect its borders. It intervened in the conflict pitting the Muslims and Croats of central Bosnia against each other." Blaškić wurde wegen des Massakers vom April 1993 an 116 Muslimen im Dorf Ahmići im zentralbosnischen Lašva-Tal zu einer 45-jährigen Haftstrafe verurteilt. http://www.icty.org/x/cases/blaskic/tjug/en/000303_summary_en.pdf. 17 Jahre später entschuldigte sich der neu gewählte kroatische Präsident, Ivo Josipović, im Parlament von Sarajevo für die Rolle Kroatiens im Bosnien-Krieg. Bei

Abb. 26: Die Alte Brücke (Stari most) in Mostar, ein Meisterwerk osmanischer Ingenieurkunst aus der zweiten Hälfte des 16. Jahrhunderts. Sie wurde im November 1993 von kroatischen Einheiten gesprengt und nach einer aufwändigen Restaurierung 2004 wieder eröffnet.

Am 20. August 1993 legten Owen und Stoltenberg einen neuen Friedensplan vor. Danach sollte Bosnien-Herzegowina in einen Staatenbund (Union) mit drei Republiken umgestaltet werden. Die bosnischen Serben sollten 52 %, die Bosniaken 30 % und die bosnischen Kroaten 18 % des Territoriums erhalten.[705] Da dieser Vorschlag für die Bosniaken noch ungünstiger ausfiel als der Vance-Owen-Plan, lehnte ihn Izetbegović am 29. August ab. Dieser Schritt spaltete das bosniakische Lager. Am 27. September 1993 rief Izetbegovićs Rivale Fikret Abdić die „Autonome Region Westbosnien" (mit der Stadt Velika Kladuša und der Cazinska krajina) in der Enklave Bihać aus. Abdić, vormals Direktor des Nahrungsmittelkonzerns „Agrokomerc", des größten Arbeitgebers in Velika Kladuša und Umgebung, hatte sich zunächst der SDA angeschlossen und bei den Präsidentschaftswahlen von 1990 mehr Stimmen erhalten als Izetbegović, sich aber anschließend mit diesem überworfen. Da Abdić den Owen-Stoltenberg-Plan akzeptierte und den (pan)islamischen Tendenzen Izetbegovićs skeptisch gegenüberstand, kam es zum Bruch. Abdić schloss anschließend einen separaten Frieden mit den bosnischen Serben und Kroaten und bekämpfte fortan die Regierungstruppen. Der von seinen Anhängern „Babo" (Vater) genannte Abdić gehört zu den umstrittensten und schillerndsten Figuren

einem Besuch in Ahmići und im Nachbardorf Križančevo Selo, wo im Dezember 1993 Kroaten von der bosnischen Regierungsarmee ermordet worden waren, versprach er den Überlebenden, dass sich derartige Verbrechen nie wiederholen dürften.

705 Text in: Ramcharan, B. G. (Hg.): The International Conference (220), S. 275–319. Zur Entstehung des Plans vgl. Owen, D.: Balkan-Odyssee (242), S. 257 ff. Owens Erinnerungen dienen vor allem der Rechtfertigung seiner Positionen. Von Selbstzweifeln oder Selbstkritik ist wenig zu spüren (vgl. auch Anm. 697).

in der jüngsten Vergangenheit Bosniens – von den einen ob seiner wirtschaftlichen Erfolge und seiner „pragmatischen" Politik während des Krieges verehrt, von den anderen als „Verräter" gebrandmarkt.[706]

Die Spaltung des bosniakischen Lagers rückte eine Gesamtlösung für Bosnien-Herzegowina in immer weitere Ferne. Nur der kroatisch-bosniakische Konflikt wurde schließlich am 1. März 1994 unter massivem Druck der USA, die sich seit dem Amtsantritt von Präsident Bill Clinton nach anfänglichem Zögern allmählich von ihrer passiven Rolle in Ex-Jugoslawien verabschiedeten, beigelegt. In Washington gründeten Vertreter beider Lager eine bosniakisch-kroatische Föderation innerhalb Bosniens. Mostar, die von beiden Seiten umkämpfte Stadt an der smaragdgrünen (nun immer häufiger rot gefärbten) Neretva, wurde unter EU-Verwaltung gestellt.[707] Das war das Ende für die kroatische „Republik Herceg-Bosna". Und Tudjmans Traum von einem „Großkroatien" rückte in weite Ferne. Im April bildeten die Außenminister der USA, Russlands, Frankreichs, Großbritanniens und Deutschlands eine „Kontaktgruppe" für Bosnien, die im Juli einen neuen Teilungsplan vorlegte. Demzufolge sollte die bosniakisch-kroatische Föderation mindestens 51 %, die „Serbische Republik" maximal 49 % des bosnischen Territoriums erhalten. Trotz eines „Friedensultimatums" der Kontaktgruppe lehnten die bosnischen Serben, die zu diesem Zeitpunkt noch rund 70 % des Territoriums kontrollierten, den Vorschlag ab (abermals gefolgt von einem Referendum). Darüber kam es nun zum Bruch zwischen Milošević und Karadžić. Die staatlich kontrollierten Medien Serbiens starteten eine Kampagne gegen das „korrupte Regime" der bosnischen Serben, das den Frieden torpediere. Am 4. August brach Belgrad die politischen und wirtschaftlichen Beziehungen zur „Serbischen Republik" ab und schloss seine Grenzen für den

706 Vgl. Habul, Emir: A Man who Divided the People of Krajina, 17. 8. 2001, in: http://www.aimpress.ch/dyn/trae/archive/data/200108/10807-001-trae-sar.htm. Abdić hatte das Agrokomerc-Unternehmen zu einem bedeutenden Konzern ausgebaut, der in den 80er-Jahren mehr als 13.000 Arbeiter beschäftigte und der vormals armen Region zu Wohlstand verholfen hatte. 1987 kam es wegen ungedeckter Wechsel zu einem Skandal, der über die Grenzen Bosniens hinaus großes Aufsehen erregte und politische Konsequenzen auf der Bundesebene nach sich zog (siehe Teil 1, Kapitel 5.1). Abdić wurde zu zwei Jahren Haft verurteilt. 1990 schloss er sich Izetbegovićs SDA an, ging aber bald (aus nicht völlig geklärten Gründen) seine eigenen Wege. Er unterhielt Kontakte zu Zagreb und Belgrad sowie zu den internationalen Friedensvermittlern. Nach Proklamierung der „Autonomen Region Westbosnien" ging er mit brutalen Methoden gegen regierungstreue Bosniaken vor. Nach Kriegsende setzte er sich nach Kroatien ab, wo er unter dem persönlichen Schutz von Franjo Tudjman stand. Nach dessen Tod wurde Abdić 2001 verhaftet und von einem kroatischen Gericht in Karlovac wegen Kriegsverbrechen zu 15 Jahren Haft verurteilt.

707 Text des Abkommens: http://www.usip.org/files/file/resources/collections/peace_agreements/washagree_03011994.pdf. Zu den Friedensplänen für Bosnien-Herzegowina vgl. u. a. Calic, M.-J.: Krieg in Bosnien-Hercegovina (262), S. 181 ff.; Gow, J.: Triumph of the Lack of Will (372), S. 223 ff.

Warenverkehr.[708] Der UN-Sicherheitsrat belohnte Miloševićs „Realpolitik“ mit einer befristeten und partiellen Aufhebung der Sanktionen gegen Restjugoslawien. Doch der Krieg in Bosnien ging weiter.

Alle Vermittlungs- und Friedensvorschläge krankten an einem grundsätzlichen Dilemma. Die USA hatten sich zunächst auf den Standpunkt gestellt, dass die Lösung der Jugoslawienkonflikte eine europäische Aufgabe sei und ihr Engagement dementsprechend zurückgefahren. Die EG/EU setzte auf eine diplomatische Lösung und hielt an dieser Position auch dann noch fest, nachdem sie sich als illusorisch erwiesen hatte. Frankreich und Großbritannien sorgten sich in erster Linie um die Sicherheit ihrer Soldaten in der UNPROFOR-Truppe und lehnten aus Furcht vor serbischen Vergeltungsmaßnahmen einen militärischen Einsatz ab. Deutschland folgte dieser Linie unter Berufung auf seine eigene Vergangenheit. Selbst als die Amerikaner im Mai 1993 die Aufhebung des Waffenembargos gegen die Bosniaken und Luftschläge gegen serbische Stellungen vorschlugen („lift and strike“), um damit ein militärisches Gleichgewicht in Bosnien herzustellen, stießen sie auf Ablehnung bei ihren europäischen Verbündeten und zogen sich verärgert wieder zurück.[709] Überraschend (und im Widerspruch zu früheren Verlautbarungen) erklärte Außenminister Warren Christopher im Juni vor dem US-Kongress, dass die USA keine moralische Verpflichtung zur Intervention in Bosnien und zum Schutz der Bosniaken sähen, da alle Konfliktparteien mehr oder minder gleichermaßen für die Gewalt verantwortlich seien.[710] Unter diesen Umständen hatten die Friedensvermittler nichts in der Hand, womit sie die militärisch überlegenen bosnischen Serben zu substanziellen Kompromissen hätten bewegen können. Wie konnten sie ihre Gesprächspartner – Karadžić, Mladić, Krajišnik u. a. – davon überzeugen, dass auch sie zu den Gewinnern eines Kompromisses gehören würden? Anders als die Zivilbevölkerung konnten Karadžić und Genossen im Fall einer einvernehmlichen Lösung nur verlieren. Lord Owen, ehemaliger Verteidigungsminister, forderte daher in Übereinstimmung mit der früheren britischen Premierministerin Margaret Thatcher ein stärkeres militärisches Engagement des Westens. „Tipping the balance to force a recalcitrant party to accept a just and equitable peace package is, in my view, wholly legitimate. [...] I don't hold the view of the Pentagon and the British Ministry of Defense that we cannot use air power without also putting in large national ground forces.“[711] Doch daraus wurde vorerst nichts.

708 Silber, L. – A. Little: Yugoslavia (334), S. 373 ff.

709 Obwohl das Waffenembargo nie vollständig durchgesetzt werden konnte, hat es doch der bosniakischen Seite nachhaltig geschadet.

710 Gordon, Michael R.: US Memo Reveals Dispute on Bosnia. Christopher's View they All Share Guilt for Atrocities is Attacked by Officials, in: New York Times vom 25. 6. 1993, A 4.

711 Zit. nach Schmidt, William E.: Thatcher Assails West's Bosnia Policy, in: The New York Times vom

Das Blatt begann sich erst eineinhalb Jahre später allmählich zu wenden. Am 11. November 1994 kündigte Präsident Clinton an, dass sich die USA nicht mehr an der Überwachung des gegen Bosnien und Kroatien verhängten Waffenembargos beteiligen würden. Die in der Adria stationierten US-Schiffe würden künftig Waffentransporte für Kroatien und Bosnien passieren lassen. Prompt warnten Experten vor einer Ausweitung des Krieges. Schon einige Monate zuvor hatten die westlichen Verbündeten nach einem ersten Granatenangriff auf den Markale-Marktplatz von Sarajevo im Februar 1994, bei dem 66 (nach anderen Angaben: 68) Menschen getötet und mehr als 120 verletzt wurden,[712] eine partielle Wende vollzogen. Sie forderten die Einrichtung einer 20 km breiten waffenfreien Zone um Sarajevo. Und am 28. Februar 1994 schossen Flugzeuge der Allianz erstmals vier serbische Kampfflieger ab. „Fighters flying a NATO mission under NATO AWACS control had, for the very first time, used lethal force in prosecuting the N(o)F(light)Z(one) over Bosnia. The news stunned the Alliance, mostly because, in the 45-year history of NATO, it had simply never happened before. And it all happened out of area […].“[713] In den folgenden Monaten griff die NATO von Fall zu Fall wegen Verletzung des Flugverbots oder der waffenfreien Zone von Sarajevo weitere serbische Ziele auch am Boden an, was von den bosnischen Serben mit Vergeltungsschlägen gegen die Zivilbevölkerung beantwortet wurde.

Die Verrohung durch den Krieg machte vor keiner Konfliktpartei halt. Nicht nur Serben und Kroaten, auch Bosniaken fielen in atavistische Verhaltensmuster zurück. Die Erfahrung, dass Gewalt Gewalt gebiert, ist so alt wie die Menschheit selbst und ist keine Frage der Nationalität. Auch unter den Bosniaken gab es Warlords, Leute, die am Krieg durch Korruption, Schmuggel, Prostitution verdienten, sowie Krieger, die sich derselben Methoden bedienten wie ihre Gegner: d. h. die Dörfer (in diesem Fall: serbische oder kroatische Dörfer) überfielen, plünderten, zerstörten und die Einwohner vertrieben oder

15. 4. 1993. Ausführlich dazu THATCHER, MARGARET: Statecraft. New York 2002, Kap. 8: Balkan Wars, S. 282–319.

712 Nach den Recherchen des ICTY wurde die Granate aus den serbischen Stellungen heraus abgefeuert. Der zuständige serbisch-bosnische General Stanislav Galić wurde u. a. deswegen Ende 2003 zu zwanzig Jahren Haft verurteilt: Press Release, Judgement in the Case Stanislav Galić vom 5. 12. 2003: http://www.icty.org/x/cases/galic/press/en/PR807e%20Judgement%20in%20the%20case%20of%20Stanislav%20Galic.pdf. Ende November 2006 verlängerte das Gericht Galićs Haftstrafe auf lebenslänglich. Im Prozess gegen Radovan Karadžić bestätigte der Ballistik-Experte Berko Zečević Anfang 2011 die Annahmen des Gerichts bezüglich der Herkunft der Granate. Zečević hatte sich zunächst geweigert, als Zeuge auszusagen. Wegen Missachtung des ICTY wurde er verhaftet und nach Den Haag überstellt. Vgl. Karadzic Trial: Ballistics Expert On Markale Market Blast, in: Balkan Insight vom 24. 2. 2011.

713 DENNIS, PAT: NATO AWACS: Alliance keystone for out-of-area operations. In: Canadian Military Journal, Winter 2007/08, S. 27 (Internet: http://www.journal.forces.gc.ca/vo8/no4/doc/dennis-eng.pdf.

massakrierten.[714] Einer breiteren Öffentlichkeit bekannt wurde der „Fall Naser Orić". Orić war im Alter von 25 Jahren Befehlshaber der bosniakischen Territorialverteidigung in der Schutzzone Srebrenica. Ihm wurden später die Verantwortung für die Misshandlung serbischer Gefangener, die Überfälle auf serbische Dörfer im Drina-Bogen und für die Vertreibung der dortigen Zivilbevölkerung vorgeworfen. Die Anklage beim Haager Kriegsverbrechertribunal forderte eine 18-jährige Haftstrafe. Das Gericht stufte die Beweislage jedoch als unzureichend ein und machte mildernde Umstände geltend.[715] Orić wurde 2006 zu zwei Jahren Gefängnis verurteilt, die auf die Untersuchungshaft angerechnet wurden. Im anschließenden Berufungsverfahren stellte das Gericht zwei Jahre später fest, dass zwar an den begangenen Verbrechen keinerlei Zweifel bestehen könne, dass aber die persönliche Verantwortung von Orić nicht überzeugend bewiesen worden sei.[716]

Der Völkermord von Srebrenica

1995 erreichte der Bosnien-Krieg seinen Kulminationspunkt. Ende Mai nach einem Luftangriff der NATO gegen Pale, das bosnisch-serbische Hauptquartier bei Sarajevo, nehmen die Serben 400 „Blauhelme" als Geiseln gefangen und verwenden sie anschlie-

714 Zur Verrohung der Menschen in der Enklave Srebrenica und zu dem im Folgenden erwähnten „Fall Orić" vgl. die sehr eindringlichen Schilderungen von Suljagić, Emir: Srebrenica – Notizen aus der Hölle. Wien 2009.

715 Zu den mildernden Umständen führte das Gericht aus: „As described throughout the Judgement, the conditions in Srebrenica during the relevant time were abysmal and deteriorated by the day. Militarily superior Serb forces had encircled Srebrenica, a threat to which the Bosnian Muslims in town were almost entirely unprepared. An unmanageable influx of refugees, critical shortages of food and other essentials, general chaos and the flight from Srebrenica of all pre-war authorities resulted in a breakdown of society in Srebrenica, including a collapse of law and order. These were the circumstances when at age 25, without any relevant military and administrative experience, the Accused found himself elected Commander of voluntary fighters who were poorly trained, did not form part of a proper army, had very few weapons at their disposal, and without an effective link to the ABiH and BiH authorities. It was a continuous uphill struggle that achieved very few results. In addition, the Accused had to rely on local leaders, some of whom not only chose to act independently, but even considered him inexperienced and scorned his authority. His situation became worse with the passage of time as the Bosnian Serb forces increased the momentum of their siege." Judgement Summary vom 30. 6. 2006: http://www.icty.org/x/cases/oric/tjug/en/060630_Oric_summary_en.pdf.

716 Appeals Judgement Summary vom 3. 7. 2008: http://www.icty.org/x/cases/oric/acjug/en/080703_Oric_summary_en.pdf. Zum Orić-Prozess vgl. Maison, Raffaëlle: Coupable de resistance? Naser Orić, defenseur de Srebrenica, devant la justice international. Paris 2010. Am 3. 10. 2008 wurde Orić, der vielen Bosniaken als Held gilt, im Rahmen einer groß angelegten bosnischen Polizeiaktion gegen die organisierte Kriminalität wegen mutmaßlicher Erpressung festgenommen und am 24. 6. 2009 wegen unerlaubten Waffen- und Sprengstoffbesitzes zu zwei Jahren Haft verurteilt.

ßend als lebende Schutzschilde gegen weitere Luftangriffe. Am 11. Juli erobern Einheiten der serbisch-bosnischen Armee unter Oberbefehl von General Ratko Mladić in Zusammenarbeit mit den „Skorpionen", einer Sondereinheit des serbischen Innenministeriums in Belgrad, und anderen paramilitärischen Einheiten (darunter einer Griechischen Freiwilligen-Garde)[717] die Schutzzone Srebrenica.[718] Der Ort liegt in einem engen Talkessel zwischen den ostbosnischen Bergen, unweit des Drina-Tals an der bosnisch-serbischen Grenze. Im Mittelalter war Srebrenica ein bedeutender Handelsplatz gewesen, dessen reiche Silbervorkommen von „sächsischen" Bergleuten abgebaut worden waren. (Der alte deutsche Name von Srebrenica lautet „Silberin".)

In der von einem niederländischen Blauhelm-Bataillon (Dutchbat) mit knapp 400 Mann „beschützten" Enklave halten sich im Sommer 1995 etwa 40.000 Muslime, zum großen Teil Flüchtlinge und Vertriebene, unter katastrophalen Lebensbedingungen auf. Eine vom Hilfswerk der UN vorgeschlagene Evakuierung der Muslime hatte die Regierung in Sarajevo abgelehnt, da damit der ethnischen Säuberung Vorschub geleistet würde. Die zahlenmäßig unterlegenen bosniakischen Truppen unter Naser Orić haben Srebrenica bereits verlassen, um an anderer Stelle weiter zu kämpfen. Angesichts des serbischen Vormarsches fordert der Kommandeur der „Blauhelme", Ton Karremans, mehrmals eine Luftunterstützung der NATO an. Der Oberkommandierende der UNPROFOR-Truppen, General Bernard Janvier, lehnt zunächst ab. Erst Stunden später greifen NATO-Flugzeuge serbische Panzer an, doch bricht Janvier die Aktion wegen der von serbischer Seite angedrohten Geiselnahme von „Blauhelmen" wieder ab, sodass die serbischen Einheiten ungehindert die Stadt einnehmen können. Mladić bezeichnet die Eroberung als „Geschenk an das serbische Volk". Militärisch konnte die schlecht ausgerüstete und erschöpfte Schutztruppe dagegen nichts ausrichten. Ob sie es mit NATO-Unterstützung gekonnt hätte, ist umstritten. Ein Foto, das Karremans und Mladić bei einem gemein-

717 Die Griechische Freiwilligen-Garde (Grčka dobrovoljačka garda) war im Frühjahr 1995 in das bosnisch-serbische Drina-Korps integriert worden. Einige der Freiwilligen sollen nach Recherchen der MHRI (Macedonian Human Rights Movement International) Mitglieder der griechischen Neo-Nazi-Organisation „Chrysi Avyi" (Goldene Morgendämmerung) gewesen sein (vgl. http://www.mhrmi.org/news/2003/december16b_e.asp). Griechische Medien feierten die Eroberung Srebrenicas als „Sieg". Anlässlich des zehnten Jahrestags des Völkermords von Srebrenica forderten 163 griechische Intellektuelle und Journalisten ihre Regierung zu einer öffentlichen Entschuldigung und zur Einleitung eines Untersuchungsverfahrens auf (vgl. http://cm.greekhelsinki.gr/uploads/2005_files/ghm713_on_greek_appeal_on_srebrenica_greek.doc). Zu weiteren Einzelheiten der „Verbrüderung" von orthodoxen Serben und Griechen in den 90er-Jahren vgl. MICHAS, T.: Unholy Alliance (383).

718 Zu Vorgeschichte und Fall der Schutzzone vgl. die umfangreiche (3875 Seiten starke) Untersuchung des Niederländischen Instituts für Kriegsdokumentation von 2002: Srebrenica. Reconstruction, background, consequences and analyses of the fall of a safe area. Vollständig abrufbar unter: http://www.srebrenica.nl/Content/NIOD/English/srebrenicareportniod_en.pdf.

Abb. 27: Beisetzung von 465 in jahrelanger Kleinarbeit identifizierten Opfern, zwölf Jahre nach dem Völkermord von Srebrenica (2007).

samen Umtrunk zeigt, ging um die ganze Welt. Es habe sich um ein inszeniertes Bild gehandelt, stellte Karremans rückblickend fest. Ein Mitglied der „Blauhelm"-Truppe, Gerald Verhaegh, berichtet Jahre später einem Journalisten über die Ereignisse am 11. Juli: „‚All day, Serbian buses loaded Muslims up and took them out of Srebrenica.' [...] Everyone felt that something was going on, but Verhaegh says he had no idea he was witnessing the beginning stages of a mass murder. He saw a few corpses of Muslim men lying on the ground, ‚but I assumed they were killed in skirmishes with Serbs'. It was only months later, when he was back in Holland, that he, along with the rest of Holland, learned about the scale of the catastrophe. At the time, Verhaegh says, he felt ‚powerless'."[719] In den folgenden Tagen kommt es zu dramatischen Szenen. Männer und Frauen werden voneinander getrennt. Während Lastwagen die Frauen in bosniakisch kontrolliertes Territorium abtransportieren, werden 7.000–8.000 Männer und Jungen in der Umgebung von Srebrenica und des UN-Basislagers Potočari ermordet, andere kommen auf Fluchtversuchen ums Leben. Der Völkermord von Srebrenica steht fortan paradigmatisch für die vielen Verbrechen des Bosnien-Krieges.[720]

---

719 Schroeder, Alvin: Dealing with Genocide. A Dutch peacekeeper remembers Srebrenica, in: Spiegel online international vom 12. 7. 2005: http://www.spiegel.de/international/0,1518,364902,00.html.

720 Einflussreich war die mit dem Pulitzer-Preis ausgezeichnete Arbeit des amerikanischen Journalisten Rohde, David: Endgame: The Betrayal and Fall of Srebrenica. Europe's Worst Massacre since World War II. New York 1997. Vgl. auch u. a.: Srebrenica: Ein Prozeß. Dokumente aus dem Verfahren gegen General Radislav Krstić vor dem Internationalen Strafgerichtshof für das ehem. Jugoslawien in Den Haag. Hg. Julija Bogoeva – Caroline Fetscher. Frankfurt/M. 2002. Am 1. 6. 2005 strahlten das serbische Staatsfernsehen und der Privatsender B92 ein Amateurvideo aus, das die „Skorpione" bei ihrem mörderischen Tun zeigte. Die Tabuisierung der Verbrechen in Bosnien in der serbischen Gesellschaft konnte aber damit nicht durchbrochen werden.

Die Leichen der Opfer wurden zunächst in Massengräbern verscharrt. Um die Spuren zu verwischen, verteilte man die Leichen später auf Hunderte kleinerer Gräber. Da dabei schweres Gerät eingesetzt wurde, wurden viele Leichen zerstückelt und die Glieder auf verschiedene Gräber verteilt: hier ein Kopf, dort ein Arm oder eine Rippe. Die Identifizierung der Toten mittels DNA-Analysen zog sich über viele Jahre hin (Abbildung 27). „In einem Fall wurde das Skelett eines Mannes aus den Knochen von vier verschiedenen Massengräbern zusammengesetzt", berichtete 2009 eine Mitarbeiterin der 1996 in Tuzla gegründeten Internationalen Kommission für Vermisste Personen (ICMP). „Oft kommt unsere Arbeit einem forensischen Puzzle gleich."[721]

Am 25. Juli erobern serbische Einheiten auch die Schutzzone Žepa (südwestlich von Srebrenica). Zwei Tage später erklärt der UN-Menschenrechtsbeauftragte Mazowiecki seinen Rücktritt. „Events in recent weeks in Bosnia and Herzegovina, and above all the fact that the United Nations has allowed Srebrenica and Žepa to fall, along with the horrendous tragedy which has beset the population of those ‚safe havens' guaranteed by international agreements, oblige me to state that I do not see any possibility of continuing the mandate of Special Rapporteur. [...] Human rights violations continue blatantly. There are constant blockades of the delivery of humanitarian aid. The civilian population is shelled remorselessly and the ‚blue helmets' and representatives of humanitarian organizations are dying. Crimes have been committed with swiftness and brutality and by contrast the response of the international community has been slow and ineffectual. [...] [T]he present critical moment forces us to realize the true character of those crimes and the responsibility of Europe and the international community for their own helplessness in addressing them."[722]

Die Kriegswende in Kroatien und Bosnien sowie der Dayton-Vertrag

Am 28. August schlagen auf dem Markt der Schutzzone Sarajevo abermals mehrere Mörsergranaten ein, die 37 Menschen töten und 90 verletzen („zweites Markale-Massaker"). Das bringt das Fass zum Überlaufen. UN-Generalsekretär Boutros-Ghali droht nun mit massiven Luftschlägen gegen die bosnischen Serben. Am 30. August beginnt die NATO im Auftrag der UN mit ihrer dreiwöchigen Operation „Deliberate Force". Ziel ist es, die serbisch-bosnischen Führungsstrukturen, Munitionsdepots, Kasernen, strategisch wich-

721 Zit. nach Rütsche, Norbert: Das forensische Puzzle von Srebrenica, in: Der Tagesspiegel vom 26. 10. 2009.

722 Brief Mazowieckis vom 27. 7. 1995 an den Vorsitzenden der UN-Menschenrechtskommission und den UN-Generalsekretär. http://www.untz.ba/promocije/2006-07/REPORTS_MAZOWIECKI_1992-1995-ENG.pdf (S. 491).

tige Brücken und Luftabwehrstellungen auszuschalten. Beteiligt sind 5.000 Soldaten aus 15 Ländern mit 400 Flugzeugen, darunter 222 Kampfflugzeuge. Die Luftangriffe der NATO gehen Hand in Hand mit den Bodenoperationen kroatischer und bosniakischer Kampftruppen, die mittlerweile hochmodern ausgerüstet und von der privaten amerikanischen Firma „Military Professional Resources Incorporation" (MPRI) mit Billigung der US-Regierung geschult worden sind.[723] Schon seit Mai 1995 zeichnete sich eine militärische Wende in Kroatien ab. Tudjman, der nicht länger bereit war, den durch den Waffenstillstand und die Stationierung der UNPROFOR-Truppen auf einem Drittel des kroatischen Territoriums geschaffenen Status quo hinzunehmen, gibt der kroatischen Armee den Befehl zur Rückeroberung der „Republik Krajina", nachdem deren Führer (anscheinend mit Rückendeckung Miloševićs) den Vorschlag einer faktischen Konföderalisierung Kroatiens mit einer weitreichenden Autonomie für die Serben („Plan Z4")[724] abgelehnt haben. In den frühen Morgenstunden des 1. Mai starten kroatische Einheiten die „Operation Bljesak" (Blitz), mit der Westslawonien zurückerobert wird. Zehntausend serbische Zivilisten fliehen über die Save-Brücke von Bosanska Gradiška nach Bosnien. Diejenigen, die bleiben, sehen sich einer Welle von Übergriffen und Gewalt ausgesetzt.[725] Anfang August beginnt die kroatische Armee dann ihre Großoffensive „Oluja" (Sturm) gegen die serbisch kontrollierten Gebiete Lika, Kordun und Banija. Offiziell bestreiten die USA, dass sie Tudjman dafür „grünes Licht" gegeben hätten. Aber das ist mehr Rhetorik als Realität. Der kroatische Außenminister Mate Granić macht keinen Hehl daraus, dass die Amerikaner Kroatien bei der Vorbereitung des Angriffs beraten und die Operation „stillschweigend" gebilligt hätten.[726] Die Ziele der politisch-militärischen Führung

723 Vgl: Clinton, Bill: My Life. New York 2004, S. 666. Hoare, Attila: How Bosnia Armed (289).

724 Der Plan wurde unter Federführung des amerikanischen Botschafters in Kroatien, Peter Galbraith, von den Vertretern der USA, Russlands, der EU und der Vereinten Nationen (Zagreb Four Talks, Z4) ausgearbeitet: Draft Agreement on the Krajina, Slavonia, Southern Baranja and Western Sirmium, 18. 1. 1995: http://sca.lib.liv.ac.uk/collections/owen/boda/sp10a.pdf. Ferner: The Z-4 Plan 30 January 1995, in: The United States and Croatia: A documentary history, 1992–1997. Washington 1998, S. 142–172; Ahrens, G.-H.: Diplomacy on the Edge (353), S. 160 ff. Vgl. auch Galbraith, Peter: Negotiating peace in Croatia: a personal account of the road to Erdut, in: Blitz, Brad K. (Hg.): War and Change in the Balkans. Nationalism, Conflict and Cooperation. Cambridge 2006, S. 124–131, sowie (aus kroatischer Sicht) Marijan, Davor: Oluja. Zagreb 2007, S. 379–399. Milošević fürchtete, dass eine weitreichende Autonomie für die Serben in Kroatien einen Präzedenzfall für den künftigen Status des Kosovo abgeben könnte.

725 Vgl. den Bericht des kroatischen Helsinki-Ausschusses für Menschenrechte „Izvještaj vojno-redarstvena akcija ‚Bljesak'". Zagreb 2002.

726 Croat Says US is Helping, in: The New York Times vom 6. 8. 1995; zit. nach Ashbrook, John – Spencer D. Bakich: Storming to partition: Croatia, the United States, and Krajina in the Yugoslav Wars, in: Small Wars & Insurgencies 21 (2010), 4, S. 537–560; hier S. 549.

Kroatiens gehen jedoch weit über die Befreiung der „okkupierten" Gebiete hinaus: Auch die dort lebende serbische Zivilbevölkerung soll aus Kroatien verschwinden („da Srbi praktično nestanu", wie Tudjman formuliert). Um dies zu erreichen, soll die Bevölkerung eingeschüchtert werden, und es werden Fluchtwege eingeplant, auf denen die Serben ihre Heimatgebiete verlassen sollen.[727] Allen an der Planung Beteiligten hätte klar sein müssen, dass damit eine „rote Linie" überschritten wurde.

Innerhalb von 84 Stunden wird die „Republik Krajina" von den Truppen unter dem Kommando von Ante Gotovina ohne nennenswerten Widerstand eingenommen. Milošević und die (rest)jugoslawische Volksarmee verharren in Passivität.[728] Der Oberste Verteidigungsrat der „Republik Krajina" ordnet die Evakuierung der serbischen Zivilbevölkerung an. Ein anschließender Waffenstillstand sichert den serbischen Kriegern und ihren Angehörigen freien Abzug zu. 150.000–200.000 demoralisierte serbische Soldaten und Zivilisten flüchten aus der Krajina in Richtung Bosnien (vor allem nach Banja Luka und Umgebung) oder nach Serbien, vereinzelt auch nach Kosovo. Alte und gebrechliche Menschen, die zur Flucht nicht in der Lage sind, werden zur Zielscheibe kroatischer Racheakte. Die Zahl der zivilen Opfer ist umstritten (nicht zuletzt weil die klare Unterscheidung zwischen Kombattanten und Zivilbevölkerung unmöglich ist). Sie schwankt zwischen 116 Toten (kroatisches Helsinki-Komitee) und 1.200 Toten (nach serbischen Angaben). Gezielt und offenbar nach Plan werden serbisches Eigentum, serbische Denkmäler und Kultureinrichtungen zerstört. Ganze Dörfer werden in Schutt und Asche gelegt, um die Menschen in die Flucht zu treiben. Mitte August sind nahezu alle Serben aus der bisherigen „Republik Serbische Krajina" geflohen oder vertrieben. Die ethnische Säuberung ist vollbracht.[729]

---

727 Die Einzelheiten der Aktion besprach Tudjman mit seinen Generälen am 31. 7. auf der Insel Brioni. Ein Mitschnitt dieser Besprechung diente als Beweisstück im Verfahren gegen Ante Gotovina vor dem Internationalen Kriegsverbrechertribunal. Das kroatische Transkript wurde am 16. 4. 2011 auf der kroatischen Internetplattform „Index" veröffentlicht: http://www.index.hr/vijesti/clanak/procitajte-brijunske-transkripte-glavni-dokaz-haskog-suda-/547318.aspx.

728 Zur Stimmung in der Armee der Krajina und zum Eindruck der Bevölkerung, von Belgrad verraten worden zu sein, vgl. SEKULIĆ, MILISAV: Knin je pao u Beogradu. Bad Vibel 2001. In einem Gespräch mit der „Deutschen Welle" im August 2010 erzählte der militärpolitische Experte Fran Višnar aus Zagreb, Milošević sei in Urlaub gewesen, als die kroatischen Kräfte in Knin einmarschierten. „Višnar erinnerte sich an ein historisches Gespräch zwischen Milošević und den damaligen Präsidenten Milan Martić der selbsternannten serbischen Krajina: ‚Martić flehte Milošević um Hilfe an. Doch der entgegnete nur wütend: ‚Ihr habt es nicht einmal sechs Tage ausgehalten, und nun soll ich euch aus dem Sumpf retten?' Martić fragte ihn dann, was er tun solle, woraufhin Milošević ihm antwortete: ‚Bring dich um!'" HUSEINOVIĆ, SAMIR – MIRJANA DIKIĆ: Kroatien 15 Jahre nach der Militäraktion „Oluja" vom 6. 8. 2010, in: http://www.dw-world.de/dw/article/0,5862313,00.html.

729 Zur Verantwortung des Generals Gotovina siehe die Ausführungen im Kapitel über das ICTY. Zu den eth-

Es heißt, Gotovina habe das von Serben dreieinhalb Jahre lang kontrollierte Gebiet „befreit". Solche Formulierungen sind uns derart vertraut, dass wir ihre Absurdität nicht mehr wahrnehmen: Ein Territorium kann nicht frei oder unfrei sein. Es kann somit auch nicht befreit werden. Frei oder unfrei können nur die Menschen sein, die auf dem Territorium leben oder dort beheimatet sind. Nur sie können befreit werden. Die Kroaten, die vor den Serben geflohen oder von ihnen vertrieben worden waren, erhielten nun die Möglichkeit, in ihre Heimat zurückzukehren. Nur sie wurden befreit. Niemand sonst. Die Serben wurden nicht befreit. Sie sollten auch gar nicht befreit, sondern in die Flucht getrieben werden.

Die „Operation Sturm" leitet auch in Bosnien die Kriegswende ein. Die militärische Kooperation zwischen bosniakischen Regierungstruppen und kroatischer Armee im Nordwesten Bosniens verändert die militärische Lage innerhalb weniger Wochen von Grund auf. Während die NATO Luftangriffe gegen serbische Stellungen im Raum Sarajevo, Tuzla und Pale fliegt, erobern kroatische und bosniakische Truppen die „Autonome Region Westbosnien"; 30.000 Soldaten von Fikret Abdićs Miliz geraten in Gefangenschaft. Auch die serbische Hochburg Banja Luka ist bedroht. Aus Sorge vor einer neuen Flüchtlingskatastrophe warnt US-Außenminister Warren Christopher die Regierungen in Zagreb und Sarajevo vor einem weiteren Vormarsch und droht für den gegenteiligen Fall militärische Konsequenzen an.[730]

In dieser für die serbische Seite verzweifelten Situation starten die USA über ihren Unterhändler Richard Holbrooke eine neue Friedensinitiative. Nach Abschluss eines Waffenstillstands im Oktober 1995 tritt in der Wright-Patterson Air Force Base bei Dayton (Ohio) eine – von der Außenwelt gänzlich abgeschirmte – Konferenz zusammen, auf der die Vertreter der Konfliktparteien ein Friedensabkommen paraphieren. Die bosnisch-serbische Seite vertritt nicht Radovan Karadžić, sondern Milošević als politischer Repräsentant aller Serben (Abbildung 28). Am 14. Dezember wird der Vertrag in Paris von Milošević, Tudjman und Izetbegović in Anwesenheit von US-Präsident Bill Clinton, des russischen Ministerpräsidenten Viktor Tschernomyrdin, Frankreichs Präsident

nischen Säuberungen in Kroatien vgl. die auf Dokumenten, Feldforschungen, Interviews und Exhumierungen basierende Darstellung des in Kroatien lebenden serbischen Agrarsoziologen LIVADA, S.: Etničko čišćenje (303). Livada gibt u. a. eine detaillierte Darstellung der Vernichtung serbischen Kulturguts in Kroatien. Trotz aller Bemühungen um Objektivität fallen seine Ausführungen allerdings holzschnittartig aus. Die ethnischen Säuberungen in Kroatien als „legalisiertes Verbrechen des Jahrhunderts" zu bezeichnen (ozakonjeni zločin stoljeća, wie es im Untertitel der 3. Aufl. heißt), wird der langen Geschichte ethnischer Säuberungen im 20. Jahrhundert (und den anderen ethnischen Säuberungen im ehemaligen Jugoslawien) nicht gerecht.

730 Vgl. Granić, Mate: Vanjski poslovi: iza kulisa politike. Zagreb 2005, S. 123 f. Holbrooke, Richard: Završiti rat. Sarajevo 1998, S. 169 ff.

Abb. 28: Slobodan Milošević, Alija Izetbegović und Franjo Tudjman in Dayton/Ohio (1995).

Jacques Chirac, Bundeskanzler Helmut Kohl u. a. unterzeichnet. Gemäß Abkommen bleibt Bosnien-Herzegowina als (konföderierter) Gesamtstaat erhalten mit der gemeinsamen Hauptstadt Sarajevo, einem Parlament sowie unbeschränktem Personen- und Güterverkehr. Der Gesamtstaat muss einen erheblichen Teil seiner Kompetenzen an die beiden Einheiten (Entitäten), die Bosniakisch-kroatische Föderation und die „Serbische Republik" (Republika Srpska) mit der (heutigen) Hauptstadt Banja Luka, abtreten. Der Föderation werden 51 % des Gesamtterritoriums, der Serbischen Republik die restlichen 49 % des Landes zugeschlagen, darunter auch „Ost-Sarajevo", das bis 2004 „Serbisch-Sarajevo" hieß.[731] Der strategisch wichtige Distrikt Brčko an der Save, der das serbisch dominierte Gebiet im Nordwesten von den serbischen Gebieten im Osten Bosniens trennt, erhielt einen Sonderstatus, über den später entschieden werden sollte.[732]

Mit dem Dayton-Abkommen wurde 72 Jahre nach dem Präzedenzfall von Lausanne (also nach dem vom Völkerbund 1923 sanktionierten Bevölkerungszwangsaustausch zwischen Griechenland und der Türkei) eine Kehrtwende vollzogen. Während der Völkerbund ethnische Säuberungen als Ultima Ratio zur „Lösung" ethnonationaler Konflikte akzeptiert hatte (wenn auch mit schlechtem Gewissen), vollzog die internationale Gemeinschaft 1995 einen radikalen Kurswechsel. Statt ethnische Säuberungen abzusegnen und mittels weiterer Zwangsumsiedlungen zu vollenden, wurde das Rückkehrrecht der Flüchtlinge und Vertriebenen sowie die Restitution ihres Eigentums vertraglich

731 In „Ost-Sarajevo" leben knapp 65.000 Einwohner. Das 1.426 km² große Gebiet setzt sich aus den östlichen Teilen von Neu-Sarajevo, Ilidža und der Altstadt sowie aus den Kommunen Pale, Trnovo und Sokolac zusammen.

732 Seit dem Jahr 2000 wird der Distrikt Brčko als Kondominium beider Entitäten verwaltet.

Abb. 29a: Die „gefallenen Engel" Tudjman, Milošević und Izetbegović im Jenseits. Karikatur von Petar Pismestrović.

Abb. 29b: Tudjman und Milošević: Fotomontage in der politischen Satire-Zeitschrift „Feral Tribune" aus Split (1994): „Haben sie dafür gekämpft?"

verankert: ein Novum und eine gewaltige Herausforderung.[733] Zur Überwachung und notfalls gewaltsamen Durchsetzung des militärischen Teils des Friedensvertrags wurde eine 60.000 Mann starke internationale Friedenstruppe (Implementation Force, IFOR, später umbenannt in Stabilisation Force, SFOR) unter Führung der NATO stationiert. Die Kontrolle über die Implementierung des zivilen Teils des Abkommens fiel in die Zuständigkeit eines „Hohen Repräsentanten" der internationalen Gemeinschaft, sodass Bosnien-Herzegowina fortan einem internationalen Semi-Protektorat ähnelte. (Zu weiteren Einzelheiten vgl. Kap. 3.5.)[734]

733 Vgl. Sundhaussen, Holm: Von „Lausanne" nach „Dayton": Ein Paradigmenwechsel bei der Lösung ethnonationaler Konflikte, in: Europa und die Europäer. Quellen und Essays zur modernen europäischen Geschichte. Festschrift für Hartmut Kaelble zum 65. Geb. Hg. Rüdiger Hohls – Iris Schröder – Hannes Siegrist. Stuttgart 2005, S. 409–414.

734 Die wichtigsten Bosnien betreffenden Dokumente von 1995/96 finden sich in einer Veröffentlichung des Office of the High Representative: Bosnia and Herzegovina: Essential Texts. (Zagreb o. J.; ca. Ende 1996). Der vollständige Text des Dayton-Abkommens ist abrufbar unter: http://avalon.law.yale.edu/subject_menus/daymenu.asp.

Abb. 30: Tudjman, Milošević und Izetbegović: 7 Fragen an Eure Eltern – über die Balkankriege, von Bogumil Balkansky.

Damit war der Krieg in Bosnien zu Ende. Aus der Perspektive derjenigen, die am meisten unter dem Krieg gelitten hatten, war Dayton eine Enttäuschung, da es das Ergebnis der Gewalt – zumindest partiell (in Gestalt der Entitäten) – festschrieb und im Vergleich zum Vance-Owen-Plan von Anfang 1993 eher einen Rückschritt darstellte.[735] Aus der Perspektive serbischer Nationalisten dagegen hatte Milošević mit seiner Unterschrift das serbische Volk ein zweites Mal verraten. Erhalten haben sie eine Entität. Aber was ist schon eine Entität? Wenn nicht entschieden werden kann, ob es sich um ein Bundesland in einer Bundesrepublik oder um einen Unionsstaat in einer Staatenunion oder um etwas Ähnliches bzw. Nichtähnliches handelt, dann handelt es sich um eine Entität.

Parallel zum Dayton-Abkommen handeln Repräsentanten der Zagreber Regierung und der Krajina-Serben in Erdut (im äußersten Osten Kroatiens) ein Abkommen aus, mit dem die noch unter serbischer Kontrolle stehenden Teile Kroatiens (Ostslawonien, die Baranja und West-Syrmien) unter vorübergehende UN-Verwaltung (bis 1998) gestellt werden. Damit wird auch unter den Krieg in Kroatien ein Schlussstrich gezogen.[736] Nach mehr als drei verlorenen Jahren voll unendlichen Leids scheint der Friede nach Ex-Jugoslawien zurückzukehren. Die Kehrtwende in der US-Politik, die militäri-

---

735 „Vance-Owen offered more in terms of the original aims of the international community. […] [I]t was a better plan than that which was achieved in Dayton." „In the final analysis, the critical differences between 1993 and 1995 lay in the degree of diplomatic cohesion behind the initiatives and the preparedness to use force. Central to both of these was the US position." Gow, J.: Triumph of the Lack of Will (372), S. 313, S. 314.

736 Zur Vorgeschichte des Erdut-Abkommens vgl. Bing, Albert: Put do Erduta. Položaj Hrvatske u međunarodnoj zajednici 1994–1995. i reintegracija hrvatskog Podunavlja, in: Scrinia slavonica 7 (2007), S. 371–404.

Abb. 31: Das einzige Denkmal für bosniakische Opfer in der Republika Srpska (in Kozarac).

schen Erfolge der kroatischen und bosniakischen Truppen, die NATO-Luftangriffe und die Verhandlungstaktik Holbrookes haben (und zwar in dieser Reihenfolge!) die Gewalt beendet. Das Ergebnis hätte man sehr viel früher erreichen können, sofern die internationale Gemeinschaft mehr Entschlossenheit gezeigt hätte.

Ziehen wir auch hier ein kurzes Fazit: 1. Wie erwähnt, waren die Kriege in Kroatien und Bosnien-Herzegowina ethnische Kriege. Da die Religionszugehörigkeit bei allen drei Konfliktparteien als konstitutives Merkmal der „nationalen Identität" gilt (zumal sich Bosniaken, Serben und Kroaten sprachlich nicht unterscheiden), hatten die Kriege auch den Charakter von Religionskriegen.[737] Aber nicht von Glaubenskriegen (denn der Glaube spielte nur eine nachgeordnete oder gar keine Rolle). Der Religionssoziologe Ivan Cvitković von der Universität Sarajevo konstatiert: „Auch wenn die Religionen und Glaubensgemeinschaften nicht der Grund für den Ausbruch des Krieges in Bosnien-Herzegowina waren, lieferten sie doch den Vorwand und Kontext für den Krieg."[738] 2. Die Kriege wiesen sowohl Merkmale von (ethnoreligiös konnotierten) Bürgerkriegen

737 Zur Diskussion über den religiösen Charakter des Bosnien-Krieges vgl. FLERE, SERGEJ: Was the Bosnian War (1992–1995) a Full-fledged Religion War?: http://projects.ff.uni-mb.si/cepyus/upload/files/the_bosnian_war_14.01.2011.pdf. Der Autor bejaht die Frage. Er weist (nicht allein, aber insbesondere) der serbischen orthodoxen Kirche die Hauptverantwortung zu. „Thus the SOC bears possibly the greatest blame for inflaming war in an explicit manner. The flock, the rank and file of combatants, the ordinary people, as we have demonstrated, also experienced the War as one with pronounced religious identity issues. The issue of religious identity was in the forefront." (S. 19)

738 CVITKOVIĆ, I.: Konfesija u ratu (267a), S. 64. Der Autor setzt sich überaus kritisch mit den drei Religionsgemeinschaften und dem Missbrauch religiöser Symbole während des Krieges auseinander. Es sei eben problematish, zugleich auf der Seite Gottes und der Gewehre zu sein (S. 40 und 140 ff.).

wie von zwischenstaatlichen Kriegen (unter Einsatz „Fünfter Kolonnen") auf. 3. Die von der serbischen (dann auch von der kroatischen und bosniakischen) Konfliktpartei angewandten ethnischen Säuberungen waren nicht Begleiterscheinung, sondern Ziel der Kriege und standen in der Tradition einer jahrzehntelang von der internationalen Gemeinschaft akzeptierten Strategie zur „Lösung" zwischenstaatlicher Konflikte. 4. Menschenrechtsverletzungen und Kriegsverbrechen wurden von allen Konfliktparteien begangen. Je nach Kriegslage konnten aus Tätern Opfer und aus Opfern Täter werden. Aber hinsichtlich Intention und Ausmaß der Gewalt bestanden deutliche Unterschiede zwischen Serben, Kroaten und Bosniaken. 5. Eine Schlüsselrolle in der Eskalation der Gewalt fiel den paramilitärischen Banden zu, die im Auftrag oder mit Duldung der jeweiligen politischen, militärischen (und religiösen) Führungen operierten. 6. Zum ethnischen Hass als Resultat der neuen kriegerischen Ordnung kam ein Bündel anderer Motive (Überlebensstrategien, das Ausleben von Gewaltfantasien, Bereicherung/Plünderung etc.) hinzu, die mindestens ebenso wichtig waren wie Hass. 7. Die Mehrheit der Bevölkerung wurde von den Kriegen überrascht und in ein Räderwerk der Gewalt verstrickt, dessen Hintergründe sie nicht verstanden. Die „Erklärungen" lieferten nationalistische Akteure und Medien. 8. Die Staaten der internationalen Gemeinschaft folgten ihren jeweiligen nationalen Interessen und waren anfangs weder in der Lage noch willens, sich auf ein gemeinsames Konzept (über bloße Formelkompromisse hinaus) zu verständigen. Die „Alle sind schuld"-These und die Fehlperzeption der Kriege als Ausbruch uralten Hasses „legitimierten" das Nichtstun der Gemeinschaft. 9. Die Beendigung der Kriege wurde erst möglich, nachdem sich die militärische Situation von Grund auf verändert hatte. Nicht die Diplomatie, sondern das veränderte Kräfteverhältnis eröffnete den Einstieg in den Ausstieg. Gleichwohl blieb die Lernfähigkeit der internationalen Gemeinschaft – ungeachtet der Erfahrungen in Kroatien und Bosnien-Herzegowina – begrenzt.

1.3 Der Kosovo-Krieg und die NATO-Intervention (1998/1999)

Von der Gewaltfreiheit zum Terrorismus

Einen „wunden Punkt" hatte man in Dayton geflissentlich übersehen. Rund drei Monate vor Beginn der Verhandlungen in Ohio war Milošević – zum ersten Mal seit drei Jahren – nach Kosovo gereist. Dort versicherte er, dass ihm ein „dauerhafter und gerechter Frieden" im ehemaligen Jugoslawien am Herzen liege. Das serbische Volk habe eine besondere Verantwortung für den Schutz der Minderheiten. Serbien sei der „Staat aller seiner Bürger", und Kosovo solle eine „Region des wechselseitigen Verständnisses, der

Kooperation und Koexistenz" werden.[739] Als der deutsche Delegationsleiter in Dayton, Wolfgang Ischinger, Milošević auf Kosovo ansprach, sei dieser „regelrecht explodiert: Beim Kosovo handle es sich um ein ausschließlich inneres Problem seines Landes, er lehne Internationalisierungsbestrebungen rundweg ab".[740]

In Kosovo hatte sich seit Anfang der 90er-Jahre – von der internationalen Politik weitgehend ignoriert – ein System herausgebildet, das viele Beobachter an die Apartheid in Südafrika erinnerte. Der vormalige amerikanische Botschafter in Belgrad, Warren Zimmermann, sprach im Frühjahr 1992 von einer „typical colonial situation".[741] Menschenrechtsorganisationen, darunter die weltweit agierende NGO „Human Rights Watch", dokumentierten immer wieder massive Diskriminierungen der Albaner und Menschenrechtsverletzungen in Kosovo. Sie berichteten über die Verfolgung von albanischen Politikern, über Misshandlungen und ungeklärte Todesfälle von Inhaftierten, über die angebliche (nie restlos geklärte) Vergiftung albanischer Kinder im März 1990, über fragwürdige Prozesse gegen „Terroristen", über massenhafte Entlassungen der Albaner aus öffentlichen Einrichtungen, über ungeklärte Todesfälle albanischer Rekruten in der Volksarmee, über die Einschränkung der Pressefreiheit, die Verfolgung von Journalisten, die Serbisierung des öffentlichen Lebens (einschließlich des Rechtssystems), der Bildungs- und Gesundheitssysteme usw. Immer mehr Albaner wurden in die Verelendung abgedrängt, und viele verließen das Land. Besonders beunruhigend waren die Nachrichten über die Verteilung von Waffen an die serbische Minderheit in Kosovo, über die starke Präsenz der Volksarmee und das Auftauchen irregulärer serbischer Banden.[742]

Angesichts dieser Entwicklung zogen sich die Albaner Schritt für Schritt in eine Nischengesellschaft zurück. Am 7. September 1990 verabschiedete das kurz vorher von serbischer Seite aufgelöste Kosovo-Parlament in einer Geheimsitzung in Kačanik eine Verfassung, in der die Unabhängigkeit der Provinz deklariert wurde. In einem Referendum vom 26. bis 30. September 1991 sprach sich eine überwältigende Mehrheit der Albaner für einen eigenen Staat aus. Und aus den Wahlen am 24. Mai 1992 ging die „Demokratische Liga von Kosova" (LDK) als Siegerin hervor. Ihr Führer, der Schriftsteller Ibrahim Rugova (1944–2006), dessen Vater und Großvater Anfang 1945 als „Kollaborateure"

739 Nach Biermann, R.: Lehrjahre (358), S. 469 f.

740 Deutsche Außenpolitik 1995. Auf dem Weg zu einer Friedensregelung für Bosnien und Herzegowina. 53 Telegramme aus Dayton. Eine Dokumentation. Hg. vom Auswärtigen Amt. Bonn 1998, S. 234. Vgl. auch Biermann, R.: Lehrjahre (358), 473.

741 „US Ambassador to Yugoslavia Backs Kosovo Albanians", Radio Free Europe/Radio Liberty Daily Report, No. 62, March 30, 1992.

742 Human Rights Watch: Human Rights Abuses in Kosovo 1990–1992: http://www.hrw.org/legacy/reports/1992/yugoslavia/.

von den Kommunisten ermordet worden waren, wurde zum Staatspräsidenten gewählt. Rugova verfolgte eine Politik der Gewaltlosigkeit, die von der Mehrheit der Bevölkerung und insbesondere von der alteingesessenen städtischen Bevölkerung unterstützt wurde.[743] Anlässlich eines Besuchs in London erklärte er Mitte der 90er-Jahre: „The slaughterhouse is not the only form of struggle. There is no mass humiliation in Kosovo. We are organised and are operating as a state. It is easy to take to the streets and to head towards suicide, but wisdom lies in eluding a catastrophe."[744] Die Albaner, finanziell unterstützt von ihrer Diaspora in Westeuropa und den USA, bauten Schritt für Schritt ihre eigenen Untergrundstrukturen auf: albanische Schulen, Krankenhäuser, Medien, ein eigenes Steuersystem usw. und mieden jeglichen Kontakt mit den serbischen „Herren". Auch boykottierten sie die Präsidentschaftswahlen in Serbien im Dezember 1992, obwohl die Wahl Miloševićs mit ihren Stimmen wahrscheinlich hätte verhindert werden können. Der stellvertretende Vorsitzende der LDK und Berater Rugovas, Fehmi Agani, erklärte: „Frankly, it is better to continue with Milošević [...]. Milošević was very successful in destroying Yugoslavia and, in the same way, if he continues, he will destroy Serbia [...]."[745] Milošević ließ sie vorerst gewähren, sodass Kosovo in zwei ungleiche Teile zerfiel: in eine serbisch dominierte öffentliche Hälfte und eine von Schatten-Institutionen durchzogene inoffizielle Hälfte, die beide neben- und unabhängig voneinander existierten.

Rugovas Strategie der Gewaltfreiheit geriet in die Krise, nachdem greifbare Erfolge seiner Politik ausblieben und sich die allgemeine Situation weiter zuspitzte. Die Tatsache, dass Vertreter der Kosovo-Albaner nicht zu den Verhandlungen in Dayton eingeladen wurden und dass das Dayton-Abkommen die Kosovo-Frage ausklammerte, diskreditierte Rugovas Politik der Gewaltfreiheit. Die Zahl der Unzufriedenen wuchs, und die kosovo-albanische Gesellschaft spaltete sich in ein (immer noch mehrheitlich) pazifistisches und ein (an Stärke zunehmendes) militantes Lager auf.[746] Insbesondere die Jugendlichen – sowohl in den Dörfern als auch die Jungakademiker in den Städten, die nichts zu verlieren hatten – suchten nach Alternativen und radikalisierten sich. Schon seit Anfang der 90er-Jahre hatte sich in Gestalt der Kosovarischen Befreiungsarmee UÇK *(Ushtria Çlirimtare e Kosovës)* eine Guerillaorganisation in Kosovo und Teilen Makedoniens formiert. Sie wurde zunächst vorwiegend von einzelnen Clans wie den Jasharis oder Ahmetis getragen, die seit Langem als Widerstandskämpfer bekannt wa-

743 Dazu ausführlich Clark, H.: Civil Resistance (478).

744 Zit. nach: Partos, Gabriel: Ibrahim Rugova, in: The Independent vom 23. 1. 2006: http://www.independent.co.uk/news/obituaries/ibrahim-rugova-524107.html.

745 Zit. nach Judah, T.: Kosovo (489), S. 79 f.

746 Zum Folgenden vgl. Cohen, L. J.: Serpent in the Bosom (556), S. 279 ff.

Abb. 32: Büste des kosovarischen „Helden" Adem Jashari im Zentrum der albanischen Hauptstadt Tirana. Jashari wurde im März 1998 zusammen mit etwa 50 Familienmitgliedern ermordet.

ren. Bis Dayton war die UÇK eine marginale Erscheinung geblieben. Noch 1997 zählte sie nur etwa 150 aktive Mitglieder.[747] Aber die Stimmung hatte sich gedreht. Obwohl Rugova im März 1998 anlässlich der von (Rest-)Jugoslawien nicht anerkannten Wahlen in seinem Amt als Präsident bestätigt wurde, nahm die Kritik an seiner Politik zu. In einem Interview mit der amerikanisch-albanischen Zeitung *Illyria* attackierte der albanische Schriftsteller Ismail Kadaré am 4. Oktober 1996 in New York Rugovas Politik der Gewaltlosigkeit: „The Albanians must overcome this unfavourable period for them. They must become conscious of their state, their force, culture, and of the possibilities they possess. They must free themselves from the moral weakening, from Albanophobia, that was unfortunately implanted in recent times both in ordinary people as well as in a group of degenerated intellectuals. And the most important for the Albanians is to free themselves from the complex of fear, that was slyly cultivated also in the last few years in the name of pacification."[748]

Bereits im Februar 1996 hatte die UÇK mit ersten Anschlägen gegen Polizeistationen und Vertreter (Rest-)Jugoslawiens begonnen, woraufhin die Belgrader Regierung ihre Sicherheitskräfte in Kosovo aufgestockt und massive Repressalien ergriffen hatte. Nicht nur aus Belgrader, sondern auch aus amerikanischer Sicht war die UÇK eine

747 Judah, T.: Kosovo (489), S. 118.

748 Zit. nach Kosova Communication 1996, No. 280 vom 8. 10. 1996, Dok. 5: http://www.hri.org/news/balkans/koscom/1996/96-10-08.koscom.html.

„terroristische" Organisation.[749] Sie setzte sich aus verschiedenen, miteinander rivalisierenden Gruppen zusammen, deren Mitglieder sich nach Clan- und Familienstrukturen oder lokalen Loyalitäten rekrutierten. Der „Drenica-Gruppe" um Hashim Thaçi war es im Zuge wechselseitiger Machtkämpfe gelungen, eine Führungsposition zu erlangen. Zu ihrer Finanzierung soll sich die UÇK auch am Drogenhandel beteiligt haben. Wie bei früheren nationalen Befreiungsbewegungen im ausgehenden 19. und zu Anfang des 20. Jahrhunderts, waren auch bei der UÇK die Grenzen zwischen Freiheitskämpfern und Räubern, zwischen Widerstand und organisierter Kriminalität fließend.

Der Zusammenbruch der öffentlichen Ordnung im Nachbarland Albanien infolge des „Pyramidenskandals" von 1997 bot den kosovarischen Guerilla-Kriegern eine willkommene Gelegenheit, sich billig mit Waffen zu versorgen, ihre Kämpfer in nordalbanischen Lagern zu trainieren und im Wettlauf mit dem Belgrader Regime die Spirale der Gewalt weiterzudrehen. Verschiedene Vermittlungsbemühungen internationaler Organisationen zwischen Milošević und Rugova führten ins Leere. „Rugovas Stern begann zu sinken. Sein Fall beschleunigte sich, als er sich im Herbst 1997 anlässlich schwerer Studentenproteste in Priština (alb. Prishtina), dem ersten massenhaften Aufbegehren seit 1990, nicht an die Spitze des Demonstrationszuges stellte. Acht Jahre serbischer Politik der Unnachgiebigkeit und Unversöhnlichkeit, vergeblicher internationaler Vermittlung und wirkungsloser Gewaltlosigkeit hatten die Kosovo-Albaner dazu gebracht, ihr Schicksal in die Hand einer desorganisierten, aber hoch motivierten Guerillabewegung zu legen. Dabei spielte es keine Rolle mehr, dass der Gegner übermächtig und die Loslösung von Belgrad Lichtjahre entfernt schien."[750]

Eskalation und das Scheitern der Diplomatie

Am 5. März 1998 griffen serbische Armee und Polizeikräfte das Dorf Prekaz im Drenica-Tal (Zentral-Kosovo) an.[751] Prekaz war der Heimatort von Adem Jashari, einem der Organisatoren der UÇK, und das Drenica-Tal war eine Hochburg der Rebellen, aus der heraus immer wieder serbische resp. (rest)jugoslawische Einheiten überfallen worden

749 So der amerikanische Sonderbotschafter Robert S. Gelbhard auf zwei Pressekonferenzen am 22. und 23. 2. 1998. Vgl. Loquai, Heinz: Weichenstellungen für einen Krieg. Internationales Krisenmanagement und die OSZE im Kosovo-Konflikt. Baden-Baden 2003, S. 37 f. Vgl. auch BBC News: The KLA – terrorists or freedom fighters? vom 28. 6. 1998 sowie Judah, T.: Kosovo (489), S. 138.

750 Biermann, Rafael: Gescheiterte internationale Krisenprävention, in: Chiari, B. – A. Keßelring (Hg.): Kosovo (477), S. 77.

751 Die Drenica-Region westlich von Priština mit den beiden Kommunen Srbica/Skenderaj und Glogovac/Gllogovci umfasst etwa 1.200 km² mit 110.000 (nahezu ausschließlich albanischen) Einwohnern.

waren. Aus Belgrader Sicht war Jashari einer der Hauptterroristen. In einem zweitägigen Gefecht wurden er und seine Familie, insgesamt mehr als 50 Menschen, darunter Frauen und Kinder, getötet. Das Innenministerium in Belgrad brachte in einer Verlautbarung sein Bedauern und seine Verbitterung darüber zum Ausdruck, dass Jasharis Familienmitglieder Opfer albanischer (!) Grausamkeit und Rücksichtslosigkeit geworden seien.[752] Mit der Tötung des Jashari-Clans kippte die Stimmung in Kosovo endgültig (vgl. Abbildung 33).[753] Auch im Ausland war man besorgt. US-Außenministerin Madeleine Albright warnte die serbische Führung vor weiterer Gewaltanwendung: „We are not going to stand by and watch the Serbian authorities do in Kosovo what they can […].“[754] Doch das fruchtete nichts. „In den folgenden Monaten breiteten sich die Kämpfe in Kosovo flächenbrandartig aus. Die UÇK terrorisierte und provozierte, und das Regime reagierte genauso, wie die UÇK-Führer es erwartet und erhofft hatten. Bilder von zerstörten Dörfern und Flüchtlingstrecks gingen um die Welt, begleitet von den Vermittlungsbemühungen des amerikanischen Diplomaten Richard Holbrooke. Die Furcht vor einem ‚zweiten Bosnien‘ und – schlimmer noch – vor einer Einbeziehung aller albanisch besiedelten Gebiete des südlichen Balkans (Albanien, westliches Mazedonien, Südserbien, Montenegro) ging um.“[755]

Abb. 33: Graffito „Tod den Serben“ an der zerstörten St.-Georgs-Kathedrale in Prizren während der Unruhen vom März 2004.

In Kosovo waren Menschenrechtsverletzungen an der Tagesordnung, und immer mehr Albaner versuchten, sich durch Flucht in Sicherheit zu bringen.[756] Der UN-Si-

752 Meldung der jugoslawischen Nachrichtenagentur Tanjug vom 11. 3. 1998. Text der Verlautbarung in BBC News vom 12. 3. 1998: Kosovo killings: Belgrade's official version of events: http://news.bbc.co.uk/2/hi/world/monitoring/64947.stm.

753 Vgl. Judah, T.: Kosovo (489), S. 136. Zum Jashari-Kult vgl. Di Lellio, Anna – Stephanie Schwandner-Sievers: Sacred Journey to a Nation. Site Sacralisation and „Political Reproduction“ of a New Shrine to the Kosovo Nation, in: Journeys: The International Journal of Travel and Travel Writings 7 (2006), 1, S. 27–49; diess.: The Legendary Commander. The Construction of an Albanian Master Narrative in Post-War Kosovo, in: Nations and Nationalism 12 (2006), 3, S. 513–529.

754 Zit. nach Erlanger, S.: Albright warns Serbs on Kosovo violence, in: New York Times vom 8. 3. 1998.

755 Biermann, R.: Gescheiterte Krisenprävention, a. a. O., S. 77.

756 Vgl. Abrahams, Fred – Elizabeth Anderson: Humanitarian Law Violations in Kosovo. Hg. von Human Rigths Watch. New York [u. a.] 1998. Der ausführliche Bericht beruht auf Untersuchungen, die zwischen Mai und September 1998 durchgeführt wurden.

cherheitsrat forderte in drei Resolutionen vom 31. März, 23. September und 24. Oktober 1998 die sofortige Einstellung der Feindseligkeiten, den Beginn konstruktiver Verhandlungen zur Herstellung einer substanziellen Autonomie für Kosovo, die Rückkehr aller Flüchtlinge und die Entsendung einer europäischen Beobachter-Kommission. Er verurteilte die „exzessive und wahllose Anwendung von Gewalt" durch die serbischen Sicherheitskräfte ebenso wie die „terroristischen" Aktivitäten der UÇK. Die Lage in Kosovo stelle eine Bedrohung für Frieden und Sicherheit in der Region dar.[757] Außenministerin Albright erklärte: „We have made it clear to Milošević and the Kosovars that we do not support independence for Kosovo, that we want Serbia out of Kosovo, not Kosovo out of Serbia."[758] Am 8. Oktober billigte der NATO-Rat die Operationspläne für einen Lufteinsatz zur „Abwehr einer humanitären Katastrophe", und der Deutsche Bundestag stimmte am 16. Oktober nach heftigen und überaus emotionsgeladenen Debatten einer deutschen Beteiligung zu. Ein zwischen Holbrooke und Milošević Mitte des Monats ausgehandeltes Abkommen brachte nur eine vorübergehende Entspannung, konnte aber die Situation nicht dauerhaft stabilisieren. Die UÇK nutzte die Feuerpause zur Aufrüstung sowie zur Ausweitung der von ihr kontrollierten Gebiete, während die Belgrader Führung ihre Truppenpräsenz in der Provinz und an deren Grenzen verstärkte. Mehr als 400.000 Menschen befanden sich nun auf der Flucht. Am 15. Januar 1999 erhielt der Chef der OSZE-Beobachtermission, der Amerikaner William Walker, Berichte über einen tödlichen Zwischenfall in dem kleinen Dorf Račak (alb. Reçak) südlich von Priština. Zusammen mit mehreren Kamerateams besuchte er das Dorf am nächsten Tag und entdeckte die Leichen von 45 Albanern. „In a gully above the village, I saw the first body. It was covered with a blanket, and when it was pulled back, I saw there was no head on the corpse – just an incredibly bloody mess on the neck."[759]

Für Walker handelte es sich um ein „Massaker", um eine Massenhinrichtung von Zivilisten, die von serbischen Polizeieinheiten verübt worden war. Was wirklich in Račak geschah, ist bis heute nicht geklärt. Handelte es sich um ein Massaker, um ein Gefecht zwischen UÇK und serbischen Einheiten oder um die albanische Inszenierung eines Massakers? Die finnische Pathologin Helena Ranta, die die Leichen mit ihrem Team obduzierte, konnte die Umstände des Todes nicht widerspruchsfrei klären, weil der Tatort nicht sofort professionell gesichert worden war, weil vor ihrem Eintreffen bereits ein

757 Resolutionen 1160 vom 31. 3. 1998, 1199 vom 23. 9. 1998 und 1203 vom 24. 10. 1998: http://www.un.org/peace/kosovo/98sc1160.htm, -1199htm und -1203htm.

758 Siehe New York Times vom 14. 10. 1998, zit. nach Ker-Lindsay, James: From autonomy to independence: the evolution of international thinking on Kosovo, 1998–2005, in: Journal of Balkan and Near Eastern Studies 11 (2009), 2, S. 145.

759 Zit. nach Daalder, I. – M. E. O'Hanlon: Winning Ugly (369), S. 63.

Team von jugoslawischen und weißrussischen Experten die Leichen untersucht hatte und weil die Untersuchungsmethoden umstritten waren und zu unterschiedlichen Ergebnissen führten. Im Verfahren gegen Slobodan Milošević vor dem Haager Kriegsverbrechertribunal wurde der Vorfall von Račak schließlich nach eingehender Befragung der Zeugin Ranta im März 2003 wegen mangelnder Beweise aus der Anklageschrift gestrichen.[760]

Račak markiert den Wendepunkt in der internationalen Kosovo-Politik. Die OSZE, die EU, der UN-Sicherheitsrat, die NATO, die Balkan-Kontaktgruppe (bestehend aus Vertretern Großbritanniens, Frankreichs, Deutschlands, Italiens, Russlands und der USA) sowie mehrere Regierungen verurteilten das „Massaker" einhellig. Obwohl an der Unterdrückungspolitik des Milošević-Regimes in Kosovo seit 1989 keinerlei Zweifel bestehen konnte und die internationale Öffentlichkeit darüber kontinuierlich informiert worden war,[761] brauchte die Politik offenbar spektakuläre Ereignisse mit Signalwirkung, um tätig zu werden. Falsche oder zumindest ungesicherte Behauptungen sowie törichte Vergleiche mit Auschwitz und Holocaust wurden propagandistisch ausgeschlachtet, um politische Entscheidungen zu „rechtfertigen". Während sich die Lage in Kosovo weiter zuspitzte, beorderte die Kontaktgruppe die Konfliktparteien am 7. Februar 1999 zu einem Verhandlungsmarathon ins Schloss Rambouillet bei Paris. Die UÇK stellte ein Drittel der albanischen Delegationsmitglieder und mit Hashim Thaçi auch den Delegationsleiter, wodurch ihr Ansehen erheblich gestärkt, während die Position Rugovas, der ebenfalls an den Gesprächen teilnahm, geschwächt wurde.[762] Nach zweieinhalb Wochen wurden die Verhandlungen unterbrochen, ohne dass eine der beiden Konfliktparteien das „Interims-Abkommen für Frieden und Selbstverwaltung in Kosovo" (in der Fassung vom 23. Februar) unterzeichnet hätte. Am 15. März wurden die Gespräche in Paris fortgesetzt. Die kosovo-albanische Delegation war nach heftigen internen Auseinandersetzungen nun zur Unterschrift bereit.[763] Am 17. März forderte die NATO die Belgrader Regierung ultimativ zur Annahme des Rambouillet-Abkommens auf und drohte bei Nichtannahme mit einer Bombardierung Jugoslawiens. Da die jugoslawische Delega-

760 Vgl. das Protokoll der Verhandlung am 12. 3. 2003: http://www.icty.org/x/cases/slobodan_milosevic/trans/en/030312ED.htm.

761 Stellvertretend sei verwiesen auf die Dokumentenanalyse von Troebst, S.: Conflict in Kosovo (503); auch im Internet abrufbar unter: http://www.ecmi.de/uploads/tx_lfpubdb/working_paper_1.pdf.

762 Die albanische Delegation setzte sich aus fünf Mitgliedern der Demokratischen Liga für Kosovo (LDK), darunter Ibrahim Rugova, sechs unabhängigen Persönlichkeiten und Vertretern der Opposition sowie fünf Mitgliedern der UÇK, darunter Hasim Thaçi, zusammen.

763 Ausschlaggebend für die Zustimmung der albanischen Delegation dürfte die Einsicht gewesen sein, dass eine Brüskierung der Kontaktgruppe letztlich der kosovo-albanischen Seite mehr schaden als nutzen würde.

tion bei ihrer Weigerung blieb, endete die Konferenz am 23. März ergebnislos. Einen Tag später begann die NATO mit ihren Luftangriffen.

Was stand im Rambouillet-Abkommen? Und was waren die Gründe für Miloševićs Ablehnung und für das lange Zögern der albanischen Delegation? Ohne auf Details einzugehen, seien die wichtigsten Punkte knapp aufgelistet. Das Abkommen forderte ein Ende der Gewalt, den Rückzug paramilitärischer und irregulärer Einheiten aus Kosovo, die Entwaffnung der UÇK, die Aufhebung des Kriegsrechts, die Rückkehr der Flüchtlinge sowie die Kooperation mit dem Haager Kriegsverbrechertribunal. Es betonte die territoriale Integrität der Bundesrepublik Jugoslawien sowie das Recht auf demokratische Selbstverwaltung in einem autonomen Kosovo. Das Abkommen enthielt eine Verfassung für die Provinz, in der die Kompetenzen des Bundes und der Provinzialorgane festgelegt wurden. Grenzveränderungen wurden ausgeschlossen. Dass Kosovo somit Bestandteil Jugoslawiens bzw. Serbiens bleiben sollte, war eine bittere Enttäuschung für die albanische Seite. Doch in Kapitel 8, Art. I, Abs. 3 hieß es: „Three years after the entry into force of this Agreement, an international meeting shall be convened to determine a mechanism for a final settlement for Kosovo, on the basis of the will of the people, opinions of relevant authorities, each Party's efforts regarding the implementation of this Agreement, and the Helsinki Final Act, and to undertake a comprehensive assessment of the implementation of this Agreement and to consider proposals by any Party for additional measures."[764] Das heißt: Der endgültige Status von Kosovo wurde im Rambouillet-Abkommen nicht festgelegt. Die Lösung blieb einer internationalen Konferenz vorbehalten, die bei ihrer Entscheidung auch den „Willen des Volkes" berücksichtigen sollte. Zur Überwachung des Friedens in Kosovo sollte eine NATO-geführte Truppe (KFOR) in der Provinz stationiert werden. Anhang B des Abkommens sicherte der NATO freie Beweglichkeit in ganz Jugoslawien, einschließlich des Luftraums, zu. Punkt 8 des heftig umstrittenen und anfangs vor der Öffentlichkeit geheim gehaltenen Anhangs lautete: „Das NATO-Personal wird, zusammen mit seinen Fahrzeugen, Schiffen, Flugzeugen und Ausrüstungsgegenständen, in der gesamten Bundesrepublik Jugoslawien freien und ungehinderten Zugang genießen, unter Einschluss ihres Luftraums und ihrer Territorialgewässer. Dies schließt das Recht ein, beschränkt sich aber nicht darauf, Feldlager zu errichten, zu manövrieren, sich einzuquartieren und alle Gebiete und Einrichtungen zu nutzen, die erforderlich sind für Unterstützung, Übungen und

764 http://www.state.gov/www/regions/eur/ksvo_rambouillet_text.html; (siehe auch:) http://www.alb-net.com/kcc/interim.htm. Eine stellenweise gekürzte, von der Redaktion der „Blätter für deutsche und internationale Politik" angefertigte Übersetzung des Rambouillet-Abkommens ist abrufbar unter: http://www.likedeeler-online.de/Like/vor2004/dokumente/like_docu_rambouillet.htm.

Operationen."[765] Diese Bestimmungen, die aus dem Dayton-Abkommen übernommen worden waren, stellten eine empfindliche Beeinträchtigung der Souveränität Jugoslawiens dar. Sie seien der Grund für die Verweigerung der serbischen Unterschrift gewesen. Der ehemalige amerikanische Außenminister Henry Kissinger soll in einem Interview am 28. Juni 1999 erklärt haben: „Der Rambouillet-Text, der Serbien dazu aufrief, den Durchmarsch der NATO-Truppen durch Jugoslawien zu genehmigen, war eine Provokation, eine Entschuldigung dafür, mit der Bombardierung beginnen zu können."[766] Andere dagegen bezweifeln, dass Serbien bereit war, das Rambouillet-Abkommen zu akzeptieren, und vermuten, dass Anhang B nur als Vorwand für die Ablehnung benutzt wurde.[767] Die Meinungen darüber gehen bis heute auseinander.

Unabhängig von politisch-ideologischen Prämissen und nationalen Interessen stehen sich bei der Bewertung des Rambouillet-Abkommens und des anschließenden NATO-Krieges zwei Grundsatzpositionen gegenüber. Diejenigen, die die Rechte von Staaten (Souveränität, Integrität und zwischenstaatliche Verfahrensregeln) zum Ausgangspunkt ihrer Einschätzung wählen, kommen zwangsläufig zu anderen Ergebnissen als diejenigen, die die Vorgeschichte des Konflikts und die jahrelangen Menschenrechtsverletzungen ins Zentrum ihrer Argumentation rücken. Dieser Gegensatz erscheint unüberwindbar und spaltete auch den Sicherheitsrat in zwei Lager.

Der Krieg der NATO

Zu den entschiedensten Verfechtern einer militärischen Intervention gehörte der britische Premierminister Tony Blair, der im Mai 1997 seinen konservativen Vorgänger John Major abgelöst und einen Kurswechsel in der britischen Balkanpolitik eingeleitet hatte.[768] Blair war der Überzeugung, dass die „Appeasement"-Politik gegenüber Milošević gescheitert war, dass sich ein „zweites Bosnien" nicht wiederholen dürfe und dass die internationale Gemeinschaft eine Verpflichtung zum Schutz der Zivilbevölkerung in Staaten habe, die diesen Schutz nicht gewährleisten könnten oder wollten („interna-

765 Zit. nach ebda.

766 Zitiert nach BANCROFT, IAN: Serbia's anniversary is a timely reminder. Nato's intervention over Kosovo in 1999 was an important precursor to the invasion of Iraq four years later, in: Guardian vom 24. 3. 2009: http://www.guardian.co.uk/commentisfree/2009/mar/24/serbia-kosovo.

767 Vgl. u. a. den Bericht der Unabhängigen Internationalen Kommission für Kosovo unter Vorsitz des südafrikanischen Richters Richard Goldstone aus dem Jahr 2000: http://www.reliefweb.int/library/documents/thekosovoreport.htm, S. 57.

768 Zum Wandel der britischen Politik unter der Labour-Regierung vgl. WOOLLACOTT, MARTIN: Großbritannien und die Kosovo-Krise, in: Clewing, K. – J. Reuter (Hg.): Der Kosovo-Konflikt (479), S. 429–440; HODGE, C.: Velika Britanija (375), S. 315 ff.

tional responsibility to protect").[769] Auf Blairs Drängen hin entschloss sich die NATO zur Intervention. Und zwar ohne ein Mandat des UN-Sicherheitsrats, da China und Russland mit Rücksicht auf ihre eigenen Probleme einem solchen Beschluss nicht zugestimmt hätten. Das verstieß gegen das geltende Völkerrecht. Eine Unabhängige Internationale Kommission für Kosovo kam in ihrem Bericht von 2000 zu dem Schluss, dass der militärische Einsatz der NATO „illegal but legitimate" war. „It was illegal because it did not receive prior approval from the United Nations Security Council. However, the Commission considers that the intervention was justified because all diplomatic avenues had been exhausted and because the intervention had the effect of liberating the majority population of Kosovo from a long period of oppression under Serbian rule."[770]

Anders als die NATO erwartet hatte, gab Milošević nach Beginn der Bombardierung am 24. März seine Politik nicht auf. Politisches Ziel der Allianz war die Verhinderung einer „humanitären Katastrophe". Der deutsche Verteidigungsminister Rudolph Scharping hatte den Begriff erstmals in einer Rede am 6. Februar 1999 verwendet. Bundeskanzler Gerhard Schröder begründete am 24. März die Beteiligung der deutschen Luftwaffe am Krieg gegen Jugoslawien mit der Absicht, „eine humanitäre Katastrophe im Kosovo (zu) verhindern".[771] Tatsächlich trat das Gegenteil ein. Denn mit Luftangriffen lassen sich zwar Kommandozentralen des Gegners, militärische Depots, schweres Geschütz und vieles andere zerstören, aber ethnische Säuberungen, durchgeführt von paramilitärischen Banden, lassen sich aus der Luft nicht verhindern. Vertreibung und Flucht der kosovo-albanischen Bevölkerung schnellten nach Beginn der Luftangriffe daher sprunghaft in die Höhe. Innerhalb weniger Tage verließen aus Angst vor serbischen Racheakten mehr als 800.000 Menschen ihre Heimat und retteten sich nach Albanien und Makedonien. Tausende wurden ermordet und in Massengräbern verscharrt. Der deutsche Außenminister Joschka Fischer und Verteidigungsminister Scharping erblickten darin einen Beweis für die Existenz eines serbischen „Hufeisenplans" zur systematischen Vertreibung der Kosovo-Albaner in Richtung Albanien. Die Existenz eines solchen Plans wurde allerdings nie nachgewiesen.[772] Aber auch wenn es ihn nicht gab, folgte das

---

769 In einer Rede vor dem „Economic Club" in Chicago erläuterte Blair am 22. 4.1999 – während des Kosovo-Kriegs – seine „Doctrine of the international community" (in der Öffentlichkeit als „Blair doctrine" bekannt): http://www.number-10.gov.uk/output/Page1297.asp. Vgl. dazu DADDOW, OLIVER: „Tony's war"? Blair, Kosovo and the interventionist impulse in Bristish foreign policy, in: International Affairs 85 (2009), S. 547–560.

770 Independent International Commission on Kosovo: The Kosovo-Report: Conflict, International Response, Lessons Learned. Oxford 2000, S. 2. http://www.reliefweb.int/library/documents/thekosovoreport.htm.

771 Zit. nach Wikipedia: Humanitäre Katastrophe.

772 Zu den Diskussionen vgl. u. a.: LOQUAI, HEINZ: Der Kosovo-Konflikt – Wege in einen vermeidbaren

Vorgehen der jugoslawischen Armee und der Polizeieinheiten des Innenministeriums einem einheitlichen Schema (mit oder ohne einen detaillierten Plan).[773]

Militärisches Ziel der NATO-Luftangriffe waren zunächst die jugoslawische Luftabwehr, die Flughäfen, Radaranlagen, Befehlszentren, Kasernen, die Waffen- und Munitionslager, später kamen Infrastrukturanlagen, wichtige Industriebetriebe, das Elektrizitätsnetz u. a. hinzu. 70 % der Straßen- und 50 % der Eisenbahnbrücken wurden zerstört. Wiederholt bombardierte die NATO Einrichtungen in Belgrad, wobei auch das Gebäude der chinesischen Botschaft getroffen wurde. Bei einem Angriff auf eine Brücke in Grdelica an der südlichen Morava geriet am 12. April ein Personenzug ins Visier des Piloten. 14 Menschen wurden getötet, 16 verletzt (nach NATO-Lesart: „Kollateralschäden").

Krieg. Die Zeit von Ende November 1997 bis März 1999. Baden-Baden 2000; DAALDER, IVO – MICHAEL O'HANLON: Winning Ugly (369); JOETZE, GÜNTER: Der letzte Krieg in Europa? Das Kosovo und die deutsche Politik. München 2001; BIEBER, FLORIAN (Hg.): Understanding the War in Kosovo. London [u. a.] 2003; FRIEDRICH, ROLAND: Die deutsche Außenpolitik im Kosovo-Konflikt (388).

773 Im Prozess gegen den damaligen Chef der Polizeieinheiten Vlastimir Djordjević, der am 23. 2. 2011 vom Haager Kriegsverbrechertribunal zu 27 Jahren Haft verurteilt wurde, sprach das Gericht von einem „consistent pattern of events [...] in many towns, villages and other locations throughout Kosovo. By way of typical example: In the early morning hours, VJ [jugoslawische Armee] and MUP [Innenministerium] forces would approach a village, town or other location. The VJ using tanks, armoured vehicles and other heavy weapons, would shell the residential area causing the Kosovo Albanian population to flee from their homes. Serbian forces, in most cases police, would then enter the area on foot, typically setting houses on fire and looting valuables. In some cases, following these events, VJ and MUP forces then ordered the whole population to leave, sometimes physically harming individuals and looting people's valuables. In many of these locations, after the initial shelling by VJ, Serbian forces, in several cases specifically identified as forces of the MUP, then approached the residents and, typically separated the men from the women and young children, ordered the women and children to leave to go to Albania, and then killed all the men, usually having first divided them in smaller groups and taken each group to an isolated location. Many residents and displaced persons, who witnessed heavy property destruction and damage, as well as killings, by Serbian forces, by their own decision left their town, village or city in large numbers out of fear for their lives and welfare. Serbian forces coordinated the process by directing the mass movements of Kosovo Albanian residents away from their towns and villages, often organising road or rail transport, and in most cases ensuring that the people reached and crossed the border mostly into Albania or the Former Yugoslav Republic of Macedonia. Massive colums or convoys of Kosovo Albanian people moving to Albania or to Macedonia formed throughout Kosovo, and eventually crossed the border out of Kosovo." In Reaktion auf Behauptungen der Verteidigung erklärte das Gericht: „[...] the evidence does not reveal that people were leaving because of the NATO bombing, or because of fighting between the Serbian forces and the KLA [UÇK], or because of hardship caused by sanctions or wartime conditions [...]. On the contrary, the evidence discloses, as discussed in detail in the Judgement, that the Kosovo Albanian people left Kosovo because they were specifically ordered to do so by Serbian forces, or because the conduct of Serbian forces caused them to leave, in particular by shelling, shooting, killing and by bourning houses and other buildings in their villages, towns and cities." Judgment Summary im Verfahren gegen Vlastimir Djordjević vom 23. 2. 2011: http://www.ictx.org/x/cases/djordjevic/tjug/en/110223_summary.pdf

Dass im Zuge der Luftangriffe auch serbische Zivilisten getötet bzw. dass die Angriffe aus der Luft nicht so „chirurgisch sauber“ durchgeführt werden konnten, wie suggeriert worden war, und dass die NATO auch Cluster- und Splitterbomben einsetzte, führte zu heftigen, von Befürwortern und Kritikern rhetorisch aufgeladenen Kontroversen in der Öffentlichkeit.[774] Beim Kriegsverbrechertribunal in Den Haag wurde zeitweilig erwogen, Anklage gegen die NATO zu erheben.[775]

Miloševićs Erwartungen, dass die internationale Öffentlichkeit die NATO zum Abbruch ihrer Angriffe zwingen und dass Russland sich offen auf die Seite Serbiens stellen würde, erfüllten sich nicht. Und die Unzufriedenheit der serbischen Bevölkerung mit ihrer Regierung nahm seit Anfang Mai deutlich zu, nachdem die NATO ihre Luftangriffe, die zunächst durch unzulängliche Planung und schlechtes Wetter behindert worden waren, deutlich intensivierte. Am 3. Juni – nach einem Besuch des russischen Sondergesandten Viktor Tschernomyrdin und des finnischen Staatspräsidenten Martti Ahtisaari in Belgrad – billigte das serbische Parlament einen von den G-8-Staaten vorgelegten Friedensplan, der am 9. Juni durch eine in Kumanovo (Nord-Makedonien) ausgehandelte Militärvereinbarung ergänzt wurde.[776] Einen Tag später beendete die NATO den Krieg nach insgesamt 35.000 Lufteinsätzen. Die am selben Tag verabschiedete UN-Resolution 1244 sah u. a. die Stationierung einer internationalen Friedenstruppe in Kosovo (KFOR) und eine vorübergehende UN-Verwaltung (UNMIK) für die Provinz vor. Der künftige Status des Kosovo wurde in der Resolution erneut nicht geregelt. Abermals wurde die Souveränität und territoriale Integrität der Bundesrepublik Jugoslawien erwähnt, doch Annex 1 und Annex 2 verknüpften diesen Grundsatz mit dem Hinweis auf das Abkommen von Rambouillet und somit auch auf den oben zitierten Passus in dessen Kapitel 8.[777] Die Einrichtung einer provisorischen UN-Verwaltung, die vagen Formulierungen über die Zukunft des Kosovo, die Bekräfti-

774 Zu den Debatten in Deutschland vgl. GRITSCH, K.: Inszenierung eines gerechten Krieges? (373).

775 Vgl. dazu die Erinnerungen der Chefanklägerin DEL PONTE, C.: Im Namen der Anklage (468), S. 85 ff. Im April 1999 hatte die jugoslawische Regierung beim Internationalen Gerichtshof (ICJ) in Den Haag eine Klage gegen die an der NATO-Intervention beteiligten Staaten wegen Verletzung der jugoslawischen Souveränität und Völkermords eingereicht. Im Dezember 2004 wies das Gericht die Klage zurück. Nach den Statuten des ICJ ist das Gericht in der Regel nur für Streitigkeiten zwischen UN-Mitgliedern zuständig. Da Jugoslawien zum Zeitpunkt der Klageerhebung kein UN-Mitglied war, erklärte sich das ICJ formal für nicht zuständig.

776 Text des Militärabkommens von Kumanovo: http://www.mfa.gov.rs/Foreinframe1.htm.

777 Resolution 1244: http://www.unmikonline.org/press/reports/N9917289.pdf. Pkt. 8 in Annex 2 lautet: „A political process towards the establishment of an interim political framework agreement providing for substantial self-government for Kosovo, taking full account of the Rambouillet accords and the principles of sovereignty and territorial integrity of the Federal Republic of Yugoslavia and the other countries of the region, and the demilitarization of UCK. Negotiations between the parties for a settlement should not delay or disrupt the establishment of democratic self-governing institutions.“

gung der Souveränität und Integrität Jugoslawiens sowie der Verzicht der NATO auf ein Durchmarschrecht in Jugoslawien ermöglichten es dem Belgrader Regime, den Krieg ohne klar erkennbaren Gesichtsverlust zu beenden. Zumindest schien es so.

Die Gründe für Miloševićs Kapitulation, die propagandistisch zunächst als Sieg gefeiert wurde, waren vielfältiger Art.[778] Die schon vor Beginn der NATO-Angriffe desolate Wirtschaftslage Jugoslawiens hatte sich noch einmal dramatisch verschlechtert. Infolge der Zerstörung wichtiger Wirtschaftsunternehmen verloren Hunderttausende Arbeiter ihren Job. Die Produktion sank auf die Hälfte des Vorkriegsniveaus, und die Kosten für die Wiederinstandsetzung erreichten astronomische Höhen. Die Versorgung mit Elektrizität, Mineralöl und Wasser war zeitweise unterbrochen. In der Bevölkerung, die auf die NATO-Angriffe zunächst mit einer Welle der Solidarisierung reagiert hatte, wuchs der Unmut, je länger die Luftangriffe dauerten und je intensiver sie wurden. Zu den desillusionierten Flüchtlingen und Vertriebenen aus Kroatien und Bosnien-Herzegowina gesellten sich Teile der Bevölkerung Serbiens, gerade auch in den strukturschwachen Gebieten, die einst zu den Hochburgen Miloševićs gezählt hatten und die nun buchstäblich vor dem Nichts standen. Auch die mit dem Milošević-Regime verbundene neue Wirtschaftselite Serbiens, die durch Neubesetzung der Managerposten, durch Privatisierungen oder illegale Geschäfte in den 90er-Jahren zu enormem Reichtum gelangt war, wurde durch die NATO-Angriffe und die sie begleitenden internationalen Sanktionen empfindlich getroffen. Die Stabilität des Milošević-Regimes bröckelte an allen Ecken und Enden. Die Ultranationalisten waren sowieso enttäuscht und verbittert, die Wirtschaftselite bangte um ihren Reichtum, die Armee und der militärisch-industrielle Komplex waren schwer geschädigt, die Bevölkerung litt unter Armut. Das Verhältnis zwischen Serbien und Montenegro war seit 1998 gespannt.[779] Und Russland war nicht bereit, sich für Serbien aktiv zu engagieren, sondern riet der Belgrader Regierung zu einem Abkommen mit der NATO. Wollte Milošević seine Macht bewahren, blieb ihm keine andere Wahl, als zu kapitulieren und damit Zeit zu gewinnen.

Der Beendigung des Krieges folgten Flucht und Vertreibung der Kosovo-Serben. Wie in der Krajina schlug nun auch in Kosovo das Pendel ethnischer Säuberungen in entgegengesetzter Richtung aus. Die Angaben über die Zahl der Flüchtlinge und Vertriebenen (mehrheitlich Serben, ferner Roma, Ashkali[780] u. a.) schwanken zwischen 130.000 und

778 Zum Folgenden vgl. u. a. Lake, Daniel R.: The Limits of Coercive Airpower. NATO's „Victory" in Kosovo Revisited, in: International Security 34 (2009), 1, S. 83–112.

779 Zum Dissens mit Montenegro siehe Kapitel 3.2.

780 Die albanischsprachigen Ashkali verstehen sich als eigenständige ethnische Gruppe. Viele Außenstehende betrachten sie dagegen als albanisierte Roma. In den 1990er-Jahren sollen schätzungsweise 90.000 Ashkali in Kosovo gelebt haben. Kosovarische Nationalisten beschuldigten sie der Kollaboration mit den Serben.

220.000.[781] Insbesondere die ersten Monate nach Kriegsende, in denen sich UNMIK und KFOR noch im Aufbau befanden, waren von Chaos und schwerer Gewalt geprägt. Mehrere UÇK-Führer nutzten das Machtvakuum, um mit ihren Gegnern abzurechnen, ihre Positionen zu festigen und sich persönlich zu bereichern. „The evidence we have uncovered", heißt es in einem Untersuchungsbericht des früheren Schweizer Staatsanwalts und Europaratsabgeordneten Dick Marty an die Parlamentarische Versammlung des Europarats vom 12. Dezember 2010, „is perhaps most significant in that it often contradicts the much-touted image of the Kosovo Liberation Army, or KLA, as a guerilla army that fought valiantly to defend the right of its people to inhabit the territory of Kosovo."[782] Opfer der Abrechnung und der kriminellen Aktivitäten, darunter mutmaßlich auch der Handel mit menschlichen Organen, waren in erster Linie Serben. Aber auch die der „Kollaboration" mit Serben beschuldigten Roma sowie Albaner, die der UÇK kritisch gegenüberstanden und als Verräter galten, wurden systematisch verfolgt. Wer sich den neuen, selbsternannten Herren nicht fügte oder als Zeuge gefährlich werden konnte, wurde eingeschüchtert oder ermordet, ohne dass die NATO-Truppen eingeschritten wären. Die in den Nachkriegsmonaten 1999/2000 von UÇK-Führern begangenen Verbrechen sind daher bis heute nicht aufgeklärt.[783]

Die Zerstörung Jugoslawiens, die 1989 mit Kosovo begonnen hatte, führte zehn leidvolle Jahre später zur faktischen Trennung des Kosovo von Serbien. Selbstverständlich hätte der Krieg von 1999 vermieden werden können. Voraussetzung wäre gewesen, dass sich das Milošević-Regime an die Respektierung der Menschenrechte und die Grundsätze eines Rechtsstaats gehalten oder – nachdem dies nicht der Fall war – dass die internationale Gemeinschaft sehr viel früher und konsequenter auf Krise und Zerfall Jugoslawiens reagiert hätte. Beides ist nicht geschehen. Und die – insbesondere von den USA seit Mitte 1998 betriebene – Aufwertung der UÇK erwies sich bald als zweischneidiges Schwert.

---

781 Vgl. Clewing, Konrad: Mythen und Fakten zur Ethnostruktur in Kosovo – Ein geschichtlicher Überblick, in: Ders. – J. Reuter (Hg.): Der Kosovo-Konflikt (479), S. 60 f. Da in Kosovo bislang keine Bevölkerungszählung stattgefunden hat, beruhen sowohl die Zahlen über Flüchtlinge und Vertriebene wie die Zahlen über die in Kosovo verbliebenen Serben (u. a. Minderheiten) auf Schätzungen unterschiedlicher Organisationen, sich sich teilweise widersprechen. Nach Berechnungen aus den Jahren 2003 und 2004 befanden sich noch 130.000 Serben in Kosovo. Vgl. Failure to Protect. Anti-Minority Violence in Kosovo, March 2004, in: Human Rights Watch 16 (2004), 6(D), S. 9. Abrufbar unter: http://www.hrw.org/en/node/11989/section/1(Kosovo0704.pdf).

782 Inhuman treatment of people and illicit trafficking in human organs in Kosovo. Report by Dick Marty: http://assembly.coe.int/CommitteeDocs/2010/20101218-ajdoc462010provamended.pdf, Pkt. 31. Marty erhebt auch schwere Anschuldigungen gegen die UNMIK, die Hinweisen auf Verbrechen nicht nachgegangen sei und mit ehemaligen UÇK-Führern aus Sorge vor einer möglichen Instabilisierung der Situation zusammengearbeitet habe.

783 Vgl. ebda. Pkt. 7. Einzelheiten dazu weiter unten.

Exkurs 1: Über die Vollstrecker von Massengewalt

Über Hintergründe, Merkmale und Verlauf der postjugoslawischen Kriege ist viel geschrieben und sehr kontrovers diskutiert worden. Die wichtigsten Punkte wurden bereits angesprochen.[784] Im Folgenden geht es um die Täter, die an den ethnischen Säuberungen beteiligt waren. Nur wenige davon sind namentlich bekannt. Die meisten Ex-Krieger sind in die „Normalität" zurückgekehrt, auch wenn die neue „Normalität" eine andere ist als die Normalität vor den Kriegen. Wer waren die unbekannten Täter? Zu den Berufs- und Zeitsoldaten in den regulären Armeen kamen Mitglieder von Spezialeinheiten, Freiwillige und Söldner aus dem In- und Ausland sowie Kriminelle, die direkt aus den Gefängnissen heraus zu den paramilitärischen Banden rekrutiert wurden. Ein gewisser „Marko", der bis Mitte 1999 bei „Arkans Tiger"[785] in der Umgebung von Peć (Kosovo) eingesetzt war, berichtete nach dem Krieg: „I was in prison. I deserved what I was sentenced for [...]. I was almost two and a half years in prison. Nobody likes war. But there were 50 of us who were offered to defend the state and in return get our freedom from prison. Well, let me tell you, that for freedom we would do just about anything. Formally, Arkan didn't come to prison. It was one of his men. He had a list of prisoners and their dossiers. They had to be the right profile. All he asked was if you were ready to go, to Kosovo [...], this wasn't a judge's, or a prison warden's decision. It was Arkan's. He is the law in Serbia. We had 35 guys, prisoners, at one of Arkan's camp for seven days. I can't tell you where. At the camp there was psychological training, target practice. A whole test. Those who failed went back to prison, even though they had the right profile."[786] Ein anderer Ex-Krieger mit dem Pseudonym „Milan" war Mitglied der

784 Vgl. auch den informativen Überblick von Höpken, Wolfgang: Das Dickicht der Kriege: Ethnischer Konflikt und militärische Gewalt im früheren Jugoslawien 1991–1995, in: Wegner, Bernd (Hg.): Wie Kriege entstehen. Zum historischen Hintergrund von Staatenkonflikten. Paderborn [u. a.] 2000, S. 319–367.

785 Zu „Arkan" = Željko Raznatović und seinen „Tigern" vgl. unten.

786 Dieses sowie andere Interviews mit serbischen Ex-Kriegern wurde im Herbst 1999 in Montenegro von Michael Montgomery und Stephen Smith aufgenommen: Excerpts from Interviews with Militia Members: http://americanradioworks.publicradio.org/features/kosovo/more1.htm.

Bande „Munja“ (Blitz). „I was recruited into Munja by a member of the Serbian Radical Party in Belgrade. He provided us with weapons, ammunition, satellite phones and walkie-talkies. That was the middle of March 1999, ten days before NATO began bombing. We trained for three days at a camp in Leskovac (Serbia). There were 20 in my unit, and most of the guys came with war experience from Bosnia and other places. Three of them were former members of the Yugoslav state security service in Croatia. Many of them were criminals. The goal was to fight against the KLA [UÇK] and to cleanse away their support. I am a Serbian patriot. I fought for the Serbian cause. And also for the sake of money. Money was the main thing.“[787]

Um nachvollziehen zu können, wie die Ex-Krieger zu Tätern wurden, ist es sinnvoll und notwendig, auch über die Ereignisse im ehemaligen Jugoslawien hinauszublicken. Denn unabhängig von Zeit und Raum sind sich die Exekutoren von Massengewalt auffallend ähnlich. Die Täter, um die es im Folgenden geht, sind zwar immer Individuen, aber sie handeln im Namen von Gemeinschaften/Nationen bzw. Staaten, fühlen sich eingebunden in eine Gemeinschaft und sind überzeugt, in Übereinstimmung mit ihrer Gemeinschaft zu handeln. Sie üben Gewalt im Auftrag des Staates bzw. Kollektivs oder mit dessen Unterstützung, zumindest Tolerierung aus. Die Opfer sind ebenfalls Individuen, aber zu Opfern werden sie – aus Sicht der Täter – nicht als Individuen, sondern als Angehörige eines dämonisierten Kollektivs. Gegner ist nicht der einzelne Mensch, sondern die abstrakte Gemeinschaft, der er sich zuordnet oder der er zugeordnet wird. Und da die andere Gemeinschaft *an sich* und *in toto* der Feind ist, spielt es aus Sicht der Täter keine Rolle, ob die Opfer Kombattanten oder Zivilisten sind. Kurzum: Die Gewalt richtet sich nicht unbedingt gegen den Einzelnen als Individuum (obwohl auch das nicht auszuschließen ist), sondern gegen den Einzelnen als Mitglied eines gegnerischen Kollektivs.

In Gewaltpausen kann es daher auch zu unerwarteten Verbrüderungsszenen kommen, die aber ebenso flüchtig und situativ sind wie die Gewalt selbst. Der Serbe Stevan Kovačević, der nach Stationierung der UNPROFOR in Kroatien mit seiner Einheit in der Krajina stationiert war, erzählte in einem Interview: „Da waren Kanadier und unsere [jugoslawische] Bundespolizei […]. Und das ist so gewesen: Wir, also mein Kommandant und ich und ein UNPROFOR, und von der anderen Seite kommt der kroatische Kommandant […] der wiederum und noch zufällig Serbe war, der mit meinem Kommandanten zusammen auf der Akademie war, die waren in einer Klasse, eine Generation – und also deren Übersetzer und ein anderer UNPROFOR. Man sitzt zusammen, trinkt und säuft, isst, umarmt sich, stimmt ein Lied an – du kennst ja diese Generation!? Und

787 Ebda.

auch die Rede davon, dass wir nicht schießen wollen […] Und dann, kaum sind wir zurück, sagt meiner: ‚Komm, feuer ein bisschen!' (dede ožeri malo!) und genauso von der anderen Seite. Zzzzzzzzmm! Und dann treffen wir uns wieder nach ein paar Tagen und brüllen rüber ‚wir wollen nicht …', saufen wieder, stimmen wieder ein Lied an, als sei nichts gewesen, und sobald wir auseinander gehen, wird sofort wieder geschossen. Und so immer wieder!"[788]

Die Forschungen zur Entstehung von Massengewalt und zur Entstehung von Tätern, die Massengewalt ausführen, haben seit den 1970er-Jahren fast explosionsartig zugenommen. Im Fokus standen die NS-Verbrechen und der Holocaust. Dann kam die Untersuchung von Massenmorden in Osttimor (seit Mitte der 1970er-Jahre), in Kambodscha (zweite Hälfte der 1970er-Jahre), in Guatemala (zweite Hälfte des 20. Jahrhunderts), in Bangladesch (1971), in Ruanda (1972 und 1994), in Ex-Jugoslawien (1990er-Jahre) sowie weitere hinzu. Und ein Ende ist nicht abzusehen. Die Autorinnen und Autoren, die sich mit den Exekutoren von Massengewalt beschäftigen, kommen aus verschiedenen Disziplinen, wobei ich mich an dieser Stelle vor allem auf die Geschichtswissenschaft und die Psychologie, insbesondere die Sozialpsychologie, beschränken will. Zumeist forschen die Vertreter beider Disziplinen unabhängig voneinander. Historikerinnen und Historiker haben die Ergebnisse sozialpsychologischer Forschungen oft ignoriert. Von Ausnahmen abgesehen. Man denke etwa an Christopher Brownings wegweisende Studie von 1992 über das Reserve-Polizeibataillon 101 und die „Endlösung" in Polen. Umgekehrt haben die Sozialpsychologen die Ergebnisse historischer Forschungen nicht oder nur sehr begrenzt rezipiert (von Ausnahmen wiederum abgesehen).

Gegenüber Historikern haben Psychologen einen unschätzbaren Vorteil: Sie können etwas tun, das wir nicht tun können. Sie können Experimente mit Probanden durchführen. In den letzten Jahrzehnten haben sowohl Psychologen wie Sozialpsychologen von dieser Möglichkeit Gebrauch gemacht. Berühmt wurden z. B. die „klassischen", immer wieder kontrovers diskutierten Experimente von Stanley Milgram und Philip Zimbardo aus den 1960er- und 70er-Jahren. In Milgrams Experiment ging es darum zu untersuchen, inwieweit „normale" Menschen bereit sind, den Anordnungen einer „Autorität" zu folgen (Gehorsam), auch wenn sie damit anderen Menschen schwere (sogar als lebensgefährlich deklarierte) Elektroschocks zufügen. Und im „Stanford Prison Experiment" von Zimbardo und seinen Kollegen stand die Frage im Zentrum, ob, inwieweit und wie schnell Menschen bereit sind, in die Rolle von Gefängniswärtern oder Gefängnisinsassen zu schlüpfen und deren jeweilige Verhaltensweisen zu übernehmen. Beide Experimente förderten sehr ernüchternde (oder schockierende) Ergebnisse

788 Bašić, N.: Krieg als Abenteuer (251), S. 37 f.

zutage. Gleichwohl sind auch den Experimenten der Psychologen bzw. der Simulation bestimmter Situationen im Labor Grenzen gesetzt – Grenzen, die jedoch in der Realität nicht existieren bzw. überschritten werden. Das heißt, zwischen den Anordnungen eines Experiments und tatsächlichen Massenmorden klafft eine Lücke, die – wenn überhaupt – nur durch interdisziplinäre Zusammenarbeit geschlossen werden kann.

Das aus meiner Sicht überzeugendste Buch zur Genesis von Massengewalt und ihren Exekutoren stammt von James Waller, einem Sozialpsychologen am Whitworth College in Spokane im Staat Washington. Im Jahr 2002 hat Waller in der Oxford University Press eine Monografie unter dem Titel *Becoming Evil* veröffentlicht. Sein Buch weist viele Ähnlichkeiten mit der Arbeit des Politikwissenschaftlers und Genozidforschers Jacques Sémelin *Säubern und Vernichten* auf, die 2005 im französischen Original und 2007 in deutscher Übersetzung erschien. Erstaunlicherweise hat Sémelin Wallers Arbeit an keiner Stelle erwähnt. Gleich Sémelin hat auch der Sozialpsychologe Harald Welzer in seinem Buch *Täter*, erschienen 2005, die drei Jahre zuvor publizierte Arbeit von James Waller ignoriert, wofür es in beiden Fällen keine befriedigende Erklärung gibt.

Im Fokus der drei erwähnten Autoren (Waller, Sémelin und Welzer) steht die Frage, wie „ganz normale" Menschen zu Tätern in Massenmorden werden. Es ist die Frage nach der „Banalität des Bösen", um Hannah Arendts Formulierung aus ihrem Buch über „Eichmann in Jerusalem" von 1964 aufzugreifen, obwohl im Zentrum von Arendts Studie eben nicht die „normalen" Exekutoren des Massenmords, sondern der Schreibtischtäter Eichmann stand. *Ganz normale Männer* war der Haupttitel von Christopher Brownings Arbeit über das Reserve-Polizeibataillon 101 von 1992. Auch Raul Hilbergs Monografie *Täter, Opfer, Zuschauer* von 1992 ist – zumindest zum Teil – den scheinbar unscheinbaren Tätern gewidmet. Dasselbe gilt auch für die zeitweilig aufgeregt diskutierte Arbeit von Daniel Goldhagen über *Hitlers willige Vollstrecker* von 1996, die „ganz gewöhnliche Deutsche" als Täter in den Mittelpunkt rückte. Waller, Welzer, Sémelin und auch Goldhagen lehnen die lange verbreitete und beliebte (weil beruhigende) These ab, dass außerordentliche Verbrechen (wie Massenmord und Genozid) das Werk außerordentlicher (Übel-)Täter sind. „Außergewöhnlich" sind aber nur die Taten, nicht die Täter. Daher interessieren sich die genannten Autoren weniger (oder gar nicht) für die Führungspersonen, die politisch, ideologisch oder militärisch für die Entstehung der Bedingungen verantwortlich sind, in denen Massengewalt möglich wird. Auch nicht für die mittleren Ränge und die Schreibtischtäter oder für Sadisten und Psychopathen, sondern es interessieren sie die „ganz normalen" Menschen, die zu Massenmördern werden, Menschen, die unauffällig sind und keine (zumindest keine erkennbaren) psychischen Defekte aufweisen, Menschen, die – wie ein Psychologe einmal formuliert hat – geradezu „abnormal normal" sind. „Immer wieder stellt sich die Frage", schreibt Sémelin,

„ob diese Massenmörder ein bestimmtes psychologisches Profil aufweisen, das erklären könnte, wie sie zu Tätern werden. Manche Autoren haben diese Spur verfolgt, so der englische Psychiater Henry Dicks, der in seinem heute vergessenen Buch die Lebensgeschichten von einigen NS-Verbrechern erforscht hat [...]. Bekannter sind die Untersuchungen des Philosophen Theodor W. Adorno über den autoritären Charakter, der jeder faschistischen oder totalitären Macht zugrunde liegen soll. In diesen Studien sind aber auch die Grenzen solcher Vorhaben sichtbar geworden. Es ist schwierig", so Sémelin, „aus Kindheit, Erziehung oder auch Persönlichkeitsmerkmalen bestimmte Dispositionen ableiten zu wollen, die die spätere Hinwendung zu Gewalt überzeugend erklären können."[789]

Im Unterschied zu Goldhagen beziehen Waller, Welzer, Sémelin und einige andere Autoren[790] ihr empirisches Material aus mehreren verschiedenen Massenmorden, wobei der Holocaust an erster Stelle steht, weil er am intensivsten erforscht wurde. Waller berücksichtigt darüber hinaus aber ein sehr breites Spektrum von Massenmorden aus verschiedenen Teilen der Welt, während Welzer zusätzliche Beispiele aus Vietnam, Ruanda und Ex-Jugoslawien und Sémelin Beispiele aus Ruanda und Bosnien heranzieht. Allen drei Autoren geht es nicht um historische Vergleiche im eigentlichen Sinn des Wortes, sondern um Beispiele, die die Ubiquität des Phänomens, wie aus normalen Menschen Massenmörder werden können, belegen sollen. Am konsequentesten ist in dieser Hinsicht Waller. Er stellt die jeweiligen Kontexte seiner Beispielfälle nur extrem knapp (aber durchaus kenntnisreich) dar und konzentriert sich ganz darauf, ein sozialpsychologisches Erklärungsmodell zu entwickeln. Dieses Modell kann Historikern als theoretische Orientierung dienen, wobei die genuin historisch-empirische Arbeit ihnen überlassen bleibt.

Jeder Massenmord wie jedes andere von Menschen herbeigeführte Ereignis hat sowohl allgemeine wie spezifische Aspekte oder Elemente. Die allgemeinen Aspekte beruhen auf der Tatsache, dass die Menschen (innerhalb einer gewissen Bandbreite) in

---

789 Sémelin, Jacques: Säubern und Vernichten. Die politische Dimension von Massakern und Völkermorden. Hamburg 2007.

790 Z. B. Weitz, Eric D.: A Century of Genocide. Utopias of race and nation. Princeton 2005. Weitz untersucht die Massenmorde in Stalins Sowjetunion, in NS-Deutschland, Kambodscha und Bosnien. Vetlesen, Arne J.: Evil and Human Agency: Understanding Collective Evildoing. Cambridge 2005. Mit Beispielen aus Nazi-Deutschland, Bosnien und Ruanda. In den ersten drei Kapiteln beschäftigt sich der Autor mit den Theorien von Zygmunt Bauman, Hannah Arendt und Fred Alford, bevor er im vierten Kapitel auf die ethnischen Säuberungen und die Massenvergewaltigungen in Bosnien eingeht. Im fünften Kapitel setzt er sich sehr kritisch mit den Zuschauern von Massenverbrechen, den westlichen Diplomaten, Politikern und Militärs auseinander. Vetlesen lehnt sich stark an die „object relations theory" an, bietet aber m. E. keine in sich schlüssige Erklärung.

ihren grundlegenden Verhaltens- und Reaktionsweisen mehr oder minder gleich sind und sich über Jahrtausende hinweg nicht grundlegend verändert haben.[791] Auf der anderen Seite hat jedes Ereignis spezifische Aspekte, die sich aus der unterschiedlichen Mischung oder Kombination allgemeiner und/oder kontingenter Elemente ergeben und die in ihrer jeweiligen Mischung in der Regel tatsächlich einzigartig sind und sich nicht wiederholen. Wenn diese Beobachtung richtig ist, bietet sich bei der Täterforschung eine Arbeitsteilung wie von selbst an. Für allgemeine Aspekte sind – vereinfacht gesprochen – Psychologen und Anthropologen, für spezifische oder einzigartige Aspekte Historiker zuständig. Aber beides – das Allgemeine und das Spezifische – muss miteinander verbunden werden, sofern man zu halbwegs schlüssigen Aussagen gelangen will.

Wie problematisch die Fokussierung auf einen einzigen historischen Fall – unter Vernachlässigung darüber hinausgehender sozialpsychologischer Forschungsergebnisse – ist, hat das Werk Daniel Goldhagens offenbart. Sein Buch über Hitlers willige Exekuteure stieß vor allem in Deutschland auf großes Interesse beim Publikum und löste eine – von den Medien befeuerte – Debatte aus. Im Anschluss an die Diskussionsforen mit dem Autor in Hamburg, Berlin und Frankfurt fragte Volker Ullrich in der *ZEIT* vom 13. September 1996, wie die Zustimmung des deutschen Publikums zu den Thesen des amerikanischen Historikers zu erklären sei. „Diese Zustimmungsbereitschaft wird anscheinend von dem untergründigen Gefühl getragen, hier spricht einer endlich einmal aus, was so lange tabuisiert war: dass die Unterscheidung zwischen ‚verbrecherischen Nazis' und ‚normalen Deutschen' falsch ist; dass die Bereitschaft zum millionenfachen Judenmord aus der Mitte der deutschen Gesellschaft kam; dass Hitler und Himmler Hunderttausende von freiwilligen Vollstreckern fanden und die große Mehrheit der Bevölkerung dieses Verbrechen zwar nicht aktiv gefördert, aber durch moralische Indifferenz überhaupt erst möglich gemacht hat." Falls dies der „springende Punkt" war, kam die Enttabuisierung erschreckend spät. Goldhagen ist zu danken, dass er sie publikumswirksam formuliert hat (wissenschaftlich formuliert haben sie allerdings schon andere vor ihm, z. B. Christopher Browning).

Gewiss waren es nicht nur „verbrecherische Nazis" und Angehörige der SS-Formationen, die den Massenmord an den Juden ausführten; es waren auch nicht nur Menschen,

791 Dabei ist zwischen Individuum und der Gattung Mensch zu unterscheiden. Zwar kann sich ein Individuum im Laufe seines Lebens verändern. Aber die gewonnenen Erfahrungen lassen sich nur in sehr begrenztem Umfang weitergeben. Jedes Individuum beginnt praktisch wieder bei null. Kollektiv erworbene Erfahrungen, die z. B. aus der Aufarbeitung von Krisen und Kriegen resultieren, verändern die Menschen nicht grundsätzlich und setzen anthropologische Verhaltensmuster nicht außer Kraft. Sie können diese aber durch Regelwerke „einhegen". Und solange die Regelwerke stabil bleiben, scheinen sich die Gesellschaft und ihre Mitglieder tatsächlich verändert zu haben.

die unter Zwang oder in „Befehlsnotstand" handelten (etwa in der Wehrmacht) – obwohl beides eine Rolle gespielt hat –, sondern es waren viele „gewöhnliche" Mitglieder der deutschen Gesellschaft (und einiger anderer Gesellschaften), die zu „willigen Vollstreckern" des Holocausts wurden. Dies wird heute ernsthaft niemand mehr bestreiten. Damit stellt sich die Frage: Wie ist dieses Verhalten von „Durchschnittsakteuren" zu erklären? Wie kommt es, dass „ganz normale" (brave und biedere) Bürger, die nie einem anderen Menschen „ein Haar gekrümmt haben", in beträchtlicher Anzahl und in kürzester Zeit zu Massenmördern werden? Goldhagen begründet dies mit einer weit in die Vergangenheit zurückreichenden, „eliminatorischen" Variante des Antisemitismus in Deutschland. An dieser Erklärung hat sich die Debatte monatelang entfacht. Viele von Goldhagens Kritikern (unter ihnen Waller, Welzer, Sémelin und viele andere) halten sie für unzureichend, wobei „unzureichend" etwas anderes ist als „falsch". Die Kritiker leugnen nicht die Bedeutung des Antisemitismus, weisen aber darauf hin, dass sich ein jahrhundertelanger „eliminatorischer" Antisemitismus in Deutschland nicht nachweisen lässt. Nicht zuletzt deshalb sind sie der Meinung, dass sich der Holocaust nicht auf diese monokausale Weise, d. h. aus einer spezifischen Kultur bzw. Unkultur, erklären lässt. Wenn dies so wäre, bemerkt Waller, bräuchte man nur die Kultur oder Ideologie zu ändern und würde damit auch die Verhaltensweisen ändern, die zum Massenmord führen. Was sicher nicht falsch ist, aber auch nicht ausreicht. Kurzum: Die Frage nach den Gründen für die Eskalation gezielter und gebündelter Kollektivgewalt lässt sich mit einer – weit in die Vergangenheit reichenden – „Hass-Kultur" allein nicht schlüssig beantworten. Dies gilt auch für die Gewalt in den postjugoslawischen Kriegen. Sie war nicht das Ergebnis „atavistischen Hasses" zwischen den Völkern Jugoslawiens, sondern das Ergebnis atavistischer Verhaltensweisen, die mit Jugoslawien und dem Balkan speziell nichts, überhaupt nichts zu tun haben.

Die Welt ist voller (zumindest latenter) eliminatorischer Feindbilder. Einige Gesellschaften können damit mehr oder minder friedlich leben, in anderen kommt es zum Exzess (zur eliminatorischen Tat). Und es sind keineswegs nur diejenigen Mitglieder der Gesellschaft, die von den Feindbildern besonders infiziert sind, sondern eben auch „ganz normale", bis gestern friedliche und gegenüber Feindbildern scheinbar resistente Bürger, die sich an Massenmorden willig beteiligen. Überall, wo Völkermorde geschehen, finden sich auch geeignete Feindbilder. Und spätestens post factum kann man ihnen das Etikett „eliminatorisch" anhängen. Das heißt: Ein Völkermord ist das Resultat eines eliminatorischen Feindbildes, und das Feindbild ist eliminatorisch, weil es in den Völkermord mündete. Diese Art von Zirkelschluss führt nicht weiter.

Eine Antwort auf die gestellte Frage lässt sich auch nicht aus einem einzigen Beispiel ableiten, es sei denn in Form eines Zufallstreffers. Oder anders gewendet: Die Fragestellung, um die es hier geht, weist über den Holocaust hinaus; sie ist grundsätzlicher

Art und stellt sich (weitgehend) unabhängig von Zeit und Ort. Viele Holocaustforscher halten dies für unzulässig, weil sie darin eine „Tendenz zur Relativierung“ vermuten. Mit „Relativierung“ meinen sie „Verharmlosung“. Doch Relativierung ist zunächst nichts anderes als eine In-Beziehung-Setzung, d. h. eine alltägliche wissenschaftliche Methode: nicht mehr und nicht weniger. Wer sich für Handlungsmuster und Strukturen hinter den Ereignissen interessiert und Vergangenheit nicht auf Ereignisgeschichte reduziert, kommt gar nicht umhin, zu relativieren und zu vergleichen. Da dem Historiker die Methode des Experiments nicht zur Verfügung steht, kann er nur in Vergleichen einen oft unbefriedigenden, aber dennoch unverzichtbaren methodischen Ersatz finden. Gewiss lassen sich komplexe Ereignisse nicht in toto mit anderen komplexen Ereignissen vergleichen. Aber einzelne Elemente von Komplexität sind durchaus miteinander vergleichbar. Und mitunter sind derartige Vergleiche schlicht unerlässlich. Kurzum: Der Massenmord an den Juden im Zweiten Weltkrieg ist ereignisgeschichtlich ebenso einmalig wie er sozialpsychologisch und strukturell vergleichbar und wiederholbar ist. Akteure, Opfer, Zeit und Ort können sich ändern, doch die oben formulierte Frage bleibt: Wie kommt es, dass „ganz normale“ Menschen – und an den meisten Massenmorden in der Geschichte waren außer Fanatikern, Kriminellen oder Sadisten „ganz normale“ Menschen in ziemlich großer Zahl beteiligt – von heute auf morgen zu „willfährigen Vollstreckern“ eines Genozids oder eines anderen Massenmords werden?

Sofern dies nicht mit der Psychopathologie der Täter und auch nicht, jedenfalls nicht allein, mit einer spezifischen Kultur und Ideologie zu erklären ist, wie dann? Einige Forscher haben mit spezifischen Persönlichkeitstypen argumentiert. Der prominenteste unter ihnen war Theodor Adorno mit seiner Studie über den autoritären Charakter. Das ist zweifellos ein wichtiger Aspekt (wie das Milgram-Experiment gezeigt hat), aber zur Erklärung reicht er nicht aus. Die bisher vorliegenden Untersuchungen zu Tätergruppen zeigen nämlich, dass es sich nicht um charakterlich homogene Gruppen handelt, mit denen Täter von Nichttätern eindeutig unterschieden werden könnten. Mit anderen Worten: Autoritäre Persönlichkeiten finden sich sowohl unter Tätern wie Nichttätern, und nicht alle Täter haben einen autoritären Charakter. Vieles deutet somit darauf hin, dass außerordentliche Verbrechen keine außerordentlichen Ursachen haben müssen (wie psychische Krankheit, „eliminatorische“ Kultur oder auffallender Charaktertyp).

An der Ausführung von Massengewalt im 20. Jahrhundert haben Menschen unterschiedlichster Art mitgewirkt: nationalistische „Freiheitskämpfer“, Soldaten, Paramilitärs ebenso wie Gelegenheitsräuber und Kriminelle (in vielfachen Überschneidungen). Die im Anhang zum Carnegie-Report über Ursachen und Verlauf der Balkankriege von 1912/13 abgedruckten Briefe griechischer Soldaten, in denen mit lapidarer Gleichgültigkeit über den Mord an Zivilpersonen (Frauen, Kindern, älteren Menschen) berichtet wird, sprechen eine beredte Sprache. Aber es waren nicht nur Soldaten, die sich an Gewaltexzessen gegen die Zivilbevölkerung beteiligten. Auch Teile der Zivilbevölkerung wurden aktiv. Unter den Exekutoren der jüngsten ethnischen Säuberungen in Bosnien finden sich Nachbarn, Freunde, mitunter sogar Mitglieder ein und derselben Familie, die über Nacht zu Todfeinden wurden. Im oben erwähnten „Fall Herak" wurde dies bereits angesprochen.

Dass Menschen – unabhängig von Zeit und Raum – gewaltfähig sind, ist ein anthropologisches Faktum. Gemeint sind hier abermals nicht die psychopathischen Sadisten, für die der Bürgerkrieg ein Geschenk des Himmels ist, sondern die Durchschnittsmenschen zu allen Zeiten und an allen Orten, die gewalt*fähig*, aber in der Regel nicht gewalt*tätig* sind. Das gilt nicht nur für Einzelne, sondern auch für Gruppen. Gewaltfähigkeit ist eine Ressource, eine Option, die aktiviert und deaktiviert, genutzt oder nicht genutzt werden kann. Ob es sich dabei um ein Erbe aus der Zeit unserer Vorfahren, der Jäger und Sammler, um ein „atavistisches Erbe" oder eine „atavistische Regression" (im Sinne Sigmund Freuds und C. G. Jungs) handelt, ist eine wissenschaftlich reizvolle Frage, die uns aber im Augenblick nicht weiter beschäftigten soll. Dass Menschen soziale Wesen sind und Anschluss an eine (bzw. mehrere) Gruppe(n) suchen, ist ebenfalls ein anthropologisches Faktum. Ein Mensch ohne jeglichen Herdentrieb wäre als Mensch nicht wiederzuerkennen. Mit dem Anschluss an eine Gruppe – egal ob es sich dabei um eine Nation, eine Sippe, eine Bande oder eine „Scientific Community" handelt – kommen neue Mechanismen ins Spiel, die gruppenbedingt und nur sozialpsychologisch erklärbar sind. Ähnliches gilt für den Anschluss an eine ad hoc sich formierende (meist unstrukturierte) Masse. Viele Autoren haben sich mit diesem Phänomen beschäftigt. Die bekanntesten sind wohl Gustave Le Bon mit seiner 1895 veröffentlichten *Psychologie der Massen*, ferner Sigmund Freud mit seiner Studie *Massenpsychologie und Ich-Analyse* von 1921, Ortega y Gasset mit seinem *Aufstand der Massen* von 1930, Reinhold Niebuhr mit seinem Werk *Moral Man and Immoral Society* von 1932 und Henri Tajfel mit seiner Theorie der sozialen Identität von 1982. Die ersten vier Autoren (und viele andere) zeichnen ein extrem negatives Bild von Massen, während Tajfel allgemeiner die psychologischen Prozesse beschreibt, die an der Entstehung von Gruppenprozessen beteiligt sind. Mit dem Anschluss an eine Masse beginnt die charakterliche Regression des Individuums. So heißt es z. B. bei Le Bon: „Besondere Eigentümlichkeiten der psychologischen Massen [sind] – Unveränderliche Richtung der Gedanken und Gefühle der einzelnen, die sie bilden, und Auslöschung ihrer Persönlichkeit – Die Masse wird stets vom Unbewußten beherrscht – Zurücktreten des Gehirnlebens und Vorherrschen des Rückenmarklebens – Verminderung des Verstandes und völlige Umwandlung der Gefühle – Die veränderten Gefühle können besser oder schlechter sein als die der einzelnen, aus denen die Menge besteht – Die Masse wird ebenso leicht heldenhaft wie verbrecherisch."[792] Und an anderer Stelle: „Da nach einer bestimmten Erregungszeit die Massen in den Zustand einfacher, unbewusster Automaten zurückfallen, die von Beeinflussungen abhängig sind, so scheint es schwierig zu sein, sie in irgendeinem Falle als verbrecherisch zu bezeichnen. Ich behalte jedoch diese irrige Bezeichnung bei, weil sie durch die psychologischen Forschungen üblich geworden ist. Gewisse Handlungen der Masse sind, an sich betrachtet, sicherlich verbrecherisch, aber doch nur in demselben Sinne, wie die Tat eines Tigers, der einen Hindu verschlingt, nachdem er ihn erst von seinen Jungen zu ihrer Unterhaltung hat zerfleischen lassen. Die Verbrechen der Massen sind in der Regel die Folge einer starken Suggestion, und die einzelnen, die daran teilnahmen, sind hinterher davon überzeugt, einer Pflicht gehorcht zu haben. Das ist beim gewöhnlichen Verbrecher durchaus nicht der Fall."[793] Ortega y Gasset fasst die typischen Merkmale des Massenmenschen zusammen unter den Stichworten „Anonymität", „Gefühlsbestimmtheit", „Schwinden von Intelligenz" und „Schwinden der persönlichen Verantwortung". Das alles ist sicher ein wenig einseitig und gilt nicht für alle Arten von Zusammenschlüssen. Zwar ist plausibel, dass eine Gruppe, die eher auf Dauer angelegt ist, ebenso wie eine Masse, die eher spontanen Charakter hat, etwas anderes ist als die bloße Summe ihrer Mitglieder. Die Gruppe besitzt eine eigene Dynamik. Aber bringt sie wirklich etwas Neues hervor? Oder verstärkt sie nur die sozial konnotierten Eigenschaften ihrer Mitglieder? Ist Letzteres der Fall, dann geht es nicht nur um negative, sondern auch um positive Eigenschaften, wobei uns im Augenblick natürlich nur die negativen interessieren.

Was bewirkt eine Gruppe? Als Mitglied einer Gruppe ist der Mensch zu Handlungen bereit oder fühlt sich dazu „gezwungen", zu denen er als Individuum bzw. als Einzelakteur in der Regel nicht fähig (und willens) ist, sodass das individuelle Ego mitunter sein Gruppen-Ego nicht mehr erkennt und versteht. Ob es sich dabei um eine „Doppelung" oder eine Spaltung des Selbst oder um etwas anderes handelt, ist umstritten. Je nach Art der Gruppe unterscheiden sich auch die Handlungsmuster. Aber der Konformitäts- und Bewährungsdruck sowie das Streben des Gruppenmitglieds nach Anerkennung durch die Gruppe – wie auch umgekehrt die Angst, von der Gruppe ausgeschlossen zu werden – sind stets ähnlich. Die „Mutproben" einer Jugend-Gang unterscheiden sich sozialpsychologisch nicht grundsätzlich von den „Mutproben" im Bürgerkrieg. Um dazuzugehören, muss man notfalls auch töten können. „Peer pressure", Konformität, Rituale und Kameraderie sind wichtige Merkmale von gewaltbereiten Gruppen. Hinzu kommt die

792 Le Bon, Gustave: Psychologie der Massen. Übersetzung von Rudolf Eisler (1911). E-Book-Ausgabe 2007, S. 26.

793 Ebda., S. 174.

Diffusion von Verantwortung. Als Mitglied einer Gruppe delegiert das Individuum einen Teil seiner Verantwortung an die Gruppe insgesamt oder an die „Autoritäten" innerhalb der Gruppe. Stanley Milgram hat dies als „Agentic state" bezeichnet – eine Situation, in der der Einzelne zum Ausführungsorgan, zum Agenten eines fremden Willens wird und sich nur gegenüber der „Autorität", nicht dagegen für die Taten selbst verantwortlich fühlt, die er (oder sie) im Auftrag der „Autorität" begeht. „Agentic state" ist also das Gegenteil von „State of autonomy". Eine nochmalige Überprüfung von Milgrams Experiment hat allerdings ergeben, dass die Delegierung der persönlichen Verantwortung an die „Autorität" zwar von vielen Probanden tatsächlich vorgenommen wurde, aber nicht von allen. Und sofern es nicht geschieht, kommt es zu einer Inkonsistenz zwischen den durch äußere Umstände bedingten Verhaltensweisen und den inneren psychologischen Konstellationen. Die betreffende Person ist dann bestrebt, diese Inkonsistenz zu reduzieren oder zu beseitigen, um die Integrität ihres Selbst wiederherzustellen. Sofern es die sozialen Umstände aber nicht erlauben (oder scheinbar nicht erlauben), die äußeren Verhaltensweisen zu ändern, modifizieren die betroffenen Personen ihre inneren psychologischen Konstellationen, damit diese mit ihren Verhaltensweisen wieder konsistent werden, so die Argumentation Wallers.

Allen Gruppen gemeinsam sind bestimmte Inklusions- und Exklusionsmuster. Damit sich eine Gruppe überhaupt als Gruppe formieren kann, bedarf es der Integration der Mitglieder sowie der Abgrenzung der Gruppe nach außen, d. h. der Unterscheidung zwischen „In-group" und „Out-group", denn ohne Alterität gibt es logischerweise keine Identität. Die Modi für Inklusion und Exklusion variieren von Gruppe zu Gruppe. Sie können sowohl offen wie rigide sein, sie können dem Individuum zur Wahl gestellt oder seiner Wahl entzogen werden. Je exklusiver die Kriterien für die Zugehörigkeit zu einer Gruppe sind, desto schärfer grenzt sich die Gruppe nach außen ab und desto gewaltbereiter ist sie, um ihre Identität zu verteidigen und zu bewahren. Gruppen, die sich durch eine gemeinsame (oder vermeintlich gemeinsame) Abstammung definieren, benutzen ein sehr rigides Kriterium für Inklusion und Exklusion. Denn die Abstammung kann man sich nicht wählen. Man kann sie verheimlichen oder fälschen, aber nicht wählen oder verändern. Jemand gehört qua Abstammung dazu. Oder er gehört nicht dazu. In der Realität können sich daraus gewaltige Probleme ergeben, weil sich einerseits die Abstammung oft nur über einen relativ kurzen Zeitraum hinweg verlässlich rekonstruieren lässt und es andererseits viele gemischte Abstammungen gibt, die sich einer eindeutigen Zuordnung entziehen, es sei denn, dass man Verwandtschaft nicht kognatisch, sondern agnatisch (z. B. patrilinear) definiert. Beispiele für extrem exklusive Verwandtschaftsgruppen sind Stämme, Sippen oder Abstammungsnationen (obwohl in der Praxis hinsichtlich der Inklusionskriterien immer wieder auch opportunistische Ausnahmen gemacht werden). Zu den Merkmalen von großen „Verwandtschaftsgruppen“ gehören Ethnozentrismus, Xenophobie und eine Neigung zur Aggression, die aus dem Streben nach Verteidigung der sozialen Identität und dem Streben nach sozialer Dominanz resultiert.

Alle bisher genannten Faktoren erklären aber noch nicht, warum es in einigen Gruppen zur Ausübung von Massengewalt kommt, in anderen nicht. Ausgeklammert waren bis jetzt die situativen und prozessualen Rahmenfaktoren von Massengewalt, deren Erforschung vornehmlich in die Zuständigkeit von Politikwissenschaftlern, Soziologen, Ethnologen und Konfliktforschern fällt, oder – sofern es sich um Phänomene der Vergangenheit handelt – in den Aufgabenbereich der Historiker. Ein allgemein akzeptiertes Raster ist dabei (noch) nicht zu erkennen. Aber einige Elemente tauchen immer wieder auf. Zu ihnen gehören:

1. Krisen und gesellschaftliche Desorientierung
2. Suche und Benennung von Schuldigen/Sündenböcken
3. Kulturelle Codierung und Stereotypen
4. Ausgrenzung der „Schuldigen“ und deren Enthumanisierung
5. Inszenierung von Gewalt
6. Außerkraftsetzung der bisherigen Regelwerke und
7. Eskalation der Gewalt sowie ihre Eigendynamik.

„Krise“ wird hier im weitesten Sinne verstanden und umfasst sowohl sozioökonomische wie außenpolitische Krisen oder Kriege. Die meisten Formen von Massengewalt haben ihren Ausgangspunkt in schweren Krisen und Kriegen, die den Status des Einzelnen und/oder der Gruppe bedrohen. Ob eine Bedrohung tatsächlich existiert oder nur herbeigeredet (imaginiert) wird, bleibt im Einzelfall zu prüfen. Für die Betroffenen macht dies keinen Unterschied, da sie sich des eventuellen Konstruktionscharakters der Bedrohung nicht bewusst sind. Krisen erzeugen Unsicherheit, Desorientierung, Angst und ein Gefühl des Ausgeliefertseins. Dies gilt insbesondere in komplexen modernen Gesellschaften, die für den Einzelnen weder überschaubar noch steuerbar sind. Das Bedürfnis nach Schutz auf der einen und nach Reduzierung von Umweltkomplexität sowie nach einfachen Erklärungen auf der anderen Seite ist allgegenwärtig. Irgendjemand muss für die Krise verantwortlich sein. Es gibt Schuldige und Opfer. Und sobald die Schuldigen benannt sind, ist die Welt zwar noch immer nicht in Ordnung, aber man weiß wenigstens, wo man ansetzen muss, um sie in Ordnung zu bringen oder um sich verteidigen zu können. Die Identifizierung der Schuldigen ist das Werk von Politikern, Deutungseliten und deren Multiplikatoren, von Leuten, die Autorität haben, denen Autorität zugeschrieben wird oder die sich in den Dienst einer Autorität stellen. Es ist das Werk der Personen mit Deutungsmacht, der meinungsbildenden Eliten, der charismatischen

Führerpersönlichkeiten und ihrer Zuarbeiter. Sie sichern sich ein Erklärungsmonopol und steuern die selektive Wahrnehmung der Gesellschaft. Ihrem Tun kommt zugute, dass alle Gesellschaften (mehr oder minder leicht, je nach institutionellem Setting) manipulierbar sind und dass Menschen komplexe soziale Realität nie in toto wahrnehmen können. Die Wahrnehmung erfolgt stets mittels Selektion. Dies gilt für die individuelle und erst recht für die kollektive Wahrnehmung. Den Selektionskriterien und den Wahrnehmungsfiltern fällt damit eine ausschlaggebende Bedeutung zu: Sie bestimmen darüber, was wahrgenommen wird und wie es wahrgenommen wird.

An dieser Stelle kommt die kulturelle Codierung der Gruppe ins Spiel, die im Zuge der Sozialisation und/oder medialer Indoktrination angeeignet und verinnerlicht wird: die gesellschaftlich vermittelten Wahrnehmungen, Deutungsmuster und „Erfahrungen" (im wissenssoziologischen Sinn), die Büchse der Pandora mit ihren Bedrohungsszenarien, Sündenbock- und Verschwörungstheorien, mit Opferwahn, Verteidigungsfantasien, Heldenklischees und der dazu passenden „geopolitischen Kultur".[794] Gemeinsame traumatische Erfahrungen können dabei eine Rolle spielen, sind aber (eventuell) nicht notwendig. Bedrohungen können – wie erwähnt – auch herbeigeredet werden, ohne dass eine konkrete Erfahrung vorliegt. Ob kollektive Traumata tatsächlich erlebt werden müssen oder auch – wie Volkan formuliert – „erwählt" werden können,[795] ist eine offene Frage. Zu den Steuerungsmechanismen der Wahrnehmung gehören tradierte Feindbilder oder die „Erinnerung" an Massengewalt in der Vergangenheit sowie die daraus abgeleiteten latenten Ängste. Neben die „Erfindung der Vergangenheit" in der Gegenwart tritt die Erfindung der Gegenwart mittels Vergangenheit. Aktuelle Ereignisse, deren Ausgang niemand kennt, werden unter Rückgriff auf vergangene Ereignisse extrapoliert. Ein mehr oder minder schwerer Zwischenfall kann unter diesen Umständen zum „Genozid" mutieren. Dabei ist anfangs offenbar nicht entscheidend, ob die Feindbilder geglaubt werden oder nicht. Entscheidend ist, dass sie bekannt und verfügbar sind. „Nehmen und verknüpfen, was da ist", hat Claude Lévi-Strauss diese Methode der Verknüpfung (bricolage) von unmittelbar zur Verfügung

794 „Geopolitical culture", so Toal und Dahlman, „refers to the legitimating myth of a state and how state elites conceptualize their geographical situatedness, historicocultural inheritance, and geopolitical circumstances within the world. Geopolitical cultures define friends and enemies and how the national interest is to be pursued within a world of states. [...] Emphasizing popular geopolitical culture allows us to avaoid two common misinterpretations of geopolitics: that it is based upon and responds to ‚the permanent realities of geography' or that it is an ideosyncratic product of an individual politician. Geopolitics is always a culturally embedded practice operating across networks of power and needs to be approached as a field of competing political constructions vying to describe the conditions whithin which states operate and what normative strategy best realizes state and national interests." Toal, G. – C. Dahlman: Bosnia Remade (473), S. 11 f.

795 Volkan, Vamik D.: Großgruppenidentität und auserwähltes Trauma, in: Psyche. Zeitschrift für Psychoanalyse und ihre Anwendungen 54 (2000), S. 931–953.

stehenden Zeichen oder Ereignissen zu neuen Strukturen genannt.[796] Es ist durchaus vorstellbar, dass Feindstereotypen in konfliktarmen und weitgehend spannungsfreien Zeiten als Vorurteile entschieden zurückgewiesen werden, aber unter geänderten Rahmenbedingungen und dank gezielter Manipulation nicht nur reaktiviert und neu kontextualisiert, sondern gesteigert werden. Die Gefährlichkeit des Gegners (darunter Nachbarn, Freunde, mitunter Familienmitglieder) besteht gerade darin, dass sie unser Vertrauen und unsere Gutgläubigkeit missbraucht haben, dass sie die Feindbilder oder Vorurteile, die wir bereits abgelegt hatten, in perfider Weise bestätigen, kurzum: dass sie uns betrogen haben. Jetzt – in der Krise – zeigen sie ihr wahres Gesicht. Und das ist extrem hässlich.

Die Art und Weise, wie vermeintlich Schuldige nicht nur zu Feinden gestempelt, sondern regelrecht entmenschlicht bzw. dämonisiert werden, ist an mehreren Beispielen (auch mit Blick auf Krise und Krieg in Jugoslawien) eindrucksvoll dokumentiert worden. Darauf will ich jetzt nicht weiter eingehen. Für die Entfaltung von Massengewalt ist der „kritische Augenblick" von Bedeutung, in dem die Hasstiraden in Gewalt umgesetzt werden. Gewalt bricht nicht einfach aus; sie „ereignet" sich nicht, sondern wird generiert. Nicht umsonst spielen in (fast) allen Darstellungen zu den ethnischen Säuberungen im 20. Jahrhundert die paramilitärischen Milizen und die Banden der Warlords sowie die Sondereinheiten von Armee und/oder Polizei eine prominente Rolle. (Die „normalen" Täter kommen erst später ins Spiel.) Es sind häufig diese zunächst kleinen Gruppen, die eine Gewalt inszenieren, die – einmal in die Welt gesetzt – bald ihre Eigendynamik entfaltet. Dabei handelt es sich nicht um spontane Reaktionen von marginalisierten Randgruppen, sondern um organisierte – von Führern organisierte – und um kalkulierte bzw. vorbereitete Gewalt, ähnlich dem Terrorismus. Die nationalistisch artikulierte Gewalt erfüllt zahlreiche einheits- und identitätsstiftende Funktionen und wird gezielt eingesetzt, um Menschen zur Solidarisierung nach innen und zur Abgrenzung nach außen zu zwingen. Der Ablauf ist verhältnismäßig simpel. Nach den ersten Gewaltakten sind „normale" Bürger schockiert und erwarten Erklärungen. Die von den Protagonisten der Gewalt gelieferten „Erklärungen" setzen die Bürger unter Druck, denn sie sind darauf angelegt zu polarisieren. Selbst diejenigen, die den „Erklärungen" misstrauen, geraten unter massiven Entscheidungsdruck. In den eigenen Reihen gelten sie als (potenzielle) Verräter, den anderen gelten sie als unglaubwürdig. Schließlich müssen sie sich für die eine oder andere Seite entscheiden. Am Ende steht jene ethnonationale „Solidarisierung" (oft wider Willen) oder jene ausgrenzende Fremdzuschreibung, die von den Akteuren der ersten Stunde angestrebt wurde. Wer aus diesem Resultat den Schluss ableitet, es handle sich um die Eruption eines uralten ethnischen Hasses,

796 Lévi-Strauss, Claude: Das wilde Denken. 15. Nachdr. Frankfurt/M. 2010.

tappt in die Falle der Nationalisten. Was die Täter aller Konfliktparteien im ehemaligen Jugoslawien in ihrer kollektiven Paranoia einte, war die Vorstellung, dass sie alle im Kampf um Überleben und Zukunft ihrer Gruppe (und ihrer selbst) ausschließlich einen Verteidigungskrieg führten, dass sie getan haben, was angesichts der Bedrohung durch ihre Gegner getan werden „musste" und was jeder „anständige" Mensch tun würde, um seiner „Verantwortung" gerecht zu werden.[797] In der Vorstellung, Opfer zu sein, wurden sie zu Tätern, die nur ihre „verdammte Pflicht" erfüllten. Zur Verwirklichung neuer Ziele mussten sie bestehende Schranken einreißen. Die bisherigen Regelwerke zur Gestaltung des Sozialen verloren ihre Gültigkeit (einschließlich der spezifischen Regeln, die für Kriegführung und Polizeieinsätze gelten). Das geschah entweder auf ausdrücklichen Befehl von oben oder durch die „Kultivierung" von Handlungsmustern, die den bisherigen Regelwerken widersprachen, sodass der Akteur vor Ort nicht mehr wusste, was erlaubt ist und was nicht, oder durch die Unfähigkeit der Verantwortlichen, die Einhaltung der Regeln durchzusetzen. Mit anderen Worten: Sobald die vormals gültigen Regelwerke und Schranken, die gesellschaftliches Handeln leiten und strukturieren, aufgehoben werden oder kollabieren oder ihre Einhaltung nicht mehr kontrolliert wird, kann sich Massengewalt mehr oder minder schrankenlos entfalten.

Die Erfindung von Gegnern in bisherigen Nachbarschaften bot obendrein eine einmalige Gelegenheit, Neidgefühle und Minderwertigkeitskomplexe abzureagieren sowie offene Rechnungen zu begleichen, ein Haus, eine Wohnung, ein Auto oder auch nur einen Fernseher zu ergattern. Und endlich einmal alles das tun zu dürfen, was z. B. nach den Zehn Geboten verboten ist. In dieser (Un-)Kultur von „Notwehr", Straffreiheit, Delegierung der persönlichen Verantwortung an die Gruppe oder deren Führer sowie Raffgier, Neid und Missgunst lösten sich die Hemmnisse, die dem Tötungsakt entgegenstehen, wie

---

797 Vgl. allgemein Kramer, Roderick M. – David M. Messick: Getting By with a Little Help from Our Enemies: Collective Paranoia and Its Role in Intergroup Relations, in: Sedikides, Constantine – John Schopler – Chester A. Insko (Hg.): Intergroup Cognition and Intergroup Behavior. Mahwah/N.J. 1998, S. 233–255; Welzer, Harald: Wer waren die Täter? Anmerkungen zur Täterforschung aus sozialpsychologischer Sicht, in: Paul, Gerhard (Hg.): Die Täter der Shoah. Fanatische Nationalsozialisten oder ganz normale Deutsche? Göttingen 2002. Dort heißt es (S. 238): „Wenn es zutreffend ist, dass es keine Mörder gibt, sondern nur Menschen, die Morde begehen, sind die meisten von uns unter Umständen wahrscheinlich bereit zu töten – es müssen nur die situativen, sozialen und handlungsdynamischen Bedingungen dafür vorliegen, dass sich Potentialität in Handeln übersetzt." Die norwegische Anthropologin Tone Bringa, die intensive Feldforschungen in Bosnien durchgeführt hat, äußerte sich in einem Interview ähnlich: „Any one of us could undergo such metamorphosis in just a few weeks, with a little help of mad nationalistic war und chaos mongers." Zit. nach Biro, Miklós [u. a.], Attitudes Towards Justice and Social Reconciliation in Bosnia and Herzegovina and Croatia, in: E. Stover/H. M. Weinstein (Hg.): My Neighbor, My Enemy. Justice and Community in the Aftermath of Mass Atrocity, Cambridge 2005. Hier zit. nach der Online-Ausgabe (ohne Seitenangaben): http://faculty.vassar.edu/tilongma/survey.html.

von selbst auf. Und zur „Pflicht" kam schnell auch das Vergnügen. Nicht nur bei notorischen Sadisten, die in der Regel nur wenige Prozent einer Bevölkerung ausmachen, sondern auch bei „braven" Bürgern bzw. „normalen" Soldaten, die es genossen, Gewalt über andere Menschen zu besitzen, Gewalt über Leben und Tod: „Ja, das hat Spaß gemacht."[798]

„Miodrag", einer der serbischen Ex-Krieger, die in Kosovo gewütet haben, erzählt: „I know it must sound strange, right now, drinking coffee and listening to the things that happened then. It sounds awful. But you're different then, you enter a different world, a different way of life. You get used to it when there is nonstop killing all around you. One of your guys gets killed, and then its their people (the Albanians). It's a completely different world, different laws, different morals … Today, I wouldn't even step on an ant. Had anyone asked me (before the war) to kill people I would have said ‚no way. Are you crazy? That's only done by…' I'd never do it. But when you enter that realm, I'm telling you, that's the way it is." Auf die Frage: „Was it easier to do those kinds of things when you were in a group of guys doing the same things?", antwortete Miodrag: „Yes, brother, the group somehow carries you. Maybe alone you wouldn't do such things. But the group carries you along …"[799]

Für Miodrag und die meisten anderen ehemaligen Kämpfer ging es ums Überleben bzw. um die Vorstellung vom Überleben, um physisches Sein oder Nichtsein der eigenen Person und der eigenen Gruppe. Für viele Intellektuelle ging und geht es dagegen um etwas anderes, um mehr als die Verteidigung der physischen Existenz. Dass Angehörige des eigenen Volkes sterben, ist tragisch, hat aber in Gestalt des „Märtyrertums" auch eine glorreiche Seite. Denn wichtiger als die Verteidigung des Individuums ist die Verteidigung der „Kultur", der jeweils einen und einzigen „Kultur".[800] Auch wenn Teile des Volkes nicht überleben sollten, muss das Überleben der „Kultur", das Überleben der „heiligen" Nationalgüter und des „Volksgeistes" gesichert werden. Denn solange der „Volksgeist" nicht untergeht, kann auch das Volk nicht untergehen. Es kann dezimiert, geschlagen und vertrieben werden, aber untergehen kann es nicht.

798 Vgl. Neitzel, Sönke – Harald Welzer: Soldaten. Protokolle vom Kämpfen, Töten und Sterben. Frankfurt/M. 2011. Bisher stützten sich die meisten Täterprofile auf Verhöre, Interviews, Feldpostbriefe, Memoiren oder Zeitzeugenberichte. Neitzel und Welzer konnten dagegen eine Quelle auswerten, die neues Licht auf die Täter wirft. Es handelt sich um Abhörprotokolle von Gesprächen, die deutsche Soldaten in britischer und amerikanischer Gefangenschaft führten. In diesen Gesprächen unter Kameraden, also unter ihresgleichen, kommt vieles zur Sprache, was die betreffenden Personen gegenüber einem Außenstehenden (einem Interviewer, Reporter oder einem Familienmitglied) in dieser Form nicht erzählen würden. Ähnlich verhält es sich heute mit Video-Aufnahmen, auf denen Täter ihre Verbrechen zur Erinnerung festhalten.

799 Nach Montgomery, M. – St. Smith: Excerpts from Interviews with Militia Members, a. a. O.

800 Unter dem Titel „Terror der Kultur" hat der Belgrader Ethnologe Čolović eine Aufsatzsammlung veröffentlicht, in der er das Kulturverständnis des exklusiven Nationalismus als Legitimierungs- und Rechtfertigungsstrategie untersucht. Čolović, Ivan: Balkan – teror kulture. Beograd 2008.

Exkurs 2: Über die mentale Seite der Kriege: „Orientalismus", „Balkanismus" und „Okzidentalismus"

Gleich anderen Kriegen waren die postjugoslawischen Kriege der 90er-Jahre auch Propagandakriege. Wie der Zerfall Jugoslawiens und die anschließende Eskalation der Gewalt begründet und gedeutet wurden und welche Rolle die Medien dabei spielten, ist an verschiedenen Stellen dieser Arbeit bereits angesprochen worden. Im Folgenden geht es daher nur darum, einige Merkmale zusammenfassend darzustellen, wobei der Schwerpunkt auf den Präsentationen im ehemaligen Jugoslawien liegt. Die Wahrnehmungen und Deutungen im Ausland, die ebenfalls in verschiedenen Kontexten schon angeschnitten wurden, werden hier nur kurz gestreift, da sie mehr über die jeweilige Gesellschaft als über Jugoslawien aussagen (obwohl es selbstverständlich Querverbindungen gibt).

1992 veröffentlichten Milica Bakić-Hayden und Robert Hayden einen Aufsatz über *Orientalist Variations on the Theme „Balkans"*. Darin ordneten sie die nationalistische Rhetorik von Intellektuellen und Politikern in Slowenien und Kroatien während der 80er-Jahre in das „Orientalismus"-Paradigma von Edward Said[801] ein. „Orientalism can be applied within Europe itself, between Europe ‚proper' and those parts of the continent that were under Ottoman (hence Oriental) rule. The evaluation implied by this distinction can be seen in the rhetoric applied to the latter: Balkan mentality, Balkan primitivism, Balkanization, Byzantine, Orthodoxy. […] There is little doubt that the Balkans, either Byzantine or Ottoman, represented a cultural and religious ‚Other' to Europe ‚proper'."[802] Während sich Slowenen und Kroaten als Teil des „eigentlichen", „wahren" Europas verstünden, betrachteten sie die Serben als Teil des „orientalischen", „primitiven" und „rückständigen" Europas, als Gegenbild zu ihrer eigenen Kultiviertheit. Die Thesen von Bakić-Hayden und Hayden lassen sich mit einer erdrückenden

801 Said, Edward: Orientalism: Western Conceptions of the Orient. New York 1978.

802 Bakić-Hayden, Milica – Robert Hayden: Orientalist Variations on the Theme „Balkans": Symbolic geography in recent Yugoslav cultural politics, in: Slavic Review 51 (1992), 1, S. 1–15. Vgl. auch Bakic-Hayden, Milica: Nesting Orientalism: The Case of Former Yugoslavia, in: ebda. 54 (1995), 4, S. 917–931. Eine Auswahl von Bakić-Haydens Aufsätzen erschien auch in serbischer Übersetzung: Varijacije na temu „Balkan". Beograd 2006.

Fülle von Beispielen aus der damaligen Publizistik und Wissenschaft belegen.[803] Maria Todorova hat einige Jahre später den Faden wieder aufgegriffen und den „Balkanismus" als Subvariante des „Orientalismus" in die Wissenschaft eingeführt.[804] Viele andere Autorinnen und Autoren sind seither dieser Spur gefolgt – sei es in Abwehr zu oder in Anlehnung an Huntingtons „Clash of Civilizations".

Während der postjugoslawischen Kriege erlebte der „Orientalismus" bzw. „Balkanismus" seinen Höhepunkt. Der alte Topos von Kroatien als Bollwerk des Westens gegen den Osten bzw. als Schutzmauer der Christenheit (Antemurale christianitatis) bot sich fast von selber an. Schon im Sommer 1991 erklärte der kroatische Schriftsteller Jozo Laušić, dass sein Land 400 Jahre lang ein Bollwerk des Christentums gewesen und heute ein Bollwerk der Demokratie sei. „Der einzige Unterschied zwischen damals und heute besteht darin, dass früher die Pforte ihren Sitz in Konstantinopel hatte und die Aggression im Namen Allahs ausgeübt wurde, während heute die Pforte in Belgrad sitzt und die Aggression im Namen des Marxismus stattfindet."[805] Der auch bei anderen Völkern in Ostmittel- und Südosteuropa beliebte Antemurale-Topos ließ sich trefflich instrumentalisieren und aktualisieren. In Kroatien richtete er sich zunächst nur gegen die Serben. Nach Beginn des bosniakisch-kroatischen Krieges wurde er auch gegen die Muslime eingesetzt. Die „Türkenkriege", der Zweite Weltkrieg und der aktuelle Krieg mit ihren jeweiligen Katastrophen und Heldentaten wurden zu einer ganzheitlichen Geschichte verwoben, die den Platz der Kroaten bei der Abwehr der Gefahren aus dem Osten und damit ihren Platz in Europa und der Welt definierte. Die Einzelheiten dieser Geschichte können hier ausgespart bleiben. In den Grundstrukturen unterscheidet sich das kroatische Narrativ nicht von den Narrativen anderer Nationen.

Damit komme ich noch einmal auf die Forschungen der Haydens, Todorovas sowie anderer Autorinnen und Autoren zurück, die sich mit „Orientalismus" bzw. „Balkanismus" beschäftigt haben. Ihre Aussagen sind alle richtig (oder meistens richtig). Aber sie beleuchten nur die eine Seite der Medaille. Denn es gibt nicht nur einen „Orientalismus" innerhalb Europas; es gibt auch einen „Orientalismus" innerhalb des Balkanraums. Und es gibt nicht nur westliche Balkan-, sondern auch balkanische Westbilder. In Serbien

---

803 Ein typisches Beispiel aus der Wissenschaft ist das Werk der drei amerikanisch-kroatischen Soziologen Meštrović, Stjepan – Slaven Letica – Miroslav Goreta: Habits of the Balkan Heart. Social Character and the Fall of Communism. College Station/Tx. 1993.

804 Todorova, Maria: Imagining the Balkans. New York, Oxford 1997.

805 Zit. nach Žanić, Ivo: Das politische Imaginarium der kroatischen Nationalgeschichte, in: Melčić, D. (Hg.): Jugoslawien-Krieg (310), 2. Aufl., S. 291; ders.: The symbolic identity of Croatia in the triangle crossroads-bulwark-bridge, in: Kolstø, Pål (Hg.) Myths and Boundaries in South-Eastern Europe: London 2005, 35–76.

richtete sich der „Orientalismus“ gegen die „Türken“ bzw. konkret: gegen bosnische Muslime und Kosovo-Albaner.[806] Der serbische „Orientalismus“-Diskurs ist eng verknüpft mit dem Kosovo-Mythos, der mittlerweile so oft dargestellt worden ist, dass hier auf eine Rekapitulation verzichtet werden kann. Auch die Wege der Rezeption und der Präsentation wurden eingehend untersucht. Was den serbischen „Orientalismus“-Diskurs vom kroatischen unterscheidet, ist die Frage, was geschützt werden soll. In Kroatien ist es das katholische bzw. westkirchliche, in Serbien das ostkirchliche Europa. Kroatische „Orientalisten“ wollen Europa vor Serbien und dem „Balkan“, serbische „Orientalisten“ wollen Europa vor dem Islam und dem Orient schützen. Da der Westen spätestens seit der Aufklärung und der Französischen Revolution vom rechten Weg abgekommen ist, sieht sich Serbien in den Augen seiner Nationalisten einer doppelten Bedrohung ausgesetzt: vom „verrotteten“ Westen auf der einen und vom „primitiven“ Orient (außerhalb und innerhalb Europas) auf der anderen Seite. Während sich kroatische Nationalisten im „Abendland“ verankert wähnen, berufen sich serbische Nationalisten auf ihr „Dazwischensein“. Ein Zitat, das aus dem 12. oder 13. Jahrhundert stammen soll, bringt es auf den Punkt: „Denn der Osten dachte, dass wir der Westen, der Westen aber, dass wir der Osten sind. Einige deuteten unsere Stellung in diesem Streit der Strömungen falsch und sagten, dass wir weder das eine noch das andere sind. Andere sagten, wir wären ausschließlich das eine oder ausschließlich das andere. Und wir sind vom Schicksal bestimmt, der Osten im Westen, der Westen im Osten zu sein.“[807]

„Orientalismus“ und „Okzidentalismus“ gingen im nationalistischen Diskurs der Serben eine ungewohnte Mischung ein. „Okzidentalismus“ wird hier verstanden im Sinn von Ian Buruma und Margalit Avishai, die den Begriff in Anlehnung an Edward Saids „Orientalismus“ geprägt haben.[808] Wie der „Orientalismus“ im Kern ein Antiorientalismus ist, so ist auch der „Okzidentalismus“ im Kern ein Antiokzidentalismus. Gewiss können die jeweiligen Orient- und Okzidentbilder auch positiv besetzte Elemente enthalten, aber ihre Hauptinhalte sind Ablehnung, Exotisierung des anderen und Betonung der eigenen kulturellen Überlegenheit. „Orientalismus“ und „Okzidentalis-

806 Vgl. u. a. Cigar, Norman: Serbia's Orientalists and Islam, in: Islamic Quarterly (Fall 1994), S. 147–170; ders.: The Role of Serbian Orientalists in the Justification of Genocide Against Muslims of the Balkans. Sarajevo 2000.

807 Wo dieses Zitat zum ersten Mal aufgetaucht ist, habe ich nicht ermitteln können. Das Ehepaar Hayden hat es im oben erwähnten Aufsatz als Motto (aber ohne Quellenangabe) verwendet. Im Buch von Medić, Mile: Zavještanja Stefana Nemanje. Beograd 1998 (4. Aufl. 2001), wird das Zitat als Vermächtnis von Stefan Nemanja, des Begründers der mittealterlichen serbischen Nemanjiden-Dynastie, ausgegeben.

808 Buruma, Ian – Avishai Margalit: Occidentalism: The West in the Eyes of Its Enemies. New York 2004.

mus“ schließen sich zumeist wechselseitig aus, im Falle Serbiens wurden sie während der Krisen- und Kriegszeit aber miteinander kombiniert. In der serbischen Kriegspropaganda der 90er-Jahre wurden der Kampf gegen die „Türken“, den „Islamismus“ und die „Renegaten“, die Rache für die Niederlage auf dem Amselfeld von 1389 und für die nachfolgenden „Genozide“ verbunden mit dem Kampf gegen den kroatischen „Klerofaschismus“ und den „verräterischen“ Westen (Vatikan, USA, NATO usw.). Je nach variierender Gefahrenperzeption stand mal der „Orientalismus“, mal der „Okzidentalismus“ im Vordergrund.[809]

Die nationalen Imaginarien und die darauf basierende Kriegspropaganda von Kroaten und Serben orientierten sich an diesen beiden Wahrnehmungs- und Deutungsmustern. Bosniaken und Kosovo-Albaner waren dagegen vor allem mit der Abwehr „orientalistischer“ Stereotypen beschäftigt. Oder sie versuchten, den Spieß umzudrehen, indem sie ihre Gegner bei der Konstruktion eigener Imaginarien nachahmten (Mimesis)[810] und/oder den „Balkanismus“ auf die Serben fokussierten. Der Aufbau der jeweiligen Fantasiewelten war alles andere als ein wahlloser Prozess. Er stützte sich auf allseits vertraute Mythen und Erinnerungen, auf Bestandteile der Alltagskultur, auf wiederbelebte Präsentationsformen (z. B. das Gusle-Spiel), auf altbekannte Symbole, Lieder, Bilder usw.[811] Die aus dieser Bricolage gewobenen Großerzählungen dienten dem Ziel, den ethnisch und religiös konnotierten Kriegen Sinn zu verleihen. Die postjugoslawischen Kriege enthielten daher zahlreiche Elemente eines „Kampfes der Kulturen“ (auch wenn die Fronten z. T. quer zu den von Huntington vorhergesagten Konfliktlinien verliefen). Am reichhaltigsten ausgestattet und am bekanntesten war der serbische Amselfeld-Mythos, gegen den sich der albanische Amselfeld-Mythos nicht durchsetzen konnte.[812] Bei einem Vergleich des albanischen Kosova- mit dem serbischen Kosovo-Mythos kommt ein Südslawist von der Universität München zu dem Schluss: „‚Kosova‘ ist ein rein diesseitiges Projekt, das keinerlei Verweis auf eine jenseitige Realität kennt [wie der serbische Kosovo-Mythos]. Der albanische ‚Mythos‘ erschöpft sich im Kampf um die Freiheit und die Unabhängigkeit, und wird verblassen, sollte die Unabhängigkeit das Kosovo

809 Vgl. u. a. Volcic, Zala: The notion of „the West“ in the Serbian national imaginary, in: European Journal of Cultural Studies 8 (2005), S. 155–175.

810 Die Bedeutung der Mimesis bei der Konstruktion kollektiver Identifikationen betont u. a. Selbin, Eric: Gerücht und Revolution. Von der Macht des Weitererzählens. Darmstadt 2010, S. 88.

811 Unter den zahlreichen Abhandlungen zu diesem Thema seien stellvertretend erwähnt: Žanić, I.: Flag on the Mountain (351); Polónyi, C.: Heil und Zerstörung (324); Popovic, T.: Mythologisierung des Alltags (576); Ćolović, I.: Bordell der Krieger (266) usw.

812 Di Lellio, Anna: The Battle of Kosovo 1389. An Albanian Epic. London [u. a.] 2009. Noch bevor diese albanische Überlieferung der Amselfeldschlacht erschien, sorgte sie bei Historikern in Serbien für heftige Abwehr.

nicht in jenes irdische Paradies verwandeln, von dem kosovarische und internationale Politiker schwadronieren. Pseudoreligiöse Versatzstücke [!] werden benutzt, um einen schmutzigen Konflikt in einen heiligen Befreiungskampf umzumünzen." Und weiter: „Der [albanische] Heldenkult, der im Kosovo gepflegt wird, ist [im Gegensatz zum serbischen Heldenkult] eine bizarre Mischung aus grotesker Überhöhung der schmutzigen Wahrheit und einer oft genug an billiges Hollywood erinnernden Inszenierung. [...] Dieser ins Karikaturhafte entglittene Heldenkult, der fatal an den klischeehaften Agitprop vergangener sozialistischer Tage erinnert, eignet auch mancher kosovo-albanischen Selbstdarstellung vor internationalem Publikum."[813] Wie man sieht, geht der „Kulturkampf" weiter.

In den ausländischen Medien haben die Deutungen der postjugoslawischen Konfliktparteien in unterschiedlicher Gewichtung ihren Niederschlag gefunden. Die damalige Kriegsberichterstattung, die zunächst schwer oder gar nicht auf ihre Seriosität hin überprüft werden konnte, ist ihrerseits Gegenstand eines Propagandakriegs geworden. Einige Berichte haben sich im Nachhinein als falsch, andere dagegen als richtig erwiesen. Das Hauptproblem waren jedoch die Stereotypen und Klischees, mit denen die Berichte unterfüttert wurden und die nicht nur aus dem Arsenal westlicher, sondern auch aus dem Arsenal balkanischer Balkanbilder stammten und unbesehen übernommen wurden. Die postjugoslawischen Konfliktparteien haben ihrerseits versucht, ausländische PR-Agenturen oder ihre Landsleute in der „Diaspora" zur Imagepflege einzusetzen.[814] Aber nicht immer waren die PR-Agenturen besonders erfolgreich. Und die verschiedenen „Diaspora"-Gruppen setzen ihren Kampf um die öffentliche Meinung bis heute fort. Was den Realitätsgehalt der seinerzeitigen Berichterstattung betrifft, so gibt es zwar bereits Untersuchungen über einzelne ausländische Medien, aber eine systematische und vergleichende Evaluierung auf der Grundlage der heute verfügbaren Dokumente (!) steht noch aus.

---

813 Stegherr, Marc: Abschied von der „Wiege des Serbentums"? Das Kosovo in Kultur und Politik Serbiens. Klagenfurt 2011, S. 347 f.

814 Auf der Homepage der privaten PR-Firma Ruder & Finn in den USA heißt es z. B.: „In 1994 Ruder Finn was hired to represent Croatia, Bosnia and Kosovo during the Balkan War. Our goal was to alert the world to the ethnic cleansing that was taking place in those regions. Some Serbian support organizations posted false and damaging information on the Internet about our work and our company. Our clients were contacted by e-mail and encouraged to cancel their business relationship with us. Ruder Finn posted rebuttals and clarifications about our work but the problem continued. None of our clients took the accusations seriously, but we still have, after all these years, inquiries about our work for Croatia. We always respond by explaining the appropriate work we did." http://www.ruderfinn.com/move/issue-13/ethics-in-a-virtual-world.html.

2. Die zweite Nachkriegszeit

Alle postjugoslawischen Staaten und Gesellschaften standen seit Anfang der 90er-Jahre vor der Aufgabe der Systemtransformation. In dieser Hinsicht unterschieden sie sich nicht grundsätzlich von anderen ehemals sozialistischen Staaten, auch wenn sich das sozialistische Erbe von Land zu Land unterschiedlich darstellte. Zur Systemtransformation kam im Falle Ex-Jugoslawiens die Bewältigung der Kriegsfolgen. Fünf der heutigen postjugoslawischen Staaten waren in die Kriege der 90er-Jahre unmittelbar verwickelt: Kroatien, Bosnien-Herzegowina, Kosovo, Serbien und Montenegro. Dagegen war der Zehntagekrieg in Slowenien vergleichsweise harmlos verlaufen. Indirekt betroffen vom Krieg (in Gestalt von Flüchtlingsströmen, ethnischer Polarisierung und ökonomischem Absturz) war Makedonien. Der Übergang vom Krieg zum Frieden betraf einerseits den Umbau der politischen Systeme, die während und infolge der Kriege stark autoritär geprägt waren, zum anderen die Entmilitarisierung der Gesellschaften, die Versorgung der Versehrten und Hinterbliebenen, die Integration von Flüchtlingen und Vertriebenen, die Beseitigung der materiellen Kriegsschäden sowie die wirtschaftliche Erholung. Von den psychologischen Folgen der Kriege und ihrer Aufarbeitung ganz zu schweigen.

Die Entwicklung in den postsozialistischen Ländern seit dem Umbruch von 1989 wird häufig unter zwei Begriffen zusammengefasst: Systemtransformation und „Nation-building". Was das „Nation-building" im ehemaligen Jugoslawien betrifft, so ist zu unterscheiden zwischen den Nationen, die bereits vor Beginn des Umbruchs konsolidiert waren: Slowenen, Kroaten, Serben und Makedoniern, und denjenigen, bei denen dieser Prozess noch im Gange war. Die Montenegriner, die lange Zeit zwischen dem Bekenntnis zum Serbentum und dem Selbstverständnis als eigenständiger Nation geschwankt hatten, sind mit der Konsolidierung ihrer Nation noch beschäftigt. Auch die Aushandlungsprozesse bei den Bosniaken zwischen einem eher religiösen und einem eher säkularen Nationsverständnis dauern an. Und ob die Kosovo-Albaner ein eigenes, von den Albanern im Nachbarland abgegrenztes Nationsverständnis entwickeln, ist nach wie vor offen. Folgt man dem in der angelsächsischen Welt verbreiteten Verständnis von Nation als Staatsbürgergemeinschaft, so lässt sich die Staatsbildung auch als Nationsbildung interpretieren. Im Falle Ex-Jugoslawiens ist dies aber nicht sinnvoll, da Staatsbürgergemeinschaft und (ethnische) Nation auseinanderklaffen. Das Bestreben, beides zur Deckung zu bringen, war ein entscheidendes Motiv der ethnischen Säuberungen in den 90er-Jahren gewesen. Innerhalb der einzelnen Nationen haben die Kriege sowohl eine Welle der nationalen Solidarisierung wie auch neue Brüche hervorgerufen: Brüche zwischen Flüchtlingen und Vertriebenen auf der einen und den Aufnahmegesellschaften auf der anderen Seite, auch wenn es sich in beiden Fällen um Angehörige derselben Nation handelte. Im Nachhinein stellte sich heraus, dass das Gefühl der Fremdheit zwischen der Aufnahmegesellschaft und Neuankömmlingen aus anderen Teilen des ehemaligen Jugoslawiens stärker sein konnte als zwischen den vormaligen Kriegsgegnern, die ungeachtet ethnischer Unterschiede jahrhundertelang in Nachbarschaft gelebt und einander gekannt hatten. Zu Brüchen kam es auch zwischen „Patrioten" und „Drückebergern", zwischen denjenigen, die an den „Verteidigungs"-Kriegen direkt teilgenommen oder als Zivilisten unmittelbar davon betroffen worden waren, die ihrem Selbstverständnis nach Nation und Vaterland geschützt und dafür Opfer erbracht haben, und denjenigen, die sich durch Kriegsverweigerung, Opposition oder Emigration der eingeforderten nationalen Solidargemeinschaft entzogen haben, zwischen Befürwortern und Gegnern („Verrätern") des nationalistischen Projekts. Die nationale Solidarisierungswelle auf der einen und die Entstehung nationsinterner Bruchlinien auf der anderen Seite sollten aber nicht als Nationsbildung gedeutet werden.

Was sich nach dem Ende Jugoslawiens überall vollzog, waren Staatsbildungsprozesse, die nur in den erwähnten Ausnahmefällen mit Nationsbildungsprozessen zusammenfielen. Die Quasistaatlichkeit der Republiken im früheren Jugoslawien wurde zu voller Staatlichkeit mit neuen Kompetenzen (z. B. in den Bereichen Außen- und Verteidigungspolitik) ausgebaut. Die während der 90er-Jahre verfolgten Pläne zur einseitigen Veränderung von Grenzen zerschlugen sich dagegen am Widerstand der internationalen Gemeinschaft. In Bosnien-Herzegowina und Kosovo blieb der Staatsbildungsprozess bis Ende 2011 unvollendet, sein Ergebnis ungewiss. Auch die Lage Makedoniens blieb prekär. Die Gestaltung der innerstaatlichen Ordnung (Stichwort: Regionalisierung) und die Stellung von Teilgebieten mit kompakt siedelnden Minderheiten (z. B. Bosniaken im Sandžak, Albaner im südserbischen Preševo-Tal usw.) warfen nach wie vor eine Fülle ungelöster Fragen auf. Auffallend ist, dass in allen postjugoslawischen Staaten eine ausgeprägte Kontinuität der Eliten bestand. „Lustrationen", vergleichbar denen in anderen ehemals sozialistischen Ländern, gab es im postjugoslawischen Raum nicht.[815]

815 Während die Überprüfung/Durchleuchtung von Amtsträgern oder -bewerbern hinsichtlich ihrer politischen oder gesellschaftliche Rolle in der Vergangenheit sowie der damit verbundene Zugang zu Geheimdokumenten der Sicherheitsdienste im Zuge der „Entkommunisierung" in vielen Ländern Ostmitteleuropas seit 1990 (früher oder später und in unterschiedlichem Ausmaß) in Angriff genommen wurde, blieb sie in den postjugoslawischen Ländern aus. Selbst dort, wo entsprechende Gesetze verabschiedet wurden

Die Geschichte von sechs bzw. sieben Staaten über einen Zeitraum von zwei Jahrzehnten im Detail darzustellen, ist im Rahmen dieses Buches unmöglich, zumal es sich um eine Zeit der Neuorientierung und des grundsätzlichen Wandels auf staatlicher, politischer, wirtschaftlicher, rechtlicher und kultureller Ebene handelte mit instabilen Parteienlandschaften, (scheinbar) sprunghaften politischen Kurswechseln, einer Vielzahl von Reformprojekten und dem dreifachen Erbe von „Jugoslawismus“, Sozialismus und Krieg. Selbst die Geschichte der an Bevölkerungszahl und Territorium kleinsten Staaten steckt(e) voller – oft widersprüchlicher – Dynamiken, die sich schwer auf einen Nenner bringen lassen.

Die folgenden Unterkapitel konzentrieren sich auf gemeinsame Probleme der jugoslawischen Nachfolgestaaten im Umgang mit der jüngsten Vergangenheit und der Systemtransformation sowie auf Krisen und Weichenstellungen in Kroatien, Serbien, Makedonien, Kosovo und Bosnien-Herzegowina, jeweils ohne Anspruch auf Vollständigkeit. Slowenien sowie Montenegro, das bis Mitte 2006 mit Serbien in einer Staatenunion verbunden war, werden nur fallweise in einem breiteren Kontext erwähnt.

Slowenien war die einzige postjugoslawische Republik, die die Staatsbildung und Systemtransformation rasch bewältigte und 2004 in die EU aufgenommen wurde. Im Verbund der mittlerweile 27 Mitgliedstaaten hat sich das Land, gemessen am Pro-Kopf-Einkommen, im Mittelfeld der Union positioniert und rangiert damit vor allen (!) anderen postsozialistischen Mitgliedern aus den Erweiterungsrunden von 2004 und 2007. Bei der Arbeitslosenquote im Jahr 2010 lag Slowenien sogar deutlich besser als viele alte EU-Staaten. Die Erklärung für diesen erstaunlichen Erfolg, der nicht nur aus dem Rahmen aller anderen postjugoslawischen Staaten, sondern auch aus dem der ehemals sozialistischen Länder im Balkanraum und Ostmitteleuropa herausfällt, wäre eine eigene Untersuchung wert.

Im ersten Unterkapitel geht es um Kriegsfolgen und Kriegsbewältigung. Anschließend wird auf Umbrüche und Krisen im postjugoslawischen Raum (auf die Ablösung der autoritären Regime in Kroatien und Serbien, die Krise in Makedonien, die Unabhängigkeitserklärung Kosovos und die Dauerkrise in Bosnien) eingegangen. Zum Schluss soll der letzte Stand der Transformationsprozesse mithilfe von Entwicklungsindikatoren vergleichend zusammengefasst werden. Die Gliederung folgt somit nicht der Chronologie, sondern orientiert sich an ausgewählten Themenfeldern.

(wie in Serbien 2003), blieb ihre Implementierung stecken. Eine 2005 veröffentlichte Dokumentation belegt auf eindringliche Weise, dass Politiker und Medien das Thema mieden und dass die zivilgesellschaftlichen Akteure zu schwach waren, um es auf die öffentliche Agenda zu bringen. Hatschikjan, Magarditsch – Dušan Reljić – Nenad Šebek (Hg.): Disclosing hidden history: Lustration in the Western Balkans. A Project Documentation. Thessaloniki 2005.

2.1 Kriegsopfer und traumatisierte Gesellschaften

Zwischen dem Ende des Zweiten Weltkriegs und dem Ende der postjugoslawischen Kriege lag gut ein halbes Jahrhundert. Die älteren Generationen haben sowohl den Weltkrieg wie die jüngsten Kriege miterlebt. Und obwohl es keine genauen Zahlen gibt, kann man davon ausgehen, dass beide Kriegsperioden zusammen (1941–45 und 1991–99) etwa 1,2 Millionen Tote gefordert haben, davon eine Million im Weltkrieg und allein 100.000 im Bosnien-Krieg.[816] Über die Zahl der Kriegsopfer in Kroatien und Kosovo während der 90er-Jahre herrscht noch immer Unklarheit.[817] Nach Schätzungen unabhängiger Experten sollen in Kosovo zwischen Anfang 1998 und Ende 2000 8.000–10.000 Albaner sowie 2.000–2.500 Serben, Roma u. a. ums Leben gekommen sein.[818] In einer von mehr als 1.500 NGOs und Menschenrechtsorganisationen verfassten Petition wurde Mitte 2011 die Einrichtung einer Opferkommission gefordert, die alle Kriegsopfer in Kroatien, Bosnien und Kosovo und deren Todesumstände ermitteln soll. Die von den Präsidenten Kroatiens und Serbiens unterstützte Kommission soll Anfang 2013 ihre Tätigkeit aufnehmen, sodass in den darauffolgenden Jahren mehr Licht in das Dunkel dringen kann.

Im Vergleich zum Weltkrieg war die Zahl der Toten (insbesondere der getöteten Zivilisten) in den postjugoslawischen Kriegen deutlich geringer. Die Zahl der Flüchtlinge und Vertriebenen lag dagegen höher. Millionen Männer und Frauen sind während der beiden Kriegsperioden geflohen oder wurden vertrieben. Allein in Bosnien und Kosovo waren es in den 90er-Jahren insgesamt mehr als drei Millionen, in Kroatien über eine halbe Million (Serben und Kroaten zusammen). Rund 200.000 Menschen waren in den

816 Die Angaben über die Zahl der Toten in den postjugoslawischen Kriegen waren zunächst stark überhöht. Allein für Bosnien war von bis zu 250.000 Toten die Rede. Bisher nachgewiesen werden konnten etwa 100.000 Tote, von denen knapp die Hälfte Kombattanten waren. Vgl. u. a. Ahmetasevic, N.: Bosnia's Book of the Dead, in: http://www.birn.eu.com/en/88/10/3377; Tabeau, Ewa – Jakub Bijak: War-related Deaths in the 1992–1995 Armed Conflicts in Bosnia and Herzegovina: A Critique of Previous Estimates and Recent Results, in: European Journal of Population 21 (2005), 2–3, S. 187–215. Die Demografen am ICTY haben detaillierte Berechnungen über die mögliche Zahl der Opfer in einzelnen Regionen angestellt. Zu den Einzelheiten vgl. die 1215 Seiten umfassende Sammlung von Expertisen bei Tabeau, Ewa: Rat u brojkama (420).

817 Die Zahl der Kriegstoten in Kroatien wurde offiziell mit über 12.000 angegeben (knapp die Hälfte davon Zivilisten): Angaben des kroatischen Ministeriums für Familien, Vaterlandsverteidiger (Veteranen) und intergenerationelle Solidarität aus dem Jahr 2005. Siehe: Nacionalni program psihosocijalne i zdravstvene pomoći sudionicima i stradalnicima iz Domovinskog rata, in: http://www.mobms.hr/download.asp?f=dokumenti/Razno (letzter Zugriff im April 2008; inzwischen ist die Seite nicht mehr verfügbar).

818 Nach Angaben des „Humanitarian Law Center" in Belgrad: http://www.hlc.org/stranice/Linkovi-modula/Kosovska-knjiga-pamcenja.sr.html.

90er-Jahren in Lagern interniert, und Tausende Frauen und Mädchen wurden vergewaltigt.[819] Hinzu kommen die unmittelbaren Kriegsteilnehmer und deren Probleme in der Nachkriegszeit.[820] In Bosnien kämpften in der ersten Hälfte der 90er-Jahre zwischen 400.000 und 500.000 Männer (annähernd zwei Drittel der Männer im kriegsfähigen Alter) in den verschiedenen Militärformationen. Die nach Kriegsende gebildeten Veteranenverbände konnten nicht verhindern, dass die ehemaligen „Helden" sowie die Hinterbliebenen der „Märtyrer" sich einige Jahre später auf der Verliererseite des Krieges wiederfanden, in soziale Bedürftigkeit absanken und sich von der „Gesellschaft" verraten fühlten.[821]

Rechnet man alle Bevölkerungsgruppen, die unmittelbar von den beiden Kriegsperioden betroffen wurden (die Kriegstoten, die Flüchtlinge und Vertriebenen, die Lagerinsassen, die Kriegsinvaliden, die Kriegswaisen, die überlebenden Soldaten usw.), zusammen, so kommt man vermutlich auf eine Zahl von 5–6 Millionen Menschen (bei einer Gesamtbevölkerung von 22,4 Millionen, 1981). Das heißt, dass es im ehemaligen Jugoslawien kaum eine Familie gibt, deren Angehörige nicht in irgendeiner Form (Tod, Invalidität, Lagerhaft, Militärdienst, Vergewaltigung, Flucht/Vertreibung, Selbstmord) die Kriege und ihre unmittelbaren Folgen erlitten oder aktiv an einem der Kriege mitgewirkt haben.[822] Die Militärmedizinische Akademie in Belgrad geht davon aus, dass etwa 10 % der heutigen Bevölkerung Serbiens infolge der jüngsten Kriege unter einem Posttraumatischen Stresssyndrom (PTSD) leide. Darüber hinaus gebe es eine hohe Dun-

819 Zum Schicksal der Frauen in den Kriegen der 90er-Jahre vgl. u. a. Stiglmayer, A. (Hg.), Mass Rape (336); V. Kesić, V. – V. Janković – B. Bijelić (Hg.): Žene obnavljaju sjećanje: Centar za žene žrtve rata deset godina poslije, Zagreb 2003; L. Vušković [u. a.] (Hg.): Ženska strana rata. Beograd 2007.

820 Vgl. u. a. Heinemann-Grüder, Andreas: Turning Soldiers into a Working Force: Demobilization and Reintegration in Post-Dayton Bosnia and Herzegovina. Bonn 2003.

821 In Bosnien gab es Ende der 90er-Jahre etwa 85.000 Kriegsinvalden und 110.000 Familien gefallener Soldaten. Vgl. Bougarel, Xavier: The Shadow of Heroes: Former Combatants in Post-War Bosnia-Herzegovina, in: International Social Science Journal 189 (2006), S. 479–490. Bougarel beruft sich u. a. auf eine Veröffentlichung der Weltbank: Bosnia and Herzegovina: Local Level Institutions and Social Capital. Washington/D.C. 2002. Ein Veteran der bosnischen Regierungstruppen beklagte sich: „Now I'm simply ashamed of having worn this uniform and having been part of this army. It's because once the war had finished, when I went to look for some help, I had eight children in school, I went to talk to the mayor, my daughter and my son were very good students and I wanted them to continue their studies, and I asked for exceptional assistance. But it's not easy to meet the mayor, you have to make an appointment, take a yellow ticket. As demobilised combatants we didn't receive anything. I was ashamed and I'm still ashamed of having worn this uniform." World Bank, S. 36; zit. nach Bougarel, S. 7.

822 In Kroatien sei rund ein Viertel der Bevölkerung unmittelbar vom Krieg 1991–95 betroffen gewesen (darunter neben den Kriegstoten 34.610 Invalide, ferner vermisste Soldaten, ehemalige Lagerinsassen, Vertriebene/Flüchtlinge, Halb- und Vollwaisen u. a.). Hinzu kämen „sekundär traumatisierte" Personen. Vgl. Nacionalni program, a. a. O.

kelziffer.[823] Für Kroatien ist von 32.000 PTSD-Opfern die Rede.[824] Anderen Quellen zufolge sollen aber auch in Kroatien rund 10 % der Bevölkerung infolge der letzten Kriegsereignisse psychiatrische Hilfe in Anspruch nehmen.[825] In Bosnien und Kosovo liegt die Zahl der traumatisierten Menschen sehr viel höher.[826] Kriegstraumata gehörten im ehemaligen Jugoslawien zu den Tabuthemen (wie auch in vielen westlichen Gesellschaften bis zum Vietnamkrieg). Erst im Verlauf der 90er-Jahre setzte in den postjugoslawischen Staaten eine ernstzunehmende Beschäftigung mit dem Thema ein. Da viele Personen in wechselnden Konstellationen sowohl Opfer wie Täter waren, ergibt sich ein kompliziertes Gemisch aus teils traumatisierten, teils heroisierten, teils viktimisierten Erfahrungen, jeweils eingebunden in unterschiedliche politische, nationale und lokale Kontexte. Es gab Opfer, die nur Opfer waren, solche, die aus Tätern zu Opfern wurden, und andere, die aus Opfern zu Tätern wurden. Alle Opfergruppen – bosniakische, serbische, albanische und kroatische sowie einige Minderheiten – waren nicht nur Opfer ihrer jeweiligen Gegner, sondern auch Opfer ihrer politischen, militärischen und intellektuellen Führer. Das heißt, die Verantwortlichen stammten auch aus den eigenen Reihen, waren Serben, Kroaten, Albaner oder Bosniaken (mit unterschiedlichen Graden an Verantwortung), während die Exekuteure aus dem Lager der ethnischen Gegner stammten. Diese Konstellation kennen wir auch aus anderen Kontexten: Die 12–14 Millionen Deutschen, die am Ende des Zweiten Weltkriegs aus den Ländern Ostmittel- und Südosteuropas flohen oder vertrieben wurden, waren – unabhängig von ihrer individuellen Unschuld oder Schuld – in erster Linie Opfer der NS-Politik. Die Exekutoren dagegen waren die vormaligen Opfer: Polen, Tschechen und andere.

Mittlerweile liegt eine Reihe von Arbeiten vor, in denen die Wahrnehmungen sowohl der Kriegsteilnehmer als auch der Kriegsopfer der postjugoslawischen Kriege unter-

823 Politika v. 13. 3. 2010: „Vijetnamski sindrom na balkanski način".

824 Vgl. Soldo, Stanislav: Oboljeli od PTSP-a: Blokirat ćemo sve domove zdravlja, in: Slobodna Dalmacija vom 30. 10. 2010 (http://www.slobodnadalmacija.hr/Hrvatska/tabid/66/articleType/ArticleView/articleId/119968/Default.aspx.

825 Ivezić, Sladjana [u. a.]: Psychotic Symptoms and Co-morbid Psychiatric Disorders in Croatian Combat-related Post-traumatic Stress Disorder Patients, in: Croatian Medical Journal 41 (2000), 2, S. 179–183.

826 In Auswertung einer repräsentativen Umfrage in drei ethnisch gemischten Städten des ehem. Jugoslawien (im ostslawonischen Vukovar, in der Hauptstadt der Herzegowina, Mostar, und im bosnischen Prijedor) in den Jahren 2000–2002 stellten die Forscher fest: „With the exception of the Serbs in Prijedor, more than fifty percent of our participants suffered extreme trauma during the war." M. Biro [u. a.], Attitudes Towards Justice and Social Reconciliation in Bosnia and Herzegovina and Croatia, in: E. Stover/H. M. Weinstein (Hg.): My Neighbor, My Enemy. Justice and Community in the Aftermath of Mass Atrocity, Cambridge 2005. Hier zit. nach der Online-Ausgabe (ohne Seitenangaben): http://faculty.vassar.edu/tilongma/survey.html.

sucht werden. Stellvertretend erwähnt seien für die erste Gruppe (die der ehemaligen Krieger) die Arbeit von Natalija Bašić *Krieg als Abenteuer* und für die zweite Gruppe (die der Opfer) Steven Weines Untersuchung *When History is a Nightmare* oder die von Swanee Hunt ausgewerteten Interviews mit Frauen aus Bosnien *This was not our War.*[827] Die Erfahrungen sind extrem unterschiedlich und nach allem, was wir mittlerweile über Erinnerungen wissen, auch ziemlich unzuverlässig. Während viele Kroaten ihren „Vaterländischen Krieg" (domovinski rat) 1991–95 zum Gründungsmythos ihres neuen Staates ausstaffieren (analog der Bedeutung des Zweiten Weltkriegs für das zweite Jugoslawien),[828] erklärte der bereits mehrfach zitierte serbische Ex-Krieger Stevan Kovačević 1997 in einem Interview: „Das ist übrigens das, was so schlimm daran ist: Es wird gekämpft und ich habe es später erst begriffen, dass nur gekämpft wird wegen des Krieges und damit irgendjemand davon profitieren kann. Ich meine, es gibt keinen anderen Grund dafür."[829]

Noch ist es zu früh, um eine Zwischenbilanz der divergierenden Kriegserinnerungen zu ziehen. Auch die Erforschung der Kriegsfolgen steht noch ganz am Anfang. Diese umfassen ein breites Spektrum von unterschiedlichen Sachverhalten: den Verlust von Angehörigen, den Verlust der physischen und/oder psychischen Unversehrtheit, den Verlust von Eigentum, den Verlust der Heimat, den Verlust von Sicherheit und Vertrauen etc. Im Jahr 2007 hat Benjamin Bieber eine nahezu 700 Seiten starke Arbeit vorgelegt unter dem Titel *Die Hypothek des Krieges.*[830] Das Buch behandelt ein weites Panorama von Kriegsfolgen in Bosnien-Herzegowina, darunter die Versorgung von Inva-

827 Bašić, N.: Krieg als Abenteuer (251); Weine, S. N.: When History Is a Nightmare (343a); ders., Narrating the Traumas of Political Violence, Evenston/Ill. 2006; Hunt, Swanee: This Was Not Our War. Bosnian women reclaiming peace. Durham/NC [u. a.] 2004. Vgl. Auch Tanner, Samuel: The mass crimes in the former Yugoslavia: participation, punishment and prevention?, in: International Review of the Red Cross 90 (2008), No. 870, S. 273–287. Tanners Artikel beruht auf Interviews mit vier serbischen Kriegern in paramilitärischen Banden. Ders.: Political opportunities and local contingencies in mass crime participation: Personal experiences by former Serbian militiamen, in: Global Crime 8 (2007), No. 2, S. 152–171.

828 So erklärte z. B. ein in Friedensinitiativen engagierter kroatischer Veteran: „We are the winners of the war. The story of this epic is [one of] glorification. So what else can be said about it? Anyone who expresses criticism is questioned about his motives." Zit. nach Cruvellier, Thierry – Marta Valiñas, Croatia: Selected Developments in Transitional Justice, in: International Center for Transitional Justice. Occasional Paper Series, Dec. 2006, S. 26.

829 Zit. nach Bašić, N.: Krieg als Abenteuer (251), S. 48.

830 Bieber, Benjamin: Die Hypothek des Krieges. Eine soziologische Studie zu den sozialen Effekten von Kriegen und zur Reintegration von Veteranen, Kriegsinvaliden und Hinterbliebenen in Bosnien-Herzegowina, Hamburg 2007. Vgl. meine Rezension in: Militärgeschichtliche Zeitschrift 67 (2008), 1, S. 331–334.

liden, die Selbstmorde von ehemaligen Soldaten, Veteranen und Witwen, Kriminalität, Alkoholismus und aggressives Verhalten nach den Kriegen, kriegsbedingte Probleme in Ehe und Familie usw. Es enthält eine Fülle sehr wichtiger Beobachtungen, ist aber theoretisch, methodisch und empirisch so chaotisch angelegt, dass man aus ihm keine verallgemeinerbaren Aussagen herleiten kann (es sei denn ganz banaler Art). Die von Bieber herangezogenen Erkenntnisse der internationalen Kriegsfolgen-, Katastrophen- und Desasterforschung aus soziologischer, (sozial)psychologischer und historischer Perspektive haben seinen Zugang zum Untersuchungsgegenstand eher erschwert als erleichtert oder strukturiert. Was bleibt, ist der Eindruck, dass die bisherige Katastrophenforschung eine Vielzahl von Theorien und Erklärungsmodellen hervorgebracht hat, die nahezu alle umstritten sind und bestenfalls partielle Gültigkeit beanspruchen können.

Zu den physischen und psychischen Zerstörungen und Verletzungen kam die Vernichtung des kulturellen Erbes der jeweiligen Gegner, die seit der Haager Konvention zum Schutz von Kulturgut bei bewaffneten Konflikten von 1954 geächtet ist. Auch Jugoslawien gehörte zu den Unterzeichnerstaaten. Dessen ungeachtet wurden große Teile der über Jahrhunderte hinweg gewachsenen Kulturlandschaften in wenigen Jahren in Schutt und Asche gelegt oder schwer beschädigt. Einiges kann restauriert werden (und ist bereits restauriert worden), anderes ist unwiederbringlich verloren. Auch dies – der Verlust von diskursiv und symbolisch aufgeladenen Erinnerungsorten, von Fixpunkten kollektiver Identifikation – gehört zu den traumatischen Erfahrungen der postjugoslawischen Kriege. Begriffe wie „kultureller Genozid“, „geistlicher Genozid“ oder „Urbizid“ machten die Runde.[831] Sakrale Bauwerke (Kirchen, Moscheen, Klöster), weltliche Architektur (Bibliotheken, Museen, Archive), ganze Stadtareale (vornehmlich solche, die multikulturell geprägt waren), ferner Bücher, Inkunabeln, Geburts-, Heirats- und

---

831 Eine Gruppe von Architekten in Mostar thematisierte nach Kriegsbeginn die gezielte Zerstörung ihres städtischen (multikulturellen) Raums: „Mostar ’92 – Urbicid“. Dazu und zum Urbizid allgemein vgl. Coward, Martin: Community as Heterogeneous Ensemble: Mostar and Multiculturalism, in: Alternatives: Global, Local, Political 27 (2002), 1, S. 29–66; ferner Bogdanović, Bogdan: Die Stadt und der Tod. Klagenfurt 1993. Bogdanović spricht von einem „rituellen Städtemord“, durch den die Städte als „einzigartige Erinnerungsdepots“ ausgelöscht werden sollten. Die in der Literatur gelegentlich anzutreffende Deutung der postjugoslawischen Kriege als Kriege der Dörfer gegen die Städte rückt die Stadtfeindschaft in den Mittelpunkt des Geschehens. Die Vollstrecker der Stadtfeindschaft waren allerdings zu einem großen Teil selber Städter, sodass die Fronten alles andere als klar und einheitlich waren. Wie bereits mehrfach erwähnt, waren die Städter jedoch eine sehr heterogene Bevölkerungsgruppe. Denjenigen, die bereits seit mehreren Generationen in der Stadt lebten, standen die Neu-Städter mit starken Bindungen an das ländliche Normen- und Wertsystem gegenüber. Versteht man Stadt und Dorf im idealtypischen Sinn, wobei die Stadt für Heterogenität, Offenheit, bessere Bildung der Bewohner und Wandlungsbereitschaft, das Dorf dagegen für das Gegenteil steht, dann waren die postjugoslawischen Kriege in der Tat auch Kriege der Dörfer gegen die Städte.

Sterberegister usw. wurden – meist gezielt und systematisch sowie jenseits militärischer „Notwendigkeit" – vernichtet. Anderes fiel den Nöten des Kriegsalltags zum Opfer. „The cigarette I am smoking now was wrapped in a paper confirming someone's death: the cause of death written on it, and you can see the signature and official stamp of the physician. I admit that this is the last piece of paper a cigarette should be wrapped in; at the same time, I must admit there isn't much left that can shock me."[832]

Die Liste der willentlich zerstörten Kulturgüter ist fast unendlich lang. Stellvertretend erwähnt seien: die St.-Jakobs-Kathedrale in Šibenik, ein Meisterwerk der Mittelmeer-Renaissance aus dem 15. Jahrhundert, die barocken Zentren der Städte Vukovar, Osijek und Varaždin, die Alte Brücke über die Neretva in Mostar, ein Meisterwerk osmanischer Ingenieurkunst aus der zweiten Hälfte des 16. Jahrhunderts, die im pseudo-maurischen Stil Ende des 19. Jahrhunderts errichtete Nationalbibliothek in Sarajevo mit ihren Schätzen an seltenen Büchern und Handschriften, die traditionellen Wohntürme (Kullas) der Albaner in Kosovo, die Kirche der Hl. Mutter Gottes (Bogorodica Ljeviška) in Prizren vom Anfang des 14. Jahrhunderts sowie Hunderte von Moscheen, Kirchen, traditionellen Marktvierteln usw.: ein gigantischer Schutthaufen der Kultur.[833]

---

832 Mehmedinović, Semezdin: Sarajevo-Blues. Göttingen 1999, S. 89.

833 Vgl. United Nations, Final Report of the United Nations Commission of Experts Established Pursuant to Security Council Resolution 780 (1992); Annex XI: Destruction of Cultural Property, UN Document S/1994/674 vom 28. 12. 1994; Information Report on War Damage to the Cultural Heritage in Croatia and Bosnia-Herzegovina, Council of Europe Doc.6756, Council of Europe Parliamentary Assembly, Committee on Culture and Education, 1993. Ferner: Knežević, Snješka: Das Kulturgut Kroatiens – Opfer eines bewaffneten Konflikts, in: Sladek, Gerhard (Hg.): Das kulturelle Erbe im Risiko der Modernität: Salzburger Symposium 1992. Wien 1992, S. 41–60; Association of Architects Das-Sabih: Urbicide Sarajevo. Sarajevo 1994; Mileusnić, Slobodan: Duhovni genocid. Pregled porušenih, oštećenih i obesvećenih crkava, manastira i drugih crkvenih objekata u ratu 1991–1993. Spiritual genocide. Beograd 1994; Kamberi, Esat: Etnokulturocidi ne Kosove. Tetovo 1999; Herscher, Andrew – András Riedlmayer: Monument and Crime: The Destruction of Historic Architecture in Kosovo, in: Grey Room 01 (Herbst 2000), S. 108–122; Riedlmayer, András: Convivencia under Fire: Genocide and book burning in Bosnia, in: Rose, Jonathan (Hg.): The Holocaust and the Book. Destruction and preservation. Amherst 2001, S. 226–291; Riedlmayer, András: Destruction of Cultural Heritage in Bosnia-Herzegovina, 1992–1996: A Post-war Survey of Selected Municipalities. Expert report commissioned by the ICTY. The Hague 2002; Coward, Martin: Urbicide in Bosnia, in: Graham, Stephan (Hg.): Cities, War and Terrorism: Towards an Urban Geopolitics. London 2004, S. 154–171; Supple, Shannon: Memory Slain: Recovering Cultural Heritage in Post-war Bosnia, in: InterActions. UCLA Journal of education and information studies 1 (2005), 2, S. 1–11; Herscher, Andrew: Violence Taking Place. The Architecture of the Kosovo Conflict. Stanford 2010.

2.2 „Vergangenheitsbewältigung" : Pro und Contra

Zu den großen Herausforderungen der postjugoslawischen Gesellschaften gehört das, was hierzulande mit dem Begriff „Vergangenheitsbewältigung" und in der internationalen Forschung zumeist mit den Begriffen „coming to terms with the past" oder „reconciliation" bezeichnet wird. Was Vergangenheitsbewältigung von den meisten anderen Formen des Umgangs mit Vergangenheit unterscheidet, ist der Ausgangspunkt: das Eingeständnis eigener Verantwortung und Schuld. Wer ausschließlich oder primär die Verbrechen des vormaligen Feindes „aufarbeitet" oder eigene Verbrechen gegen diese aufrechnet, betreibt das Gegenteil von dem, was hier gemeint ist. In Deutschland umfasst(e) die Vergangenheitsbewältigung nach 1945 eine Vielzahl von Aspekten: Die juristische (d. h. sowohl strafrechtliche, zivilrechtliche als auch öffentlich-rechtliche) Aufarbeitung des NS-Regimes sowie die geschichtswissenschaftliche, ethische und soziale Auseinandersetzung mit dieser Zeit (einschließlich des politisch „korrekten" Sprachgebrauchs).[834] Diese Prozesse wurden durch die Siegermächte initiiert und hatten das Ziel, begangenes Unrecht nicht folgenlos zu lassen, das Leid der Opfer zu mildern, eine Wiederholung des Geschehens zu verhindern und die Ursachen sowie Hintergründe der Verbrechen zu analysieren und zu dokumentieren. Deutschland war in der glücklichen Lage, den Krieg ohne Wenn und Aber verloren zu haben, und es war ein besetztes Land, in dessen Westzonen schon bald nach Kriegsende das „Wirtschaftswunder" begann, welches den gesellschaftlichen Wandlungsprozess materiell unterfütterte.

Die Vergangenheitsbewältigung in der alten Bundesrepublik Deutschland wird zumeist als Erfolgsgeschichte dargestellt. Das war sie aber lange Zeit nicht, denn trotz der günstigen Umstände dauerte es rund ein Vierteljahrhundert, bis sie Breitenwirkung entfaltete. Und erst dreizehn Jahre nach Kriegsende wurde in Ludwigsburg die Zentrale Stelle zur Aufklärung nationalsozialistischer Gewaltverbrechen gegründet, welche die skandalösen Defizite der bisherigen Strafverfolgung durch deutsche Gerichte schließen sollte. Die Kompetenzen der neuen Zentralstelle wurden jedoch drastisch beschnitten. Ihre personelle Ausstattung blieb unzureichend, und sowohl die regulären Staatsanwaltschaften wie die Polizei zeigten sich nur sehr bedingt – wenn überhaupt – zur Zusammenarbeit mit der Zentralstelle bereit. Das Bild der „sauberen" Wehrmacht durfte nicht angetastet werden; zahlreiche Tätergruppen wurden faktisch amnestiert. Die Verfolgung

834 Vgl. Reichel, Peter: Vergangenheitsbewältigung in Deutschland. Die Auseinandersetzung mit der NS-Diktatur von 1945 bis heute, München 2001; Eitz, Thorsten – Georg Stötzel: Wörterbuch der „Vergangenheitsbewältigung". Die NS-Vergangenheit im öffentlichen Sprachgebrauch, Darmstadt 2008; Fischer, Torben – Matthias N. Lorenz (Hg.): Lexikon der „Vergangenheitsbewältigung" in Deutschland. Debatten u. Diskursgeschichte des Nationalsozialismus nach 1945. Bielefeld 2007.

„kleiner Befehlsträger", die unter „Befehlsnotstand" gehandelt hatten, blieb ausgeklammert. Zur Behinderung der neuen Zentralstelle durch Politik und Justiz kam die Anfeindung ihrer Tätigkeit durch die Öffentlichkeit. Gegen diese massiven Widerstände konnte die Zentralstelle nur dank des Engagements einiger weniger mutiger Juristen ihrer Aufgabenstellung auf längere Sicht zumindest partiell gerecht werden.[835] Aber selbst 65 Jahre nach Kriegsende ist die Vergangenheitsbewältigung noch immer nicht abgeschlossen.

Warum erwähne ich das? In den von den Kriegen der 90er-Jahre betroffenen postjugoslawischen Staaten wiederholen sich die Probleme, die es im Nachkriegsdeutschland gegeben hatte. Dies umso mehr, als alle oben genannten vorteilhaften Faktoren für die deutsche Vergangenheitsbewältigung in den postjugoslawischen Staaten nicht oder nur eingeschränkt bzw. in einer anderen Konstellation gegeben sind (Slowenien mit seinem Zehntagekrieg von 1991 lasse ich hier außer Betracht). Es gibt keine hundertprozentigen Gewinner und Verlierer, sondern nur partielle Gewinner und partielle Verlierer. Zu den Ersteren (gemäß ihrer Selbstwahrnehmung) gehören Kroatien, Kosovo und die Republika Srpska; zu den Letzteren Serbien und die bosniakisch-kroatische Föderation in Bosnien. Ohne hier auf Einzelheiten des partiellen Gewinns oder Verlusts und deren Problematik einzugehen, sei festgehalten, dass die Kategorien „Gewinn und Verlust" sowohl die kollektive Kriegserinnerung wie die Kriegsbewältigung nachhaltig beeinflussen, oft mehr als der Krieg selbst.

Hinzu kommt, dass die Kriege in Jugoslawien auch Bürgerkriege waren, Kriege von Nachbarn gegen Nachbarn, was ihre Aufarbeitung zusätzlich erschwert. Dies umso mehr, als es sich nicht um politisch-ideologische, sondern um ethnisch konnotierte Bürgerkriege handelte. Im Unterschied zu politischen Auffassungen gilt die Ethnizität als unverrückbar. Menschen können ihre politische Einstellungen „korrigieren", weil sie jung und unerfahren waren oder manipuliert wurden, aber ihre ethnische Zugehörigkeit gilt als Konstante: „Kroate bleibt Kroate", „Serbe bleibt Serbe" usw. Das alles sind keine

835 Vgl. Rückerl, Adalbert: Strafverfolgung von NS-Verbrechen 1945–1978. Eine Dokumentation. Karlsruhe 1979; Frei, Norbert – Dirk van Laak – Manfred Stolleis (Hg.): Geschichte vor Gericht. Historiker, Richter und die Suche nach Gerechtigkeit. München 2000; Weinke, Annette: Die Verfolgung von NS-Tätern im geteilten Deutschland. Paderborn [u. a.] 2002; Miquel, Marc von: Ahnden oder amnestieren? Westdeutsche Justiz und Vergangenheitspolitik in den sechziger Jahren. Göttingen 2004; Pöschko, Hans H. (Hg.), Die Ermittler von Ludwigsburg. Deutschland und die Aufklärung nationalsozialistischer Verbrechen. Herausgegeben im Auftrag des Fördervereins Zentrale Stelle e. V. Berlin 2008; Krösche, Heike: „Die Justiz muss Farbe bekennen". Die öffentliche Reaktion auf die Gründung der Zentralen Stelle der Landesjustizverwaltungen 1958, in: Zeitschrift für Geschichtswissenschaft 56 (2008) H. 4, S. 338–357; Weinke, Annette: Eine Gesellschaft ermittelt gegen sich selbst. Die Geschichte der Zentralen Stelle Ludwigsburg 1958–2008. Darmstadt 2008.

optimalen Voraussetzungen für eine kritische Beschäftigung mit der jüngsten Vergangenheit, zumal – wie oben erwähnt – alle vormaligen Kriegsparteien davon überzeugt sind, dass sie im Kampf um das „Überleben" ausschließlich einen gerechten Krieg geführt haben. Drei bis vier Millionen Frauen, Männer und Kinder sind als Flüchtlinge, Vertriebene, Gedemütigte oder Ermordete Opfer dieses Gruppendenkens geworden.[836]

Kriegs- bzw. Vergangenheitsbewältigung mit der für Bürgerkriegsgesellschaften spezifischen Komponente der ethnischen und/oder politischen Versöhnung ist ein vielschichtiger Prozess, eine Herkules-Aufgabe, die auf unterschiedlichen Ebenen mit unterschiedlichen Zeitrahmen in Angriff genommen werden muss und durch Kontroversen über Ursachen, Auslöser und Rahmenbedingen des Konflikts schwer belastet wird. Einen „Königsweg" gibt es nicht. Und immer wieder stellt sich die Frage, ob Vergangenheitsbewältigung überhaupt notwendig ist. In allen Gesellschaften mit einer „problematischen" Geschichte wird von Zeit zu Zeit die Forderung laut, man solle einen Schlussstrich unter die Vergangenheit ziehen und sich der Gegenwart und Zukunft zuwenden. Das mag gut gemeint sein. Zum einen mit Blick auf die vielen Mitläufer, die es in jeder Gesellschaft gibt. Und mit Blick darauf, dass man nicht die Hälfte oder drei Viertel einer Gesellschaft zur Rechenschaft ziehen kann. Zum anderen ist die Auseinandersetzung mit geschehenem Unrecht oft mit dem Bedürfnis nach Rache verknüpft, was zwar verständlich, aber nicht zukunftsweisend ist. Bei der Schlussstrich-Debatte geht es in der Regel um die jüngere Vergangenheit, die im „kommunikativen Gedächtnis" der Erlebensgeneration und ihrer unmittelbaren Nachkommen gespeichert ist. Sehr viel seltener geht es um die weiter zurückliegende Vergangenheit, die Eingang in das „kulturelle Gedächtnis" – den Langzeitspeicher – der Gesellschaft gefunden hat und die weitgehend dem entspricht, was Friedrich Nietzsche als „monumentalistische Historie" bezeichnet hat. Hierzu gehören auch die historischen Mythen. Die Ungleichbehandlung der jüngeren und der älteren Vergangenheit ist mit Blick auf die Erlebnisgeneration psychologisch nachvollziehbar, obwohl sie von der Sache her nicht begründbar ist.[837]

836 Zum Gruppendenken vgl. Janis, Irving L.: Victims of Groupthink. New York 1972; ders. – Leon Mann: Decision making: A psychological analysis of conflict, choice, and commitment. New York 1977.

837 Das gilt jedenfalls dann, wenn das oben erwähnte Paradigma eines „auserwählten Traumas" realistisch ist. Zu dessen mitunter verheerenden Langzeitwirkungen vgl. Pick, Thomas M.: The Myth of the Trauma/The Trauma of the Myth: Myths as Mediators of Some Long-term Effects of War Trauma, in: Peace and Conflict: Journal of Peace Psychology 7 (2001), 3, S. 201–226. Der Autor unterscheidet zwischen „myths with highly destructive outcomes, as well as ones with benign outcomes". Zu den Ersteren zählt er z. B. den serbischen Kosovo-Mythos oder den irischen Mythos der Schlacht am Boyne, zu den Letzteren den ungarischen Mythos der Schlacht von Mohács oder den portugiesischen Mythos der Schlacht von Alcazarquivir. Über die Merkmale destruktiver Mythen schreibt Pick (S. 223): „It would appear that there are two major noxious ingredients contributing to the causation of inter-ethnic war: (a) unmourned traumata

Wer von „Rückkehr zur Normalität“ oder von „Schlussstrich“ spricht, meint in der Regel nicht das *Ende* eines Prozesses kritischer Auseinandersetzung mit der jüngsten Vergangenheit (und noch weniger mit der älteren Vergangenheit), sondern verwahrt sich gegen den *Beginn* eines solchen Prozesses. Die Schlussstrich-Befürworter setzen sich vornehmlich aus vier unterschiedlichen Gruppen zusammen, die sich partiell überschneiden. Zur ersten Gruppe gehören diejenigen, die als Täter in Verbrechen der jüngeren Vergangenheit involviert waren und eine strafrechtliche Verfolgung befürchten. Zur zweiten Gruppe gehören große Teile der Bevölkerung, die sich mit den Tätern solidarisieren (die vielen Mitläufer und Sympathisanten).[838] Die dritte Gruppe setzt sich aus „Pragmatikern“ zusammen, die die Debatten über Vergangenheit als Hindernis bei der Bewältigung der Probleme in Gegenwart und Zukunft empfinden und davon überzeugt sind, dass die Beschäftigung („Obsession“) mit Vergangenheit die bestehenden Gräben weiter vertieft bzw. noch nicht vernarbte Wunden wieder aufreißt. Zu dieser Gruppe gehören auch Außenstehende, wie z. B. der erste „Hohe Repräsentant für Bosnien-Herzegowina“ Carl Bildt. Er lehnte es 1996 ab, sich für den militärischen Schutz eines Expertenteams einzusetzen, das sich um die Exhumierung von Kriegstoten kümmern wollte. „His main argument was that after years of difficult negotiations, the Bosnians had finally achieved a lasting peace agreement. Therefore, they should stop looking into the past and focus on the future instead.“[839] Und die Vertreter des vierten Lagers wollen mit einem Schlussstrich die Versöhnung zwischen vormals verfeindeten Bevölkerungsgruppen innerhalb der eigenen Gesellschaft ermöglichen bzw. fördern. Ein besonders prominentes Beispiel für die vierte Gruppe war Kroatiens Präsident Franjo Tudjman und sein Umgang mit dem Weltkrieg. Tudjman verband in der zweiten Hälfte der 1990er-Jahre seine Überlegungen zur Umgestaltung der Gedenkstätte Jasenovac, des größten kroatischen Konzentrationslagers im Zweiten Weltkrieg, mit einem umfassenden Projekt nationaler Versöhnung *(pomirba)*.[840] Er war sich bewusst, dass die kroatische Gesellschaft einen Grundkonsens brauchte, um Zusammenhalt zu entwickeln. Der Augenblick schien günstig zu sein. Der Krieg gegen die Serben 1991–95 hatte die Gesellschaft

with (b) rage being directed outward not inward. It would seem from this limited sample that the existence of unmourned trauma(ta) is a necessary – but not sufficient – condition to create a nutrient subsoil for inter-ethnic warfare.“

838 Hier geht es nicht um (Kolletiv-)Schuld, sondern um Mitverantwortung. Zur Diskussion vgl. Clark, Natalya: Collective Guilt, Collective Responsibility and the Serbs, in: East European Politics and Societies 22 (2008), S. 668–692.

839 Nowak, Manfred: Bosnia: Reconciliation is a Local Matter, in: Transitions Online, 3/14 (2006), S. 2; abrufbar unter: http://www.tol.cz und http://ceeol.com.

840 Einzelheiten bei Brkljačić, Maja – Holm Sundhaussen: Symbolwandel und symbolischer Wandel. Kroatiens „Erinnerungskulturen“, in: Osteuropa 53 (2003), 7, S. 933–948.

zusammengeschweißt; nun galt es, sie dauerhaft zu einen, bevor sie wieder auseinanderfiel. Doch auf dem schmalen Pfad zwischen Erhabenem und Frivolem geriet Tudjman ins Rutschen. Dass er ausgerechnet Jasenovac zum symbolischen Ort der allkroatischen Versöhnung erkor, verdeutlicht, dass er die politisch-ideologische Versöhnung mit einer ethnischen Exklusion erkaufen wollte. Er wollte den Graben zwischen kroatischen Faschisten und kroatischen Antifaschisten, zwischen Ustasche und kommunistischen Widerstandskämpfern, kroatischen Tätern und kroatischen Opfern durch einen alles versöhnenden Nationalismus überbrücken, die Spaltung der kroatischen Gesellschaft und ihrer Erinnerungskulturen beenden. Die nichtkroatischen Opfer (insbesondere Serben, aber auch Juden und Roma) wurden damit aus der „Erinnerung" ausgeschlossen und auf dem Altar der Versöhnung geopfert. Das kollektive Gedächtnis sollte alle Kroaten (und nur sie) umschließen, gleich welcher politischen Couleur. Zu ihnen zählten auch die einstigen Todfeinde Tito und Pavelić (ebenso wie der Kommunist Andrija Hebrang und Bischof/Kardinal Stepinac). Titos Gebeine sollten aus dem Mausoleum in Belgrad nach Kroatien überführt werden ebenso wie die sterblichen Überreste des 1959 in Spanien verstorbenen Ustascha-Führers Ante Pavelić. „Ich bin dafür, dass die Gebeine jedes kroatischen Menschen, der für Kroatien gelebt hat, in kroatischer Erde ruhen", erklärte Tudjman 1996 gegenüber Journalisten.[841] Mit dieser Sammlung kroatischer Gebeine in kroatischer Erde sollte ein Schlussstrich unter die Auseinandersetzung mit der Weltkriegsvergangenheit gezogen werden, bevor diese unter postsozialistischen Bedingungen überhaupt beginnen konnte.

Kurzfristig mag diese Art der Versöhnung erfolgreich sein, längerfristig ist sie es in der Regel nicht. Fast immer erweist sich der Schlussstrich als Illusion, auch wenn die Forderung danach – wie gleich zu zeigen sein wird – keineswegs unberechtigt ist. Sie ist illusorisch, weil Menschen ohne Vergangenheit nicht leben können, weil der Drang zu erfahren, woher man kommt und was einem passiert ist, unausrottbar bleibt. Man kann eine *spezifische* Vergangenheit oder Teile einer ungeliebten, beunruhigenden Vergangenheit verdrängen, vergessen, verschweigen oder so deuten, dass man mit ihr leben kann. Menschen haben zu allen Zeiten und überall auf der Welt vergessen, denn Vergessen kann überlebenswichtig sein. Die bislang wenig erforschte Geschichte des Vergessens ist ebenso spannend wie die Geschichte des Erinnerns. Aber Vergessen ist kein Willensakt.

---

841 Zitiert nach Küppers, Bernhard: Knochen aus dem Blumenhaus. Kroatiens Präsident Tudjman will Tote in die Heimat holen – darunter auch sein großes Vorbild Tito und einen Faschistenführer, in: Süddeutsche Zeitung vom 26. 4. 1996, S. 3. Zu den Homologien zwischen der Welt der Toten und der Welt der Lebenden und zur Vorstellung, dass man die Lebenden durch die Zusammenführung der Toten versöhnen könne, vgl. Hertz, Robert: A Contribution to the Study of the Collective Representation of Death, in: Année Sociologique 10 (1907), S. 48–137.

Man kann nicht etwas vergessen *wollen*, sondern man vergisst, weil etwas nicht (mehr) kommuniziert wird,[842] weil man einer erneuten Konfrontation mit dem Geschehenen aus dem Weg gehen will, weil man mit dem Vergessenen im Reinen ist, weil es Dinge gibt, die als wichtiger empfunden oder als wichtiger deklariert werden, oder weil das Vergessene durch andere Erfahrungen oder Erinnerungen überschrieben wurde. Im Unterschied zum Vergessen kann man (öffentliches) Schweigen verordnen. Und ein lang durchgehaltenes kollektives Schweigen mag zu einem geordneten/verordneten Vergessen führen.[843] Doch sofern es sich um traumatische Erlebnisse handelt, die in den neuronalen Netzwerken tiefer verankert sind als weniger dramatische Erfahrungen, ist dies ziemlich unwahrscheinlich – zumindest für die Betroffenen und zumindest in pluralistischen Gesellschaften, wo sich die Betroffenen öffentlich artikulieren können. Eher ist es möglich, dass etwas, das zeitweilig vergessen oder zumindest verschwiegen worden war, aus dem Vergessen zurückkehrt oder zurückgeholt wird (Recovered Memory).[844] Und es ist möglich, dass eine Vergangenheit gar nicht vergangen ist, sondern die Wahrnehmung der Gegenwart entscheidend prägt. Eine nicht vergangene Vergangenheit verschweigen zu wollen ist daher gleichbedeutend mit einem Schlussstrich unter die Gegenwart und Zukunft. Irgendwann wird die verdrängte, „vergessene" Vergangenheit die Gegenwart in höchst problematischer Weise einholen. Mitunter erst nach langer Zeit und unerwartet. Das ehemalige Jugoslawien und sein Umgang mit dem Zweiten Weltkrieg liefert dafür überaus beeindruckendes und bedrückendes Anschauungsmaterial. Die Saat der „unbewältigten Vergangenheit" ging in der zweiten Hälfte der 1980er- und Anfang der 90er-Jahre – vier Jahrzehnte nach dem Ende des Weltkrieges – in unvorhergesehen destruktiver Form auf.

Andererseits ist das Plädoyer für einen Schlussstrich unter die Vergangenheit dann berechtigt, sinnvoll und notwendig, wenn man zwischen Vergangenheit und Geschichte differenziert. Das Wort „Vergangenheit" hat drei Bedeutungen. Es bezeichnet zum einen

842 Die Nichtkommunikation mit anderen schließt nicht aus, dass jemand seine Erlebnisse mit sich selbst „kommuniziert", sodass trotz des Schweigens die Erinnerung fortlebt und ständig neu aufbereitet wird.

843 Simon, Dieter: Geordnetes Vergessen, in: Smith, Gary – Margalit, Avishai (Hg.): Amnestie oder die Politik der Erinnerung in der Demokratie. Frankfurt/M. 1997, S. 21–36; Schwan, Gesine: Die Idee des Schlussstrichs – oder: Welches Erinnern und welches Vergessen tut der Demokratie gut?, in: ebda., S. 90–99.

844 Seit den 1990er-Jahren diskutieren Psychologen intensiv über das Problem der „recovered and false memories". Vgl. Andrews, A. [u. a.]: Recovered memories: The report of the working party of the British Psychological Society, in: Pezdek, Kathy – William P. Banks (Hg.): The recovered memory/false memory debate, San Diego 1995, S. 373–392, sowie den gedrängten Forschungsbericht von Wright, Daniel B. – James Ost – Christopher C. French: Recovered and false memories, in: The Psychologist 19 (2006), 6, S. 352–355.

die Summe all dessen, was vor der Gegenwart war. Zum anderen bezeichnet es die Bilder, die Vorstellungen, die wir uns von der Vergangenheit machen. Und drittens wird Vergangenheit im Sinne von Geschichte benutzt – als Synonym. Vergangenheit und Geschichte sind jedoch nicht dasselbe. Zu denjenigen, die systematisch eine Unterscheidung zwischen beiden Begriffen vorgenommen haben, gehört der englische Historiker John Harald Plumb, der 1968 am City College in New York eine Vorlesung hielt, die später unter dem Titel *The Death of the Past* veröffentlicht wurde.[845] Die deutsche Übersetzung trägt den Titel *Die Zukunft der Geschichte*. Der Tod der Vergangenheit und die Zukunft der Geschichte sind aus Plumbs Sicht zwei Seiten ein und derselben Medaille. Wenn er von „Vergangenheit" spricht, meint er die mentalen Bilder, die wir uns davon machen. Der Mensch stecke voller Neugierde und sei oft ein sehr genauer Beobachter. „Daher war die Vergangenheit, die er benutzte, entweder um sich selbst oder seine Gesellschaft zu erhalten, nie eine bloße Erfindung. Sie enthielt einen großen Teil dessen, was dem Stamm oder dem Volk, dem er angehörte, tatsächlich zugestoßen war […]." Doch sei Vergangenheit „niemals Geschichte, obwohl sie partiell historisch sein mag. Geschichte ist, wie die Naturwissenschaft, […] ein intellektueller Prozess […,] Geschichte ist […] intellektuell aus *Erkenntnis* erwachsen […]."[846] Plumb differenzierte also zwischen Vergangenheit oder Vergangenheitsbildern bzw. Gedächtnis/Erinnerung auf der einen und Geschichte als wissenschaftlich konstruierter Vergangenheit auf der anderen Seite. „Nichts ist je in so korrupter Weise benutzt worden wie die Konzepte der Vergangenheit. Die Zukunft der Historie und der Historiker wird die Geschichte der Menschheit von diesen irreführenden Interpretationen einer zweckvollen Vergangenheit zu säubern haben. Der Tod der Vergangenheit kann nur sinnvoll sein, solange die Geschichte blüht."[847]

Mit anderen Worten: Geschichte ist die *Voraussetzung* für einen Schlussstrich unter die Vergangenheit. Die meisten derjenigen, die vom Schlussstrich sprechen, meinen im Übrigen auch gar nicht den Schlussstrich unter die Vergangenheit, der sie nach wie vor herzlich verbunden bleiben, sondern den Schlussstrich unter die Geschichte, die sie – völlig zu Recht – als Bedrohung empfinden. Die Vergangenheit mit ihren Helden, Märtyrern und Opfern ist heilig; Geschichte ist profan. Deshalb lehnen die Schlussstrich-Apologeten die Geschichte ab. Das klingt paradox, obwohl es kein Widerspruch ist, denn Geschichte und Vergangenheit bekämpfen sich wechselseitig und schließen einander aus, auch wenn sie sich partiell überlappen.

845 Plumb, John H.: The Death of the Past, New York 2003 (Erstauflage 1969); dt.: Die Zukunft der Geschichte. Vergangenheit ohne Mythos, München 1971.
846 Plumb, J. H.: Zukunft der Geschichte, a. a. O., S. 12.
847 Ebda., S. 16. Diese Erwartung hat sich im Fall des ehemaligen Jugoslawiens bekanntlich nicht erfüllt.

Wie seinerzeit in Deutschland, so stand auch für das ehemalige Jugoslawien die justizielle Aufarbeitung der jüngsten Vergangenheit am Anfang eines komplexen und schmerzhaften Prozesses. Im Fall Jugoslawiens erfolgt sie auf drei Ebenen: durch den Internationalen Gerichtshof der Vereinten Nationen (ICJ) in Den Haag (zuständig für zwischenstaatliche Klagen), durch das temporäre UN-Kriegsverbrechertribunal für das ehemalige Jugoslawien (ICTY) (zuständig für die Bestrafung der Hauptkriegsverbrecher) und durch die Gerichte sowie Sonderstaatsanwaltschaften in den postjugoslawischen Staaten selbst. Der 1998 ebenfalls in Den Haag eingerichtete ständige Internationale Strafgerichtshof (ICC) nimmt grundsätzlich ähnliche Aufgaben wahr wie das Kriegsverbrechertribunal für das ehemalige Jugoslawien (oder das Tribunal für Ruanda), wird aber nur in denjenigen Fällen aktiv, für die keine zeitlich befristeten Sondertribunale existieren.

Noch während des bosnischen Krieges reichte die Regierung in Sarajevo beim Internationalen Gerichtshof der UN (ICJ) eine Klage gegen das damalige (Rest-)Jugoslawien ein. Kroatien folgte diesem Schritt im Juli 1999,[848] und Ende 2008 reichte die Belgrader Regierung ihrerseits eine Klage gegen Kroatien ein. In den beiden ersten Fällen ging es um die Verantwortung der Belgrader Regierung für den Völkermord in Bosnien bzw. Kroatien, während Serbien die kroatische Regierung wegen des Völkermords an den kroatischen Serben im Sommer 1995 verklagte. Am 26. Februar 2007 entschied der ICJ über die Klage Bosniens. Das Weltgericht verurteilte das Massaker von Srebrenica im Juli 1995 als Genozid (ebenso wie das ICTY), sprach jedoch Serbien (als Staat) von einer direkten Verantwortung für die Aktionen der bosnisch-serbischen Armee und der paramilitärischen Banden mangels Beweisen frei.[849] Allerdings warf es Serbien vor, seinen Verpflichtungen gemäß der UN-Völkermord-Konvention von 1948, einen Genozid zu verhindern, nicht nachgekommen zu sein und die Aufklärung des Verbrechens erschwert zu haben.[850] Über die Klage Kroatiens gegen Serbien hat das ICJ bis Ende 2011 nicht

848 Serbien bestritt die Zuständigkeit des Gerichts, da die seinerzeitige Bundesrepublik Jugoslawien (Restjugoslawien) nicht Mitglied der UN und damit die Genfer Völkermordkonvention für sie nicht bindend gewesen sei. Außerdem bezögen sich die Anklagepunkte auf einen Zeitraum vor Entstehung des heutigen Serbien. Das Gericht verwarf die serbische Position Mitte November 2008 und erklärte sich für zuständig. Ein Urteil stand Ende 2011 noch aus.

849 Vgl. die vom ICJ veröffentlichte Zusammenfassung des Urteils: http://www.icj-cij.org/docket/index.php?sum=667&code=bhy&p1=3&p2=2&case=91&k=f4&p3=5.

850 Unklar bleibt, ob der Freispruch Serbiens nur deshalb zustande kam, weil die Richter des einen UN-Gerichts, des ICTY, auf serbisches Verlangen hin wichtige Passagen aus einem Protokoll des Obersten Serbischen Verteidigungsrates geschwärzt und damit die Beweisführung des anderen UN-Gerichts, des ICJ, beeinträchtigt hatten. Florence Hartmann, die Sprecherin der ehemaligen Chefanklägerin des ICTY, Carla del Ponte, hat diesen Verdacht geäußert. HARTMANN, FLORENCE: Vital genocide documents concealed (21. 1. 2008), in: http://www.bosnia.org.uk/news_body.cfm?newsid=2341.

entschieden.[851] Ob es einen Staat wegen Völkermords verurteilen kann oder ob Staaten grundsätzlich Immunität genießen, bleibt umstritten. Und inwieweit die wechselseitigen Klagen Bosniens, Kroatiens und Serbiens der Aufarbeitung der Vergangenheit dienen, ist ebenfalls umstritten.

2.3 DAS HAAGER KRIEGSVERBRECHERTRIBUNAL

Die Gräuel und Verbrechen der postjugoslawischen Kriege leiteten ein neues Kapitel in der Geschichte der internationalen Strafgerichtsbarkeit ein. Erstmals seit den Kriegsverbrechertribunalen von Nürnberg und Tokio wurde mit der UN-Resolution 827 vom Mai 1993 ein internationales Strafgericht ins Leben gerufen – ein Meilenstein auf dem dornigen Pfad zur Internationalisierung des Strafrechts.[852] Im Unterschied zu den Tribunalen von Nürnberg und Tokio, deren Personal sich aus Vertretern der Siegermächte zusammensetzte, ist das ICTY ein unabhängiges Gericht, deren Richter von der Vollversammlung der Vereinten Nationen bestimmt werden. Der Chefankläger wird vom UN-Sicherheitsrat ernannt. Das ICTY[853] ist als Ad-hoc-Gericht für die Verfolgung schwerer Verletzungen des humanitären Völkerrechts, begangen auf dem Territorium des ehemaligen Jugoslawiens seit 1991, zuständig. Es stand Modell u. a. für die Einrichtung des internationalen Straftribunals für Ruanda (1994), des gemischten Tribunals für Sierra Leone (2002) und des ständigen Internationalen Strafgerichtshofs in Den Haag (2003). Mit der Gründung des ICTY wurde das Ende der Straflosigkeit für Staatsoberhäupter und Regierungschefs eingeleitet. Jede Person, gleich welchen Ranges, kann seitdem für völkerrechtliche Verbrechen strafrechtlich zur Verantwortung gezogen werden.

Der Weg zur Gründung des Gerichts war gepflastert mit Stolpersteinen. Der UN-Menschenrechtsbeauftragte für Jugoslawien, Mazowiecki, hatte in seinem ersten Bericht von Ende August 1992 die Bildung einer Kommission zur Untersuchung schwerer

851 Vgl. die Darstellung des ICJ vom 18. 11. 2008 über den bisherigen Verlauf des Verfahrens: http://www.icj-cij.org/docket/files/118/14891.pdf?PHPSESSID=1a547c2189f92fe59e517af8991a0744. Zum weiteren Zeitplan: http://www.icj-cij.org/docket/files/118/15847.pdf?PHPSESSID=1b751d3f67c82267eb0179ab43f4f35f.

852 Vgl. dazu Bienk-Koolman, Sabine: Die Befugnis des Sicherheitsrates der Vereinten Nationen zur Einsetzung von ad hoc-Strafgerichtshöfen: zur Rechtmäßigkeit der Einsetzung des Internationalen Strafgerichtshofs für das ehemalige Jugoslawien sowie zum nachfolgenden Wandel in Praxis und Rechtsauffassung. Frankfurt/M. [u. a.] 2009.

853 Der vollständige Name lautet: International Criminal Tribunal for the Prosecution of Persons Responsible for Serious Violations of International Humanitarian Law Committed in the Territory of the Former Yugoslavia Since 1991.

Kriegsverbrechen im ehemaligen Jugoslawien und zur Vorbereitung eines Kriegsverbrechertribunals vorgeschlagen. Der Sicherheitsrat stimmte mit der Resolution 780 am 6. Oktober 1992 diesem Vorschlag zu und verpflichtete die Mitgliedsländer, die Kommission innerhalb von dreißig Tagen mit relevanten Informationen zu versorgen. Mit Ausnahme der USA hielt sich kein Land an diesen Termin. Namentlich Großbritannien und Frankreich taten alles, um die Arbeit der Kommission zu torpedieren. Die Sicherung von Beweismaterial kam unter diesen Voraussetzungen nur äußerst schleppend oder gar nicht voran. Der Vorsitzende der Kommission, der Niederländer Frits Kalshoven, emeritierter Professor für Internationale Menschenrechte an der Universität Leiden, erklärte, er sei „von maßgeblichen Personen" bei den Vereinten Nationen angewiesen worden, keine Untersuchung gegen serbische Politiker wie Slobodan Milošević oder Radovan Karadžić durchzuführen. Der US-Botschafter bei den Vereinten Nationen in Genf, Morris Abram, fügte hinzu: „Es fällt sehr schwer zu entscheiden, ob man mit dem Finger auf die Leute zeigen oder mit ihnen verhandeln soll. Als Rechtsanwalt würde ich natürlich gern jeden strafrechtlich verfolgen, der solcher abscheulichen Verbrechen schuldig ist. Als Diplomat oder Politiker oder Staatsmann würde ich aber auch gern das Morden beenden, ihm Einhalt gebieten. Sie haben hier einen wirklichen Konflikt zwischen zwei Positionen [...]. Ich weiß auch nicht, was die richtige Mischung ist."[854] Insbesondere die Friedensvermittler für Bosnien, Cyrus Vance und Lord David Owen, standen der Kommission ablehnend gegenüber. „The last thing [supporters of the Vance-Owen venture] wanted was to have an activist Commission of Experts that could likely prove the accusations made by Secretary Eagleburger.[855] The priority at that time was to achieve a political settlement – and justice was not viewed as an inducement to that end. Indeed, there was then great apprehension that the Commission might be an impediment to a political settlement."[856] Im September 1993 trat Frits Kalshoven von seinem Posten zurück (gut zwei Jahre bevor der UN-Menschenrechtsbeauftragte Mazowiecki ebenfalls sein Amt aus Protest niederlegte). „‚The Commission did not have the full political support of major governments', said Kalshoven, charging that the United Kingdom and France in particular had refused to contribute to the trust fund or otherwise cooperate with the Commission, thus depriving it of the resource it needed to do its work. ‚Other major countries haven't given us any support either, but I was very angry about these two because they are

854 Zitate nach Gutman, R.: Augenzeuge des Völkermords (283), S. 199, 204.

855 Zu Eagleburgers Anschuldigungen vgl. Kapitel 1.2.

856 So Cherif Bassiouni, der Nachfolger Kalshovens, in einem Papier von 1996, zit. nach Scharf, Michael P.: Cherif Bassiouni and the 780 Commission: The Gateway to the Era of Accountability, – in: Occasional Paper of the Frederick K. Cox International Law Center, October 2006, S. 9 (abrufbar unter: http://law.case.edu/curriculum/news/pdfs/Occasional_Paper_Of_The_Cox_Center.pdf, S. 7.

permanent members of the U.N. Security Council. If they didn't want us to participate actively, they shouldn't have voted for us', [...]. Kalshoven added that when he asked the United Kingdom to supply a combat engineering unit to help us with exhuminations at a mass grave believed to maintain the bodies of 200 Croatian hospital patients murdered at Vukovar, ‚Britain simply didn't react to our request'."[857] Nachfolger Kalshovens wurde der an anderer Stelle bereits erwähnte Ägypter Cherif Bassiouni, der die Tätigkeit der Kommission gegen alle Widerstände, mit finanzieller Unterstützung einzelner Staaten und privater Stiftungen, vorantrieb und Ende April 1994 den Abschlussbericht der Kommission vorlegte, der mit 22 Anhängen 3.384 Seiten umfasst und den Grundstein für die Tätigkeit des ICTY legte.[858] Bassiouni konnte die Repräsentanten wichtiger Staaten und internationaler Organisationen davon überzeugen, „that international accountability would achieve five key objectives: establishing individual responsibility, discrediting institutions and leaders responsible for the commission of atrocities, establishing an accurate historical record, providing victim catharsis, and promoting deterrence".[859] Obwohl die Gründung des ICTY (mit Enthaltung Chinas) einstimmig von den Mitgliedern des Sicherheitsrats gebilligt wurde, bestanden weiterhin erhebliche Vorbehalte gegen dessen Tätigkeit. Wiederholt hat die internationale Gemeinschaft aus „realpolitischen" Abwägungen die strafrechtliche Verfolgung von vermutlichen Kriegsverbrechern in den Hintergrund gerückt.[860] Auch manche westlichen Regierungen scheinen gehofft zu haben, dass sich das ICTY als Totgeburt entpuppen würde.

Am 22. Mai 1999 – während des Kosovo-Krieges – sorgte das Tribunal für einen Paukenschlag. An diesem Tag unterzeichnete die Chefanklägerin, die Kanadierin Louise Arbour, die Anklageschrift gegen Slobodan Milošević und weitere vier Mitglieder der serbischen Führung.[861] Zum ersten Mal in der Geschichte wurde damit ein amtierender Staatschef wegen Verbrechen gegen die Menschlichkeit von einem internationalen Gericht unter Anklage gestellt. Arbour hatte es abgelehnt, sich zuvor mit den Vertretern der Großmächte abzusprechen, wohl wissend, dass diese gegen eine Anklage Miloševićs Vorbehalte geltend gemacht hätten. Die Gespräche zwischen den G8-Staaten und

857 Ebda.

858 Der „final report" ist abrufbar (u. a.) unter: http://www.ess.uwe.ac.uk/comexpert/report_toc.htm.

859 SCHARF, M.P.: Cherif Bassiouni, a. a. O., S. 11.

860 Zur Diskussion vgl. SCHARF, M. P. – P. R. WILLIAMS, Peace with Justice? (421).

861 Milan Milutinović, Präsident Serbiens, Dragoljub Ojdanić, Chef des Generalstabs, Nikola Šainović, stellvertretender Präsident der (rest)jugoslawischen Bundesregierung, und Vlajko Stojiljković, Innenminister Serbiens. Fall IT-99-37, in Kraft getreten am 24. 5., veröffentlicht am 27. 5. 1999. Später wurde die Anklage erweitert (Fall IT-02-54). Zu einer Zusammenfassung der Anklage und des Prozessverlaufs vgl.: Case Information Sheet: „Kosovo, Croatia & Bosnia" (IT-02-54) Slobodan Milošević, in: http://www.icty.org/x/cases/slobodan_milosevic/cis/en/cis_milosevic_slobodan.pdf.

Milošević über eine Beendigung der NATO-Intervention waren in vollem Gange. Und aus Sicht der Politiker kam Arbours Anklage zum denkbar ungünstigsten Augenblick, da sie glaubten, auf Milošević als Verhandlungspartner nicht verzichten zu können. Ein nach Den Haag entsandter Vertreter der russischen Regierung erklärte, dass die Anklageschrift die Aussichten auf einen Frieden gefährde. Ähnlich äußerte sich auch der französische Innenminister Jean-Pierre Chevènement. Arbour ließ sich davon aber nicht einschüchtern. Einem amerikanischen Gesprächspartner richtete sie aus: „Ich schlage [der amerikanischen Außenministerin] Madeleine Albright vor, dass sie nicht versucht, mich zu finden."[862] Danach verschwand sie für mehrere Tage und blieb unerreichbar. Doch die Anklagschrift stand und war nicht mehr aus der Welt zu schaffen.

Das Tribunal in Aktion

Bis 2010 wurden 161 Personen angeklagt, darunter Staatspräsidenten, Ministerpräsidenten, Innenminister, Generäle usw.[863] Zu den bekanntesten Angeklagten gehören Slobodan Milošević, Radovan Karadžić, Biljana Plavšić, General Ratko Mladić, der kroatische General Ante Gotovina, der Bandenführer Vojislav Šešelj sowie der UÇK-Führer und zeitweilige kosovarische Ministerpräsident Ramush Haradinaj. Etwa 5.700 Zeugen aus aller Welt wurden vom Gericht gehört. Die Anklagebehörde soll sieben Millionen Dokumente zusammengetragen haben.[864] Der Prozess gegen Milošević, der 2001 von der serbischen Regierung Zoran Djindjić nach Den Haag überstellt worden war, endete mit dessen Tod am 11. März 2006 im Untersuchungsgefängnis und konnte nicht abgeschlossen werden.[865] Karadžić wurde 2008 von Belgrad nach Den Haag ausgeliefert. Sein Prozess begann am 26. Oktober 2009, das Urteil wird Ende 2012 erwartet. Von Biljana Plavšić war bereits die Rede. Das erstinstanzliche Urteil im Verfahren gegen Ge-

862 Zit. nach HARTMANN, F.: Mir i kazna (399), S. 18.

863 Unter den Angeklagten befinden sich 66 bosnische Serben, 26 Serben, 19 bosnische Kroaten, 11 Kroaten, 9 Bosniaken, 6 Kosovo-Albaner, 4 kroatische Serben, 3 Montenegriner/Serben, 2 Albaner, 2 Makedonier sowie 13 weitere Angeklagte, deren Zuordnung unklar ist.

864 So der Chefankläger Serge Brammertz in einem Interview vom 25. 6. 2011: http://diepresse.com/home/politik/aussenpolitik/672851.

865 Anlässlich des fünften Jahrestags von Miloševićs Tod rief das „Internationale Komitee ‚Slobodan Milošević'" zu einer Protestveranstaltung am 11. 3. 2011 in Wien auf (siehe http://dijaspora/wordpress.com/2011/02/03/14071/). In dem Aufruf heißt es: „Es gilt, die Verantwortlichen für den Tod von Präsident Milošević endlich ausfindig zu machen! Wir fordern die Schließung des illegalen Tribunals und treten ein für die konsequente Verteidigung des Völkerrechts!" Dass die Initiatoren in ein und demselben Satz die konsequente Verteidigung des Völkerrechts fordern und zugleich ein UN-Tribunal als illegal bezeichnen, deutet auf die heillose Verwirrung in ihren Köpfen hin.

neral Gotovina wurde im April 2011 gesprochen.[866] Der Abschluss des Prozesses gegen Šešelj ist für März 2012 geplant. Und Haradinaj wurde in einem sehr problematischen Verfahren wegen Mangels an Beweisen Anfang April 2008 freigesprochen. Dass die in diesem Prozess untersuchten Verbrechen von Angehörigen der UÇK begangen wurden, stand für das Gericht außer Zweifel. Aber es konnte die Beziehungen zwischen den Tätern und Haradinaj als politischem Führer nicht hinreichend beweisen.[867] Die Haager Anklagebehörde legte Berufung gegen den Freispruch ein, dem teilweise stattgegeben wurde. Ende 2010 wurde der Prozess neu aufgerollt. Was Mladić betrifft, so gab der serbische Staatspräsident am 26. Mai 2011 bekannt, dass er verhaftet worden sei.[868] Der letzte vom Gericht gesuchte Angeklagte, Goran Hadžić, vormals Präsident des „Autonomen Distrikts Slawonien, Baranja und Westsyrmien", wurde im Juli 2011 in Serbien verhaftet und an das Tribunal überstellt.

Die Prozesse vor dem ICTY sind einerseits gekennzeichnet durch das Bestreben, nicht nur den Tathergang und das unmittelbare Umfeld der Tat, sondern auch den breiteren historischen Kontext zu rekonstruieren.[869] Dies ist bei „normalen" Gerichtsverfahren in der Regel nicht der Fall. Nach Auffassung des Menschenrechtlers Richard A. Wilson ist es aber gerade die Verknüpfung von herkömmlichen juristischen Beweisstücken bei der Klärung von einzelnen Straftaten mit einem dazugehörigen historischen Narrativ, die

866 Gotovina wurde zu 24 Jahren Haft, der mitangeklagte General Mladen Markač zu 18 Jahren Haft verurteilt. Den dritten Angeklagten, General Ivan Čermak, sprach das Gericht frei. Zur Begründung des Urteils siehe das Judgement Summary vom 15. 4. 2011: http://www.icty.org/x/cases/gotovina/tjug/en/110415_summary.pdf. Die Verteidigung kündigte einen Antrag auf ein Berrufungsverfahren an. Große Teile der kroatischen Öffentlichkeit nahmen das unerwartet harte Urteil gegen Gotovina und Markač mit Bestürzung und Protest auf. In einer gemeinsamen Erklärung wiesen 19 kroatische NGOs jedoch darauf hin, dass die „Operation Sturm" auch „eine dunkle Seite" gehabt habe und dass die Verantwortlichen für die Verbrechen zur Rechenschaft gezogen werden müssten.

867 Der Freispruch wurde wesentlich dadurch begünstigt, dass viele Zeugen der Anklage aus Furcht vor Vergeltung nicht vernommen werden konnten. „During the trial the Chamber received evidence from almost 100 witnesses. Nevertheless, the Chamber encountered significant difficulties in securing the testimony of a large number of these witnesses. Many cited fear as a prominent reason for not wishing to appear before the Chamber to give evidence. In this regard, the Chamber gained a strong impression that the trial was being held in an atmosphere where witnesses felt unsafe [...]." Judgement Summary, 3. 4. 2008: http://www.icty.org/x/cases/haradinaj/tjug/en/080403_Haradinajetal._summary_en.pdf.

868 Vgl. dazu den Abschnitt „Annäherung an Europa" im Kapitel 3.2. Der Fund von 18 militärischen Tagebüchern des Generals im Februar 2010 lieferte den Ermittlern in Den Haag neues Beweismaterial, das auch für andere (abgeschlossene oder noch offene) Verfahren von Bedeutung ist.

869 Zu diesem Zweck wurden auch viele Historiker als Experten angehört. Vgl. dazu die kritischen Ausführungen der kroatischen Strafrechtlerin Turković, Ksenija: Historians in Search for Truth about Conflicts in the Territory of Former Yugoslavia as Expert Witnesses in front of the ICTY, in: Časopis za suvremenu povijest 36 (2004), 1, S. 41–67.

der Rechtsprechung des ICTY eine neue Qualität verleiht.[870] Insofern schreibt das ICTY Geschichte im doppelten Sinn: Es hat nicht nur das internationale Strafrecht weiter entwickelt, sondern leistet auch einen Beitrag zur Rekonstruktion der Geschichte des zweiten Jugoslawiens und der 90er-Jahre.

Die neue Doktrin des „Joint criminal enterprise"

Darüber hinaus ist das Tribunal bestrebt, auch die „Schreibtischtäter" und sonstigen Mittäter zur Verantwortung zu ziehen. Zu diesem Zweck entwickelte das Gericht – unter Berufung auf das Völkergewohnheitsrecht – die Doktrin des gemeinsamen kriminellen Unternehmens („Joint criminal enterprise"). Vereinfacht gesprochen geht es dabei darum, ob nur derjenige schuldig ist, der eine Straftat (z. B. einen Mord) ausführt, oder ob auch diejenigen schuldig sind, die seine Tat billigend in Kauf nehmen bzw. sich an einer gemeinsamen Aktion beteiligen, die eine Straftat nach sich zieht oder diese zumindest als Risiko impliziert. Inwieweit waren z. B. Milošević, Karadžić, Mladić, Tudjman, Gotovina u. a. für die Taten paramilitärischer Banden verantwortlich? Bedurfte es für deren Wirken einer lückenlosen Befehlskette von oben nach unten? Gab es nur *eine* Befehlskette oder gab es mehrere – miteinander rivalisierende und gelegentlich gegeneinander – operierende Befehlsketten? War es notwendig, dass Personen mit politischer oder militärischer Verantwortung in jedem Einzelfall einen Befehl zur ethnischen Säuberung gaben? Oder wussten die paramilitärischen Banden auch ohne dies, was sie zu tun hatten? [871] Und wussten Milošević, Karadžić, Mladić u. a., dass die Bandenführer es wussten? Entfalteten diese ihre kriminelle Energie somit im Bewusstsein (stillschweigender?) Billigung von oben?[872]

---

870 WILSON, RICHARD A.: Judging History: The Historical Record of the International Criminal Tribunal for the Former Yugoslavia, in: Human Rights Quarterly 27 (2005), S. 908–942; insbes. S. 940.

871 Ein serbischer Ex-Krieger, der im Sommer 1995 in der Umgebung von Srbrenica aktiv war, erzählte in einem Interview: „Some of the orders used to come from our leader [a political mobster], but you have to know that some instructions about what to do, as well as where to go, also came from both local crisis staff and the local polulation. Once we knew where to go, we were free to act and everybody knew exactly what to expect from us." TANNER, SAMUEL: Political Oppurtunities and Local Contingencies in Mass Crime Participation: Personal Experiences by Former Serbian Militiamen, in: Global Crime, 8 (2007), 2, S. 152–171; hier S. 165.

872 Dabei musste nur die ethnische Grenzziehung beachtet werden. Hätten z. B. serbische Banden andere Serben beraubt, gedemütigt, getötet, ihre Mädchen und Frauen vergewaltigt, wären sie Kriminelle gewesen (und einige von ihnen hatten vor dem Krieg ja tatsächlich im Gefängnis gesessen). Da sie aber Bosniaken und Kroaten beraubten, demütigten, töteten, ihre Mädchen und Frauen vergewaltigten, galten sie als „Patrioten". Einige mögen geglaubt haben, dass sie gegen einen Feind kämpften, für andere dürfte dies eher gleichgültig gewesen sein. Sie nutzen die Chance, sich bereichern und „austoben" zu können. Dass sie damit zugleich ein „patriotisches Werk" vollbrachten, beflügelte sie.

In der Sprache der Juristen liest sich das „Joint criminal enterprise“ (JCE) wie folgt: „Der für die wechselseitige Zurechnung der Tatbeiträge erforderliche gemeinsame Tatplan (‚common plan, design or purpose‘) muss auf die Begehung von einem oder mehrerer Völkerrechtsverbrechen gerichtet sein. Der Tatplan braucht nicht vor der Begehung der Tat festzustehen, sondern kann auch spontan gefasst werden. Sein Vorliegen kann aus dem Zusammenwirken mehrerer Personen bei der Umsetzung eines kriminellen Unternehmens abgeleitet werden. An den Tatbeitrag, den der einzelne Beteiligte erbringen muss, stellt die Rechtsprechung keine besonderen Anforderungen; grundsätzlich kann jede Art der Mitwirkung ausreichen. Insbesondere ist nach der Rechtsprechung nicht erforderlich, dass der Einzelne sich an der Begehung eines Völkerrechtsverbrechens direkt beteiligt und dass der Tatbeitrag für die Realisierung des gemeinsamen Plans unentbehrlich oder auch nur wesentlich ist.“[873]

Mit anderen Worten: Es handelt sich um eine sehr breit ausgelegte Art der Mittäterschaft, die unter Juristen umstritten ist. Für Historiker ist das „Joint criminal enterprise“ weniger problematisch, da sie anders als normalerweise Juristen das historische Umfeld einer Tat oder eines Ereignisses im Blick haben (unabhängig von juristischen Gesichtspunkten). In der zweiten erweiterten Fassung der Anklageschrift gegen Milošević, die die damalige Chefanklägerin Carla del Ponte Ende Oktober 2002 einbrachte, heißt es: „(6.) Slobodan Milosevic participated in a joint criminal enterprise as set out in paragraphs 24 to 26. The purpose of this joint criminal enterprise was the forcible removal of the majority of the Croat and other non-Serb population from the approximately one-third of the territory of the Republic of Croatia that he planned to become part of a new Serb-dominated state through the commission of crimes in violation of Articles 2, 3, and 5 of the Statute of the Tribunal. […] (7.) This joint criminal enterprise came into existence before 1 August 1991 and continued until at least June 1992.“[874] Als Mit-

873 Werle, Gerhard: Völkerstrafrecht. 2. Aufl. Tübingen 2007, S. 177 f.; vgl. auch Haan, Verena: Joint Criminal Enterprise: Die Entwicklung einer mittäterschaftlichen Zurechnungsfigur im Völkerstrafrecht. Berlin 2008. Ferner Pjanić, Jasmina: Joint Criminal Enterprise. New form of individual criminal responsibility, in: http://www.okobih.ba/files/docs/Jasmina_Pjanic_ENG_i_BHS.pdf. Pjanić schreibt: „Joint criminal enterprise (JCE) is a theory of liability that has been most extensively elaborated on by the prosecutors, defense attorneys and judges at the International Criminal Tribunal for the former Yugoslavia (ICTY). Although JCE has several forms, it essentially requires the prosecution to prove: that a group of people had a common plan, design, or purpose to commit a crime, that the defendant participated in some way in the plan and that the defendant intended the aim of the common plan. If the prosecution proves these elements, the accused can be convicted of all completed crimes within the scope of the common plan, as well as all crimes that he did not intend but that were a foreseeable consequence of the common plan.“

874 Erweiterte Anklage gegen Milošević (IT-02-54-T) vom 23. 10. 2002: http://www.icty.org/x/cases/slobodan_milosevic/ind/en/mil-2ai020728e.htm.

wirkende werden außer den an anderer Stelle dieses Buches bereits erwähnten Personen (Milošević, Borisav Jović und Veljko Kadijević zwölf weitere Personen in führenden politischen oder militärischen Positionen benannt.[875] Allen wurde eine Mittäterschaft bei den ethnischen Säuberungen in Kroatien 1991/92 vorgeworfen.

Anlässlich der Rückeroberung der „Serbischen Republik Krajina" im Sommer 1995 wurde dann die serbische Bevölkerung Opfer eines „Joint criminal enterprise". Laut Anklage des Tribunals vom 2. August 2010 riefen führende kroatische Politiker und Militärs, mit Tudjman an der Spitze, ihrerseits ein „gemeinsames kriminelles Unternehmen" zur ethnischen Säuberung ins Leben. „The plan to permanently and forcibly remove the Krajina Serbs", heißt es in der Anklageschrift gegen Ante Gotovina[876], Ivan Čermak[877] und Mladen Markač[878], „crystallised at the 31-Jul-95 Brijuni Meeting attended by Tudjman, Gotovina, Markač, Šušak[879], Červenko[880] and other members of the Croatian military leadership. Tudjman, Supreme Commander and the ultimate political and military leader of Croatia, directed his subordinates to initiate the planned military operation in the Krajina with an artillery attack aimed at ensuring the panicked flight of civilians, inflicting ‚such blows that the Serbs will to all practical purposes disappear'. Buttressing the artillery attack, the plan included psychological operations designed to encourage the Serbs to flee while attempting to mask that goal. Gotovina, Markač, Šušak, Červenko and other participants at the meeting understood and agreed with Tudjman's directions and contributed to the plan's formulation."[881]

875 General Blagoje Adžić, Generalstabschef der JVA, General Aleksandar Vasiljević, Chef des militärischen Abschirmdienstes (KOS), Jovica Stanišić, (stellvertretender) serbischer Gemeindienstchef, Franko Simatović, auch genannt „Frenki", Chef der Spezialeinheiten des serbischen Geheimdienstes, Tomislav Simović, serbischer Verteidigungsminister, Milan Martić, Innenminister der Serbischen Republik Krajina und Befehlshaber der Polizei (der „Martićevci"), Milan Babić, Präsident der Serbischen Republik Krajina, Goran Hadžić, Regierungschef der Serbischen Republik Krajina, Radovan Stojičić, auch genannt „Badža", Kommandeur einer Einheit der serbischen Spezialpolizei in Kosovo und Kommandeur der Territorialverteidigung in der Krajina, Željko Raznatović, auch genannt „Arkan", Kommandeur der Serbischen Freiwilligengarde („Arkanovci" oder „Arkans Tiger"), Vojislav Šešelj, Chef der Serbischen Radikalen Partei und Organisator der Tschetniks („Šešeljevci") und Momir Bulatović, Präsident Montenegros.

876 Ante Gotovina (Jg. 1955), ehem. Fremdenlegionär, von Tudjman zum General befördert, Kommandant der „Operation Sturm", von Tudjmans Nachfolger, Stipe Mesić, i. J. 2000 zwangspensioniert. Im April 2011 zu 24 Jahren Haft verurteilt.

877 Ivan Čermak (Jg. 1949): Befehlshaber des Armeekorps Knin, wurde vom Gericht freigesprochen.

878 Mladen Markač (Jg. 1955): Befehlshaber der kroatischen Spezialpolizei. Im April 2011 zu 18 Jahren Haft verurteilt.

879 Gojko Šušak (1945–1998): kroatischer Verteidigungsminister, vormals Pizzabäcker in Kanada.

880 Zvonimir Červenko (1926–2001): Chef des kroatischen Generalstabs.

881 Aus der Anklageschrift gegen Ante Gotovina, Ivan Čermak u. Mladen Markač vom 2. 8. 2010 (IT-06-

Im „Srebrenica-Prozess", in dem 315 Zeugen gehört und 5.383 Beweisstücke (mit einem Gesamtumfang von über 87.000 Seiten) gesichtet wurden, folgten die Richter der Anklage und sahen die Existenz von zwei kriminellen Unternehmen für erwiesen an. „One was a joint criminal enterprise to murder the able-bodied Bosnian Muslim men from Srebrenica (the ‚JCE to Murder'), and the other was a joint criminal enterprise to forcibly remove the Bosnian Muslim population from Srebrenica and Žepa (the ‚JCE to Forcibly Remove')." Alle sieben Angeklagten, die sich seinerzeit in verantwortlichen Positionen befunden hatten, wurden am 10. Juni 2010 – entsprechend ihrer individuellen Beteiligung an einem oder beiden JCE – zu Haftstrafen (von 5 Jahren bis lebenslänglich) verurteilt.[882]

Das Verfahren gegen die Verantwortlichen für ethnische Säuberungen in der „Republik Herceg-Bosna" (Janko Prlić u. a.) war Ende 2010 noch nicht abgeschlossen. Auch in diesem Fall ging die Anklage von der Existenz eines JCE aus: „(15) From on or before 18 November 1991 to about April 1994 and thereafter, various persons established and participated in a joint criminal enterprise to politically and militarily subjugate, permanently remove and ethnically cleanse Bosnian Muslims and other non-Croats who lived in areas on the territory of the Republic of Bosnia and Herzegovina which were claimed to be part of the Croatian Community (and later Republic) of Herceg Bosna, and to join these areas as part of a ‚Greater Croatia' [...] by force, fear or threat of force, persecution, imprisonment and detention, forcible transfer and deportation, appropriation and destruction of property and other means [...]. The territorial ambition of the joint criminal enterprise was to establish a Croatian territory with the borders of the Croatian Banovina, a territorial entity that existed from 1939 to 1941. It was part of the joint criminal enterprise to engineer the political and ethnic map of these areas so that they would be Croat-dominated, both politically and demographically. (16.) A number of persons joined, participated in and contributed to the joint criminal enterprise, including Franjo Tudjman, the President of the Republic of Croatia (deceased, 10 December 1999); Gojko Šusak, the Minister of Defence of the Republic of Croatia (deceased, 3 May 1998); Janko Bobetko, a senior General in the Army of the Republic of Croatia (deceased, 29 April 2003); Mate Boban, President of the Croatian Community (and Republic) of HercegBosna (deceased, 8 July 1997); Jadranko Prlić [... sowie weitere acht Personen]."[883]

90-T 36879): http://www.icty.org/x/cases/gotovina/custom5/en/100802.pdf. Vgl. auch „Judgement Summary" vom 15. 4. 2011: http://www.icty.org/x/cases/gotovina/tjug/en/110415_summary.pdf.

882 Vgl. das „Judgement Summary" im Verfahren gegen Vujadin Popović, Ljubiša Beara, Drago Nikolić u. a. vom 10. 6. 2010: http://www.icty.org/x/cases/popovic/tjug/en/100610summary.pdf. Von dort führt ein Link zum vollständigen Wortlaut des Urteils (im Umfang von 882 Seiten).

883 Zweite erweiterte Anklageschrift im Verfahren gegen Janko Prlić u. a. (Case No. IT-04-74-T) vom 11. 6. 2008: http://www.icty.org/x/cases/prlic/ind/en/080611.pdf.

Über die Rechtsprechung des ICTY liegt bereits eine umfangreiche Literatur vor, auf die hier nicht eingegangen werden soll.[884] Grundsätzlich bleibt festzuhalten, dass dem Tribunal die Machtmittel fehlen, über die Gerichte souveräner Staaten verfügen. Seine Arbeit wurde und wird vor allem durch sechs Umstände erheblich erschwert: 1. Es hat keine Möglichkeit, Angeklagte in Haft zu nehmen. Dazu bedarf es der Mitwirkung der Staaten, in denen sich die Angeklagten aufhalten, oder der Mitwirkung der internationalen Gemeinschaft bzw. ihrer Truppen vor Ort.[885] 2. Ohne Anwesenheit des Angeklagten kann das ICTY keinen Prozess eröffnen. Prozesse in absentia sind nicht zulässig. 3. Hinsichtlich der Bereitstellung von Beweismaterial ist das Gericht ebenfalls (wenn auch nicht allein) auf die Kooperationsbereitschaft der postjugoslawischen Staaten angewiesen, die lange Zeit verweigert wurde. Beweise wurden zurückgehalten und vertuscht. 4. Das Tribunal ist außerstande, das Erscheinen von Zeugen vor Gericht zu erzwingen. Auch in diesem Fall ist es auf die Mitwirkung der Heimatländer oder auf die Freiwilligkeit der Zeugen angewiesen. 5. Das Gericht besitzt nur begrenzte Möglichkeiten zum Schutz der Zeugen und kann deren Sicherheit in ihrem Heimatland nicht gewährleisten oder deren Einschüchterung verhindern. Besonders im Verfahren gegen den ehemaligen UÇK-Führer Haradinaj und zwei weitere Angeklagte erwies sich dieser Umstand als Haupthindernis bei der Durchführung des Prozesses. Und 6. Die Tätigkeit des Tribunals ist zeitlich begrenzt, seine finanzielle Ausstattung ist angesichts der Komplexität seiner Aufgaben knapp bemessen. Auch der Umstand, dass das Personal des Sondergerichts aus Ländern mit teilweise unterschiedlichen Rechtstraditionen stammt, erschwert die tägliche Arbeit. Und dass auch die Richter und Ankläger in Den Haag nicht fehlerfrei sind, versteht sich von selbst.

Dennoch steht außer Zweifel, dass das Haager Kriegsverbrechertribunal – ungeachtet aller Anlaufschwierigkeiten, ungeachtet aller internen Querelen und ungeachtet der mangelnden Bereitschaft mehrerer Staaten bei der Verhaftung von Angeklagten[886] – ei-

884 Siehe die Auswahl von Monografien im Quellen- und Literaturverzeichnis.

885 Als die IFOR Ende 1995 nach Bosnien kam, hatte sie kein Mandat zur Verhaftung mutmaßlicher Kriegsverbrecher. Auf Drängen der damaligen Chefanklägerin Ann Arbour erhielt sie das Mandat und nahm ab 1997 mehrere Angeklagte fest. Andere – wie Karadžić und Mladić – setzten sich rechtzeitig nach Serbien, Montenegro oder in die Republika Srpska ab, wo sie sich jahrelang frei bewegten.

886 Dieser Vorwurf richtet sich nicht nur gegen die postjugoslawischen Staaten, sondern auch gegen die Westmächte. Immer wieder wurde der dringende Verdacht laut, dass einzelne Staaten sowie die Friedenstruppen der internationalen Gemeinschaft die Verhaftung von Karadžić, Mladic sowie ehemaliger UÇK-Führer verzögert oder hintertrieben hätten. Vgl. Del Ponte, C.: Im Namen der Anklage (468), S. 364; Luck, Maybritt: Peace Operations and International Criminal Justice: Building Peace After Mass Atrocities. New York 2009, S. 1 ff. Besonders harsch fällt die Kritik von Florence Hartmann, der ehemaligen Sprecherin von Carla Del Ponte, aus. Sie beschuldigt insbesondere die USA und Großbritannien (in geringerem Maße Frankreich) sowie das angelsächsische Personal beim Kriegsverbrechertribunal (einschließlich einzelner Richter) gezielter Sabotage bei der Strafverfolgung. Hartmann, F.: Mir i kazna (399), S. 43 ff.

nen wesentlichen und unverzichtbaren Beitrag zur Aufklärung der Verbrechen in den 90er-Jahren geleistet hat und leistet (ähnlich wie seinerzeit das Nürnberger Kriegsverbrechertribunal der Alliierten) und dass es für seine Tätigkeit in den postjugoslawischen Staaten bis etwa 2003 keinen und seither nur einen unzulänglichen Ersatz gibt.[887] Die Fokussierung auf wenige Hauptkriegsverbrecher ist keineswegs unproblematisch, weil damit die „kleinen Täter", die Mitläufer und Sympathisanten aus der Verantwortung entlassen und scheinbar entlastet werden, aber dieser Entlastungseffekt ist bislang in den postjugoslawischen Gesellschaften nicht eingetreten (diese solidarisieren sich vielmehr mit den Angeklagten ihrer Nation). Und falls er eintreten würde, spräche das noch nicht gegen die juristische Verfolgung der Hauptverantwortlichen. Dass sich vor dem Gericht Individuen (und nicht Nationen) verantworten müssen, hat andererseits an der Vorstellung großer Teile der Bevölkerung in Ex-Jugoslawien nichts geändert, dass es die jeweils andere Nation (und nicht Individuen) waren, die die Verbrechen begangen haben.[888] Trotz alledem: Das Haager Tribunal ist nicht nur für die Opfer wichtig; es ist nicht nur wichtig aus Gründen der Strafverfolgung (im Kampf gegen eine allzu lang praktizierte Straffreiheit für Hauptverantwortliche); sondern das Tribunal ist auch unverzichtbar für die Zeitgeschichte. Das vom Gericht zusammengetragene Material ist für die weitere Aufarbeitung des Geschehens ebenso unverzichtbar und unersetzbar wie die Materialien des Internationalen Militärgerichtshofs in Nürnberg.

Ein politisches Gericht?

Dennoch – oder deswegen – stehen große Teile der Bevölkerung, sowohl in Serbien und Kroatien wie in der bosnischen Republika Srpska oder in Kosovo, dem Haager Tribunal ablehnend gegenüber oder akzeptieren dessen Tätigkeit nur deshalb, weil sie Nachteile

und passim. Hartmanns stellenweise an Verschwörungstheorien grenzende Behauptungen stützen sich allerdings oft nur auf Gerüchte und Spekulationen. Vgl. die ausführliche Rezension von Hoare, Attila M. in: http://greatersurbiton.wordpress.com/2008/01/10/florence-hartmanns-peace-and-punishment. Wegen Missachtung des ICTY erhob das Tribunal im Herbst 2008 Anklage gegen die Autorin und verurteilte sie zu einer Geldstrafe. Vgl. Hoare, A. M.: Florence Hartmann indicted; Hague Tribunal tries to silence a whistleblower (1. 9. 2008), in: http://greatersurbiton.wordpress.com/2008/09/01; Human Rights Organisations from the former Yugoslavia, Florence Hartmann before The Hague Tribunal (6. 11. 2008), in: http://www.bosnia.org.uk/news_body.cfm?newsid=2510.

887 Vgl. die nachfolgenden Ausführungen über transitionale Justiz.

888 „Though the ICTY has for than a decade investigated and prosecuted war crimes in the former Yugoslavia, simply no evidence indicates that individual Bosnians, Croats, or Serbs blame individuals for crimes committed against them rather than ‚Bosnian Muslims', ‚Croats', or ‚Serbs'." Mendeloff, David: Truth-Seeking, Truth-Telling, and Postconflict Peacebuilding. Curb the Enthusiasm?, in: International Studies Review 6 (2004), 3, S., 355–380; hier S. 368.

von ihrem Land abwehren wollen. Bekanntlich ist die Kooperation mit dem Haager Tribunal eine der Voraussetzungen für eine Aufnahme in die EU. In Serbien haben sich in Umfragen in den Jahren 2003–2006 konstant nur 15 % der Bürgerinnen und Bürger für die Kooperation mit dem Haager Tribunal aus Gründen der Gerechtigkeit ausgesprochen. Der Anteil derjenigen, die die Kooperation aus Gründen der Opportunität befürworten, ist von 70 % im Jahr 2003 auf 54 % 2006 zurückgegangen. Zugleich hat die Ablehnung des Tribunals von 14 % auf 19 % zugenommen.[889] Für Kroatien habe ich keine vergleichbaren Zahlen gefunden, obwohl es sie wahrscheinlich gibt. Aber anlässlich der Überstellung von Angeklagten an das Haager Tribunal ist hinreichend deutlich geworden, dass das Tribunal auch in Kroatien auf breite Ablehnung stößt.[890] Und sofern Chefanklägerin Carla del Ponte auch Präsident Tudjman wegen der Kriegsverbrechen im Sommer 1995 zur Rechenschaft gezogen hätte – entsprechende Vorbereitungen waren im Gange, wurden aber durch Tudjmans Tod am 10. Dezember 1999 gegenstandslos[891] –, wäre die Empörung in Kroatien wahrscheinlich größer gewesen als die Empörung in Serbien anlässlich der Überstellung Miloševićs nach Den Haag. Dies umso mehr, als die Zustimmung der Bevölkerung zur EU in Kroatien dramatisch niedriger ist als in Serbien.[892] Zwar hat die Regierung Ivo Sanader die Kooperation mit Den Haag seit 2003 grundlegend verbessert. Aber große Teile der Bevölkerung tun sich schwer, dem Regierungskurs zu folgen, wobei es deutliche regionale Unterschiede gibt. So ist die Ablehnung des Tribunals in Zagreb weniger ausgeprägt als z. B. in Split (oder in der West-Herzegowina). Und in Bosnien gibt es bei der Einschätzung des ICTY signifikante

889 Belgrade Center for Human Rights (Hg.), Public opinion in Serbia. Views on domestic war crimes, judicial authorities and the Hague Tribunal, in: www.osce.org/documents/srb/2007/03/23518_en.pdf, S. 29.

890 Insbesondere die Anklagen gegen die Generäle Mirko Norac, Janko Bobetko und Ante Gotovina lösten zahlreiche Protestdemonstrationen in Kroatien aus. Gotovina, der 2001 zum ersten Mal vom Haager Tribunal angeklagt wurde und sofort untertauchte, wurde als Nationalheld gefeiert. Die Adria-Stadt Zadar ernannte ihn zu ihrem Ehrenbürger. Erst Ende 2005 wurde er verhaftet und in die Niederlande überstellt. Vgl. Cruvellier, Thierry – Marta Valiñas, Croatia: Selected Developments in Transitional Justice, in: International Center for Transitional Justice. Occasional Paper Series, Dec. 2006, S. 5 ff.; Pervan, Gordana: Die Bedeutung des Haager Tribunals für den Prozess der Vergangenheitsbewältigung in Kroatien, in: Pänke, J. [u. a.] (Hg.): Gegenwart der Vergangenheit. Die politische Aktualität historischer Erinnerung in Mitteleuropa, Baden-Baden 2006, S. 169–175; Pavlaković, Vjeran: Better the Grave than a Slave: Croatia and the International Criminal Tribunal for the Former Yugoslavia, in: Ramet, S. P. – K. Clewing – R. Lukić (Hg.), Croatia since Independence (524), S. 447–477.

891 Vgl. Williams, P. R. – M. P. Scharf: Peace with Justice? (421), S. 51.

892 Europäische Kommission, Eurobarometer 66. Die öffentliche Meinung in der Europäischen Union. Erste Ergebnisse, Dezember 2006, S. 8: http://ec.europa.eu/public_opinion/archives/eb/eb66/eb66_highlights_de.pdf.

Unterschiede zwischen bosnischen Serben, bosnischen Kroaten und Bosniaken.[893] Auf die Mehrheitsbevölkerung in den postjugoslawischen Staaten und ihren Umgang mit der jüngsten Vergangenheit hat das internationale Kriegsverbrechertribunal im „fernen" Holland (im Unterschied zu nationalen Gerichten) bislang allerdings keinen erkennbaren Einfluss. Und daran wird sich vermutlich so schnell auch nichts ändern.[894]

Das ICTY sei ein „politisches Gericht", behaupten serbische wie kroatische Kritiker. Warum politisch? Weil es bei seiner Rechtsprechung den Anweisungen bestimmter Staaten folge – eine Behauptung, die nie belegt wurde.[895] Das Gericht ist immer dann „politisch", wenn Mitglieder der eigenen Nation, also „Helden", verurteilt werden, aber es ist nicht „politisch", wenn Angehörige der Gegenseite, also „Verbrecher", verurteilt werden (es sei denn, das Urteil wird als zu milde empfunden). Gemäß einer unbekannten „Logik" können in Verteidigungs- und Befreiungskriegen keine Kriegsverbrechen begangen werden. (Das haben auch die Kommunisten nach dem Zweiten Weltkrieg nicht anders gesehen. Stets heiligt der Zweck die Mittel.) Und da alle sich nur verteidigt haben – die Serben gegen Kroaten, die Kroaten gegen Serben usw. –, kann es im Verlauf der 90er-Jahre „eigentlich" keine Kriegsverbrechen gegeben haben. Alle sind aber zugleich davon überzeugt, dass die Gegenseite die Unwahrheit sagt. Nicht „sie" haben sich gegen „uns", sondern „wir" haben uns gegen „sie" verteidigt. Die dabei angewandten Methoden spielen keine Rolle. Und da alle so denken, konnte es Kriegsverbrechen auf allen Seiten geben. Einige Autorinnen und Autoren sprechen in diesem Zusammenhang von „Ausgewogenheit". Der aus der Zeit des sozialistischen Jugoslawiens bekannte nationale Proporz muss auch bei der „Aufarbeitung" von Kriegsverbrechen zur Geltung kommen: Alle waren gleichermaßen schuld (vielleicht mit einigen graduellen Unterschieden). Und wenn alle gleichermaßen schuld waren, sind alle auch gleichermaßen unschuldig.

Um dieser Beliebigkeit zu entkommen, ist zu rekonstruieren, wer, wann, warum den ersten Stein geworfen bzw. die Lawine der Gewalt ins Rollen gebracht hat. Denn ist sie einmal ins Rollen gebracht, entwickelt sie ihre Eigendynamik.[896] Dass Menschen, die extremer Gewalt ausgesetzt sind, ihrerseits Gewalt anwenden, sofern sich dazu eine

---

893 Einzelheiten bei Biro, Miklòs [u. a.]: Attitudes Towards Justice and Social Reconciliation in Bosnia and Herzegovina and Croatia, in: Stover, E. – H. Weinstein (Hg.): My Neighbor, My Enemy. Justice and Community in the Aftermath of Mass Atrocity. Cambridge 2005. Hier zit. nach: http://faculty.vassar.edu/tilongma/survey.html.

894 Vgl. McMahon, Patrice C. – P. Forsythe, David: The ICTY's Impact on Serbia: Judicial Romanticism meets Network Politics, in: Human Rights Quarterly 30 (2008), S. 412–435.

895 Dass einige Staaten – wie erwähnt – der Tätigkeit des Gerichts mit Vorbehalten begegneten, bedeutet nicht, dass sie die Rechtsprechung des Tribunals beeinflusst hätten bzw. dass sich das Tribunal von ihnen hätte beeinflussen lassen.

896 Vgl. Mentzos, Stavros: Der Krieg und seine psychosozialen Funktionen. Frankfurt/M. 1993.

Gelegenheit bietet, ist eine Banalität: Gewalt gebiert Gewalt. Oder – wie der Bosniake Emir Suljagić in sein Tagebuch aus Srebrenica notierte – „[…] das Opfer begann unter diesen Umständen […] unvermeidlich dem Mörder zu gleichen."[897] Der Krieg hat viele Menschen (Täter wie Opfer) ihrer Persönlichkeit beraubt und die Täter in Tötungsmaschinen verwandelt – abgestumpft und brutal, mitunter verzweifelt und voller Rachegefühle, einzig „legitimiert" durch ein gemeinsames Kriegsziel. Unter dem Dach dieses Ziels war alles erlaubt, sofern es zielführend zu sein schien. Dies gilt für Serben und Kroaten. Und es gilt für Kosovo-Albaner, deren Straftaten bislang unzureichend untersucht sind.[898] Auch bosniakische Truppen und paramilitärische Banden haben auf ethnische Säuberungen mit ethnischen Säuberungen reagiert.[899] Gleichwohl gibt es einen Unterschied. Denn anders als viele bosnische Serben und bosnische Kroaten haben die Bosniaken keine Teilung ihres Landes und die damit verbundenen ethnischen Säuberungen angestrebt. Jedenfalls zunächst nicht. Die von ihren Gegnern immer wieder beschworene „islamische Gefahr" ändert an diesem Tatbestand nichts. Die Bosniaken sind deshalb nicht grundsätzlich besser als ihre serbischen und kroatischen Landsleute (oder andere Menschen auf der Welt), aber bei Beginn des Krieges verfolgten sie grundsätzlich andere Ziele als ihre Nachbarn. Deshalb ist es (mit Blick auf die Ursachenforschung und Prävention) notwendig, zwischen einer proaktiven (initialen) und einer reaktiven Gewalt, zwischen Anfangs- und Folgegewalt zu differenzieren. Beide sind unakzeptabel und strafrechtlich zu verfolgen, aber identisch sind sie nicht. Mit anderen Worten: Dass es Gewalt bei allen Kriegsparteien gegeben hat, bedeutet nicht, dass sie überall – gleichsam auf Knopfdruck – zum selben Zeitpunkt ausgebrochen wäre. Auch Gewalt hat eine Chronologie.

Die kroatische Schriftstellerin Slavenka Drakulić, die monatelang die Verhandlungen vor dem ICTY verfolgte und ihre Eindrücke unter dem Titel *Keiner war dabei. Kriegs-*

---

897 SULJAGIĆ, EMIR: Srebrenica – Notizen aus der Hölle. Wien 2009, S. 110.

898 Der erste Ministerpräsident der Republik Kosovo seit der Unabhängigkeitserklärung von 2008, Hashim Thaçi, ehem. UÇK-Führer, steht bereits seit Jahren im Verdacht, an Verbrechen gegen die Menschlichkeit beteiligt gewesen zu sein. Der Schweizer Europaabgeordnete Dick Marty warf Thaçi in einem Bericht an die Parlamentarische Versammlung des Europarats im Dezember 2010 vor, am Handel mit Organen serbischer Gefangener und an Auftragsmorden beteiligt gewesen zu sein. Vgl. seinen Bericht „Inhuman treatment of people and illicit trafficking in human organs in Kosovo" vom 12. 12. 2010: http://assembly.coe.int/CommitteeDocs/2010/20101218_ajdoc462010provamended.pdf. Die Rechtsstaatlichkeitsmission der EU in Kosovo (EULEX) leitete daraufhin Anfang 2011 eine Untersuchung der Vorwürfe ein. Die Kommission hat ein eigenes Zeugenschutzprogramm, das bei der Aufklärung helfen soll. Als Ort des Verbrechens gilt in vielen Medienberichten das „Gelbe Haus" in Rribe (Nordalbanien). Dick Marty verlegt den Tatort dagegen in ein zweistöckiges Haus in der Nähe der mittelalbanischen Stadt Fushë-Kruja, das nicht weit vom Flughafen Tirana entfernt ist.

899 Vgl. u. a. die Ausführungen über Naser Orić im Kapitel 1.2.

verbrechen auf dem Balkan vor Gericht veröffentlichte, schildert am Schluss ihres Buches ihre Eindrücke von den angeklagten Kriegsverbrechern unterschiedlicher Nationalität im Untersuchungsgefängnis von Scheveningen, dem Urlaubsdistrikt von Den Haag. Sie ist erstaunt, wie unkompliziert die Angeklagten miteinander umgehen. „Nur in Scheveningen ist Titos Jugoslawien offenbar noch am Leben. [...] Nur noch hier existiert das Jugoslawien der ‚Brüderlichkeit und Einheit‘. Und die Männer, die für seine Zerstörung und die vielen Opfer verantwortlich sind, leben heute brüderlich und einig und im Luxus. Ihr Dasein in der Haft ist die größte vorstellbare Antikriegsdemonstration, nur dass sie zu spät kommt. Diese kartenspielenden, kochenden und TV-konsumierenden sympathischen Jungs verspotten all jene, die sie daheim einst zu ernst genommen haben. Sie machen alle lächerlich, die ihren Befehlen gefolgt sind und die ihre Angehörigen verloren haben. Wenn jedoch diese ‚Brüderlichkeit und Einheit‘ unter den eingeschworenen Feinden von gestern wirklich der Epilog dieses Krieges ist, aus welchem Grund kam es zu alledem? Beim Blick auf die fröhlichen Knaben in Scheveningen ist die Antwort klar: aus keinem.“[900]

Zu denjenigen, die die Angeklagten in Scheveningen ernst genommen hatten, gehört auch der kroatische Ex-Krieger Kruno Letica (geb. 1969 in Osijek). In einem Interview erklärte er 1997 (und bestätigte damit, was bereits im „Fall Herak“ deutlich geworden war): „Keine Spur davon, dass mich jemand gehaßt hat, weil ich Kroate bin oder dass ich jemanden gehaßt habe, weil er Serbe oder irgendeine Nationalität ist. Ich erwähne das nur, weil der Krieg in diese Richtung sich entwickelte, oder auch in zwei [...]. Aber vielleicht gab es einige [...], bei einigen, die eher in der Minderheit waren, war ein verdeckter, ein stark verdeckter Haß zu spüren.“ Und an anderer Stelle: „Ich bin freiwillig in den Krieg gezogen, aus dem ganz einfachen Grund, weil ich mit meinem Einsatz dazu beitragen wollte, diejenigen zu verteidigen, die hinter mir blieben, also meine Allerliebsten und alles, was ich besitze und so weiter. Da gibt es nicht viel Philosophie!“ „‚Töte ihn, bevor er dich tötet!‘ – das ist der Anfang und das Ende der Philosophie! Alles andere ist eine Frage der Technik, wie ihn töten, damit er dich nicht tötet, das ist eine technische Frage. Aber die Philosophie besteht eigentlich nur darin, ihn zuerst zu töten, dann weißt du, dass er dich nicht mehr töten kann und gut. Und für alle ist es schön, nur für ihn nicht. Aber dafür bist du noch am Leben.“ „Töten und Weitermachen! Noch einen töten, wenn ich ihn erwische, und dabei, natürlich, passe ich auf, dass ich nicht (selbst) getötet werde. Das ist alles.“[901]

---

900 Drakulić, S.: Keiner war dabei (404), S. 195 f.
901 Zit. nach Bašić, N.: Krieg als Abenteuer (251), S. 213.

2.4 Kriegsbewältigung in den postjugoslawischen Staaten

Wie steht es um die Aufarbeitung der jüngsten Vergangenheit im ehemaligen Jugoslawien selbst? Im Folgenden werden sechs Punkte kurz skizziert: 1. transitionale Justiz, 2. Wahrheitsfindungskommissionen, 3. die Integration rückkehrender Flüchtlinge und Vertriebener, 4. die Aktivitäten von NGOs, 5. die mediale, literarische und wissenschaftliche Aufarbeitung der Kriege und 6. die Versöhnungsgesten von Politikern.

Zu Punkt 1 (transitionale Justiz):
In den postjugoslawischen Ländern kam die „transitionale Justiz", d. h. der Übergang vom (Un-)Rechtssystem einer Diktatur zum Rechtsstaat, nur sehr schleppend voran.[902] Überall stellten sich insbesondere der Verfolgung von Kriegsverbrechen massive Hindernisse in den Weg.[903] „Human Rights Watch has carried out extensive monitoring of domestic war crimes trials in the states of the former Yugoslavia", heißt es in einem Bericht aus dem Jahr 2004. „The monitoring indicates that, as a rule, the ordinary national courts of Bosnia and Herzegovina (particularly in Republika Srpska …), Croatia and Serbia and Montenegro are not currently equipped to hear war crimes cases – which are often politically and emotionally charged, as well as legally complex – in a fair manner. Key obstacles include: bias on the part of judges and prosecutors, poor case preparation by prosecutors, inadequate cooperation from the police in the conduct of investigations, poor cooperation between the states on judicial matters, and ineffective witness protection mechanisms."[904] Beklagt werden sowohl die fehlende Unterstützung durch die jeweiligen Regierungen wie durch die Medien, der Mangel an entsprechend geschulten Richtern und Staatsanwälten sowie die Knappheit an materiellen Ressourcen. Und noch 2008 steht in einem Bericht über Bosnien-Herzegowina: „Simply put no cantonal, dis-

902 Der österreichische Jurist Manfred Nowak, der von 1996 bis 2003 als Richter an der Menschenrechtskammer in Bosnien tätig war, fasst seine damaligen Eindrücke wie folgt zusammen: „On the one hand, the Bosnian judiciary has been in a deplorable state after half a century of socialism and three years of a total breakdown of the rule of law. My trust in the professionalism, independence, and impartiality of the Bosnian judiciary is weak after having served for eight years as a judge in the Human Rights Chamber for Bosnia, which has reviewed thousands of judgements of Bosnian courts and found many systematic human-rights violations, including the lack of fair trials in many regions. On the other hand, much has been done by the international community in recent years in the field of judicial reform." Nowak, M.: Bosnia: Reconciliation is a Local Matter, in: Transitions Online, 3/14 (2006), S. 2; abrufbar unter: http://www.tol.cz und http://ceeol.com.

903 Vgl. Zupan, Natascha: Facing the Past and Transitional Justice in Countries of Former Yugoslavia, in: Fischer, Martina (Hg.): Peacebuilding (444), S. 327–342.

904 Justice at Risk: War Crimes Trials in Croatia, Bosnia and Herzegovina, and Serbia and Montenegro, in: Human Rights Watch 16 (2004), 7, S. 2 (http://www.hrw.org/node/11965/section/3).

trict or Brčko prosecutor's office or court could – with its present resources – fairly, efficiently and effectively investigate, prosecute or adjudicate a substantial number of war crime cases."[905]

Seit 2002/2003 wurden in den postjugoslawischen Staaten durch Einrichtung spezialisierter Staatsanwaltschaften und Gerichtskammern und dank des Drucks der EU zwar allmählich Fortschritte bei der Verfolgung von Kriegsverbrechen erzielt,[906] doch die Vorbehalte in der Bevölkerung blieben, sodass die schwierige Transformation des Rechtssystems bis Ende 2011 nicht abgeschlossen wurde. Kosovo, das im eben zitierten Bericht nicht berücksichtigt wurde, bildete das Schlusslicht. Aber selbst in Kroatien, das im Dezember 2011 den Beitrittsvertrag mit der EU unterzeichnete, blieb die justizielle Aufarbeitung des Krieges extrem defizitär. Im Kroatien-Report für 2011 von Amnesty International ist zu lesen: „Die kroatische Justiz war nach wie vor kaum in der Lage, die Kriegsverbrechen zu verfolgen. [...] Die zuständigen Gerichte wandten [...] auch weiterhin das Strafgesetzbuch von 1993 an, das nicht den internationalen Standards entsprach. Darin wurden grundlegende strafrechtliche Sachverhalte, wie das Prinzip der Befehlsverantwortung, sexuelle Gewalt als Kriegsverbrechen oder Verbrechen gegen die Menschlichkeit, nicht präzise definiert. Die Anwendung des Strafgesetzbuches führte dazu, dass zahlreiche Verbrechen straffrei blieben. Vor Gericht kam es nach wie vor zur Einschüchterung von Zeugen. Die Maßnahmen, um Opfer und Zeugen zu unterstützen und zu schützen, waren weiterhin unzureichend. [...] Eine 2003 verabschiedete Gesetzgebung, die dazu dienen sollte, Hindernisse bei der strafrechtlichen Verfolgung von Kriegsverbrechen zu beseitigen, wurde größtenteils nicht umgesetzt. Es fehlte weiterhin an politischem Willen, Justizreformen anzugehen und die Straflosigkeit zu bekämpfen."[907]

---

905 United Nations Development Programme, Bosnia and Herzegovina: Solving War Crime Cases in Bosnia and Herzegovina, 13. 8. 2008: http://www.undp.ba/upload/publications/Capacity assessment_English.pdf.

906 So wurde z. B. der Gerichtshof für Bosnien-Herzegowina, dessen 1. Kammer für die Verfolgung von Kriegsverbrechen zuständig ist, aufgrund einer Entscheidung des „Hohen Repräsentanten" vom Mai 2002 eingerichtet. Der Gerichtshof betreibt eine eigene Homepage, die in ihrem Aufbau der Homepage des ICTY nachgebildet ist: http://www.sudbih.gov.ba/index.php?opcija=sadrzaj&kat=7&id=81&jezik=e. Im Juli 2003 ernannte das serbische Parlament Vladimir Vukčević (Jg. 1950) zum Staatsanwalt für die Verfolgung von Kriegsverbrechen. Seine Tätigkeit wurde jedoch unter der Ministerpräsidentschaft von Vojislav Koštunica (2004–2008) weiterhin massiv behindert. Immerhin fällte die Strafkammer für Kriegsverbrechen beim Belgrader Bezirksgericht im Dezember 2005 das erste Urteil in einem Kriegsverbrecherprozess. Wegen des Mordes an 200 kroatischen Gefangenen im Landwirtschaftsbetrieb Ovčara bei Vukovar wurden 12 Angeklagte verurteilt. Vgl. Petrović, Ivica: Erstes Urteil vor dem Belgrader Sondergericht für Kriegsverbrechen, in: Deutsche Welle vom 12. 12. 2005

907 Amnesty Report 2011: Kroatien: http://www.amnesty.de/jahresbericht/2011/kroatien.

Zu Punkt 2 (Wahrheitsfindungskommissionen):
In verschiedenen Ländern Afrikas und Lateinamerikas wurden nach Beendigung von Bürgerkriegen „Kommissionen für Wahrheit und Versöhnung" gegründet. Ihre Einsetzung warf eine Fülle höchst sensibler Fragen auf: Status der Kommission, Zusammensetzung, Kompetenzen, Abgrenzung gegenüber den ordentlichen Gerichten, Regelungen für eine partielle oder umfassende Amnestie für diejenigen, die ihre Schuld eingestehen, usw. In den postjugoslawischen Staaten ist es bislang nicht gelungen, diese Fragen konsensfähig zu klären. Eine vom damaligen serbischen Staatspräsidenten Vojislav Koštunica am 29. März 2001 in Anlehnung an die Wahrheitsfindungskommission in Südafrika per Dekret eingesetzte 19-köpfige „Kommission für Wahrheit und Versöhnung" (komisija za istinu i pomirenje) – die einzige ihrer Art im ehemaligen Jugoslawien – erwies sich als völliger Fehlschlag. Sie besaß nicht die Vollmachten, die für ihre Tätigkeit notwendig gewesen wären, und ihre Zusammensetzung war höchst umstritten. Die Mitglieder hatten sehr unterschiedliche Auffassungen von den Aufgaben der Kommission: Sollte diese die Ursachen der Kriege untersuchen oder sich auf die Gewalt während der Kriegszeit beschränken? Im zweiten Fall: Sollte die Kommission sich auf die von serbischer Seite begangenen Kriegsverbrechen und Menschenrechtsverletzungen konzentrieren oder auch die Verbrechen der anderen Konfliktparteien einbeziehen? Mehrere Kommissionsmitglieder favorisierten die Ursachenforschung und folgten einer Argumentationslinie, die z. T. durch das berüchtigte Memorandum der Serbischen Akademie der Wissenschaften von 1986 vorgegeben war. Das Spektrum der Ursachen sollte u. a. die Gründung des „Königreichs der Serben, Kroaten und Slawen [!]" (1918), die jugoslawische oder südslawische Bewegung in Serbien, Kroatien und Slowenien im 19. Jahrhundert, die Ermordung König Alexanders 1929 [!], den Aufstieg totalitärer Ideologien in Europa und vieles andere umfassen: eine Jahrhundertaufgabe, die von den Kriegsverbrechen der 90er-Jahre eher ablenkte, als sie zu erklären. Der daraus resultierende Dissens mit den Menschenrechtsaktivisten ließ sich nicht auflösen, sodass schon kurz nach Gründung der Kommission zwei ihrer renommierten Mitglieder, die Historikerin und ehemalige Politikerin Latinka Perović sowie der Rechtswissenschaftler Vojin Dimitrijević, im Zorn zurücktraten. Dimitrijević begründete seinen Austritt u. a. wie folgt: „I am mostly interested [...] in brutalities of our wars. I am afraid of big truths and explanations: in the name of these truths severe violence was done. The reconciliation might start with more modest aims and goals. It is not the matter of who was right and who was wrong, but who behaved as a human being and who did not." Im Verlauf des Jahres 2003 löste sich die Kommission stillschweigend auf, ohne auch nur einen einzigen Bericht veröffentlicht zu haben.

In Bosnien wird seit 1997 über die Gründung einer Wahrheitsfindungskommission intensiv diskutiert. Die rechtlichen Bedenken des ICTY gegen eine solche Kommission konnten im Jahr 2000 ausgeräumt werden, und die Befürworter hofften nun auf eine zügige Realisierung. So heißt es in einem Plädoyer von Neil J. Kritz vom „United States Institute of Peace" und Jakob Finci, dem Präsidenten der bosnisch-jüdischen Menschenrechtsorganisation „La Benevolencija", aus dem Jahr 2001:

> „Those emerging from a history of abuses and massive trauma – whether individuals or societies – are ill-advised to repress their painful past rather than confronting and dealing with it. On a societal level, perhaps no case has better proven this rule than that of the former Yugoslavia. Horrible misdeeds were committed during World War II by organized members of one Yugoslav ethnic group against fellow citizens of another ethnic group. Immediately following the war, however, in the name of the Tito regime's policy of ‚brotherhood and unity', discussion and treatment of these abuses were suppressed. Continuation of this policy over the next four decades did not heal the societal wounds and resentments deriving from the 1940's atrocities; it simply allowed them to fester beneath the surface, made it possible for myths about the wartime abuses to diverge ever farther, and provided the opportunity for cynical nationalists to use these mutually exclusive versions of victimization to stoke the flames of new conflict and abuse in the 1990's. This is not a mistake that Bosnia can afford to repeat. Accordingly, one of the more promising prospects in the search for a lasting peace in Bosnia and Herzegovina is the effort to establish a national Truth and Reconciliation Commission (TRC) in the coming months."[908]

Aber der zur Einrichtung der Kommission erforderliche Minimalkonsens ist auch viele Jahre später nicht einmal näherungsweise in Sicht.[909] Eine in der bosnischen Republika Srpska eingesetzte Srebrenica-Kommission verabschiedete im September 2002 und September 2003 zwei Berichte: „Both generally denied mass killings of civilians, and contained many misconceptions and frauds. Thus, a new commission was set up in November 2003. Its report was finalised and published in June 2004, after pressure from the OHR and re-shuffling of the Commission."[910]

908 Kritz, N. J. – J. Finci: A Truth and Reconciliation Commission in Bosnia and Herzegovina: An Idea Whose Time has Come, in: International Law Forum, vol. 3 (2001), S. 50–58, hier zit. nach http://www.angelfire.com/bc2/kip/english/papers_on_trc.htm.

909 Vgl. auch die Beiträge verschiedener Autorinnen und Autoren in: http://www.angelfire.com/bc2/kip/english/papers_on_trc.htm; ferner Rathgereber, C.: Truth and Reconciliation in Bosnia and Herzegovina, How should we Remember? Issues to consider when establishing commissions and structures for dealing with the past, in: http://www.un.org/icty/pressreal/p591-e.htm; Peuraca, B., Can Faith-Based NGOs Advance Interfaith Reconciliation? The Case of Bosnia and Herzegovina, in: http://www.usip.org/pubs/specialreports/sr103.html.

910 Zupan, N.: Facing the Past and Transitional Justice in Countries of Former Yugoslavia, in: Fischer, M. (Hg.), Peacebuilding (444), S. 327–342; hier S. 334. Zum OHR (Office of High Representative) vgl. Kap. 3.5.

Zu Punkt 3 (Integration rückkehrender Flüchtlinge und Vertriebener):
Die Politik gegenüber Flüchtlingen und Vertriebenen anderer Nationalität ist ein wichtiges Indiz dafür, wie Staaten und Gesellschaften mit ihrer jüngsten Vergangenheit umgehen. Die Pflicht zur Reintegration von „displaced persons" findet sich in allen von der internationalen Gemeinschaft ausgehandelten Friedensvereinbarungen für das ehemalige Jugoslawien. Das Dayton-Abkommen von 1995 war in dieser Hinsicht ein völkerrechtliches Novum. Doch bald zeigte sich, dass die Rückkehr von Flüchtlingen und „displaced persons" nach einer Phase extremer Gewalteskalation ein langfristiger Prozess mit offenem Ausgang ist, der von vielen Faktoren (darunter Sicherheit für das Leben der Rückkehrer, Regelung der Eigentumsverhältnisse, Aufarbeitung der Vergangenheit und Zukunftsperspektiven für die Bevölkerung vor Ort) abhängig ist. Bis Ende Mai 2004 sind insgesamt knapp eine Million Flüchtlinge und Vertriebene – weniger als die Hälfte aller Betroffenen – an ihre früheren Wohnorte in Bosnien-Herzegowina zurückgekehrt. (Weitere Einzelheiten im Kapitel 3.5.) In Kroatien verläuft die Reintegration von Flüchtlingen überaus stockend, und in Kosovo hat sie (was die Serben betrifft) überhaupt nicht stattgefunden.

Zu Punkt 4 (Aktivitäten von NGOs):
Nichtregierungsorganisationen sind in allen postjugoslawischen Staaten wichtige Akteure bei der Aufarbeitung der Vergangenheit. Seit den 1990er-Jahren sind eine Vielzahl von NGOs gegründet worden, die sich um traumatisierte Opfer, die Rückkehr von Flüchtlingen und Vertriebenen, die Erfassung von Kriegsverbrechen und Menschenrechtsverletzungen, die Durchsetzung rechtsstaatlicher Prinzipien oder um den Abbau von Feindbildern bemühen. Stellvertretend erwähnt seien das „Humanitarian Law Center" in Belgrad, das die Debatten über die Aufarbeitung der jüngsten Vergangenheit und über „transitional justice" voranzutreiben versucht. Oder das 1994 in Belgrad gegründete „Helsinki Committee for Human Rights in Serbia" sowie andere NGOs (z. B. das Belgrader Zentrum für kulturelle Dekontamination etc.). Der 1996 von Nebojša Popov im Auftrag des knapp drei Jahre zuvor gegründeten „Neuen Serbischen Forums" herausgegebene Band *Die serbische Seite des Krieges* war ein früher Meilenstein in der kritischen Auseinandersetzung mit Vergangenheit und Gegenwart Serbiens. Auch in Bosnien-Herzegowina und Kroatien beschäftigen sich regierungsunabhängige Dokumentationszentren mit der Aufarbeitung der Kriege und der Erfassung der Kriegsopfer. Erwähnt seien das „Research and Documentation Center" in Sarajevo und das „Centre for Dealing with the Past: Documenta" in Zagreb. Seit 2009 haben das „Humanitarian Law Center" in Belgrad sowie die Dokumentationszentren in Zagreb und Sarajevo ihre

Anstrengungen länderübergreifend koordiniert.[911] Ohne nachhaltige Unterstützung durch Politik und/oder Öffentlichkeit bleiben die Wirkungsmöglichkeiten der NGOs allerdings begrenzt. Und nach wie vor werden Menschenrechtsaktivisten, die sich mit Verbrechen in der eigenen Gesellschaft auseinandersetzen, als „Verräter“ gebrandmarkt und oft physisch bedroht.

Zu Punkt 5 (mediale, literarische und wissenschaftliche Aufarbeitung des Krieges):
Wohl kaum ein anderer Staatszerfall ist medial und literarisch so intensiv bearbeitet worden wie das Verschwinden Jugoslawiens und die postjugoslawischen Kriege. Mehr als zweihundert Filme, Dokumentationen und Features wurden dem Thema bis zum Jahr 2000 gewidmet. Zu den bekanntesten gehören der heftig umstrittene Film *Underground* von Emir Kusturica (1995), *Lepa sela, lepo gore/Pretty Village, Pretty Flame* von Srdjan Dragojević (1996), *Pred doždot/Before the Rain* von Milčo Mančevski (1994) u. v. a. Seit 2000 sind weitere Filme hinzugekommen, und viele werden noch folgen. Erwähnt seien stellvertretend die preisgekrönten Filme *No Man's Land* von Danis Tanović (2001) und *Grbavica. Esmas Geheimnis* von Jasmila Žbanić (2005). Auch Schriftsteller aus Ex-Jugoslawien haben sich der Ereignisse in unterschiedlichen Formen (Roman, Erzählungen, Tagebuch, Essay) angenommen. Die Liste der Autoren reicht von Dževad Karahasan und Zlata Filipović, über Dubravka Ugrešić, Vidosav Stevanović bis zu Edo Popović, Miljenko Jergović, László Végel, Saša Stanišić. Namentlich erwähnt seien Jergovićs Roman *Buick Rivera*, David Albaharis Roman *Die Ohrfeige* (im Original: Pijavice = Blutegel) oder Ugrešićs Essaysammlung *Kultur der Lüge*. Dagegen steht die wissenschaftliche Bearbeitung der 1990er-Kriege durch Autoren in den postjugoslawischen Staaten (anders als im Ausland) noch am Anfang und ist oft noch derart national bzw. nationalistisch gefärbt, dass von ihr kein Beitrag zur Kriegsbewältigung erwartet werden kann (von Ausnahmen selbstverständlich abgesehen).

Zu Punkt 6 (Versöhnungsgesten der Politiker):
Im Unterschied zu jenen Intellektuellen, Geistlichen und Journalisten, die das geistige Klima für die Kriege der 90er-Jahre produzierten, haben Politiker und Parlamente in Serbien, Kroatien und in der „Republika Srpska“ damit begonnen, sich für begangene Kriegsverbrechen zu entschuldigen. Inwieweit es sich dabei um Überzeugung oder politisches Kalkül handelt, bleibe dahingestellt. Ende März 2010 verabschiedete das Parlament in Belgrad mit hauchdünner Mehrheit eine Deklaration, in der der Massenmord

911 Zu den Aktivitäten der drei NGOs vgl.: http://www.hlc-rdc.org/stranice/Linkovi-modula/About-us.en.html; http://www.documenta.hr/eng/; http://www.idc.org.ba/.

von Srebrenica verurteilt wurde. Obwohl die Deklaration Bezug nahm auf die Rechtsprechung des Internationalen Gerichtshofs in Den Haag, der das Massaker als Völkermord eingestuft hatte, wurde der Begriff „Genozid", mit dem man in den 80er- und 90er-Jahren so großzügig umgegangen war, nun sorgfältig vermieden. Das Parlament der „Republika Srpska" hat sich erst in einem zweiten Anlauf und unter massivem Druck des „Hohen Repräsentanten" dazu durchringen können, die in Srebrenica begangenen Verbrechen anzuerkennen. Spitzenpolitiker aus Kroatien und Serbien (Stipe Mesić, Ivo Josipović und Boris Tadić) haben sich dagegen bei verschiedenen Gelegenheiten für Kriegsverbrechen und Menschenrechtsverletzungen entschuldigt. Derartige Gesten waren umso wichtiger, als sie von großen Teilen der Bevölkerung nach wie vor abgelehnt wurden.

Fasst man das hier stichwortartig Angedeutete zusammen, so wird deutlich, dass trotz beachtlicher Anstrengungen von Nichtregierungsorganisationen, Filmemachern und Literaten und ungeachtet der Tätigkeit des Haager Tribunals sowie der Versöhnungsgesten führender Politiker von einer breitenwirksamen Kriegsbewältigung noch keine Rede sein kann. Realistischerweise war damit auch nicht zu rechnen. Eine im April 2001 von Svetlana Logar und Srdjan Bogosavljević durchgeführte Befragung von fast 2.200 Bürgerinnen und Bürgern in Belgrad, Zentralserbien und der Wojwodina förderte ein geradezu schockierendes Unwissen über die Kriege der 90er-Jahre (über die Chronologie der Kriege, deren Konsequenzen, über Kriegsverbrechen etc.) zutage.[912] Die in diesem und anderen Kontexten immer wieder aufflammende Debatte darüber, ob die Zeitgenossen etwas von den in ihrem Namen verübten Verbrechen wussten (egal, ob es sich dabei um Serben, Kroaten, Deutsche oder andere handelt), bleibt nebulös, solange nicht präzisiert wird, was „Wissen" bedeutet. Historiker/innen können darüber streiten, ob eine Bevölkerung etwas wissen konnte, d. h. ob die dafür erforderlichen Informationen zur Verfügung standen bzw. beschaffbar waren oder nicht. Aber Wissen-Können und Wissen sind unterschiedliche Dinge, sofern man unter „Wissen" die aktive und bewusste Verarbeitung von Informationen versteht. Die Tatsache allein, dass Informationen verfügbar sind, schafft noch kein Wissen. Psychologische Versuche zeigen, dass selbst zweifelsfrei belegte Informationen nicht automatisch Wissen generieren. In einer Studie des australischen Psychologen Stephan Lewandowsky ging es um das Verhältnis zwischen Nachrichten und „Erinnerungen" bzw. um die Frage, welchen Einfluss Dementis auf die Wahrnehmung und Verarbeitung von Vergangenheit haben. Es zeigte sich, dass die Dementis zwar im Bewusstsein vieler Probanden ankamen, dort aber völlig

912 Logar, S. – S. Bogosavljević: Vidjenje istine u Srbiji, in: Reč 62 (2001), S. 7–34; im Internet abrufbar unter: http://www.b92.net/casopis-rec/arhiva.html.

unterschiedlich „weiterverarbeitet" wurden. Lewandowsky zog daraus den Schluss, dass es zu „Fehlern bei der Informationsverarbeitung" kommt, wenn eine Nachricht nicht genau zu dem passt, wovon Menschen ohnehin überzeugt sind. Was einmal als „wahr" abgespeichert wurde, blieb „wahr" – trotz Dementi. Nur diejenigen, die bereits vorher der „Wahrheit" skeptisch gegenübergestanden hatten, speicherten deren Korrektur als wahr ab. Die anderen ignorierten das Dementi und klammerten sich an ihre „falschen Erinnerungen".[913] Paradoxerweise sind es gerade die wahren (Teil-)Informationen, die besonders problematisch sein können, weil sie schwerer zu immunisieren sind als nachweisbare Halb- oder Unwahrheiten. Doch selbst wahre Informationen sind stets unvollständige Informationen. Sie erfassen lediglich einen Ausschnitt der Realität und können ungeachtet ihres Wahrheitsgehalts dennoch ein halb- und unwahres (zumindest ein einseitiges) Gesamtbild vermitteln.

Lewandowskys Befund ist das Ergebnis einer Momentaufnahme. Diese sagt nichts über künftige Rezeptionsmuster aus. Denn auch die Wahrnehmungsmatrix ist veränderbar. Der französische Genozidforscher Jacques Sémelin unterscheidet drei Phasen im Umgang mit Nachrichten, die den Bewusstseinshorizont der Menschen sprengen: 1. die Phase des Widerstands gegenüber der Information. Dieser Widerstand kann auf purer Ungläubigkeit, ideologischer Abwehr oder Gleichgültigkeit beruhen. 2. die „Phase der widerstreitenden Kräfte, in der die Nachricht immer mehr Menschen bewusst wird – im quantitativen Sinne, da die Berichte sich häufen [...]. Es findet gleichsam ein kumulativer, in sukzessiven Schüben verlaufender Prozess der Nachrichtenbildung statt." Und 3. die Phase der „eigentlichen Bewusstwerdung, in der sich die früheren Abwehrmechanismen auflösen, um die gegenwärtige Realität zur Kenntnis zu nehmen. In diesem Stadium kommt es häufig zu einem merkwürdigen Phänomen: Ein Bericht, eine Zeugenaussage oder ein Ereignis, das oft nur bestätigt, was man ohnehin schon ‚wusste', öffnet mit einem Schlag die Augen. Als hätte diese Bewusstwerdung eines kathartischen Moments bedurft."[914]

In der Konfrontation mit schockierenden, erschreckenden Informationen gibt es vier, sich teilweise wechselseitig überlappende Verhaltensweisen: Blockieren, Verdrängen, Leugnen und Verarbeiten. Alle vier Formen, insbesondere die ersten drei, begegnen uns auch bei den Nachkriegsgesellschaften in den postjugoslawischen Staaten. Das primäre Hindernis bildet jene Wahrnehmungsblockade (jene „epistemologische Katastrophe", um einen Begriff von Karl W. Deutsch aufzunehmen), die im Verlauf der 1980er- und

913 LEWANDOWSKY, STEPHAN [u. a.]: Memory for Fact, Fiction, and Misinformation. The Iraq War 2003, in: Psychological Science 16 (2005), No. 3, S. 190–195.

914 SÉMELIN, JACQUES: Säubern und Vernichten, a. a. O., S. 166 f.

1990er-Jahre von den Deutungseliten, zuerst in Serbien, dann in anderen Teilen des früheren Jugoslawiens, aufgebaut wurde. Diese Blockade war das Ergebnis einer pathologischen Fokussierung auf die Opfer, Helden und Rechte der eigenen Nation, auf die eigene (unverarbeitete) Vergangenheit. Alles, was nicht in diese Parameter passte, fiel durch den Informationsfilter hindurch. Und daran hat sich auch nach dem Regimewechsel in Serbien und Kroatien im Jahr 2000 wenig geändert. Wenn dennoch Informationen diesen Wahrnehmungsfilter durchbrachen oder durchbrechen, werden sie entweder an den Rand gedrängt (Amnesie) oder ihr Wahrheitsgehalt wird geleugnet. Die „Psychologie des Leugnens" ist mittlerweile durch die Arbeiten von Stanley Cohen zu einem eigenen Forschungsgebiet avanciert: „Statements of denial are assertions that something did not happen, does not exist, is not true or is not known about. There are three possibilities about the truth-value of these assertions. The first and simplest is that these assertions are indeed true, justified and correct. […] A second possibility is also logically simple, though more difficult to identify. This is the deliberate, intentional and conscious statement which is meant to deceive – that is, lying. The truth is clearly known, but for many reasons – personal or political, justifiable or unjustifiable – it is concealed. The denial is deliberate and intentional. […] Sometimes, though, we are not entirely aware of switching off or blocking out. This is the third and most intriguing set of possibilities. Denial may be neither a matter of telling the truth nor intentionally telling a lie. The statement is not wholly deliberate, and the status of ‚knowledge' about the truth is not wholly clear. There seem to be states of mind, or even whole cultures, in which we know and don't know at the same time."[915]

Ohne auf weitere Einzelheiten einzugehen, bleibt festzuhalten, dass Kriegsbewältigung im ehemaligen Jugoslawien nur möglich ist, wenn der durch und durch national kodierte Wahrnehmungsfilter mittels sukzessiver und kumulativer Nachrichtenbildung durchbrochen und der Prozess der Bewusstwerdung durch Überwindung autoritätsgläubiger, patriarchaler/frauenfeindlicher und nationalistischer Abwehrmechanismen vorangetrieben wird. Über die Dauer dieses Prozesses lassen sich keine verlässlichen Aussagen treffen, da er von vielen intervenierenden Variablen abhängt. Im günstigsten Fall wird man mit 20 bis 30 Jahren rechnen müssen. Die Weichen dorthin müssen aber lange vorher gestellt werden: u. a. im Ringen um das „kulturelle Gedächtnis" sowie in Auseinandersetzung mit den diversen „kommunikativen Gedächtnissen".

915 Cohen, Stanley: States of Denial: Knowing About Atrocities and Suffering. Cambridge [u. a.] 2001, S. 3 f.

3. Neuanfänge und Krisen

Im ehemaligen Jugoslawien mit Ausnahme Sloweniens setzten die Transformationsprozesse im Vergleich zu anderen postsozialistischen Staaten mit einer zeitlichen Verzögerung von etwa zehn Jahren ein. Die Verzögerung war eine Folge der Kriege und der autoritären Kriegsregime. Mit dem Tod des ersten kroatischen Präsidenten Franjo Tudjman am 10. Dezember 1999 und dem Sturz Slobodan Miloševićs Anfang Oktober des Folgejahres erreichten die beiden zahlenmäßig stärksten Nationen im ehemaligen Jugoslawien die Schwelle zur Systemtransformation. Was ist das Besondere an Transformationsprozessen?

In jeder Gesellschaft vollziehen sich permanent Veränderungen, für die weder ein eindeutiger Anfang noch ein eindeutiges Ende angegeben werden können. Unterschiede bestehen hinsichtlich der Veränderungsgeschwindigkeit: Mitunter nimmt sie so weit ab, dass man versucht ist, von „Stagnation" zu sprechen, mitunter wird sie derart beschleunigt – und ihre Folgen sind so tief greifend –, dass von „Revolution" (z. B. von „industrieller Revolution") die Rede ist. Im Zuge dieser stetigen Wandlungsprozesse verändern sich auch die Gesellschaften und Gesellschaftssysteme. Ihre schrittweise Umgestaltung wird von den Zeitgenossen zumeist nicht bemerkt, sondern zeichnet sich erst aus größerer zeitlicher Distanz ab.

Im Unterschied zu diesen allfälligen Veränderungen wird bei Transformationsprozessen ein Ausgangs- und ein Zielpunkt vorgestellt. Ausgangspunkt ist ein System, das so instabil geworden ist, dass es nicht länger funktionsfähig ist und auch mittels systemimmanenter Korrekturen nicht mehr stabilisiert und gesteuert werden kann. Sein Zusammenbruch ist der Beginn der Systemtransformation. Das Ziel des Umgestaltungsprozesses kann aus den Forderungen der Akteure des Umbruchs bzw. den Erwartungen der Bevölkerung abgeleitet oder normativ gesetzt werden. Im Falle der postsozialistischen Staaten ging beides Hand in Hand. „Demokratie", „Marktwirtschaft" und „Rechtsstaat" wurden sowohl innerhalb wie außerhalb der Transformationsgesellschaften als Ziele der Umgestaltung benannt. Sobald ein neues System etabliert ist, das diesen Zielen – zumindest in den Grundzügen – gerecht wird, ist der Transformationsprozess erfolgreich beendet.

Er ist auch dann zu Ende, wenn die Verfolgung des ursprünglich gesetzten Ziels aufgegeben und ein neuer, in dieser Form anfangs nicht vorgesehener Systemzustand (im Sinne organisierter sozialer Komplexität mit einem spezifischen Regelungsmechanismus) erreicht wird. Ob man in diesem Fall von einem „Ende" oder einem „Scheitern" der Transformation spricht, hängt von der Betrachtungsperspektive bzw. davon ab, welche Bedeutung dem ursprünglichen Ziel beigemessen wird. Unterstellt man, dass die Erreichung des originären Ziels unverzichtbar ist (weil die Gesellschaft anderenfalls nicht entwicklungsfähig wäre), liegt es nahe, von einem „Scheitern" der Transformation zu sprechen. Akzeptiert man andererseits, dass Geschichte offen ist und wir ihr Ende nicht kennen, ist die Verfehlung des originären Ziels nicht zwangsläufig mit „Scheitern" identisch. Mit Erreichung eines neuen Systemzustands ist der Transformationsprozess aber in jedem Fall zu Ende und geht in den stetigen Wandel über.

Kurzum: Transformation wird als zeitlich begrenzter und zielgerichteter Prozess verstanden. In Slowenien ist der Prozess bereits erfolgreich beendet. In Kroatien, Serbien, Montenegro und Makedonien ist er noch im Gange. Ob er in Kosovo und Bosnien-Herzegowina ebenfalls noch andauert oder schon beendet („gescheitert") ist, lässt sich noch nicht eindeutig entscheiden.

3.1 REGIMEWECHSEL IN KROATIEN

Das Ende von Tudjmans autoritärem Regime

Am 10. Dezember 1999 starb Franjo Tudjman im Alter von 77 Jahren an Krebs. Die New York Times beschrieb ihn treffend als Mann voller Widersprüche.[916] Als Begründer und erster Präsident des unabhängigen Kroatiens sowie als Oberbefehlshaber im „Vaterländischen Krieg" wurde er für viele Kroaten zum Idol des „wiederauferstandenen" Kroatiens, zum „Pater patriae". Als vom Volk direkt gewählter Präsident (September 1992, Wiederwahl Juni 1997) genoss er entsprechend der Verfassung eine außerordentliche Machtfülle, die er zur Errichtung eines autoritären Systems nutzte. In Politikstil und Habitus eiferte er dem von ihm verehrten Tito nach (vgl. Abbildung 21). Auch dessen Villen gefielen ihm. Das Parlament spielte während seiner Präsidentschaft nur eine untergeordnete Rolle. Die wichtigsten Entscheidungen wurden von Tudjman und seinen engsten Vertrauten, unter ihnen Rückkehrer aus dem Exil und nationalistische „Hardliner" aus der Westherzegowina, getroffen. Ehemals enge Gefolgsleute – wie Stipe

916 „His life was full of contradictions. He was an enthusiastic Yugoslav patriot who became an equally enthusiastic Croatian nationalist. He was an ardent Communist who became an ardent anti-Communist. He was an atheist who gained the support of the Catholic Church hierarchy in Zagreb and later in Rome." New Yok Times vom 11. 12. 1999.

Mesić – distanzierten sich schließlich. Von Transparenz des Regierungshandelns konnte keine Rede sein. So fiel die innenpolitische Bilanz von Tudjmans Herrschaft entsprechend düster aus.[917] Korruption und Vetternwirtschaft blühten. Die Reprivatisierung vormals sozialistischen Eigentums versandete in dunklen Kanälen. Die ethnische und nationale Diskriminierung (vor allem gegenüber Serben und Roma) blieb insbesondere auf regionaler und lokaler Ebene ungebrochen. Die in den Friedensabkommen verankerte Aufnahme von Flüchtlingen und Vertriebenen steckte voller Hindernisse. Ungeklärte Eigentumsfragen sowie der Boykott lokaler Behörden machten die Reintegration von Rückkehrern weitgehend obsolet. Von einem Rechtsstaat war Kroatien weit entfernt, und der Umbau des Justizsystems war vor allem durch Defizite charakterisiert. Der Rückstau unerledigter Fälle vor den kroatischen Gerichten wurde am Ende von Tudjmans Herrschaft auf eine Million geschätzt. Die verpflichtende Kooperation mit dem Haager Tribunal stieß auf nachhaltigen Widerstand. Und die Kriegsverbrecherprozesse vor einheimischen Gerichten ließen die notwendige Unparteilichkeit und Fairness vermissen, sofern derartige Prozesse überhaupt geführt wurden.[918]

Realistischerweise muss man hinzufügen, dass die Ära von Tudjmans Präsidentschaft entscheidend durch die postjugoslawischen Kriege, ihre Begleitumstände und Folgen geprägt war. Der überschäumende Nationalismus, an dessen Entfachung Tudjman und seine Partei, die HDZ, maßgeblich mitgewirkt hatten, ließen den Transformationsprozess sowie die Bemühungen um Friedensstabilisierung in den Hintergrund treten. Tudjman mit seinen rückwärtsgewandten nationalistischen Ideen war dafür auch denkbar ungeeignet. Selbst Politiker mit anderer Statur hätten sich schwergetan. Tudjman aber versuchte es nicht einmal. Erst sein Tod ebnete den Weg zu einem Neuanfang.

Bei den Parlamentswahlen am 3. Januar 2000 büßte die HDZ ihre bisherige Vormachtstellung ein. Wahlsieger wurde eine Viererkoalition unter Führung der Sozialdemokratischen Partei mit ihrem Spitzenkandidaten Ivica Račan. Aus der anschließenden Präsidentenwahl im Januar/Februar 2000 ging Stipe Mesić, der Kandidat der Kroatischen Volkspartei, als Sieger hervor (Wiederwahl im Dezember 2004/Januar 2005). Mit Račan als Ministerpräsident und Mesić als Staatspräsident setzte in Kroatien die Wende nach der Wende ein. Der Jurist Račan, 1944 als Sohn einer Zwangsarbeiterin in Deutschland geboren, hatte den Umbau des Bundes der Kommunisten Kroatiens in eine

917 Vgl. u. a. Križan, Mojmir: Kroatien unter Tudjman. Die mißverstandene Europäisierung, in: Osteuropa 47 (1997), S. 959–974; Ramet, Sabrina P.: Politics in Croatia since 1990, in: Dies. – K. Clewing – R. Lukić (Hg.): Croatia (524), S. 31 ff.

918 Zu den Defiziten vgl. u. a. European Commission against Racism and Intolerance: Second Report on Croatia, adopted on 15 December 2000; abrufbar unter http://hudoc.ecri.coe.int/XMLEcri/English/Cycle_02/02_CbC_eng/02-cbc-croatia-eng.pdf.

sozialdemokratische Partei seit Anfang der 90er-Jahre vorangetrieben. Als Ministerpräsident einer Koalitionsregierung versuchte er, die außenpolitische Isolation Kroatiens zu überwinden und sein Land an die EU heranzuführen. Dazu gehörten die Bereitschaft zur Zusammenarbeit mit dem Haager Kriegsverbrechertribunal (die innerhalb der Regierungskoalition zu schweren Zerwürfnissen führte), der Kampf gegen die Korruption und das Streben nach Aussöhnung mit den vormaligen Kriegsgegnern. Mittels einer Verfassungsänderung wurde das bisherige Präsidialsystem in ein parlamentarisches System umgebaut. Die politische Macht verschob sich damit vom Staatspräsidenten auf das Parlament und die von ihm gewählte Regierung. Obwohl sich die Koalition von Anfang an als brüchig erwies und schließlich zerbrach, war es die Regierung Račan, unterstützt von Präsident Mesić, die den Transformationsprozess in Kroatien – mit rund zehnjähriger Verspätung gegenüber anderen postsozialistischen Ländern – auf den Weg brachte.

Bei den vorgezogenen Parlamentswahlen am 23. November 2003 konnte sich die HDZ mit ihrem Spitzenkandidaten Ivo Sanader jedoch wieder als stärkste Partei (mit 34 % der Stimmen) durchsetzen, während die Sozialdemokraten als zweitstärkste Partei (mit 23 % der Stimmen) in die Opposition abgedrängt wurden. Sanader, der von 1993 bis Anfang 2000 stellvertretender Außenminister Kroatiens gewesen war, hatte die ultrarechten Gruppierungen innerhalb seiner Partei nach Tudjmans Tod entmachtet und die HDZ auf einen Mittelkurs mit eindeutig proeuropäischer Orientierung geführt. Mit Unterstützung von Minderheitenvertretern und kleineren Parteien wurde er im Dezember 2003 zum neuen Ministerpräsidenten gewählt. Oberstes Ziel seiner Regierung war die Heranführung Kroatiens an die NATO und die EU. Nach den Parlamentswahlen am 25. November 2007 behauptete die HDZ ihren Vorsprung gegenüber den erstarkten Sozialdemokraten (mit 37 % gegenüber 32 % der Stimmen), sodass Sanader im Amt bestätigt wurde. Am 1. Juli 2009 trat er jedoch als Ministerpräsident (und Parteivorsitzender) zurück, das Amt der Regierungschefin übernahm Jadranka Kosor von der HDZ. Wegen schwerer Korruptionsvorwürfe wurde Sanader im Dezember desselben Jahres verhaftet.

Die Bilanz des Transformationsprozesses im ersten Jahrzehnt nach Tudjmans Tod fiel erwartungsgemäß gemischt aus. Einerseits machte das Land unter den Regierungen von Račan und Sanader bedeutende Fortschritte, die dem Bemühen um Integration in EU und NATO geschuldet waren.[919] Im Februar 2003 stellte Kroatien einen Antrag auf Beitritt zur EU. Im Juni des folgenden Jahres erhielt es den Kandidatenstatus, und im März 2005 sollten die Beitrittsverhandlungen beginnen. Da jedoch die Zusammenarbeit der kroatischen Regierung mit dem Haager Kriegsverbrechertribunal von vielen Mitgliedsländern der Union als ungenügend beurteilt wurde, verschob man den Verhandlungs-

919 Die Mitgliedschaft in der NATO trat am 1. 4. 2009 in Kraft.

beginn auf unbestimmte Zeit. Erst nachdem die Chefanklägerin des Strafgerichtshofs, Carla del Ponte, am 3. Oktober 2005 den kroatischen Behörden eine zufriedenstellende Zusammenarbeit bescheinigt hatte, konnten die offiziellen Beitrittsverhandlungen am folgenden Tag beginnen. Der Annäherungsprozess wurde jedoch noch einmal unterbrochen, als Slowenien im Dezember 2008 sein Veto gegen die Öffnung der letzten zwölf Verhandlungskapitel einlegte. Grund war der slowenisch-kroatische Grenzstreit in der nördlichen Adria, in der knapp 5 km breiten Bucht von Piran bzw. Savudrija.[920] Wie Griechenland im Streit mit Makedonien, so nutzte Slowenien im Streit mit Kroatien seine EU-Mitgliedschaft, um das Nachbarland zu erpressen. EU-Politiker fürchteten, dass das slowenische (und griechische) Vorgehen in den künftigen Erweiterungsrunden Schule machen könnte (nach dem Muster: Die Slowenen blockieren die Kroaten, die Kroaten die Serben usw.). Erst zehn Monate später zog die slowenische Regierung ihr Veto zurück. Vorausgegangen waren Gespräche mit der kroatischen Ministerpräsidentin Kosor, in denen sich Kroatien dazu verpflichtete, sämtliche Dokumente zurückzuziehen, die die Grenze zwischen Kroatien und Slowenien präjudizieren. Dadurch wurden die Beitrittsverhandlungen vom bilateralen Grenzstreit getrennt. Die endgültige Grenzziehung soll in einem von der EU unterstützten Schiedsgericht geklärt werden.

Kroatien vor dem Beitritt zur EU: Erfolge und Defizite

Ende 2010 kam die EU-Kommission zu dem Ergebnis, dass die Verhandlungen mit Kroatien in die Endphase eingetreten seien, da das Land in vielen Bereichen gute Fortschritte erzielt habe.[921] Kroatien besaß eine funktionierende Marktwirtschaft, die zwar

920 Die slowenischen Hoheitsgewässer in der Bucht von Piran, die kroatischerseits als Bucht von Savudrija bezeichnet wird, werden von den italienischen Hoheitsgewässern im Norden und Westen sowie von den kroatischen Hoheitsgewässern im Süden so begrenzt, dass Slowenien keinen freien Zugang zu internationalen Gewässern hat. Zumindest theoretisch könnte Kroatien die Verbindung vom slowenischen Hafer Koper zu den internationalen Gewässern blockieren. In der Praxis gab es allerdings nie Probleme. Dennoch forderte Slowenien unter Berufung auf Artikel 12 der „Convention on Territorial Waters" von 1958 eine Veränderung der Seegrenzen, um damit auch völkerrechtlich Zugang zum offenen Meer zu erhalten. Der für Außenstehende schwer nachvollziehbare Streit sorgte in beiden Ländern für eine Medienschlacht, mit der vor allem nationalistische Ressentiments bedient wurden. Während der Alltag reibungslos funktionierte, erregten sich die Politiker auf beiden Seiten der Grenze. 2001 hatten sich die damaligen Ministerpräsidenten Sloweniens und Kroatiens, Janez Drnovšek und Ivica Račan, auf einen Kompromiss geeinigt, der für Slowenien einen Korridor zu den internationalen Gewässern und als Ausgleich dafür die Abgabe einiger slowenischer Gebiete an Kroatien vorsah. Das kroatische Parlament hatte jedoch den Kompromiss abgelehnt.

921 Croatia 2010 Progress Report: http://ec.europa.eu/enlargement/pdf/key_documents/2010/package/hr_rapport_2010_en.pdf.

Abb. 34: Der kroatische „Held", General Ante Gotovina.

durch die globale Wirtschafts- und Finanzkrise hart getroffen worden war,[922] aber über das Potenzial verfügte, sich innerhalb der EU behaupten zu können. Die Unabhängigkeit der Justiz wurde gestärkt. Das 2001 gegründete Amt für die Bekämpfung der Korruption und organisierten Kriminalität (USKOK)[923] konnte nach einem mühevollen Start allmählich Erfolge vorweisen, und die bilateralen Beziehungen in der Region (vor allem zu Serbien und Bosnien) hatten sich verbessert. Der Abschluss der Verhandlungen wurde für 2011 und der Beitritt Kroatiens zur EU (als 28. Mitgliedsland) für Mitte 2013 anvisiert.

Andererseits bestanden aber noch immer erhebliche Defizite. Von Kroatien wurden insbesondere in den Bereichen Justiz- und Verwaltungsreform, Minderheitenrechte, Flüchtlingsrückkehr und Aufarbeitung der Kriegsverbrechen weitere Anstrengungen erwartet, um die letzten Hindernisse vor einem EU-Beitritt zu überwinden. Eine stärkere Haushaltsdisziplin und die Verbesserung des Investitionsklimas gehörten zu den wichtigsten Aufgaben in den Bereichen Finanzen und Wirtschaft. Die Korruption war noch immer weit verbreitet. Und bei der justiziellen Aufarbeitung der Kriegsverbrechen vor einheimischen Gerichten gab es kaum Fortschritte. Auch die Zusammenarbeit Kroatiens mit dem Haager Kriegsverbrechertribunal stockte in Teilbereichen. Die vom Tribunal eingeforderte Übermittlung von Dokumenten über die „Operation Sturm" von 1995 wurde immer wieder verweigert.[924] Das Urteil im Prozess gegen die Generäle Go-

922 Im ersten Quartal 2009 sackte die kroatische Wirtschaft in eine Rezession ab, aus der sie sich bis Mitte 2010 nicht erholen konnte. Die Arbeitslosigkeit, das Haushaltsdefizit und die Staatsverschuldung stiegen. Insbesondere die wachsende Außenverschuldung gehörte zu den Schwachstellen der Wirtschaft. Dagegen konnte der Finanzsektor die Krise relativ unbeschadet überstehen.

923 USKOK = Ured za suzbijanje korupcije i organiziranog kriminaliteta.

924 Vgl. u. a. den Jahresbericht für Kroatien 2011 von Amnesty International Deutschland: http://amnesty.de/jahresbericht/2011/kroatien.

tovina und Markač vom April 2011 wühlte die kroatische Gesellschaft wieder auf.[925] Insbesondere Gotovina gilt als kroatischer „Nationalheld" (Abbildung 34). Die Einsicht, dass selbst in einem „gerechten" oder „Verteidigungskrieg" nicht alles erlaubt ist und dass die Regeln der Haager Landkriegskonvention für jede Form des Krieges – auch für den Verteidigungskrieg – gelten, zählte noch nicht zum Allgemeingut (weder in Kroatien noch bei einigen ausländischen Politikern).[926] In Kroatien schien die Auffassung weit verbreitet zu sein, dass das Haager Tribunal eine Art EU-Gericht sei. Das hatte auch Auswirkungen auf die Einstellung der Bevölkerung gegenüber der Gemeinschaft. Die Zustimmung zur Mitgliedschaft war in Kroatien extrem gering. Im Herbst 2010 sprach sich nur knapp ein Viertel (!) der Befragten für eine Mitgliedschaft aus.[927] Obwohl man sich in Kroatien seit Anfang der 90er-Jahre dezidiert vom „Balkan" abgesetzt und die historische Zugehörigkeit des Landes zum „Westen" wie ein Banner vor sich hergetragen hatte, stand die Bevölkerung Kroatiens dem „Westen" skeptischer gegenüber als die Menschen in allen anderen „Westbalkan"-Staaten (oder in der Türkei) – ein Widerspruch, der seiner Auflösung harrt. Zwischen den Einstellungen der politischen (und wirtschaftlichen) Eliten auf der einen und den der Bevölkerungsmehrheit auf der anderen Seite klafft noch immer ein tiefer Riss.

3.2 Regimewechsel in Serbien

In den frühen Morgenstunden des 5. Oktobers 2000 rollen Kolonnen von Bussen, Traktoren, Baggern und Lastwagen mit Tausenden von Menschen aus allen Teilen Serbiens auf die Hauptstadt zu. Sie durchbrechen mehrere von der Polizei errichtete Straßenblockaden. Und bald füllt sich die Belgrader Innenstadt mit einer unüberschaubaren Menge von Demonstranten, die Milošević zum Rücktritt auffordern. Gegen Mittag kommt es vor dem Parlamentsgebäude zu Zusammenstößen zwischen der aufgebrachten Menge und der Polizei. Letztere setzt Tränengas ein und gibt Warnschüsse ab, doch lässt sich die Menge nicht aufhalten. Um 16 Uhr stürmen die Demonstranten das Parlament. Einige Polizisten fliehen, andere schließen sich den Protestierern an. Teile des Parlamentsge-

925 Zum Urteilsspruch siehe oben, Kapitel 2.3.

926 Der CDU-Bundestagsabgeordnete und stellvertretende Vorsitzende der Deutsch-Kroatischen Parlamentariergruppe Willsch bezeichnete das Urteil gegen Gotovina und Markač als „empörend, ungerecht und gefährlich". Damit sei „der legitime Kampf gegen gegen einen äußeren Aggressor über den gleichen Leisten geschlagen (worden) wie der planmäßig mit großer Brutalität vorgetragene Angriffskrieg selbst". Willsch, Klaus-Peter: Die Leichensynode von Den Haag, in: FAZ vom 19. 5. 2011.

927 Vgl. Tabelle 11 (a) im Anhang.

bäudes gehen in Flammen auf. Etwa eine Stunde später spitzt sich die Lage vor dem Gebäude des regimetreuen Senders „Radio-Television Serbien“ (RTS) zu. Während Polizisten mit Waffengewalt die Erstürmung des Senders zu verhindern suchen, setzt ein um die Früchte seiner Arbeit betrogener Besitzer einer Kiesgrube, Ljubisav Djokić, genannt „Džo (Joe)“, seinen Bagger in Bewegung, durchbricht den Polizeikordon und räumt den Weg in das Gebäude frei. „Joe“ und sein gelber, von 82 Geschossen getroffener Bagger (eigentlich ein Radlader) werden zum Symbol des Kampfes gegen das Regime, zur Legende des 5. Oktobers.

Von Milošević keine Spur. Die Demonstranten jubeln: „Er ist fertig, er ist fertig“ („gotov je“). Um 18.30 Uhr verkündet der Präsidentschaftskandidat der Opposition, Vojislav Koštunica, vom Balkon des Rathauses vor einer riesigen Menschenmenge (die Schätzungen bewegen sich zwischen einer halben und einer Million Menschen), dass Serbien befreit sei, und erklärt sich zum gewählten „Präsidenten der Bundesrepublik Jugoslawien“. Am folgenden Tag gesteht Milošević seine Niederlage ein. Er ist fertig. Seine 13-jährige Herrschaft endet binnen weniger Stunden. Ohne Blutvergießen.[928]

Wie konnte sich Milošević so lange an der Macht halten?

Die Ereignisse vom 5. Oktober werfen zwei Fragen auf. 1. Wie konnte Milošević so lange seine Macht behaupten: ungeachtet militärischer Niederlagen, ungeachtet der dramatischen Verarmung großer Teile der Bevölkerung, ungeachtet der Isolation, in die er sein Land gesteuert hat, und ungeachtet der Tatsache, dass seine Sozialistische Partei den Wahlerfolg von 1990 in allen nachfolgenden Parlamentswahlen nicht annähernd wieder erreichte? Und 2. wie war es möglich, dass er innerhalb eines einzigen Tages schließlich doch zu Fall gebracht wurde?

Nach dem Wahlerfolg vom Dezember 1990 begann der Stern der Sozialistischen Partei zu sinken. Bei den vorgezogenen Parlamentswahlen am 20. Dezember 1992 sackte ihr Stimmenanteil von 46 % auf knapp 29 % ab. Bei den Wahlen am 19. Dezember 1993 und am 21. September 1997 konnte sich die SPS auf 36,7 % resp. 34,2 % wieder erholen, bevor sie im Dezember 2000 mit 13,5 % ihren vorläufigen Tiefpunkt erreichte. Auch Miloševićs Popularität schwand von Wahl zu Wahl. Hatte er bei den serbischen Präsidentschaftswahlen im Dezember 1990 noch 65,3 % der abgegebenen Stimmen (bzw. 46,7 % der Stimmen aller wahlberechtigten Bürgerinnen und Bürger) erreicht, waren es bei den Wahlen im Dezember 1992 nur noch 53,2 % (bzw. 37,1 %). Da er

928 Zwei Menschen kamen dennoch zu Tode. Ein Mann erlag einem Herzinfarkt, eine Frau geriet unter die Räder eines Baggers.

laut Verfassung keine dritte Amtsperiode antreten konnte, kandidierte er bei den serbischen Präsidentschaftswahlen im Dezember 1997 nicht, sondern hatte sich bereits im Juli dieses Jahres von den beiden Kammern des jugoslawischen Parlaments in das Amt des Bundespräsidenten wählen lassen (1997–2000). Als er sich am 24. September 2000 zur Wiederwahl (diesmal in direkter Wahl durch die Bevölkerung) stellte, erhielt er nur noch 37,1 % der abgegebenen Stimmen (bzw. 26,6 % der Stimmen aller Wahlberechtigten). Selbst wenn man von Wahlbetrügereien absieht, hatten Milošević und die SPS während der 90er-Jahre die Mehrheit der Bevölkerung Serbiens nicht hinter sich. Und seit den Parlamentswahlen Ende 1992 konnte die SPS nur noch mit Unterstützung oder in Koalition mit anderen Parteien regieren. Dabei kam es zu grotesk anmutenden Allianzen. Nach den Wahlen von 1992 bildete die SPS eine Minderheitsregierung, die auf Unterstützung der Serbischen Radikalen Partei (SRS) des Vojislav Šešelj angewiesen war. Die Radikalen hatten 22,6 % der abgegebenen Stimmen gewonnen. Das Einvernehmen zwischen Milošević (dem „Sozialisten") und Šešelj (dem Ultra-Nationalisten) zerbrach bald, nachdem sich Milošević 1993 anlässlich des Vance-Owen-Friedensplans von der Republika Srpska distanziert hatte.[929] Šešelj ging daraufhin abermals in Opposition und attackierte in den folgenden Jahren Milošević und dessen Frau, Mira Marković, mit aggressiven Veröffentlichungen (*Der rote Tyrann von Dedinje*, *Das serbische Ehepaar Ceauşescu*, *Die Hexe aus der Tolstoi-Straße* usw.).[930] Die Zeit von September 1994 bis September 1995 verbrachte Šešelj zur Abwechslung im Gefängnis. Nach Unterzeichnung des Dayton-Abkommens beschimpfte er Milošević als „größten Verräter des serbischen Volkes"[931]. Dessen ungeachtet bildeten SPS und SRS nach den Wahlen von 1997 wieder eine Koalitionsregierung, und Šešelj wurde stellvertretender Ministerpräsident Serbiens. Kurzum: Die politischen Konstellationen änderten sich von Jahr zu Jahr sprunghaft. Aber jenseits aller Winkelzüge seiner wechselnden Kooperationspartner und Gegner, die

---

929 Siehe oben, Kapitel 1.2.

930 Šešelj, Vojislav: Crveni tiranin sa Dedinja. Beograd 1995; ders.: Srpski bračni par „Caušescu". Beograd 1995; ders.: Veštica iz Tolstojeve ulice. Beograd 1994. Der gelernte Anwalt Šešelj (Jg. 1954), der sich Anfang der 80er-Jahre vom Jungkommunisten zum extremen Nationalisten wandelte, 1984 wegen „anarcho-liberalistischer und nationalistischer Standpunkte" zu acht Jahren Haft verurteilt wurde (die später auf zwei Jahre reduziert wurden) und der seit 2003 als mutmaßlicher Kriegsverbrecher in Den Haager Untersuchungshaft sitzt, ist ein ausgesprochener Vielschreiber, der oft innerhalb eines Jahres mehrere – in der Regel äußerst aggressive – Bücher veröffentlicht. Er ist Gründer der Zeitung „Großserbien" (Velika Srbija. Novine Srpske Radikalne Stranke) und einer der „profiliertesten" Hassredner im ehem. Jugoslawien. Als Westgrenze „Großserbiens" schwebt ihm eine Linie vor, die halbkreisförmig von Virovitica in der Drau-Ebene im Norden über Karlovac in Mittelkroatien nach Karlobag an der Adria führt, sodass große Teile Kroatiens sowie ganz Bosnien-Herzegowina an Serbien fallen würden.

931 Vgl. die Sammlung von Šešelj-Zitaten in Vreme, Nr. 476, vom 19. 2. 2000: http://www.vreme.com/arhiva_html/476/05.html.

hier im Detail nicht dargestellt werden können, behielt Milošević die Kontrolle über die Machtapparate. Wo er war, befanden sich auch die Schaltstellen der Macht, unabhängig davon, ob er gerade als serbischer oder als jugoslawischer Staatspräsident operierte. Das aus SPS, Staatssicherheit und organisiertem Verbrechen geknüpfte Netzwerk funktionierte reibungslos. „Serbia was ruled by a para-state cartel composed of ‚official' political institutions, the ruling party with its ‚coalition' satellites, the army, various police formations, the mafia, Court intellectuals, with the President of the Republic as the center of the spider web and the personification of the system."[932]

Doch die Stimmung in der Bevölkerung war schlecht. Während die „Renaissance" der Orthodoxie kraftvoll voranschritt[933] (und sich in dieser Hinsicht nicht von der „Re-Islamisierung" in Bosnien unterschied), nahm das Vertrauen in die Regierung und die politischen Parteien immer weiter ab. Die Wahlbeteiligung bei den Parlamentswahlen sank von Mal zu Mal: von 71,5 % (1990) auf 57,4 % (1997). Serbien war isoliert. Die einzigen nennenswerten Bündnispartner, die noch an seiner Seite standen, waren Russland und das EU-Mitglied Griechenland. Orthodoxie, Antiislamismus, Antiwestlertum und Abwehr der Globalisierung bildeten das brüchige Fundament einer „unheiligen Allianz".[934] Die wirtschaftliche Lage in Serbien verschlechterte sich dramatisch. Die Kriege und die Unterstützung der Serben in Kroatien und Bosnien kosteten Geld, viel Geld, und die internationalen Wirtschaftssanktionen verschärften die Lage zusätzlich. Die Bedienung der Notenpresse heizte die Inflation an (vgl. Abbildung 20). Auch die Einführung eines neuen Dinars im Herbst 1993 änderte daran nichts. Die galoppierende Geldentwertung war aber „keineswegs für alle ein zu bekämpfendes Übel. Sie ist vielmehr eine Strategie: Sie dient dazu, dem Staat und den serbischen Kriegsprofiteuren Devisen zuzuführen. Und inzwischen ist die Inflation sogar notwendig, damit die Wirtschaft nicht zusammenbricht. [...] Die Devisen-Dealer, meist jüngere, betont unauffällig dreinschauende Männer, nutzen die Dinare zum Ankauf von D-Mark. Es ist ein Straßengeschäft, das trotz häufiger Polizeikontrollen reibungslos funktioniert, weil beide Seiten dringend darauf angewiesen sind. Auch die serbischen Verbraucher: Für den täglichen Einkauf brauchen sie Kleingeld, das es nur in Dinar gibt. Alle Geschäfte bis hinunter zum Erwerb einer Zeitung oder eines Päckchens Kaugummi auf D-Mark umzustellen wäre unmöglich, denn die kleinste regelmäßig verfügbare Einheit ist der

932 Dimitrijević, Nenad: Serbia as an Unfinished State, in: Vujadinović, Dragica [u. a.] (Hg.): Between Authoritarianism and Democracy. Serbia, Montenegro, Croatia. Bd. 2: Civil Society and Political Culture. Belgrade 2005, S. 61.

933 Gemäß einer Umfrage aus dem Jahr 2000 glaubten 80 % der serbischen Bevölkerung an Gott, mehr als doppelt soviel wie zwanzig Jahre zuvor. Vgl. Perica, V.: Balkan Idols (150), S. 132, 220.

934 Zu den griechisch-serbischen Beziehungen vgl. Michas, T.: Unholy Alliance (383).

Zehnmarkschein. Aber zwei- oder dreimal im Monat, wenn er seinen Lohn bekommt, wechselt ein serbischer Arbeitnehmer ihn komplett in deutsche Währung. Der Umtausch ist eine Art Fixing: In Dinar wäre das Geld schon nach zwei Tagen nur noch die Hälfte wert. Beide Male, beim Wechsel von Dinar in Mark und von Mark in Dinar, genehmigen sich die Straßenhändler eine satte Gewinnmarge. Ihre eroberte Mark tragen die Devisenhändler zu den Banken. Die Banken wiederum verkaufen die Mark den Importeuren, die damit auf schwarzen Wegen, vor allem über Bosnien und Mazedonien, vom Weltmarkt Waren ins Land holen. [...] Auch die Importeure machen ihren Schnitt: Sie beliefern den Staat und verkaufen, was übrig ist, auf dem freien Markt. [...] Der Weg von der Nationalbank über die Straße und die Banken zu den Importeuren ist nur der große Kreislauf, in dem die Umverteilung von unten in die Halbwelt funktioniert."[935] Zwischen 1. Oktober 1993 und 24. Januar 1994 stiegen die Preise um fünf Billiarden Prozent (eine Billiarde ist eine Eins mit 15 Nullen).[936] Der Wechselkurs zur DM betrug Ende 1993 drei Billionen Dinar für eine DM. Jugoslawien erlebte die zweithöchste und zweitlängste Hyperinflation in der europäischen Wirtschaftsgeschichte.[937] Die Leute konnten gar nicht so schnell zählen und zahlen, wie sich die Preise verteuerten. Der Schwarzmarkt und die Mafia blühten, während das Sozialsystem kollabierte und die Arbeitslosigkeit unaufhaltsam stieg.[938]

Im Jahr 2000 veröffentlichte die „Gruppe 17" (G17) ein *Weißbuch der Herrschaft Miloševićs*, in dem sie eine desaströse Bilanz der vorangegangenen zwölf Jahre zog. In der G17 hatten sich unter Führung von Mladjan Dinkić und Veselin Vukotić während

935 Mappes-Niediek, Norbert: Dinar im Teufelskreis, in: Zeit-online vom 5. 11. 1993: http://www.zeit.de/1993/45/dinar-im-teufelskreis.

936 Vgl. Watkins, Thayer: The Worst Episode of Hyperinflation in History: Yugoslavia 1993–94: http://www.rogershermansociety.org/yugoslavia.htm. Im Amerikanischen wird eine Billiarde als „quadrillon" bezeichnet.

937 „The Yugoslav hyperinflation of 1992–1994 was historically unique and significant due ist extreme peak and duration. At its peak, in January 1994, the monthly inflation rate reached 313 million percent, thus becoming the second highest recorded rate of inflation after the Hungarian hyperinflation of 1945–1946. In addition, the Yugoslav hyperinflation lasted 24 months so that, after the Russian hyperinflation in the 1920s which lasted 26 months [...], it is the second largest ever recorded. During these 24 months, between February 1992 and January 1994, the price level rose by a factor of 3.6×10^{22}, which is second only to the most severe Hungarian hyperinflation (3.8×10^{27}), but well ahead any other: 10^{11} in China after World War II, 10^{10} in Germany in the 1920s, etc." Petrović, Pavle – Željko Bogetić – Zorica Vujošević: The Yugoslav Hyperinflation of 1992–1994: Causes, Dynamics, and Money Supply Process, – in: Journal of Comparative Economics 27 (1999), S. 335–353; hier S. 336.

938 Vgl. Jennings, Ray: Serbia's Bulldozer Revolution: Evaluating Internal and External Factors in Successful Democratic Breakthrough in Serbia. CDDRL (Center on Democracy, Development, and the Rule of Law, Stanford) Working Papers 15 (March 2009).

der Protestwelle im Winter 1996/97 17 prominente Wirtschaftswissenschaftler zu einer NGO zusammengeschlossen, die sich in der Folgezeit zu einem Expertennetzwerk (G17 PLUS) vergrößerte. Aus ihm ging am 15. Dezember 2002 die gleichnamige Partei hervor. Das „Weißbuch" aus dem Jahr 2000, das sich auf offizielle Daten stützt (soweit diese damals zugänglich waren), lässt sich in drei große Themenbereiche gliedern: 1. Bevölkerungsentwicklung, 2. Wirtschaftsentwicklung und 3. Soziale Lage.

Zu 1: In Serbien (ohne Kosovo) lebten nach dem Flüchtlingszensus von 1996 566.275 Flüchtlinge oder Vertriebene aus anderen Teilen des ehemaligen Jugoslawien (ohne die späteren Flüchtlinge und Vertriebenen aus Kosovo). Hinzu kamen weitere knapp 80.000 kriegsgeschädigte Personen. Die Geburtenrate in Serbien war von 12,5 Promille (1987) auf 9,8 Promille (1998) gesunken, während die Sterberate von 10,5 auf 12,8 Promille gestiegen war. Der natürliche Zuwachs von 1,9 Promille hatte sich damit in einen Bevölkerungsrückgang von –3 Promille verwandelt. Der Altersaufbau der serbischen Gesellschaft hatte sich deutlich verändert. Während 1987 auf 10 Personen im Alter unter 19 Jahren 5,9 Personen im Alter über 60 Jahren entfallen waren, waren es 1998 bereits 9 Personen im Alter über 60 Jahren. Die Kreislaufkrankheiten mit Todesfolge waren ebenso in die Höhe geschnellt wie die Zahl der Selbstmorde und die Jugendkriminalität.

Zu 2: Der Index des Bruttosozialprodukts (1987: 100) war bis 1999 auf 40 Punkte gefallen. Die industrielle Produktion betrug Ende der 90er-Jahre (und zwar bereits vor Beginn der NATO-Intervention) nur noch etwa ein Drittel des Wertes von Ende der 80er-Jahre. Die Tierbestände waren stark reduziert; der Tourismus und der Wohnungsbau waren eingebrochen. Ebenso der Gütertransport auf den Straßen. Die äußere Verschuldung Serbiens hatte in der zweiten Hälfte der 90er-Jahre um ca. 750 Millionen Dollar pro Jahr zugenommen. Von der Inflation und Hyperinflation war bereits die Rede.

Zu 3: Die Zahl der Beschäftigten in Serbien war während des Untersuchungszeitraums kontinuierlich zurückgegangen, während die Zahl der Pensionäre permanent gestiegen war. Hatte die Zahl der Arbeitslosen 1987 noch unter 400.000 betragen, so war sie 1999 auf knapp 750.000 gestiegen. Die Korruption blühte. Gemäß den Untersuchungen von „Transparency International"[939] lag Serbien 1999 mit einem Korruptionsindex von 2,0 auf gleicher Höhe wie Kenia oder Paraguay. Die durchschnittlichen Monatslöhne, die im Dezember 1990 noch 752 DM betragen hatten, waren bis Dezember 1999 auf 87 DM abgestürzt. Auch die Pensionen waren dramatisch geschrumpft.

Die Folgen des NATO-Kriegs hatten die wirtschaftliche Lage Serbiens, die vorher schon katastrophal gewesen war, noch einmal spürbar verschlechtert. Die direkten

939 Vgl. dazu die Ausführungen in Kap. 3.6.

und indirekten Auswirkungen des Kriegs wurden auf 29,6 Milliarden Dollar geschätzt.[940]

Die Gruppe 17 beschränkte sich in ihrer Bilanz auf demografische und sozioökonomische Faktoren. Hinzu kommt die politische und kulturelle Bilanz der „Ära Milošević", die nicht minder verheerend ausfällt und in den vorangehenden Abschnitten bereits skizziert wurde.[941]

Wie wurde Milošević gestürzt?[942]

Wiederholt kam es in den 90er-Jahren zu großen Protesten gegen das Milošević-Regime. Schon vor Beginn der postjugoslawischen Kriege protestierten in Belgrad, angeführt von Studenten und Anhängern Vuk Draškovićs, schätzungsweise eine halbe Million Menschen gegen Milošević.[943] Dieser setzte zunächst die Armee, dann die Polizei gegen die Demonstranten ein und machte einige kleinere Zugeständnisse. Die Studenten setzten ihre Proteste auch 1992 fort, doch angesichts des Krieges und der Kriegspropaganda hatten sie keine Chance. Ende 1992 erklärten die Belgrader Studenten ihre Universität für „tot".[944] Erst nach dem Ende der Kriege 1992–95 konnte sich die Protestbewegung erneut formieren. Vor den auf den 3. November 1996 angesetzten Bundes- und den ersten serbischen Lokalwahlen schlossen sich die Serbische Erneuerungsbewegung (SPO) von Vuk Drašković, die Demokratische Partei (DS) von Zoran Djindjić und die Bürgerallianz von Vesna Pešić, der vormaligen Leiterin des Antikriegszentrums in Belgrad, zum Oppositionsbündnis „Zajedno" (Gemeinsam) zusammen. Während die nach dem Proporzsystem durchgeführten Bundeswahlen der Opposition eine Niederlage bescherten, konnte sich „Zajedno" in der ersten und zweiten Runde der Lokalwahlen (nach Mehrheitswahlrecht) in den 14 größten serbischen Städten als Gewinner durchsetzen, womit die auch bei anderen Wahlen erkennbaren Unterschiede zwischen Stadt und Land bestätigt wurden. Daraufhin annullierten die staatlich kontrollierten Wahlkommissionen die Ergebnisse, und die Klagen der Opposition vor den Gerichten – einschließlich

940 Grupa 17: Srbija 2000 – godinu dana posle bombardovanja, in: http://www.g17plus.rs/v2/images/stories/dokumentiarhiva/knjiga.pdf.

941 Vgl. u. a. auch Biserko, Sonja: Bilans promašenog projekta, in: Dies. (Hg.): Kovanje (268), S. 347–367.

942 Zum Folgenden vgl. u. a. Bujosevic, D. – I. Radovanovic: The fall of Milosevic (544); Nadjivan, S.: Wohl geplante Spontaneität (572). Nadjivan charakterisiert das Milošević-Regime als „männerbündische Pseudo-Demokratie". Anhand von Interviews mit systemtreuen und oppositionellen AkteurInnen rekonstruiert sie die Merkmale des Systems und den Weg zum Sturz Miloševićs.

943 Zum Folgenden vgl. Jennings, Ray: Serbia's Bulldozer Revolution (a.a.O).

944 Vgl. Prošić-Dvornić, Mirjana: !Enough! Student Protest '92: The Youth of Belgrade in Quest of Another Serbia, in: The Anthropology of East Europe Review 11 (1993), 1–2, S. 127–137.

des Verfassungsgerichts – wurden allesamt zurückgewiesen: ein Armutszeugnis für die Justiz. Die offensichtliche Wahlmanipulation löste im Winter 1996/97 die größte Protestwelle seit fünf Jahren aus, sodass die Armee in Alarmbereitschaft versetzt wurde.[945] Miloševićs Versuch, die Proteste niederzuschlagen, verschaffte den Demonstranten weiteren Zulauf. Die orthodoxe Kirche, die sich bereits in den 90er-Jahren vom „Verräter“ Milošević wieder distanziert hatte, Teile der Serbischen Akademie der Wissenschaften, die montenegrinische Opposition und der vormalige (rest)jugoslawische Staatspräsident Dobrica Ćosić stellten sich gegen ihr früheres Idol. Auch das Ausland, namentlich die OSZE, die EU und die US-Regierung, sparte nicht mit Kritik. Zu Beginn des orthodoxen Weihnachtsfests am 6. Januar 1997 sowie am orthodoxen Silvesterfest sieben Tage später protestierten auf den Straßen Belgrads rund eine halbe Million Menschen und forderten den Rücktritt Miloševićs als Staatspräsident. Dieser sah sich nun zum Nachgeben gezwungen. Am 11. Februar 1997 verabschiedete das serbische Parlament ein Sondergesetz, mit dem die Wahlerfolge von „Zajedno“ in Belgrad und 13 weiteren Städten anerkannt wurden. Kurz darauf wurde Djindjić zum ersten nichtkommunistischen Bürgermeister von Belgrad seit 1945 gewählt. Doch schon wenige Wochen nach diesem Triumph zerfiel das Wahlbündnis „Zajedno“ infolge offener Meinungsunterschiede zwischen Drašković und Djindjić über die Ämterverteilung in den Kommunen, den Kandidaten für die bevorstehenden serbischen Präsidentschaftswahlen und den weiteren Kurs von „Zajedno“. Bei den serbischen Parlamentswahlen im September 1997 trat die SPO im Alleingang an und eroberte 19,1 % der abgegebenen Stimmen. Anfang Oktober 1997 wurde Djindjić auf Betreiben Draškovićs und mit Unterstützung der SPS als Bürgermeister gestürzt. Die SPO ließ sich kurz darauf in eine Koalition mit den Sozialisten einbinden (bis zum Beginn des Kosovo-Krieges), und Drašković wurde Anfang 1999 stellvertretender jugoslawischer Ministerpräsident, bevor er am 3. Oktober 1999 einem vom Milošević-Apparat inszenierten Attentat nur knapp entkam. Der Zickzackkurs Draškovićs und der Zerfall des Oppositionsbündnisses stärkten erneut die Position Miloševićs.

Die Eskalation der Gewalt in Kosovo und der Kosovo-Krieg erschwerten die Einigung der Oppositionskräfte und drängten die als „Verräter“ etikettierten Gegner Miloševićs in die Defensive. Ein neues Universitätsgesetz verstärkte die Kontrolle des Staates über die Hochschulen. Die in Reaktion darauf im Oktober 1998 gegründete studentische Protestbewegung „Otpor!“ (Widerstand!) befand sich noch im Aufbau und stellte ihre Aktivitäten während der NATO-Angriffe von März bis Juni 1999 ein. Oppositionelle Me-

945 Vgl. dies.: The Topsy-Turvy Days Were There Again: Student and Civil Protest in Belgrade and Serbia, 1996/97, in: ebda. 16 (1998), 1, S. 77–98; Balkan Peace Team: Protests in Belgrade and throughout Yugoslavia – 1996/1997, in: http://www.hartford-hwp.com/archives/62/063.html.

Abb. 35: Emblem der serbischen Studentenbewegung „Otpor!" gegen Milošević sowie drei Plakate der Bewegung: 1. Milošević von hinten mit der Unterschrift „Er ist fertig"; 2. „Otpor!, weil ich Serbien liebe"; 3. Der Bagger vom 5. Oktober: „Nur euch beobachten wir. Passt auf, was ihr tut. Das Volk ist otpor!"

dien, die kritisch über die Ereignisse in Kosovo berichteten, wurden mundtot gemacht. Führende Köpfe der Protestwelle von 1996/97 – Djindjić, Drašković, „Otpor!"-Mitbegründer Srdja Popović und viele andere – fürchteten um ihr Leben und setzten sich nach Montenegro ab. Die Protestbewegung erreichte ihren Tiefpunkt.

Kurz nach Ende der NATO-Intervention begann die dritte und letzte Phase im Kampf gegen Milošević. Treibende Kraft waren „Otpor!" bzw. die Studenten, die sich dem gewaltfreien Widerstand verschrieben hatten.[946] Ihre Mittel waren Mut, Ironie und die symbolische Besetzung des öffentlichen Raums mit ihrem Logo: der geballten Faust.

946 Vgl. Nikolayenko, Olena: The Learning Curve: Student Protests in Serbia, 1991–2000, Februar 2009, in: http://www.hks.harvard.edu/kokkalis/gsw/2009/Leadership/Nikolayenko%20Paper.pdf.

Sie betrieben intensives „Networking", vermieden starre Hierarchien (sodass sie schwer greifbar waren) und trainierten ihre Mitglieder in den Methoden des gewaltfreien Widerstands (in Anlehnung an die Arbeiten von Gene Sharp)[947]. Anlässlich öffentlicher Feiertage inszenierten sie alternative Events, machten das Regime lächerlich und versuchten, Polizei- und Armeeangehörige mit einer Charmeoffensive auf ihre Seite zu ziehen. Obwohl (oder weil) „Otpor!" vom Regime als „neo-faschistische Terroristengruppe" angeprangert wurde, breitete sich ihre Anhängerschaft schnell im ganzen Land aus. Die geballte Faust sowie die Slogans „Er ist fertig" (gotov je) und „Es ist Zeit" (vreme je) waren bald allgegenwärtig: als Graffitis, auf T-Shirts, Spruchbändern und Fahnen (Abbildung 35). Ihre Wirkung war ansteckend.

Auch mehrere NGOs hatten bereits während des Kosovo-Krieges unter schwierigsten Bedingungen damit begonnen, ihre Aktivitäten zu koordinieren, und verstärkten ihre Bemühungen nach dem niederschmetternden Ergebnis des Krieges. Mitte 2000 stellten rund 150 NGOs ihre gemeinsamen Anstrengungen unter das Motto „Exit 2000" (Izlaz 2000) und bereiteten sich intensiv auf das Monitoring der bevorstehenden Präsidentschafts- und Parlamentswahlen vor. Schließlich bemühten sich auch die politischen Oppositionsparteien, ihre widerstrebenden Positionen zu überwinden, zunächst ohne Erfolg. Das Ansehen der zerstrittenen Opposition in der Bevölkerung sank von Tag zu Tag und war fast ebenso schlecht wie das des Milošević-Regimes. Eine Protestkundgebung der Oppositionsparteien im August 1999 endete in „Verwirrung und Ratlosigkeit". „Jede Partei rollte ihre Fahne ein, wenn die Konkurrenz auftrat. Der Präsident der Bürgerallianz Goran Svilanović verließ protestierend die Tribüne, als Vuk Drašković von der Serbischen Erneuerungsbewegung wider Erwarten das Wort ergriff. Der bärtige Dichter und Monarchist hatte bis zuletzt gezögert und gepokert, dann mochte er sich die Gelegenheit doch nicht entgehen lassen – wohl im irrigen Glauben, der Liebling der Menge werden zu können. Nur: Den Rücktritt Miloševićs verlangte er nicht …"[948] Vuk Drašković und seine SPO gingen weiterhin ihre eigenen Wege. Es dauerte noch einmal ein Jahr, bis sich achtzehn weitere Parteien im August 2000 zur „Demokratischen Opposition Serbiens" (DOS) unter Führung des wenig bekannten, aber respektierten Vojislav Koštunica von der „Demokratischen Partei Serbiens" (DSS) zusammenschlossen Ihre Wahlkampagne, unterstützt durch die Aktivitäten von „Otpor!" und der NGOs sowie finanziell gefördert durch Spenden aus dem Ausland, zeigte schnell Erfolge. Eine Umfrage von Mitte

947 Der amerikanische Politikwissenschaftler Gene Sharp (Jg. 1928) gilt als „Guru" der gewaltfreien Aktion und hat dazu seit den 70er-Jahren zahlreiche Bücher veröffentlicht. In deutscher Übersetzung erschien zuletzt: Von der Diktatur zur Demokratie. Ein Leitfaden für die Befreiung. München 2008.

948 Flottau, Renate – Roland Schleicher: Serbien. Die Tore stehen offen, in: Der Spiegel Nr. 34 vom 23. 8. 1999, S. 129–131.

September deutete darauf hin, dass Koštunica die unmittelbar bevorstehenden jugoslawischen Präsidentschaftswahlen bereits in der ersten Runde gegen Milošević gewinnen könnte. Dieser hielt bis zum Schluss an seinen Trickserejen fest. Obwohl seine Amtszeit als jugoslawischer Staatspräsident erst im Juli 2001 auslief, strebte er angesichts der sich rapid verschlechternden allgemeinen Lage eine vorgezogene Neuwahl an. Da nach Artikel 97 der Bundesverfassung eine zweite Amtszeit des Staatspräsidenten unmöglich war, setzte Milošević am 6. Juli 2000 im Bundesparlament nach bewährtem Muster eine Verfassungsänderung durch: Der Präsident sollte nun vom Volk direkt gewählt werden, und die Beschränkung auf eine Amtszeit fiel weg.[949] Aber wieder einmal (wie nach den Kommunalwahlen von 1996) hatte Milošević die Situation völlig falsch eingeschätzt.

Am 24. September war es dann so weit: Nach Angaben der DOS-Wahlbeobachter gewann Koštunica 51,7 % der abgegebenen Stimmen (gegen 38,2 % für Milošević) bei einer Wahlbeteiligung von über 70 %. Milošević und die amtliche Wahlkommission weigerten sich, das Ergebnis anzuerkennen. Koštunica habe nur eine relative, aber keine absolute Mehrheit erreicht, sodass eine zweite Runde erforderlich sei, was von der DOS zurückgewiesen wurde. Zoran Djindjić rief die Bevölkerung nun zu Demonstrationen und Streiks auf, die am 2. Oktober begannen und in die Massendemonstrationen vom 5. Oktober mündeten. Die Mobilisierung der „Straße", die Milošević einst zum Aufstieg verholfen hatte, brachte ihn nun zu Fall.

In den Wochen nach dem Sturz Miloševićs stand die Vorbereitung auf die serbischen Parlamentswahlen im Vordergrund. Vor allem ging es darum, die Umbruchstimmung aufrechtzuerhalten und die Wählerinnen und Wähler zur Stimmabgabe zu motivieren. Das Ergebnis war ambivalent. Die Beteiligung an der Wahl vom 23. Dezember 2000 lag mit 57,7 % nur marginal über der Beteiligung von 1997 (und deutlich unter dem Ergebnis der Dezemberwahlen im Jahr 2003). Doch mit 64,4 % der abgegebenen Stimmen konnte die DOS einen klaren Sieg verbuchen. Die Sozialisten landeten mit 13,5 % weit abgeschlagen auf Platz 2, gefolgt von den Radikalen, die auf 8,5 % absackten, während sich der Stimmenanteil von Draškovićs SPO auf 3,7 % reduzierte. Damit war der Regimewechsel vollbracht. Zoran Djindjić wurde Ende Januar 2001 als erster nichtkommunistischer Ministerpräsident Serbiens seit dem Zweiten Weltkrieg vereidigt.

Die „serbische Oktoberrevolution" hatte zwei Seiten. Sie war möglich geworden, weil sich alle oppositionellen Kräfte auf ein gemeinsames Ziel – den Sturz Miloševićs – geei-

949 Zusätzlich wurde auch Artikel 80 der Bundesverfassung geändert. Die Abgeordneten für die zweite Kammer des Bundesparlaments sollten fortan nicht mehr von den serbischen und montenegrinischen Republiksparlamenten, sondern vom Volk direkt gewählt werden. Dadurch verschlechterte sich die Position des bevölkerungsarmen Montenegro, das die Verfassungsänderung mit einem Wahlboykott quittierte.

nigt hatten und weil „Otpor!" und NGOs diszipliniert und zielstrebig darauf hingearbeitet hatten. Unter den Akteuren des 5. Oktobers befanden sich auch mehrere Führer der Protestbewegungen von 1991/92 und 1996/97, die ihre Erfahrungen systematisch ausgewertet hatten. Der 5. Oktober war somit das Ergebnis eines Lernprozesses, der durch materielle und ideelle Unterstützung aus dem Ausland unterfüttert wurde. Kontakte der Opposition zur Armeeführung und zu den Polizeikräften ermöglichten einen weitgehend gewaltfreien Verlauf. Armeechef Nebojša Pavković hatte den Sieg Koštunicas anerkannt und die Neutralität der Armee verkündet.[950]

Der Zickzackkurs nach Miloševićs Sturz

Die Einigung der Oppositionskräfte auf den kleinsten gemeinsamen Nenner offenbart zugleich auch die Schwächen des 5. Oktobers. Ein gemeinsames Zukunftsprogramm existierte nicht. Es konnte auch nicht existieren, weil die serbische Gesellschaft sowie die Unterstützer und Gegner Miloševićs zutiefst gespalten waren. Aus den beiden programmatischen Schriften der Otpor-Bewegung – der Deklaration über die Zukunft Serbiens vom Sommer 1999 und des „Memorandums" der Otpor-Bewegung von Anfang 2000 – lassen sich die sehr vage und breit formulierten Ziele der Bewegung ablesen: in erster Linie die Einigung aller Unzufriedenen auf einen gemeinsamen Gegner (Milošević). In nahezu allen anderen Punkten beschränkte man sich auf mehr oder minder nichtssagende Allgemeinheiten, da jeder Versuch einer Konkretisierung zum Zerfall der Protestbewegung geführt hätte. Dasselbe gilt für das Parteienbündnis DOS.[951] Zwischen der national(istisch)-konservativen Demokratischen Partei Serbiens des neuen jugoslawischen Staatspräsidenten Koštunica und der national gemäßigten Demokratischen Partei des neuen serbischen Ministerpräsidenten Djindjić lagen Welten. Der promovierte Rechtsanwalt Koštunica (Jg. 1944) und Zoran Djindjić (Jg. 1952), der bei Jürgen Habermas in Frankfurt und anschließend an der Universität Konstanz (marxistische) Philosophie studiert hatte, dachten in unterschiedlichen Norm- und Wertsystemen, vom exzentrischen Schriftsteller Vuk Drašković ganz zu schweigen.

Der Regimewechsel bildete den Auftakt für den Transformationsprozess, der in Serbien ähnlich turbulent verlief wie in vielen anderen postsozialistischen Ländern ein Jahrzehnt zuvor. Erschwert wurde er durch die Abspaltung Montenegros von Serbien und

950 Vgl. D'Anieri, Paul: Explaining the success and failure of post-communist revolutions, in: Communist and Post-Communist Studies 39 (2006), S. 342.

951 Zu den politischen Positionen der DOS-Parteien vgl. u. a. Bieber, Florian Nationalismus in Serbien (552), S. 234 ff.

die ungelöste Kosovo-Frage. Hauptkonfliktpunkte in den innerserbischen Politikerdebatten waren die außenpolitische Orientierung Serbiens (insbesondere die Einstellung gegenüber der EU) und die Zusammenarbeit mit dem Haager Kriegsverbrechertribunal. Der kurzen Phase einer pro-europäischen Politik unter Zoran Djindjić (2001–2003) folgte die Phase der Stagnation unter Vojislav Koštunica (2004–2008), die Mitte 2008 von einer Phase erneuter proeuropäischer Politik abgelöst wurde.

Nach seiner Wahl zum Ministerpräsidenten versuchte Djindjić, Serbien innen- und außenpolitisch neu auszurichten. Am 1. April 2001 ließ er Milošević festnehmen und am 28. Juni (am St. Veitstag) an das Tribunal in Den Haag überstellen. Die Proteste der Bevölkerung gegen die Abschiebung Miloševićs hielten sich in engen Grenzen. Die Stimmung der Mehrheit schwankte zwischen Erleichterung und Desinteresse. Trotz anfänglicher Erfolge stieß Djindjićs Reformkurs jedoch bald auf die Obstruktion des jugoslawischen Präsidenten Koštunica und vor allem auf den scharfen Widerstand nationalistischer und krimineller Gruppierungen: der Milošević-Anhänger und der Kriegs-Mafia. Am 12. März 2003 wurde Djindjić mitten in Belgrad beim Aussteigen aus seinem Dienstwagen von Mitgliedern eines kriminellen Netzwerks aus dem Belgrader Vorort Zemun (Semlin), unter ihnen der ehemalige Kommandant der „Roten Barette" Milorad Ulemek-Luković (Legija) und sein Kumpan Zvezdan Jovanović, ermordet.[952] Das Attentat stürzte Serbien erneut in eine tiefe Krise.[953] Zwar wurden die mutmaßlichen Attentäter und viele ihrer kriminellen Anhänger in der Folgezeit verhaftet (insgesamt 7.000 Personen, von denen 2.000 längere Zeit in Gewahrsam verblieben), doch weit und breit gab es keinen Politiker, der den mit Mut, Intelligenz und Charisma ausgestatteten Djindjić hätte ersetzen können.

Koštunicas „Demokratische Partei Serbiens" (DSS), die sich schon Mitte 2002 aus dem DOS-Bündnis wieder verabschiedet hatte, wurde bei den vorgezogenen Parlamentswahlen vom 28. Dezember 2003 zweitstärkste Fraktion (mit 17,8 % der Stimmen und 53 von insgesamt 250 Sitzen) und bildete am 3. März 2004 zusammen mit der G17 Plus[954] des Miroljub Labus und der Serbischen Erneuerungsbewegung-Neues Serbien (SPO-NS) von Vuk Drašković eine Minderheitsregierung, die von Miloševićs Sozialistischer Partei toleriert wurde. Die aus den Wahlen als stärkste Partei hervorgegangene Serbische Radi-

---

952 Der zur Klärung des Mordes geführte „Jahrhundertprozess" dauerte fast dreieinhalb Jahre. Die beiden Hauptangeklagten, Ulemek und Jovanović, wurden zu 40 Jahren Haft verurteilt. Ob es einflussreiche Drahtzieher hinter dem Attentat gab, wurde nicht geklärt.

953 Zum Attentat und seiner Vorgeschichte vgl. Vasić, Miloš: Atentat na Zorana Djindjića Beograd 2005.

954 Die bereits erwähnte G17 Plus tritt für einen konsequenten Reformkurs (v. a. auf wirtschaftlichem Gebiet) ein und plädiert für einen radikalen Bruch mit der nationalistischen Vergangenheit. Zu ihren wichtigsten Vertretern gehören Ökonomen, Juristen und Historiker.

kale Partei (SRS) des in Den Haag in Untersuchungshaft einsitzenden Vojislav Šešelj ging in die Opposition, ebenso wie die Demokratische Partei (DS) des ermordeten Djindjić. Das Wahlergebnis war insofern interessant, als die nationalistische und dezidiert antiwestliche Radikale Partei ihren Stimmenanteil um 19 % gesteigert hatte (auf nunmehr 27,3 % der abgegebenen Stimmen). Miloševićs Partei war mit 7,5 % der Stimmen abgeschlagen auf Platz 6 gelandet und hatte offenbar viele Wähler an die Radikale Partei verloren.[955] Koštunica, der sein Präsidentenamt mit dem formalen Ende Jugoslawiens und der Bildung des Staatenbunds Serbien-Montenegro 2003 verloren hatte, wurde zum neuen serbischen Ministerpräsidenten gewählt. Insbesondere während seiner ersten Amtsperiode (März 2004–Mai 2007) geriet die Annäherung Serbiens an die europäischen und transatlantischen Strukturen ins Stocken, sodass Serbien noch einmal wertvolle Jahre verlor. Die 2005 eingeleiteten Verhandlungen über die Zukunft Kosovos bewegten sich nicht vom Fleck. Auch die Zusammenarbeit mit dem Haager Tribunal kam wieder zum Erliegen. Zwar betonte Koštunica, dass seine Regierung alles tue, um den vom ICTY gesuchten General Ratko Mladić zu verhaften, doch nach Einschätzung der US-Botschaft in Belgrad vom Oktober 2006 war es Koštunica persönlich, der alle Aktionspläne zur Auffindung Mladićs torpedierte.[956] In der Politik bewegte sich wenig. Daran änderte auch die Tatsache nichts, dass Boris Tadić, Djindjićs Nachfolger als Parteichef der Demokraten, am 27. Juni 2004 in das Amt des serbischen Staatspräsidenten gewählt worden war. Es war der vierte Versuch seit September/Oktober 2002 gewesen, einen Präsidenten zu wählen. Die drei vorangegangenen Versuche waren wegen zu geringer Wahlbeteiligung gescheitert. Erst nachdem das Parlament im Februar 2004 das bisher gültige Quorum von mindestens 50 % Beteiligung im ersten Wahlgang aufgehoben hatte, konnte sich Tadić in der Stichwahl gegen seinen schärfsten Konkurrenten, Tomislav Nikolić von der Radikalen Partei, durchsetzen. Die Wahlbeteiligung lag bei 48,4 %. Tadić erhielt 53,2 % der Stimmen, Nikolić 45,4 %. Doch im ersten Wahlgang hatte Nikolić, der in Vertretung des inhaftierten Šešelj kandidierte, noch deutlich vor Tadić gelegen. Die politischen

955 Die Wahlergebnisse im Überblick:

Partei:	Stimmen:	Sitze:
Radikale Partei Serbiens	27,3 %	82
Demokratische Partei Serbiens	17,8 %	53
Demokratische Partei	12,7 %	37
G17 Plus	11,6 %	34
Serb. Erneuerungsbewegung-Neues Serbien	7,7 %	22
Sozialistische Partei Serbiens	7,5 %	22
Splitterparteien	15,4 %	–

956 Vgl. den von Wikileaks publizierten vertraulichen Bericht der US-Botschaft an das State Department vom 17. 10. 2006: http://wikileaks.org/cable/2006/10/06BELGRADE1681.html.

Kräfteverhältnisse waren kompliziert. Eine Minderheitsregierung, unterstützt von den Sozialisten, stellte den Ministerpräsidenten. Der Staatspräsident kam aus der Opposition, die ihrerseits scharf gespalten war: in das von den Radikalen geführte Lager der rechten Nationalisten und das von Tadić angeführte Lager der Demokraten.

Formal betrachtet wurde Serbien ebenso wie Montenegro erst im Juni 2006 ein völkerrechtlich selbstständiger Staat, rund 87 Jahre nachdem die vormaligen Königreiche Serbien und Montenegro im ersten Jugoslawien aufgegangen waren und 14 Jahre nach der Verselbstständigung Sloweniens, Kroatiens, Bosnien-Herzegowinas und Makedoniens. Die 1992 von Serbien und Montenegro gegründete „Bundesrepublik Jugoslawien" mit eigener Verfassung, einem Staatspräsidenten, einer (relativ machtlosen) Bundesregierung, einem Verfassungsgericht und einer gemeinsamen Armee war bereits Ende der 90er-Jahre infolge divergierender politischer und wirtschaftlicher Interessen der politischen Eliten in Belgrad und Podgorica in eine tiefe Krise geraten.[957] Der seit 1991 amtierende Ministerpräsident und zeitweilige Staatspräsident Montenegros Milo Djukanović von der „Demokratischen Partei der Sozialisten", dem montenegrinischen Ableger der serbischen Sozialisten, hatte sich im Verlauf der postjugoslawischen Kriege mehr und mehr vom Milošević-Regime distanziert und war bestrebt, sein kleines Land aus der Gemeinschaft mit dem wirtschaftlich dahinsiechenden Serbien zu lösen. Den daraus resultierenden Konflikt mit seinem innenparteilichen Rivalen Momir Bulatović, der Milošević treu geblieben war, konnte Djukanović 1998 zu seinen Gunsten entscheiden.[958] Auch der Sturz Miloševićs änderte nichts an seinen Plänen zur Verselbstständigung Montenegros. Doch auf Druck der EU erklärte er sich bereit, die Sezession um einige Jahre zu verschieben. Im Februar 2003 wurde die „Bundesrepublik Jugoslawien" durch den lockeren Staatenbund „Serbien und Montenegro" ersetzt. In Artikel 60 der Verfassungsurkunde für den neuen Staat hieß es, dass die beiden Mitgliedsstaaten nach Ablauf von drei Jahren und einer entsprechenden Volksbefragung das Recht hätten, aus dem Staatenbund auszutreten. Falls Montenegro von diesem Recht Gebrauch machen würde, sollten alle internationalen Dokumente, die sich auf die „Bundesrepublik Jugoslawien" bezogen (insbesondere die UN-Resolution 1244), auf Serbien als Rechtsnachfolger übergehen.[959]

Regierung und Opposition in Montenegro einigten sich nach längerem und heftigem Streit auf die Abhaltung eines Referendums am 21. Mai 2006. Gemäß einem Vorschlag der EU sollte die Unabhängigkeit nur dann rechtskräftig werden, wenn sich mindestens

957 Vgl. Caspersen, Nina: Elite Interests and the Serbian-Montenegrin Conflict, in: Southeast European Politics 4 (2003), 2–3, S. 104–121.

958 Vgl. Vojicic, Branko: The worm that turned. Montenegro's challenge to Milosevic, in: Transitions 5 (1998), 7, S. 54–62.

959 Text der Verfassung von 2003: http://www.ccmr-bg.org/upload/document/ustavna_povelja_scg.pdf.

55 % der abstimmenden Bürgerinnen und Bürger (bei einer Wahlbeteiligung von mindestens 50 %) dafür entschieden. Mit 55,49 % Ja-Stimmen (bei einer Beteiligung von 86,4 %) wurde das Ziel knapp erreicht. Es war das erste (und bislang einzige) Mal, dass die Trennung zweier Staaten in Ex-Jugoslawien im wechselseitigen Einvernehmen vollzogen wurde.[960]

Rund 231.000 Bürgerinnen und Bürger Montenegros (47,8 % aller Wahlberechtigten) stimmten für die Sezession, darunter die in der Republik beheimateten Bosniaken, sonstige slawischsprachige Muslime und Albaner, die zusammen 16,8 % der Gesamtpopulation stellten. Die orthodoxe slawischsprachige Bevölkerung dagegen war zutiefst gespalten. Sind die durch Sprache und Religion engstens miteinander verbundenen Montenegriner und Serben eine oder zwei Nationen? War der größte Dichter Montenegros – Petar II. Petrović Njegoš (1813–1851) – ein montenegrinischer oder ein serbischer Goethe? Darüber ließ sich trefflich streiten. Bei der Volkszählung von 1981 hatten sich nur 3,3 % der Bevölkerung Montenegros als Serben deklariert, 2003 waren es bereits 32,0 %. Im gleichen Zeitraum sank der Anteil der Montenegriner von 68,5 % auf 43,2 %. Ein namhafter Teil der Bevölkerung hatte also sein nationales Bekenntnis verändert: Aus Montenegrinern waren Serben, aus Muslimen Bosniaken geworden, und die „Jugoslawen", die 1981 noch über 5 % der Bevölkerung Montenegros gestellt hatten, waren zu einer Splittergruppe zusammengeschrumpft. Das Problem erschwerend kam hinzu, dass zwischen Montenegrinern und Serben enge verwandtschaftliche Bindungen bestanden, da im Zuge der vormodernen Migrationen über Jahrhunderte hinweg Bevölkerungsgruppen aus dem heutigen Serbien in das heutige Montenegro gewandert waren und umgekehrt. In Serbien (ohne Kosovo) bekannten sich 1991 zwar nur knapp 120.000 Personen als Montenegriner,[961] aber die Zahl derjenigen, die aus Montenegro stammten und sich als Serben verstanden, dürfte um ein Vielfaches höher gewesen sein. Verlässliche Daten gibt es nicht. In vielen Fällen ist es daher schier unmöglich zu rekonstruieren, wer was ist.[962] Waren also die Montenegriner als Nation – ähnlich wie Makedonier und Bosniaken – lediglich ein „Kunstprodukt" des Titoismus oder – wie der serbische Schriftsteller Dobrica Ćosić glaubt – ein Überbleibsel von Stalins Kominternpolitik auf dem Balkan?[963] Die Antwort fiel unterschiedlich aus. Ein Teil der Be-

960 Vgl. Jovanović, Miodrag: Consensual Secession of Montenegro – Towards Good Practice?, in: Pavković, Aleksandar – Peter Radan (Hg.): On the Way to Statehood: Secession and Globalization. Ashgate 2008, S. 133–148.

961 Vgl. Statistički godišnjak Jugoslavije 1997 (43), S. 64.

962 Vgl. Nedeljković, Saša: Problems of Identity of Second and Third Generation of Montenegrin Immigrants in Serbia. Unveröffent. Working paper, 2008.

963 Vgl. Naučno otkriće Dobrice Ćosića: Crnogore izmislio Staljin, 29.5.2011, in: http://www.e-novine.com/index.php?news=47889.

troffenen definierte sich als eigenständige Nation, die sich aufgrund ihrer Ethnogenese und Geschichte von der serbischen Nation unterscheidet. Wie die eben zitierten Zahlen zeigen, war dieser Anteil heftigen Schwankungen ausgesetzt.[964] Andere hatten sich eine doppelte nationale Identität zugelegt: als Serben und Montenegriner, oder versuchten, beides im Sinne einer Hierarchisierung miteinander zu verbinden nach dem Muster: Ich bin Serbe montenegrinischer Abstammung. Wieder andere verstanden ihre Bindung an Montenegro lediglich im Sinne regionaler – nicht ethnischer, geschweige denn: nationaler – Zuschreibung und fühlten sich ausschließlich als Serben. Die Trennung Montenegros von Serbien war für viele ein schmerzhafter Prozess, der bei den Befürwortern verknüpft war mit der Erwartung, dass ein selbstständiges Montenegro den Anschluss an Europa und die NATO schneller finden würde als im Verein mit Serbien.[965] Unmittelbar nach der montenegrinischen Volksabstimmung erklärten Serbien und Montenegro ihre jeweilige Unabhängigkeit, wodurch sich die Zahl der postjugoslawischen Staaten von fünf auf sechs erhöhte. Dass die politischen Eliten in Serbien die Abspaltung Montenegros (und damit auch den Verlust eines Zugangs zum Meer) akzeptierten, sich aber mit aller Macht gegen die Sezession Kosovos mit einer erdrückenden albanischen Bevölkerungsmehrheit zur Wehr setzten, lässt sich *rational* kaum erklären.

Der neue Staat Serbien brauchte auch eine neue Verfassung. Im Oktober 2006 wurden die Bürgerinnen und Bürger Serbiens zu einer Volksabstimmung über eine neue Verfassung aufgerufen. Knapp 54 % der Abstimmungsberechtigten (nach Auffassung von Kritikern deutlich weniger) beteiligten sich am Referendum, von denen sich annähernd 52 % für die Annahme der neuen Konstitution aussprachen: ein äußerst knappes Ergebnis. Bei den Kosovo-Serben war die Stimmabgabe mit 90 % am höchsten, in der Wojwodina mit unter 46 % am geringsten.[966] Damit erhielt Serbien erstmals eine demokratische Verfassung.[967] In deren Präambel wurde Kosovo als „integraler Bestandteil Serbiens“ (sastavni deo Srbije) festgeschrieben, was für die laufenden Statusverhandlungen wenig hilfreich war. Nach Annahme der Verfassung traten die Minister von G17 Plus von ihren Ämtern zurück, weil sie den Abbruch der Gespräche mit der EU missbillig-

964 Am 15. 4. 2011 wurde in Montenegro eine neue Volkszählung durchgeführt. Die Aufschlüsselung der Ergebnisse nach nationaler Zugehörigkeit lag bei Abschluss des Buchmanuskripts noch nicht vor.

965 Im April 2008 billigte die NATO die Aufnahme von Beitrittsverhandlungen mit Montenegro. Und im Dezember 2010 erhielt das Land den Status eines Beitrittskandidaten zur EU. Die offiziellen Beitrittsverhandlungen sollten aber erst nach weiteren Fortschritten Montenegros in den Bereichen Rechtsstaatlichkeit, Bekämpfung der Korruption und des organisierten Verbrechens, Kooperation mit der Zivilgesellschaft und Reform der öffentlichen Verwaltung eingeleitet werden.

966 Vgl.: Izglasan novi ustav Srbije, 30. 10. 2006: http://www.b92.net/info/vesti/index.php?yyyy=2006&mm=10&dd=30&nav_category=11&nav_id=217669.

967 Text der Verfassung: http://www.nb.rs/view_file.php?file_id=1975.

ten. Staatspräsident Tadić schrieb daraufhin für den 21. Januar 2007 Neuwahlen aus. Wiederum wurden Šešeljs Ultra-Nationalisten stärkste Partei. Sie konnten ihren Stimmenanteil gegenüber 2003 sogar leicht (auf 28,6 %) verbessern. Die Liste von Koštunica fiel um einen Prozentpunkt (auf 16,6 %) zurück, während die Demokratische Partei mit 22,7 % der Stimmen 10 % dazugewann. Um eine Regierungsübernahme durch die Radikalen zu verhindern, verständigten sich Tadić, Koštunica und der Chef von G17 Plus nach schwierigen, dreimonatigen Verhandlungen auf die Bildung einer Koalitionsregierung, die unter Ministerpräsident Koštunica Mitte Mai ihre Arbeit aufnahm. Die zweite Regierung Koštunica stand – mehr noch als die erste – ganz im Schatten der Kosovo-Frage. Nachdem das Parlament in Prishtina am 17. Februar 2008 die Unabhängigkeit Kosovos erklärt hatte (zu Einzelheiten vgl. Kapitel 3.4), geriet die Regierung in eine tiefe Krise. Die Vertreter von DSS und NS lehnten eine Fortsetzung der Gespräche über eine Annäherung Serbiens an die EU ab, sofern die EU die Unabhängigkeit Kosovos nicht verurteilte. Die Vertreter von DS und G17 Plus sprachen sich für eine Fortsetzung der Gespräche aus. Am 5. März brachte die Radikale Partei im Parlament eine Resolution zum Schutz der territorialen Integrität Serbiens in den Beziehungen mit der EU ein. Die Abgeordneten von DSS und NS stimmten für die Resolution, diejenigen von DS und G17 Plus dagegen. In der anschließenden Kabinettssitzung wurden Koštunica und seine Anhänger überstimmt, sodass der Ministerpräsident am 8. März seinen Rücktritt erklärte. Zwei Tage später stimmte das Parlament einstimmig einer vorgezogenen Neuwahl am 18. Mai zu.

Die Serbische Radikale Partei, in Vertretung des mutmaßlichen Kriegsverbrechers Vojislav Šešelj geführt von Tomislav Nikolić, konnte zum dritten Mal in Folge ihren Stimmenanteil (auf nunmehr 29,5 %) ausbauen und blieb stärkste Partei. Die von Koštunica geführte Liste von DSS und NS nahm auf 11,6 % weiter ab. Die Sozialisten, geführt von Ivica Dačić, in Verbindung mit der „Partei der vereinigten Pensionäre Serbiens" (PUPS) und der Partei „Einheitliches Serbien" (JS) erreichten mit 7,6 % ihren bisherigen Tiefststand. Mit Abstand stärkste Fraktion wurde das von Tadić geführte Mehrparteienbündnis „Für ein europäisches Serbien" (ZES) mit einem Stimmenanteil von 38,4 %.[968] Eine Sonderstellung nahm die kleine Liberaldemokratische Partei (LDP) von Čedomir Jovanović ein, die 5,2 % der Stimmen erhielt. Jovanović, einst Mitglied der Demokratischen Partei und nach Djindjićs Ermordung kurze Zeit stellvertretender Ministerpräsident, hatte sich mit Tadić wegen dessen Kohabitationspolitik mit Koštunica

968 Dem Bündnis gehörten die Demokratische Partei (DS), G17 Plus, die Serbische Erneuerungsbewegung (SPO), die Liga der Sozialdemokraten der Vojvodina und die Demokratische Partei des Sandžak an. Letztere (unter Führung von Rasim Ljajić) vertritt v. a. die Interessen der Bosniaken im Sandžak.

überworfen. Am 23. Februar 2004 hatte er erklärt: „Wir haben nicht mehr Milošević, aber wir haben sein Alter-Ego, seinen Epigonen – Vojislav Koštunica …“[969] Ende des Jahres war er aus Tadićs Partei ausgeschlossen worden. Angebliche, aber nie bewiesene Kontakte zur organisierten Kriminalität hatten seinem Ruf geschadet. Seine im November 2005 gegründete LDP setzte sich für einen Verzicht Serbiens auf Kosovo und den Abbruch der Sonderbeziehungen zur Republika Srpska in Bosnien ein. Jovanović wollte Serbien von den politischen „Altlasten“ befreien. Aber dafür war die Zeit noch nicht reif.

Annäherung an „Europa“

Nach den Wahlen stand Serbien an einer Wegscheide. Entweder es gelang, eine proeuropäische Regierung zu bilden, oder Serbien würde erneut in die Isolation abgleiten. Aktuell stand die Ratifizierung des Stabilisierungs- und Assoziierungsabkommens mit der EU auf der Tagesordnung, das Ende April in Brüssel unterzeichnet worden war. Die Radikalen waren ohnehin gegen das Abkommen, und Koštunica wollte nur zustimmen, wenn die 20 EU-Staaten, die Kosovo anerkannt hatten, ihre Entscheidung rückgängig machten. Anderenfalls sei das Abkommen verfassungswidrig. Eine weitere Annäherung an die EU setzte auch die Zusammenarbeit Serbiens mit dem Haager Kriegsverbrechertribunal voraus und war ebenso umstritten wie das Abkommen selbst. Die Radikalen und Koštunicas DSS verfügten zusammen über 108 Sitze im 250-köpfigen Parlament. Das von Tadić geführte proeuropäische Bündnis kam auf 102 Abgeordnete. Keines der beiden gegensätzlichen Lager konnte somit allein regieren. Eine Neuauflage der gerade gescheiterten Koalition von DS und DSS schied aus. Ein Bündnis der DS mit den Radikalen erst recht. Auch eine nochmalige Neuwahl hätte aller Wahrscheinlichkeit nach keine wesentlichen Veränderungen erbracht. In dieser verfahrenen Situation kam es (wieder einmal) zu einer unerwarteten Wende. Beide Lager umwarben die Sozialisten, die damit zum „Zünglein an der Waage“ avancierten. Aber auch die ehemalige Milošević-Partei war gespalten. Ein Teil wollte am alten Kurs festhalten, der andere Teil strebte einen Neuanfang – eine „Sozialdemokratisierung“ der Partei – an. Für zusätzlichen Zündstoff sorgte die Besetzung des Bürgermeisterpostens in Belgrad. Schließlich konnte sich Ivica Dačić, ein in Kosovo geborener Serbe und ehemaliger Vertrauter Miloševićs, durchsetzen und trat in eine Koalitionsregierung mit dem Tadić-Bündnis ein. Neuer Ministerpräsident wurde Mirko Cvetković von der DS, während der neue Innenminister Ivica Dačić zugleich stellvertretender Ministerpräsident wurde. Auch der serbische Sicherheitsdienst erhielt einen neuen Chef. Mit der von vielen in- und ausländischen Beobachtern als überaus

969 Zitiert nach der Homepage der LDP: http://www.ldp.rs/o_nama/istorijat.13.html.

dubios eingeschätzten Koalitionsregierung von Demokraten und Sozialisten begann der zweite Anlauf im Transformationsprozess Serbiens, nachdem der erste Anlauf nur äußerst magere Ergebnisse erbracht hatte, sofern man nicht von einem Scheitern sprechen will. Nicht nur die Sozialisten transformierten sich (ähnlich, wie sich vorher die ehemalige Tudjman-Partei in Kroatien transformiert hatte), der Transformationsprozess machte auch vor den serbischen Radikalen nicht halt. Der frustrierte Tomislav Nikolić überwarf sich mit seinem Parteichef in Den Haag, Vojislav Šešelj, und schwenkte auf einen proeuropäischen Kurs ein – zumindest verbal. Zusammen mit seinen Anhängern wurde er im September 2008 aus der Radikalen Partei ausgeschlossen und gründete die Serbische Fortschrittspartei (Srpska Napredna Stranka, SNS). Die politische Szene Serbiens war nun um einen Wendehals reicher. Aber da es davon bereits viele gab, fiel es nicht weiter auf. (Oder handelte es sich um Leute, die dazugelernt hatten?)

Kurz nach Bildung der neuen Regierung gab Präsident Tadić am 21. Juli 2008 die Verhaftung des seit mehr als zwölf Jahren gesuchten ehemaligen Führers der bosnischen Serben, Radovan Karadžić, bekannt und kündigte dessen Überstellung nach Den Haag an.[970] Der gut getarnte Karadžić mit schulterlangem weißem Haar, das er zu einem Knoten zusammengeflochten hatte, mit Vollbart und Brille hatte unter dem Namen Dr. Dragan Dabić, eines in Sarajevo verstorbenen Serben, unbehelligt in einer Zweizimmerwohnung in Neu-Belgrad gelebt (Abbildungen 36 und 37). Er hatte sich mit „alternativer Medizin“ befasst und öffentliche Vorträge über gesundes Leben gehalten. In seiner Stammkneipe soll er mit Vorliebe unter einem an der Wand hängenden Konterfei des „Helden“ Karadžić gesessen haben. Niemand habe die Ähnlichkeit erkannt. Die Kneipe hieß übrigens „luda kuća“ (Narrenhaus), was gut zu Karadžićs Beruf als Psychiater passt. So kam zusammen, was zusammengehörte. Verhaftet wurde Dabić alias Karadžić in einem Autobus auf der Fahrt vom Belgrader Stadtteil Zemun in den Vorort Batajnica. Ohne alle Dramatik. Karadžić selber sprach von einer „Farce“. Der Generalsekretär der Radikalen Partei, Aleksandar Vučić, verkündete im Fernsehen: „Die Regierung hat den größten serbischen Helden verhaftet.“ Und die Parlamentspräsidentin Slavica Djukić-Dejanović – ebenfalls von der Radikalen Partei – bekannte, sie sei traurig. Nikolić, der zu diesem Zeitpunkt noch die Radikalen in Vertretung von Šešelj führte, organisierte den Protest auf der Straße. Der gewendete Innenminister Dačić gab bekannt, der Geheimdienst habe Karadžić geschützt und der Geheimdienst habe ihn jetzt übergeben. Die Polizei habe damit nichts zu tun. Die EU begrüßte die Festnahme, und der Chefan-

970 Wie das staatliche serbische Fernsehen über die Verhaftung von Karadžić und dessen Rolle berichtete, haben Zala Volcic und Karmen Erjavec analysiert: Nostalgia for Greater Serbia: Media coverage of Radovan Karadžić's arrest, in: Journal of Global Mass Communication 2 (2009), 1–2, S. 24–46.

Abb. 36 und 37: Poster von Radovan Karadžić in einem Kiosk (2004); Foto von Dragan Dabić alias Karadžić anlässlich seiner Verhaftung im Juli 2008.

kläger des Haager Tribunals, Serge Brammertz, gratulierte Serbien. Die Regierung hatte einen wichtigen Stolperstein auf dem Weg nach Europa beseitigt. Aber doch nur einen. Ähnlich wie nach der Verhaftung von Milošević geriet auch nach der Verhaftung Karadžićs die Kooperation mit dem Haager Tribunal wieder ins Stocken.

Gleichwohl: Am 9. September 2008 wurde das Stabilisierungs- und Assoziierungsabkommen mit der EU vom serbischen Parlament (u. a. gegen die Stimmen der Šešelj-Anhänger) ratifiziert. In der Folgezeit unternahm die Belgrader Regierung viele Anstrengungen, um den Beitritt Serbiens zur EU vorzubereiten. Zwar blieb die Kosovo-Frage prinzipiell ungelöst, doch bemühte sich Belgrad um pragmatische Schritte bei der Regelung von Alltagsproblemen. In der Gesetzgebung und in der Institutionenbildung wurden Fortschritte erzielt. Aber bei der Bekämpfung der Korruption und des organisierten Verbrechens ging es nur langsam voran.[971] Und die Verhaftung von Ratko Mladić und Goran Hadžić ließ weiter auf sich warten. Erst unmittelbar vor dem für Mai 2011 anstehenden Bericht des Haager Chefanklägers Brammertz vor dem UN-Sicherheitsrat, trat ein plötzlicher Wandel ein. Brammertz hatte zu erkennen gegeben, dass sein Bericht negativ ausfallen würde. Und infolge der Konditionalität zwischen EU-Integration und der Verhaftung von Mladić und Hadžić drohte die Integration erneut steckenzubleiben.

Doch dann geschah das „Wunder". Am 26. Mai 2011, buchstäblich in letzter Minute, gab Tadić die Verhaftung von General Mladić bekannt. Ein zeitlicher Zufall? Der meistgesuchte Kriegsverbrecher in Europa wurde im Haus eines Verwandten im Dorf Lazarevo, rund 80 km nördlich von Belgrad in der Wojwodina, gefasst. Lazarevo ist ein bosnisch-serbisches Kolonistendorf, deren Bewohner vom Unterschlupf ihres Landsmannes nichts gewusst haben wollen. In der Volksüberlieferung erfreuen sich die Helfershelfer („jataci") von „Helden" großer Beliebtheit. Nicht jeder kann ein „Held" sein, aber Helfer können viele sein. Von den Sympathisanten ganz zu schweigen. Mladić war zum Zeitpunkt seiner Festnahme deutlich gealtert, hatte sein Erscheinungsbild aber nicht verändert (Abbildung 38). Seine Frau hatte zuvor vergeblich versucht, ihren Mann für tot erklären zu lassen. Und seine 23-jährige Tochter hatte sich bereits 1994 das Leben genommen. Mladićs Festnahme warf viele Fragen auf: Wie hatte er sich so lange versteckt halten können, obwohl es seit Jahren immer wieder Hinweise auf

971 „Serbien bleibt das Eldorado für Korruption", titelte die Ärzte-Zeitung online am 3. 6. 2009. „Die Korruption sei zur ‚nationalen Krankheit' geworden, die ‚alle sozialen Gruppen' erfasst habe. Ausnahmslos alle Parteien sowie viele Ärzte, Anwälte, Professoren, Richter und Journalisten steckten tief im Korruptionssumpf […]." „Die eigenen Behörden haben errechnet, dass in Serbien jährlich bis zu 1,7 Milliarden Euro ‚gewaschen' werden." http://www.aerztezeitung.de/panorama/article/551239/serbien-bleibt-eldorado-korruption.html.

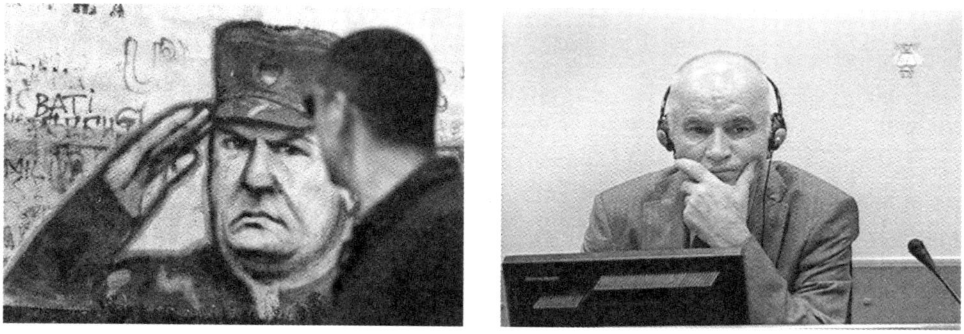

Abb. 38: Plakat des Generals Ratko Mladić und Mladić vor dem Haager Kriegsverbrechertribunal (Juni 2011).

seinen Aufenthaltsort gegeben hatte? Wer hatte ihn geschützt? Wer trug dafür die politische Verantwortung? Die Regierung versprach umfassende Aufklärung. In der EU war man erleichtert. Und Tadić erhoffte sich eine Beschleunigung des Integrationsprozesses. Selbst Nikolić, der einst die Proteste gegen die Verhaftung von Milošević und Karadžić organisiert hatte, war zufrieden. „Wir [d. h. die von Radikalen abgespaltene Fortschrittspartei] sind eine pro-europäische Partei und die Auslieferung Mladićs ist ja eine Bedingung im Beitrittsprozess. Wenn wir uns gegen die EU stellen würden, könnten wir die Wahlen in Serbien auch nicht gewinnen." Auf die Frage: „Und was ist Ihre persönliche Meinung?" antwortete Nikolić in aller Bescheidenheit: „Meine persönliche Meinung ist unwichtig. Karadžić habe ich persönlich gekannt, Ratko Mladić habe ich nie getroffen. Viel wichtiger ist, was der Staat tun muss. Wir müssen unsere internationalen Beziehungen verbessern und unsere Aufgaben erledigen."[972] Glaubt man den Meinungsumfragen, dann hat Nikolić ziemlich gut die Stimmung in der Bevölkerung getroffen. Zwar war eine Mehrheit gegen die Verhaftung von Mladić (und gegen die Unabhängigkeit Kosovos), sprach sich aber zugleich für einen EU-Beitritt aus. Und von fanatischen Randgruppen abgesehen, blieben größere Proteste aus. Die Menschen sehnten sich nach Ruhe und Normalität. Und am 12. Oktober 2011 empfahl die Europäische Kommission, Serbien den Kandidatenstatus zu verleihen, machte aber die Aufnahme der Beitrittsverhandlungen von einer „Normalisierung" der Beziehungen Serbiens zu Kosovo abhängig.[973] „Normalisierung" bedeutet nicht zwangsläufig Anerkennung der Unabhängigkeit.

972 So in einem Interview für „Die Presse" am 15. 6. 2011: Nikolic: „EU hat Serbien kein Ultimatum gestellt": http://diepresse.com/home/politik/aussenpolitik/670424.

973 Mitteilung der Kommission an das Europäische Parlament und den Rat vom 12. 10. 2011: Stellung-

Doch was ist eigentlich aus „Joe“, dem Baggerfahrer vom 5. Oktober, geworden?[974] Seine Situation (ebenso wie die vieler anderer Serben) veränderte sich nach der „Revolution“ nicht. Er verarmte weiter, war enttäuscht und wütend. Vergebens kämpfte er um die Wiederherstellung seiner Rechte. Sein 13 Tonnen schwerer Bagger war während der „Bagger-Revolution“ unbrauchbar geworden und verrostete. Er sollte zunächst ins Museum kommen, doch sei dies von höchster Stelle vereitelt worden. Am 1. Oktober 2007 bot „Joe“ den legendären Bagger mit einem Startpreis von 90.000 Euro zur Versteigerung im Internet an (anscheinend vergebens). Er sagte: „Ich wäre am glücklichsten, wenn ein Kosovo-Albaner ihn kaufen würde. Schließlich hatten wir denselben Feind.“[975] Seine Rolle in der „Revolution“ bezeichnete er nun als Fehler. Und im Frühjahr 2011 kündete er die Gründung einer „Partei der armen Bürger Serbiens“ an.

Andere Akteure des 5. Oktober haben es besser getroffen. Zum Beispiel Srdja Popović, einer der Mitbegründer von „Otpor!“. Er hat die Vorbereitung und Durchführung friedlicher Revolutionen – nach einem kurzen Ausflug in die Politik – zu seinem Beruf gemacht. Sein 2004 gegründetes „Zentrum für angewandte gewaltfreie Aktionen und Strategien“ (Canvas) trainiert Leute, die ohne Gewalt einen Diktator stürzen wollen. In den Kursen geht es um Zeitmanagement, Fundraising, Analyse der Machtstrukturen, die beseitigt werden sollen, und um Mitgliederwerbung. Eine Revolution sei letztlich nichts anderes als eine Werbekampagne. „Protest funktioniert wie ein ganz normales Business: Wenn du länger als zehn Minuten brauchst, um dein Gegenüber von deinem Produkt zu überzeugen, dann wirst du nichts verkaufen“, sagt Popović.[976] Zu seinen Kunden gehörten u. a. Aktivsten aus der Ukraine und Georgien, aus Tunesien und Ägypten. Serbische Fernsehzuschauer waren ziemlich verblüfft, als sie im Februar 2011 in der demonstrierenden Menge auf dem Tahrir-Platz in Kairo neben arabisch beschrifteten Transparenten auch die schwarze Faust, das Symbol von „Otpor!“, entdeckten. Die Trainingskurse von Canvas beinhalten allerdings nicht, wie es nach einem Umsturz weitergehen soll. Das wäre ein neuer Kurs; das Programm dafür muss noch entwickelt werden.

nahme zum Antrag Serbiens auf Beitritt zur EU: . http://ec.europa.eu/enlargement/pdf/key_documents/2011/package/sr_rapport_2011_de.pdf. Die Kommission listet die Fortschritte auf, die Serbien in den vergangenen Jahren erzielt hat, benennt aber auch mehrere Bereiche, in denen noch erhebliche Defizite bestehen.

974 Die folgenden Ausführungen stützen sich auf verschiedene Berichte und Interviews mit „Joe“ in serbischen und ausländischen Medien.

975 Zit. nach dem Bericht der Reuters-Korrespondentin Ljilja Cvekic: For sale: The digger that helped oust Milosevic, vom 5. 10. 2007: http://www.reuters.com/assets/assets/print?aid=USL05588020071005.

976 Vgl. Scheffer, Ulrike: Widerstandsguru Srdja Popović. Revolution als Business, in: Der Tagesspiegel vom 14. 3. 2011. Vgl. auch die Homepage von „Canvas“: http://www.canvasopedia.org/ sowie die Beiträge auf der Internet-Plattform „Serbiancafe“: http://www1.serbiancafe.com/lat/diskusije/mesg/108/015416016.

3.3 DIE KRISE IN MAKEDONIEN

Der griechisch-makedonische Dauerstreit[977]

Makedonien mit seinen rund zwei Millionen Einwohnern war die einzige Republik des ehemaligen Jugoslawiens, die nicht unmittelbar in die Kriege der 90er-Jahre verwickelt wurde. Das war insofern bemerkenswert, als der makedonische Raum seit Ende des 19. Jahrhunderts ein Zankapfel zwischen Serbien, Griechenland und Bulgarien gewesen war und in Teilen auch von der albanischen Nationalbewegung beansprucht wurde und wird. Die „Makedonische Frage" stand lange Zeit paradigmatisch für die „Unlösbarkeit" der nationalen Konflikte im postosmanischen Balkanraum. Seine Dreiteilung im Zuge der Balkankriege von 1912/13 (in das griechische Ägäisch-Makedonien, das serbische Vardar-Makedonien und das flächenmäßig kleine bulgarische Pirin-Makedonien)[978] hatte die Lage nicht dauerhaft befriedet. Den Serbisierungsbestrebungen in Vardar-Makedonien nach den Balkankriegen waren die Bulgarisierungsbestrebungen im Ersten und Zweiten Weltkrieg gefolgt. Mit der Anerkennung einer eigenständigen makedonischen Nation hatte die KPJ versucht, die slawischsprachigen Makedonier gegen bulgarische Begehrlichkeiten in Position zu bringen. Eine eigene (aus Sicht serbischer Nationalisten „pseudomakedonische") Schriftsprache (zur Abgrenzung gegenüber dem eng verwandten Bulgarischen) und eine eigene („schismatische") orthodoxe Kirche (seit 1967 zur Abgrenzung gegenüber der serbischen orthodoxen Kirche, die die Makedonische „Bruderkirche" bis heute nicht anerkennt) sollten die junge Nation konsolidieren.[979] Wie überall im Balkanraum fungierten Sprache und kirchliche Zugehörigkeit fortan als wichtigste nationale Erkennungsmerkmale, wobei kirchliche Zugehörigkeit nicht mit Religiosität gleichzusetzen ist, da sich ein Großteil der Makedonier als religiös indifferent bezeichnet. Zu Sprache, Kirche und Territorium gesellten sich nationale Mythen, die die vermeintliche Autochthonität und Kontinuität der Makedonier von der Antike bis zur Gegenwart untermauern sollen und seit dem Verschwinden Jugoslawiens für neuen Zündstoff sorgen. Makedonische Nationalisten suchen angestrengt nach „Dokumenten" und Argumenten, die „die kontinuierliche Existenz Makedoniens und der ma-

977 Zum Folgenden vgl. u. a. Ioannidis, Michael: Naming a State: Disputing over Symbols and Statehood at the Example of „Macedonia", in: Max Planck Yearbook of United Nations Law 14 (2010), S. 507–562. Die für die Vorgeschichte wichtige Arbeit von Skordos, Adamantios: Griechenlands Makedonische Frage: Bürgerkrieg und Geschichtspolitik im Südosten Europas, 1945–1992. Göttingen 2011 konnte hier nicht mehr berücksichtigt werden.

978 Knapp 50% des geografischen Makedonien gehören zu Griechenland, gut 37 % kamen an Serbien/Jugoslawien, während der bulgarische Teil rund 13 % ausmacht.

979 Vgl. Ilievski, D.: Macedonian Orthodox Church (533b).

kedonischen Nation während der letzten 25 Jahrhunderte" belegen sollen. „Macedonia is clearly distinguished from Greece (Hellas), Thrace, Illyria, Bulgaria, Serbia, and the Macedonians are likewise distinguished as a distinct nation from the Greeks, Thracians, Illyrians, Bulgarians, Serbs, Albanians, as nation which continued to exist and survive through the centuries."[980]

An der Wende vom 20. zum 21. Jahrhundert setzte sich die Bevölkerung Vardar-Makedoniens zu knapp zwei Dritteln aus südslawischen Makedoniern zusammen. Ein Viertel der Einwohner waren muslimische Albaner. Der Rest verteilte sich auf Türken, Roma, Serben, Walachen und andere. Mit weniger als 2 % stellten die Serben eine verschwindend kleine Minderheit dar. Nach dem Unabhängigkeitsreferendum vom 8. September 1991 vollzog Makedonien die Abtrennung von Jugoslawien, ohne dass es zu einem Konflikt mit Belgrad gekommen wäre. Zwar soll Milošević anlässlich eines Besuchs des griechischen Außenminister Antonis Samaras in Belgrad Anfang September 1991 ein Szenario zur Zerstörung der Republik Makedonien und zu seiner „Absorption" durch Serbien entworfen haben[981] (was der griechischen Seite nur recht gewesen wäre), doch angesichts anderer Prioritäten fielen diese Überlegungen ins Wasser. Die von der Badinter-Kommission am 15. Januar 1992 empfohlene Anerkennung des neuen Staates Makedonien durch die EU scheiterte jedoch am Veto Griechenlands. Steine des Anstoßes waren der Staatsname „Republik Makedonien", der in der makedonischen Nationalflagge verwendete Stern von Vergina[982] sowie zwei Artikel in der makedonischen Verfassung vom 17. November 1991, die nach griechischer Auffassung makedonische Ansprüche auf den griechischen Teil Makedoniens erkennen ließen. Obwohl die Verfassung Anfang 1992 im Sinne der griechischen Forderungen ergänzt bzw. geändert wurde, dauerte der Streit um den Staatsnamen und den Stern von Vergina an. Die Vereinten Nationen nahmen Makedonien Anfang April 1993 unter der provisorischen Bezeichnung „Former Yugoslav Republic of Macedonia" (FYROM) als Mitglied auf und drängten die Konfliktparteien zu einer friedlichen Lösung des Namensstreits. Der Konflikt zwischen den beiden Streithähnen eskalierte jedoch weiter. Mitte Februar 1994 verhängte Griechenland gegen seinen nördlichen Nachbarn eine Handelsblockade und schloss

980 History of Macedonia. Dedicated to 2,500 years long history of Macedonia and the Macedonian nation: http://www.historyofmacedonia.org/ConciseMacedonia/Documents.html.

981 Michas, T.: The Unholy Alliance (383); hier nach der Besprechung von Judah, Tim: Srbi i Grci, in: Dani Nr. 258 vom 24. 5. 2002.

982 Der Stern von Vergina, ein sechzehnstrahliges Sonnensymbol, wurde 1978 bei Grabungen im griechischen Teil Makedoniens entdeckt. Griechische Archäologen deuten ihn als Emblem der antiken makedonischen Dynastie zur Zeit Philipps II. und Alexanders des Großen, während andere den Stern als Ornament interpretieren. Inoffiziell wird der Stern von Vergina auch in Griechenland auf Fahnen benutzt.

Abb. 39: Markenzeichen makedonischer Identität: Der umstrittene sechzehnstrahlige Stern von Vergina, das Millennium-Kreuz bei Skopje, das Reiterstandbild Alexanders des Großen in Skopje. Regierungsplakat: „Don't you F.Y.R.O.M. me! Say Macedonia".

seine Grenzen zu Makedonien. Die Regierung in Skopje sah sich schließlich zum Nachgeben gezwungen und ersetzte die sechzehnstrahlige Sonne im Stern von Vergina durch eine achtstrahlige. Die im Dezember 2006 angekündigte Benennung des Flughafens von Skopje nach Alexander dem Großen löste dann abermals scharfe griechische Proteste aus. Auch die Verhandlungen über den endgültigen Staatsnamen führten bis Ende 2010 zu keinem Ergebnis, sodass die Aufnahme Makedoniens in die NATO und der Beginn von Beitrittsverhandlungen mit der EU blockiert wurden. Wegen dieser Blockadepolitik reichte die Republik Makedonien im August 2008 eine Klage gegen Griechenland beim Internationalen Gerichtshof in Den Haag ein.[983]

An Namensvorschlägen hat es nicht gefehlt: „Republik Skopje", „Vardar-Republik", „Republik Makedonien (Skopje)", „Slawomakedonien", „Makedoslawien", „Nordmakedonien", „Obermakedonien", „Slawische Republik Makedonien", „Dardanien",

983 Vgl. Schwarz, A.: Zusammenfassung der Anhörung vor dem IGH im Verfahren Republik Makedonien gegen Griechenland, 31. 3. 2011, in: Pelagon (2011): http://www.pelagon.de/?p=2925.

„Paionien“ usw. Während die politischen Akteure in Skopje auf eine makedonische Bezeichnung auf keinen Fall verzichten wollen und die heutigen Slawomakedonier als Nachfahren einer Mischung aus antiken Makedoniern und den im 6. Jahrhundert zugewanderten Slawen verstehen, sehen die Griechen in der Namenswahl eine Enteignung ihres antiken Erbes. Was Kosovo als „Wiege des Serbentums“ für die Serben ist, ist „Makedonien“ als „Wiege des Hellenismus“ (Κοιτίδα τοῦ 'Ελληνισμοῦ) für die Griechen. Bei der „Usurpation“ des Namens „Makedonien“ durch die „Skopjaner“ bzw. die „selbsternannten ‚Makedonen‘“ – „handelt es sich um ein sehr ernstes und für alle Griechen brennendes Problem, angesichts dessen niemand schweigen darf“.[984] Denn „der Hellenismus ist nicht bloß ein historisches Phänomen. Er ist auch kein enger, national-rassischer Standpunkt oder ein moralisches Programm. Er ist vielmehr ein geistiger Zustand des Ausgleichs bei den immerwährenden Herausforderungen des Menschen; er ist eine universelle geistige Erscheinung und eine Lebensweise, die unzerstörbare Prinzipien und Werte vertritt und so die Wurzel der menschlichen Zivilisation bildet“.[985] Für griechische Eiferer steht fest: „1. Das Wort ‚Makedonien‘ ist griechischen Ursprungs und ist ein geographischer Begriff; es gibt kein ‚makedonisches Volk‘. 2. Als geographischer Raum ist Makedonien unzertrennlich mit dem Hellenismus verbunden. Die alten Makedonen sind Griechen, und im Laufe der Jahrhunderte haben die Griechen im Grunde immer die absolute Mehrheit der Bevölkerung Makedoniens gestellt. […] 5. Alles, was über ein sogenanntes ‚makedonisches Volk‘ verbreitet wurde, ist erwiesenermaßen ein politisches Kunstprodukt von Tito und kommunistischer Pläne, welche zum ersten Mal erst 1944 in Erscheinung treten. 7. Die sogenannte ‚makedonische Sprache‘ ist eine künstliche slawische Sprache.“[986] Und so weiter, und so fort.

Die Megalomanien makedonischer Nationalisten heizen ihrerseits die Atmosphäre innerhalb und außerhalb des Landes an. Die Reiterstatue Alexanders des Großen bzw. Alexanders des Makedoniers im Zentrum von Skopje schürt weiterhin griechische Empfindlichkeiten.[987] Und die 2002 begonnene Konstruktion des „Millenniumkreuzes“, eines überdimensionierten christlichen Kreuzes (mit 66 Metern Höhe angeblich das größte Kreuz der Welt) auf dem Berg Vodno bei Skopje stellt eine Provokation für die nichtchristlichen Bewohner des Landes dar. Mit derartigen Repräsentationen, die den Geist des 19. Jahrhunderts atmen, verbaut sich Makedonien seine Zukunft (Abbildung 40).

---

984 Nikolaou, Theodor: Makedonien. Wiege des Hellenismus. München 1992, S. 7.

985 Ebda., S. 11.

986 Ebda, S. 27.

987 Vgl. dazu aus makedonischer Sicht die bittere Klageschrift von Gandeto, J. S. G.: The Theft of a King: Who Stole Alexander?, 27. 3. 2011, in: Pelagon (2011): http://www.pelagon.de/?m=201103.

Die Eskalation ethnischer Gewalt 2001

Zum Konflikt mit Griechenland kamen innenpolitische Krisen. Während des Kosovo-Krieges flüchteten etwa 340.000 Kosovo-Albaner nach Makedonien. Der größte Teil von ihnen kehrte nach Kriegsende in die Heimat zurück. Doch die Ereignisse in Kosovo und die damit verbundene „albanische Frage" führten zu einer Radikalisierung der makedonischen Albaner. Beiderseits der kosovo-makedonischen Grenze organisierten sie sich zu einer Nationalen Befreiungsarmee im Stil der UÇK und forderten Autonomie für die albanische Bevölkerung in den nördlichen und westlichen Randgebieten Makedoniens oder den Anschluss ihrer Siedlungsgebiete an Kosovo. Die Unruhen, die sich auch auf das mehrheitlich von Albanern bewohnte Preševo-Tal in Südserbien erstreckten,[988] eskalierten zu einem bewaffneten Konflikt, der zwischen März und Juni 2001 in Makedonien seinen Höhepunkt erlebte. Mehrere Dutzend Menschen wurden getötet, viele verletzt, und 170.000 Menschen waren auf der Flucht. Der Fortbestand Makedoniens stand auf der Kippe. Und sollte der makedonische Staat zerfallen, würden auch die Nachbarstaaten (Griechenland, Albanien, Serbien und Bulgarien) nicht abseits stehen können (und wollen). Die „albanische Frage" drohte eine Rückkehr der „Makedonischen Frage" einzuleiten und die gesamte Region in Brand zu stecken. Die internationale Gemeinschaft tat nun, was sie seinerzeit in Bosnien und Kosovo versäumt hatte. Amerikaner und Europäer schalteten sich frühzeitig und diesmal mit vereinten Kräften in den Konflikt ein und zwangen die gegnerischen Parteien an den Verhandlungstisch. Am 13. August 2001 wurde das Ohrider Rahmenabkommen unterzeichnet.[989] Der Text sah u. a. eine Dezentralisierung der Verwaltung, eine Neuziehung der Gemeindegrenzen und weitergehende Verwendungsmöglichkeiten für die albanische Sprache in der Verwaltung vor. Im Gegen-

988 Unter der Bezeichnung „Preševo-Tal" (Lugina e Preshevës) werden albanischerseits die Gemeinden Preševo, Bujanovac und das weiter nördlich gelegene Medvedja zusammengefasst. Das Gebiet estreckt sich entlang der Ostgrenze des Kosovo und grenzt im Süden an Makedonien. In der Gemeinde Bujanovac lebten nach der Zählung von 2002 rund 35.000 Menschen, die zu 89 % Albaner sind. Von den gut 43.000 Einwohnern der Gemeinde Bujanovac sind 55 % Albaner, während die Albaner an den knapp 11.000 Bewohnern der Gemeinde Medvedja mit 15 % beteiligt sind. Die in Anlehnung an die UÇK in Kosovo formierte „Befreiungsarmee von Preševo, Medvedja und Bujanovac" (UÇPMB) kämpfte für den Zusammenschluss des Preševo-Tals, Kosovos und Westmakedoniens. Ihre Hochburg bildete die Pufferzone, die nach dem Kosovo-Krieg eingerichtet worden war, um die KFOR von den serbischen Sicherheitskräften zu trennen. Nachdem die NATO einer Rückkehr der serbischen Kräfte in die Pufferzone zugestimmt hatte, zog sich die UÇPMB nach Kosovo zurück, wo sie von der KFOR entwaffnet wurde. Die Interessen der Preševo-Albaner werden seither von einer eigenen Partei vertreten, die für das Preševo-Tal den Status einer Region mit Autonomierechten fordert.

989 Text des Abkommens in: http://ec.europa.eu/enlargement/archives/seerecon/macedonia/documents/framework_agreement.pdf.

zug verpflichtete sich die Albanische Befreiungsarmee, ihre Waffen an die NATO abzuliefern. Das Abkommen selbst hatte keinerlei Rechtsverbindlichkeit. Vielmehr mussten die darin vorgesehenen Veränderungen durch Gesetze des makedonischen Parlaments in geltendes Recht umgesetzt werden. Dies ist in den folgenden Jahren größtenteils auch geschehen. Doch haben nationalistische Gruppierungen auf beiden Seiten immer wieder versucht, den Normalisierungsprozess zu torpedieren. Das albanische Lager blieb gespalten. Während die „Demokratische Union für Integration" den Umsetzungsprozess als Koalitionspartner in der Regierung unterstützte, erklärte die konkurrierende „Demokratische Partei der Albaner" das Ohrider Abkommen wiederholt für gescheitert. Slawomakedonische Nationalisten aus Makedonien und der Diaspora, die sich zu einem „Makedonischen Weltkongress" zusammengeschlossen haben, versuchten Anfang November 2004, die Neuordnung der Gemeindegrenzen mit einem Referendum zu vereiteln. Anlass war der Streit um die Gemeinde Struga (am Nordende des Ohridsees). In ihren bisherigen Grenzen zählte die Gemeinde 37.000 Einwohner, davon 48 % Makedonier und 42 % Albaner. Mit der geplanten Reform vergrößerte sich Struga auf 63.000 Einwohner, davon 57 % Albaner. Der „Makedonische Weltkongress" sammelte 130.000 Unterschriften und erzwang eine Volksbefragung. Hätte er eine Mehrheit erhalten, wäre Makedonien in ein neues Chaos gestürzt. 95,4 % derjenigen, die ihre Stimme abgaben, befürworteten die Forderung des Weltkongresses, doch das Referendum scheiterte an der geringen Beteiligung der Stimmberechtigten (26,2 %). Die innenpolitische Lage blieb dennoch instabil. Einzelne bewaffnete Zwischenfälle und ethnische Spannungen in verschiedenen Gemeinden, eine nationalistische Rhetorik, die provokative Zurschaustellung nationaler und religiöser Symbole, die mangelnde Kompromissbereitschaft zwischen den zahlreichen politischen Parteien, angebliche oder tatsächliche Wahlfälschungen, Korruption sowie parlamentarische Obstruktion als Mittel der Politik ließen (und lassen) das Land vorerst nicht zur Ruhe kommen. Viele Makedonier tun sich schwer zu akzeptieren, dass Makedonien ein multiethnisches Land ist, viele Albaner tun sich schwer, Makedonien als gemeinsamen Staat zu akzeptieren, und die Griechen (gleich den Slawomakedoniern) tun sich schwer mit sich selbst und ihrer Vergangenheit.

3.4 Die Unabhängigkeit Kosovos

Kosovo als UN-Protektorat

Gut zwei Jahre nach Einrichtung der UN-Verwaltung in Kosovo fanden am 17. November 2001 erstmals freie Parlamentswahlen statt. Ziel der Wahlen war es, einen Teil der politischen Verantwortung für die Staatsbildung an demokratisch legitimierte Politiker in Kosovo zu übergeben und die Schaffung „vorläufiger Selbstverwaltungsinstitutionen" (Provisional Institutions of Self-Government, PISG) voranzutreiben. Mit der Wahl eines Parlaments, das seinerseits den Präsidenten Kosovos zu wählen hatte, und der Bildung einer Regierung sollten die lokalen Eliten in den Prozess der politischen Entscheidungsfindung eingebunden werden. Dies galt als wichtiger Schritt auf dem Weg zur Legitimierung staatlicher Gewalt und des schrittweisen Abbaus der „Protektoratsverwaltung". Gemäß dem von der UNMIK im Mai 2001 festgelegten Verfassungsrahmen verblieben allerdings wichtige Hoheitsbefugnisse (in den Bereichen Minderheitenrechte, innere Sicherheit, Haushalts- und Fiskalpolitik, Verwendung internationaler Hilfsgelder sowie Verwaltung des staatlichen bzw. gesellschaftlichen Eigentums) als „Reserved Powers" beim Chef der UNMIK.[990] Dass sich daraus Spannungen mit den gewählten Volksvertretern ergeben würden, war abzusehen. Um die Stimmen der rund 1,2 Millionen Wählerinnen und Wähler bzw. um die 120 Sitze des Parlaments bewarben sich 26 Parteien, Koalitionen und Bürgerinitiativen, darunter 19 kosovo-albanische Parteien, drei Gruppierungen der Roma, zwei bosniakische, eine serbische und eine türkische Koalition. Zwanzig Sitze im Parlament wurden für die Minderheiten reserviert (zehn für die Kosovo-Serben, die restlichen für die übrigen Minderheiten). Knapp zwei Drittel der registrierten Wähler gaben ihre Stimme ab. Stärkste Partei mit rund 46 % der Stimmen (und 47 der 100 albanischen Mandate) wurde die Demokratische Liga Kosovos (LDK) unter Führung Ibrahim Rugovas. Die beiden anderen größeren albanischen Parteien, die Demokratische Partei Kosovos (PDK) des ehemaligen UÇK-Führers Hashim Thaçi und die Allianz für die Zukunft Kosovos (AAK) des ehemaligen UÇK-Kommandanten Ramush Haradinaj, erhielten 26 % resp. 8 % der Stimmen. Die serbische Koalition „Rückkehr" (Povratak) konnte 11 % der Wähler für sich mobilisieren. Sie gewann 12 Mandate, zusätzlich zu den zehn für Kosovo-Serben reservierten Sitzen. Insgesamt waren die Minderheiten mit 35 Abgeordneten im Parlament (überproportional zu ihrem Bevölkerungsanteil) vertreten.

Der deutliche Vorsprung von Rugovas LDK vor der PDK und AAK sowie zwei weiteren politischen Ablegern der ehemaligen UÇK deutete auf einen Popularitätsverlust der vormaligen „Befreiungskämpfer" hin. Auch die Tatsache, dass sich die Kosovo-Serben und andere Minderheiten an der Wahl beteiligten (nur bei den Serben im Norden gab es ernsthafte Boykottbestrebungen), wurde von Beobachtern als Fortschritt gewertet. Gleichwohl erwies sich die Implementierung der PISG als schwieriges Unterfangen. Die Abgeordneten waren mit parlamentarischen Spielregeln nicht vertraut und neigten zur Obstruktion, sobald sie ihre Ziele nicht durchsetzen konnten. Da keine Partei eine abso-

---

990 Vgl. Lemay-Hébert, Nicolas: State-Building from the Outside-In: UNMIK and its paradox, in: Journal of Public and International Affairs 20 (2009), S. 65–86.

lute Mehrheit errungen hatte, mussten überparteiliche Kompromisse gefunden werden. Doch über Monate hinweg gelang es den drei wichtigsten kosovo-albanischen Führern nicht, sich über die Einrichtung der PISG zu einigen. Erst nach drei fehlgeschlagenen Versuchen wurde Ibrahim Rugova Anfang März 2002 zum Präsidenten des Kosovo gewählt und konnte einen Ministerpräsidenten ernennen. Auf die vielfältigen Probleme im politischen Alltag, die Spannungen zwischen UNMIK und Kosovo-Regierung und auf die gewaltigen Schwierigkeiten der örtlichen und internationalen Akteure bei der Bekämpfung der Armut, der Gewährleistung des inneren Friedens, dem Aufbau eines Rechtsstaates und der Bekämpfung der organisierten Kriminalität kann hier nicht eingegangen werden.

Bei den zweiten Parlamentswahlen am 23. Oktober 2004 konnte Rugovas LDK ihren Vorsprung behaupten, gefolgt von Thaçis PDK. Doch die Wahlbeteiligung war auf 53 % gesunken. Einem Aufruf des serbischen Premierministers Vojislav Koštunica und der serbischen orthodoxen Kirche folgend, boykottierte die Mehrheit der Kosovo-Serben die Wahl wegen der „katastrophalen Sicherheitslage“. Nicht einmal ein Prozent ging zu den Urnen. Nach Rugovas Tod am 21. Januar 2006 wurde die Situation noch komplizierter. Bei den dritten Parlamentswahlen am 17. November 2007 gelang es Thaçi und seiner PDK, sich als stärkste Kraft in Kosovo zu etablieren. Sie erhielt 34,3 % der Stimmen, während die LDK ohne ihr Führungsidol auf 22,6 % absank. Die Wahlbeteiligung schrumpfte auf unter 43 %. Die vormaligen „Pazifisten“ und „Titoisten“ wurden nun immer mehr von den ehemaligen Kämpfern und den Aufsteigern aus der bäuerlichen Bevölkerung in die Defensive gedrängt, während die Ausgestaltung des Kults der UÇK und ihrer gefallenen „Märtyrer“ zügig voranschritt.[991] Der Aufbau eines demokratischen Rechtsstaats, die Stabilisierung der Region, die Rückkehr der Flüchtlinge und Vertriebenen sowie die Aufarbeitung des Kriegsgeschehens stagnierten, wofür die einen die Ineffizienz der UN-Verwaltung,[992] die anderen die Unfähigkeit der Kosovo-Politiker, die dritten die Langsamkeit des ICTY bei der Verfolgung von Kriegsverbrechen verantwortlich machten. Der ungeklärte Status des Kosovo und die Frage, wer wofür verantwortlich war, begünstigten ein Klima der allgemeinen Verantwortungslosigkeit. Die UNMIK war überfordert, und die Kosovo-Politiker verwiesen auf ihre Machtlosigkeit und die Einmischungen aus Belgrad.

991 Einzelheiten zu den konkurrierenden Erinnerungs- und Gedächtniskämpfen bei Schwandner-Sievers, Stephanie – Isabel Ströhle: Der Nachhall des Sozialismus in der albanischen Erinnerungskultur im Nachkriegskosovo, in: Brunnbauer, Ulf – Stefan Troebst (Hg.): Zwischen Amnesie und Nostalgie. Die Erinnerung an den Kommunismus in Südosteuropa. Köln, Weimar. Wien 2007, S. 217–235.

992 Zu den scharfen Kritikern der UN-Mission gehören auch ihre beiden ehemaligen Beschäftigten Ian King und Whit Mason mit ihrem Buch „Peace at Any Price: How the world failed Kosovo“ (New York 2006).

Abb. 40: Das serbische Kloster Gračanica südöstlich von Priština, fertiggestellt 1311, seit 2006 Weltkulturerbe der UNESCO, bis August 2010 bewacht von der Schutztruppe KFOR.

Wie erwähnt, nahm die UN-Resolution 1244 vom 10. Juni 1999, mit der der Kosovo-Krieg beendet und die Provinz unter UN-Verwaltung gestellt worden war, auch Bezug auf das Abkommen von Rambouillet, in der eine Frist von drei Jahren zur Regelung des künftigen Status von Kosovo anvisiert worden war. Doch die Jahre vergingen, ohne dass sich eine Annäherung zwischen den Konfliktparteien abzeichnete. Immer wieder zettelten kosovarische oder serbische Nationalisten gewaltsame Zwischenfälle an. Die in Kosovo verbliebenen etwa 130.000 Serben sahen sich dort, wo sie nicht die Bevölkerungsmehrheit stellten, massiven Diskriminierungen und wiederholten Gewaltakten ausgesetzt. Am 17./18. März 2004 wurde Kosovo von den schwersten Unruhen seit 1999 heimgesucht. Vorangegangen waren die tödlichen Schüsse auf einen jungen Serben in Zentralkosovo und die Entdeckung von zwei albanischen Kinderleichen im Fluss Ibar (ein drittes Kind hatte sich gerettet). Bevor die Vorfälle geklärt werden konnten, starteten kosovo-albanische Medien eine Hetzkampagne gegen die Minderheiten. In vielen Teilen der Provinz kam es zu pogromartigen Ausschreitungen, in deren Verlauf elf Albaner und acht Serben getötet, mehr als 900 Menschen verletzt, über 4.000 Serben, Roma und Ashkali vertrieben, rund 730 Häuser von Minderheiten zerstört sowie 36 orthodoxe Klöster, Kirchen und andere religiöse Einrichtungen geschändet oder demoliert wurden (Abbildung 35).[993] Weder die kosovo-albanischen Ordnungskräfte noch die KFOR hatten die Gewalteskalation verhindern können und schoben sich wechselseitig die Verantwortung zu.[994] UNMIK-Chef Harri Holkeri trat kurz danach von seinem Posten (angeblich aus Gesundheitsgründen) zurück. Die provisorische Regelung für Kosovo drohte sich zu einem konfliktbeladenen Dauerzustand auszuwachsen. Der Ruf, die Statusfrage und damit auch die Verantwortlichkeiten zu klären, wurde deshalb immer lauter.

Die Statusfrage und das Völkerrecht

Auf die Frage, wie der Anspruch auf Kosovo von serbischer und albanischer Seite begründet wird, wurde im Kapitel 5.2 des ersten Teils bereits eingegangen. Dort war von „historischen Rechten“ und dem Selbstbestimmungsrecht die Rede. Ausgespart blieb

993 United Nations: Report of the Seceretary-General on the United Nations Interim Administration Mission in Kosovo, S/2004/348 vom 30. 4. 2004, Okt. 3: http://www.unmikonline.org/SGReports/S-2004-348.pdf. United Nations Mission in Kosovo (UNMIK) (Hg.): Data on March 2004 riots and follow-up actions. Pristina 2005.

994 Vgl. auch B92: Six years since March violence in Kosovo, 17. 3. 2010, in: http://www.b92.net/eng/news/politics-article.php?yyy=2010&mm=03&dd=17&nav_id=65852. Vgl. auch den ausführlichen Bericht: Failure to Protect. Anti-Minority Violence in Kosovo, March 2004, – in: Human Rights Watch 16 (2004), 6(D). Abrufbar unter http://www.hrw.org/en/node/11989/section/1 (Kosovo0704.pdf).

das Völkerrecht, das im Folgenden beleuchtet werden soll. Das Völkerrecht, das lange Zeit eher ein Staats- als ein Völkerrecht war, befindet sich in permanenter Entwicklung und weist viele Lücken sowie Widersprüche auf. Unbestreitbar ist, dass Kosovo einen integralen Bestandteil des ehemaligen Jugoslawiens bildete. Jugoslawien war ein souveräner Staat, dessen Grenzen (unter Einschluss Kosovos) international anerkannt waren, obwohl der Anschluss Kosovos an Serbien – als Teil des späteren Jugoslawiens – nie durch einen Friedensvertrag zwischen dem damaligen Königreich Serbien und dem Osmanischen Reich rechtlich abgesegnet worden war. Die europäischen Großmächte haben sich vor dem Ersten Weltkrieg bei der Grenzziehung des neu gegründeten Albaniens, mit dem Serbien der Zugang zur Adria über nordalbanisches Gebiet versperrt wurde, vom Grundsatz der Kompensation zugunsten Serbiens leiten lassen, indem sie ihre ethnografischen bzw. linguistischen Prinzipien den geostrategischen Überlegungen opferten und kompakte albanische Siedlungsräume außerhalb der Grenzen des albanischen Staates beließen.[995] Das war ein Fehler und wurde Recht, obwohl es Unrecht war, so wie viele Grenzveränderungen nicht aus der Umsetzung bestehenden Rechts resultieren, sondern neues Recht schaffen. Das gilt für den Anschluss eines Territoriums an einen anderen Staat ebenso wie für dessen Sezession. So ist die Zugehörigkeit Kosovos zu Serbien bzw. zu Jugoslawien (nach dem Ersten und Zweiten Weltkrieg) völkerrechtlich stets anerkannt bzw. nicht in Zweifel gezogen worden. Auch in der UN-Resolution 1244 wurde die Souveränität und territoriale Integrität der damaligen Bundesrepublik Jugoslawien sowohl im Text der Resolution wie in Annex 1 ausdrücklich erwähnt, allerdings verknüpft mit dem Hinweis auf die Beschlüsse von Rambouillet.[996] Dies war einer jener Formelkompromisse, die Streit generieren. Die „International Crisis Group" kommentierte die Situation in einem Bericht vom Dezember 2007:

> „Resolution 1244 does not, in its terms, guarantee Serbia's continued sovereignty until such time as the Security Council explicitly recognises this as vested in another entity. It provides rather simply for a ‚political process' to ‚determine Kosovo's future status'. No doubt it was envisaged originally that the political process in question would be a negotiation of some kind producing a result ultimately endorsed by the Security Council. That has not, however, proved possible."[997]

---

995 Höchst aufschlussreich ist der Artikel von Guy, Nicola C.: Linguistic boundaries and geopolitical interests: the Albanian boundary commissions, 1878–1926, in: Journal of Historical Geography (2008), S. 1–23.

996 Text der Resolution: http://www.cfr.org/content/publications/attachments/1244.pdf.

997 International Crisis Group: Kosovo Countdown: A Blueprint for Transition. Europe Report No. 188, 6 Dec. 2007: http://www.crisisgroup.org/home/index.cfm?id=5201.

Tatsache ist auch, dass in der Resolution 1244 nicht von Serbien, sondern von der „Bundesrepublik Jugoslawien" die Rede ist. Die Bundesrepublik Jugoslawien, die sich 1999 nur noch aus den ungleichen Teilen Serbien und Montenegro zusammensetzte, wurde 2003 abgelöst durch den Staatenbund „Serbien und Montenegro", der seinerseits 2006 mit dem Austritt Montenegros endete. Aus Zerfall und Auflösung der „Sozialistischen Föderativen Republik Jugoslawien", der „Bundesrepublik Jugoslawien" und des Staatenbundes „Serbien und Montenegro" ergeben sich komplizierte Fragen hinsichtlich der Rechtsnachfolge. In der Verfassungsurkunde des Staatenbunds Serbien und Montenegro vom 4. Februar 2003 (Art. 25) heißt es: „Sollte Montenegro aus Serbien und Montenegro austreten, würden sich die internationalen Dokumente, die sich auf die Bundesrepublik Jugoslawien beziehen, insbesondere der UN-Sicherheitsratsbeschluss 1244, auf Serbien beziehen und in ihrer Gesamtheit für Serbien als Rechtsnachfolger gelten."[998] Das serbische Parlament hat diese Vereinbarung mit Beschluss vom 5. Juni 2006 bekräftigt.[999] Dieser Beschluss bindet aber nicht die internationale Gemeinschaft. Der Wechsel vom Bundesstaat zum Staatenbund und vom Staatenbund zu zwei Einzelstaaten ist keine bloße Formalie. Es kann einen erheblichen Unterschied machen, ob Kosovo Teil eines Bundesstaats, Teil eines Bundeslands (innerhalb eines Bundesstaats oder Staatenbunds) oder Teil eines Einzelstaats (Serbiens) ist. Ein Bundesstaat hat eine andere innere Machtbalance als ein Einzelstaat. Der Zerfall der sozialistischen Bundesrepublik Jugoslawien wurde 1989 ja gerade dadurch ausgelöst (wenn auch nicht verursacht), dass die damalige serbische Führung unter Milošević die innere Machtbalance, auf der die jugoslawische Föderation seit Ende der 1960er-Jahre basiert hatte, zerstörte, indem sie die Kompetenzen der Autonomen Provinzen Kosovo und Wojwodina durch eine serbische Verfassungsänderung am 28. März 1989 drastisch reduzierte, aber gleichzeitig die Stimmen beider Provinzen in der kollektiven Staatsführung Jugoslawiens für sich reklamierte.[1000] Das war nicht nur – wie erwähnt – ein Verstoß gegen die jugoslawische Verfassung, sondern auch ein Widerspruch: Entweder waren Kosovo und Wojwodina konstitutive Bestandteile der Föderation mit eigenem Stimmrecht (wie es die Verfassung von 1974 vorsah) oder es waren serbische Provinzen ohne föderatives Stimmrecht. Die serbische Verfassungsänderung von 1989 (bzw. die am 28. September 1990 in Kraft getretene neue serbische Verfassung[1001]) war denn auch der formale Anfang vom Ende der jugoslawischen (Kon-)Föderation. Faktisch

998 Text der Verfassungsurkunde: http://www.arhiva.srbija.sr.gov.yu/vesti/2003-02/333116.html.

999 Nach der Unabhängigkeitserklärung Montenegros (3. 6. 2006) erklärte sich Serbien durch Parlamentsbeschluss vom 5. 6. 2006 gemäß Verfassungscharta der Staatenunion zum Rechtsnachfolger von Serbien und Montenegro. Zit. nach http://lexikon.meyers.de/meyers/Serbien.

1000 Vgl. Kapitel 5.3. im ersten Teil.

1001 Text der Verfassung: http://www.cesid.org/zakoni/sr/ustavRS.jsp.

und verfassungswidrig war damit ein anderer (neuer) Staat entstanden, der allerdings noch immer ein Bundesstaat (an der Grenze zum Staatenbund) war. Dieser Staat existiert nicht mehr. Die UN-Resolution 1244 bezog sich auf einen (rest)jugoslawischen Bundesstaat, der ebenfalls nicht mehr existiert. Wie das völkerrechtlich zu beurteilen ist, müssen die Richter des Internationalen Gerichtshofs in Den Haag entscheiden. Unzweifelhaft aber ist, dass die rechtlichen und staatlichen Rahmenbedingungen im ersten Jahrzehnt des 21. Jahrhunderts andere waren als 1974, 1989/90 oder 1999. Im Rahmen einer Föderation – sei es der sozialistischen Föderation des ehemaligen Jugoslawiens oder der restjugoslawischen Föderation der 90er-Jahre – wäre ein Kompromiss zwischen serbischen und kosovoalbanischen Forderungen (zumindest theoretisch) denkbar gewesen. Kosovo als siebte Republik des alten Jugoslawiens oder als dritte Republik Restjugoslawiens ist etwas anderes als die autonome Provinz einer serbischen Republik, die ihrerseits Teil eines Bundesstaates ist, und erst recht etwas anderes als eine autonome Provinz Kosovo in einem serbischen Einzelstaat. Aber weder die Regierung in Belgrad noch die Oppositionsparteien, noch die serbische Bevölkerung waren in den 90er-Jahren bereit, Kosovo eine gleichberechtigte Stellung (vergleichbar der Montenegros) zuzubilligen.[1002] (Da es keine kompromissfähige Politik gab, bleibt es müßig, darüber zu spekulieren, ob damit auch die Abspaltung Montenegros im Jahr 2006 hätte verhindert werden können.)

Viele von denen, die sich seit der UN-Resolution 1244 auf das Völkerrecht berufen, haben geschwiegen, als die Regierenden in Belgrad das Völkerrecht massiv verletzten. Ein Bürger, der gegen Gesetze verstößt, kann bestimmte Rechte verlieren. Ob auch Staaten Rechte verlieren oder verwirken können, ist umstritten.[1003] Die UN-Resolution

1002 Eine Meinungsumfrage von Ende 1997 ergab: „An independent Kosovo, or the Republic of Kosovo within FRY, is admissible in the view of only a neglible number of our respondents. Likewise, very few respondents would accept a division of Kosovo. A vast percentage (41,8 %) believes that the solution is to be looked for in the forcible or ‚peaceful' expulsion of the Albanians. On the other hand, 27,2 % of those manifesting ‚democratic tolerance' would be willing, at best, to grant the Albanians their cultural autonomy. […] In other words, in the case of Kosovo is the Serbian public opinion neither willing to search for a compromise or even for a minimum democratic solution." Zit. nach Troebst, S.: Conflict in Kosovo (503), S. 10 f.

1003 Gemäß Theorie des Gesellschaftsvertrags in der von John Rawls (A Theory of Justice. 2. erw. Aufl. Cambridge/Mass. 1999) modernisierten Fassung geht das Entstehen und Bestehen eines Staates auf eine freie Vereinbarung der Einzelnen zurück und wird damit gerechtfertigt. Ein wesentliches Element des Gesellschaftsvertrags ist das Vertrauen, d. h. das Vertrauen des Einzelnen und der verschiedenen Bevölkerungsgruppen in die verantwortungsvolle Ausübung der Staatsgewalt zum Schutz und Wohl aller Bürger. Vertrauen ist die Grundlage der Loyalität der Bürger gegenüber dem Staat, der seinerseits zur Ausübung seiner Pflichten das Machtmonopol für sich beansprucht. Vertrauen/Loyalität auf der einen und staatliches Machtmonopol auf der anderen Seite stehen nach der Vertragslehre in einem unauflösbaren wechselseitigen Bedingungsverhältnis. Solange der Vertrag existiert, sind beide Seiten (Bürger und Staat) an die Erfül-

2625 (XXV) von 1970 verknüpft das Recht eines Staates auf territoriale Integrität mit der Beachtung des Selbstbestimmungsrechts der auf seinem Territorium lebenden Völker, lässt aber offen, was geschehen soll, wenn Staaten diese Verpflichtung verletzen.[1004]

Nach Miloševićs Sturz hatte Zoran Djindjić zunächst eine Teilung des Kosovo erwogen.[1005] Ob er die internationalen Akteure für diesen Plan hätte gewinnen können, muss offenbleiben. Diese Option wurde nach seiner Ermordung zugunsten einer Maximallösung vorerst ad acta gelegt. In den Verhandlungsrunden von 2005 bis 2007 wurde den Albanern serbischerseits nur eine „substanzielle Autonomie" angeboten, die nach Koštunicas Vorstellungen durch eine „substanzielle Autonomie" für die Kosovo-Serben (in Gestalt ethnisch definierter Kantone) ergänzt werden sollte,[1006] d. h. durch eine substanzielle Autonomie im Rahmen einer anderen substanziellen Autonomie. Eine substanzielle Autonomie für Kosovo hatte es aber schon einmal gegeben. Mit der jugoslawischen Verfassung von 1974 bzw. mit den vorangegangenen Verfassungsänderungen von Ende der 60er-/Anfang der 70er-Jahre hatte Kosovo als eine Provinz Serbiens „substanzielle Autonomie" erhalten. Diese weitreichende Selbstverwaltung ist von serbischer Seite jedoch nie akzeptiert worden (schon bevor Milošević an die Macht gelangte)[1007]

---

lung ihrer Pflichten gebunden. Aus der Vertragslehre und den daraus abgeleiteten Rechten des Staates folgt auch, dass der Staat berechtigt und verpflichtet ist, terroristische Aktivitäten auf seinem Territorium unter Einsatz des Gewaltmonopols zu unterbinden und die Gesetzesbrecher vor Gericht zu stellen. Die gewaltsamen Aktivitäten der kosovo-albanischen Befreiungsarmee (UÇK) in der zweiten Hälfte der 1990er-Jahre stellten (nicht nur) aus serbischer Sicht terroristische Handlungen dar und konnten/mussten bekämpft werden. Zwischen März 1998 und Juni 1999 (wie auch bereits zuvor) hat die Bundesrepublik Jugoslawien bzw. die Teilrepublik Serbien ihr Machtmonopol jedoch massiv missbraucht und damit die Legitimität staatlichen Handelns zerstört. Ein Staat, der sein Machtmonopol durch den Einsatz unverhältnismäßiger Mittel missbraucht, verwirkt nach dieser Theorie seine Rechte; der Vertrag wird gegenstandslos. Dies gilt umso mehr, je länger der Machtmissbrauch dauert. Vgl. Herbert, Matthew W.: Who Deserves Kosovo? An Argument from Social Contract Theory, in: Southeast European Politics 6 (2005), 1, S. 29–43.

1004 „Nothing in the foregoing paragraphs shall be construed as authorizing or encouraging any action which would dismember or impair, totally or in part, the territorial integrity or political unity of sovereign and independent States conducting themselves in compliance with the principle of equal rights and self-determination of peoples as described above and thus possessed of a government representing the whole people belonging to the territory without distinction as to race, creed or colour." UN-Resolution 2625 (XXV): Declaration on Principles of International Law Friendly Relations and Cooperation Among States in Accordance with the Charter of the United Nations: http://www.yudikorsou.com/download/UN%20GENERAL%20ASSEMBLY%20RESOLUTION%202625.doc.

1005 Zu Djindjićs Plänen vgl. die Aussage von Zoran Živković, der nach Djindjićs Ermordung dessen Nachfolger als Ministerpräsident wurde: Djindjić cabinet planned Kosovo's partition, in: B92 vom 20. 1. 2011: http://www.b92.net/eng/news/politics-article.php?yyyy=2011&mm=01&dd=20&nav_id=72230. Vgl. Bačević, Batić: Zaboravljeni kosovski plan; Djindjić i Kosovo, in: NIN vom 5. 5. 2005.

1006 Nach Stegherr, M.: Abschied von der „Wiege des Serbentums", a. a. O., S. 435 f.

1007 Vgl. Kapitel 3.5 im ersten Teil.

und wurde schließlich 1989 abgeschafft. Vojislav Koštunica, der zum Zeitpunkt der kosovarischen Unabhängigkeitserklärung serbischer Ministerpräsident war, hatte sich 1995 als dezidierter Gegner jeder Form von Autonomie für Kosovo geäußert.[1008] Zwei Jahre später hatte er dann für eine Regionalisierung Serbiens (etwa nach dem Muster Spaniens) plädiert.[1009] 1998 kritisierte er scharf die damalige serbische Regierung, weil sie keinen Kosovo-Plan ausgearbeitet hatte. Damit habe das Regime das Recht Serbiens und der Bundesrepublik Jugoslawien „gefährdet", ihre inneren Angelegenheiten selber zu regeln. „Der Raum für eine Lösung der Kosovo-Frage von innen heraus, innerhalb Serbiens, ist enger geworden." Was acht Jahre zuvor (also an der Wende von den 80er- zu den 90er-Jahren) noch erreichbar gewesen wäre, nämlich Kosovo fest an Serbien zu binden, sei nun sehr viel schwerer – falls überhaupt noch (!) – zu erreichen.[1010] Doch weitere zehn Jahre später bzw. neun Jahre nach den massiven ethnischen Säuberungen von 1999 und Etablierung der UN-Verwaltung in Kosovo war Koštunica davon überzeugt, dass die serbische Politik jenen „unrealistischen Plan" umsetzen könne, der seiner Auffassung nach schon 1998 nicht mehr oder nur noch schwer umsetzbar gewesen war! Der Faktor Zeit, den er Ende der 90er-Jahre als Oppositionspolitiker in Betracht gezogen hatte, spielte für ihn nach 2004 – als Regierungschef – keine Rolle mehr. Koštunica wäre daher alles andere als ein verlässlicher Gewährsmann dafür gewesen, dass eine „substanzielle Autonomie" für Kosovo Bestand gehabt hätte. Politik hat auch mit Vertrauen zu tun. Und das ist in den 1980er-/90er-Jahren bei den Kosovo-Albanern restlos und nachhaltig zerstört worden.[1011] Die in der Präambel zur neuen serbischen Verfassung von Ende 2006 verankerte Auffassung, dass Kosovo ein „untrennbarer" Teil Serbiens (sastavni deo teritorije Srbije) sei,[1012] ließ der serbischen Politik wenig Verhandlungsspielraum.

1008 Koštunica, Vojislav: Kako je sve počelo (1995), in: ders.: Izmedju sile i prava. Kosovski zapisi. Beograd [u. a.] 2000, S. 12. Dort heißt es: „Lösungen für Kosovo und Metohija können daher nicht im Rahmen ausprobierter Verfassungsarrangements gesucht werden. Sie alle haben zu Konflikten geführt, zu einem ethnisch reinen Kosovo und zur Stärkung sezessionistischer Bewegungen, welche keine verantwortungsbewusste Staatsmacht tolerieren kann."

1009 Ders.: Specijalni status za Kosovo (1997), in: ebda., S. 25–27.

1010 Ders.: Zakasneo i nerealan srpski plan (1998), in: ebda., S. 141–145.

1011 Der Völkerrechtler Cassese vertritt die Meinung, dass „a racial or religious group may attempt secession, a form of external self-determination, when it is apparent that internal self-determination is absolutely beyond reach. Extreme and unremittting persecution and the lack of any reasonable prospect for peaceful challenge may make secession legitimate. A racial or religious group may secede – thus exercising the most radical form of external self-determination – once it is clear that all attempts to achieve internal self-determination have failed or are destined to fail." Cassese, Antonio: Self-Determination of Peoples. Cambridge 1995, S. 120.

1012 Text der serbischen Verfassung von 2006 (einschließlich Präambel), mit der die Verfassung von 1990 abgelöst wurde, in: http://www.nbs.bg.ac.yu/view_file.php?file_id=1975. Die Frage, ob die Präambel

Genauer gesagt: Es gab keinen Verhandlungsspielraum, außer der Rückkehr zu dem, was es bereits einmal gegeben hatte und was gescheitert war. In den Artikeln 108–112 der Verfassung von 2006 wird die Stellung der Autonomen Provinzen Wojwodina und Kosovo-Metohija geregelt. Im Vergleich zur jugoslawischen Verfassung von 1974 stellt die Verfassung von 2006 einen schweren Rückschlag für die Autonomen Provinzen dar. Und ob die neuen Artikel 108–112 mit dem Geist der UN-Resolution 1244 bzw. mit den dort verankerten Vereinbarungen von Rambouillet vereinbar sind, ist überaus fraglich. Aber selbst proeuropäische Politiker in Serbien, wie Staatspräsident Boris Tadić, der damalige stellvertretende Ministerpräsident Božidar Djelić und viele andere befanden sich seit Ende 2006 in einer Zwickmühle: Sie ahnten wohl, dass Kosovo verloren war, aber sie durften es nicht laut sagen, weil sie damit gegen die Verfassung verstoßen und Wählerstimmen verloren hätten.

Der Ahtisaari-Plan und die Unabhängigkeitserklärung von 2008

Am 26. März 2007 schickte UN-Generalsekretär Ban Ki-moon ein Schreiben an den Präsidenten des Sicherheitsrats, in dem er die Vorschläge des UN-Sonderbeauftragten für die Zukunft des Kosovo, des ehemaligen finnischen Präsidenten Martti Ahtisaari, von Anfang Februar übermittelte.[1013] Ahtisaari hatte seit 2005 mit serbischen und kosovarischen Politikern verhandelt und war zu der Auffassung gelangt, dass eine einvernehmliche Lösung unmöglich sei. Seine Schlussfolgerung: Die Zeit sei gekommen, um den Status von Kosovo zu lösen: „Upon careful consideration of Kosovo's recent history, the realities of Kosovo today and taking into account the negotiations with the parties, I have come to the conclusion that the only viable option for Kosovo is independence, to be supervised for an initial period by the international community." Ahtisaari betonte, dass Kosovo ein „einmaliger" Fall sei, eine „Ausnahme", die eine einmalige Lösung verlange. Diese stelle keinen Präzedenzfall zur Lösung anderer Konflikte dar. Zwar steht das Paradigma der Einmaligkeit auf etwas wackligen Beinen,[1014] signalisiert aber,

Teil der Verfassung ist und dieselbe rechtliche Bindewirkung hat wie die Verfassung selbst, ist umstritten. In manchen Veröffentlichungen der Verfassung von 2006 fehlt die Präambel.

1013 Schreiben Ban Ki-moons: http://www.unosek.org/docref/report-english.pdf. Text des „Comprehensive Proposal for the Kosovo Status Settlement": http://www.unosek.org/docref/Comprehensive_proposal-english.pdf.

1014 Vgl. Sahin, Selver B.: The use of the „exceptionalism" argument in Kosovo: an analysis of the rationalization of external interference in the conflict, in: Journal of Balkan and Near Eastern Studies 11 (2009), 3, S. 235–255. Sahin vertritt die These, dass die Unabhängigkeit Kosovos bereits seit Ende der 90er-Jahre internationale Unterstützung gefunden hätte. Damit grenzt er sich ab gegenüber der Argumentation von Ker-Lindsay, James: From autonomy to independence the evolution of

dass jeder scheinbar ähnliche Fall gesondert betrachtet werden muss und dass es keinen Automatismus gibt. Der Ahtisaari-Plan, in dem das Wort „Unabhängigkeit" gemieden wurde, umfasst 15 Artikel (mit Anlagen), in denen Kosovo als multiethnischer, demokratischer und dezentralisierter Rechtsstaat konzipiert wird: mit umfassenden Rechten für die serbische und alle anderen Minderheiten des Landes, dem Schutz des religiösen und kulturellen Erbes der Serben, dem Rückkehrrecht für Flüchtlinge und Vertriebene sowie der Restitution ihres Eigentums. Diese Rechte sollten in einer neuen Verfassung für Kosovo und entsprechenden Einzelgesetzen verankert werden.[1015] Die Einhaltung der Bestimmungen wird einem Internationalen Zivilen Repräsentanten übertragen. Ihm zur Seite steht eine Europäische Rechtsstaatlichkeitskommission (EULEX), die die kosovarischen Behörden beim Aufbau einer multiethnischen Polizei, Justiz und Verwaltung unterstützen soll,[1016] während die NATO-geführte Kosovo-Truppe (KFOR) weiterhin für die Sicherheit in der Region verantwortlich zeichnet.

Der Ahtisaari-Plan wurde von Serbien umgehend abgelehnt und stieß auf erbitterten Widerstand unter den serbischen „Hardlinern" im Norden der Provinz. Auch unter den

---

international thinking on Kosovo, 1998–2005, in: ebda. 11 (2009), 2, S. 141–156. Sahins Argumente sind aus meiner Sicht nicht überzeugend. Die bisher bekannten Dokumente sprechen dafür, dass die Statusfrage zunächst eine untergeordnete Rolle spielte. Im Vordergrund stand die Beendigung der Gewalt. Sehr viel schwieriger zu beurteilen ist Sahins Hinweis auf eine Reihe ähnlich gelagerter Fälle (Südossetien, Abchasien, Nagorni-Karabach, Transnistrien, Tschetschenien, das türkische Nordzypern usw.). Inwieweit diese verschiedenen Fälle tatsächlich mit Kosovo vergleichbar sind, bedarf weiterer Untersuchung und Diskussion. Nach dem Krieg in Georgien von 2008 kam es zu einem bemerkenswerten Rollenwechsel: Während Russland, das sich entschieden gegen die Unabhängigkeit Kosovos ausgesprochen hatte, die Sezession Südossetiens und Abchasiens von Georgien unterstützte und deren Unabhängigkeit anerkannte, hielten die Westmächte, die Kosovo anerkannt hatten, an der territorialen Integrität Georgiens fest. Ebenso Serbien, das damit seinen Verbündeten in der Kosovo-Frage (Russland) brüskierte. Serbischerseits wurde die Auffassung vertreten, dass die Verselbstständigung Südossetiens und Abchasiens eine unmittelbare Konsequenz der Unabhängigkeitserklärung Kosovos sei. Dass das russische Vorgehen in Südossetien und Abchasien auch eine Revanche für die Demütigungen ist, die Russland nicht zuletzt in der Kosovo-Frage erlitten hat, lässt sich wohl nicht von der Hand weisen. Vgl. u. a.: Russland hält dem Westen den Kosovo-Spiegel vor, in: Deutsche Welle, Fokus Ost-Südost vom 21. 8. 2008: http://www.dw-world.de/dw/article/0,,3584078,00.html, und Rahr, Alexander: The Georgia War and its consequences, 7. 10. 2010, in: http://www.abkhazworld.com/articles/analysis/528-the-georgia-war-and-its-consequences-by-alexander-rahr-.html. Ob die Entwicklung in Kosovo ein Präzedenzfall für die Srpska Republika in Bosnien darstellt, wird im Kapitel über die bosnische Dauerkrise noch zu erörtern sein.

1015 Die Kosovo-Verfassung trat am 15. 6. 2008 in Kraft. Englischer Text: http://www.kushtetutakosoves.info/repository/docs/Constitution.of.the.Republic.of.Kosovo.pdf.

1016 Nach dem ursprünglichen Plan sollte EULEX die UN-Verwaltung UNMIK ersetzen, wogegen sich Serbien mit Blick auf die UN-Resolution 1244 zur Wehr setzte. Nach längeren Verhandlungen einigte man sich darauf, die UNMIK beizubehalten, ihre Tätigkeit aber auf sog. Residualaufgaben zu beschränken.

Kosovo-Albanern flammte Protest auf, der sich gegen die Einschränkung der Unabhängigkeit und die internationale Kontrolle richtete. Träger der Protestbewegung war die Vereinigung „Vetëvendosje!" (Selbstbestimmung!), deren (vornehmlich junge) Anhänger bereits seit August 2005 gegen die Statusverhandlungen und die Vorschläge Ahtisaaris zu Felde gezogen waren. „Vetëvendosje!" entwickelte sich zum Sammelbecken all derer, die mit dem internationalen Protektorat und dem Arrangement zwischen ehemaligen UÇK-Führern und UNMIK unzufrieden waren und eine radikale Lösung im Sinne der uneingeschränkten und ausschließlich albanischen Selbstbestimmung forderten. Im Vorfeld der Unabhängigkeitserklärung ist von Gegnern argumentiert worden, dass eine Veränderung des Status quo eine neue Gewaltspirale in Gang setzen könne. Obwohl dies angesichts der nach wie vor hohen Gewaltbereitschaft auf kosovarischer und serbischer Seite nicht ausgeschlossen werden konnte, war das Argument nicht überzeugend. Denn nicht nur eine Veränderung des Status quo, sondern auch ein Festhalten am Status quo kann Gewalt provozieren. Hätte man die Kosovo-Frage im Dayton-Abkommen Ende 1995 gelöst, wäre es nicht zur Gewalteskalation in der zweiten Hälfte der 90er-Jahre und zum Krieg von 1999 gekommen.[1017] Und hätte man 1999 die Status-Frage gelöst, wären die Unruhen vom März 2004 wahrscheinlich ausgeblieben. Wer 2008 noch glaubte, man hätte zum Status quo ante vor 1989 zurückkehren können, war entweder wirklichkeitsblind oder nahm einen neuen Ausbruch von Gewalt (bewusst oder unbewusst) in Kauf.

Am 17. Februar 2008 erklärte das Parlament in Prishtina die Unabhängigkeit der Republik Kosovo unter den Bedingungen des Ahtisaari-Plans. Gewalttätigkeiten blieben aus, aber die Erklärung löste in weiten Teilen Serbiens einen Sturm der Empörung aus: Kosovo – das „serbische Jerusalem" – war immer serbisch und wird immer serbisch bleiben, auch wenn kein einziger Serbe dort lebt; ein unabhängiges Kosovo ist die „größte Gewalttat, die einem Volk je angetan wurde"; Kosovo – ein Lügen-Staat, ein Schein-Staat usw.[1018] Der Internationale Gerichtshof in Den Haag befasste sich auf Antrag Serbiens mit der Rechtmäßigkeit der Unabhängigkeitserklärung. Am 22. Juli 2010 ent-

---

1017 Ausführlich dazu Biermann, R.: Lehrjahre (358), S. 471 ff.

1018 Aus der Fülle möglicher Belege sei stellvertretend verwiesen auf die Erklärung von Ministerpräsident Koštunica am 17. 2. 2008: Koštunica: Za Srbiju ne postoji lažna država Kosovo, zit. nach der Nachrichtenagentur Tanjug vom 17. 2. 2008: UPR: Kosovo-Nezavisnost-Proglašenje: http://www.tanjug.co.yu; Akademici podržavaju teritorijalnu celovitost Srbije, Tanjug 3. 3. 2008; ebda. Serb Bishop Against EU Mission, BalkanInsight, 3. 3. 2008; http://www.balkaninsight.com/?tpl=301&tpid=135; Serbia In EU Without Kosovo „Treason", BalkanInsight, 29. 2. 2008, ebda. Darin heißt es, dass ein namentlich nicht genannter, hochrangiger Bischof der serbischen orthodoxen Kirche erklärt habe, dass ein EU-Beitritt Serbiens ohne Kosovo „Hochverrat" sei und der „Annullierung unserer gesamten Geschichte" gleichkomme.

schieden die Richter in einem Gutachten (das für keine Seite juristisch bindend ist), dass die Erklärung nicht gegen das Völkerrecht verstoßen habe.[1019] Bis zu diesem Zeitpunkt hatten 69 Staaten, darunter die Mehrheit der EU-Mitglieder, Kosovo diplomatisch anerkannt. Der serbische Außenminister Vuk Jeremić kommentierte erbost: „Wir werden niemals die Unabhängigkeit Kosovos anerkennen." Der diplomatische Kampf gehe weiter.

Der Verlust eines Territoriums ist für jeden Staat schmerzhaft. Das gilt insbesondere für den modernen Nationalstaat mit seiner Gleichsetzung von Nation und Territorium und der Überfrachtung bestimmter Territorien mit nationalen Mythen. Beispiele gibt es zuhauf. Die Griechen haben 1922/23 ihre kleinasiatischen Siedlungsgebiete und ihre heimliche Hauptstadt Konstantinopel verloren. Die Ungarn haben nach dem Ersten Weltkrieg mehr als zwei Drittel ihres Staatsgebiets verloren. Die Deutschen haben nach dem Ersten Weltkrieg u. a. Elsass-Lothringen und nach dem Zweiten Weltkrieg die ehemals deutschen Ostgebiete verloren. Frankreich musste nach 1962 den Verlust Algeriens verarbeiten, das während des Zweiten Weltkriegs das Zentrum der französischen Résistance gewesen war. Wie die Kosovo-Serben, so haben sich auch die Algerien-Franzosen erbittert gegen die Veränderung des territorialen Status quo zur Wehr gesetzt. Auch die 12–14 Millionen deutschen Flüchtlinge und Vertriebenen sowie ihre Verbände in Nachkriegsdeutschland haben den Verlust ihrer Heimat nicht akzeptiert. Und es hat relativ lange – ein Vierteljahrhundert – gedauert, bis sich die deutsche Politik von ihrer Rückwärtsgewandtheit befreite und die Oder-Neiße als polnische Westgrenze de facto anerkannte. Der Ratifizierung der „Ostverträge" im Deutschen Bundestag im Mai 1972 war eine der erbittertsten politischen Auseinandersetzung in der „alten" Bundesrepublik zwischen Regierung und Opposition vorausgegangen. In einer Zusatzerklärung zu den „Ostverträgen" hieß es: „Die Verträge nehmen eine friedensvertragliche Regelung für Deutschland nicht vorweg und schaffen keine Rechtsgrundlage für die heute bestehenden Grenzen."[1020] Wie in Serbien, so haben sich auch in Deutschland die Anerkennungsgegner auf das Völkerrecht berufen. Das war und ist legitim, aber die Realitäten konnten damit nicht rückgängig gemacht werden. Die durch die Unabhängigkeitserklärung Kosovos geschaffene Lage ist somit alles andere als einzigartig.

In der „alten" Bundesrepublik Deutschland herrschte bei weiten Teilen der Bevölkerung lange die Auffassung vor, man könne – nach erfolgter Demokratisierung – zu den Grenzen des Deutschen Reiches von 1937 zurückkehren. Als ob es den Nationalsozialis-

---

1019 Text der Entscheidung: http://www.icj-cij.org/docket/files/141/15987.pdf.

1020 Zit. nach Handbuch zur deutschen Einheit: 1949–1989–1999. Hg. Werner Weidenfeld – Karl Rudolf. Bonn 1999, S. 601.

mus und den Weltkrieg nicht gegeben hätte! Diese Einstellung war wirklichkeitsfremd. Nach 1945 konnte nicht vor 1945 sein. Und es ist ebenso illusorisch zu glauben, man könne im ehemaligen Jugoslawien bzw. in Serbien zu einer Situation zurückkehren, wie sie – wenn schon nicht bis 1999, so doch bis 1989 – bestanden hatte. So als ob es die 1990er-Jahre nie gegeben hätte! In einem Artikel für die *New York Times* schrieb der serbische Außenminister Vuk Jeremić am 27. Februar 2008: „A historical injustice is being imposed on a European country that has overcome more obstacles since we democratically overthrew Slobodan Milošević in October 2000 than most other nations have in a much longer time. Recognizing Kosovo means saying, in effect, that Serbian democracy must be punished because a tyrant – one who committed heinous deeds against Kosovo Albanians in the 1990s – was left unpunished. Such misplaced revenge may make some feel better, but it will make the international system feel much worse."[1021] Jeremić spricht zwar die an den Albanern in den 1990er-Jahren verübten „heinous deeds" an (und darin unterscheidet er sich von vielen seiner nationalistischen Landsleute), verknüpft diese aber allein mit dem „Tyrannen" Milošević und dessen nicht abgeschlossenen Prozess vor dem Haager Kriegsverbrechertribunal. Diese Argumentation weckt die Erinnerung an jene Deutschen nach 1945, die die Verantwortung für die Verbrechen des Nationalsozialismus allein auf die Person Hitlers und die seiner engsten Vertrauten reduzieren wollten. Aber Milošević war ebenso wenig ein Einzeltäter wie Hitler. Gerade seine Kosovo-Politik genoss dank massiver Indoktrination der Öffentlichkeit seit Mitte der 1980er-Jahre breite Unterstützung in der Bevölkerung sowie seitens des Serbischen Schriftstellerverbandes, der Serbischen Akademie der Wissenschaften, der serbischen orthodoxen Kirche, der Jugoslawischen Volksarmee, der serbischen paramilitärischen Banden usw.[1022]

Der Verlust eines Territoriums, so schmerzhaft er sein mag, eröffnet auch neue Optionen. Die Freundschaft mit Frankreich und die Aussöhnung mit Polen wäre undenkbar gewesen, sofern die deutsche Seite nicht irgendwann akzeptiert hätte, dass man das Rad der Geschichte nicht zurückdrehen kann. Heute ist nicht mehr wichtig, ob das Elsass zu Frankreich oder die vormals deutschen Ostgebiete zu Polen gehören. Ähnliches sollte auch für Kosovo und Serbien gelten. Heute geht es nicht mehr darum, ob Serbien Kosovo in den Balkankriegen „befreit" hat. Heute geht es nur noch darum, ob sich Serbien von Kosovo befreien kann. Bekanntlich ist es leichter, andere zu „befreien" als sich selbst. Kosovo zu erobern war verhältnismäßig einfach gewesen, doch danach wurden nur noch

---

1021 Jeremić, Vuk: One nation, indivisible, in: New York Times, 27. 2. 2008, zit. nach B92: http://www.b92.net/eng/insight/opinions.php?yyyy=2008&mm=02&nav_id=48025.

1022 Vgl. stellvertretend Bieber, F.: Nationalismus in Serbien (552), S. 87 ff.; Sundhaussen, H.: Geschichte Serbiens (583), S. 379 ff.

Fehler gemacht. Mit der Annexion Kosovos (und Makedoniens) hatte sich die serbische Politik eine Verantwortung aufgeladen, mit der sie nie fertig geworden ist. Nun wird es Zeit, einen Neuanfang zu finden.

Kosovo: ein „gescheiterter Staat"?

Wechseln wir die Perspektive. Die Unabhängigkeit des Kosovo ist eine Sache, die Staatsbildung eine ganz andere. Vom Aufbau eines funktionierenden Staats sind die politischen Akteure in Prishtina noch weit, sehr weit entfernt (sowohl die internationalen wie die albanischen Akteure). Zyniker könnten auf den Gedanken verfallen, dass kosovarische Politiker die Kunst des Regierens als Fortsetzung der „Illegalität" mit anderen Mitteln verstehen. Nationalismus, Korruption, organisierte Kriminalität, Nepotismus, Misswirtschaft und soziale Ungleichheit haben das Land fest im Griff. Auf der Korruptionsskala rangiert Kosovo unter allen Ländern Südosteuropas mit großem Abstand an letzter Stelle.[1023] Ob die von der internationalen Gemeinschaft eingeforderte Multiethnizität jemals realisiert wird, ist völlig offen. Und ohne Aufarbeitung der UÇK-Verbrechen aus der jüngsten Vergangenheit steht auch der Rechtsstaat auf schwachen Beinen. In diesem Punkt sind nicht nur EULEX und das Haager Tribunal, sondern auch die Kosovaren selbst gefragt. Gelingt es ihnen nicht, sich von den Fesseln der Kriminalität zu befreien, wird oder bleibt Kosovo ein „failed state".

Bei den ersten Parlamentswahlen nach der Unabhängigkeit im Dezember 2010 und Januar 2011 konnte sich Thaçis „Demokratische Partei des Kosovo" (PDK) mit 32 % der abgegebenen Stimmen als stärkste Partei behaupten, vor der „Demokratischen Liga des Kosovo" (LDK) des verstorbenen Rugova mit 25 % der Stimmen. Die eigentliche Überraschung war der Wahlerfolg der „Bürgerbewegung"„Lëvizija Vetëvendosje!" (Liga für Selbstbestimmung) unter Führung von Albin Kurti, die mit knapp 13 % der Stimmen auf Anhieb drittstärkste Partei wurde. Obwohl die Wahlbeteiligung abermals deutlich unter 50 % lag, war der Erfolg von „Vetëvendosje!" ein deutliches Signal der Unzufriedenheit. Außer den populären Forderungen – Bekämpfung der Korruption und Lohnerhöhungen – trat „Vetëvendosje!" für die bedingungslose Eingliederung Nordkosovos, die Vereinigung Kosovos mit Albanien (nach einem vorherigen Referendum), die Abschaffung der Ahtisaari-Verfassung und den Abzug aller ausländischen Truppen ein. Die Realisierung dieser Ziele könnte die Region erneut in Brand stecken.

In Nordkosovo (in den Gemeinden Leposavić, Zubin Potok und Zvečan sowie in einem Teil der Gemeinde Mitrovica nördlich des Ibar-Flusses; d. h. in einem Gebiet

1023 Siehe Kapitel 3.6.

von etwa 1000 km² – einem Zehntel des Territoriums von Kosovo – mit 55.000 bis 65.000 Serben sowie 6.000 bis 10.000 Nicht-Serben) herrscht seit der Unabhängigkeitserklärung eine diffuse Situation. Die dortigen Serben betrachten das Gebiet weiterhin als Teil Serbiens, werden von Belgrad finanziell unterstützt und haben sich in separaten administrativen und politischen Strukturen eingerichtet. Eine Zusammenarbeit mit den kosovarischen Behörden lehnen sie strikt ab. Materiell geht es den Serben im Norden besser als den im Innern der Republik lebenden Serben, die sich mit der neuen politischen Situation – nolens volens – arrangieren. Die Serben in Nord-Kosovo sowie die Politiker in Serbien dagegen versuchen, den Norden für Serbien zu retten (eventuell im Austausch gegen eine Anerkennung Kosovos). „In practice, Serbia and Kosovo both exercise partial sovereignty over the North. Civil administration, health, education, public services and land use regulation all run on Serbian rules, leading some local observers to deny that there is ‚even a shred of Kosovo' in the North. Yet the police wear Kosovo uniforms, report ultimately to Pristina and occasionally deliver Serb suspects to an Albanian judge […] Serbian police, prosecutors and judges work, too, but out of uniform and without any coercive authority. […] In many ways, sovereignty is determined by individual identity and choice."[1024]

Im März 2011 begannen die Regierungen in Prishtina und Belgrad unter Vermittlung der EU mit Gesprächen über die Lösung praktischer Probleme. Die Zukunft Nord-Kosovos stand nicht auf der Agenda. Der stellvertretende serbische Ministerpräsident und Innenminister Ivica Dačić von der Sozialistischen Partei erklärte im Mai und Juni 2011 in mehreren Interviews, dass eine Teilung Kosovos zwischen Serbien und Albanien die einzige realistische Lösung der Kosovo-Frage sei[1025], wovon sich die Belgrader Regierung aber sofort (wenn auch nicht besonders überzeugend) distanzierte. Der Versuch der Kosovo-Regierung, zwei Grenzübergänge im Norden unter ihre Kontrolle zu bringen, löste im September 2011 eine neue schwere Krise aus. Statt vorwärts zu gehen, legten die Akteure in der Region erneut den Rückwärtsgang ein.

1024 International Crisis Group: North Kosovo: Dual Sovereignty in Practice. Europe Report No. 211 vom 14. 3. 2011, S. 2 f.: http://www.crisisgroup.org/~/media/Files/europe/balkans/kosovo/211%20North%20Kosovo%20---%20Dual%20Sovereignty%20in%20Practice.ashx.

1025 Dačić, Ivica: Kosovo deliti sa Albanijom, in: RTV Studio B vom 1. 6. 2011: http://www.studiob.rs/info/vest.php?id=64814; Kosovo podeliti s Albanijom, in: NIN vom 2. 6. 2011: http://www.nin.co.rs/pages/issue.php?id=61283. Vgl. u. a. Dacic Suggests Kosovo Should Be Divided Between Albania, Serbia, in: Balkan Insight vom 1. 6. 2011: http://www.balkaninsight.com/en/article/dacic-calls-for-kosovo-to-be-devided-between-albania-and-serbia. Dačić betonte, dass dies seine persönliche Auffassung sei.

3.5 Bosnien – ein hoffnungsloser Fall?

Die jugoslawische Krise in bosnischer Neuauflage

Mit der Geschichte Bosnien-Herzegowinas seit dem Dayton-Abkommen von Ende 1995 könnte man mühelos ein eigenes Buch füllen. Es ist die Geschichte von partiellen Fortschritten und partiellen Rückschritten, vor allem aber eine Geschichte von Blockaden. Die nationale Polarisierung während des Krieges lähmt ein stark zerstörtes Land, dessen verarmte Bevölkerung trotz der vorangegangenen ethnischen Säuberungen nach wie vor multiethnisch ist, auch wenn die Siedlungsgebiete teils gewaltsam homogenisiert, teils verschoben wurden und neue ethnische Territorien entstanden sind. Ein Großteil der politischen Eliten setzt den Krieg noch immer mit anderen Mitteln fort. Das Dayton-Abkommen war erfolgreich bei der Beendigung der Gewalt, aber es war gänzlich ungeeignet für die Staatsbildung.[1026] Die Situation in Nachkriegsbosnien mit seinen drei Staatsnationen (Bosniaken, Serben und Kroaten) ähnelt in mancher Hinsicht derjenigen in Vorkriegsjugoslawien (wenn auch mit teilweise vertauschten Rollen). Wieder geht es um die Überlebensfähigkeit eines schwachen Staates, um die Verteilung der Macht zwischen dem Gesamtstaat und seinen Teilen (Verfassungsfrage), um den nationalen Proporz und um die Lösung drängender Wirtschaftsprobleme. Vor allem aber geht es um die Rivalitäten der politischen Cliquen. Und wiederum ist es die Bevölkerung, die die Zeche für die Machtkämpfe der „Eliten", der Bürokraten und Funktionäre zu begleichen hat.

Die in Annex IV des Dayton-Abkommens verankerte Verfassung erwies sich in vieler Hinsicht als Hindernis auf dem Weg zur Staatsbildung, da sie noch weniger Klammern für den Gesamtstaat enthält als die jugoslawische Verfassung von 1974. Sie gewährt den gesamtstaatlichen Organen – dem dreiköpfigen Staatspräsidium (bestehend aus einem Bosniaken, einem Serben und einem Kroaten), dem Zweikammerparlament sowie der Regierung in Sarajevo – nur sehr begrenzte Zuständigkeiten und Handlungsspielräume (in den Bereichen Außenpolitik, Außenhandel, Zoll- und Geldpolitik sowie einiges mehr). Demgegenüber erhielten die beiden „Entitäten", die bosniakisch-kroatische Föderation und die Republika Srpska – mit jeweils eigenen (Staats-)Präsidenten, eigenen Parlamenten und eigenen Regierungen –, weitreichende Kompetenzen, die ihnen ein hohes Maß an Unabhängigkeit sichern. Während die Republika Srpska zentralistisch organisiert ist, gliedert sich die bosniakisch-kroatische Föderation in zehn Kantone, die ih-

1026 Der zeitweilige Vertreter der internationalen Gemeinschaft in Bosnien, Paddy Ashdown, hat es einmal so formuliert: „It was a superb agreement to end a war, but a very bad agreement to make a state." Zit. nach Vullamy, Ed: Farewell, Sarajevo, in: The Guardian, 2. 11. 2005: http://www.guardian.co.uk/world/2005/nov/02/warcrimes.politics/print?INTCMP=SRCH

rerseits weitreichende Autonomierechte besitzen. Zu den zwei „Entitäten" kommt noch der Distrikt Brčko an der Save mit einem Sonderstatus hinzu. Politische Entscheidungen werden auf vier Ebenen getroffen: 1. auf der Ebene des Gesamtstaats, 2. auf der Ebene der beiden „Entitäten" (und des Distrikts Brčko), 3. auf der Ebene der Kantone (in der bosniakisch-kroatischen Föderation) und 4. auf der Ebene der Verwaltungsbezirke und größeren Städte. Oberhalb dieser vier Ebenen agiert ein Vertreter der internationalen Gemeinschaft auf einer politischen Metaebene.

Die Umsetzung der zivilen Bestimmungen des Dayton-Abkommens obliegt gemäß UN-Resolution 1031 vom 15. Dezember 1995 dem „Hohen Repräsentanten" für Bosnien-Herzegowina. Er wird vom „Friedensimplementierungsrat" (Peace Implementation Council, PIC) ernannt, der sich aus Vertretern von 55 Staaten zusammensetzt. Von Ende 1995 bis Ende 2010 haben sich sieben Politiker (alle aus EU-Staaten) mit unterschiedlichen Konzepten in diesem Amt abgelöst. Eine langfristig angelegte Strategie gab es nicht. Aufgrund der Beschlüsse des „Friedensimplementierungsrats" auf einer Tagung in Bonn im Dezember 1997 besitzt der Hohe Repräsentant weitreichende Vollmachten („Bonn Powers"), die es ihm erlauben, Gesetze zu erlassen, neue Behörden zu gründen und demokratisch gewählte Politiker sowie andere Amtsträger zu entlassen, wenn ihre Handlungen gegen Buchstaben und Geist des Dayton-Abkommens verstoßen. Hat er zu viel oder zu wenig Macht? Sofern der Hohe Repräsentant von seinen „Bonn Powers" Gebrauch macht, was er wiederholt getan hat (insbesondere der Brite Paddy Ashdown, von Mai 2002 bis Januar 2006), zieht er sich die z. T. erbitterte Gegnerschaft und/oder Obstruktion von Teilen der bosnisch-herzegowinischen Politiker zu. Greift er nicht ein, droht dem ohnehin fragilen Gesamtstaat eine fortschreitende Desintegration. Was immer er tut, er steht in der Kritik. Mal wird er beschuldigt, „Gott zu spielen", mal gilt er als zu nachgiebig oder untätig. Ein Hoher Repräsentant, der es allen recht macht und obendrein die Aufgaben erfüllt, für die er eingesetzt wurde, muss noch entdeckt werden. Die Absicht der internationalen Gemeinschaft, das „Office of High Representative" 2007 abzuschaffen, wurde nach dem Scheitern einer Verfassungsreform auf unbestimmte Zeit verschoben und an eine Reihe von (bisher unerfüllten) Bedingungen geknüpft.

Der verschachtelte Staatsaufbau (eine Konföderation mit zwei „Entitäten", von denen eine ihrerseits eine Föderation ist), die Vielzahl von (Staats-)Präsidenten, Parlamenten, Ministerpräsidenten und Regierungen (14 Regierungen und Hunderte Minister und Vizeminister), ferner die internationalen Akteure: der „Friedensimplementierungsrat" (PIC) bzw. sein kleinerer Lenkungsausschuss (Steering Board), der Hohe Repräsentant (der lange Jahre auch die EU vertreten hat) sowie der im Frühjahr 2011 mit erweiterten Vollmachten eingesetzte „Special Representative" der EU für Bosnien-Herzegowina (der schrittweise die Aufgaben des Hohen Repräsentanten übernehmen soll), die Bosnien-

Mission der OSZE, die friedenssichernden Truppen der EU (EUFOR), die im Dezember 2004 an die Stelle der NATO-geführten SFOR getreten sind (Operation Althea), das NATO-Hauptquartier in Sarajevo, das für die Reform der bosnischen Armee zuständig ist, sowie eine Reihe weiterer Institutionen mit speziellen und/oder Ad-hoc-Aufgaben – bei gleichzeitig schwacher Zivilgesellschaft (ungeachtet der unzähligen lokalen und internationalen NGOs) – haben einen Institutionen-Moloch hervorgebracht, der wenig oder gar nicht koordiniert, schwer durchschaubar und noch schwerer zu steuern ist und der die politische Verantwortung in den Augen der Bürgerinnen und Bürger bis zur Unkenntlichkeit verwischt. Das Oberhaupt der kleinen jüdischen Gemeinde in Sarajevo, Jakob Finci, klagte im November 2005: „There's no goodwill between the political elites in this country. We've got 86 political parties, 14 parliaments, 14 governments, hundreds and hundreds of politicians, but not a single statesman thinking of the country as a whole. They can't agree on what kind of country they want.“[1027]

Im Zentrum der politischen Auseinandersetzungen steht das Verhältnis des Gesamtstaats zu seinen beiden „Entitäten“. Wiederholt hat die internationale Gemeinschaft, allen voran die US-Administration, auf eine Reform der Dayton-Verfassung gedrängt, um den Gesamtstaat zu stärken und den Wildwuchs des öffentlichen Sektors, der annähernd 50 % des Bruttoinlandsprodukts verschlingt, zu reduzieren. Während bosniakische Politiker diese Initiativen unterstützen (und am liebsten die beiden „Entitäten“ ganz abschaffen würden), leisten kroatische Politiker aus den Reihen der „Kroatischen Demokratischen Gemeinschaft Bosnien-Herzegowinas“ (HDZ BiH) und der von ihr 2006 abgespaltenen „Kroatischen Gemeinschaft 1990“ (HDZ 1990) sowie die Politiker aus der Republika Srpska nachhaltigen Widerstand. Mehrfach haben kroatisch-nationalistische Politiker die Einrichtung einer dritten (kroatischen) „Entität“ (ähnlich der während des Bosnien-Krieges zeitweilig existierenden „Republik Herceg-Bosna“) und damit die Auflösung der bosniakisch-kroatischen Föderation gefordert. Als die OSZE im Jahr 2000 das bis dahin geltende strikt ethnische Wahlprinzip (die Bürgerinnen und Bürger konnten nur Kandidaten ihrer eigenen Volkszugehörigkeit wählen) aufhob, fürchtete die HDZ um ihren Einfluss. Am 1. März 2001 erklärte ihr Vorsitzender, Ante Jelavić, der von 1999 bis 2001 Mitglied des dreiköpfigen bosnischen Staatspräsidiums war: „Von heute an ist die Föderation eine rein bosniakische, ohne Kroaten. Die Autoritäten in Bosnien sind illegal, unrechtmäßig. Wir werden uns weder an ihnen beteiligen, noch werden

1027 Zit. nach Traynor, Ian: A country with 14 governments where children refuse to cross ethnic divide, in: The Guardian, 18. 11. 2005: http://www.guardian.co.uk/world/2005/nov/18/warcrimes.iantraynor?INTCMP=SRCH.

wir ihre Entscheidungen anerkennen."[1028] Der damalige Hohe Repräsentant, Wolfgang Petritsch, setzte daraufhin Jelavić wegen Verstoßes gegen die Gesamtstaats- und Föderationsverfassung sowie gegen das Dayton-Abkommen ab.[1029] (Später wurde Jelavić wegen Veruntreuung von Geldern in Abwesenheit zu zehn Jahren Haft verurteilt.) Und als bei den Wahlen Anfang Oktober 2006 Željko Komšić als kroatischer Vertreter in das bosnische Staatspräsidium gewählt wurde, löste dies bei den kroatischen Nationalisten von der HDZ BiH einen Sturm der Empörung aus. Der Kroate Komšić war der Kandidat der Sozialdemokratischen Partei (SDP), eine der wenigen multiethnischen Parteien in Bosnien-Herzegowina, die auch von vielen Bosniaken gewählt worden war. Er setzte sich gegen den Kandidaten der HDZ durch, die seit Dayton immer den Posten im Staatspräsidium besetzt hatte. Die HDZ BiH argumentierte, dass Komšić nicht „die Kroaten" repräsentieren könne, da er primär von Bosniaken gewählt worden sei, und drohte eine eventuelle Trennung der kroatischen Siedlungsgebiete von Bosnien-Herzegowina an.[1030] Aber anders als zu Tudjmans Zeiten ging die Schwesterpartei HDZ in Kroatien unter Führung von Ivo Sanader nun auf Distanz zu den kroatischen Nationalisten in Bosnien, die unbeirrt an der ethnischen Segregation festhielten und ausschließlich in ethnischen Kategorien dachten.[1031]

Damit waren sie nicht allein. Auch die Politiker der Republika Srpska (RS) beharrten auf dem Prinzip ethnischer Territorien: nicht nur die Vertreter der von Karadžić gegründeten Serbischen Demokratischen Partei (SDS) oder der Serbischen Radikalen Partei (SRS), sondern auch die Anhänger des Bundes Unabhängiger Sozialdemokraten (Savez Nezavisnih Socijaldemokrata, SNSD) unter Führung von Milorad Dodik. Dodik galt lange Zeit als pragmatischer und kooperationsbereiter Politiker, der die nationalistischen Hardliner von der Macht verdrängt hatte und von 1998 bis 2001 sowie von 2006 bis 2010 Ministerpräsident der Republika Srpska war und seit Oktober 2010 das Amt des Präsidenten bekleidet.[1032] Doch seine politischen Erfolge haben ihn verändert. Immer

1028 Zit. nach ROBSON, TONY: Bosnien-Herzegowina steht vor dem Zerfall, 20. 4. 2001: http://www.wsws.org/de/2001/apr2001/bosn-a20.shtml.

1029 Text der Entscheidung: http://www.ohr.int/decisions/removalssdec/default.asp?content_id=328.

1030 Vgl. u. a.: Kroaten weiter gegen Wahlergebnis, 5. 10. 2006: http://volksgruppen.orf.at/kroatenungarn/aktuell/stories/56778. In der Tat sind kroatische Nationalisten gegenüber serbischen und bosniakischen Nationalisten benachteiligt, weil sie keine eigene „Entität" haben und sich in der bosniakisch-kroatischen Föderation nicht gegen die bosniakische Wählerschaft (egal ob diese nationalistisch oder gemäßigt wählt) durchsetzen können.

1031 Vgl. Kroaten in Bosnien weiter gespalten, 2. 10. 2006: http://volksgruppen.orf.at/kroatenungarn/aktuell/stories/56692.

1032 Nachdem er am 28. Februar 2006 zum Ministerpräsidenten gewählt worden war, startete er eine Kampagne gegen Korruption und Kriminalität. Betroffen waren v. a. Funktionäre und Günstlinge der bis dato

mehr neigt er dazu, die RS als seinen Privatstaat zu verstehen. Die von den USA und der EU geforderte Verfassungsreform lehnt Dodik entschieden ab. Das Reformprojekt war erstmals im April 2006 ganz knapp im bosnisch-herzegowinischen Parlament gescheitert (es fehlten zwei Stimmen zur erforderlichen Zweidrittelmehrheit) und hatte den anschließenden Wahlkampf nationalistisch aufgeladen. Alle Bemühungen, die Verfassungsreform erneut auf den Weg zu bringen, sind seither gescheitert.[1033] Eine Stärkung des Gesamtstaats (die eine Voraussetzung für die Mitgliedschaft Bosnien-Herzegowinas in der EU ist) kommt für Dodik nach wie vor nicht infrage.[1034] Im Gegenteil: Bei verschiedenen Gelegenheiten drohte er offen mit einer Abspaltung der RS von Bosnien, so z. B. anlässlich der Unabhängigkeitserklärung Kosovos (nach dem Muster: Wenn Kosovo sich von Serbien abspaltet, kann sich auch die RS von Bosnien abspalten).[1035]

Die Unabhängigkeit Kosovos: ein Präzedenzfall für die Republika Srpska?

Kosovo und die Republika Srpska (RS) sind aber aus mehreren – sowohl formalen wie historischen – Gründen nicht miteinander vergleichbar: 1. Im Unterschied zu Kosovo ist die RS ein Resultat des Bosnien-Krieges 1992–95. Ein ähnliches Gebilde hatte es nie zuvor gegeben. Die Abspaltung der RS stünde somit nicht nur im Widerspruch zum Friedensabkommen von Dayton, sondern auch zum „uti possedetis"-Prinzip (siehe Kapitel 1.1) 2. Die heutige ethnische Zusammensetzung der Bevölkerung der RS (mit einer überwältigenden serbischen Mehrheit)[1036] ist ebenfalls ein Ergebnis des Krieges bzw. der

regierenden Serbischen Demokratischen Partei. Dodik erwarb sich dadurch den Ruf eines Reformers. In der Folgezeit besetzte er die führenden Posten dann mit seinen eigenen Gefolgsleuten.

1033 Im Oktober 2009 verhandelten bosnische Politiker auf Initiative der EU und der USA auf dem Militärstützpunkt der EUFOR in Butmir (nahe Sarajevo) zweimal ergebnislos über eine Reform. Auch die von der deutschen Bundeskanzlerin Angela Merkel Anfang 2011 in Berlin geführten Gespräche brachten keinerlei Annäherung. Vgl. u. a. Wölkner, Sabina: „Butmir 2" bringt keine Besserung – Chancen für eine Verfassungsreform verdüstern sich. Länderbericht der Konrad-Adenauer-Stiftung vom Oktober 2009: http://www.kas.de/wf/doc/kas_17923-1522-1-30.pdf?091028163453, und Woehrel, Steven: Bosnia: Current Issues and U.S. Policy. Congressional Research Service Report for Congress, 20. 6. 2011: http://www.fas.org/sgp/crs/row/R40479.pdf.

1034 Serben-Führer Dodik warnt vor Zerfall Bosniens, 12. 10. 2009: http://www.euractiv.de/erweiterung-und-partnerschaft/artikel/serben-fhrer-dodik-warnt-vor-zerfall-bosniens-002219.

1035 Vgl. u. a. Simon, Susanne: Bosnien droht der Zerfall. Serbische Teilrepublik will Kosovo in die Unabhängigkeit folgen, in: Welt online, 3. 11. 2007: http://www.welt.de/welt_print/article1326461/Bosnien_droht_der_Zerfall.html. Bosnian Serb Leader Challenged on Independence, in: BalkanInsight, 1. 3. 2008: http://balkaninsight.com/en/main/news/7985.

1036 Genaue Zahlen gibt es nicht. Nähere Informationen wird erst die für Oktober 2012 anvisierte Bevölkerungszählung in Bosnien-Herzegowina (die erste seit 1991) liefern.

ethnischen Säuberungen, die durch das Dayton-Abkommen rückgängig gemacht werden sollten. Zwar hat sich auch in Kosovo die Zusammensetzung der Bevölkerung infolge von Flucht und Vertreibung der Kosovo-Serben verändert, aber die Albaner hatten bereits Jahrzehnte vor dem Krieg von 1999 die Bevölkerungsmehrheit in Kosovo gestellt. 3. Die bosnischen Serben haben seit dem Anschluss Bosniens an Jugoslawien nach dem Ersten Weltkrieg einen grundlegenden anderen Status genossen als die Kosovo-Albaner. Sieht man vom Bürgerkrieg „aller gegen alle" in den Jahren 1941–1945 ab, so waren die bosnischen Serben weder im ersten noch im zweiten jugoslawischen Staat politisch diskriminiert. Im Gegenteil: Sie gehörten stets zur „staatstragenden Nation". Das ist ein fundamentaler Unterschied gegenüber den Kosovo-Albanern, die im zweiten jugoslawischen Staat nicht als Nation, sondern nur als „Nationalität" anerkannt waren und Ende der 80er-Jahre in ein Apartheid-System abgedrängt wurden, während sie im ersten jugoslawischen Staat nicht einmal den Status einer (zu schützenden) Minderheit besessen hatten. Und 4.: Der von den bosnischen Serben als „Präventivkrieg" etikettierte Aggressionskrieg in der ersten Hälfte der 90er-Jahre kann nicht als Grundlage für eine Verselbstständigung der RS (oder gar für deren Anschluss an Serbien) dienen. Er war die gewaltsam geschaffene Grundlage für die interne Grenzziehung des Dayton-Abkommens. Nicht mehr.

Dessen ungeachtet hält Dodik an seiner Auffassung fest, dass Bosnien ein von Ausländern künstlich am Leben erhaltener Staat sei, der nicht funktionieren könne.[1037] Paddy Ashdown, der ehemalige Hohe Repräsentant, schrieb Ende Juli 2008: „He [Dodik] does not think Bosnia can survive and does not want it to. He does not regard Republika Srpska as part of a state, but as a state in itself. To be fair, Dodik has been firmly anti-Karadzic. He is not that kind of Serb nationalist. He is taking advantage of our short attention span. His control over his mini-state is becoming more and more centralist, while its institutions are more and more subject to serious accusations of corruption. His aim is certainly complete autonomy and, probably, ultimate secession as soon as the international community leaves or loses interest."[1038] Dodiks Skeptik gegenüber Bosnien-Herzegowina ist partiell sicher richtig, aber er sagt nicht, warum das so ist und dass er sowie seine kroatischen Kollegen von der HDZ mit ihrer Obstruktionspolitik dafür ein gerütteltes Maß an Verantwortung tragen.

Auch bosniakische Politiker haben zum Stillstand beigetragen. Namentlich Haris Silajdžić, der ehemalige Außenminister und Ministerpräsident Bosniens während des

1037 Bosnian Serb SNRA news agency dispatch, March 22, 2010, zit. nach WOEHREL, S.: Bosnia. Current Issues, a. a. O., S. 4.

1038 ASHDOWN, PADDY: Europe needs a wake-up call. Bosnia is on the edge again, in The Observer, 27. 7. 2008: http://www.guardian.co.uk/commentisfree/2008/jul/27/serbia.balkans.

Krieges, der sich 1996 von Izetbegović und dessen Partei, der Demokratischen Aktion (SDA), getrennt und seine eigene Partei, die Partei für Bosnien-Herzegowina (SBiH), gegründet hatte. 2006 wurde er mit 62,8 % der bosniakischen Stimmen in das Staatspräsidium gewählt und vertrat dort eine kompromisslose, gegen den Fortbestand der „Entitäten“ und damit auch gegen die Republika Srpska gerichtete Politik (was ähnlich unrealistisch war wie die Forderung nach der Rezentralisierung Jugoslawiens in den 1980er-Jahren).[1039] Die Mehrheit der bosniakischen Wähler ist jedoch seinem Kurs nicht gefolgt. Bei den Wahlen 2010 landete er mit nur noch 25 % der Stimmen auf dem dritten Platz und musste den Sitz im Staatspräsidium an den als moderat geltenden Bakir Izetbegović von der SDA, den Sohn des 2003 verstorbenen Alija Izetbegović, abtreten.

Dodik ließ sich aber auch durch diesen Machtwechsel in der bosniakischen Führungsspitze nicht beeindrucken. Stattdessen kündigte er die Abhaltung eines Referendums an. Zwar sollte es dabei nicht (wie verschiedentlich angedroht) um die Abspaltung der RS von Bosnien gehen (die auch von den Politikern in Serbien nicht unterstützt wurde), sondern um die Abschaffung des 2003 geschaffenen bosnischen Gerichtshofs und der Staatsanwaltschaft zur Verfolgung von Kriegsverbrechen. Dodik begründete seinen Schritt damit, dass die Tätigkeit beider Institutionen „gegen die Serben“ gerichtet sei.[1040] Am 13. April 2011 stimmte das Parlament der RS der Abhaltung des Referendums zu. Der Hohe Repräsentant für Bosnien-Herzegowina, der Österreicher Valentin Inzko, sprach daraufhin von einem „gefährlichen politischen Abenteuer“ und drohte, Dodik notfalls von seinem Posten als Präsident der RS abzusetzen.[1041] Nach einem Gespräch mit der Außenbeauftragten der EU, Catherine Ashton, zog Dodik das Referendum Mitte Mai zurück.[1042]

Aber die schwere Krise in Bosnien war damit nicht beendet. In der bosniakisch-kroatischen Föderation wurde die Regierungsbildung nach den Wahlen vom Oktober 2010 infolge des Machtkampfs zwischen der Sozialdemokratischen Partei, der HDZ BiH und der HDZ 1990 fünf Monate lang blockiert. Die Rechtmäßigkeit der vom

1039 Aber auch die bosniakisch-kroatische Föderation war ihm ein Dorn im Auge. Darüber war es 1996 zum Bruch mit Izetbegović und der SDA gekommen.

1040 Dodiks Privatstaat. Steht Bosnien-Herzegowina vor der Teilung?, in: Pester Lloyd, 2. 5. 2011: http://www.pesterlloyd.net/2011_18/18referendumsrpska/18referendumsrpska.html.

1041 OHR Press Release: Referendum a Dangerous Political Adventure, 5. 5. 2011: http://www.ohr.int/print/?content_id=45984. Inzko says replacement of Milorad Dodik possible, 12. 5. 2011, in: http://daily.tportal.hr/127393/Inzko-says-replacement-of-Milorad-Dodik-possible.html.

1042 President Republica Srpska agrees to drop disputed referendum, 16. 5. 2011: http://www.europeanforum.net/news/1153/president-republica_srpska__agrees_to_drop_disputed_referendum.

Föderationsparlament schließlich am 17. März 2011 gebilligten Regierung wurde von den beiden HDZ-Parteien, die nicht am Kabinett beteiligt wurden, angefochten. Nur aufgrund einer Entscheidung des Hohen Repräsentanten konnte die Regierung ihre Arbeit fortsetzen. Die Bildung einer Regierung für den Gesamtstaat verzögerte sich dagegen weiter. Der vom Staatspräsidium nominierte neue Ministerpräsident Slavko Kukić, ein Kroate von der Sozialdemokratischen Partei, erhielt im Parlament anlässlich zweier Abstimmungen im Juni und Juli nicht die erforderliche Zweidrittelmehrheit, da Dodiks Partei gemeinsam mit den beiden HDZ-Parteien und Silajdžićs Partei für Bosnien-Herzegowina gegen ihn stimmten.[1043] Zumindest in der Ablehnung sind sich die nationalistischen Politiker über ethnische Grenzen hinweg einig.

Während die serbischen Politiker in der Endphase des zweiten Jugoslawiens die entschiedensten Befürworter einer Rezentralisierung des Gesamtstaats waren, so waren die serbischen Politiker in Bosnien nun die entschiedensten Gegner einer Stärkung des Gesamtstaats Bosnien-Herzegowina. Dies legt den Schluss nahe, dass es in beiden Fällen nicht um die Effizienz des Regierens bzw. um „good governance" ging und geht, sondern um die Verfolgung klar abgegrenzter eigener Interessen, die als „nationale Interessen" verkauft werden. Dies gilt mutatis mutandis auch für einen Großteil der Politiker anderer Nationalität. Dementsprechend unzufrieden ist die Bevölkerung in Bosnien. Für sie hat die Bekämpfung der Arbeitslosigkeit, der Korruption und des organisierten Verbrechens oberste Priorität. Annähernd neun von zehn Befragten waren 2010 mit der Politik der Regierung in dieser Hinsicht unzufrieden. Und 87 % der Bevölkerung sind der Auffassung, dass sich die Dinge in Bosnien „in die falsche Richtung" entwickeln.[1044] Nach offiziellen Angaben lag die Arbeitslosenquote in Bosnien 2010 bei 43,3 %. Zieht man davon diejenigen ab, die in der „Schattenwirtschaft" tätig waren, so blieben schätzungsweise noch immer gut 24 % Arbeitslose übrig.[1045] Obwohl nach Dayton große Summen an Hilfsgeldern nach Bosnien geflossen sind (pro Kopf der Bevölkerung mehr als in die meisten anderen ehemaligen Krisengebiete der Welt), kam die wirtschaftliche Erholung trotz zeitweilig beachtlicher Zuwachsraten (allerdings vor dem Hintergrund eines extrem niedrigen Ausgangsniveaus) nur schleppend voran. Und nicht immer lässt sich rekonstruieren, wo die Hilfsgelder geblieben sind.

1043 Vgl. Woehrel, S.: Bosnia. Current Issues, a. a. O., S. 5 f.

1044 National Democratic Institute for international affairs (NDI): Public Opinion Poll in Bosnia and Herzegovina, August 2010: http://www.ndi.org/files/NDI_Bosnia_Poll_Report_August_2010.pdf. Die Mitgliedschaft in der NATO wird von 70 % der Bevölkerung befürwortet. Im April 2010 wurde Bosnien zur Teilnahme am „Membership Action Plan" (MAP) der NATO eingeladen, einer Vorstufe zur Vollmitgliedschaft.

1045 Vgl. Woehrel, S.: Bosnia. Current Issues, a. a. O., S. 6.

Einige Erfolge, viele Defizite: Ist die Umkehr der ethnischen Säuberungen gescheitert?

Die Geschichte Nachkriegsbosniens weist aber nicht nur Stillstand und Rückschritte auf, sondern auch eine Reihe von Veränderungen, die auf längere Sicht – sofern sie nicht boykottiert oder rückgängig gemacht werden – zur Stabilisierung des Staates beitragen könnten. Die Einrichtung eines bosnischen Gerichtshofs und einer Sonderstaatsanwalts wurde bereits kurz erwähnt. Auch ein gemeinsames Justizministerium entstand. Nachdem 2004 ein Verteidigungsministerium gegründet worden war, erfolgte die Zusammenlegung der bis dahin getrennten Armeen, ebenso wie die der Geheimdienste. Die Grenz- und Zollbehörden wurden vereinheitlicht. Und im April 2008 billigte das bosnische Parlament die von der EU seit Langem geforderte und von der Republika Srpska immer wieder blockierte Polizeireform.[1046] Damit wurde der Weg frei für den Abschluss eines Stabilisierungs- und Assoziierungsabkommens mit der EU im Juni 2008 – ein Schritt, der von der überwältigenden Mehrheit der Bevölkerung Bosniens begrüßt wurde.[1047] In ihrem Bericht vom Herbst 2010 kam die Kommission in Brüssel allerdings zu einer überaus ernüchternden Bilanz: „Bosnia and Herzegovina has made limited progress in addressing the political criteria. […] Overall implementation of reforms was insufficient and the domestic political climate during the pre-electoral period was dominated by nationalistic rhetoric. The lack of a shared vision by political leaders on the direction of the country is blocking key EU-related reforms and impeding further progress towards the EU. […] Regarding democracy and the rule of law, there has been little progress towards constitutional reform and towards creating functional and effective institutional structures. […] Bosnia and Herzegovina has made limited progress in improving the judicial system. […] Bosnia and Herzegovina has achieved limited progress in tackling corruption, which remains a serious problem and is prevalent in many areas. […] There has been limited progress regarding human rights and protection of minorities", usw.[1048]

Eine vorläufige Bilanz der im Dayton-Abkommen (Annex VII) verankerten Rückkehr von Flüchtlingen und Vertriebenen fällt ebenfalls gemischt aus. In den Jahren 1996–98 hatte die Rückkehrwelle ihren Höhepunkt erreicht, fiel dann aber zurück und versiegte

1046 Das Parlament in Banja Luka hatte die Polizeireform am 13. 9. 2005 abgelehnt, woraufhin die EU die Verhandlungen über ein Stabilisierungs- und Assoziierungsabkommen mit Bosnien verschob.

1047 2010 sprachen sich 86 % der Befragten für eine Mitgliedschaft in der EU aus. National Democratic Institute for international affairs (NDI): Public Opinion Poll, a. a. O.

1048 Conclusions on Bosnia and Herzegovina. Extract from the Communication from the Commission to the Council and the European Parliament „Enlargement Strategy and Main Challenges 2010–2012", COM(20120)660 final): http://ec.europa.eu/enlargement/pdf/key_documents/2010/package/conclu sions_bosnia_en.pdf.

ab 2005 fast gänzlich. Insgesamt sollen bis dahin nach Schätzungen des UNHCR insgesamt rund eine Million Flüchtlinge oder „displaced persons" – etwa die Hälfte aller Betroffenen – in ihre früheren Wohnorte in Bosnien-Herzegowina zurückgekehrt sein, darunter über 447.000 Personen in Gemeinden, in denen sie nicht die – derzeitige – nationale Mehrheit repräsentieren („minority returns").[1049] Hat sich Annex VII damit als Fehlschlag erwiesen oder – umgekehrt gefragt – waren die ethnischen Säuberungen letztlich doch zu einem erheblichen Teil erfolgreich? „For Dodik", so schreiben Toal und Dahlman, „the question is invalid since he has claimed publicly that ‚there was no ethnic cleansing in the RS'.[1050] The Bosnian war flowed from the implacable desire of Muslim leaders to dominate Bosnia-Herzegovina. Dayton is the ‚permanent and solid foundation for building relations in Bosnia and Herzegovina' because it recognizes that the country is best organized along ethnoterritorial and groupist lines, a country of spaces for groups not a common space for citizens. [...] Silajdžić's position is that ethnic cleansing and genocide has triumphed. Dayton was an agreement that went against the grain of everything Bosnia-Herzegovina was before it was attacked by Serbia and genocide committed. A story line once the monopoly of radical Serb nationalists – evocation of genocidal suffering, territories without people, and dismembered land – is now used on occasion by Silajdžić. Annex 7, which offered the promise of a reversal of the legacy of ethnic cleansing, has failed."[1051] Auch das Helsinki Committee for Human Rights in Bosnien-Herzegowina kam in einem 2008 veröffentlichten Bericht zu einem rundum negativen Urteil: „One of the primary goals in the implementation of Annex VII is restoration of [the] socio-demographic structure of BiH society, which had been impaired by war efforts. Nothing has been done to that effect. BiH is today divided into almost ethnically pure territories, while [the] consequences of war migration have only deepened, through long standing obstructions and [the] administrative barriers of authorities at all levels."[1052] Die Diskussion über Scheitern oder Erfolg von Annex VII hat schon vor vielen Jahren begonnen und dauert weiter an.[1053] Toal und Dahlman haben in

---

1049 UNHCR: Returns to Bosnia and Herzegovina reach 1 million. Briefing Notes, 21. 9. 2004: http://www.unhcr.org/414ffeb44.html. Wirklich verlässlich sind die Zahlen allerdings nicht. Vgl. auch UNHCR: Returnee Monitoring Study: Minority returnees to Republika Srpska. Sarajevo 2000; ITO, AYAKI: Politicisation of minority return in Bosnia-Herzegovina, in: International Journal of Refugee Law 13 (2001), 1–2, S. 98–122; JANSEN, STEF: Troubled locations: Return, the life course, and transformations of „home" in Bosnia-Herzegovina, in: Focaal – European Journal of Anthropology 49 (2007), S. 15–30.

1050 Zit. nach Bosnia Daily, 4. 6. 2008, S. 2.

1051 TOAL, G. – C. DAHLMAN: Bosnia Remade (473), S. 295 f.

1052 Report on the Status of Human Rights in Bosnia-Hercegovina (Analysis for the Period January-December 2007). Sarajevo 2008, S. 3; hier zit. nach TOAL – DAHLMAN: Bosnia Remade (473), S. 299.

1053 Zu den Diskussionen in der zweiten Hälfte der 90er-Jahre vgl. PHUONG, CAROLINE: „Freely to Re-

ihrer 2011 veröffentlichten Studie *Bosnia Remade* das Für und Wider beider Positionen in Auswertung der verfügbaren Materialien und eigener Feldforschungen gegeneinander abgewogen. Ihre Ergebnisse können hier nicht im Detail wiederholt werden. Zwei Punkte sollten allerdings nicht vergessen werden: 1. Die Vorstellung, die ethnischen Säuberungen könnten mehr oder minder vollständig oder zumindest zum größten Teil wieder rückgängig gemacht werden, war von Anfang an eine Illusion. Und gemessen an dieser Illusion war Dayton ein Fehlschlag. 2. Etwa die Hälfte der Flüchtlinge und Vertriebenen hat während des Krieges in anderen Teilen Bosniens Schutz gesucht, die andere Hälfte ist auf eine Vielzahl von Ländern in der ganzen Welt verstreut. Unabhängig von der Obstruktion lokaler Behörden in Bosnien und den immensen Schwierigkeiten bei der Lösung der Eigentumsfragen[1054] werden vermutlich viele der Flüchtlinge niemals nach Bosnien oder – sofern sie in Bosnien geblieben sind – an ihren vormaligen Heimatort zurückkehren wollen. Das liegt einerseits an den traumatischen Erfahrungen der Kriegszeit und der noch nicht überwundenen ethnischen Polarisierung der Bevölkerung. Zum anderen liegt es an den Erfahrungen, die die Flüchtlinge an ihren Zufluchtsorten (im In- oder Ausland) gesammelt haben, z. B. beim Wechsel vom Land in die Stadt oder in eine andere Gesellschaft und Kultur. Diese Menschen sind nicht mehr dieselben wie vorher, und viele wünschen aufgrund ihrer neuen Lebenserfahrung kein Zurück zum Status quo ante. Die desolate wirtschaftliche Lage in Bosnien bietet obendrein keinen Anreiz für eine Remigration aus dem Ausland. Vor diesem Hintergrund sind die Rückkehrerzahlen beachtlich. „Annex 7 may well have succeeded", schlussfolgern Toal und Dahlman, „while, at the same time, so also has ethnic cleansing."[1055]

Vom „Islamismus" zum Europäismus: Islam in Bosnien

Bleibt noch ein letzter Punkt zu besprechen: Was ist eigentlich aus der in den 80er- und 90er-Jahren und erneut nach „Nine-Eleven" als Menetekel beschworenen Entwicklung Bosnien-Herzegowinas zu einem islamisch-fundamentalistischen Staat bzw. zu einem

turn": Reversing Ethnic Cleansing in Bosnia-Herzegovina, in: Journal of Refugee Studies 13 (2000), S. 165–183; ferner International Crisis Group: The Continuing Challenge of Refugee Return in Bosnia & Herzegovina. Balkan Reports Nr. 137. Sarajevo 2002; Kleck, Monika: Refugee Return – Success Story or Bad Dream. A Review from Eastern Bosnia, in: Fischer, Martina (Hg.): Peacebuilding (444), S. 107–122, u. a.

1054 Vgl. Philpott, Charles: Though the Dog is Dead, the Pig Must Be Killed: Finishing the Property Restitution to Bosnia-Hercegovina's IDPs and Returnees, in: Journal of Refugee Studies 18 (2005), 1, S. 1–24.

1055 Toal, G. – C. Dahlman: Bosnia Remade (473), S. 305.

Sammelbecken islamistischer Terroristen geworden? Samuel Huntington hat in seinem Aufsatz und gleichnamigen Buch *Clash of Civilizations* von 1993 resp. 1996 u. a. Bosnien und Kosovo als Fallbeispiele für Kriege in kulturell gespaltenen Territorien/Staaten („cleft countries") und für Kriege an den Bruchstellen unterschiedlicher (vornehmlich religiös geprägter) Zivilisationen/Kulturen („fault line wars") herangezogen.[1056] Für Huntington ist der „Zusammenprall der Zivilisationen" die wichtigste Ursache für Konflikte und Kriege nach dem Ende der bipolaren Weltordnung. „In the late 1980s the communist world collapsed, and the Cold War international system became history. In the post-Cold War world, the most important distiction among peoples are not ideological, political, or economic. They are cultural. [...] In this new world the most pervasive, important, and dangerous conflicts will not be between social classes, rich and poor, or other economically defined groups, but between peoples belonging to different cultural entities."[1057] Dies gelte insbesondere für den „clash" zwischen Christentum („Westen") und Islam.

Es ist hier nicht der Ort, um auf die Huntington-Debatte einzugehen. Da sich der Autor aber wiederholt auf das ehemalige Jugoslawien und insbesondere auf Bosnien und Kosovo beruft, sind einige Anmerkungen unerlässlich. So plausibel seine Erklärung auf den ersten Blick (vor allem was Bosnien betrifft) erscheinen mag, so zweifelhaft wird sie bei genauerem Hinsehen. 1. Es bleibt unklar, wie man in der Realität zwischen Kriegen, in denen es um Macht, Ideologie und Ökonomie geht (wie bei Kriegen innerhalb ein und derselben Kultur), von „kulturellen Bruchlinienkriegen" methodisch sauber unterscheiden kann. Zwar war der Bosnien-Krieg für einige seiner Teilnehmer auch ein Religionskrieg, ein Krieg zwischen den zwei Christentümern und Islam, d. h. zwischen Zivilisationen/Kulturen im Huntington'schen Sinn. Aber eben nur für einige. Für andere ging es um Macht, Ökonomie und vor allem um die Durchsetzung nationalistischer Ziele. (Das gilt für den Kosovo-Krieg, der erst nach dem Erscheinen von Huntingtons Werk ausgefochten wurde, noch mehr als für den Bosnien-Krieg.)[1058] Wo der Nationalismus, der sich nicht mit Huntingtons Zivilisationen/Kulturen deckt, in seinem Erklärungsschema unterzubringen ist, bleibt offen. Und dass die Religionszugehörigkeit für viele Menschen im ehemaligen Jugoslawien in erster Linie ein nationales Identitätsmerkmal darstellte, ist an mehreren Stellen der vorliegenden Arbeit betont worden. 2. Huntingtons Ausführun-

1056 HUNTINGTON, SAMUEL: The Clash of Civilizations?, in: Foreign Affairs 72 (1993), 3, S. 21–49; ders.: The Clash of Civilizations and the Remaking of World Order. New York 1996.

1057 HUNTINGTON, S.: The Clash of Civilizations and the Remaking of World Order. Ausgabe 2003, S. 21 f.

1058 Vgl. u. a. International Crisis Group, Balkans Report 105: Religion in Kosovo, 31. 1. 2001: „The bitter divide between Kosovo Albanians and Serbs has many political and social aspects, but religion as such is not, as is often thought, a major contributing factor." (S. 16)

gen zu Bosnien (und Kosovo) sind schlecht recherchiert und folgen eher der jeweiligen Kriegspropaganda (z. B. was die demografische Entwicklung in Bosnien und Kosovo oder die Migrationen betrifft) als nüchternen empirischen Untersuchungen. Das mag zum Teil mit der zeitlichen Nähe von Huntingtons Veröffentlichung zu den Ereignissen und mit der Tatsache zu tun haben, dass damals nur ein Bruchteil der Quellen bekannt war, die heute zur Verfügung stehen. Es liegt aber wohl auch daran, dass Huntingtons Kenntnisse von der Region sehr bruchstückhaft waren. Dass er Izetbegovićs „Islamische Deklaration" tatsächlich gelesen hat, ist zu bezweifeln. Anderenfalls hätte er differenzierter argumentiert. 3. Huntington neigt dazu, Christentum und Islam als einheitliche Zivilisationen zu verstehen, was sie nachweisbar nicht sind. Dass die jeweiligen „core countries" ihre jeweiligen „kin-countries" an der „default line" unterstützen, wird weder durch historische noch aktuelle Befunde gestützt. Im Falle Bosniens galt dies allenfalls für die erste Phase des Krieges, aber definitiv nicht für die zweite, als sich die USA und die NATO aktiv in das Geschehen einmischten, usw.[1059]

Unbestreitbar ist, dass das religiöse Bewusstsein bei den Muslimen in Bosnien seit den 80er-Jahren und vor allem infolge der während des Krieges vorangetriebenen ethnischen Polarisierung, die bei allen drei Konfliktparteien (nicht nur bei den Muslimen!) hochgradig religiös konnotiert war, zugenommen hat. Der Einfluss der Islamischen Gemeinschaft (Islamska zajednica) in Bosnien-Herzegowina ist seit dem Krieg und insbesondere seit der Wahl Mustafa Efendi Cerićs zum Oberhaupt (Reis ul-ulema, Großmufti) im April 1993 deutlich gewachsen. Islamische Schulen (medrese) erfreuen sich regen Zulaufs, und Imame nehmen wichtige Positionen im Staatsapparat, im Geheimdienst, in der Diplomatie und in der Armee ein. Ebenso unstrittig ist, dass Saudi-Arabien nicht nur beträchtliche Finanzmittel zur Rekonstruktion zerstörter oder zum Bau neuer Moscheen

---

1059 Vgl. u. a. Bieber, Florian: The Conflict in former Yugoslavia as a „Fault Line War"?, in: Balkanologie 3 (1999), 1, S. 33–48. Zur Diskussion über Huntingtons Thesen vgl. den Sammelband der Serbischen Akademie der Wissenschaften über Begegnung oder Zusammenprall der Zivilisationen auf dem Balkan: Susret ili sukob civilizacija na Balkanu. Hg. Slavenko Terzić. Beograd 1998. Fikret Karčić, Professor für vergleichende Rechtsgeschichte und für Geschichte des islamischen Rechts an der Universität Sarajevo erklärte 2007 in einem Interview: „Samuel Huntington's theory of the clash of civilizations has now become the prevailing paradigm that captures some of the modern world's complexeties. However, in order for a paradigm to really hold its ground a whole set of conditions has to come into place. The theory about the clash of civilizations has been around for years, and for many observers it has almost become a self-fulfilling prophecy. I disagree with this theory, for I do not think that what we are seeing today is indeed a clash of civilizations – Western and Islamic – but rather a clash of divergent interests, which are being disguised as cultural or religious and then presented as such. But I am afraid that if we keep endlessly addressing this notion of the clash of civilizations, we might end up in just such a clash." Islam Scholar Rejects „Clash of Civilizations" Theory, in: Balkan Report, 3. 7. 2007: http://www.rferl.org/content/article/1077210.html,

(darunter der Monumentalbau der König Fahd-Moschee am Rand der Altstadt von Sarajevo) und für Hilfsprogramme gestiftet hat, sondern auch bestrebt ist, die wahhabitische Heilslehre in Bosnien zu verbreiten. Ferner steht fest, dass einige der ehemaligen Mujaheddin nach Kriegsende in Bosnien geblieben sind und die bosnische Staatsbürgerschaft erhielten.[1060] Nach dem 11. September 2001 geriet das Land daher in den Ruf, ein Schlupfwinkel für islamistische Terroristen zu sein.[1061] Der von US-Präsident Bush proklamierte „Kampf gegen den Terrorismus“ wurde auch von serbischen und kroatischen Medien aufgegriffen.[1062] Einheiten der SFOR schoben Verdächtige über die bosnische Grenze ab (einige wurden auch nach Guantánamo verschleppt) und beschlagnahmten Unterlagen im Gebäude der „Saudischen Hohen Kommission“, weil diese im Verdacht stand, Kontakte zu terroristischen Netzwerken zu unterhalten.[1063] Und schließlich trifft zu, dass man nach Dayton in Bosnien mehr Mädchen und Frauen mit Kopftuch oder Gesichtsschleier sehen konnte (wenn auch weniger als in Berlin oder Brüssel) und mehr Muslime das Freitagsgebet besuchten als vor dem Krieg.

Auf der anderen Seite sind sich nahezu alle unvoreingenommen Beobachter einig, dass das Bekenntnis zum Islam bei vielen Bosniaken weniger mit Religiosität als mit Nationalität zu tun hat. Das Bekenntnis zum Islam ist Bestandteil des Nationalstolzes und eines neuen Selbstbewusstseins. War es in den 70er-Jahren politisch korrekt, Islam und Nation, Muslime mit kleinem und großem „m“, auseinanderzuhalten, so ist seit den 90er-Jahren das Gegenteil korrekt. Xavier Bougarel, einer der besten Kenner des Islams in Bosnien, spricht von einer „Instrumentalisierung“ und „Nationalisierung des Islams“.[1064] Šaćir Filandra, Professor für Politikwissenschaft an der Universität Sarajevo, sieht es ebenso: Der Islam sei zum Medium der nationalen Homogenisierung der Bosniaken und zum Mittel für die Entwicklung ihres nationalen Bewusstseins geworden.[1065] Die Versuche, eine „Reislamisierung“ der muslimischen Bevölkerung von oben

---

1060 Vgl. Kohlmann, Evan F.: The North African Mujahideen network of the Western Balkans, in: Innes, Michael A. (Hg.): Bosnian Security after Dayton. New York 2006, S. 96–113.

1061 Vgl. Shay, Shaul: Islamic Terror in the Balkans. New Brunswick/N.J. [u. a.] 2006.

1062 Erjavec, Karmen – Zala Volcic: Mapping the Notion of „Terrorism“ in Serbian and Croatian Newspapers, in: Journal of Communication Inquiry 30 (2006), 4, S. 298–318; Dies.: „War on terrorism“ as a discursive battleground: Serbian recontextualisation of G.W. Bush's discourse, in: Discourse & Society 18 (2007), 2, S. 123–137.

1063 Vgl. u. a. Schmitz, Michael: Schule des Hasses auf dem Balkan, in: Die Zeit, Nr. 45 vom 31. 10. 2001, S. 5.

1064 Bougarel, Xavier: Kako je panislamizam zamijenio komunizam, in: Dani Nr. 109 vom 2. 7. 1999: http://www.bhdani.com/arhiva/109/feljton09a.htm.

1065 Filandra, Šaćir: Islam je postao medij nacionalne homogenizacije Bošnjaka, in: Dani vom 27. 11. 2009: http://bhmuslimmonitor.info/ba/aktuelnosti/islam-je-postao-medij-nacionalne-homogenizacije-bo-n.html.

durchzuführen und ihre Alltagsgewohnheiten zu verändern, seien dagegen gescheitert, so Bougarel. Die Rechtsgutachten (fetwa) Mustafa Cerićs (etwa zum Verbot von Alkohol oder Schweinefleisch) blieben weitgehend unbeachtet. Oder wurden zum Gegenstand von Scherzen: „Komm, ich lad dich zu einem Sliwowitz ein", sagt ein Serbe. „Das verbietet mir meine Religion", antwortet der Muslim. Der Serbe: „Warum das?" „Weil ich vorhin schon drei Sliwowitz getrunken habe." Dennoch: Die Religion als Abgrenzungskriterium wurde und blieb wichtig – nicht nur als nationaler Ausweis, sondern auch zur symbolischen Markierung des Raums oder als Teil der individuellen Karriereplanung und des sozialen Prestiges. Viele gehen in die Moschee, um gesehen zu werden. Mancher vormalige Kommunist ist auf diesem Wege zum „Gläubigen" geworden und hat seinen Platz in der gesellschaftlichen Hierarchie gerettet. Der Volksmund nennt die Wendehälse „Wassermelonen" (lubenice): außen grün, innen rot. Schließlich steht das Bekenntnis zum Islam aber auch in einer Wechselbeziehung zum Bekenntnis der Orthodoxen und Katholiken. Das eine ist vom anderen nicht zu trennen. Die Bekenntnisse provozieren sich wechselseitig. Und unvergessen ist, dass die Opfer der ethnischen Säuberungen primär nach ihrer Religionszugehörigkeit bestimmt wurden, unabhängig davon, ob sie gläubig waren oder nicht.

Der Wahhabismus bzw. das Salafitentum ist der großen Mehrheit der Bosniaken (bislang) fremd geblieben, obwohl seine Verbreitung mit finanziellen oder anderen Wohltaten verknüpft wurde, wofür vor allem die Landarmut in entlegenen Regionen empfänglich ist. Die strengen religiösen Regeln der Wahhabiten stehen im krassen Gegensatz zur traditionellen Alltagspraxis der in religiösen Fragen eher legeren bosnischen Muslime. Muhamed Filipović, einer der muslimischen Intellektuellen, bekräftigt: „Der Wahhabismus wird uns fremd bleiben. Kaum jemand lässt sich hier zwingen, religiöse Reglementierungen zu akzeptieren. Wir sind da wie Protestanten: Es gibt keine Mittler zwischen Allah und dem Individuum."[1066] Vor allem lässt sich der Wahhabismus schwer oder gar nicht in das nationale Narrativ der Bosniaken integrieren.[1067] Mit der Geschichte und den Traditionen Bosniens hat das saudi-arabische Salafitentum nichts zu tun.

Vielmehr sind es gerade die autochthonen Elemente des bosnischen Islams, die die Grundlage für Mustafa Cerićs Vision eines „europäischen Islams" bilden. Die etwa 30 Millionen Muslime, die in Europa leben, unterteilt Cerić in drei Gruppen: die eingeborenen Muslime, die muslimischen Emigranten in Westeuropa und die gebürtigen

1066 Zit. nach Schmidt-Häuer, Christian: Auf Seelenfang in Bosnien, in: Zeit online, 12. 7. 2011: http://http://www.zeit.de/2002/12/200212_saudisinbosnien_xml/.

1067 Zu den Bausteinen des Narrativs (mittelalterliches Königreich Bosnien, Bogomilentum und bosnische Kirche, Konversion zum Islam während der osmanischen Herrschaft etc.) vgl. Balić, Smail: Das unbekannte Bosnien. Köln 1992. Zum Stand der Wissenschaft vgl. u. a. Malcolm, N.: Bosnia (459).

Muslime (die Nachkommen der Emigranten). Die erste Gruppe bilden die Balkan-Muslime (in Bosnien, Albanien, Kosovo, Makedonien, Bulgarien usw.), die seit jeher oder zumindest seit Jahrhunderten in Europa beheimatet sind. Ihnen fällt eine wichtige Brückenfunktion bei der Formierung eines „europäischen Islams" zu. In Reaktion auf den Anschlag in New York vom 11. September 2001, das Massaker in Madrid vom März 2004 und den Bombenanschlag in London vom Juli 2005 veröffentlichte Cerić Anfang 2006 eine „Deklaration der europäischen Muslime".[1068] Darin wird Europa als „Haus des Friedens und der Sicherheit, basierend auf dem Prinzip des Gesellschaftsvertrags" definiert. Europa sei das „Haus des Gesellschaftsvertrags", „because it is possible to live in accordance with one's faith in the context of ‚the principles that free and rational persons concerned to farther their own interests would accept in an initial position of equality as defining the fundamental terms of their association' (John Rawls)." „Muslims who live in Europe should present Islam to the western audience as a universal Weltanschauung, and not as a tribal, ethnical, or national culture. [...] The Muslims who live in Europe have the right, nay the duty to develop their own European culture of Islam as a proof of the third interaction between the East and the West and as a new renaissance that will lead the humanity to a better and safer world." Die „gemeinsamen europäischen Werte" (Rechtsstaat, Toleranz, Demokratie, Menschenrechte) seien auch die Wertvorstellungen der europäischen Muslime. In einem Anfang 2008 veröffentlichten Aufsatz *The challenge of a single Muslim authority in Europe* bekräftigte Cerić noch einmal, das Europa weder das „Haus des Islams" (dāru-l-islām) noch das „Haus des Krieges" (dāru-l-harb), sondern das „Haus des Gesellschaftsvertrags" (dāru-l-sulh) sei und fordert eine gemeinsame Autorität für die europäischen Muslime ein (wobei er sich selber ins Spiel brachte). Eine Formulierung in diesem Dokument sorgte für Aufregung in den Medien. Die Scharia bezeichnet Cerić als „perpetual": „it is not negotiable and it is not terminable".[1069] Dies wurde von einigen Zeitungen in Deutschland (*Süddeutsche Zeitung*, *Welt* u. a.) als Plädoyer für die Einführung des islamischen Rechts in Europa, „als ein Verbalangriff auf die freiheitlich-demokratische Grundordnung" gewertet.[1070]

1068 Declaration of European Muslims: http://www.rijaset.ba/index.php?option=com_content&task=view&id=45&Itemid=240.

1069 Cerić, Mustafa: The challenge of a single Muslim authority in Europe, in: European View (2007), 6, S. 41–48.

1070 Denkler, Thorsten: Prediger wirbt für die Scharia – mit Hilfe der CDU, in: sueddeutsche.de vom 13. 5. 2008: http:/ www.sueddeutsche.de/politik/islam-konservative-und-bruessel-prediger-wirbt-fuer-scharia-mit-hilfe-der-cdu-1.202888. Graw, Ansgar: Aufsatz in CDU-naher Zeitschrift fordert Scharia, in: Welt online, 12. 5. 2008: http://www.welt.de/politik/article1987988/Aufsatz_in_CDU_naher_Zeitschrift_fordert_Scharia.html. „Der Autor argumentiert sachlich bis freundlich", schreibt Graw. „Aber sein Aufsatz enthält Sprengstoff – zumal er in einem Organ erschien, das der Europäischen Volkspartei

Und dies, obwohl der Großmufti deutlich zwischen der Scharia und angewandtem islamischen Recht (fiqh) unterscheidet. „In the sharī'ah as their Weltanschauung, Muslims have their covenant with God, a covenant that is the same in content if not in form as the previous covenant contained in the Old Testament of Moses and the New Testament of Jesus." – „The fiqh (Islamic applied law) is not the shārī'a. Rather, it is a particular understanding of the shārī'a. Thus, the fiqh (understanding) of the shārī'a of a particular person or group is not perpetual, it is negotiable and it is terminable." Von einer Einführung des islamischen Rechts in Europa ist in dem Text keine Rede – nirgendwo –, und dies widerspräche auch den sonstigen Verlautbarungen des Großmuftis.[1071]

Wie sich der Islam in Bosnien (und Europa) weiter entwickeln wird, wissen wir nicht. Und wie Bosnien im Jahr 2020 aussehen wird, wissen wir ebenfalls nicht. Alles ist verhandelbar. Alles ist veränderbar.

3.6 Indikatoren der Transformation im postjugoslawischen Raum: Eine kurze vergleichende Zwischenbilanz

Wie stellten sich die Ergebnisse der Transformationsprozesse in den postjugoslawischen Ländern während des ersten Jahrzehnts des 21. Jahrhunderts dar? Um diese Frage in übersichtlicher und vergleichender Form beantworten zu können, habe ich eine Auswahl der von verschiedenen Institutionen (Weltbank, Vereinte Nationen, Freedom House, Bertelsmann-Stiftung und Transparency International) erhobenen Daten und Indikatoren zusammengestellt. Obwohl die Resultate im Detail aufgrund unterschiedlicher Erhebungsmethoden, Begriffsdefinitionen und Berechnungsformeln nicht immer völlig übereinstimmen, ergeben sie doch ein ziemlich einheitliches und klares Bild.

Beginnen wir mit dem Bruttosozialprodukt pro Kopf der Bevölkerung (siehe Tabelle 5). In Slowenien betrug es im Jahr 2009 23.726 US-Dollar (Deutschland: 40.670) und lag damit höher und z. T. deutlich höher als in allen anderen postjugoslawischen und südosteuropäischen Ländern (mit Ausnahme Griechenlands). Mit deutlichem Abstand,

---

(EVP) und der CDU nahesteht." „Von WELT ONLINE angesprochen, sagte [Kristina] Köhler [CDU-Extremismusexpertin], Cerić' Forderungen liefen darauf hinaus, ‚dass alle Muslime in Europa unter einem gemeinsamen politischen und geistigen Führer und unter der Herrschaft der Scharia leben – und der Staat soll diese Parallelwelt auch noch per Vertrag garantieren'. In der Konsequenz führe das ‚zu einem europäischen Kalifat', sagte Köhler." Es wäre gut gewesen, wenn Köhler den Text Cerićs vor dem Interview gelesen hätte. Auch dem Journalisten hätte das nicht geschadet.

1071 So auch MUSHARBASH, YASSIN: Islam in Eruopa. Als der Obermufti einmal Scharia sagte, in: Spiegel online, 14. 5. 2008: http://www.spiegel.de/politik/deutschland/0,1518,553231,00.html.

aber noch immer weit vor den EU-Mitgliedern Rumänien und Bulgarien, folgte Kroatien mit 14.222 Dollar. Montenegro hatte sich auffallend gut positioniert und rangierte mit 6.635 Dollar vor Serbien, Bosnien-Herzegowina und Makedonien (mit 5.872, 4.525 und 4.515 Dollar). Kosovo mit 2.985 Dollar bildete das Schlusslicht. Das heißt, dass das Pro-Kopf-BSP in Slowenien fast achtmal höher war als in Kosovo und gut fünfmal höher als in Makedonien. Doch aussagekräftiger als das BSP ist der von den Vereinten Nationen erhobene „Human Development Index": ein aggregierter Wert, mit dem der Wohlstand eines Landes auf der Basis seines Entwicklungsstands in den Bereichen Gesundheit (z. B. Lebenserwartung), Wissen (z. B. Schulbesuch) und Einkommen anhand einer Vielzahl von Einzelindikatoren gemessen wird (siehe Tabelle 6). Im Jahr 2010 lag Slowenien unter 169 erfassten Ländern an 29. Stelle, weit vor Montenegro und Kroatien (an 49. resp. 51. Stelle). Serbien, Bosnien und Makedonien nahmen die Plätze 60, 68 und 71 ein. (Daten zu Kosovo wurden nicht erhoben, da es kein UN-Mitglied war.) Länder mit den Rängen 1–42 gelten als Staaten mit „very high human development". Zu ihnen zählte lediglich Slowenien. Auf den Rängen 43–85 folgen die Länder mit „high human development", d. h. alle übrigen postjugoslawischen Staaten.

Die anderen ausgewählten Daten betreffen qualitative Faktoren, darunter: Stand der Demokratisierung, Qualität des Regierens auf nationaler und lokaler Ebene, politische Stabilität und Abwesenheit von Gewalt, politische Partizipation der Bürgerinnen und Bürger, Marktwirtschaft, Unabhängigkeit der Medien, Rechtsstaatlichkeit bzw. Unabhängigkeit der Gerichte sowie Korruption. Herangezogen wurden die Daten der Bertelsmann-Stiftung, der Weltbank sowie die Erhebungen von Freedome House und Transparency International. Im Bertelsmann-Transformationsindex (BTI) werden die demokratische Entwicklung und die marktwirtschaftliche Transformation (mittels Einzelbewertung von insgesamt 32 Indikatoren) errechnet und zu einem Status-Index zusammengefasst, der sich auf einer Skala von 1 (schlechtester) bis 10 (bestmöglicher Wert) bewegt (siehe Tabelle 8). Auch hier stand Slowenien im Jahr 2010 mit dem Wert 9,52 an erster Stelle unter den postjugoslawischen Staaten. Es folgten Kroatien (8,30), Makedonien und Kosovo (7,53), Serbien (7,39) und Montenegro (7,35). Bosnien schnitt mit 6,43 am schlechtesten ab. Der vergleichsweise günstige Wert für Kosovo im BIT wird durch die anderen hier berücksichtigten Erhebungen allerdings nicht gestützt. Gemäß den von Freedom House berechneten Indikatoren zur Messung des Demokratisierungsprozesses belegte Kosovo im Jahr 2008 bei allen acht Indikatoren jeweils den letzten Platz hinter Bosnien. Slowenien war der einzige postjugoslawische Staat, der nach dem Klassifizierungsschema von Freedom House bei allen Indikatoren den Status einer „konsolidierten Demokratie" erreichte. Bei Kroatien, Serbien, Montenegro und Makedonien schwanken die Werte bei den verschiedenen Indikatoren zwischen „halbkonsolidierter Demokratie“ und „transitionalem, hybridem Regime“, bei Bosnien und Kosovo zwischen „transitionalem, hybridem Regime“ und „halbkonsolidiertem autoritärem Regime“ (siehe Tabelle 7). Auch im „Governance“-Indikator der Weltbank für 2009, dem die Wahrnehmungen der Bürgerinnen und Bürger zugrunde liegen, teilen sich Kosovo und Bosnien bei allen sechs Indikatoren (mit einer einzigen Ausnahme) die letzten Plätze (siehe Tabelle 9).

Einer der Gründe für das schlechte Abschneiden der meisten postjugoslawischen Staaten ist ihre starke Anfälligkeit für Korruption.[1072] Korruption gibt es überall auf der Welt, aber hinsichtlich des Ausmaßes bestehen riesige Unterschiede. Transparency International ermittelt weltweit regelmäßig die Wahrnehmung der Korruption bei den Bürgerinnen und Bürgern. Unter den 178 Ländern, die 2010 erfasst wurden, rangierte Slowenien auf Platz 27 (Deutschland: 15, Dänemark: 1), während Kosovo auf Platz 110 landete – nach Bosnien-Herzegowina – auf Platz 91. Kroatien, Makedonien und Montenegro teilten sich die Plätze 62, 63 und 69, während Serbien zusammen mit Griechenland den Platz 78 belegt, nach Rumänien und Bulgarien, aber vor Albanien (siehe Tabelle 10). Inwieweit Korruption und mafiose Strukturen zu den Merkmalen des Balkanraums gehören, ist umstritten. Mappes-Niediek schreibt in seinem Buch über die Balkan-Mafia: „Zwar tragen alle diese Erscheinungen eine besondere kulturelle Form, die man anderswo so leicht nicht wiederfinden wird, aber in einer jeweils anderen Form kommen sie doch überall auf der Welt vor. Ihre aktuelle Häufung muss in Zeiten des Krieges, des Zerfalls der staatlichen Ordnung und der wirtschaftlichen Krise niemanden überraschen. Dass sich Korruption und Verbrechen tief in die Vergangenheit verfolgen lassen, beweist nichts.“[1073] Der letzte Satz bleibt etwas zweifelhaft, zumal er durch die nachfolgenden Ausführungen des Autors wieder infrage gestellt wird. Dass Krieg und weit verbreitete Armut das Ausmaß der Korruption beeinflussen können, ist einsichtig. Aber Korruption hat auch mit der (langfristigen) Verlässlichkeit und Transparenz öffentlicher Einrichtungen und dem darauf gegründeten Vertrauen (oder Misstrauen) zu

1072 Zum Thema „Korruption“ liegt mittlerweile eine umfangreiche Literatur vor, von der einige Titel bereits erwähnt wurden. Hier eine kleine Auswahl: Antonić, Dragomir [u. a.]: Korupcija u Srbiji. Beograd 2001 (eine engl. Fassung: „Corruption in Serbia“, ist abrufbar unter: http://www.anti-corr.ru/archive/Corr_Serbia.pdf) ; Devine, Vera – Harald Mathisen: Corruption in Bosnia and Herzegovina 2005. Options for Swedish development cooperation 2006–2010. Bergen 2005; Trivunović, Marijana – Vera Devine – Harald Mathisen: Corruption in Montenegro 2007. Bergen 2007; dies.: Corruption in Serbia 2007. Bergen 2007; Djurić, Živojin – Dragan Jovašević – Mile Rakić: Korupcija: izazov demokratiji. Beograd 2007; Begović, Boris: Korupcija u Srbiji pet godina kasnije. Beograd 2007; Petričić, Darko: Hrvatska u mreži mafije, kriminala i korupcije. Zagreb 2009.

1073 Mappes-Niediek, Norbert: Balkan-Mafia. Staaten in der Hand des Verbrechens. Eine Gefahr für Europa. 2. erw. Aufl. Berlin 2003, S. 141.

tun (wie etwa das Beispiel Griechenland verdeutlicht). Insofern kann die Vergangenheit doch eine Rolle spielen.

Es fällt auf, dass sich das Entwicklungsgefälle im postjugoslawischen Raum kaum vom Entwicklungsgefälle in den 1960er-/70er-Jahren oder von den Befunden für das erste Jugoslawien unterscheidet. Das ehemals cisleithanische Slowenien nimmt jeweils den Spitzenplatz ein, gefolgt vom ehemals transleithanischen Kroatien, während die vormals osmanischen Gebiete deutlich schlechter abschneiden, mit Unterschieden zwischen Serbien und Montenegro, die beide im 19. Jahrhundert ihre Unabhängigkeit erlangten, auf der einen sowie Bosnien-Herzegowina und Kosovo, die erstmals nach dem Ende des zweiten Jugoslawiens zu eigenständigen Staaten wurden, auf der anderen Seite. Auffallend ist ferner, dass alle anderen Balkanstaaten (Rumänien, Bulgarien, Griechenland und Albanien) beim Korruptionsindex relativ dicht beieinanderliegen, während Ungarn zwar deutlich nach Slowenien, aber noch vor Kroatien rangiert.

Für das Abschneiden jedes einzelnen Landes lassen sich jeweils mehr oder minder plausible (kurz- und mittelfristige) Gründe finden. Doch die Frage bleibt, ob und in welchem Ausmaß die Strukturen der „longue durée" bis zur Gegenwart nachwirken. *The Importance of History for Economic Development* lautet der Titel eines Aufsatzes von Nathan Nunn, in dem der Autor die Folgen von Weichenstellungen in den ehemals europäischen Kolonien auf die aktuelle Entwicklung in den postkolonialen Ländern diskutiert.[1074] „History matters", lautet sein Fazit. Und eine Gruppe von Autorinnen und Autoren hat kürzlich versucht, die Persistenz des Vertrauens diesseits und jenseits der vormaligen Habsburgischen Grenze in den Ländern Ostmittel- und Südosteuropas auf der Grundlage aktueller Erhebungen zu messen. „Our results suggest that the Habsburg Empire still exerts effects on cultural norms and interactions of humans with their state institutions today. Comparing individuals left and right of the long-gone Habsburg border, people living in locations that used to be territory of the Habsburg Empire have heigher trust in courts and police. These trust differentials also transform into real differences in the extent to which bribes have to be paid for these local services."[1075] Das ist ein erster empirisch fundierter Hinweis auf die Nachwirkungen längst verschwundener Grenzen. Die Forschung steht aber noch ganz am Anfang. Und sie verspricht spannend zu werden.

1074 Nunn, Nathan: The Importance of History for Economic Development, in: The Annual Review of Economics 2009/1, 65–92.

1075 Becker, Sascha O. [u. a.]: The Empire is Dead, Long Live the Empire! Long-Run Persistence of Trust and Corruption in the Bureaucracy. Forschungsinstitut zur Zukunft der Arbeit (IZA). Discussion Series No. 5584, March 2011, S. 2f.

Schlusswort

Jeder Staat braucht eine Begründung dafür, warum es ihn gibt. Die einfachste und am weitesten verbreitete Begründung ist, dass der Staat die Interessen einer Nation vertritt, wie immer diese Interessen definiert sein mögen und wie immer die Nation verstanden wird. Im Fall des Vielvölkerstaats Jugoslawien bedurfte es einer komplizierteren Begründung. Sie beruhte auf vier Annahmen: 1. dass eine Aufteilung Jugoslawiens nur mit Gewalt zu realisieren ist, 2. dass die jugoslawischen Völker eng miteinander verwandt sind und neben manchen Unterschieden auch viele Gemeinsamkeiten besitzen, 3. dass sie gemeinsame Interessen haben und sich gegen eine Bedrohung von außen gemeinsam besser wehren können als jede Nation einzeln und 4. dass die wirtschaftliche und soziale Entwicklung Jugoslawiens zu Beginn des Zweiten Weltkriegs in einer Sackgasse gelandet war und dass es einer großen gemeinsamen Anstrengung bedurfte, um einen Ausweg zu finden. Die damaligen Kommunisten postulierten die Existenz einer jugoslawischen Solidargemeinschaft, deren Fundamente während des Krieges gelegt worden waren und die es nun auszubauen und zu konsolidieren galt. Sie wähnten sich im Besitz der einzig wahren Strategie zur Lösung aller Probleme und waren überzeugt, dass der Zweck die Mittel heilige.

Doch der revolutionäre Elan wich bald einer ernüchternden, mitunter zermürbenden Alltagspraxis. Das zunächst verfolgte Konzept „sozialistisch im Inhalt – national in der Form" erodierte und kehrte sich in sein Gegenteil um: „national im Inhalt – sozialistisch in der Form". Und Ende der 1980er-Jahre hatte von den vier erwähnten Annahmen nur noch eine – die erste – Bestand. Die zweite wurde zumindest in Zweifel gezogen. Die beiden anderen hatten sich verflüchtigt. Eine konkrete Bedrohung von außen war nicht mehr erkennbar. Und der Neuanfang war abermals in einer Sackgasse gelandet. Zwar hätten die in letzter Minute durchgesetzten Reformen des Ministerpräsidenten Ante Marković das Land wahrscheinlich (wirtschaftlich) retten können. Doch viele der Akteure hatten das gemeinsame Projekt bereits hinter sich gelassen Die Verfassungskrise und die vermeintliche Unregierbarkeit Jugoslawiens waren nicht Ursache des staatlichen Zusammenbruchs, sondern Begleiterscheinung einer sich zuspitzenden politischen Krise, die durch den Schlagabtausch zwischen Politikern in Serbien und Slowenien vorangetrieben wurde.

In Jugoslawien herrschten in den 1980er-Jahren „belgische Verhältnisse". Was das damalige Jugoslawien von Belgien unterschied, war das Fehlen eines stabilen rechtsstaatlichen Institutionengefüges. Die komplexen Rahmenbedingungen in Jugoslawien, komplexer als in Belgien, aber nicht ganz so komplex wie im Kaukasus, und das nahezu völlige Fehlen einer Zivilgesellschaft in Kombination mit einem schwachen Rechtsstaat verschafften Politikern und Eliten zeitweilig einen Spielraum, den sie in einer funktionierenden Demokratie nicht gehabt hätten. Diese Konstellation – ungewöhnliche Komplexität auf der einen und Abwesenheit unabhängiger gesellschaftlicher Institutionen auf der anderen Seite – ermöglichten die Außerkraftsetzung und schließlich Zerstörung der Regelwerke, auf denen das zweite Jugoslawien aufgebaut war. Die Politiker ließen die bisherige Staats- und Gesellschaftsordnung in sich zusammenstürzen. An ihre Stelle setzten sie nationalistische „Stimmungsdemokratien".

Diese Entwicklung war in Intellektuellendiskursen seit Jahren vorbereitet worden. Die Bevölkerung war ihren jeweiligen Deutungseliten zunächst aber nicht gefolgt. Denn die Interessen der Intellektuellen deckten sich nicht mit denen der Bevölkerungsmehrheit. Erst als gewendete Politiker, Intellektuelle, Geistliche und Journalisten ihre Kräfte Ende der 80er- bzw. im Übergang zu den 90er-Jahren bündelten, weil alle vom Schulterschluss zu profitieren hofften, gelang es, namhafte Teile der Bevölkerung zu mobilisieren und ihnen einzureden, dass die Interessen der Eliten auch ihre Interessen seien. Schlimmer als die Kommunisten sind nur noch die Antikommunisten, soll der polnische Publizist Adam Michnik einmal gesagt haben. Das traf den Kern der Sache. Nun „ereignete sich" auch das „Volk" – ein Prozess, der ebenso schockierend wie banal war. Es war schockierend, wie große Teile der Gesellschaft unter dem propagandistischen Beschuss ihrer „Führer" kollektiv den Verstand aufgaben. Epistemologische Zusammenbrüche dieser Art hat es auch in anderen Gesellschaften gegeben. Man denke an Deutschland im Zeitalter der Weltkriege: ein ähnlich dumpfer Nationalismus und Hurra-Patriotismus, eine ähnliche Ignoranz, ähnliche Opferfantasien, eine ähnliche Bereitschaft zur Gewaltanwendung, eine ähnliche Unfähigkeit der Erlebnisgenerationen, sich mit dem Erlebten auseinanderzusetzen, usw. Alles wie gehabt. Es wäre ungewöhnlich gewesen, hätte sich die Bevölkerung in Jugoslawien anders verhalten, als sie es tat. Überall auf der Welt lassen sich Menschen für Krieg oder Frieden, Diktatur oder Demokratie, Gott oder Teufel begeistern, sobald es gelingt, einen entsprechenden „Mainstream" zu generieren. Wenn das so ist – und alles spricht dafür, dass es so ist –, geht es „nur" um die Frage, wie es Einzelnen oder Gruppen von Akteuren gelingt, vorhandene Stimmungen (Enttäuschungen und Erwartungen, Ängste und Hoffnungen) in eine von ihnen vorgegebene Orientierungs- und Handlungsmatrix zu kanalisieren, aus der alles andere (allen voran der Verstand) ausgeblendet wird. Die Folgen derartiger epistemologischer Zusammenbrüche waren immer katastrophal. Auch in dieser Hinsicht machte Jugoslawien keine Ausnahme.

Es passierte, was viele befürchtet (und Einzelne seit Langem erhofft) hatten. Der Staat brach auseinander, begleitet von ethnischen Säuberungen. Dass dies passierte, bedeutet nicht, dass es „objektiv" passieren „musste" oder dass es sich um das Ergebnis eines langfristig intendierten oder gar zwangsläufigen Prozesses gehandelt hätte. Im Wechselspiel von Aktionen und Reaktionen passten die politischen Akteure vielmehr ihre Ziele und Interessen den jeweils neuen Gegebenheiten an, bis alle in entgegengesetzten Einbahnstraßen gelandet waren. Vielleicht ist es heute müßig darüber zu spekulieren, ob Jugoslawien hätte erhalten werden können. Außer Frage steht, dass dies theoretisch möglich gewesen wäre, weil theoretisch fast alles möglich ist. Dass viele der damals verantwortlichen Akteure dies aber in der Schlussphase nicht mehr wollten, steht ebenso außer Frage. Oder dass sie es nur unter Bedingungen wollten, die mit denen ihrer Kontrahenten unvereinbar waren, was letztlich auf dasselbe hinausläuft. Die anschließend entlang ethnoreligiöser Trennlinien ausgetragenen Kriege und die Gewalt gegen die Zivilbevölkerung haben die Ursachenforschung zunächst in eine falsche Richtung gelenkt. Mit den heute verfügbaren Quellen und Informationen – in Kombination mit der internationalen Täterforschung – entsteht ein sehr differenziertes Bild, das vor allem wegen seiner Banalität beunruhigend bleibt.

Seit dem Ende Jugoslawiens sind zwanzig Jahre vergangen. Mit Ausnahme Sloweniens hat sich keiner der postjugoslawischen Staaten wirklich konsolidieren können. Alle leiden noch unter den direkten oder indirekten Folgen der Kriege sowie ihren sozialen und psychischen Verwerfungen. Die Gründung der postjugoslawischen Staaten war ebenso mit Blut befleckt wie die Gründung des zweiten Jugoslawiens. Und auch die Gründungslogik war die gleiche. Die Rolle der internationalen Gemeinschaft vor, während und nach dem Staatszerfall und den Kriegen war beschämend. Keiner der neuen Staaten wird – auf sich gestellt – die Herausforderungen des 21. Jahrhunderts bewältigen können. Und keiner wird jemals die Bedeutung erlangen, die Jugoslawien einst hatte. Ein großes Zerstörungswerk wurde erfolgreich vollendet. Der Aufbau des Neuen dauert noch an. Und in vieler Hinsicht wird das Neue wieder das Alte sein (nur mit veränderten Etiketten). Wie gesagt: Nicht „die Geschichte" ist es, die sich wiederholt. Der Mensch wiederholt sich. Das ist die wichtigste Lehre, die die Geschichte für uns bereithält.

Anhang

Tabellen

Tabelle 1

a) Nationale Zusammensetzung der Bevölkerung Jugoslawiens nach historischen Regionen 1931 (in Prozent)

	I	II	III	IV	V	VI	VII	VIII	IX
Serben[1]	23,4	17,4	43,9	33,6	94,8	17,7	0,4	87,5	42,7
Kroaten	65,7	81,2	22,2	7,8	0,7	0,1	1,6	0,9	23,1
Slowenen	1,1	0,1	0,2	0,3	0,3	0,1	94,3	0,4	8,1
Bosn. Muslime	0,1	0,1	31,1	0,1	0,0	–	0,1	0,4	5,3
Makedonier	–	–	–	–	–	35,5	–	–	4,6
Deutsche	4,2	0,1	0,6	21,6	0,3	0,1	2,5	–	3,6
Albaner	–	–	–	–	0,5	25,2	–	3,1	3,4
Ungarn	2,2	–	0,1	26,4	0,2	–	0,7	–	3,3
Maked. Muslime	–	–	–	–	–	11,7	–	4,5	1,6
Türken	–	–	–	–	0,1	7,1	–	–	0,9
Tschechen, Slowaken, Ukrainer	2,3	0,3	0,5	4,3	0,1	–	0,3	–	1,1
Sonstige	1,0	0,8	1,4	5,9	3,0	2,5	0,1	3,2	2,3
Insgesamt	100	100	100	100	100	100	100	100	100

I: Kroatien, Slawonien, Syrmien; II: Dalmatien; III: Bosnien und Herzegowina; IV: Wojwodina (ohne Syrmien); V: Serbien; VI: Makedonien und Sandžak[2]; VII: Slowenien; VIII: Montenegro; IX: Jugoslawien insgesamt.

Quelle: Petričević, Jure: Nacionalnost stanovništva Jugoslavije. Nazadovanje Hrvata i manjina, napredovanje Muslimana i Albanaca. Brugg 1983, S. 30. Petričević stützt sich auf die Berechnungen, die Rudolf Bićanić auf der Grundlage der amtlichen Zählungsergebnisse von 1931 durchgeführt hat. Vgl. Bićanić, Rudolf: Ekonomska podloga hrvatskog pitanja. Zagreb 1938, S. 11.

1 Einschließlich der Montenegriner.

2 Der Sandžak Novi Pazar ist seit den Balkankriegen von 1912/13 zwischen Serbien und Montenegro geteilt. Bićanić (und ihm folgend Petričević) hat offenbar die in den Balkan-Kriegen von den Osmanen eroberten Territorien Makedonien, Sandžak und Kosovo zu einer Einheit zusammengefasst, ohne Kosovo ausdrücklich zu erwähnen.

b) Nationale Zusammensetzung der Bevölkerung Jugoslawiens nach Republiken und Autonomen Provinzen 1981 (absolut in Tsd.)

Nationen/ Nationalitäten	SFRJ	BiH	Mon-tenegro	Kroa-tien	Make-donien	Slowe-nien	Serbien			
							insges.	Enge-res	Kosovo	Woj-wodina
Serben	8.140	1.321	19	532	44	42	6.182	4.865	209	1.107
Kroaten	4.428	758	7	3.455	3	56	149	31	9	109
Muslime	2.000	1,630	78	24	40	13	215	152	59	5
Slowenen	1.754	3	0,6	25	0,6	1.712	12	8	0,3	3
Makedonier	1.340	1.9	0,9	5	1.280	3	49	29	1	19
Montenegriner	579	14	400	10	4	3	147	77	27	43
Albaner	1.730	4	38	6	377	2	1.303	72	1.227	4
Ungarn	427	0,9	0,2	25	0,2	9	390	5	0,1	385
Türken	101	0,3	0,01	0,2	87	0,09	14	1	13	0,02
Jugoslawen	1.219	326	31	379	14	26	442	272	3	167
Andere										
Insgesamt	23.425	4.124	584	4.601	1.909	1.892	9.314	5.694	1.584	2.035

Quelle: Statistički godišnjak SFRJ 1984 (43), S. 439.

c) Verteilung der Nationen/Nationalitäten nach Republiken und Provinzen 1981 (in v. H. der jeweiligen Nation/Nationalität)

Nationen/ Nationalitäten	SFRJ	BiH	Mon-tenegro	Kroa-tien	Make-donien	Slowe-nien	Serbien			
							insges.	Enge-res	Kosovo	Woj-wodina
Serben	100	16,2	0,20	6,50	0,50	0,5	75,9	59,8	2,60	13,6
Kroaten	100	17,1	0,20	78,0	0,07	1,3	3,4	0,7	0,20	2,5
Muslime	100	81,5	3,90	1,20	2,00	0,6	10,8	7,6	3,00	0,3
Slowenen	100	0,20	0,03	1,40	0,03	97,6	0,7	0,5	0.02	0,2
Makedonier	100	0,10	0,07	0,40	95,5	0,2	3,7	2,2	0,07	1,4
Montenegriner	100	2,40	69,1	1,70	0,70	0,5	25,4	13,3	4,70	7,4
Albaner	100	0,20	2,20	0,30	21,8	0,1	75,3	4,2	70,9	0,2
Ungarn	100	0,20	0,05	5,90	0,05	2,1	91,3	1,2	0,02	90,2
Jugoslawen	100	26,7	2,50	31,1	1,10	2,1	36,3	22,3	0,20	13,7

Quelle: Berechnet nach ebda.

d) Nationale Zusammensetzung der Bevölkerung in den Republiken und Provinzen 1981 (in v. H.)

Nationen/ Nationalitäten	SFRJ	BiH	Monte-negro	Kroa-tien	Slowe-nien	Serbien			
						insges.	Engeres	Kosovo	Woj-wodina
Serben	32,0	3,2	11,6	2,3	2,2	66,4	85,4	13,2	54,4
Kroaten	18,4	1,2	75,1	0,2	3,0	1,6	0,5	0,6	5,4
Muslime	39,5	13,4	0,5	2,1	0,7	2,3	2,7	3,7	0,2
Slowenen	0,0	0,1	0,5	0,0	90,5	0,1	0,1	0,0	0,1
Makedonier	0,0	0,2	0,1	67,0	0,2	0,5	0,5	0,1	0,9
Montenegriner	0,3	68,5	0,2	0,2	0,2	1,6	1,4	1,7	2,1
Albaner	0,1	6,5	0,1	19,7	0,1	14,0	1,3	77,5	0,2
Ungarn	0,0	0,0	0,5	0,0	0,5	4.2	0,1	0,0	18.9
Jugoslawen	8,0	5,3	8,2	0,7	1,4	4,7	4,8	0,2	8,2
Andere	1,7	1,5	3,2	7,8	1,2	6,2	3,2	3,0	9,6
Insgesamt	100,0	100,0	100,0	100,0	100,0	100,0	100,0	100,0	100,0

Quelle: Berechnet nach ebda.

e) Ethnische Zusammensetzung der Bevölkerung Montenegros 1981, 1991 und 2003

	1981 abs.	1991 abs.	2003 abs.	1981 in %	1991 in %	2003 in %
Gesamtbevölkerung	584.310	615.035	620.145	100,00	100,00	100,00
Montenegriner	400.488	380.467	267.669	68,54	61,86	43,16
Serben	19.407	57.453	198.414	3,32	9,34	31,99
Jugoslawen	31.243	26.159	1.860	5,35	4,25	0,30
Bosniaken	–	–	48.184	0,00	0,00	7,77
Muslime	78.080	89.614	24.625	13,36	14,57	3,97
Albaner	37.735	40.415	31.163	6,46	6,57	5,03
Sonstige	17,357	20.927	48.230	2,97	3,40	7,78

Quelle: Statistisches Amt Montenegros: http://www.monstat.org/cg/page.php?id=57&pageid=57.

Tabelle 2: Sozioökonomische Indikatoren des Wandels im sozialistischen Jugoslawien

a) Landwirtschaftlich tätige Bevölkerung in v. H. der Gesamtbevölkerung 1931–1981

Jahr	in v. H.
1931	76,4
1948	67,2
1961	49,6
1971	38,2
1981	19,9

Quelle: Jugoslavija 1918–1988 (40), S. 39, Tab. 3-5.

b) Bevölkerung und Anteil der Beschäftigten nach Geschlechtern 1948–1981

Bevölkerung:	1948 in 1.000	1971 in 1.000	1981 in 1.000	Index 1981 (1948 = 100)
Insgesamt	15.842	20.523	22.425	141,6
Männlich	7.615	10.077	11.084	145,6
Weiblich	8.226	10,446	11.341	137,9
Beschäftigte:				
Insgesamt	1.517	4.033	5.966	393,3
Männlich	1.085	2.750	3.813	351,4
Weiblich	432	1.283	2.153	498,4
Weibl. Beschäftigte in v. H. aller Beschäftigten	28,5	31,8	36,1	126,7
Männl. Beschäftigte in v. H. d. männl. Bev.	14,2	31,8	36,1	242,3
Weibl. Beschäftigte in v. H. d. weibl. Bev.	5,3	12,3	19,0	358,5

Quelle: Daten und Neuberechnung nach Jugoslavija 1918–1988 (40), S. 41, Tab. 2-7. und S. 58, Tab. 4-2.

c) Durchschnittsalter der Bevölkerung und Lebenserwartung 1948–1981

Jahr	1948	1961	1981
Durchschnittsalter	28,3	29,7	33,0
Männlich	27,3	28,6	31,8
Weiblich	29,2	30,7	34,1
Lebenserwartung	50,8	63,9	70,4
Männlich	48,6	62,3	67,7
Weiblich	53,0	65,4	73,2

Quelle: Statistički godišnjak SFRJ 1984 (43), S. 113, Tab. 104–106.

d) Verfügbare Energie und wichtige Industriegüter pro Kopf der Bevölkerung 1956–1981

Jahr	Elektroenergie kWh	Kohle kg	Rohöl kg	Rohstahl kg	Zement kg	Papier/Kartons kg
1956	382	1.033	49	46	63	6
1973	1.789	1.757	135	135	356	34
1981	2.802	2.543	183	183	445	50

Quelle: Stat.god. 1984, S. 174, Tab. 108-7.

e) Ausstattung der Haushalte mit dauerhaften Verbrauchsgütern 1968–1987 (je 100 Haushalte)

Jahr	Kühlschrank	Fernseher s/w	Fernseher Farbe	Geschirrspüler	Waschmaschine	Pkw
1968	25,1	28,1	–	10,9	–	7,9
1978	70,4	63,2	8,0	50,4	0,9	29,2
1987	85,1	53,4	31,9	61,9	2,9	33,6

Quelle: Jugoslavia 1918–1988 (40), S. 113, Tab. 7-6.

Tabelle 3: Entwicklung des Bildungsniveaus in Jugoslawien

a) Analphabeten 1921–1981 in v. H. der Bevölkerung (älter als 10 Jahre)

Jahr	Insgesamt	Männlich	Weiblich
1921[1]	50,5	40,4	60,0
1931[2]	44,6	32,3	56,4
1948	25,4	15,4	34,4
1961	21,0	11,0	30,2
1971	15,1	7,5	22,2
1981	9,5	4,1	14,7

Quelle: Jugoslavija 1818–1988 (40), S. 39, Tab. 3-3.; Daten für 1921: Statistički godišnjak SFRJ 1984 (43), S. 115, Tab. 104-12.)

1 Bevölkerung ab 12 Jahren
2 Bevölkerung ab 11 Jahren

b) Verteilung der Analphabeten 1981 in v. H. der Bevölkerung nach Republiken

	Jugoslawien	Bosnien-Herzegowina	Montenegro	Kroatien	Makedonien	Slowenien
Insges.	9,5	14,5	9,4	5,6	10,9	0,8
Männl.	4,1	5,5	3,4	2,5	5,8	0,7
Weibl.	14,7	23,2	15,2	8,4	16,2	0,9

	Serbien insges.	Engeres Serbien	Wojwodina	Kosovo
Insges.	10,9	11,1	5,8	17,6
Männl.	4,7	4,1	3,1	9,4
Weibl.	16,9	17,9	8,3	26,4

Quelle: Statistički godišnjak SFRJ 1984 (43), S. 443, Tab. 203–212.

d) Bildungsstand in v. H. der Bevölkerung (älter als 10 Jahre)

Jahr	Ohne Schulbildung			Mittlere Reife			Höhere u. Hochschulbildung		
	insg.	m.	w.	insg.	m.	w.	insg.	m.	w.
1953	42,1	31,4	51,9	6,6	9,9	3,5	0,6	1,0	0,3
1961	33,3	23,0	42,8	9,3	13,8	5,2	1,3	2,1	0,6
1981[1]	17,3	10,1	24,1	25,5	32,7	18,7	5,6	7,2	4,0

Quelle: Berechnet nach Jugoslavija 1918–1988 (40), S. 50, Tab. 3-12.

e) Hochschul- und Universitätsbildung 1922–1987

Jahr	Einrichtungen	Studierende		Promotionen	
		insges.	davon Frauen	insges.	davon Frauen
1922	22	10.568	1.740	109	3
1939	30	21.253	4.047	106	6
1950	84	59.822	19.867	10	–
1960	205	140.574	40.700	227	38
1970	247	261.203	103.011	315	63
1980	356	411.175	186.855	861	181
1985	330	349.787	160.254	962	218
1987	322	346.787	165.000	998	271

Quelle: Jugoslavija 1918–1988 (40), S. 363, Tab. 25-5.

1 Bevölkerung ab 15 Jahren.

f) Studierende 1981 nach Republiken

	Jugosl.	Bosnien-Herzegowina	Montenegro	Kroatien	Makedonien	Slowenien
Abs.	402.037	60.263	7.395	65.089	45.313	26.207
Je 10.000 Einw.	1792,8	1461,2	1265,6	1414,5	2373,5	1385,2

	Serbien insges.	Engeres Serbien	Wojwodina	Kosovo
Abs.	197.620	119.199	38.050	40.371
Je 10.000 Einw.	2121,8	2093,2	1870,0	2548,0

Quelle: Berechnet nach ebda., S. 364 f., Tab. 25-6.

g) Promotionen 1980–1984 nach Republiken

	Jugosl.	Bosnien-Herzegowina	Montenegro	Kroatien	Makedonien	Slowenien
Abs.	4.452	278	17	1.216	187	421
Je 10.000 Einw.	19,8	6,7	2,9	26,4	9,8	22,2

	Serbien insges.	Engeres Serbien	Wojwodina	Kosovo
Abs.	2.333	1.884	310	139
Je 10.000 Einw.	25,0	33,1	5,2	8,8

Quelle: Berechnet nach ebda., S. 367, Tab. 25-7.

Tabelle 4: Das Nord-Süd-Gefälle in Jugoslawien 1979

	I.	II.	III.	IV.	V.	VI.
Jugoslawien	25,3	9,5	29,3	35	17	6,1
Slowenien	42,7	19,0	12,5	44	34	7,4
Kroatien	29,8	10,4	24,1	39	21	6,6
Wojwodina	27,3	9,9	32,0	35	19	5,8
Eng. Serbien	25,7	9,6	34,5	33	17	6,0
Bosnien	19,1	7,4	28,9	31	11	5,5
Montenegro	20,5	5,9	26,0	31	12	5,2
Makedonien	22,0	8,0	28,9	30	11	5.0
Kosovo	10,7	3,5	42,2	20	5	4,8

I. Beschäftigtenquote in %; II. Industriebeschäftigtenquote in %; III. Landwirtschaftliche Bevölkerung in % IV. Frauenquote der Beschäftigten in %; V. Sozialprodukt pro Einwohner in 1000 Dinar; VI. Monatl. Durchschnittseinkommen pro Beschäftigten in 1.000 Dinar.

	VII.	VIII.	IX.	X.	XI.	XII.
Jugoslawien	14,7	85	763	15	15	8,6
Slowenien	19,1	202	611	23	1	7,7
Kroatien	17,6	101	636	19	9	4,2
Wojwodina	18,3	90	683	17	9	2,9
Eng. Serbien	14,9	82	631	15	18	5,7
Bosnien	11,8	51	1158	11	23	10,8
Montenegro	10,8	50	1093	14	17	10,6
Makedonien	11,8	72	864	11	18	14,4
Kosovo	8,9	24	2193	7	32	26,1

VII. Durchschnittliche Wohnfläche pro Person in qm; VIII: Pkw je 1.000 Einwohner (1978); IX. Einwohner je Arzt (1977); X. Sekundarschulquote (1971) in %; XI. Analphabetenquote (1971) in %; XII. Natürliches Bevölkerungswachstum in Promille.
Quelle: Büschenfeld, Herbert: Jugoslawien, S. 179 (dort mit Einzelnachweisen)

Tabelle 5: Bruttosozialprodukt pro Kopf (in lfd. US-Dollar)
(Daten der Weltbank)
Postjugoslawische und südosteuropäische Länder 2009, 2006 und 2000

Land/Jahr	2009	2006	2000
Griechenland	29.240	23.682	11.501
Slowenien	23.726	19.409	9.999
Kroatien	14.222	11.229	4.856
Ungarn	12.868	11.220	4.690
Rumänien	7.500	5.681	1.651
Montenegro	6.635	4.338	1.490
Bulgarien	6.423	4.313	1.601
Serbien	5.872	3.943	809
Bosnien-Herzegowina	4.525	3.241	1.491
Makedonien	4.515	3.127	1.783
Albanien	3.808	2.925	1.202
Kosovo	2.985	2.203	1.088
Deutschland	40.670	35.429	23.114

Quelle: http://data.worldbank.org/indicator/NY.GDP.PCAP.CD?page=2&order=wbapi_data_value_2009%20wbapi_data_value%20wbapi_data_value-last&sort=asc

Tabelle 6: Human Development Index (HDI) der Vereinten Nationen
Postjugoslawische Länder 2005 und 2010

Land	HDI-Werte u. Ranking					Komponenten des HDI (Auswahl)		
	HDI-Wert 2005	HDI-Wert 2010	Veränderung 2005-2010	HDI-Ranking 2010[1]	Lebenserwartung (Jahre)[2]	BSP pro Kopf (in US-$)[3]	Schulbesuch (Jahre)	Flüchtlinge (1.000)
Slowenien	0.813	0.828	+0,015	29	78,8	25.857	9,0	0,1
Montenegro	0.755	0.769	+0,014	49	74,6	12.491	10,6	1,3
Kroatien	0.752	0.767	+0,015	51	76,7	16.389	10,6	97,0
Serbien	0.719	0.735	+0,016	60	74,4	10.449	9,5	185,9
Bosnien	0.698	0.710	+0,012	68	75,5	8.222	8,7	74,4
Makedonien	0.678	0.701	+0,023	71	74.5	9.487	8,2	7,5

Erläuterung: Der Human Development Index (HDI) ist ein aggregierter Wert, mit dem der Wohlstand eines Landes auf der Basis seines Entwicklungsstands in drei Bereichen – Gesundheit, Wissen und Einkommen – anhand einer Vielzahl von Einzelindikatoren gemessen wird. Den ersten Platz unter den 169 erfassten Ländern belegte 2010 Norwegen mit dem HDI-Wert 0,938, das Schlusslicht bildete Simbabwe mit 0,140. Die Länder mit dem Rang 1–42 gelten als Länder mit „very high human development" (Durchschnittswert 0,878), auf den Rängen 43–85 folgen die Länder mit „high human development" (Durchschnittswert 0,717), danach die Länder mit „medium human development" (Durchschnittswert 0,592) (Ränge 86–127) und „low human development" (Durchschnittswert 0,393) (Ränge 128–169).

In den HDI fließt auch ein Gender Inequality Index ein, der sich seinerseits aus acht Teilindikatoren zusammensetzt. Je höher der Index, desto größer ist die Ungleichheit der Geschlechter. Bei den postjugoslawischen Staaten liegt der aggregierte Index nur für Slowenien (0,293) und Kroatien (0,345) vor. (In den Niederlanden mit der geringsten Ungleichheit betrug er 0,174.) Zu den Teilindikatoren gehört der Anteil der Frauen im Parlament. Die Prozentzahlen lauten für Makedonien 31,7 (Deutschland 31,1), Serbien 21,6, Kroatien 20,9, Bosnien-Herzegowina 12,3, Montenegro 11,1 und Slowenien 10,0. In Slowenien, das den höchsten HDI-Index aufweist, ist der Anteil der Frauen im Parlament am geringsten!

Zu den Begriffen und Berechnungsmethoden sowie zur Interpretation der Daten siehe Human Development Report 2010. The Real Wealth of Nations: Pathways to Human Development. Hg. United Nations Development Programme (UNDP). New York 2010.

Quelle: http://hdr.undp.org/en/media/HDR_2010_EN_Complete_reprint.pdf

1 Unter insgesamt 169 Ländern.
2 Durchschnittliche Lebenserwartung bei Geburt.
3 Kaufkraftparität in US-Dollar zum Wert von 2008.

Tabelle 7: Indikatoren des Transformationsprozesses in den postjugoslawischen Staaten
Nach Freedom House: Nations in Transit (2008)

Die Rating-Skala reicht von 1 bis 7.
1 steht für die höchste, 7 für die niedrigste Stufe des Demokratisierungsprozesses.

	Slowenien	Kroatien	Serbien	Montenegro	Makedonien	Bosnien	Kosovo
A	1,86	?	3,79	3,79	3,86	4.11	5,21
B	2,00	3,25	4,00	4,25	4,00	5,00	5,50
C	1,50	3,25	3,25	3,25	3,25	3,00	4,50
D	2,00	2,75	2,75	2,75	3,25	3,50	4,00
E	2,25	3,75	3,75	3,75	4,25	4,25	5,50
F	1,50	3,75	3,75	3,25	3,75	4,75	5,50
G	1,50	4,25	4,50	4,00	4,00	4,00	5,75
H	2,25	4,50	4,50	5,25	4,50	4,25	5,75

A = Democracy Score, B = National Democratic Governance, C = Electoral Process, D = Civil Society, E = Independent Media, F = Local Democratic Governance, G = Judicial Framework and Independence, H = Corruption

Democracy Score: Regime Type
1–2 Consolidated Democracy
3 Semiconsolidated Democracy
4 Transitional Government or Hybrid Regime
5 Semiconsolidated Authoritarian Regime
6–7 Consolidated Authoritarian Regimes

Zu Methodologie und Definition der Begriffe siehe: http://www.freedomhouse.org/template.cfm?page=352&ana_page=347&year=2008

Quelle: http://www.freedomhouse.org/template.cfm?page=46&year=2008

Tabelle 8: Bertelsmann-Transformationsindex (BTI)
Skala von 1–10 (10 bester, 1 schlechtester Wert)

BTI 2001–2005; Ranking 2006

	Slowenien	Kroatien	Serbien und Montenegro	Makedonien	Bosnien
I.	9,55	9,10	7,40	7,55	6,80
II.	9,36	8,32	6,50	6,61	6,43
III.	9,45	8,71	6,95	7,08	6,61
IV.	1	11	33	29	37

I. = Demokratische Entwicklung 2001–2005; II. = Marktwirtschaftliche Transformation 2001–2005; III. = Status-Index 2001–2005; IV. = Ranking 2006 (unter insgesamt 119 Transformationsländern)

BTI 2010

	Slowenien	Kroatien	Serbien	Montenegro	Makedonien	Bosnien	Kosovo
I.	9,75	8,50	8,00	7,80	7,95	6,50	7.95
II.	9,29	8,11	6,79	6,89	7,11	6,36	7,11
III.	9,52	8,30	7,39	7,35	7,53	6,43	7,53

I. = Demokratische Entwicklung; II. = Marktwirtschaftliche Transformation; III. = Status-Index

Der Status-Index bildet den Mittelwert aus den Ergebnissen der Dimensionen „Politische Transformation" und „Transformation zur Marktwirtschaft". Der Mittelwert wurde mit den präzisen, ungerundeten Werten der beiden Dimensionen errechnet, die sich wiederum aus den Bewertungen von 5 politischen Kriterien (mittels Einzelbewertung von 18 Indikatoren) und 7 wirtschaftlichen Kriterien (mittels Einzelbewertung von 14 Indikatoren) ergaben.

Zu den Bewertungskriterien und der Methode: http://www.bertelsmann-transformation-index.de/fileadmin/pdf/Anlagen_BTI_2010/Methodologie.pdf

Quelle (2001–2005, 2006): http://bti2006.bertelsmann-transformations-index.de/37.0.html?&L=11
Quelle (2010): http://www.bertelsmann-transformation-index.de/bti/laendergutachten/

Tabelle 9: World Governance Indicators (WGI) der Weltbank für 2009
Postjugoslawische Länder

Skala von +2,5 bis –2,5.

	Slowenien	Kroatien	Montenegro	Makedonien	Serbien	Kosovo	Bosnien
A	1,163	0,639	–0,03	–0,14	–0,15	–0,5	–0,65
B	0,987	0,559	0,299	0,129	0,318	–0,08	–0,05
C	0,892	0,555	0,033	0,318	–0,1	0,209	–0,06
D	0,859	0,599	0,549	–0,22	–0,5	–0,68	–0,57
E	1,113	0,216	0,037	–0,22	–0,41	–0,48	–0,39
F	1,056	0,035	–0,32	–0,03	–0,19	–0,62	–0,31

A = Government Effectiveness
B = Voice and Accountability
C = Regulatory Quality
D = Political Stability/No Violence
E = Rule of Law
F = Control of Corruption

Definitionen:
„**Government effectiveness** captures the perceptions of the quality of public services, the quality of the civil service and the degree of its independence from political pressures, the quality of policy formulation and implementation, and the credibilty of the government's commitment to such policies."
„**Voice and accountability** captures the perceptions oft he extent to which a country's citizen are able to participate in selecting their government, as well as freedom of expression, freedom of association, and a free media."
„**Regulatory quality** captures perceptions oft he ability oft he government to formulate and implement sound policies and regulations that permit and promote private sector development."
„**Political stability and absence of violence** measures the percetions of the likelihood that the government will be destabilized or overthrown by unconstitutional or violent means, including domestic violence and terrorism."
„**Rule of law** captures perceptions of the extent to which agents have confidence in and abide by the rules of society, and in particular the quality of contract enforcement, property rights the police, and the courts as well as the likelihood of crime and violence."
„**Control of corruption** captures perceptions of the extent to which public power is exercised for private gain, including both petty and grand forms of corruption, as well as „capture" af the state by elites and private interests."
Zur Methode und Konstruktion der Indikatoren vgl. Kaufmann, Daniel – Aart Kraay – Massimo Mastruzzi: The Worldwide Governance Indicators. Methodogy and Analytical Issues. The World Bank, Sept. 2010; abrufbar über: http://papers.ssrn.com/sol3/papers.cfm?abstract_id=1682130##.

Quelle: http://info.worldbank.org/governance/wgi/index.asp

Tabelle 10: Corruption Perception Index (CPI) von Transparency International

Der CPI bewegt sich zwischen 1 und 10. Je höher der Wert, desto geringer die wahrgenommene Korruption.
Länder Südosteuropas 2010 und 2002 (Insgesamt wurden 2010 178 Länder erfasst)

Land	Ranking 2010	CPI-Wert 2010	CPI-Wert 2002	Veränderung 2002–2010
Dänemark	1	9,3	9,5	–0,2
Deutschland	15	7,9	7,4	+0,5
Slowenien	27	6,4	5,2	+1,2
Ungarn	50	4,7	4,9	–0,2
Kroatien	62	4,1	3,8	+0,3
Makedonien	63	4,1	2,3[1]	+1,8
Montenegro	69	3,7	–	–
Rumänien	69	3,7	2,6	+1,1
Bulgarien	73	3,6	4,0	–0,4
Griechenland	78	3,5	4,2	–0,7
Serbien	78	3,5	2,3[1]	+1,2
Albanien	87	3,3	2,5	+0,8
Bosnien-Herzegowina	91	3,2	3,3[1]	–0,1
Kosovo	110	2,8	–	–
Somalia	178	1,1	–	–

1 2003
Quelle: http://www.transparency.org/policy_research/surves-indices/cpi/2010/results

Tabelle 11: Einstellungen zur Mitgliedschaft in der EU

a) Kroatien im Vergleich
Umfrageergebnisse Herbst 2006 bis Herbst 2010

Kroatien	2006[1]	2007[2]	2008	2009	2010	Makedonien 2010	Türkei 2010
Positiv	32	34	23	24	27	59	42
Negativ	31	27	38	37	29	12	32
neutral	?	37	35	35	41	26	?

1 Positive Einstellung zur EU-Mitgliedschaft (Herbst 2006) in Rumänien (62%), Bulgarien (55%), Türkei (54%).

2 Positive Einstellung zur EU-Mitgliedschaft (1. Hälfte 2007) in Serbien (69,3%).

Quellen: European Commission. Public Opinion: Eurobarometer Nr. 66, 68, 70, 72 und 74.
Abrufbar in der Datenbank der EU-Kommission: http://ec.europa.en/public_opinion/archives-en.htm und in der Datenbank der Delegation of the EU to the Republic of Croatia: http://www.delhrv.ec.europa.eu/?lang=en&content=88.
Wert für Serbien nach: Government of the Republic of Serbia. European Integration Office: Results of poll on Serbian citizens' attitude to EU integration, presented, 31. 7. 2007. Abrufbar unter http://www.seio.gov.rs/news.101.html?newsid=596.

b) Befürwortung der EU-Mitgliedschaft in den Staaten des Westbalkans 2006–2010

Land	2006	2008	2010
Albanien	83,7	83,1	80,9
Bosnien	65,8	48,4	68,9
Kosovo	86,6	88,8	87,4
Kroatien	34,9	28,5	24,8
Makedonien	75,7	66,1	60,0
Montenegro	63,7	57,1	73,3
Serbien	60,8	57,8	44,1

Quelle: Gallup Balkan Monitor, Survey data: http:// www.balkan-monitor.eu/index.php/dashboard.

Quellen- und Literaturverzeichnis

(NUR MONOGRAFIEN UND SAMMELBÄNDE; KEINE AUFSÄTZE ODER BEITRÄGE)

A) JUGOSLAWIEN (BIS 1990/91)

1. Bibliografien/Lexika/Handbücher

1. Allcock, John B. (Hg.): Conflict in the Former Yugoslavia: An Encyclopedia. Denver/Co. [u. a.] 1998.
2. Enciklopedija Jugoslavije. 1. Aufl. 8 Bde. Zagreb 1955–1971.
3. Enciklopedija Jugoslavije. 2. Aufl. Bd. 1–6 [mehr nicht erschienen]. Zagreb 1980–1990.
4. Friedman, Francine (Hg.): Yugoslavia: A Comprehensive English-Language Bibliography. Wilmington/De. 1993.
5. Grothusen, Klaus-Detlev (Hg.): Südosteuropa-Handbuch. Bd.1: Jugoslawien. Göttingen 1975.
6. Horton, John J.: Yugoslavia. Oxford, Santa Barbara 1990.
7. Klemencic, Matjaz – Mitja Zagar: The Former Yugoslavia's Diverse Peoples. A Reference Sourcebook. Santa Barbara/Ca. 2004.

8. Markert, Werner (Hg.): Osteuropa-Handbuch. Jugoslawien. Köln, Graz 1954.
9. Marković, Jovan Dj.: Enciklopedijski geografski leksikon Jugoslavije. Sarajevo 1990.
10. Matulić, Rusko: Bibliography of Sources on Yugoslavia. Paolo Alto/Ca 1981.
11. Matulić, Rusko: Bibliography of Sources on the Region of Former Yugoslavia. New York 1998. [Bd. 2] Boulder/Co. 2007.
12. Milinković, Bosiljka: Bibliografija radova o nacionalnim pitanju i medjunacionalnim odnosima. Zagreb 1992.
13. Petrovich, Michael B.: Yugoslavia. A bibliographical guide. Washington 1974.
14. Suster, Zeljan E.: Historical Dictionary of the Federal Republic of Yugoslavia. Lanham/Md. [u. a.] 1999.
15. Stanković, Dobrila – Zlatko Maltarić (Hg.): Svetska bibliografija o krizi u bivšoj Jugoslaviji. Beograd 1996.
16. Vojna enciklopedija. 7 Bde. Beograd 1958–1969.

2. Veröffentlichte Quellen/Dokumente

Jugoslawische Quellen (zur Innen- und Außenpolitik):

17. Bass, Robert H. – Elizabeth Marbury (Hg.): The Soviet-Yugoslav Controversy, 1948–1958: A Documentary Record. New York 1959.
17a Benes, Vaclav L. – Robert F. Byrnes – Nicolas Spulber (Hg.): The Second Soviet-Yugoslav Dispute. Full text of main documents, April–June 1958. Indiana 1958.
18. Clissold, Stephen (Hg.): Yugoslavia and the Soviet Union, 1939–1973. A Documentary Survey. London 1975.
19. Dedijer, Vladimir (Hg.): Dokumenti 1948. 3 Bde. Beograd 1980.
20. Dizdar, Zdravko – Vladimir Geiger (Hg.): Partizanska i komunistička represija i zločini u Hrvatskoj 1944–1946. Dokumenti. 3 Bde. Slavonski Brod 2005–2008.
20a Gasteyger, Curt (Hg.): Die feindlichen Brüder. Jugoslawiens neuer Konflikt mit dem Ostblock. Ein Dokumentenband. Bern 1960.
21. Kanzleiter, Boris – Krunoslav Stojaković (Hg.): „1968" in Jugoslawien. Studentenproteste und kulturelle Avantgarde zwischen 1960 und 1975. Gespräche und Dokumente. Bonn 2008.
22. Nešović, Slobodan (Hg.), Zakonodavni rad pretsedništva Antifašističkog veća narodnog oslobođenja Jugoslavije i Pretsedništva privremene narodne skupštine DFJ. (19 novembra 1944–27 oktobra 1945). Po stenografskim beleškama i drugim izvorima. Beograd 1951.
23. Nešović, Slobodan – Branko Petranović (Hg.): AVNOJ i revolucija: tematska zbirka dokumenata 1941–1945. Beograd 1983.
24. Petranović, Branko [u. a.] (Hg.): Sednice Centralnog komiteta KPJ (1948–1952). (Izvori za istoriju SKJ. Serija A: 1945–1985. Bd. 2/2) [mehr nicht erschienen]. Beograd 1985.
25. Petranović, Branko (Hg.): Zapisnici sa sednica Politbiroa Centralnog komiteta KPJ (11. jun 1945–7. jul 1948). Beograd 1995.
26. Petranović, Branko – Momčilo Zečević (Hg.): Jugoslavija 1918–1984. Zbirka dokumenata. Beograd 1985.
27. Petranović, Branko – Momčilo Zečević (Hg.): Jugoslovenski federalizam: ideje i stvarnosti. Tematska zbirka dokumenata. Bd. 2: 1943–1986. Beograd 1987.
28. Popović, Jovan P. (Hg.): Četvrta sednica CK SKJ – Brionski plenum: stenografske beleške sa Četvrtog plenuma...Beograd 1999 (Dokumenti za istoriju Jugoslavije).
29. Trifunovska, Snežana (Hg.): Yugoslavia Through Documents: From Its Creation to Its Dissolution. Dordrecht [u. a.] 1994.

30. Zečević, Miodrag – Jovan P. Popović (Hg.): Dokumenti iz istorije Jugoslavije. 4 Bde. Beograd 1996–2000. [Enthält die Akten der „Staatskommission zur Feststellung der Verbrechen der Okkupanten und ihrer Helfershelfer" aus dem Zweiten Weltkrieg.]
31. Zečević, Miodrag (Hg.): Početak kraja SFRJ: stenogrami i drugi prateći dokumenti proširene sednice Izvršnog komiteta CK SKJ održane 14–16. marta 1962. godine. Beograd 1998.

Ausländische Quellen:

32. Jarman, L. R. (Hg.): Yugoslavia. Political Diaries 1918–1965. Bd. 4: 1944–1965. Cambridge 1997. [Berichte der britischen Diplomaten in Jugoslawien.]
33. Ceh, Nick (Hg.): US Diplomatic Records on Relations with Yugoslavia during the Early Cold War, 1948–1957. Boulder/Co. 2002.
34. Fingar, Thomas (Hg.): From „National Communism" to National Collapse. US Intelligence Community Estimative Products on Yugoslavia, 1948–1990. Pittsburgh/Pa. 2006.

Verfassungen:

35. Sofronić, Zlatomir: Ustav SFRJ. Ustavi Socijalističkih Republika i Pokrajina. Ustavni zakoni. Registar pojmova. Beograd 1974.
36. Marković, Ratko – Milutin Srdić (Hg.): Ustavi i ustavna dokumentacija Socialističke Jugoslavije: 1942–1988. Beograd 1989.
37. Verfassung der Sozialistischen Föderativen Republik Jugoslawien. Veröffentlicht vom Sekretariat für den Informationsdienst der Bundesversammlung. Beograd 1974.
38. [Verfassung] Die Verfassung der SFR Jugoslawien [von 1974]. Eingeleitet von Herwig Roggemann. Berlin 1980.
38a. Zakon o udruženom radu. Sa komentarom, objašnjenima i uputsvima za praktičnu primenu. Hg. Velimirović, Tiosav [u. a.]. Beograd 1976.

Statistiken:

39. Jugoslavija 1945–1985. Statistički prikaz. Hg. Bundesamt für Statistik. Beograd 1986.
40. Jugoslavija 1918–1988. Statistički godišnjak. Hg. Bundesamt für Statistik. Beograd 1989.
41. Popis stanovništva, domaćinstava, stanova i poljoprivrednih gazdinstava u 1991. god. Uporedni pregled broja stanovnika i domaćinstava 1948, 1953, 1961, 1971, 1981 i 1991. i stanova 1971, 1981 i. 1991. Podaci po naseljima i opštinama. Hg. Bundesamt für Statistik. Beograd 1995.
42. Samoupravni društveno-ekonomski razvoj Jugoslavije 1947–1977. Hg. Bundesamt für Statistik. Beograd 1978.
43. Statistički godišnjak SFRJ. Hg. Bundesamt für Statistik. Beograd (Erscheinungsweise: jährlich).

Memoiren (für die 1980er- und 90er-Jahre siehe B2):

44. Dabčević-Kučar, Savka: 71: hrvatski snovi i stvarnost. Zagreb 1997.
45. Dedijer, Vladimir: Stalins verlorene Schlacht. Erinnerungen 1948–1953. Wien, Frankfurt/M., Zürich 1970.
46. Djilas, Milovan: Gespräche mit Stalin. Frankfurt/M. 1962.
46a. Djilas, Milovan: Jahre der Macht. Im jugoslawischen Kräftespiel. Memoiren 1945–1966. München 1992.
46b Marković, Dragoslav: Život i politika: 1967–1978. 2 Bde. Beograd 1987.
47. Nikezić, Marko: Srpska krhka vertikala. (Vorwort: Latinka Perović). Beograd 2003.
48. Perović, Latinka: Zatvaranje kruga: Ishod političkog rascepa u SKJ 1971/1972. Sarajevo 1991.
49. Tripalo, Miko: Hrvatsko proljeće. Zagreb 1989.

3. Tito-Biografien

50. Barnett, Neil: Tito. London 2006.
51. Dedijer, Vladimir: Novi prilozi za biografiju Josipa Broza Tita. 3 Bde. Zagreb [u. a.] 1980–1984.
52. Djilas, Milovan: Tito: eine kritische Biographie. 2. Aufl. Wien [u. a.] 1980.
53. Kuljić, Todor: Tito. Sociološko-istorijska studija. Zrenjanin 2005.
54. Pavlowitch, Stevan K.: Tito: Yugoslavia's Great Dictator. A reassessment. London 1992.
55. Pirjevec, Jože: Tito in tovariši. Ljubljana 2011.
56. Ridley, Jasper: Tito. London 1994.
57. West, Richard: Tito and the Rise and Fall of Yugoslavia. London [u. a.] 1994.

4. Gesamtdarstellungen

58. Benson, Leslie: Yugoslavia: A Concise History. Bensingstoke, Hampshire [u. a.] 2001.
59. Bilandžić, Dušan: Historija Socijalističke Federativne Republike Jugoslavije: Glavni procesi 1918–1985. Zagreb 1985.
60. Calic, Marie-Janine: Geschichte Jugoslawiens im 20. Jahrhundert. München 2010.
61. Djokic, Dejan – James Ker-Lindsay (Hg.): New Perspectives on Yugoslavia. Key issues and controversies. London [u. a.] 2011. [Von den Anfängen Jugoslawiens bis zum Untergang].
62. Drapac, Vesna: Constructing Yugoslavia: a transnational history. Basingstoke [u. a.] 2010.
63. Gallagher, Tom: Outcast Europe: The Balkans, 1789–1989. From the Ottomans to Milošević. London 2001.
64. Lampe, John R.: Yugoslavia as History. Twice there was a country. Cambridge 1996.
65. Lane, Ann: Yugoslavia: When Ideals Collide. Basingstoke [u. a.] 2003.
66. Matković, Hrvoje: Povijest Jugoslavije (1918–1991). Zagreb 1998.
67. Mønnesland, Svein: Land ohne Wiederkehr: Ex-Jugoslavien, die Wurzeln des Krieges. Klagenfurt 1997.
68. Pavlowitch, Stevan K.: The Implorable Suvivor. Yugoslavia and its Problems, 1918–1988. London 1988.
69. Petranović, Branko: Istorija Jugoslavije 1918–1978. Beograd 1980.
70. Petranović, Branko: Istorija Jugoslavije 1918–1988. 3 Bde. Beograd 1988.
71. Petranović, Branko – Čedomir Štrbac: Istorija socijalističke Jugoslavije. 3 Bde. Beograd 1977.
72. Pirjevec, Jože: Jugoslavija 1918–1992. Nastanek, razvoj ter razpad Karadjordjevićeve in Titove Jugoslavije. Koper 1995.
73. Ramet, Sabrina P.: Three Yugoslavias. State-Building and Legitimation, 1918–2005. Washington/D.C. 2006.
[erw. dt. Ausgabe:] Die drei Jugoslawien. Eine Geschichte der Staatsbildungen und ihrer Probleme. München 2011.
74. Sundhaussen, Holm: Geschichte Jugoslawiens 1918–1980. Stuttgart 1982.
75. Sundhaussen, Holm: Experiment Jugoslawien. Mannheim [u. a.] 1993.
76. Wilson, Duncan: Tito's Yugoslavia. Cambridge [u. a.] 1979.

5. Allgemein (Innenpolitik, Wirtschaft, Gesellschaft, Kultur)

77. Allcock, John B.: Explaining Yugoslavia. London 2000.
78. Alexander, Stella: Church and State in Yugoslavia since 1945. Cambridge 1979.
79. Andrić, Iris (Hg.): Leksikon Yu-mitologije. Beograd 2004.

80. Banac, Ivo: The National Question in Yugoslavia. Origins, History, Politics. Ithaca 1984.
81. Banac, Ivo: With Stalin, Against Tito, Cominformist Splits in Yugoslav Communism. Ithaca/N.Y. [u. a.] 1988.
82. Bartlett, William: Unemployment, migration and industrialization in Yugoslavia, 1958–1982. Florence 1983.
83. Beckmann-Petey, Monika: Der jugoslawische Föderalismus. München 1990.
84. Berković, Eva: Socijalne nejednakosti u Jugoslaviji. Beograd 1986.
85. Bilandžić, Dušan – Radovan Vukadinović: Osnovne društvene promjene u Jugoslaviji (1945–1973). Zagreb 1973.
86. Bokovoy, Melissa: Peasants and Communists. Politics and ideology in the Yugoslav countryside, 1941–1953. Pittsburgh/Pa. 1998.
87. Bokovoy, Melissa K. – Jill A. Irvine – Carol S. Lilly (Hg.): State-Society Relations in Yugoslavia, 1945–1992. New York 1997.
88. Bolčić, Silvano: Razvoj i kriza jugoslovenskog društva u sociološkoj perspektivi. Beograd 1983.
89. Brunnbauer, Ulf (Hg.): Transnational Societies, Transterritorial Politics. Migrations in the (Post)Yugoslav Region, 19th–21st Century. München 2009.
90. Buchenau, Klaus: Kämpfende Kirchen. Jugoslawiens religiöse Hypothek. Frankfurt/M. [u. a.] 2006.
91. Buchenau, Klaus: Orthodoxie und Katholizismus in Jugoslawien 1945–1991. Ein serbisch-kroatischer Vergleich. Wiesbaden 2004.
92. Burg, Steven L.: Conflict and Cohesion in Socialist Yugoslavia: Decision Making Since 1966. Princeton 1983.
93. Büschenfeld, Herbert: Jugoslawien. Stuttgart 1981.
94. Carter, April: Democratic Reform in Yugoslavia: The Changing Role of the Party. Princeton 1982.
94. Cohen, Lenard J.: The Socialist Pyramid. Elites and Power in Yugoslavia. Boulder/Co. 1993.
95. Cvetković-Sander, Ksenija: Sprachpolitik und nationale Identität im sozialistischen Jugoslawien (1945–1991). Serbokroatisch, Albanisch, Makedonisch und Slowenisch. Wiesbaden 2011.
96. Despot, Blaženka: Žensko pitanje i socijalističko samoupravljanje. Zagreb 1987.
97. Devetak, Silvo: The Equality of Nations and Nationalities in Yugoslavia: Successes and Dilemmas. Wien 1988.
98. Dimitrijević, Bojan: Gradjanski rat u miru. Uloga armije i službe bezbednosti u obračunu sa političkim protivnicima Titovog režima 1944–1954. Beograd 2003.
99. Djilas, Milovan: Die Neue Klasse. Eine Analyse des kommunistischen Systems. München 1963.
99a Djilas, Milovan: Anatomie einer Moral. Eine Analyse in Streitschriften. Frankfurt/M. 1963.
100. Djilas, Milovan: Idee und System. Politische Essays. Wien [u. a.] 1982.
101. Djokic, Dejan: Yugoslavism: Histories of a Failed Idea, 1918–1992. London 2003.
102. Djukić, Slavoljub: Slom srpskih liberala: tehnologija političkih obračuna Josipa Broza. Beograd 1990.
103. Doder, Dusko: The Yugoslavs. New York 1978.
104. Doder, Milenko: Jugoslovenska neprijateljska emigracija. Zagreb 1989.
105. Dominik, Katja: Dezentralisierung und Staatszerfall der SFR Jugoslawien. München 2001. [Behandelt den Zeitraum 1945–1991.]
106. Dyker, David: Yugoslavia. Socialism, Development and Debt. London 1990.
107. Džaja, Srećko M.: Die politische Realität des Jugoslawismus (1918–1991). Mit bes. Berücksichtigung Bosnien-Herzegowinas. München 2002.
108. Eger, Thomas: Das regionale Entwicklungsgefälle in Jugoslawien. Paderborn [u. a.] 1980.
109. Estrin, Saul: Self-management: Economic Theory and Yugoslav Practice. Cambridge 1983.
110. Geiger, Vladimir: Folksdojčeri pod teretom kolektivne krivnje. Osijek 2002.
111. Gnjatović, Dragana: Uloga inostranih sredstava u privrednom razvoju Jugoslavije. Beograd 1985.

112. Golubović, Zagorka: Kriza identiteta savremenog jugoslovenskog društva. Beograd 1987.
113. Goati, Vladimir: Politička anatomija jugoslovenskog društva. Zagreb 1989.
114. Grandits, Hannes – Karin Taylor (Hg.): Yugoslavia's Sunny Side. A History of Tourism in Socialism (1950s–1980s). Budapest, New York 2010.
115. Gruenwald, Oskar – Rosenblum, Karen (Hg.): Human Rights in Yugoslavia. New York 1986.
116. Haberl: Othmar N.: Parteiorganisation und nationale Frage in Jugoslavien. Berlin 1976.
117. Haberl: Othmar N.: Die Abwanderung von Arbeitskräften aus Jugoslawien. Zur Problematik ihrer Auslandsbeschäftigung und Rückführung. München 1978.
118. Hadžišehović, Munevera: A Muslim Woman in Tito's Yugoslavia. College Station/Tex. 2003.
119. Hagemann, Michael – Alenka Klemenčić: Die sozialistische Marktwirtschaft Jugoslawiens. Stuttgart 1974.
120. Haug, Hilde K.: Comrades between brotherhood and (dis)unity: The Yugoslav communists' search for a socialist solution to the national question, 1935–1980. Oslo 2007.
121. Heidelberger, Bruno: Jugoslawiens Auseinandersetzung mit dem Stalinismus. Historische Voraussetzungen und Konsequenzen. Frankfurt/M. [u. a.] 1989.
122. Höpken, Wolfgang: Sozialismus und Pluralismus in Jugoslawien. Entwicklung und Demokratiepotential des Selbstverwaltungssystems. München 1984.
123. Horvat, Branko: Die jugoslawische Gesellschaft. Ein Essay. Frankfurt/M. 1972.
124. Horvat, Branko: The Yugoslav Economic System. Armonk, New York, London 1976.
125. Horvat, Branko: Politička ekonomija socijalizma. Zagreb 1984.
126. Janjetović, Zoran: Od „Internationale" do komercijale: Popularna kultura u Jugoslaviji 1945–1991. Beograd 2011.
127. Kanzleiter, Boris – Stojaković, Krunoslav (Hg.): 1968 in Jugoslawien. Studentenproteste und kulturelle Avantgarde zwischen 1960 und 1975. Gespräche und Dokumente. Bonn 2008.
128. Kappeler, Andreas – Gerhard Simon – Georg Brunner (Hg.): Die Muslime in der Sowjetunion und Jugoslawien. Identität – Politik – Widerstand. Köln 1989.
129. Kardelj, Edvard: Pravci razvoja političkog sistema socijalističkog samoupravljanja. Beograd 1978.
130. Karge, Heike: Steinerne Erinnerung – versteinerte Erinnerung? Kriegsgedanken in Jugoslawien (1947–1970). Wiesbaden 2010.
131. Kidrič, Boris: Socijalizam i ekonomija. Zagreb 1979.
132. Lazic, Mladen (Hg.): Society in Crisis. Yugoslavia in the Early 1990s. Belgrade 1995.
133. Lemân, Gudrun: Das jugoslawische Modell. Wege zur Demokratisierung. Frankfurt/M., Köln 1976.
134. Lerotić, Zvonko: Jugoslovenska politička klasa i federalizam. Zagreb 1987.
135. Lilly, Carol S.: Power and Persuasion: Ideology and Rhetoric in Communist Yugoslavia, 1944–1953. Boulder/Co. 2001.
136. Lopušina, Marko: Ubij bližnjeg svog. Jugoslovenska tajna policija 1945/1995. Beograd 1996.
137. Lydall, Harold: Yugoslav Socialism: Theory and Practice. Oxford 1984.
138. Lydall, Harold: Yugoslavia in Crisis. Oxford 1989.
139. Magid, Alvin: Private Lives/Public Surfaces. Grassroots Perspectives and the Legitimacy Question in Yugoslav Socialism. New York 1991.
140. Malešević, Siniša: Ideology, Legitimacy and the New State. Yugoslavia, Serbia and Croatia. London [u. a.] 2002 [Behandelt die Zeit 1945–2000.]
141. Marković, Dragan – Sava Kržavac: Zašto su smenjivani. Ljubljana, Beograd 1985.
142. Marković, Predrag J.: Beograd izmedju Istoka i Zapada, 1948–1965. Beograd 1996.
143. Marković, Predrag J.: Trajnost i promena. Društvena istorija socijalističke i postsocijalističke svakodnevice u Jugoslaviji i Srbiji. Beograd 2007.
144. Mitrović, Momčilo: Izgubljene iluzije. Prilozi za društvenu istoriju Srbije 1944–1952. Beograd 1997.

145. Mitrović, Momčilo (Hg.): 1968 – četrdeset godina posle. Zbornik radova. Beograd 2008.
145a Milovanović, Nikola: Kroz tajni arhiv UDBe. Beograd 1986.
146. Moritsch, Andreas – Mosser, Alois (Hg.): Den Anderen im Blick. Stereotype im ehemaligen Jugoslawien. Frankfurt/M. [u. a.] 2002.
147. Nikolić, Kosta: Prošlost bez istorije: polemike u jugoslovenskoj istoriografiji 1961–1991. Glavni tokovi. Beograd 2003.
148. Nikolić, Kosta: Tito govori što narod misli. Kult Josipa Broza Tita 1944–1949. Beograd 2006.
149. Obradović, Marija: Narodna demokratija u Jugoslaviji 1945–1952. god. Beograd 1995.
150. Perica, Vjekoslav: Balkan Idols. Religion and nationalism in Yugoslav states. Oxford [u. a.] 2002.
151. Petrović, Ruža – Marina Blagojević: Seobe Srba i Crnogoraca sa Kosova i iz Metohije. Beograd 1989.
152. Petrović, Ruža – Marina Blagojević: The Migrations of Serbs and Montenegrins from Kosovo and Metohija. Results of the Survey Conducted in 1985–1986. Beograd 1992.
153. Pleština, Dijana: Regional Development in Communist Yugoslavia: Success, Failure and Consequences. Boulder/Co. 1992.
154. Popov, Nebojša (Hg.): Sloboda i nasilje. Razgovor o časopisu Praxis i korčulanskoj letnjoj školi. Beograd 2003.
155. Popović, Mihailo V. (Hg.): Društveni slojevi i društvena svest. Sociološko istraživanja interesa, stilova života, klasne svesti i vrednosno-ideoloških orijentacija društvenih slojeva. Beograd 1977.
156. Portmann, Michael: Die kommunistische Revolution in der Vojvodina 1944–1952. Politik, Gesellschaft, Wirtschaft, Kultur. Wien 2008.
157. Puljiz, Vlado: Eksodus poljoprivrednika. Zagreb 1977.
158. Radelić, Zdenko: Križari. Gerila u Hrvatskoj 1945–1950. Zagreb 2002.
159. Radić, Radmila: Država i verske zajednice 1945–1970. 2 Bde. Beograd 2002.
160. Ramet, Sabrina P.: Balkan Babel: Politics, Culture, and Religion in Yugoslavia. Boulder/Co. 1992.
161. Ramet, Sabrina P.: Nationalism and Federalism in Yugoslavia, 1962–1991. 2. Aufl. Bloomington 1992.
162. Ramet, Sabrina P. (Hg.): Gender Politics in the Western Balkans. Women, Society, and Politics in Yugoslavia and the Yugoslav Successor States. University Park/Pa. 1999.
163. Rigby, T.H. – Harasymiw, B. (Hgg.): Leadership Selection and Patron-Client Relations in the USSR and Yugoslavia. London 1983.
164. Rusinow, Dennison: The Yugoslav Experiment 1948–1974. Berkeley [u. a.] 1977.
165. Rusinow, Dennison (Hg.): Yugoslavia: A Fractured Federalism. Washington/D.C. 1988.
166. Schierup, Carl-Ulrik: Migration, Socialism and the International Division of Labour: The Yugoslavian Experience. Aldershot 1990.
167. Sekelj, Laslo (Hg.): Identitet: Srbi i/ili Jugosloveni. Beograd 2001.
168. Shoup, Paul: Communism and the Yugoslav National Question. New York, London 1968.
169. Soergel, Wolfgang: Arbeiterselbstverwaltung oder Managersozialismus? Eine empirische Untersuchung in jugoslawischen Industriebetrieben. München 1979.
170. Škrbić-Alempijević, Nevena [u. a.] (Hg.): O Titu kao mitu. Proslava Dana mladosti u Kumrovcu. Zagreb 2006.
170a Stankovic, Slobodan: Titos Erbe. Die Hypothek der alten Richtungskämpfe ideologischer und nationaler Fraktionen. München 1981.
171. Šuvar, Stipe: Svi naši nacionalizmi. Valjevo 1986.
172. Thompson, Mark: A Paper House. The Ending of Yugoslavia. London 1992.
173. Tomšić, Vida: Women in the Development of Socialist Self-managing Yugoslavia. Belgrade 1980.
174. Troude, Gilles: Conflits identitaires dans la Yugoslavie de Tito, 1960–1980. Paris 2007.
175. Vacić, Aleksandar M.: Jugoslavija i Evropa: uporedna analiza privrednog razvoja Jugoslavije 1971–1987. Beograd 1989.

176. Vodušek Starič, Vera: Kako su komunisti osvojili vlast (1944–1946). Zagreb 2006.
177. Vucinich, Wayne – Woodford MacClellan (Hg.): Contemporary Yugoslavia. Twenty Years of Socialist Experiment. Berkeley/Ca. 1969.
178. Wachtel, Andrew B.: Making a Nation, Breaking a Nation. Literature and Cultural Politics in Yugoslavia. Stanford/Ca. 1998.
179. Woodward, Susan L.: Socialist Unemployment. The Political Economy of Yugoslavia, 1945–1990. Princeton/N.J. 1995.
180. Žanić, Ivo: Mitologija inflacije. Govor kriznog doba. Zagreb 1987.
181. Živković, Miljenko: Teritorijalna odbrana Jugoslavije. Beograd 1985.

6. Außenpolitik (zu den Quellen vgl. A2)

182. Adamović, Ljubiša: Američko-jugoslovenski ekonomski odnosi posle Drugog svetskog rata. Beograd 1990.
183. Anić de Osona, Marija: Die erste Anerkennung der DDR. Der Bruch der deutsch-jugoslawischen Beziehungen 1957. Baden-Baden 1990.
184. Baer, Friederike: Zwischen Anlehnung und Abgrenzung. Die Jugoslawienpolitik der DDR 1946 bis 1968. Wien [u. a.] 2009.
185. Bekić, Darko: Jugoslavija u Hladnom ratu. Odnosi s velikim silama 1949–1955. Zagreb 1988.
186. Beloff, Nora: Tito's Flawed Legacy. Yugoslavia and the West, 1939–1984. London 1985.
187. Bogetić, Dragan: Jugoslavija i Zapad 1952–1955: jugoslovensko približavanje NATO-u. Beograd 2000.
188. Bogetić, Dragan: Nova strategija jugoslovenske spoljne politike 1956–1961. Beograd 2006.
189. Dedijer, Vladimir: Stalins verlorene Schlacht. Erinnerungen 1948–1953. Wien, Frankfurt, Zürich 1970.
190. Dimić, Ljubodrag: Jugoslavija u Hladnom ratu. Beograd 2008.
191. Dimitrijević, Bojan B.: Jugoslavija i NATO 1951–1957. Beograd 2003.
192. Djilas, Milovan: Gespräche mit Stalin. Frankfurt/M. 1962.
192a Gavranov, Velibor [u. a.]: Medjunarodni odnosi i spoljna politika Jugoslavije. Beograd 1972.
193. Heuser, Beatrice: Western „Containment" Policies in the Cold War: The Case of Yugoslavia, 1948–53. London 1989.
194. Janjetović, Zoran: Od Auschwitza do Brijuna. Pitanje odštete žrtvama nacizma u jugoslovensko-zapadnonjemačkim odnosima. Zagreb 2007.
195. Jovanović, Jadranka: Jugoslavija i Savet bezbednosti 1945–1985. Beograd 1990.
196. Kosanović, Milan: Die Entstehung der jugoslawischen Koexistenz-Doktrin: 1941–1957. Bonn 2003.
197. Lampe, John R. – Russell O. Prickett – Ljubiša Adamović: Yugoslav-American Economic Relations since World War II. Durham/NC 1990.
198. Lees, Lorraine M.: Keeping Tito Afloat. The United States, Yugoslavia, and the Cold War. University Park/Pa. 1997.
198a Mates, Leo: Nonalignment. Theory and Current Policy. Belgrade 1972.
199. Nečak, Dušan: Hallsteinova doktrina in Jugoslavija. Tito med Zvezno republiko Nemčijo in Nemško demokratično republiko. Ljubljana 2002.
200. Nečak, Dušan: Hallsteinova doktrina i Jugoslavija. Zagreb 2004.
201. Pavlica, Branko: Sporna pitanja jugoslovensko-nemačkih odnosa. Beograd 1998.
202. Petacco, Arrigo: A Tragedy Revealed. The story of Italians from Istria, Dalmatia, and Venezia Giulia 1943–1956. Toronto, Buffalo, London 2005.

203. Popović, Nikola B.: Jugoslavensko-sovjetski odnosi u drugom svetskom ratu (1941–1945). Beograd 1988.
204. Rajak, Svetozar: Yugoslavia and the Soviet Union in the Early Cold War: Reconciliation, Comradeship, Confrontation, 1953–1957. London [u. a.] 2011.
205. Reuter-Hendrichs, Irena: Jugoslawiens Osteuropapolitik in den Krisen des sowjetischen Hegemonialsystems. Baden-Baden 1985.
205a Reuter-Henrichs, Irena: Jugoslawische Außenpolitik 1948–1968. Außenpolitische Grundsätze und internationale Ordnungsvorstellungen. Köln [u. a.] 1976.
206. Rubinstein, Alvin Z.: Yugoslavia and the Nonaligned World. Princeton 1970.
207. Sluga, Glenda: Trieste and the Italo-Yugoslav Border. Difference, Identity, and Sovereignty in Twentieth-Century Europe. Albany/N.Y. 2001.
208. Theurer, Marc Christian: Bonn – Belgrad – Ost-Berlin: Die Beziehungen der beiden deutschen Staaten zu Jugoslawien im Vergleich 1957–1968. Berlin 2007.
208a Troebst, Stefan: Die bulgarisch-jugoslawische Kontroverse um Makedonien 1967–1972. München 1983.
209. Vucinich, Wayne (Hg.): At the Brink of War and Peace. The Tito-Stalin Split in a Historic Perspective. New York 1982.
210. Wörsdörfer, Rolf: Krisenherd Adria 1915–1955. Konstruktion und Artikulation des Nationalen im italienisch-jugoslawischen Grenzraum. Paderborn [u. a.] 2004.

B) Staatszerfall und postjugoslawische Kriege (siehe auch C)

1. Veröffentlichte Quellen (nur Sammlungen, keine Einzeldokumente)

211. Marko, Joseph – Tomislav Borić (Hg.): Slowenien – Kroatien – Serbien. Die neuen Verfassungen. Wien, Köln, Graz 1991.
212. Pauković, Davor (Hg.): Uspon i pad „Republike Srpske Krajine". Dokumenti. Zagreb 2005.
213. Repe, Božo (Hg.): Viri o demokratizaciji in osamosvojitvi Slovenije. 4 Bde. Lubljana 2002–2005. Bd.1: Opozicija in oblast. 2002, Bd. 2: Slovenci in federacija. 2003; Bd. 3: Osamosvojitev in mednarodno priznanje. 2004; Bd. 4: Slovenci v zamejstvu in po svetu ter mednarodno priznanje. 2005.
214. Šimić, Tomo (Hg.): Dokumenti Predsjedništva Bosne i Hercegovine 1991–1994, in: National Security and the Future 7 (2006), Nr. 3 und 4, 8 (2007), Nr. 1–3.
215. Trifunovska, Snežana: Former Yugoslavia Through Documents: from its dissolution to the peace settlement. The Hague [u. a.] 1999.
216. Auerswald, Philip E. – David P. Auerswald (Hg.): The Kosovo-Conflict. A Diplomatic History through Documents. Cambridge, Den Haag 2000.
217. Bethlehem, Daniel L. – Marc Weller (Hg.): The ‚Yugoslav' Crisis in International Law. Part I: General Issues. Cambridge [u. a.] 1997. [Enthält 1. Resolutions and Statements of the UN Security Council, 2. Extracts from the Provisional Verbatim Records of Council meetings, 3. Reports of the UN Secretary-General which relate to these Resolutions, Statements and meetings. Zeitraum September 1991 bis Ende April 1994].
218. Krieger, Heike: The Kosovo Conflict and International Law. 2001 [Dokumentensammlung].
219. Owen, David: Balkan-Odyssey. CD-ROM. London 1995. [Enthält u. a. alle relevanten Resolutionen des UN-Sicherheitsrats im Zusammenhang mit dem Krieg in Bosnien, interne Schlüsseldokumente der Jugoslawien-Konferenz sowie die vollständigen Texte aller Friedenspläne.]
220. Ramcharan, Bertrand G. (Hg.): The International Conference on the Former Yugoslavia: Official papers. 2 Bde. The Hague 1997.

221. Srebrenica: Reconstruction, Background, Consequences, and Analyses of the Fall of a Safe Area. A special report by the Netherlands Institute for War Documentation. Ed. By P. Bootsma. Amsterdam 2002/03.
222. Tindemanns, Léo – Valeriana Kallab (Hg.): Unfinished Peace. Report of the International Commission on the Balkans. Berlin, Washington 1996.
223. The United States and Croatia: A documentary history 1992–1997. Washington 1998.

2. Memoiren (u. Ä.) in- und ausländischer Akteure

Akteure in Jugoslawien

224. Dizdarević, Raif: Od smrti Tita do smrti Jugoslavije: Svjedočenja. Sarajevo 1999.
225. Drnovšek, Janez: Der Jugoslawien-Krieg: Meine Wahrheit. Kilchberg 1998.
226. Granić, Mate: Vanjski poslovi. Iza kulisa politike. Zagreb 2005.
227. Izetbegović, Alija: Sjećanja: autobiografski zapis. Sarajevo 2001.
228. Janša, Janez: Die Entstehung des slowenischen Staates: 1988–1992. Der Zerfall Jugoslawiens. Klagenfurt [u. a.] 1994.
229. Jović, Borisav: Poslednji dani SFRJ. Izvodi iz dnevnika. Beograd 1995.
230. Kadijević, Veljko: Moje vidjenje raspada. Beograd 1993.
231. Koljević, Nikola: Stvaranje Republike Srpske. Dnevnik 1993–1995. Beograd, Banja Luka 2008.
232. Mamula, Branko: Slučaj Jugoslavija. Podgorica 2000.
233. Marković, Dragoslav Draža: Život i politika. 2 Bde. Beograd 1987, 1988.
234. Mesić, Stipe: Kako smo srušili Jugoslaviju. Politički memoari posljednjeg predsjednika predsjedništva SFRJ. Zagreb 1992. [2. erw. Aufl. u. d. T.: Kako je srušena Jugoslavija. Zagreb 1994; dt. Ausgabe: Der Verfall Jugoslawiens. Zagreb 1994].
235. Milošević, Slobodan: Godine raspleta. 3. Aufl. Beograd 1989.
236. Milošević, Slobodan: Die Zerstörung Jugoslawiens. Slobodan Milošević antwortet seinen Anklägern. (Mit einem Vorwort von Klaus Hartmann). 2. erw. Aufl. Frankfurt/M. 2006.
237. Šarinić, Hrvoje: Svi moji tajni pregovori sa Slobodanom Miloševićem. Izmedju rata i diplomacije 1993–95. Zagreb 1999.
238. Stambolić, Ivan: Put u bespuće. Beograd 1995.

Ausländische Akteure

239. Bildt, Carl: Peace Journey: The Struggle for Peace in Bosnia. London 1998.
240. Clark, Wesley K.: Waging Modern War: Bosnia, Kosovo, and the Future of Combat. New York 2001.
241. Holbrooke, Richard: To End a War. New York 1998. [Dt. Ausgabe: Meine Mission. Vom Krieg zum Frieden in Bosnien. München 1998.]
242. Owen, David: Balkan-Odyssee. München, Wien 1996.
243. Zimmermann, Warren: Origins of a Catastrophe: Yugoslavia and its destroyers. America's last ambassador tells what happened and why. New York 1996.

3. Darstellungen zu Vorgeschichte und Verlauf der Kriege

244. Akhavan, Payam (Hg.): Yugoslavia, the Former and Future: Reflections by Scholars from the Region. Washington [u. a.] 1995.
245. Allen, Beverly: Rape Warfare. The hidden genocide in Bosnia-Herzegovina and Croatia. Minneapolis [u. a.] 1996.
246. Almond, Mark: Europe's Backward War. The War in the Balkans. London 1994.

247. Andreas, Peter: Blue Helmets and Black Markets: The Business of Survival in the Siege of Sarajevo. Ithaca/N.Y., London 2008.
248. Baćević, Ljiljana [u. a.]: Jugoslavija na kriznoj prekretnici. Beograd 1991.
Balkan Battlegrounds: A Military History of the Yugoslav Conflict, 1990–1995. Hg. The Central Intelligence Agency. 2 Bde. Washington 2002, 2003.
249. Banac, Ivo: Raspad Jugoslavije. Eseji o nacionalizmu i nacionalnim sukobima. Zagreb 2001.
250. Barić,Nikica: Srpska pobuna u Hrvatskoj 1990–1995. Zagreb 2005.
251. Bašić, Natalija: Krieg als Abenteuer. Feindbilder und Gewalt aus der Perspektive ex-jugoslawischer Soldaten 1991–1995. Gießen 2004.
252. Beganovic, Davor: Kriege sichten. Zur medialen Darstellung der Krieg in Jugoslawien. Paderborn 2007.
253. Beloff, Nora: Yugoslavia: An Avoidable War. London 1997.
254. Bennett, Christopher: Yugoslavia's Bloody Collapse. 3. Aufl. NewYork 1996.
255. Bilandžić, Dušan: Jugoslavija poslije Tita 1980–1985. Zagreb 1986.
256. Bilić, Ivan: Kronologija raspada SFRJ i stvaranje Republike Hrvatske do 15. siječnja 1992. In: http://hrcak.srce.hr/file/28946. [Chronologie des Staatszerfalls für die Zeit vom 11. 5. 1981 bis 15. 1. 1992].
257. Biserko, Sonja (Hg.): Yugoslavia: Collapse, War, Crimes. Belgrade 1993.
258. Biserko, Sonja (Hg.) Kovanje antijugoslovenske zavere. Bd.1. Beograd 2006.
259. Britz, Brad K. (Hg.): War and Change in the Balkans. Nationalism, Conflict and Cooperation. Cambridge 2006.
260. Bugarski, Ranko: Jezik od mira do rata. Beograd 1994.
261. Burg, Steven L. – Paul S. Shoup: The War in Bosnia-Herzegovina: Ethnic Conflict and International Intervention. Armonk/N.Y. 1999.
262. Calic, Marie-Janine: Der Krieg in Bosnien-Herzegowina. Ursachen, Konfliktstrukturen, internationale Lösungsversuche. Frankfurt/M. 1995.
263. Carmichael, Cathie: Ethnic Cleansing in the Balkans. Nationalism and the destruction of tradition. London [u. a.] 2002.
264. Cohen, Lenard J.: Broken Bonds: The Disintegration of Yugoslavia. Boulder/Co. 1993.
265. Cohen, Lenard J. – Jasna Dragović-Soso (Hg.): State Collapse in South-Eastern Europe. New perspectives on Yugoslavia's disintegration. West Lafayette 2008.
266. Čolović, Ivan: Bordell der Krieger. Folklore, Politik und Krieg. Osnabrück 1994.
267. Čolović, Ivan (Hg.): Zid je mrtav, živeli zidovi. Pad Berlinksog zida i raspad Jugoslavije. Beograd 2009.
267a Cvitković, Ivan: Konfesija u ratu. Sarajevo 2004.
268. Denitch, Bogdan: Ethnic Nationalism. The Tragic Death of Yugoslavia. Minneapolis/MN 1996.
269. Duijzings, Ger: History and Memory in Eastern Bosnia. Background to the fall of Srebrenica. Amsterdam 2002.
270. Dyker, David A. – Ivan Vejvoda (Hg.): Yugoslavia and After: A Study in Fragmentation, Despair and Rebirth. London 1996.
271. Franić, Ivana: Dealing with the Past in the Context of Ethnonationalism. The case of Bosnia-Herzegovina, Croatia and Serbia. Berlin 2008 (= Berghof Occasional Paper 29) (online: http://www.berghof-conflictresearch.org/documents/publications/boc29e.pdf).
271a Gaber, Slavko – Tonči Kuzmanović (Hg.): Kosovo–Srbija–Jugoslavija. Ljubljana 1999.
272. Gagnon, Valère P.: The Myth of Ethnic War. Serbia and Croatia in the 1990s. Ithaca/N.Y., London 2004.
273. Galijaš, Armina: Eine bosnische Stadt im Zeichen des Krieges. Ethnopolitik und Alltag in Banja Luka (1990–1995). München 2011.
274. Gallagher, Tom: The Balkans since the Cold War: From Triumph to Tragedy. London 2003.

275. Glenny, Misha: The Fall of Yugoslavia: The Third Balkan War. London 1992.
276. Gligorov, Vladimir: Why Do Countries Break Up? The Case of Yugoslavia. Uppsala 1994 (2. Aufl. Englisch und Serbisch. Belgrad 2010).
277. Golubović, Zagorka – Bora Kuzmanović – Mirjana Vasović: Društveni karakter i društvene promene u svetlu nacionalnih sukoba. Beograd 1995.
278. Gow, James: Legitimacy and the Military. The Yugoslav Crisis. New York 1992.
279. Gow, James: The Serbian Project and its Adversaries: A Strategy of War Crimes. Montreal 2003.
280. Gratz, Dennis: Elitozid in Bosnien und Herzegowina 1992–1995. Baden-Baden 2007.
281. Greenberg, Robert D.: Language and Identity in the Balkans. Serbo-Croatian and Its Disintegration. Oxford Univ. Press 2004.
282. Grothusen, Detlev – Othmar N. Haberl – Wolfgang Höpken (Hg.): Jugoslawien am Ende der Ära Tito. 2 Bde. München, Wien 1983.
283. Gutman, Roy: A Witness to Genocide. London 1993. [Dt.: Augenzeuge des Völkermords. Reportagen aus Bosnien. Göttingen 1994.]
284. Hadžić, Miroslav: The Yugoslav People's Agony. The role of the Yugoslav People's Army. Aldershot/Hampshire [u. a.] 2002. [Behandelt die Zeit 1980–92].
285. Hadžić, Miroslav (Hg.): The Violent Dissolution of Yugoslavia: causes, dynamics and effects. Belgrade 2004.
286. Halpern, Joel M. – David A. Kideckel (Hg.): Neighbors at War. Anthropological perspectives on Yugoslav ethnicity, culture, and history. University Park/Pa 2000.
287. Hayden, Robert M.: Blueprints for a House Divided: The Constitutional Logic of the Yugoslav Conflicts. Ann Arbor 1999.
288. Hentea, Calin: Balkan Propaganda Wars. Lanham/Md. [u. a.] 2006.
289. Hoare, Attila: How Bosnia Armed: The Birth and Rise of the Bosnian Army. London 2004.
290. Honig, Jan Willem – Norbert Both: Srebrenica: Der größte Massenmord in Europa nach dem Zweiten Weltkrieg. München 1997.
291. Husić, Sead: Psychopathologie der Macht. Die Zerstörung Jugoslawiens im Spiegel der Biographien von Milošević, Tudjman und Izetbegović. Berlin 2007.
292. Ingrao, Charles – Thomas A. Emmert (Hg.): Confronting the Yugoslav Controversies. A Scholars' Initiative. West Lafayette/Ind 2009. [online: http://www.gradjanske.org/admin/download/files/cms/attach?id=269].
293. Ivekovic, Ivan: Ethnic and Regional Conflicts in Yugoslavia and Transcaucasia. A political economy of contemporary ethnonational mobilization. Ravenna 2000.
294. Jeffries, Ian: The Former Yugoslavia at the Turn of the Twenty-first Century: A guide to the economies in transition. London [u. a.] 2002.
295. Jović, Dejan: Jugoslavija, država koja je odumrla: uspon, kriza i pad Kardeljeve Jugoslavije (1974–1990). Zagreb 2003. [Die Arbeit erschien 2003 ebenfalls in Belgrad].
296. Jović, Dejan: Yugoslavia. A State that Withered Away. West Lafayette/Ind 2009.
297. Lukić, Reneo – Allen Lynch: Europe from the Balkans to the Urals: The Disintegration of Yugoslavia and the Soviet Union. Oxford 1996.
298. Kecmanovic, Dusan: Ethnic Times: Exploring Ethnonationalism in the Former Yugoslavia. Westport 2001.
299. Krieg-Planque, Alice: Purification ethnique: une formule et son histoire. Paris 2003.
300. Kurspahic, Kemal: Prime Time Crime: Balkan Media in War and Peace. Washington 2003.
300a Lazić, Mladen: Sistem i slom: Raspad socijalizma i struktura jugoslovenskog društva. Beograd 1994.
301. LeBor, Adam: Milošević. A Biography. Polmont 2002.
302. Lekić, Bojana – Zoran Pavić – Slaviša Lekić (Hg.): Antibirokratska revolucija (1987–1989). Beograd 2009.

303. Livada, Svetozar: Etničko čišćenje. Ozakonjeni zločin stoljeća. 3. erw. Aufl. Zagreb 2006.
304. MacDonald, David Bruce: Balkan Holocausts? Serbian and Croatian Victim-centered Propaganda and the War in Yugoslavia. New York, Manchester 2002. [online-Ausgabe: http://www.oapen.org/xtf/download?type=document&collection=oapen&docid=341321].
305. Magaš, Branka: The Destruction of Yugoslavia: Tracking the Break-up, 1980–92. London, New York 1993.
306. Magaš, Branka – Ivo Žanić (Hg.): The War in Croatia and Bosnia-Herzegovina, 1991–1995. London, Portland 2001. [Serbokroatische Ausgabe Sarajevo 1999.]
307. Marko, Joseph (Hg.): Gordischer Knoten Kosovo/a: Durchschlagen oder entwirren? Völkerrechtliche, rechtsvergleichende und politikwissenschaftliche Analysen und Perspektiven zum jüngsten Balkankonflikt. Baden-Baden 1999.
308. Meier, Viktor: Wie Jugoslawien verspielt wurde. München 1995.
309. Meier, Viktor: Jugoslawiens Erben. Die neuen Staaten und die Politik des Westens. München 2001.
310. Melčić, Dunja (Hg.): Der Jugoslawien-Krieg. Handbuch zu Vorgeschichte, Verlauf und Konsequenzen. 2. erw. Aufl. Wiesbaden 2007.
311. Merkel, Reinhard (Hg.): Der Kosovo-Krieg und das Völkerrecht. Frankfurt/M. 2000.
312. Mertus, Julie – Judy A. Benjamin: War's Offensive on Women: the humanitarian challenge in Bosnia, Kosovo, and Afghanistan. „For the Humanitarianism and War Project." West Hartford/Conn. 2000.
313. Mertus, Julie [u. a.] (Hg.): The Suitcase. Refugee voices from Bosnia and Croatia. Berkeley [u. a.] 1997.
314. Mestrovic, Stjepan G. (Hg.): Genocide After Emotion: The Post-Emotional Balkan War. London 1996.
315. Mihailović, Srećko (Hg.): Deca krize. Omladina Jugoslavije krajem osamdesetih. Beograd 1990.
316. Mimica, Aljoša – Radina Vučetić: „Vreme kada je narod govorio." „Odjeci i reagovanja" u Politici, 1988–1991. 2. erw. Aufl. Beograd 2008.
317. Mojzes, Paul: Yugoslavian Inferno. Ethnoreligious warfare in the Balkans. New York 1994.
318. Morton, Jeffrey [u. a.] (Hg.): Reflections on the Balkan Wars. Ten Years After the Break-up of Yugoslavia. Basingstoke 2004.
319. Naimark, Norman M. – Holly Case (Hg.): Yugoslavia and Its Historians: Understanding the Balkan Wars of the 1990s. Stanford/Ca. 2003.
320. Nation, Robert Craig: War in the Balkans, 1991–2002. Carlisle/Pa 2003 [online-Ausgabe: http://www.strategicstudiesinstitute.army.mil/pubs/display.cfm?pubID=123].
321. Nikolic-Ristanovic, Vesna (Hg.): Women, Violence and War: Wartime Victimization of Refugees in the Balkans. Budapest 2000.
322. Pavković, Aleksandar: The Fragmentation of Yugoslavia: Nationalism and War in the Balkans. 2. Aufl. Basingstoke [u. a.] 2000.
323. Pirjevec, Jože: Jogoslovanske vojne 1991–2001. Ljubljana 2003.
324. Polónyi, Carl: Heil und Zerstörung. Nationale Mythen und Krieg am Beispiel Jugoslawiens 1980–2004. Berlin 2010.
325. Ponoš, Tihomir: Na rubu revolucije. Studenti'71. Zagreb 2010.
326. Popović, Srdja: One gorke suze posle. Beograd 2010.
327. Radan, Peter: The Break-up of Yugoslavia and International Law. London, New York 2002.
328. Ramet, Sabrina P.: Balkan Babel: The Disintegration of Yugoslavia from the Death of Tito to the War for Kosovo. 3. überarb. Aufl. Boulder/Co. 1999.
329. Ramet, Sabrina P.: Thinking about Yugoslavia: Scholarly Debates about the Yugoslav Breakup and the Wars in Bosnia and Kosovo. Cambridge 2005.
330. Rogel, Carole: The Breakup of Yugoslavia and the War in Bosnia. Westport/Conn. [u. a.] 1998 [überarbeitete Aufl. u. d. T.: The Breakup of Yugoslavia and Its Aftermath. Ebda. 2004].

330a Roggemann, Herwig: Krieg und Frieden auf dem Balkan. Historische Kriegsursachen. Wirtschaftliche und soziale Kriegsfolgen. Politische und rechtliche Friedensvoraussetzungen. Berlin 1993.
331. Sekelj, Laslo: Yugoslavia: The process of disintegration. New York 1993.
332. Shenk, Gerald: God with Us? The roles of religion in conflicts in the former Yugoslavia. Uppsala 1993.
333. Shrader, Charles: The Muslim-Croat Civil War in Central Bosnia: A Military History, 1992–1994. College Station 2003 [Darstellung aus kroatischer Sicht].
334. Silber, Laura – Allan Little: Yugoslavia: Death of a Nation. New York 1995.
335. Sørensen, Jens Stilhoff: State, collapse and reconstruction in the periphery; economy, ethnicity and development in Yugoslavia, Serbia and Kosovo. New York 2009.
336. Stiglmayer, Alexandra (Hg.): Massenvergewaltigung: Krieg gegen die Frauen. Freiburg i. Br. 1993.
337. Stüdemann, Marian: Medien und Krieg am Beispiel Jugoslawiens und des Kosovo-Krieges. München 2009.
338. Sudetic, Chuck: Blood and Vengeance: One Family's Story of the War in Bosnia. New York [u. a.] 1999.
339. Thompson, Mark: Forging War. The media in Serbia, Croatia and Bosnia-Hercegovina. London 1994.
340. Tomanić, Milorad: Srpska crkva u ratu i ratovi u njoj. Beograd 2001.
341. Trbovich, Ana S.: A Legal Geography of Yugoslavia's Disintegration. New York 2008.
342. Udovički, Jasminka – James Ridgeway (Hg.): Burn This House: The Making and Unmaking of Yugoslavia. Durnham/NC 1997 [2. erw. Aufl. 2000].
343. Ugrešić, Dubravka: Die Kultur der Lüge. Frankfurt/M. 1995.
343a Weine, Stevan M.: When History Is a Nightmare. Lives and Memories of Ethnic Cleansing in Bosnia-Herzegovina. Brunswick/N.J., London 1999.
344. Weißenbacher, Rudy: Jugoslawien. Politische Ökonomie einer Desintegration. Wien 2005.
345. Weitz, Eric D.: A Century of Genocide. Utopias of Race and Nation. Princeton, Oxford 2003. [darin Kap. 5: National Communism: Serbia and the Bosnian War, S. 190–235].
346. Wesselingh, Arnaud V.: Raw Memory: Prijedor, an „Ethnic Cleansing Laboratory". London 2005.
347. Wieser, Angela: Ethnische Säuberungen und Völkermord: die genozidale Absicht im Bosnienkrieg von 1992–1995. Frankfurt/M. 2007.
348. Wilmer, Franke: The social construction of man, the state, and war: identity, conflict and violence in former Yugoslavia. New York, London 2002.
349. Woodward, Susan L.: Balkan Tragedy: Chaos and Dissolution After the Cold War. Washington/D.C. 1995.
350. Vladisavljević, Nebojša: Serbia's Antibureaucratic Revolution. Milošev, the fall of communism and nationalist mobilization. New York 2008.
351. Žanic, Ivo: Flag on the Mountain. A Political Anthropology of War in Croatia and Bosnia. London [u. a.] 2007.
352. Žarkov, Dubravka: The Body of War: media, ethnicity, and gender in the break-up of Yugoslavia. Durham [u. a.] 2007.

4. Politik der internationalen Gemeinschaft und einzelner Staaten

353. Ahrens, Geert-Hinrich: Diplomacy on the Edge: Containment of Ethnic Conflict and the Minorities Working Group of the Conferences on Yugoslavia. Washington/D.C. 2007.
354. Allin, Dana H.: Nato's Balkan interventions. Oxford [u. a.] 2002.
355. Beck, Albrecht A.: Deutsches Konfliktmanagement im ehemaligen Jugoslawien, 1991–1998 zwischen Anspruch und Wirklichkeit. Saarbrücken 2008.
356. Bendiek, Annegret: Der Konflikt im ehemaligen Jugoslawien und die Europäische Integration. Eine Analyse ausgewählter Politikfelder. Wiesbaden 2004.

357. Bert, Wayne: The Reluctant Superpower: United States Policy in Bosnia, 1991–1995. New York 1997.
358. Biermann, Rafael: Lehrjahre im Kosovo. Das Scheitern der internationalen Krisenprävention vor Kriegsausbruch. Paderborn [u. a.] 2006.
359. Biermann, Rafael: Deutsche Konfliktbewältigung auf dem Balkan. Erfahrungen und Lehren aus dem Einsatz. Baden-Baden 2002.
360. Bellamy, Alex J.: Kosovo and International Society. Basingstoke/Hampshire [u. a.] 2002.
361. Both, Norbert: From Indifference to Entrapment: The Netherlands and the Yugoslav Crisis, 1990–1995. Amsterdam 2000.
362. Caplan, Richard: Europe and the Recognition of New States in Yugoslavia. Cambridge 2005.
363. Chollet, Derek: The Road to the Dayton Accords: A Study of American Statecraft. New York 2005.
364. Cigar, Norman: Genocide in Bosnia: The Policy of „Ethnic Cleansing“. College Station/Tx 1995.
365. Cohen, Ben – George Stambovski (Hg.): With No Peace to Keep. United Nations Peacekeeping and the War in Former Yugoslavia. London 1995.
366. Conversi, Daniele: German-Bashing and the Breakup of Yugoslavia. Seattle 1998.
367. Cushman, Thomas – Mestrovic, Stjepan G. (Hg.): This Time We Knew: Western Reponses to Genocide in Bosnia. New York 1996.
368. Daalder, Ivo H.: Getting to Dayton: The Making of America's Bosnia Policy. Washington/D.C. 2000.
369. Daalder, Ivo H. – Michael E. O'Hanlon: Winning ugly: Nato's war to save Kosovo. Washington/D.C. 2001.
370. Eisermann, Daniel: Der lange Weg nach Dayton. Die westliche Politik und der Krieg im ehem. Jugoslawien 1991–1995. Baden-Baden 2000.
371. Giersch, Carsten: Konfliktregulierung in Jugoslawien 1991–1995. Die Rolle von OSZE, EU, UNO und NATO. Baden-Baden 1998.
372. Gow, James: Triumph of the Lack of Will: International Diplomacy and the Yugoslav War. London 1997.
373. Gritsch, Kurt: Inszenierung eines gerechten Krieges? Intellektuelle, Medien und der „Kosovo-Krieg“ 1999. Hildesheim [u. a.] 2010.
374. Halilović, Semir: Državna tajna. [Bd. 1] Sarajevo 2005. Bd. 2: Vojska poražene ideje. Sarajevo 2007. [Mit Originaldokumenten zum Bosnien-Krieg.]
374a Heller, Regina: Russische Interessen im Balkankonflikt. Russland und die internationale Staatenwelt seit 1992. Hamburg 1998.
375. Hodge, Carole: Britain and the Balkans 1991 until the Present. London 2006. [Kroatische Ausgabe: Velika Britanija i Balkan od 1991. do danas. Zagreb 2007.]
376. Kent, Gregory: Framing War and Genocide: British policy and Media reaction to the War in Bosnia. Creskill/NJ 2006.
377. King, Ian – Whit Mason: Peace at Any Price: How the World Failed Kosovo. New York 2006.
378. Kohl, Christine – Wolfgang Libal: Der Balkan. Hamburg 2000.
379. Korczynski, Nikolaus J.: Deutschland und die Auflösung Jugoslawiens. Von der territorialen Integrität zur Anerkennung Kroatiens und Sloweniens. Hamburg 2005.
380. Leurdijk, Dick A.: The United Nations and Nato in the Former Yugoslavia: Limits to diplomacy and force. The Hague 1996.
381. Libal, Michael: Limits of Persuasion: Germany and the Yugoslav Crisis, 1991–1992. Westport/Conn. [u. a.] 1997.
382. Lucarelli, Sonia: Europe and the Breakup of Yugoslavia. A political failure in search of a scholarly explanation. The Hague [u. a.] 2000.
383. Michas, Takis: Unholy Alliance: Greece and Milošević's Serbia. College Station 2002.
384. Oliver, Ian: War and Peace in the Balkans. The diplomacy of conflict in the former Yugoslavia. London 2005.

385. Paulsen, Thomas: Die Jugoslawien-Politik der USA 1989–1994. Begrenztes Engagement und Konfliktdynamik. Baden-Baden 1995.
386. Piotrowski, Ralph: Sprache und Außenpolitik: Der deutsche und US-amerikanische Diskurs zur Anerkennung Kroatiens. Osnabrück 2004.
387. Power, Samantha: A problem from Hell. America and the Age of Genocide. New York 2002.
388. Roland, Friedrich: Die deutsche Außen- und Sicherheitspolitik im Kosovo-Konflikt. Wiesbaden 2005.
389. Schütz, Cathrin: Die Nato-Intervention in Jugoslawien: Hintergründe, Nebenwirkungen und Folgen. Wien 2003.
390. Siani-Davies, Peter (Hg.): International Intervention in the Balkans Since 1995. London [u. a.] 2003.
391. Simms, Brendan: Unfinest Hour: Britain and the Destruction of Bosnia. London 2001.
392. Terrett, Steve: The Dissolution of Yugoslavia and the Badinter Arbitration Commission: a contextual study of peace-making efforts in the post-Cold War world. Aldershot [u. a.] 2000.
393. Whealey, Robert H.: American Intervention in Yugoslavia: a tragic blunder. Amherst/N.Y. 2005.
394. Witte, Eric A:. Die Rolle der Vereinigten Staaten im Jugoslawien-Konflikt und der außenpolitische Handlungsspielraum der Bundesrepublik Deutschland (1990–1996). München 2000.
395. Zeitler, Klaus P.: Deutschlands Rolle bei der völkerrechtlichen Anerkennung der Republik Kroatien unter bes. Berücksichtigung des deutschen Außenministers Genscher. Marburg 2000.

5. Kriegsverbrechertribunal (ICTY)

Veröffentlichte Quellen und Memoiren:
Internet-Portale:

ICTY-Portal: http://www.icty.org.
World Legal Information Institute. Databases: icty (bis 2006): http://www.worldlii.org/int/cases/icty).

Quellen und Erinnerungen:

396. Annotated leading cases of international criminal tribunals. Bearb. André Klip und Göran Sluiter. Bde. 1, 3–5, 7, 8, 11, 14, 15, 19, 20, 24, 26: The International Criminal Tribunal for the Former Yugoslavia Antwerpen [u. a.] 1998–2011. [Enthält die Verhandlungen vor dem ICTY von 1993–2005.]
397. Bogoeva, Julija – Caroline Fetscher (Hg.): Srebrenica: ein Prozess. Dokumente aus dem Verfahren gegen General Krstić vor dem Internationalen Strafgerichtshof für das ehemalige Jugoslawien. Frankfurt/M. 2003.
398. Del Ponte, Carla – Chuck Sudetic: Im Namen der Anklage. Meine Jagd auf Kriegsverbrecher und die Suche nach Gerechtigkeit. Frankfurt/M. 2010.
399. Hartmann, Florence: Paix et châtiment. Les guerres secrètes de la politique et de la justice internationales. Paris 2007. [Kroatische Ausgabe: Mir i kazna. Tajni ratovi medjunarodne politike i pravosudja. Zagreb 2007.]

Darstellungen:

400. Armatta, Judith: Twilight of Impunity: The War Crimes Trial of Slobodan Milosevic. Durham/NC 2010.
401. Boas, Gideon: The Milosević trial: lessons for the conduct of complex international criminal proceedings. Cambridge [u. a.] 2007.
402. Calvo-Goller, Karin N.: The Trial Proceedings of the International Criminal Court: ICTY and ICTR Precedents. Leiden 2005.
403. Cigar, Norman L. – Paul R. Williams: Indictment at The Hague: the Milosevic regime and crimes of the Balkan Wars. New York [u. a.] 2002.

404. Drakulić, Slavenka: Keiner war dabei. Kriegsverbrechen auf dem Balkan vor Gericht. Wien 2004.
405. Hagan, John: Justice in the Balkans: prosecuting war crimes in the Hague Tribunal. London 2003.
406. Hazan, Pierre: Justice in a Time of War: The true story behind the International Criminal Tribunal for the former Yugoslavia. College Station/Tex. 2004.
407. Heinsch, Robert: Die Weiterentwicklung des humanitären Völkerrechts durch die Strafgerichtshöfe für das ehemalige Jugoslawien und Ruanda: zur Bedeutung von internationalen Gerichtsentscheidungen als Rechtsquelle des Völkerstrafrechts. Berlin 2007.
408. Jäger, Friedrich: Das Internationale Tribunal über Kriegsverbrechen im ehemaligen Jugoslawien. Anspruch und Wirklichkeit. Wien 2005.
409. Kerr, Rachel: The International Criminal Tribunal for the Former Yugoslavia. An exercise in law, politics, and diplomacy. Oxford 2004.
410. Kruessmann, Thomas (Hg.): ICTY: Towards a Fair Trial? Wien 2008.
411. Nettelfield, Lara J.: Courting democracy in Bosnia and Herzegovina: the Hague Tribunal's impact on a post-war state. New York 2010.
412. Olásolo, Hector: Unlawful Attacks in Combat Situations: From the ICTY's Case Law to the Rome Statute. Leiden 2008.
413. Peskin, Victor A.: International Justice in Rwanda and the Balkans: Virtual Trials and the Struggle for State Cooperation. Cambridge 2008.
414. Schabas, William A.: The UN International Criminal Tribunals: the former Yugoslavia, Rwanda and Sierra Leone. Cambridge [u. a.] 2008.
415. Scharf, Michael: Balkan Justice. The Story Behind the First International War Crimes Trial Since Nuremberg. Durham 1998.
416. Scharf, Michael – William A. Schabas: Slobodan Milosevic on Trial: a companion. New York [u. a.] 2002.
417. Schuller, Simone: Versöhnung durch strafrechtliche Aufarbeitung? Die Verfolgung von Kriegsverbrechen in Bosnien und Herzegowina. Frankfurt/M. [u. a.] 2010.
418. Stephen, Chris: Judgement Day: The Trial of Slobodan Milosevic. London 2005.
419. Stover, Eric: The Witnesses. War crimes and the promise of justice in The Hague. Philadelphia 2005.
420. Tabeau, Ewa: Rat u brojkama. Demografski gubici u ratovima na teritoriji bivše Jugoslavije od 1991. do 1999. Beograd 2008. [Expertisen, angefertigt für das ICTY.]
421. Williams, Paul – Michael Scharf: Peace with Justice: War Crimes and Accountability in the Former Yugoslavia, Lanham/MD [u. a.] 2002.

c) Ehemals jugoslawische Teilrepubliken und postjugoslawische Staaten (einschliesslich historischer Überblicke) (zu den postjugoslawischen Kriegen siehe b.3.)

1. Bosnien-Herzegowina

422. Andjelic, Neven: Bosnia-Herzegovina: The End of a Legacy. London, Portland 2003.
422a Balić, Smail: Das unbekannte Bosnien. Europas Brücke zur islamischen Welt. Köln [u. a.] 1991.
423. Bax, Mart: Medjugorje: Religion, Politics, and Violence in Rural Bosnia. Amsterdam 1995.
424. Belloni, Roberto: State Building and International Intervention in Bosnia. London 2007.
425. Bieber, Benjamin: Die Hypothek des Krieges: eine soziologische Studie zu den sozialen Effekten von Kriegen und zur Reintegration von Veteranen, Kriegsinvaliden und Hinterbliebenen in Bosnien-Herzegowina. Hamburg 2007.

426. Bieber, Florian: Facing the Past, Facing the Future: confronting ethnicity and conflict in Bosnia and former Yugoslavia. Ravenna 2005.
427. Bieber, Florian: Post-War Bosnia: Ethnicity, Inequality and Public Sector Governance. London: 2006.
428. Bose, Sumantra: Bosnia after Dayton. Nationalist partition and international intervention. London 2002.
429. Bougarel, Xavier: Islam et politique en Bosnie-Herzegovine. Le Parti de l'Action Démocratique. Paris 1999.
430. Bougarel, Xavier: Bosnie, anatomie d'un conflit. Paris 2006.
431. Bougarel, Xavier – Elissa Helms – Ger Duijzings (Hg.): The New Bosnian Mosaic: Identities, Memories and Moral Claims in a Post-War Society. Aldershot 2007.
432. Bringa, Tone: Being Muslim the Bosnian Way. Princeton 1995.
433. Bublin, Mehmed: The Cities of Bosnia and Herzegovina: A millennium of development and the years of urbicide. Sarajevo 2005.
434. Chandler, David: Bosnia: Faking democracy after Dayton. 2. Aufl. London 2000.
435. Chandler, David (Hg.): Peace Without Politics? Ten years of international state-building in Bosnia. London [u. a.] 2010.
436. Cvitković, Ivan: Hrvatski identitet u Bosni i Hercegovini. Hrvati izmedju nacionalnog i gradjanskog. Zagreb 2006.
437. Djilas, Milovan – Nadežda Gaće: Adil Zulfikarpašić. Eine politische Biographie aus dem heutigen Bosnien. München 1996
438. Donais, Timothy: The Political Economy of Peacebuilding in Post-Dayton Bosnia. New York 2005.
439. Ducasse-Rogier, Marianne: A la recherche de la Bosnie-Herzégovine: la mise en œuvre de l'accord de paix de Dayton. Paris 2003.
440. Džihić, Vedran: Ethnopolitik in Bosnien-Herzegowina. Staat und Gesellschaft in der Krise. Baden-Baden 2010.
441. Filandra, Šačir: Bošnjačka politika u XX veku. Sarajevo 1998.
442. Filandra, Šačir – Enes Karić: The Bosniac Idea. Zagreb 2004.
443. Filipović, Muhamed: Povjest Bosne i Hercegovine. Sarajevo 1996.
444. Fischer, Martina (Hg.): Peacebuilding and Civil Society in Bosnia-Herzegovina. Ten Years after Dayton. 2. aktualisierte Aufl. Berlin, Münster 2007.
445. Friedman, Francine: The Bosnian Muslims. Denial of a nation. Boulder/Co. 1996.
446. Gromes, Thorsten: Demokratisierung nach Bürgerkriegen. Das Beispiel Bosnien-Herzegowina. Frankfurt/M., New York 2007.
447. Hadžijahić, Muhamed: Od tradicije do identiteta. Geneza nacionalnog pitanja bosanskih Muslimana. Sarajevo 1974.
448. Hoare, Marko Attila: The History of Bosnia. From the Middle Ages to the Present Day. London [u. a.] 2007.
449. Imamović, Mustafa: Historija države i prava Bosne i Hercegovine. Sarajevo 2003.
450. Innes, Michael A. (Hg.): Bosnian Security after Dayton: New Perspectives. New York 2006.
451. Isaković, Alija (Hg.): O „nacionaliziranju" Muslimana. 101 godina afirmiranja i negiranja nacionalnog identiteta Muslimana. Zagreb 1990.
452. Jones, Lynne: Then They Started Shooting: growing up in wartime Bosnia. Cambridge/Mass. 2004.
452a. Kamberović, Husnija: Prema modernom društvu. Bosnia i Hercegovina od 1945. do 1953. godine. Tešanj 2000.
453. Kasapović, Mirjana: Bosna i Hercegovina: podijeljeno društvo i nestabilna država. Zagreb 2005.
454. Keßelring, Agilolf (Hg.): Bosnien-Herzegowina (Wegweiser zur Geschichte). 2. Aufl. Paderborn [u. a.] 2007.

455. Kostić, Roland: Ambivalent Peace. External peacebuilding, threatened identity and reconciliation in Bosnia and Herzegovina. Uppsala 2007.
456. Lockwood, William G.: European Muslims: economy and ethnicity in Western Bosnia. New York 1975.
457. Lovrenović, Ivan: Bosnia: A cultural history. London 2001.
458. Mahmutćejahić, Rusmir: The Denial of Bosnia. University Park/PA 2000.
459. Malcolm, Noel: Bosnia. A short history. 2. Aufl. New York 1996.
460. Mudry, Thierry: Histoire de la Bosnie-Herzégovine: faits et controversies. Paris 1999.
461. Pinson, Mark (Hg.): The Muslims of Bosnia-Herzegovina. Their Historic Development from the Middle Ages to the Dissolution of Yugoslavia. 1993 (2. Aufl. 1996).
462. Pozderac, Hamdija: Državnost i nacionalnost Bosne i Hercegovine. Bihać 2008.
463. Rathfelder, Erich: Sarajevo und danach. Sechs Jahre Reporter im ehem. Jugoslawien. München 1998.
464. Rathfelder, Erich: Schnittpunkt Sarajevo: Bosnien und Herzegowina zehn Jahre nach Dayton: Muslime, Orthodoxe, Katholiken und Juden bauen einen gemeinsamen Staat. Bonn 2006.
465. Reiter, Erich – Predrag Jurekovic: Bosnien und Herzegowina. Europas Balkanpolitik auf dem Prüfstand. Baden-Baden 2005.
466. Rieff, David: Slaughterhouse Bosnia: Bosnia and the Failure of the West. New York 1995.
467. Samantra, Bose: Bosnia after Dayton: Nationalist Partition and International Intervention. New York 2002.
468. Sells, Michael A.: The Bridge Betrayed: Religion and Genocide in Bosnia. Berkeley, Los Angeles 1996.
469. Sémelin, Jacques: Säubern und Vernichten. Die politische Dimension von Massakern und Völkermorden. Hamburg 2007.
470. Shatzmiller, Maya (Hg.): Islam and Bosnia. Conflict Resolution and Foreign Policy in Multi-Ethnic States. Montreal 2002.
471. Solioz, Christophe – Svebor Dizdarevic (Hg.): Ownership Process in Bosnia and Herzegovina: Contributions on the International Dimension of Democratization in the Balkans. Baden-Baden 2003.
472. Solioz, Christophe – Tobias K. Vogel (Hg.): Dayton and Beyond: Perspectives on the Future of Bosnia and Herzegovina. Baden-Baden 2004.
473. Toal, Gerard – Carl Dahlman: Bosnia Remade: Ethnic Cleansing and its Reversal. Oxford, New York 2011.

2. Kosovo/Kosova

474. Albrecht, Ulrich – Michael Kalman u. a. (Hg.): Das Kosovo-Dilemma. Schwache Staaten und Neue Kriege als Herausforderung des 21. Jahrhunderts. Münster 2002.
475. Baliqi, Bekim: State-Building durch die Vereinten Nationen. Das Fallbeispiel des Kosovo. Saarbrücken 2009.
476. Booth, Ken (Hg.): The Kosovo-Tragedy. The Human Rights Dimensions. London, New York 2004.
477. Chiari, Bernhard – Agilolf Keßelring (Hg.): Kosovo (Wegweiser zur Geschichte). 2. Aufl. Paderborn [u. a.] 2006.
478. Clark, Howard: Civil Resistance in Kosovo. London 2000.
479. Clewing, Konrad – Jens Reuter (Hg.): Der Kosovo-Konflikt. Ursachen, Akteure, Verlauf. München 2000.
480. Di Lellio, Anna (Hg.): The Case for Kosova: Passage To Independence. London, New York 2006.
481. Duijzings, Ger: Religion and Politics of Identity in Kosovo. London 1999.
482. Elsie, Robert: Gathering Clouds. The roots of ethnic cleansing in Kosovo and Macedonia. Pejë 2002.
483. Elsie, Robert: Historical Dictionary of Kosova. Lanham/MD 2004.
484. Hehir, Aidan (Hg.): Kosovo, Intervention and Statebuilding: The International Community and the Transition to Independence. 2010.

485. Herscher, Andrew: Violence Taking Place. The Architecture of the Kosovo Conflict. Stanford 2010.
486. Horvat, Branko: Kosovsko pitanje. Zagreb 1988.
487. Janjić, Dušan – Shkelzen Maliqi (Hg.): Conflict or Dialogue: Serbian-Albanian Relations and the Integration of the Balkans. Subotica 1994.
488. Jokić, Aleksandar (Hg.): Lessons of Kosovo: The Dangers of Humanitarian Intervention. Peterborough/Canada 2003.
489. Judah, Tim: Kosovo: War and Revenge. New Haven [u. a.] 2000. [2. Aufl. 2002].
490. Keçmezi-Basha, Sabile: Organizatat dhe grupet ilegale në Kosovë 1981–1989. Prishtinë 2003 (Illegal organisations and groups in Kosovo 1981–1989).
491. Ker-Lindsay, James: Kosovo: the path to contested statehood in the Balkans. London [u. a.] 2009.
492. Kosovski čvor: drešiti ili seći? Izveštaj Nezavisne komisije (Srdja Popović, Dejan Janča, Tanja Petovar). Tekstovi: Srdja Popović [u. a.]. Beograd 1990.
493. Kostovicova, Denisa: Kosovo. The Politics of Identity and Space. London, New York 2005.
494. Malcolm, Noel: Kosovo. A Short History. London, Basingstoke, Oxford 1998.
495. Mcallester, Matthew: Beyond the Mountains of the Damned: The War Inside Kosovo. New York 2002.
495a Mertus, Julie: Kosovo: How Myths and Truths Started a War. Berkeley 1999.
496. Motes, Mary: Kosova/Kosovo. Prelude to War 1966–1999. Homestaed/Florida 1999.
497. Perritt, Henry H. Jr.: Kosovo Liberation Army: The Inside Story of an Insurgency. Urbana/Ill. 2008.
498. Petritsch, Wolfgang – Robert Pichler: Kosovo/Kosova. Der lange Weg zum Frieden. Klagenfurt [u. a.] 2004.
499. Pipa, Arshi – Repishti, Sami (Hg.): Studies in Kosova. Boulder/Co. 1984.
500. Reuter, Jens: Die Albaner in Jugoslawien. München 1982.
501. Roux, Michel: Les Albanais en Yugoslavie. Minorité national, territoire et développement. Paris 1992.
501a Schmitt, Oliver Jens: Kosovo. Kurze Geschichte einer zentralbalkanischen Landschaft. Wien, Köln, Weimar 2008.
502. Schwartz, Stephen: Kosovo: Background to a War. London 2001.
503. Troebst, Stefan: Conflict in Kosovo: Failure of Prevention? An Analytical Documentation, 1992–1998. Flensburg 1998.
504. Vickers, Miranda: Between Serb and Albanian: A History of Kosovo.
505. Waller, Michael – Kyril Drezov – Bulent Gokay (Hg.): Kosovo: The Politics of Delusion. London 2001.

3. Kroatien

506. Antić, Ljubomir (Hg.): Hrvatska povijest u XX. stoljeću. Zagreb 2006
507. Ashbrook, John: Buying and Selling the Istrian Goat. Istrian Regionalism, Croatian Nationalism, and EU Enlargement. Brüssel [u. a.] 2008.
508. Bartlett, William: Croatia. Between Europe and the Balkans. London, New York 2003.
509. Bilandžić, Dušan: Hrvatska moderna povijest. Zagreb 1999.
510. Budak, Neven: Kroatien. Landeskunde, Geschichte, Kultur, Politik, Wirtschaft, Recht. Wien 1995.
511. Davor, Marijan: Bitka za Vukovar. Zagreb 2004.
512. Goldstein, Ivo: Croatia: A History. London 1999.
513. Goldstein, Ivo: Hrvatska povijest. Zagreb 2003.
514. Goldstein, Ivo: Hrvatska 1918–2008. Zagreb 2008.
515. Hudelist, Darko: Tudjman. Biografija. Zagreb 2004.
516. Irvine, Jill A.: The Croat Question: Partisan Politics in the Formation of the Yugoslav Socialist State. Boulder/Co. 1993.

516a Jandrić, Berislav: Hrvatska pod crvenom zvijezdom. Komunistička partija Hrvatske 1945–1952. Zagreb 2005.
517. Leutloff-Grandits, Carolin: Claiming Ownership in Postwar Croatia. The dynamics of property relations and ethnic conflict in the Knin Region. Berlin 2006.
518. Kušić, Siniša: Zwischen Euphorie und Ernüchterung – Kroatien auf dem Weg in die EU. Frankfurt/M. 2007.
519. Magaš, Branka: Croatia Through History. The Making of a European State. London [u. a.] 2007.
520. Matković, Hrvoje: Povijest Jugoslavije, Hrvatski pogled. Zagreb 1998.
520a Radonic, Ljiljana: Krieg um die Erinnerung. Kroatische Vergangenheitspolitik zwischen Revisionismus und europäischen Standards. Frankfurt/M., New York 2010.
521. Radelić, Zdenko: Hrvatska u Jugolaviji 1945–1991. Od zajedništva do razlaza. Zagreb 2006.
522. Radelić, Zdenko [u. a.]: Stvaranje hrvatske države i Domovinski rat. Zagreb 2006.
523. Ramet, Sabrina P. – Davorka Matić (Hg.): Democratic Transition in Croatia: Value Transformation, Education, and Media. New York 2007.
524. Ramet, Sabrina P. – Clewing, Konrad – Lukić, Reneo (Hg.): Croatia since Independence. War, Politics, Society, Foreign Relations. München 2008.
525. Roksandić, Drago: Srbi u Hrvatskoj od 15. stoljeća do naših dana. Zagreb 1991.
526. Sadkovich, James: Tudjman. Prva politička biografija. Zagreb 2010.
527. Smoljan, Ivo: Hrvatska dijaspora. Zagreb 1997.
528. Steindorff: Kroatien. Vom Mittelalter bis zur Gegenwart. Regensburg, München 2001.
529. Tanner, Marcus: A Nation Forged in War. New Haven/Conn. 1997.

4. *Makedonien*

530. Adanir, Fikret: Die Makedonische Frage. Ihre Entstehung und Entwicklung bis 1908. Wiesbaden 1979.
531. Brown, Keith: The Past in Question: Modern Macedonia and the Uncertainties of a Nation. Princeton 2003.
532. Danforth, Loring M.: The Macedonian Conflict: Ethnic Nationalism in a Transnational World. Princeton 1995.
533. Dornfeldt, Matthias: Das Konfliktmanagement der Organisation für Sicherheit und Zusammenarbeit in Europa (OSZE): Eine Analyse am Beispiel der interethnischen Konflikteskalation in der Republik Makedonien 2001. Berlin, München 2006.
533a Gaber, Viktor: Imeto Makedonija: istorija, pravo, politika. Skopje 2009.
533b Ilievski, Done: The Macedonian Orthodox Church. The Road to Independence. Skopje 1973.
534. Kahl, Thede – Maksuti, Izer – Ramaj, Albert (Hg.): Die Albaner in der Republik Makedonien. Fakten, Analysen, Meinungen zur interethnischen Koexistenz. Münster [u. a.] 2006.
535. Lukan, Walter – Peter Jordan (Hg.): Makedonien. Geographie – Ethnische Struktur – Geschichte – Sprache und Kultur – Politik – Wirtschaft – Recht. Frankfurt/M. 1998.
536. Palmer, Stephen E. – Robert R. King: Yugoslav Communism and the Macedonian Question. Hamden/Conn. 1971.
537. Pettifer, James (Hg.): The New Macedonian Question. Basingstoke [u. a.] 1999.
538. Poulton, Hugh: Who are the Macedonians? London 1999.
538a Ripiloski, Sasho: Conflict in Macedonia: exploring a paradox in the former Yugoslavia. Boulder/Co. [u. a.] 2011.
539. Rossos, Andrew: Macedonia and the Macedonians: A History. Stanford 2008.
540. Roudometof, Victor (Hg.): The Macedonian Question: Culture, Historiography, Politics. Boulder/Co 2000.

541. Trifunovski, Jovan F.: Albansko stanovništvo u Socijalističkoj Republici Makedoniji. Antropogeografska i etnografska istraživanja. Beograd 1988.
542. Troebst, Stefan: Das makedonische Jahrhundert. München 2007.
543. Vetterlein, Merle: Konfliktregulierung durch power-sharing-Modelle: Das Fallbeispiel der Republik Makedonien. Baden-Baden 2010.
544. Wilkinson, Henry R.: Maps and Politics. A review of the ethnographic cartography of Macedonia. Liverpool 1951.
544a Zečević-Božić, Jure: Die Autokephalieerklärung der Makedonischen Orthodoxen Kirche. Würzburg 1994.

5. Montenegro

545. Bieber, Florian: Montenegro in Transition. Problems of identity and statehood. Baden-Baden 2003. [online: http://www.scribd.com/doc/49630741/Florian-Bieber-Montenegro-in-Transition-Problems-of-Statehood-and-Identity].
546. Grabić, Daniel. Montenegrizität. Sprache und Kirche im Spiegel des Identitätsdiskurses in der Republik Montenegro 1990–2007. Frankfurt/M. [u. a.]2007.
547. Milović, Milorad T.: Bibliografija o izvorima za istoriju Crne Gore. Podgorica 2000.
548. Morrison, Kenneth: Montenegro. A modern history. London 2009.
549. Roberts, Elizabeth: Realm of the Black Mountains. A History of Montenegro. London 2007.

6. Serbien

550. Anzulovic, Branimir: Heavenly Serbia. New York 1999.
551. Becker, Jens – Achim Engelberg (Hg.): Serbien nach den Kriegen. Frankfurt/M. 2008.
552. Bieber, Florian: Nationalismus in Serbien vom Tode Titos bis zum Ende der Ära Milošević. Wien 2005.
553. Bremer, Thomas – Nebojša Popov – Heinz-Günter Stobbe (Hg.): Serbiens Weg in den Krieg. Kollektive Erinnerung, nationale Formierung und ideologische Aufrüstung. Berlin 1998. (Original: Popov, Nebojša [Hg.]: Srpska strana rata. Trauma i katarza u istorijskom pamćenju. Beograd 1996).
554. Bujosevic, Dragan – Ivan Radovanovic: The Fall of Milosevic. The October 5th revolution. New York [u. a.]2003.
555. Ćirković, Sima: The Serbs. London 2004.
556. Cohen, Lenard M.: Serpent in the Bosom. The Rise and Fall of Slobodan Milosevic. Boulder/Co. [u. a.]2002.
557. Cohen, Philip J.: Serbia's Secret War. Propaganda and the Deceit of History. College Station/Tx 1996.
558. Čolović, Ivan – Aljoša Mimica (Hg.): Druga Srbija. Beograd 1992.
559. Čolović, Ivan: Politics if Identity in Serbia. London 2002.
560. Djukić, Slavoljub: Kako se dogodio vodja. Beograd 1992.
560a Djukić, Slavoljub: Izmedju slave i anateme. Politička biografija Slobodana Miloševića. Beograd 1994.
561. Djukić, Slavoljub: Milošević und die Macht. Serbiens Weg in den Abgrund. Bad Vilbel 2000.
562. Djukić, Slavoljub: Milošević and Marković: A Lust for Power. Montreal 2001.
563. Doder, Dusko – Louise Branson: Milosevic: portrait of a tyrant. New York 1999.
564. Dragović-Soso, Jasna: „Saviours of the Nation". Serbia's Intellectual Opposition and the Revival of Nationalism. London 2002.
565. Gordy, Eric D.: The Culture of Power in Serbia: Nationalism and the Destruction of Alternatives. University Park/Pa. 1999.
566. Gow, James: The Serbian Project and its Adversaries. A Strategy of War Crimes. London 2003.

567. Halpern, Joel – Barbara Kerewsky-Halpern: A Serbian Village in Historical Perspective. New York 1972.
568. Hartmann, Florence: Milosevic, la diagonale du fou. 2. erw. Aufl. Paris 2002.
568a [Hronologija] Moderna sprska država 1804–2004. Hronologija. Hg. Istorijski arhiv Beograda. 2004.
569. Janjić, Dušan – Dragomir Pantić (Hg.): Srbija izmedju prošlosti i budućnosti. Uzroci i obeležja društvene i političke situacije u Srbiji izmedju 1987–1994 i mogućnosti demokratizacije. Beograd 1995.
570. Judah, Tim: The Serbs. New Haven/CT 1997.
570a Kanzleiter, Boris: Die „Rote Universität". Studentenbewegung und Linksopposition in Belgrad 1964–1975. Hamburg 2011.
571. LeBor, Adam: Milošević: A Biography. London 2002.
571a Marković, Predrag: Beograd izmedju Istoka i Zapada 1948–1965. Beograd 1996.
572. Nadjivan, Silvia: Wohl geplante Spontaneität: Der Sturz des Milošević-Regimes als politisch inszenierte Massendemonstration in Serbien. Frankfurt/M. [u. a.] 2008.
573. Pavlović, Momčilo – Dejan Jović – Vladimir Petrović: Milošević: put ka vlasti. Beograd 2008.
574. Pešić, Vesna: Serbian Nationalism and the Origins of the Yugoslav Crisis. Washington/D.C. 1996.
575. Popović, Nebojša A. – Kosta Nikolić: Vojislav Koštunica: a career. Beograd 2007.
576. Popovic, Tanja: Die Mythologisierung des Alltags. Kollektive Erinnerungen, Geschichtsbilder und Vergangenheitskultur in Serbien und Montenegro seit Mitte der 1980er Jahre. Zürich 2003.
577. Ramet, Sabrina – Vjeran Pavlakovic (Hg.): Serbia since 1989: Politics and Society Under Milosevic and After. Seattle 2005.
578. Ristović, Milan (Hg.): Privatni život kod Srba u dvadesetom veku. Beograd 2007.
579. Sell, Louis: Slobodan Milosevic and the Destruction of Yugoslavia. Durham [u. a.] 2002.
580. Simić, Andrei: Peasant Urbanites: a study of rural-urban mobility in Serbia. New York, London 1973.
581. Stefanov, Nenad: Wissenschaft als nationaler Beruf. Die Serbische Akademie der Wissenschaften 1944–1992. Wiesbaden 2011.
582. Stojanovic, Svetozar: Serbia: The Democratic Revolution. Amherst/N.Y. 2003.
583. Sundhaussen, Holm: Geschichte Serbiens. 19.–21. Jahrhundert. Wien 2007.
584. Thomas, Robert: Serbia under Milosevic. Politics in the 1990s. London 1999.
585. Vasić, Miloš: Atentat na Zorana Djindjića. Beograd 2005.
586. Vladisavljević, Nebojša: Serbia's Antibureaucratic Revolution: Milošević, the Fall of Communism and Nationalist Mobilization. Basingstoke, New York 2008.

7. Slowenien

587. Gow, James – Cathie Carmichael: Slovenia and the Slovenes: A small state and the new Europe. London 2001.
588. Hösler, Joachim: Slowenien. Von den Anfängen bis zur Gegenwart. Regensburg 2006.
589. Jančar, Drago (Hg.): Temna stran meseca. Kratka zgodovina totalitarizma v Sloveniji 1945–1990. Zbornik člankov in dokumentov. Ljubljana 1998.
590. Luthar, Oto (Hg.): The Land Between. A History of Slovenia. Frankfurt/M. [u. a.] 2008.
591. Mrak, Mojmir [u. a.] (Hg.): Slovenia: from Yugoslavia to the European Union. Washington 2004.
592. Nečak, Dušan – Božo Repe: Slowenien. Klagenfurt 2006.
593. Plut-Pregelj, Leopoldina: Historical Dictionary of Slovenia. Lanham/Md. 1996.
594. Prunk, Janko: Slowenien. Ein Abriss seiner Geschichte. Lubljana 1996.
595. Ramet, Sabrina P. – Danica Fink Hafner (Hg.): Democratic Transition in Slovenia: Value Transformation, Education, and Media. Texas 2006.
596. Repe, Božo: „Liberalizem" v Sloveniji. Ljubljana 1992.

597. Repe, Božo: Rdeča Slovenija: tokovi in obrazi iz obdobja socializma. Ljubljana 2003.
598. Rizman, Rudolf M.: Uncertain Path: Democratic Transition and Consolidation in Slovenia. Texas 2006.
599. Rutar, Sabine – Rolf Wörsdörfer (Hg.): Sozialgeschichte und soziale Bewegungen in Slowenien. Essen 2009.
600. Štih, Vasko – Vasko Simoniti – Peter Vodopivec: Slowenische Geschichte. Gesellschaft – Politik – Kultur. Graz 2008.
601. Toš, Niko – Vlado Miheljak (Hg.): Slovenia between continuity and change, 1990–1997: analyses, documents and data. Berlin 2002.

Abbildungsverzeichnis

Abb. 29a und b: Karikatur: Tudjman, Milošević und Izetbegović; Fotomontage Milošević-Tudjman: https://www.artizans.com/image/PIS295/fallen-angels-milosevic-tudjman-izetbegovic-meet-in-afterlife/; http://www.menvafan.net/bocker/Pe28/PageMill_Resources/PE28OGB.feral.gif

Abb. 30: Tudjman, Milošević und Izetbegović: 7 Fragen an Eure Eltern: http://www.dasbiber.at/content/7-fragen-eure-eltern-%C3%BCber-die-balkankriege

Abb. 31: Denkmal für bosniakische Opfer in der Republika Srpska; http://iwpr.net/report-news/calls-war-memorials-divide-bosnia#2

Abb. 32: Kosovarischer „Held" Adem Jashari: http://en.wikipedia.org/wiki/Adem_Jashari

Abb. 33: Antiserbisches Graffiti in Prizren (März 2004): http://en.wikipedia.org/wiki/2004_unrest_in_Kosovo

Abb. 34: General Ante Gotovina: http://www.antegotovina.com/media/Ante_Gotovina_wp.jpg

Abb. 35: Studentenbewegung „Otpor!": http://kragujevac.janun-hannover.de/7_otpor.php; http://www.canvasopedia.org/legacy/content/serbian_case/otpor_campaign.htm

Abb. 36 und 37: Radovan Karadžić alias Dabić: http://www.cafebabel.de/article/25623/Serbien-Radovan-Karadzic-festgenommen.html; http://www.oe24.at/welt/weltpolitik/Das-erste-Foto-von-Karadzic-nach-seiner-Verhaftung/352680

Abb. 38: General Ratko Mladić: http://www.b92.net/eng/news/politics-article.php?yyyy=2011& mm=05&dd=28&nav_id=74609; http://www.politika.rs/rubrike/tema-dana/Pocelo-sudjenje-Ratku-Mladicu.sr.html

Abb. 39: Umstrittene makedonische Symbole: http://de.wikipedia.org/wiki/Streit_um_den_Namen_Mazedonien; http://de.wikipedia.org/wiki/Skopje; http://mk.wikipedia.org/wiki/Aleksandar_Makedonski

Abb. 40: Kloster Gračanica http://www.worldgreatestsites.com/pics/gracanica-monastery_serbia.jpg

Register

ÖSTERREICH
ITALIEN
1
2
3b
Ex-Jugoslawien 2010
1 Slowenien (Ljubljana)
2 Kroatien (Zagreb)
3a Föderation Bosnien-Herzegowina (Sarajevo)
3b Republika Srpska (Banja Luka)
3c Distrikt Brčko
4a Engeres Serbien (Belgrad)
4b Serbien-Vojwodina (Novi Sad)
5 Montenegro (Podgorica)
6 Kosovo (Priština)
7 Makedonien (Skopje)
100 km